PROCLUS

SUR LE PREMIER ALCIBIADE DE PLATON

Tome II

COLLECTION DES UNIVERSITÉS DE FRANCE
publiée sous le patronage de l'ASSOCIATION GUILLAUME BUDÉ

PROCLUS

SUR LE PREMIER ALCIBIADE
DE PLATON

Tome II

TEXTE ÉTABLI ET TRADUIT

PAR

A. Ph. SEGONDS

Chargé de recherche au CNRS

Ouvrage publié avec le concours du Centre National des Lettres

PARIS
SOCIÉTÉ D'ÉDITION «LES BELLES LETTRES»,
95, BOULEVARD RASPAIL
—
1986

Conformément aux statuts de l'Association Guillaume Budé, ce volume a été soumis à l'approbation de la commission technique qui a chargé M. Carlos Steel d'en faire la révision et d'en surveiller la correction en collaboration avec M. Alain Ph. Segonds.

© Société d'édition « LES BELLES LETTRES », Paris, 1986

ISBN : 2-251-00393-2
ISSN : 0184-7155

SIGLA

N	=	*Neapolitanus* III E.17
N^r	=	eiusdem cod. scriptura, refecta manu s. XV ut vid.
D	=	*Vaticanus gr.* 1032 (solummodo citatur, ubi N paene legibilis est)
M	=	*Marcianus gr.* 190
R̄	=	*Laurentianus* LXXXV 8
recc.	=	codices recentiores (quorum lectiones plerumque relatae sunt in ed. Creuzeriana)
[...]	=	quae supplenda sunt
<...>	=	quae addenda sunt
⟦ ⟧	=	quae delenda sunt
*******	=	lacuna statuenda
†...†	=	locus nondum sanatus
mg.	=	in margine
a. corr	=	ante correctionem
p. corr.	=	post correctionem
sscptum	=	suprascriptum

PROCLUS DIADOQUE

COMMENTAIRE DU PREMIER ALCIBIADE DE PLATON

< Mais si le même dieu ... aucun homme ne te
paraît digne que l'on parle de lui ! (105 B 7-C 6). >

Dans le texte, il s'agit du *même dieu* pour que, comme
l'infinitude qui caractérise le // désir d'Alcibiade
s'accroît sans cesse, ce qui la mesure demeure toujours
identique et pour que soit unique ce qui examine tous
nos choix et ramène notre unique vie à un but unique.
Quant au fait qu'il ne borne pas son désir de pouvoir à
l'Europe ni aux pays de l'Asie, mais aspire à exercer
son pouvoir sur tous les hommes, c'est l'indice, bien
sûr, d'un désir infini mais aussi d'une pensée et d'un
travail d'enfantement[1] qui a regard à ce qui est réellement élevé et divin, à ce qui a rempli tous les hommes
de soi-même, à ce qui leur est continûment présent à
tous et règne[2] sur tous les êtres de l'Univers. D'ailleurs,
remplir de son nom tous les hommes est une admirable
image[3] de l'être de là-haut. Car les noms indicibles
des dieux ont rempli l'univers tout entier[4], comme le
disent les Théurges[5], et non pas ce monde-ci seulement,
mais aussi toutes les puissances supérieures au monde ;
et de fait, *le nom transmetteur*[6] qui *s'élance sur les mondes*
infinis a reçu cette puissance. Les dieux donc ont
rempli et d'eux-mêmes et de leurs noms le monde tout
entier : comme les âmes ont vu ces noms avant leur

1-6. Voir *Notes complémentaires*, p. 377-378.

ΠΡΟΚΛΟΥ ΔΙΑΔΟΚΟΥ

ΕΙΣ ΤΟΝ ΠΛΑΤΩΝΟΣ ΠΡΩΤΟΝ ΑΛΚΙΒΙΑΔΗΝ

⟨ Καὶ εἰ αὖ σοι ... ἄξιον λόγου γεγονέναι. 105 B-C. ⟩

Ὁ μὲν αὐτὸς ὑπόκειται θεός, ἵνα τῆς ἀπειρίας ἀεὶ τῆς
κατὰ τὴν ἔφεσιν τοῦ Ἀλκιβιάδου πολλαπλασιαζομένης τὸ 15
με/τροῦν αὐτὴν ἀεὶ τὸ αὐτὸ διαμένῃ καὶ ἵνα τὰς ὅλας ἡμῶν 150
αἱρέσεις ἓν ᾗ τὸ ἐπισκοποῦν καὶ τὴν μίαν ζωὴν εἰς ἓν
τέλος ἀναφέρον. Τὸ δὲ μήτε τῇ Εὐρώπῃ μήτε τοῖς κατὰ
τὴν Ἀσίαν ὁρίζειν τὴν φιλαρχίαν, ἀλλὰ τῆς κατὰ πάντων
ἀνθρώπων ὀρέγεσθαι δυνάμεως, ἀορίστου μέν ἐστιν ἐφέ- 5
σεως, ἐννοίας δὲ καὶ ὠδῖνος μεγάλης καὶ πρὸς τὸ ὄντως
καὶ ὑψηλὸν καὶ θεῖον βλεπούσης, ὃ πάντας αὐτοῦ ἐμπέ-
πληκε καὶ πᾶσι πάρεστιν ἀδιαστάτως καὶ πᾶσιν ἐνδυ-
ναστεύει τοῖς ἐν τῷ κόσμῳ. Ἐπεὶ καὶ τὸ τοῦ ὀνόματος
ἐμπλῆσαι πάντας ἀνθρώπους ἐκείνου τινὰ φέρει 10
θαυμαστὴν εἰκόνα. Τὰ γὰρ ἄρρητα ὀνόματα τῶν θεῶν ὅλον
πεπλήρωκε τὸν κόσμον, ὥσπερ οἱ θεουργοὶ λέγουσι · καὶ
οὐ τὸν κόσμον τοῦτον μόνον, ἀλλὰ καὶ τὰς ὑπὲρ αὐτὸν
πάσας δυνάμεις · καὶ γὰρ τὸ διαπόρθμιον ὄνομα τὸ ἐν
ἀπείροις κόσμοις ἐνθρῶσκον τοιαύτην ἔλαχε δύναμιν. 15
Πεπληρώκασιν οὖν οἱ θεοὶ καὶ ἑαυτῶν καὶ τῶν οἰκείων
ὀνομάτων τὸν σύμπαντα κόσμον · ἃ καὶ θεασάμεναι πρὸ

---

150. 11-15 cf. *Or. Chald.* fr. 78 des Places (p. 40 Kroll), fr. 87,
1-2 (p. 44 Kr.) ; 76.1-2 (40 Kr.).

149. 15 πολλαπλασιαζομένης recc. : -η N.
150. 1 διαμένῃ coni. Cousin : διμένη N ‖ 2 ἓν ᾗ Westerink :
ἐν ᾗ N ‖ 3 ἀναφέρον coni. Creuzer : -οι N ‖ 7 καὶ¹ an del. ? ‖
αὐτοῦ recc. : αὐτοῦ N ‖ 17 πρὸ recc. : πρὸς N.

naissance et qu'elles désirent ressembler aux dieux, mais qu'elles ignorent la façon de parvenir à leur ressembler, elles deviennent amies du pouvoir, désirent les idoles de ces biens et veulent emplir de leur propre nom et de leur propre puissance tout le genre humain. Ainsi donc les pensées des âmes de cette sorte sont grandes et admirables, mais chétives, ignobles et illusoires leurs occupations, parce que poursuivies sans le secours de la science ; car leurs activités sont contre nature, mais leurs pensées selon la nature ; leurs activités sont les rejetons de l'oubli et de l'ignorance, leurs pensées, l'éveil des désirs naturels qui sont en elles.

Mais pourquoi Socrate mentionne-t-il ici Cyrus et Xerxès[1] ? Est-ce parce que Cyrus se proposait une royauté amie des hommes et bienveillante, // Xerxès, une royauté gonflée[2] de passions et démesurée (raison pourquoi, l'un était appelé par ses sujets père[3], tandis que l'autre, ne pouvant se contenter de ce qu'il avait, a aussi voulu attaquer les habitants de la Grèce) —, est-ce pour cela qu'il a fait mention de ces deux souverains, pour nous montrer le caractère irréfléchi du jugement du jeune homme à leur sujet, puisqu'il admire également l'un et l'autre à cause de leur puissance ? Car celui qui aime tout simplement les honneurs ne fait pas de différence entre les honneurs et celui qui aime le pouvoir ne se préoccupe pas des différences entre les puissants, mais partout où s'exerce une autorité et chez quelque peuple que ce soit, il trouve cela admirable[4].

< Que tu nourrisses cet espoir ... sur tes affaires et sur toi-même. (105 C 6-D 5). >

Enseignant et enseigné

Ce texte permet de concevoir correctement la nature de l'enseignant et celle de l'enseigné. // L'enseignant, en effet, doit discerner avec exactitude les dispositions des enseignés et s'occuper d'eux en fonction de celles-ci. Car il ne faut pas élever[5] chacun de la même façon[6], mais d'une façon celui qui a une nature

1-6. Voir *Notes complémentaires*, p. 378.

τῆς γενέσεως αἱ ψυχαὶ καὶ ποθοῦσαι τὴν πρὸς ἐκείνους
ὁμοίωσιν, ἀγνοοῦσαι δὲ τὸν τῆς ὁμοιώσεως τρόπον,
φίλαρχοι γίνονται καὶ ποθοῦσι τὰ ἐκείνων εἴδωλα καὶ τοῦ 20
ἑαυτῶν ὀνόματος καὶ τῆς ἑαυτῶν δυνάμεως ἐμπλῆσαι πᾶν
τὸ ἀνθρώπων γένος. Αἱ μὲν οὖν ἔννοιαι μεγάλαι καὶ
θαυμασταὶ τῶν τοιούτων ψυχῶν, τὰ δὲ ἐπιτηδεύματα σμικρὰ
καὶ ἀγεννῆ καὶ εἰδωλικά, χωρὶς ἐπιστήμης μεταδιωκόμενα ·
τὰ μὲν γάρ ἐστι παρὰ φύσιν, αἱ δὲ κατὰ φύσιν, καὶ τὰ μὲν 25
λήθης ἐστὶν ἔκγονα καὶ ἀγνοίας, αἱ δὲ τῶν αὐτοφυῶν
ὠδίνων ἀνακινήσεις.

Ἀλλὰ τί βούλεται αὐτῷ Κῦρος ἐνταῦθα καὶ Ξέρξης ;
Ἢ ἐπειδὴ Κῦρος μὲν φιλάνθρωπον καὶ κηδεμονικὴν προεστή-
σατο βασιλείαν, Ξέρξης δὲ φλεγμαί/νουσαν καὶ ὑβριστικήν 151
(διὸ ὁ μὲν πατὴρ ὑπὸ τῶν ὑπηκόων ἐπωνομάζετο, ὁ δὲ οὐκ
ἀρκεσθεὶς τοῖς παροῦσιν ἐπέθετο καὶ τοῖς τὴν Ἑλλάδα
οἰκοῦσιν), ἐνδεικνύμενος τοῦ νεανίσκου τὴν ἀνεξέταστον
περὶ τούτων κρίσιν ὡς ὁμοίως ἑκάτερον θαυμάζοντος διὰ 5
τὴν δύναμιν, τούτων ἐμνημόνευσεν. Ὁ γὰρ τιμῆς ἁπλῶς
ἐραστὴς οὐ διορίζει τὸ τιμῶν ὁποῖόν ἐστι, καὶ ὁ φίλαρχος
οὐ προσποιεῖται τὰς τῶν ἀρχόντων διαφοράς, ἀλλ' ὅπου
ποτ' ἂν ᾖ τὸ ἄρχειν καὶ παρ' οἷστισι, θαυμαστὸν εἶναι
νενόμικεν.   10

⟨ Ὅτι μὲν οὖν ... καὶ εἰς σέ. 105 C-D. ⟩

Τίς ὁ παιδεύων ἐστὶ καὶ τίς ὁ παιδευόμενος ὀρθῶς ἀπὸ
τούτων κατανοητέον. Τὸν μὲν γὰρ παιδεύοντα προσήκει
τὰς / τῶν παιδευομένων ἐπιτηδειότητας ἀκριβῶς δια- 152
γινώσκειν καὶ κατὰ ταύτας αὐτῶν μετιέναι τὴν ἐπι-
μέλειαν. Οὐ γάρ ἐστιν ὡσαύτως ἕκαστος ἀνακτέος,
ἀλλὰ ἄλλως μὲν ὁ τὴν φύσιν φιλόσοφος, ἄλλως δὲ ὁ

152. 3-4 cf. Plot. I 3 (20), 1.9-11 ‖ 4 cf. *Phdr.* 248 D 3-4.

philosophique, d'une autre celui qui a une nature *érotique*, d'une autre celui qui a une nature *musicale*[1], et encore d'une autre façon celui qui, à cause d'une représentation qu'il a de l'aisance des dieux[2], est fasciné par le plaisir, d'une autre façon celui qui, par aspiration à se suffire, désire acquérir des richesses, d'une autre façon celui qui, par une idée de la puissance divine, se laisse entraîner dans les puissances apparentes[3]. Car toujours les idoles, revêtant l'apparence de leurs principes, entraînent les âmes insensées[4] ; or, il faut quitter ces idoles pour passer vers les êtres véritables et réellement étants de là-haut. Et c'était justement le mode d'enseignement de Socrate que de ramener chacun à l'objet de son désir, et de montrer à celui qui aime le plaisir où se trouve le purement agréable, qui est sans mélange avec le pénible[5] (car il est évident que cette espèce-là est bien préférable pour celui qui recherche le plaisir, et non pas celle qui est souillée de son contraire) ; à l'avaricieux, où se trouve la véritable suffisance, celle qui n'est nullement infectée du manque (car c'est, à coup sûr, le plus digne objet de celui qui désire la suffisance et fuit le manque) ; à celui qui aime le pouvoir, où se trouve le pouvoir, le commander, et en quoi consiste le genre de vie hégémonique, pur de toute servitude[6] (car ce genre de vie lui paraîtra sans doute bien plus honorable que le genre de vie mêlé de ce qu'il fuit). Il n'y a donc, dans les choses matérielles, ni puissance, ni suffisance, ni plaisir, car la matière est faiblesse, pauvreté[7], cause de corruption et // de peine ; et il est clair que si ces trois-là sont quelque part, ils sont dans les êtres immatériels et séparés. C'est donc ces êtres-là qu'il faut aimer et c'est vers eux qu'il faut s'élever.

Voilà donc comment l'enseignant doit aborder l'enseignement, en proposant à chacun, à partir des dispositions naturelles qui sont en lui, le salut ; quant à l'enseigné, il convient qu'il s'abandonne à l'enseignant

1-7. Voir *Notes complémentaires*, p. 378-379.

ἐρωτικός, ἄλλως δὲ ὁ μουσικός, καὶ ἄλλως μὲν ὁ διὰ 5
φαντασίαν τῆς θείας ῥᾳστώνης περὶ τὴν ἡδονὴν ἐπτοημέ-
νος, ἄλλως δὲ ὁ διὰ τὴν τῆς αὐταρκείας ἔφεσιν τῆς τῶν
χρημάτων κτήσεως ὀρεγόμενος, ἄλλως ὁ διὰ τὴν τῆς θείας
δυνάμεως ἔννοιαν περὶ τὰς δυνάμεις τὰς φαινομένας
ὑποφερόμενος. Τὰ γὰρ εἴδωλα πανταχοῦ τὰς ἑαυτῶν 10
ἀρχὰς ὑποδυόμενα περισπᾷ τὰς ἀνοήτους τῶν ψυχῶν·
δεῖ δὲ ἀπὸ τούτων ἐξαναστάντας ἐπ' ἐκεῖνα τὰ ἀληθῆ
καὶ ὄντως ὄντα διαβαίνειν. Καὶ οὗτος ἦν ὁ τρόπος τῆς
Σωκρατικῆς διδασκαλίας, ἕκαστον ἀνάγειν εἰς τὸ οἰκεῖον
ἐφετόν, καὶ τῷ μὲν φιληδόνῳ δεικνύναι, ποῦ τὸ καθαρῶς 15
ἡδύ, τὸ πρὸς τὸ λυπηρὸν ἀμιγές (δῆλον γὰρ ὅτι τοῦτο
αἱρετώτερον αὐτῷ διώκοντι τὴν ἡδονήν, ἀλλ' οὐ τὸ τῷ
ἐναντίῳ συμπεφυρμένον)· τῷ δὲ φιλοχρημάτῳ, ποῦ τὸ
ὄντως αὔταρκες, τὸ μηδαμῶς τῆς ἐνδείας ἀναπιμπλάμενον
(τοῦτο γὰρ πάντως περισπουδαστότερον τῷ τῆς αὐταρκείας 20
ὀρεγομένῳ καὶ τὴν ἔνδειαν φεύγοντι)· τῷ δὲ φιλάρχῳ,
ποῦ τὸ δύνασθαι καὶ τὸ ἄρχειν καὶ ποῖον τὸ ἡγεμονικὸν
εἶδος τῆς ζωῆς δουλείας ἁπάσης καθαρεῦον (τοῦτο γὰρ
αὐτῷ μᾶλλον ἂν εἴη τιμιώτερον ἢ τὸ τῷ φευκτῷ συμπε-
πλεγμένον). Δύναμις μὲν οὖν καὶ αὐτάρκεια καὶ ἡδονὴ 25
περὶ τὰ ἔνυλα τῶν πραγμάτων οὐκ ἔστιν· ἀσθένεια γὰρ ἡ
ὕλη καὶ πενία καὶ φθορᾶς αἰτία καὶ λύπης· δῆλον δὲ ὅτι,
εἴπερ / που, ταυτά ἐστιν ἐν τοῖς ἀΰλοις καὶ χωριστοῖς. 153
Ἐκείνων οὖν ἐρᾶν δεῖ καὶ πρὸς ἐκεῖνα ποιεῖσθαι τὴν ἀνα-
γωγήν.

Τὸν μὲν οὖν παιδεύοντα τοῦτον χρὴ τὸν τρόπον προσάγειν τὴν παιδείαν, ἀπὸ τῶν ἐν ἑκάστῳ φυσικῶν ἐπι- 5
τηδειοτήτων προτείνοντα τὴν σωτηρίαν ἑκάστοις· τὸν δὲ
παιδευόμενον ἑαυτὸν ἐπιδιδόναι προσήκει τῷ παιδεύοντι

---

152. 15 ποῦ recc. : πῶς N ‖ 16 τὸ λυπηρὸν N^m.alia supra uersum:
δύναμιν ut uid. N^m.pr. (et D).

et se laisse tranquillement conduire vers le vrai, en s'écartant des idoles, en s'élevant depuis *la caverne souterraine* vers la lumière et l'essence véritable, <en désirant la nature pure du bien> qui est sans mélange avec son contraire et en abandonnant ce qui est partiel et illusoire, parce que totalement saisi du désir de l'universel et de l'indivis. Car le bien total[1], comme le dit Socrate dans le *Philèbe*, n'est ni seulement désirable ni seulement parfait et suffisant ni seulement capable et susceptible de remplir les autres êtres, mais il possède toutes ces qualités à la fois, perfection, capacité et désidérabilité[2] ; et de fait, il attire toutes choses vers soi-même, est empli de lui-même et donne à tous les êtres le bien-être. Mais les êtres multiples se saisissent de ce bien d'une manière particulière, et les uns, n'ayant regard qu'à son caractère désirable, recherchent le plaisir, qui n'est qu'une idole du désirable de là-haut ; d'autres, qui n'ont regard qu'à sa perfection, donnent tous leurs soins aux richesses, car c'est là qu'est l'idole de la suffisance ; d'autres, qui ne considèrent que la capacité, sont fascinés par les puissances[3] (et de fait, la puissance est un simulacre[4] de la capacité). Par conséquent, abandonner ces saisies partielles du bien pour avoir regard à la totalité de sa nature et s'élever // vers son plérôme total, voilà qui détourne admirablement les enseignés de perdre leur temps dans les idoles.

Telle est donc la droite éducation, qui convient à la fois à l'enseignant et à l'enseigné : voilà pourquoi Socrate, dans le présent entretien, propose clairement au jeune homme d'atteindre la fin qui lui convient par le moyen de la science. Car la puissance, dominée par la raison scientifique, est cause de grands biens[5] et elle confère la perfection et la désidérabilité au

---

1. Comparer Ol., 42.10-43.3 (traduit *supra*, p. xciv-xcv).
2-3. Voir *Notes complémentaires*, p. 379.
4. Φάντασμα φέρεταί τινος : l'expression vient de *Tim.*, 52 C 2.
5. Platonicien : cf. *Rsp.* V 473 C 11-E 5.

καὶ ἠρέμα περιάγεσθαι πρὸς τὸ ἀληθὲς τῶν εἰδώλων
ἀφιστάμενον καὶ ἀπὸ τοῦ κ α τ α γ ε ί ο υ σ π η λ α ί ο υ πρὸς τὸ
φῶς καὶ τὴν ὄντως οὐσίαν ἀνατεινόμενον*** πανταχοῦ τῆς   10
ἀμιγοῦς πρὸς τὸ ἐναντίον καὶ ἀφιέντα μὲν τὸ μεριστὸν καὶ
εἰδωλικόν, τοῦ δὲ καθόλου καὶ ἀμερίστου τελέως ὀρεγόμε-
νον. Τὸ γὰρ ὅλον ἀγαθόν, ὥς φησιν ὁ ἐν Φιλήβῳ Σωκράτης,
οὔτε ἐφετόν ἐστι μόνον οὔτε τέλειον καὶ αὔταρκες οὔτε
ἱκανὸν καὶ δυνάμενον ἄλλα πληροῦν, ἀλλ' ὁμοῦ δὴ ταῦτα   15
πάντα συλλαβὸν ἔχει, τὴν τελειότητα, τὴν ἱκανότητα, τὸ
ἐφετόν · καὶ γὰρ εἰς αὐτὸ πάντα ἀνατείνει καὶ πλῆρές
ἐστιν ἑαυτοῦ καὶ πᾶσιν ἐνδίδωσι τὸ εὖ. Οἱ δὲ πολλοὶ
μερικῶς αὐτοῦ καταδράττονται, καὶ οἱ μὲν πρὸς τὸ ἐφετὸν
αὐτοῦ μόνον ὁρῶντες τὸ ἡδὺ διώκουσιν, εἴδωλον ὂν τοῦ   20
ἐκεῖσε ἐφετοῦ · οἱ δὲ πρὸς τὸ τέλειον μόνον περὶ τὰ χρήματα
σπουδάζουσιν, ἐν γὰρ τούτοις τὸ τῆς αὐταρκείας εἴδωλον ·
οἱ δὲ πρὸς τὸ ἱκανὸν ἀπονεύοντες περὶ τὰς δυνάμεις
ἐπτόηνται, καὶ γὰρ ἡ δύναμις φάντασμα φέρεται τῆς
ἱκανότητος. Τὸ τοίνυν ἀφεῖναι μὲν τὰς μεριστὰς τοῦ ἀγαθοῦ   25
ταύτας ἀντιλήψεις, ἰδεῖν δὲ πρὸς ὅλην αὐτοῦ τὴν φύσιν
καὶ ἀναχθῆναι πρὸς τὸ / παντελὲς αὐτοῦ πλήρωμα τοὺς   154
παιδευομένους καλῶς ἀφίστησι τῆς περὶ τὰ εἴδωλα
διατριβῆς.

Παιδείας μὲν οὖν ὀρθότης αὕτη τῷ τε παιδεύοντι καὶ
τῷ παιδευομένῳ προσήκουσα · διὸ καὶ ὁ Σωκράτης ἐν τῇ   5
παρούσῃ συνουσίᾳ προτίθησιν ὑπ' αὐγὰς τῷ νεανίσκῳ τὴν
διὰ τῆς ἐπιστήμης τεῦξιν τοῦ προσήκοντος αὐτῷ τέλους.
Ἡ γὰρ δύναμις κρατηθεῖσα μὲν τῷ λόγῳ τῆς ἐπιστήμης
μεγάλων ἐστὶν ἀγαθῶν αἰτία καὶ τὸ τέλειον συνεισφέρει

---

153. 9 cf. *Rsp.* VII 532 B 8 (514 A 3) ‖ 13-17 cf. *Phil.* 67 A 2-8.

153. 10 lac. posuit Westerink (quam sic fere supplendam
esse censuit : <καὶ τῆς εἰλικρινοῦς τοῦ ἀγαθοῦ φύσεως ἐφιέμενον >)
aut τῆς ἀμιγοῦς in τὴν ἀμιγῆ mutandum ‖ 17 αὐτὸ Westerink :
αὐτὸ N ‖ 18 εὖ ex ἓν N.

capable ; mais sans le concours de la science, la puissance mérite plus d'être fuie que recherchée, elle est imparfaite et a besoin de ce qui peut la sauver, car elle ruine celui qui la possède. Il est donc vrai que Socrate possède un très grand pouvoir dans les affaires d'Alcibiade ; car le perfecteur, chez les êtres à perfectionner, a un très grand pouvoir, de même le sauveur chez les êtres à sauver[1], du fait que tout être se tend vers son sauveur.

Première aporie Mais peut-être quelqu'un se dressant contre nous va-t-il dire que Socrate, par ces paroles, fait d'Alcibiade un ami du pouvoir[2] : or, ce qu'il fallait, c'était retrancher radicalement cette passion et non pas la multiplier en lui proposant de pareilles espérances. Nous disons donc, en réponse à cette accusation, que les passions appartiennent à la nature dure et résistante, en tant qu'elles sont matérielles et terreuses, toutes pour ainsi dire, mais tout particulièrement les passions de l'iráscible ; car le caractère ami des honneurs et ami du pouvoir est prêt à s'opposer à celui // qui tente de l'éduquer. Il faut donc que celui qui dirige l'éducation conduise peu à peu ces passions dans le droit chemin et qu'il les calme doucement, tout de même que les bons médecins pacifient celles des maladies dues à une inflammation par un régime, sans essayer d'expulser à l'instant même les humeurs peccantes ; par conséquent, s'il en est ainsi, Socrate a raison <d'agir> ainsi, en ne commençant pas, dès le début de l'entretien, par s'emporter contre la passion du jeune homme, mais en faisant passer le désir du jeune homme du pouvoir vers la science capable d'utiliser ce pouvoir. *Car il n'y a rien de plus puissant que la science se trouvant dans une âme*[3], comme il est dit ailleurs. C'est donc la science qui nous permet de discerner entre les biens véritables et les maux, et celui qui l'a acquise ne se laisse pas facilement tromper par les idoles et il peut tourner ses regards

1-3. Voir *Notes complémentaires*, p. 380.

τῷ ἱκανῷ καὶ τὸ ἐφετόν, ἄνευ δὲ ἐπιστήμης φευκτὴ μᾶλλόν 10
ἐστιν ἢ αἱρετή, καὶ ἀτελὴς καὶ τοῦ σῴζοντος ἐνδεής·
ἀπόλλυσι γὰρ τὸν ἔχοντα αὐτήν. Ἀληθὲς ἄρα ἐστὶν ὅτι
μεγίστην ὁ Σωκράτης ἔχει δύναμιν ἐν τοῖς Ἀλκιβιάδου
πράγμασι· τὸ γὰρ τελειωτικὸν παρὰ τοῖς τελειουμένοις
καὶ τὸ σωστικὸν παρὰ τοῖς σῳζομένοις τὰ μέγιστα δύναται, 15
διότι παντὶ πρὸς τὸ σῷόν ἐστιν ἡ ἀνάτασις.

Ἴσως δ᾽ ἄν τις πρὸς ἡμᾶς ἐνιστάμενος λέγοι φίλαρχον
ἀποτελεῖσθαι διὰ τούτων τὸν Ἀλκιβιάδην ὑπὸ Σωκράτους·
ἔδει γὰρ ἀποκόπτειν αὐτοῦ πάντῃ τὸ πάθος, ἀλλ᾽ οὐ
πολλαπλασιάζειν αὐτὸ ἐλπίδας ὑποτείνοντα τοιαύτας. 20
Λέγομεν τοίνυν πρὸς τὸν τούτων κατήγορον, ὅτι τὰ πάθη
τῆς σκληρᾶς καὶ ἀντιτύπου φύσεώς ἐστιν ἅτε ἔνυλα ὄντα
καὶ γήϊνα, πάντα μέν, ὡς εἰπεῖν, διαφερόντως δὲ τὰ
θυμοειδῆ· τὸ γὰρ φιλότιμον ἦθος καὶ φίλαρχον ἕτοιμόν
ἐστι πρὸς τὴν ἀντίστασιν / τοῦ παιδεύειν ἐπιχειροῦντος. 155
Δεῖ δὴ οὖν αὐτὰ κατὰ βραχὺ περιάγειν εἰς τὸ εὐθὺ καὶ
ἠρέμα παραμυθεῖσθαι τὸν τῆς παιδείας καθηγούμενον,
ὥσπερ δὴ καὶ οἱ χρηστοὶ Ἀσκληπιάδαι τὰ φλεγμαίνοντα
τῶν νοσημάτων διαίτῃ παιδαγωγοῦσιν, ἀλλ᾽ οὐκ αὐτόθεν 5
ἐκβάλλειν ἐπιχειροῦσι τοὺς ἐνοχλοῦντας χυμούς· οὐκοῦν
εἰ ταῦτα οὕτως ἔχει, καὶ ὁ Σωκράτης ὀρθῶς ⟨ποιεῖ⟩ οὐκ
εὐθὺς ἐν ἀρχῇ τῶν λόγων πρὸς τὸ τοῦ νεανίσκου πάθος
ἱστάμενος, ἀλλὰ μετάγων αὐτοῦ τὴν ἔφεσιν ἀπὸ τῆς δυνάμεως εἰς ἐπιστήμην τὴν τῇ δυνάμει χρησομένην. Ἐπι- 10
στήμης γὰρ ἐνούσης ἐν ψυχῇ δυνατώτερον οὐδέν ἐστιν,
ὡς καὶ ἐν ἄλλοις φησίν. Αὕτη τοίνυν καὶ τῶν ὄντως ἀγαθῶν
καὶ τῶν κακῶν ἡμῖν παρέχει τὴν διάκρισιν, καὶ ὁ ταύτην
κτησάμενος οὐκ εὐεξαπάτητός ἐστιν ὑπὸ τῶν εἰδώλων καὶ

---

155. 10-12 cf. *Protag.* 352 B 3-C 7 ; *Rsp.* V 477 D 7-E 1 et
Ar. E.N. VII 3, 1145 b 23-25.

155. 7 ποιεῖ add. Westerink.

vers les êtres eux-mêmes, puisqu'il s'est débarrassé de
tous les trompe-l'œil[1] d'ici-bas.

Seconde aporie   Assez sur ce sujet ; à nouveau,
recherchons si Socrate ne se montre
pas quelque peu imprudent en se faisant fort de pouvoir
lui fournir de pareils biens : car cette promesse ne
s'accorde pas avec le caractère de Socrate[2]. Eh bien,
il faut encore répondre à cela que la grandiloquence
sied au philosophe quand c'est le moment opportun[3].
Ainsi dans le *Théétète* : *Aucun dieu*, dit-il, *ne veut de
mal aux hommes et moi, de même, ce n'est point par
malveillance que je les traite ainsi ; mais donner mon
assentiment au mensonge et masquer le vrai m'est
interdit par toutes les lois divines*[4]. Cette sorte de traitement[5], en effet, appliqué à qui accouche convenait
bien à celui qui se consacre à accoucher et à juger entre
les discours *féconds* et ceux *faits de vent*, pour // qu'il
pût obtenir quelque résultat par le moyen de son art
d'accouchement. Et dans l'*Apologie*, à nouveau : *Il n'est
pas permis par la loi divine*, dit-il, *qu'un homme de valeur
soit offensé par un homme qui ne le vaut pas*, et : *il peut
bien le tuer, mais non pas lui nuire* ; car il convient encore
que, au milieu des dangers, Socrate manifeste son
détachement par rapport à la vie. Dans notre texte,
son discours s'adresse à un aimé désireux d'honneurs et
de pouvoir et qui est déjà plein de mépris pour les
autres amants : aussi Socrate l'aborde-t-il avec décision
et franc-parler pour le soumettre à ses propres discours
et, de la sorte, il fait dépendre le pouvoir si ardem-
ment recherché par Alcibiade de son propre pouvoir.
Et tu peux voir comment, dans notre texte aussi,
Socrate se montre infaillible : il n'a pas dit, en effet :
Avec moi, tu atteindras à coup sûr ton but mais :
Sans moi, tu ne saurais l'atteindre[6]. En effet, sans le
secours de la science, personne ne saurait atteindre
au pouvoir : car le pouvoir est du nombre des biens et
nous acquérons les biens avec le concours de la science.

1-6. Voir *Notes complémentaires*, p. 380.

πρὸς αὐτὰ τὰ ὄντα δύναται βλέπειν τῶν σκιαγραφιῶν 15
τούτων ἀπαλλαγείς.

Τοσαῦτα καὶ περὶ τούτων · πάλιν δὲ αὖ ἐκεῖνο ζητήσωμεν,
εἰ μὴ θρασὺ πρᾶγμα ποιεῖ ὁ Σωκράτης τοιαῦτα κατεπαγ-
γελλόμενος δύνασθαι παρασχεῖν · τοῦτο γὰρ οὐ κατὰ τὸ
Σωκρατικὸν ἦθος τὸ ἐπάγγελμα. Δεῖ δὴ καὶ πρὸς ταῦτα 20
λέγειν, ὅτι τῷ φιλοσόφῳ προσήκει τὸ μεγαληγορεῖν, ὅταν
ᾖ τούτου καιρός. Ἐν Θεαιτήτῳ μὲν οὖν οὐδείς, φησί,
θεὸς δύσνους ἀνθρώποις οὐδὲ ἐγὼ δυσνοίᾳ τοιοῦτον οὐδὲν δρῶ· ἀλλά μοι ψεῦδός τε συγχωρῆσαι
καὶ ἀληθὲς ἀφανίσαι οὐδαμῶς θέμις· ἔπρεπε γὰρ τῷ 25
μαιευτικῷ, τῷ κριτῇ τῶν τε γονίμων λόγων καὶ τῶν
ἀνεμιαίων, πρὸς τὸν μαιευόμενον οὗτος ὁ τρόπος τῆς
διαιτήσεως, ἵνα τι καὶ δράσῃ διὰ τῆς μαιείας. Ἐν / δὲ τῇ **156**
Ἀπολογίᾳ πάλιν οὐ θεμιτόν, φησίν, ἀμείνονι ἀνδρὶ
ὑπὸ χείρονος βλάπτεσθαι καὶ ἀποκτεῖναι μὲν δύνασθαι, βλάψαι δὲ οὔ· προσῆκον γὰρ αὖ ἐν μέσοις ὄντα
τοῖς κινδύνοις ὑψηλὸν φαίνεσθαι κατὰ τὴν ζωήν. Ἐνταῦθα 5
δὲ πρὸς ἐρώμενόν ἐστιν ὁ λόγος φιλότιμον, φίλαρχον, ἤδη
καταφρονήσαντα τῶν ἄλλων ἐραστῶν · πρόσεισιν οὖν αὐτῷ
μετὰ φρονήματος καὶ παρρησίας ὑποτάττων αὐτὸν τοῖς
ἑαυτοῦ λόγοις καὶ οὕτω δὴ τὴν περισπούδαστον ἐκείνῳ
δύναμιν τῆς οἰκείας ἐξάπτει δυνάμεως. Καὶ ὁρᾷς ὅπως 10
ἀσφαλὴς καὶ ἐν τούτοις ὁ Σωκράτης · οὐ γὰρ εἶπεν ὅτι
μετ᾽ ἐμοῦ πάντως τεύξῃ τοῦ τέλους, ἀλλ᾽ ὅτι ἄνευ ἐμοῦ
οὐκ ἂν τύχοις. Ἐπιστήμης μὲν γὰρ χωρὶς οὐκ ἄν τις τῆς
δυνάμεως τύχοι · τῶν γὰρ ἀγαθῶν ἡ δύναμις, τὰ δὲ ἀγαθὰ

155. 22-25 = *Theaet.* 151 D 1-3 ‖ 26-27 cf. *ibid.* 151 E 6 ; 157 D
2-3.
156. 2-4 = *Apologia*, 30 C 9-D 2.

156. 4 δὲ οὔ recc. : δέ · οὐ N ‖ αὖ Westerink : ἂν N ; fort.
leg. ἄν(θρωπον).

Que si la science est là sans que la puissance soit là, il n'y a rien d'étonnant : car il est besoin aussi et de la conspiration[1] du tout et de la bonne fortune[2] qui préside sur ces biens.

Explication de la lettre   Voilà ce que nous avions à dire au sujet du présent lemme dans son ensemble ; examinons maintenant les détails. Eh bien donc : *Je sais bien et ne conjecture pas* a été nécessairement ajouté après les raisons et les rappels : car après avoir fait, longuement, montre <de sa science,>[3] on comprend que, dès lors, Socrate recoure à l'affirmation.

En homme qui sait que je dis vrai convertit à nouveau Alcibiade vers lui-même et le constitue en spectateur de ses propres pensées.

Cher fils constitue une application de soins opportune : car Socrate veut se familiariser le jeune homme et se l'attacher, pour qu'il devienne, // à cause de son désir de puissance, l'amant de la science parfaite qui est en lui.

Quant au fait de l'interpeller d'après le nom de ses deux parents[4], cela rassemble tout l'ensemble de sa vie et le familiarise avec Socrate : de fait, dans l'âme, une partie est, pour ainsi dire, mâle, une autre, pour ainsi dire femelle[5]. Sans compter qu'en nommant ses deux parents à la fois, il lui montre que ni ses parents ni ses amis tant du côté maternel que du côté paternel ne contribuent à ce sien désir, mais que c'est lui seul, Socrate, qui peut mener sa volonté à l'accomplissement avec le concours de son bon démon.

Sur tes affaires et sur toi-même définit à nouveau Alcibiade par l'âme : en effet, par *affaires* il nomme ses activités se dirigeant vers l'extérieur (l'administration de l'Etat et l'acquisition du pouvoir), mais il pose comme son vrai moi l'âme et sa perfection[6].

---

1. Voir *Notes complémentaires*, p. 380.
2. Sur Ἀγαθὴ τύχη chez Proclus, cf. *In Remp.*, II 72.9 ss, 299.7 ss.
3. Je lis avec Westerink ἐπιστήμονα au lieu de μόνον. — Pour l'exégèse, comparer Olympiodore, 52.1-2.
4-6. Voir *Notes complémentaires*, p. 380-381.

μετ' ἐπιστήμης κτώμεθα. Παρούσης δὲ ἐπιστήμης θαυ- 15
μαστὸν οὐδὲν μὴ παρεῖναι τὴν δύναμιν · δεῖ γὰρ καὶ τῆς
τοῦ παντὸς συμπνοίας καὶ τῆς ἀγαθῆς τύχης τῆς τούτων
προεστώσης.

Ταῦτα περὶ ἁπάσης εἴχομεν λέγειν τῆς προκειμένης
ῥήσεως · ἤδη δὲ καὶ τὰ καθ' ἕκαστα διέλθωμεν. Τὸ μὲν 20
τοίνυν εὖ οἶδα καὶ οὐκ εἰκάζω μετὰ τοὺς λόγους καὶ
τὰς ὑπομνήσεις ἀναγκαίως πρόσκειται · διὰ πολλῶν γὰρ
ἑαυτὸν ἐπιδείξας ἐπιστήμονα, εἰκότως λοιπὸν διϊσχυρί-
ζεται.

Τὸ δὲ ἅτε εἰδὼς ὅτι ἀληθῆ λέγω πάλιν εἰς ἑαυτὸν 25
ἐπιστρέφει τὸν Ἀλκιβιάδην καὶ τῶν αὐτοῦ διανοημάτων
ποιεῖ θεατήν.

Τὸ δὲ ὦ φίλε παῖ τὴν θεραπείαν ἔχει προσκειμένην
ἐν καιρῷ · βούλεται γὰρ αὐτὸν οἰκειώσασθαι καὶ συνάψαι
πρὸς ἑαυτόν, ἵνα ἐραστὴς γένηται διὰ τὴν ἔφεσιν τῆς 30
δυνάμεως / τῆς ἐν αὐτῷ τελέας ἐπιστήμης.   157

Ἡ δὲ αὖ ἐκ τῶν δύο πατέρων ἀνάκλησις ὅλην αὐτοῦ τὴν
ζωὴν συλλέγει καὶ οἰκειοῖ τῷ Σωκράτει · καὶ γὰρ τῆς ψυχῆς
τὸ μέν ἐστιν οἷον ἄρρεν, τὸ δὲ οἷον θῆλυ. Καὶ ἅμα τοὺς
δύο πατέρας ὀνομάζων ἐνδείκνυται αὐτῷ ὅτι οὔτε οἱ πρὸς 5
μητρὸς οὔτε οἱ πρὸς πατρὸς συγγενεῖς ἢ φίλοι πρὸς
ταύτην αὐτοῦ συντελοῦσι τὴν ἔφεσιν, ἀλλ' αὐτὸς μόνος
τέλος αὐτοῦ δύναται τῇ βουλήσει μετὰ τοῦ ἀγαθοῦ δαίμονος ἐπιθεῖναι.

Τὸ δὲ εἰς τὰ σὰ πράγματα καὶ εἰς σὲ πάλιν ἐν 10
ψυχῇ τὸν Ἀλκιβιάδην ἀφορίζεται · καὶ πράγματα μὲν
αὐτοῦ τὰς ἔξω προϊούσας ἐνεργείας καλεῖ καὶ τὴν τῆς
πόλεως προστασίαν καὶ τὴν τεῦξιν τῆς δυνάμεως, αὐτὸν
δὲ τὴν ψυχὴν τίθεται καὶ τὴν ἐν ταύτῃ τελειότητα.

---

156. 23 ἐπιστήμονα (uel ἐπιστάμενον) ci. Westerink : μόνον N.

< C'est justement pour cela ... avec l'aide du dieu, naturellement (105 D 5-E 5). >

Analogie avec les causes supérieures

Quelle est la nature de l'être appelé ici dieu et pour quelle raison il est ainsi nommé, je l'ai déjà dit à propos du prologue du dialogue. Disons maintenant encore que les démons divins[1] qui ont reçu en lot, au sein des démons, le plus haut rang et qui sont emplis directement depuis là-haut de la lumière divine, sont nommés tantôt démons, tantôt dieux : ils occupent, en effet, par rapport au reste du genre démonique, la position de dieux. Et nous avons déjà dit qu'autre est le démon chez les dieux, autre le seulement dieu, autre le seulement démon. En effet, les tout premiers d'entre les dieux échappent même à l'analogie démonique ; en tout cas, c'est à la fin des dieux intelligibles qu'est apparue pour la première fois la supériorité démonique par rapport aux autres dieux, tandis que les démons de deuxième et de troisième rang, de même qu'ils sont constitués par le caractère particulier des démons, n'ont aussi, de même, pas d'autre nom que celui de ' démons ' ; néanmoins les plus élevés d'entre les démons sont appelés aussi bien démons que dieux, car ils sont démons par essence, mais dieux par participation[2]. Et inversement, certains dieux à partir des intellectifs sont appelés démons, parce que, bien qu'ils soient des dieux sur le plan de l'existence, ils sont, par analogie, des démons. L'être donc, que Socrate, plus haut, appelait un démon, il l'appelle présentement un dieu, pour la raison que l'on vient de dire ; cet être fait partie, en effet, des démons divins, comme on l'a dit plus haut. Que si quelqu'un, parce que les démons dépendent des dieux et que ce qui nous concerne est mené à sa perfection grâce à leur commune providence, disait[3] // que démonique et divin paraissent se confondre, il ne faut pas non plus rejeter cette explication. Le divin, en effet, ne s'oppose pas au

1-3. Voir *Notes complémentaires*, p. 381.

⟨ Διὸ δὴ καὶ ... / μετὰ τοῦ θεοῦ μέντοι. 105 D-E. ⟩   **158**

Τίς ὁ λεγόμενος ἐνταῦθα θεὸς καὶ διὰ ποίαν αἰτίαν οὕτως
ἐπονομάζεται, λέλεκταί μοι κὸν τοῖς προοιμίοις τοῦ διαλόγου. Λεγέσθω δὲ καὶ νῦν ὡς οἱ θεῖοι δαίμονες τὴν ἀκρο-
τάτην τάξιν ἐν τοῖς δαίμοσι λαχόντες καὶ πληρούμενοι 5
προσεχῶς ἄνωθεν τοῦ θείου φωτὸς ποτὲ μὲν δαίμονες,
ποτὲ δὲ θεοὶ καλοῦνται · θεῶν γὰρ ἔχουσι πρὸς τὸ λοιπὸν
δαιμόνιον τάξιν. Καὶ εἴπομεν ὡς ἄλλος μέν ἐστιν ὁ ἐν θεοῖς
δαίμων, ἄλλος δὲ ὁ θεὸς μόνον, ἄλλος δὲ ὁ δαίμων μόνον.
Οἱ μὲν γὰρ πρώτιστοι τῶν θεῶν ἐπέκεινα καὶ τῆς τῶν 10
δαιμόνων εἰσὶν ἀναλογίας · πρὸς γοῦν τῷ τέλει τῶν νοητῶν
ἀνεφάνη πρῶτον ἡ δαιμονία πρὸς τοὺς ἄλλους θεοὺς
ὑπεροχή · οἱ δὲ δεύτεροι καὶ τρίτοι δαίμονες, ὥσπερ
ὑφεστήκασιν ἐν τῇ τῶν δαιμόνων ἰδιότητι, οὕτω καὶ
ὀνομάζονται δαίμονες μόνον · οἱ δέ γε ἀκρότατοι τῶν 15
δαιμόνων καὶ θεοὶ καλοῦνται καὶ δαίμονες, δαίμονες
μὲν ὄντες κατ' οὐσίαν, θεοὶ δὲ κατὰ μέθεξιν. Καὶ αὖ τῶν
θεῶν ἀπὸ τῶν νοερῶν ἀρξάμενοί τινες προσαγορεύονται
δαίμονες, θεοὶ μὲν ὄντες κατὰ τὴν ὕπαρξιν, δαίμονες δὲ
κατὰ τὴν ἀναλογίαν. Ὃν τοίνυν δαίμονα πρόσθεν Σωκράτης 20
ἀπεκάλει, τοῦτον ἐν τοῖς παροῦσι θεὸν προσαγορεύει διὰ
ταύτην τὴν αἰτίαν · τῶν γὰρ θείων ἐστὶ δαιμόνων, ὡς
εἴρηται πρότερον. Εἰ δὲ καὶ ὅτι τῶν θεῶν οἱ δαίμονες
ἐξήρτηνται καὶ κατὰ τὴν κοινὴν αὐτῶν πρόνοιαν ἀπο-
τελεῖται τὰ περὶ ἡμᾶς λέγοι τις κατὰ τὰ αὐτὰ καὶ τὸ 25
δαιμόνιον δοκεῖν καὶ τὸ θεῖον, οὐδ' / οὗτος ὁ λόγος **159**
ἀπόβλητος. Οὐ γὰρ ἀντιμάχεται τῷ δαιμονίῳ τὸ θεῖον

---

158. 3 λέλεκταί μοι : cf. supra, p. 72.14-74.9 ‖ 8 εἴπομεν :
cf. supra, p. 79.6 ss ‖ 20 cf. *Alc.* 103 A 5 ‖ 22-23 ὡς εἴρηται
πρότερον : cf. supra, p. 78.10-79.16.

démonique non plus que la providence exercée par les
bons démons n'est séparée de la volonté des dieux,
dès là que même l'activité des hommes de bien ne
s'écarte pas du don divin : car c'est selon dieu que
donnent et le démon et l'homme de bien. Et, de nouveau,
tu as là, révélée, la série des causes boniformes. Socrate,
en effet, a regard au démon et au soin du démon, le
démon au dieu dont *il est le suivant* ; et Socrate
est rattaché au divin par l'intermédiaire du démonique
et lui aussi agit, en tout, en conformité avec le dieu,
parce que son démon lui révèle la volonté divine.

Autre analogie — Voilà donc l'analogie avec les
causes supérieures ; mais selon une
autre échelle[1], on peut dire que ce qu'est Alcibiade à
Socrate, la multitude des Athéniens l'est à Alcibiade.
Car de même que toi, dit-il, tu espères avoir un jour
un très grand pouvoir sur la cité, de même, moi aussi,
j'espère avoir un très grand pouvoir sur toi. Il faut,
en effet, que le multiple dépende de l'un coordonné,
et l'un coordonné de l'Un transcendant[2] ; et, de fait,
toutes les processions des êtres s'accomplissent de cette
façon. En réunissant l'une et l'autre analogies, on peut
dire que Socrate est le moyen terme entre deux extrêmes : lui-même est rattaché à un démon et à un dieu,
mais de lui, il fait dépendre et son aimé et la multitude
des Athéniens ; et de la sorte, il devient pour tous les
êtres, même pour les plus humbles, cause de la participation au divin. Et certains termes sont éloignés au
maximum l'un de l'autre (le multiple et le divin),
tandis que les autres remplissent l'espace intermédiaire
entre les extrêmes[3]. Par exemple, si tu veux raisonner
// sur une seule âme : représente-toi le multiple comme
correspondant au concupiscible (car il est *comme le
peuple dans la cité*[4], dit l'Étranger d'Athènes, ou tout
simplement *le monstre à têtes multiples*[5], comme dit
Socrate dans la *République*) ; Alcibiade comme corres-

1-4. Voir *Notes complémentaires*, p. 381-382.
5. Cf. *In Remp.*, I 225.16 ss ; 226.8 ss.

οὐδὲ ἡ τῶν ἀγαθῶν δαιμόνων πρόνοια τῆς τῶν θεῶν
ἀπέσπασται βουλήσεως, ὅπου γε οὐδ' ἡ τῶν σπουδαίων
ἀνδρῶν ἐνέργεια τῆς θείας δόσεως ἀφέστηκε · κατὰ θεὸν
γὰρ καὶ ὁ δαίμων δίδωσι καὶ ὁ ἀγαθὸς ἀνήρ. Καὶ ἔχεις 5
πάλιν ἐνταῦθα τὴν σειρὰν τῶν ἀγαθοειδῶν αἰτίων ἐκφαι-
νομένην. Ὁ μὲν γὰρ Σωκράτης εἰς δαίμονα βλέπει καὶ τὴν
τοῦ δαίμονος προμήθειαν, ὁ δὲ δαίμων εἰς τὸν θεὸν οὗ ἐστιν
ὀπαδός · καὶ συνάπτεται τῷ θείῳ διὰ τοῦ δαιμονίου ὁ
Σωκράτης, καὶ πάντα καὶ οὗτος ἐνεργεῖ κατὰ θεόν, τοῦ 10
δαίμονος αὐτῷ τὴν θείαν βούλησιν ἐκφαίνοντος.

Αὕτη μὲν οὖν ἀναλογία τῶν κρειττόνων αἰτίων · κατ'
ἄλλην δὲ αὖθις συστοιχίαν, ὅπερ ἐστὶν Ἀλκιβιάδης πρὸς
τὸν Σωκράτην, τοῦτο τὸ πλῆθος τῶν Ἀθηναίων πρὸς τὸν
Ἀλκιβιάδην. Ὥσπερ γὰρ σύ, φησίν, ἐν τῇ πόλει μέγιστον 15
δυνήσεσθαι προσδοκᾷς, οὕτω καὶ ἐγὼ παρὰ σοί. Δεῖ γὰρ
τὸ μὲν πλῆθος ἑνὸς ἐξάπτειν τοῦ συντεταγμένου, τὸ δὲ
συντεταγμένον ἓν τοῦ ἐξῃρημένου · καὶ γὰρ αἱ πρόοδοι
πᾶσαι τῶν ὄντων τοῦτον ἐπιτελοῦνται τὸν τρόπον. Κατ'
ἀμφοτέρας δὴ οὖν τὰς ἀναλογίας ὁ Σωκράτης ἐστὶ δυοῖν 20
ὅρων μέσος, αὐτὸς μὲν εἰς δαίμονα καὶ θεὸν ἀνηρτημένος,
ἑαυτοῦ δὲ ἐξάπτων τόν τε ἐρώμενον καὶ τὸ πλῆθος τῶν
Ἀθηναίων · καὶ οὕτω δὴ πᾶσιν αἴτιος γίνεται τῆς τοῦ
θείου μετουσίας, καὶ τοῖς χείροσι. Καὶ τὰ μὲν πλεῖστον
ἀφέστηκε, τό τε πλῆθος καὶ τὸ θεῖον, τὰ δὲ συμπληροῖ 25
τὰς τούτων μεσότητας. Οἷον εἰ βούλει λέγειν ἐπὶ μιᾶς
ψυχῆς, τὸ μὲν πλῆθός σοι νοείσθω τὸ / ἐπιθυμητικόν (τοῦτο **160**
γὰρ ἐστιν ὅπερ δῆμος ἐν πόλει, φησὶν ὁ Ἀθηναῖος
ξένος, καὶ ὅλως τὸ πολυκέφαλον θηρίον, ὡς ὁ ἐν Πολιτείᾳ φησὶ Σωκράτης), ὁ δὲ Ἀλκιβιάδης κατὰ τὸν θυμὸν

159. 9 = *Phdr.* 252 C 3.
160. 1-3 = *Legg.* III 689 B 1-2 ‖ 3-4 = *Rsp.* IX 588 C 7-8.

159. 3 οὐδ' ex καὶ N ‖ 12 an ⟨ἡ⟩ ἀναλογία leg. ?

pondant à l'irascible (car c'est là que gît le désir d'honneurs ; or, son désir se porte sur la domination), Socrate comme correspondant à la raison (car c'est en lui qu'est la science : ce qui fait qu'il est une sorte de bon démon pour Alcibiade ; et, de fait, Timée appelle la raison un démon pour les puissances inférieures de l'âme[1]) ; et comme étant au-dessus de la raison, le bon démon qui, précisément, meut Socrate au bien et, au-dessus du démon, le dieu dont il dépend et auquel il réfère son existence. On comprend alors que Socrate, en tant qu'immédiatement supérieur au jeune homme, déclare qu'il sera pour lui cause de biens, avec le concours du dieu naturellement.

Sur l'ordre du discours de Socrate

Davantage, il faut encore noter, à propos de ce texte, comment Socrate a procédé en ordre. En effet, dans ce qui précède, il déclare lui-même qu'il s'occupe d'Alcibiade *(Par quoi tu connaîtras que j'ai toujours tourné mon intellect vers toi)* ; dans le présent texte, il déclare qu'il va lui-même lui donner cette puissance ; et, à la fin de ce texte[2], // il a également révélé au jeune homme la providence du dieu. Intellect aussi bien que puissance ont procédé d'abord à partir du dieu, mais la puissance totale a procédé immédiatement de lui, tandis que l'intellect vient au troisième rang après le dieu[3] : voilà pourquoi l'imparfait participe d'abord à l'intellect, ensuite à la puissance, enfin au dieu qui justement dispense ces deux-là. Si donc Socrate *a tourné son intellect*, c'est qu'il est doté d'intellect ; s'il est cause pour d'autres de *puissance*, c'est qu'il est puissant ; s'il accomplit tout *avec le concours du dieu*, c'est qu'il est divinement inspiré. Eh bien, il n'était pas possible au jeune homme de considérer tout cela ensemble : voilà pourquoi Socrate lui a révélé chaque chose à son tour. En même temps, ce texte montre clairement comment les participations commencent par les êtres dégradés et comment les

1-3. Voir *Notes complémentaires*, p. 382.

(ἐκεῖ γὰρ τὸ φιλότιμον, ἐπεὶ τῆς δυναστείας ἡ ἔφεσις), ὁ 5
δὲ Σωκράτης κατὰ τὸν λόγον (ἐν τούτῳ γὰρ ἡ ἐπιστήμη ·
διὸ καὶ οἷον δαίμων ἐστὶν ἀγαθὸς τοῦ Ἀλκιβιάδου, καὶ
γὰρ ὁ Τίμαιος τὸν λόγον δαίμονα τῶν ἐνταῦθα καλεῖ
δυνάμεων), ὑπὲρ δὲ τὸν λόγον ὁ ἀγαθὸς δαίμων ὁ καὶ κινῶν
τὸν Σωκράτην πρὸς τὸ ἀγαθόν, καὶ ὑπὲρ τοῦτον ὁ θεός, 10
εἰς ὃν καὶ ὁ δαίμων ἀνήρτηται καὶ περὶ ὃν ἔχει τὴν ὑπόστασιν. Εἰκότως ἄρα ὁ Σωκράτης, ἅτε προσεχῶς ὑπεριδρυ-
μένος τοῦ νεανίσκου, φησὶν αὐτὸς αἴτιος αὐτῷ τῶν ἀγαθῶν
ἔσεσθαι, μετὰ τούτου μέντοι.

Καὶ δὴ καὶ ἐπισημαντέον πάλιν ἐν τούτοις ὅπως ὁ 15
Σωκράτης ἐν τάξει προῆλθε. Πρὸ μὲν γὰρ τῶν λόγων
τούτων αὐτός φησι προμηθεῖσθαι τοῦ Ἀλκιβιάδου (ᾧ καὶ
γνώσῃ ὅτι προσέχων γέ σοι τὸν νοῦν διατετέλεκα) ·
διὰ δὲ τῶν λόγων τούτων τὴν δύναμιν αὐτῷ ταύτην αὐτὸς
παραδώσειν · ἐπὶ δὲ τοῖς λόγοις τούτοις καὶ τοῦ θεοῦ 20
τὴν / πρόνοιαν ἐξέφηνε τῷ νεανίσκῳ. Καὶ ὁ νοῦς καὶ ἡ **161**
δύναμις πρώτως ἐκ τοῦ θεοῦ τὴν πρόοδον ἔλαχον, ἀλλ᾽ ἡ
μὲν ὅλη δύναμις προσεχῶς ἀπ᾽ αὐτοῦ πρόεισιν, ὁ δὲ νοῦς
τρίτος ἐστὶν ἀπὸ τοῦ θεοῦ · διὸ καὶ νοῦ μετέχει πρῶτον ὁ
ἀτελής, εἶτα δυνάμεως, εἶτα θεοῦ τοῦ καὶ ταῦτα χορηγοῦν- 5
τος. Οὐκοῦν εἰ τὸν νοῦν ὁ Σωκράτης προσεῖχεν, ἔννους
ἐστίν · εἰ δὲ δυνάμεώς ἐστιν ἄλλοις αἴτιος, δυνάστης
ἐστίν · εἰ δὲ μετὰ θεοῦ πάντα πράττει, ἔνθεός ἐστιν. Ἀλλ᾽
οὐκ ἦν τῷ νεανίσκῳ δυνατὸν ἅμα ταῦτα πάντα συνιδεῖν ·
διὸ κατὰ μέρος αὐτὰ προέφηνεν ὁ Σωκράτης. Καὶ ἅμα διὰ 10
τούτων δῆλον ὅπως αἱ μεθέξεις ἀπὸ τῶν ὑφειμένων ἄρχονται

160. 8-9 cf. *Tim.* 90 A 2-4 ‖ 17-18 = *Alc.* 105 A 2-3.
161. 1-6 cf. *Or. Chald.* fr. 4 des Places (p. 13 Kroll).

161. 1 καί[1] : an καὶ <γὰρ> leg. ? (Westerink).

conversions s'effectuent vers les êtres proches d'abord et, cela fait, vers les plus divines d'entre les causes[1].

< Tant que tu étais trop jeune ... sans doute es-tu prêt à m'écouter. (105 E 6-106 A 1). >

C'est maintenant que Socrate explique ce qu'il a dit dans le prologue : *dont tu connaîtras plus tard la puissance* ; tout ce texte, en effet, est un véritable hymne en l'honneur de la providence du bon démon[2]. Car le fait que, d'une manière boniforme, le démon tantôt refrène l'impulsion de Socrate, tantôt lui laisse libre cours, voilà qui manifeste la puissance de soin du démon ; et qu'il soit appelé *dieu*, // témoigne qu'il occupe le rang le plus élevé dans l'espèce des démons[3]. Et, de nouveau, <considère >[4] le caractère progressif de l'enseignement de Socrate : auparavant, il appelait son démon démonique, mais maintenant il va jusqu'à l'appeler dieu. Car à ceux qui s'élèvent se révèle d'abord le caractère particulier des démons, ensuite seulement vient la participation à l'existence divine. Mais pourquoi *avant qu'Alcibiade ne fût plein d'un tel espoir le dieu ne laissait-il pas* Socrate *avoir un entretien*[5]? Est-ce parce que les hommes, quand ils sont enfants, ne peuvent pas encore vivre selon la partie de leur âme avide d'honneurs, mais plutôt selon le désir, tout de même qu'ils ne vivent pas non plus selon l'imagination, mais plutôt selon la sensation : car c'est à cet âge-là qu'ils sont le plus éloignés de la raison ; puis, lorsqu'ils ont avancé en âge, ceux qui possèdent une nature plus généreuse transcendent, enfin, en quelque façon, le tumulte[6] de la génération et passent aux plus nobles d'entre les passions ; et c'est justement à cet âge qu'ils peuvent être davantage disciplinés par la raison et devenir les auditeurs de la science. Par conséquent, tant qu'Alcibiade était un enfant, il n'était pas possible de lui parler de ces questions, mais maintenant qu'il est parvenu à l'âge, c'est le moment opportun pour lui présenter ces

1-6. Voir *Notes complémentaires*, p. 382.

καὶ ὅπως αἱ ἐπιστροφαὶ γίγνονται πρὸς τὰ σύνεγγυς πρῶτον, εἶθ᾽ οὕτως πρὸς τὰ θειότερα τῶν αἰτίων.

⟨ Νεωτέρῳ μὲν οὖν ... ἄν μου ἀκούσαις. 105 Ε-106 Α.⟩

Νῦν ἀποδίδωσι τὰ ἐν προοιμίοις ῥηθέντα ὁ Σωκράτης, 15 οὗ σὺ τὴν δύναμιν καὶ ὕστερον πεύσῃ· τῷ γὰρ ὄντι τῆς τοῦ δαίμονος προνοίας ὕμνος ἐστὶ πάντα ταῦτα. Τὸ γὰρ ἀγαθοειδῶς τοτὲ μὲν ἀνακόπτειν τοῦ Σωκράτους τὴν ὁρμήν, τοτὲ δὲ ἐφιέναι, δηλοῖ τῆς προμηθείας τῆς ἐκείνου τὴν δύναμιν · καὶ τὸ θεὸν αὐτὸν ἐπονομάζεσθαι ὑπερτά- 20 την αὐτῷ / τάξιν ἐν τῷ γένει τῶν δαιμόνων μαρτυρεῖ. Καὶ 162 αὖ πάλιν τὰ μέτρα τῆς ὑφηγήσεως · πρότερον μὲν γὰρ δαιμόνιον αὐτὸν ἐκάλει, νυνὶ δὲ καὶ θεόν. Τοῖς γὰρ ἀναγομένοις πρῶτον ἐκφαίνεται ἡ τῶν δαιμόνων ἰδιότης, ἔπειτα καὶ ἡ τῆς θείας ὑπάρξεως μέθεξις. Ἀλλὰ διὰ τί 5 πρὶν τοσαύτης ἐλπίδος γέμειν οὐκ εἴα ὁ θεὸς διαλέγεσθαι τὸν Σωκράτην ; Ἢ ὅτι παῖδες ὄντες οὔπω κατὰ τὸ φιλότιμον δύνανται ζῆν οἱ ἄνθρωποι, ἀλλὰ κατ᾽ ἐπιθυμίαν μᾶλλον, ὥσπερ οὐδὲ κατὰ φαντασίαν, ἀλλὰ μᾶλλον κατ᾽ αἴσθησιν · τότε τοίνυν πορρώτερόν εἰσι 10 τοῦ λόγου. Προελθόντες δὲ καθ᾽ ἡλικίαν ὑπερανέχουσί πως ἤδη τοῦ γενεσιουργοῦ κλύδωνος καὶ μεθίστανται πρὸς τὰ ἀστειότερα τῶν παθῶν οἱ φύσιν ἔχοντες ἁδροτέραν · τότε δὴ οὖν καὶ ὑπὸ λόγου ῥυθμίζεσθαι μᾶλλον δύνανται καὶ κατήκοοι γίνεσθαι τῆς ἐπιστήμης. Οὐκοῦν παιδὶ μὲν 15 ὄντι τῷ Ἀλκιβιάδῃ περὶ τούτων λέγειν οὐκ ἦν, εἰς δὲ ταύτην ἥκοντι τὴν ἡλικίαν καιρός ἐστι προσάγειν τοὺς

---

161. 16 = *Alc.* 103 A 6.
162. 3 cf. *Alc.* 103 A 5.

162. 1-2 καὶ αὖ : an καὶ ὅρα leg.?

sortes d'arguments. Pourquoi[1], d'autre part, Socrate
a-t-il assumé comme cause : *pour que je ne m'entretienne
pas en vain*? Est-ce parce que *la nature et dieu ne font
rien en vain*, comme le dit Aristote[2], et que dieu ne se
borne pas à ne rien faire en vain, mais n'est pas cause
non plus pour quiconque d'agir en vain, comme le dit
ici Socrate? De même, en effet, que dieu n'est pas cause
du mal[3] puisqu'il est bon, de même n'est-il pas non plus
cause du ' en vain ', puisqu'il est cause finale pour
tous les êtres ; non, c'est ce qui est sans but, indéterminé
et imparfait[4] qui est cause du ' en vain '. Et à quoi
bon m'étendre, dès là que beaucoup de choses qui, dans
le ressort des causes partielles, paraissent se produire
en vain ne se produisent pas en vain du fait de la cause
divine? // Comment donc le dieu permettrait-il de faire
quelque chose en vain[5], dès là que le dieu fait tourner
à notre avantage à chaque occasion cela même qui va
contre nos décisions. Il n'a donc évidemment pas non
plus permis à Socrate d'agir, lorsqu'il allait agir en
vain. Mais en quoi consiste *la permission* divine? Ne
consiste-t-elle pas à ne pas refréner le zèle de Socrate
et son soin provident à l'égard du jeune homme? Cela
montre aussi avec évidence qu'il n'est pas requis en
toutes circonstances que le démon nous pousse à
l'action : lorsque notre volonté est boniforme, le fait
que notre démon ne nous détourne ni ne nous empêche
est le signe que l'action nous convient. Voilà pourquoi
Socrate, lorsqu'il était empêché, obéissait à son démon,
mais lorsque le démon a cessé son opposition, Socrate
a considéré qu'il lui était permis de s'entretenir avec
son aimé et c'est fort de cette assurance qu'il l'a abordé.
Et nous-mêmes, nous devons respecter dans nos actions
ces règles de piété[6]. Nous ne devons, en effet, ni nous
dresser contre les défenses faites par notre bon démon
ni rester là inactifs, comme les superstitieux, à attendre
pour chaque action une incitation venant de là-haut ;
non, armés d'une volonté bonne et de raison, nous
devons entreprendre l'action.

1-6. Voir *Notes complémentaires*, p. 383.

τοιούτους λόγους. Διὰ τί δὲ ὡς αἰτία παρείληπται τὸ
ἵνα μὴ μάτην διαλεγοίμην; Ἢ ὅτι καὶ ἡ φύσις
καὶ ὁ θεὸς οὐδὲν ποιεῖ μάτην, ὥς φησιν Ἀριστοτέλης ·   20
καὶ οὐδὲ τοῦτο μόνον, ἀλλ' οὐδὲ ἄλλῳ τοῦ μάτην ἐνεργεῖν
αἴτιός ἐστιν, ὡς νυνί φησι Σωκράτης. Ὥσπερ γὰρ κακίας
αἴτιος οὐκ ἔστιν, ἀγαθὸς ὤν, οὕτως οὐδὲ τοῦ μάτην,
τέλος ὢν τοῖς πᾶσι · τὸ γὰρ ἄσκοπον καὶ ἀόριστον καὶ
ἀτελὲς τοῦ μάτην αἴτιόν ἐστι. Καὶ τί δεῖ λέγειν, ὅπου γε   25
πολλὰ καὶ τῶν ἐν τοῖς μερικοῖς αἰτίοις μάτην γίνεσθαι
δοκούντων διὰ τὴν θείαν αἰτίαν οὐ γίνεται μάτην ;
Πῶς ἂν οὖν ὁ θεὸς μάτην τι πράττειν ἐπιτρέποι ; / Καίτοι   **163**
τὸ παρὰ τὰς ἡμετέρας αἱρέσεις ὁ θεὸς εἰς τὸ ἀγαθὸν
ἑκάστοτε περιάγων εἰκότως ἄρα οὐδὲ τῷ Σωκράτει τότε
ἐνεργεῖν ἐφῆκεν, ὅτε δὴ μάτην ἔμελλεν ἐνεργεῖν. Ἀλλὰ
τί τὸ ἐφεῖναι τὸν θεόν ; Ἢ τὸ μὴ ἀνακόψαι τὴν σπουδὴν   5
αὐτοῦ καὶ τὴν εἰς τὸν νεανίσκον πρόνοιαν. Ὧι καὶ δῆλον
ὅτι οὐκ ἐκ παντὸς ἀπαιτεῖται τὸ δαίμονα κινεῖν ἡμᾶς ἐπὶ
τὰς πράξεις, ἀλλ' ὅταν ἀγαθοειδὴς ἡμῶν ἡ προαίρεσις ᾖ,
καὶ τὸ μὴ ἀποτρέπεσθαι μηδὲ ἐξείργεσθαι σημεῖόν ἐστι
τοῦ καθήκειν ἡμῖν τὴν πρᾶξιν. Διὸ καὶ ὁ Σωκράτης   10
κωλυόμενος μὲν ἐπείθετο τῷ δαιμονίῳ, παυσαμένου δὲ
ἐκείνου τῆς ἐναντιώσεως ἐφεῖσθαι νομίσας αὐτῷ τὴν πρὸς
τὸν ἐρώμενον συνουσίαν οὕτω θαρρῶν προσελήλυθε. Καὶ
φυλακτέον καὶ ἡμῖν ἐν ταῖς πράξεσι τὰ μέτρα ταῦτα τῆς
ὁσιότητος. Οὔτε γὰρ ἐνίστασθαι χρὴ ταῖς τῶν ἀγαθῶν   15
δαιμόνων ἀποτροπαῖς οὔτε κατὰ τοὺς δεισιδαίμονας ἀργοὺς
καθῆσθαι περιμένοντας ἐφ' ἑκάστοις τὴν ἐκεῖθεν προτροπήν,
ἀλλὰ προαίρεσιν ἀγαθὴν καὶ λογισμὸν προστησαμένους
ἅπτεσθαι δεῖ τῶν πράξεων.

---

162. 19-20 = Ar., *De Caelo* A 4, 271 a 33 (cf. supra, p. 85.23).

162. 21 τοῦτο Westerink : τούτῳ N ‖ 24 ὢν conie. Creuzer :
ἂν N.

163. 7 ἀπαιτεῖται Westerink : ἀπαιτεῖ N.

< Vraiment, Socrate, tu me sembles ... et sans toi ne le saurait? (106 A 2-8). >

Portrait de Socrate // C'était là ce que Socrate voulait accomplir par les paroles susdites : susciter chez le jeune homme admiration et étonnement pour, au moyen de cette admiration, tourner son aimé vers lui-même et le persuader de *s'attacher fermement* à sa providence *comme à un câble solide*[1] ; il voulait aussi le persuader de ne pas mépriser ses paroles à cause de sa vaine prétention (comme il l'a fait avec les amants multiples), de ne pas réclamer de lui d'honneurs à cause de son désir excessif (comme il réclame des honneurs des autres hommes) et de ne pas rivaliser avec lui pour le premier rang (comme il le fait avec son tuteur, Périclès). Et c'est pour obtenir ces résultats que Socrate a combiné la mention du dieu, l'indication du démon et l'usage philosophique du paradoxe[2] : ainsi parvient-il à frapper le jeune homme de toute façon, non pas au moyen d'objets matériels et externes (comme le faisaient les autres amants qui tentaient de le gagner à coup de chevaux, de chiens de chasse et d'argent), mais à l'aide de la philosophie, des démons et des dieux — toutes choses qui le frappaient d'étonnement parce qu'inconnues, et qui étaient plus efficaces à cause de leur immatérialité. Car tout ce qui est matériel est impuissant et faible ; et plus une chose est séparée de la matière, plus elle est impassible et efficace[3]. Voilà donc pourquoi, dans ce texte, Socrate a dépassé même la grandiloquence stoïcienne. Car que tirer d'autre de ce qu'il dit sinon que le sage seul est magistrat[4], qu'il est // seul souverain, seul roi, seul chef de tous les êtres, qu'il est seul libre et que tout ce

1. On retrouve ailleurs chez Proclus cette citation des *Lois* : cf. *Hypotyposis*, I 9, 4.25 ; *In Parm.*, IV 927.2-3 ; *In Remp.*, II 188. 2-3 ; voir aussi Porph., *Ad Marcellam*, 5, 107.12. Tous ces textes donnent la leçon ἀσφαλοῦς et confirment ainsi la correction de Westerink.
2-4. Voir *Notes complémentaires*, p. 384.

⟨ Πολύ γ᾽ ἐμοί, … ἔχεις λέγειν ; 106 A. ⟩   20

/ Τοῦτ᾽ ἦν ὃ καὶ ὁ Σωκράτης ἐβούλετο δρᾶσαι διὰ τῶν **164**
προειρημένων λόγων, εἰς θαῦμα καὶ ἔκπληξιν κινῆσαι τὸν
νεανίσκον, ἵνα διὰ μέσου τοῦ θαύματος τούτου πρὸς
ἑαυτὸν ἐπιστρέψῃ τὸν ἐρώμενον καὶ πείσῃ τῆς ἑαυτοῦ
προνοίας ὥσπερ ἀσφαλοῦς πείσματος ἀντέχεσθαι, 5
καὶ μήτε δι᾽ οἴησιν κενὴν ὑπερορᾶν τῶν αὐτοῦ λόγων,
ὥσπερ τῶν πολλῶν ἐραστῶν, μήτε διὰ τὴν τῆς ἐφέσεως
ὑπερβολὴν τὴν παρ᾽ αὐτοῦ τιμὴν ἀπαιτεῖν, ὥσπερ τὰς
παρὰ τῶν ἄλλων ἀνθρώπων, μήτε ὅλως πρὸς αὐτὸν ἁμιλ-
λᾶσθαι περὶ πρωτείων, ὥσπερ δὴ πρὸς τὸν ἐπίτροπον 10
αὐτοῦ Περικλέα. Διὰ ταῦτα γὰρ δὴ καὶ ἡ τοῦ θεοῦ μνήμη
καὶ ἡ τοῦ δαίμονος ἔνδειξις καὶ ἡ φιλόσοφος παραδοξο-
λογία μεμηχάνηται τῷ Σωκράτει, καταπλήττουσα πανταχόθεν αὐτόν, οὐκ ἀπὸ τῶν ὑλικῶν καὶ τῶν ἐκτός, ὥσπερ
οἱ ἄλλοι ἐρασταὶ διὰ χρημάτων αὐτὸν καὶ ἵππων καὶ 15
κυνῶν θηρατικῶν προσήγοντο, ἀλλὰ διὰ φιλοσοφίας, διὰ
δαιμόνων, διὰ θεῶν, ἃ δὴ καὶ διὰ τὸ ἄγνωστον ἐξέπληττεν
αὐτὸν καὶ διὰ τὸ ἄϋλον μᾶλλον ὑπῆρχε δραστήρια. Πᾶν
γὰρ τὸ ἔνυλον ἀδρανές ἐστι καὶ ἀσθενές, ὅσῳ δ᾽ ἄν τι
τῆς ὕλης ᾖ χωριστόν, τοσούτῳ μᾶλλόν ἐστι καὶ ἀπαθέστε- 20
ρον καὶ δραστικώτερον. Ταῦτ᾽ ἄρα καὶ τὴν Στωϊκὴν
μεγαληγορίαν ὑπερβέβληκεν ὁ Σωκράτης ἐν τούτοις. Τί γὰρ
ἄλλο ἐστὶν ἐκ τῶν εἰρημένων συνάγειν ἢ ὅτι μόνος ἄρχων
ὁ σπουδαῖος, μόνος δυνάστης, μόνος βασιλεύς, / μόνος **165**
ἡγεμὼν πάντων, μόνος ἐλεύθερος, καὶ ὅτι πάντα τῶν

---

164. 5 = *Legg.* X 893 B 3-4 ∥ 21-**165.** 3 = SVF III 618.

164. 3 μόνου sscr. μέσου N m. pr. ∥ 5 ἀσφαλοῦς Westerink
ex Plat. libris : ἀφανοῦς N ∥ 6 αὐτοῦ Westerink : αὑτοῦ N ∥
14 αὐτὸν Westerink : αὐτῶν N.

qui appartient aux dieux appartient aussi aux sages.
Car *communs sont les biens des amis*[1] : si donc tout
appartient aux dieux, tout appartient aussi aux sages[2].
C'est pour cela, en effet, qu'il a promis de donner à
Alcibiade *avec l'aide du dieu* la puissance et de le faire
magistrat et maître de toutes choses après lui avoir
donné part à la science du commandement. Car de
même que nous nommons charpentier non pas celui
qui possède les outils du charpentier, mais celui qui
a acquis cet art, de même aussi nous nommons magistrat
et roi celui qui possède la science royale, et non pas
celui qui domine sur le multiple[3]. Car la puissance
apparente n'est qu'un instrument et ce qui l'utilise,
c'est l'habitus ; or, sans cet habitus, il ne saurait y
avoir ni magistrat ni roi.

Présentement donc, Socrate a suscité en Alcibiade
une admiration plus grande : Tu me parais, maintenant,
dit-il, en effet, plus admirable que *lorsque tu me suivais
en silence*. Par conséquent, aussi bien lorsqu'il est
silencieux que lorsqu'il parle, le sage est digne d'admiration pour ceux qui ont une nature semblable ; tel
n'est pas le cas du méchant : au contraire, quand il se
tait il est plein de méchanceté cachée, et quand il parle,
il est vil. Le jeune homme donc, étonné par ces deux
choses, silence et discours de Socrate, a regardé tout
juste, semble-t-il, Socrate comme une sorte de démon.
Car que Socrate le suive en silence est démonique (et de
fait, nous avons accoutumé d'appeler le bon démon
notre compagnon de route[4] et il nous suit, dit-on, par
une impulsion divine), et d'autre part, qu'ayant parlé,
il paraisse encore plus admirable, voilà qui, à nouveau,
convient aux êtres qui nous sont supérieurs. // Car
plus nous avons le sentiment de la puissance des êtres
supérieurs, plus nous les admirons. Voici, si tu le veux
bien, un exemple : bien qu'Asclépios sauveur[5] nous
maintienne présentement en bonne santé, et qu'il nous
sauve toujours, bien qu'il possède en lui-même des
activités plus divines que celles qui procèdent à l'exté-

σπουδαίων ἐστὶν ὅσα καὶ τῶν θεῶν. Κοινὰ γὰρ τὰ
φίλων· εἴπερ οὖν πάντα τῶν θεῶν, πάντα καὶ τῶν σπουδαίων. Διὰ γὰρ ταῦτα καὶ μετὰ θεοῦ παραδώσειν ὑπέσχετο 5
τὴν δύναμιν καὶ ἄρχοντα ποιήσειν καὶ ἐγκρατῆ πάντων,
ἐπιστήμης ἀρχικῆς μεταδούς. Ὡς γὰρ τέκτονα λέγομεν
οὐ τὸν ἔχοντα τὰ ὄργανα τοῦ τέκτονος, ἀλλὰ τὸν τὴν
τέχνην κεκτημένον, οὕτω καὶ ἄρχοντα καὶ βασιλέα τὸν
ἔχοντα τὴν βασιλικὴν ἐπιστήμην, ἀλλ' οὐ τὸν κρατοῦντα 10
πολλῶν. Ὄργανον γάρ ἐστιν ἡ φαινομένη δύναμις, τὸ δὲ
χρώμενον ἡ ἕξις· χωρὶς δὲ ταύτης οὐκ ἄν ποτέ τις ἄρχων εἴη
καὶ βασιλεύς.

Τὸ παρὸν τοίνυν εἰς πλέον θαῦμα Ἀλκιβιάδην ἤγειρε·
πλέον γάρ μοι, φησί, νῦν φαίνῃ θαυμαστὸς ἢ ὅτε σιγῶν 15
εἶπου. Καὶ σιωπῶν ἄρα καὶ φθεγγόμενός ἐστιν ὁ σπουδαῖος θαύματος τοῖς συμπεφυκόσιν ἄξιος· ἀλλ' οὐχ ὅ γε
κακὸς τοιοῦτος, ἀλλὰ καὶ σιωπῶν ὕπουλός ἐστι καὶ φθεγγόμενος ἀηδής. Ἔοικε δὴ οὖν ὁ νεανίσκος καταπλαγεὶς
δι' ἀμφότερα, καὶ τὴν σιωπὴν τοῦ Σωκράτους καὶ τοὺς 20
λόγους, ἄντικρυς οἷον δαίμονα αὐτὸν ὑπολαβεῖν. Τὸ
γὰρ σιγῶντα ἕπεσθαι δαιμόνιόν ἐστι, καὶ γὰρ τὸν ἀγαθὸν
δαίμονα σύμπορον ἡμῶν εἰώθασι λέγειν καὶ ἕπεσθαί
φασιν ἡμῖν αὐτὸν ἐκ θείας ὁρμῆς· καὶ τὸ φθεγξάμενον
ἔτι μειζόνως φαίνεσθαι θαυμαστὸν αὐτοῖς προσήκει πάλιν 25
τοῖς κρείττοσιν ἡμῶν. Ὅσῳ γὰρ πλέον συναισθανόμεθα
τῆς τῶν κρειττόνων δυνά/μεως, τοσούτῳ μᾶλλον αὐτοὺς **166**
τεθήπαμεν. Οἷον εἰ βούλει καὶ τοῦ σωτῆρος Ἀσκληπιοῦ
καὶ νῦν ὑγιάζοντος ἡμᾶς καὶ ἀεὶ σῴζοντος καὶ ἔχοντος ἐν
ἑαυτῷ θειοτέρας ἐνεργείας τῶν ἔξω προϊουσῶν, ὅμως

---

165. 3-4 = v.g. Eur., *Or.* 735 uel *Phdr.* 279 C 6-7 ‖ 5 = *Alc.*
105 E 5 ‖ 7-13 = SVF III 618 ‖ 23 cf. *Phd.* 108 C 4.

165. 25 an αὐτῷ leg. ? (Westerink).

rieur, eh bien, pourtant, nous le célébrons davantage lorsque nous obtenons de lui quelque manifestation : car nous voulons que jusqu'à ce qui est vivant[1] en nous ait le sentiment de ce don divin[2]. C'est en ce sens que, me semble-t-il, le jeune homme déclare que Socrate est maintenant plus admirable : car c'est maintenant qu'il a conscience de Socrate ; auparavant, il ne le voyait que silencieux et marchant à sa suite. Lorsqu'il est silencieux donc, le sage est admirable en tant que très semblable au genre secret et inconnaissable des dieux, et quand il parle, il est encore plus admirable parce qu'il s'assimile à ce qui révèle le divin. Car tout le divin est tel : par toutes ses puissances, il est admirable, qu'il soit connu ou demeure inconnu[3] ; de même que ce qui est *obscur et athée*[4] est d'autant plus méprisé qu'il est mieux connu.

Portrait d'Alcibiade Tel est donc Socrate et, en somme, il apparaît désormais aux yeux du jeune homme comme très puissant : il a suscité en lui étonnement et admiration à son endroit. Quelle est la nature d'Alcibiade, ce texte aussi le révèle[5] : à la fois bien doué et assuré, n'admettant pas dans son âme le mensonge ni n'avouant nettement qu'il est ambitieux et épris de pouvoir. Et il est arrivé quelque chose de ce genre à Charmide dans le dialogue du même nom. // En effet, interrogé sur la sagesse, Charmide déclare qu'il est embarrassé pour répondre : « Car si je dis que je suis sage, ma réponse est impudente, mais si je le nie, je serai mon propre accusateur. » Eh bien ! c'est justement cela qui arrive dans le présent passage à Alcibiade : et en effet, s'il reconnaissait désirer le pouvoir, il s'accusait lui-même d'ambition

---

1. Τὸ ζῷον ἡμῶν : sur le sens de cette expression, cf. Dodds, commentaire p. 244, 296 (et *In Tim.*, II 285.27 ss) ; voir aussi le traité 53 de Plotin Τί τὸ ζῷον ; (I 1) et particulièrement § 7.18 ss.

2. Comparer Ol., 59.10-12.

3-5. Voir *Notes complémentaires*, p. 385.

μᾶλλον αὐτὸν ἀνυμνοῦμεν ὅταν τινὸς ἐπιφανείας τύχωμεν · 5
ἐθέλομεν γὰρ καὶ τὸ ζῷον ἡμῶν συναισθάνεσθαι τῆς τοῦ
θεοῦ δόσεως. Ταύτῃ μοι δοκεῖ καὶ ὁ νεανίσκος νυνὶ θαυμα-
στότερον εἶναι φῆσαι τὸν Σωκράτην · νυνὶ γὰρ αὐτοῦ
συναισθάνεται, ἐν δὲ τῷ πρόσθεν χρόνῳ σιγῶντα μόνον
ἑώρα καὶ παρεπόμενον. Σιγῶν τε οὖν ἐστὶ θαυμαστὸς ὁ 10
σοφὸς ὡς τῷ κρυφίῳ καὶ ἀγνώστῳ γένει τῶν θεῶν ὁμοιότα-
τος, καὶ φθεγγόμενος ἔτι μειζόνως θαύματος ἄξιος τῷ
ἐκφαντορικῷ τοῦ θείου προσεικάζων ἑαυτόν. Πᾶν γὰρ δὴ
τὸ θεῖον τοιοῦτόν ἐστι · κατὰ πάσας ἑαυτοῦ τὰς δυνάμεις
θαυμαστὸν φαίνεται, καὶ γινωσκόμενον καὶ ἄγνωστον 15
μένον · ὥσπερ δὴ τὸ ἄθεον καὶ σκοτεινὸν ὅσῳ γινώσκεται, τοσούτῳ μᾶλλόν ἐστιν εὐκαταφρονητότερον.

Ὁ μὲν οὖν Σωκράτης τοιοῦτος, καὶ ὅλως ἤδη μέγιστον
πέφηνε τῷ νεανίσκῳ δυνηθείς · κεκίνηκε γὰρ αὐτὸν εἰς
τὴν ἔκπληξιν καὶ τὸ θαῦμα τὸ περὶ ἑαυτόν. Ὁ δὲ Ἀλκι- 20
βιάδης ὁποῖος, καὶ διὰ τούτων ἀναφαίνεται · εὐφυὴς
ἅμα καὶ ἀσφαλής, οὔτε τὸ ψεῦδος προσιέμενος εἰς τὴν
ἑαυτοῦ ζωὴν οὔτε ἄντικρυς ὁμολογῶν φίλαρχος εἶναι
καὶ δυναστείας ἐραστής. Καὶ πέπονθέ τι τοιοῦτον πάθος
[δή τι] καὶ ὁ Χαρμίδης, ἐν τῷ ὁμωνύμῳ διαλόγῳ. Καὶ γὰρ 25
ἐκεῖνος περὶ σωφροσύνης ἐρωτηθεὶς ἄπορον / αὐτῷ τὴν **167**
ἀπόκρισιν εἶναι λέγει · κἄν τε γὰρ φῶ σωφρονεῖν φορτικὸς
ὁ λόγος, κἄν τε μὴ φῶ κατήγορος ἔσομαι ἐμαυτοῦ. Τοῦτο
δὴ οὖν καὶ ὁ Ἀλκιβιάδης ἐν τοῖς προκειμένοις πέπονθε ·
καὶ γὰρ ὁμολογήσας δυναστείας ἐρᾶν κατηγόρει ἑαυτοῦ 5

166. 16 = *Alc.* 134 E 4 ‖ 24 - **167.** 3 cf. *Charm.* 158 C 7-D 6.

166. 12 μείζονος, sscr. ως N ‖ 18 ὅλως Westerink : ὅμως N ‖
25 δή τι del. Westerink (N primum scripserat τι τοιοῦτον
πάθος · τοιοῦτον δή τι π ; tum alterum τοιοῦτον induxit et καὶ
fecit ex π, unde cod. D legit : τι τοιοῦτον πάθος δή τι καί).
167. 5 κατηγόρει Westerink : κατηγορεῖ N.

et s'il ne le reconnaissait pas, il mentait. Pressé par ces difficultés, il a trouvé, grâce à son talent naturel, une manière de s'en sortir : il ne fait pas sa réponse catégoriquement mais hypothétiquement, et n'assume pas non plus la seule affirmation mais aussi la négation : « *En effet, si j'ai ces pensées en tête ou non, à ce qu'il semble, tu en as déjà décidé.* » Et l'on peut encore, en passant aux réalités[1] à partir de ce texte, voir que les causes les plus parfaites sont pures de toute privation, tandis que les êtres les plus bas[2] sont mêlés de non-être ; et que les uns sont restés établis dans la forme, tandis que les autres glissent jusqu'à la privation[3]. Socrate, en tout cas, s'est exprimé sur un seul mode[4] et d'une manière précise, en disant : « Ce sont là tes pensées », autrement dit, il n'a énoncé que l'un des deux membres constituant l'opposition ; au contraire Alcibiade exprime à la fois les deux membres et, qui plus est, hypothétiquement : « *Si j'ai ces pensées en tête ou non, à ce qu'il semble, tu en as déjà décidé ; et si je prétends ne pas les avoir, tu n'en seras pas pour autant convaincu.* » Et cela se comprend : l'être supérieur n'admet[5] en lui rien qui vienne des inférieurs, tout de même que le ciel ne pâtit en rien sous l'effet du changement des êtres sublunaires, non plus que la cause immobile sous l'effet du mouvement des êtres encosmiques, non plus que les êtres éternels sous l'effet des êtres dont l'acte se déploie dans le temps, non plus, enfin, que l'être qui connaît sur le mode nécessaire ne subit d'altération sous l'effet de l'objet connu, s'il est contingent[6]. Selon ce principe, Alcibiade aussi n'exerce aucune action // sur Socrate du fait de son refus, pas plus que par sa dissimulation il ne réfute la science stable de celui-ci, puisque, après avoir reconnu hypothétiquement que telles sont ses pensées et tout en admirant la promesse de Socrate, il lui demande de dire « *comment grâce à toi ces desseins se réaliseront et sans toi ne le sauraient* ». Et il a ajouté d'une manière tout à fait étonnante : « *Peux-tu le dire?* », parce que

1-6. Voir *Notes complémentaires*, p. 385.

ὡς φιλάρχου καὶ μὴ ὁμολογήσας ἐψεύδετο. Τούτοις δὴ
συνεχόμενος τοῖς ἀπόροις δι' εὐφυῖαν εὗρέ τινα ἀποστρο-
φήν· οὐ γὰρ κατηγορικῶς, ἀλλ' ὑποθετικῶς προάγει
τοὺς λόγους, οὐδὲ μόνα τὰ καταφατικὰ παραλαμβάνει,
ἀλλὰ καὶ τὰ ἀποφατικά. Εἴτε γάρ, φησίν ἐγὼ ταῦτα 10
διανοοῦμαι εἴτε μή, ὡς ἔοικε διέγνωκας. Καὶ ἔχεις
πάλιν ἐκ τούτων ἐπὶ τὰ πράγματα μετιὼν ὁρᾶν, ὅτι τὰ
μὲν τελειότερα αἴτια καθαρεύει πάσης στερήσεως, τὰ δὲ
κοιλότερα τῷ μὴ ὄντι συμπλέκεται· καὶ τὰ μὲν ἔστηκεν
ἐν τῷ εἴδει, τὰ δὲ ῥέπει καὶ εἰς τὴν στέρησιν. Ὁ μέντοι 15
γε Σωκράτης μονοειδῶς ἔλεγεν, ὅτι ταῦτα ἐστι τὰ δια-
νοήματά σου, καὶ ἀραρότως, θάτερον μόριον τῆς ἀντιφά-
σεως· ὁ δὲ ἐπ' ἄμφω φέρεται, καὶ ταῦτα ἐξ ὑποθέσεως·
εἴτε διανοοῦμαι εἴτε μή, ὡς ἔοικε διέγνωκας, καὶ
ἐὰν μὴ φῶ, οὐδέν μοι πλέον ἔσται πρὸς τὸ πείθειν 20
σε. Καὶ τοῦτο εἰκότως· οὐδὲν γὰρ ἀπὸ τῶν χειρόνων εἰς
ἑαυτὸ τὸ κρεῖττον εἰσδέχεται, ὥσπερ οὐδὲ ὁ οὐρανὸς ἐκ
τῆς μεταβολῆς πάσχει τι τῶν ὑπὸ σελήνην, οὐδὲ τὸ
ἀκίνητον αἴτιον ἐκ τῆς κινήσεως τῶν ἐγκοσμίων, οὐδὲ
ὅλως τὰ αἰώνια ἐκ τῶν κατὰ χρόνον ἐνεργούντων, οὐδὲ 25
ὅλως τὸ ἀναγκαίως πάντα γινῶσκον τροπὴν ὑπομένει κατὰ
τὸ γνωστόν, ἂν ἐνδεχόμενον ᾖ. Κατὰ δὴ τοῦτον τὸν λόγον
καὶ ὁ Ἀλκιβιάδης οὐδὲν εἰς τὸν Σωκράτην δρᾷ διὰ τῆς
οἰκείας ἀρνήσεως, / οὐδὲ διὰ τῆς ἐπικρύψεως ἐλέγχει τὴν **168**
μόνιμον ἐκείνου γνῶσιν· ἐπειδὴ τούτοις συγχωρήσας ἐξ
ὑποθέσεως, ὅτι ταῦτα διανοεῖται, καὶ θαυμάζων ἅμα τὴν
Σωκράτους ὑπόσχεσιν, ἀπαιτεῖ λέγειν αὐτὸν πῶς δι'
αὐτοῦ ταῦτα ἔσται καὶ ἄνευ αὐτοῦ οὐκ ἂν γένοιτο. 5
Καὶ προενήνεκται πάνυ θαυμαστῶς τὸ ἔχεις λέγειν;

167. 16-17 cf. *Alc.* 105 A 1.

167. 26 ἀναγκαίως recc. : ἀναγκαῖον N.

cela le plonge dans une complète confusion. En effet, il a regard aux puissances extérieures et croit qu'il va entendre parler de sommes d'argent, de multitudes d'hommes et de préparatifs pour une expédition navale. Or, rien de tout cela n'intéressait Socrate, mais seulement la science : car il ne faut pas désirer les instruments de préférence à ce qui doit s'en servir. Et cela aussi, me semble-t-il, s'accorde avec le dessein d'ensemble du dialogue : si ce qui use est différent des instruments et si tout ce qui compte est ce qui use et non pas les instruments, et si le tout de l'homme est aussi dans l'âme, tandis que le corps est extérieurement subjecté[1] à l'âme comme un instrument, alors c'est au même qu'il revient et de placer le pouvoir tout entier dans la science qui use, et de montrer que notre essence consiste dans l'âme et de faire dépendre de cela tout le reste comme leurs instruments.

En outre, *par toi* a été trouvé par le jeune homme d'une manière tout à fait admirable[2]. Ayant en effet entendu dire à Socrate : « *Je te donnerai la puissance à laquelle tu aspires, avec l'aide du dieu naturellement* », il s'est rendu compte qu'il fallait attribuer au divin la cause efficiente à titre premier et, à Socrate, la cause instrumentale : or, la cause efficiente est comme le ' par quoi ', la cause instrumentale comme le ' au moyen de quoi ', tout de même que la fin est usuellement nommée // ' en vue de quoi ', le modèle, ' d'après quoi ', la forme, ' selon quoi ', et la cause matérielle, dans la terminologie d'Aristote[3], *de quoi* et, dans celle de Timée, *dans quoi*[4]. Il faut, en tout cas, appeler l'instrument cause au sens de ' au moyen de quoi '[5]. Et donc Socrate, qui est l'instrument du divin, tient le rôle de ' au moyen de quoi ' — et c'est justement que le jeune homme dit : « *Au moyen de toi cela se produira pour moi* » et « *sans toi, cela ne saurait m'arriver* ». Et,

---

1. Autres exemples de ce verbe pour désigner le rapport de l'âme et du corps : *In Remp.*, II 118.18-19 ; *In Tim.*, II 195.10-19 ; pour les rapports âme-*daimôn* : *ibid.*, II 345.25. Voir aussi *supra*, p. 129.19.
2-5. Voir *Notes complémentaires*, p. 385-386.

ὡς εἰς πᾶσαν ἀπορίαν αὐτὸν καταβάλλον. Ἀποβλέπει
γὰρ εἰς τὰς ἐκτὸς δυνάμεις καὶ οἴεται ἀκούσεσθαι πόρους
χρημάτων καὶ πλῆθος ἀνθρώπων καὶ ναυτικοῦ παρασκευήν.
Σωκράτει δὲ οὐδενὸς τούτων ἔμελεν, ἀλλ᾽ ἐπιστήμης · οὐ 10
γὰρ δεῖ πρὸ τοῦ χρησομένου τὰ ὄργανα ποθεῖν. Καί μοι
δοκεῖ καὶ τοῦτο συντρέχειν τῷ παντὶ τοῦ διαλόγου σκοπῷ ·
εἰ γὰρ τὸ χρώμενον ἕτερόν ἐστι τῶν ὀργάνων, καὶ ἐν τῷ
χρωμένῳ τὸ πᾶν ἐστιν, ἀλλ᾽ οὐκ ἐν τοῖς ὀργάνοις, καὶ
τὸ ὅλον τοῦ ἀνθρώπου ἐν ψυχῇ ἐστί, τὸ δὲ σῶμα ἔξωθεν 15
ὡς ὄργανον ὑπέστρωται τῇ ψυχῇ, τοῦ αὐτοῦ τοίνυν ἐστὶ
καὶ τὴν πρωτίστην δύναμιν ἐν τῇ ἐπιστήμῃ τῇ χρωμένῃ
τίθεσθαι καὶ τὴν οὐσίαν ἡμῶν ἐν ψυχῇ δεικνύναι, τὰ δὲ
ἄλλα πάντα ὡς ὄργανα τούτων ἐξάπτειν.

Καὶ μὴν καὶ τὸ διὰ σοῦ πάνυ θαυμαστῶς ὁ νεανίσκος 20
ἐπινενόηκεν. Ἀκούσας γὰρ τοῦ Σωκράτους λέγοντος ὅτι
παραδώσω σοι τὴν δύναμιν ἧς ἐπιθυμεῖς, μετὰ
τοῦ θεοῦ μέντοι, συνεῖδεν ὅτι τὸ μὲν πρώτως ποιητικὸν
τῷ θείῳ προσήκει νέμειν, τῷ δὲ Σωκράτει τὸ ὀργανικόν.
Ἔστι δὲ τὸ μὲν ποιοῦν αἴτιον ὡς τὸ ὑφ᾽ οὗ, τὸ δὲ ὄργανον 25
ὡς τὸ δι᾽ οὗ · καθάπερ δὴ καὶ τὸ μὲν τέλος εἴωθε καλεῖσθαι
δι᾽ ὅ, τὸ δὲ παράδειγμα πρὸς ὅ · καὶ τὸ μὲν εἶδος / καθ᾽ ὅ, **169**
τὸ δὲ ὑλικὸν αἴτιον, ὡς μὲν Ἀριστοτέλης φησὶν ἐξ οὗ, ὡς
δὲ ὁ Τίμαιος ἐν ᾧ. Προσήκει δὴ οὖν τὸ ὄργανον οὕτως
αἴτιον λέγειν ὡς τὸ δι᾽ οὗ. Καὶ οὖν καὶ ὁ Σωκράτης ὄργανον
ὑπάρχων τοῦ θείου τὸν δι᾽ οὗ λόγον ἐπέχει, καὶ εἰκότως ὁ 5
νεανίσκος φησὶ τὸ διὰ σοῦ μοι ἔσται καὶ τὸ ἄνευ
σοῦ οὐκ ἄν μοι γένοιτο. Καὶ γὰρ τὰ ὄργανα τὸν

---

168. 22-23 = *Alc.* 105 E 4-5.
169. 2-3 cf. Ar., *Phys.*, B 3, 194 b 23-26 ; *Met.*, Δ 2, 1013 a
24-26 ‖ 3 cf. *Tim.* 49 E 7.

168. 7 καταβάλλον recc. : -ων N ‖ 10 ἔμελεν coniec. Creuzer :
ἔμελλεν N ‖ 23 συνεῖδεν coni. Westerink : συνοῖδεν N.
169. 5 ὑπάρχων recc. : -ον N.

en effet, les instruments n'ont à l'égard du produit
que le rôle de condition *sine qua non*, car les causes
proprement dites sont autres : cause finale, cause para-
digmatique et cause efficiente[1].

< Est-ce que tu me demandes ... permettre de
savoir ce que tu vas dire. (106 B 1-C 3). >

**Sur
le mode dialectique
des discours**

Dans ce passage, Socrate détermine quel doit être le genre des discours : est-ce le genre rhétorique, qui
s'étale dans les assemblées // et vise
à produire une persuasion, ou bien le genre dialectique,
exact et adapté à l'examen[2] ? Car le jeune homme
s'attendait à entendre préambule, conclusion et assaut
d'arguments, parce qu'il a été élevé dans ce genre de
discours ; or, Socrate le mène à la dialectique et à un
examen progressif des opinions qui sont en lui. Car
ce genre de discours, le genre dialectique, qui consiste
en interrogations et réponses[3], en premier lieu[4] rend
l'auditeur plus attentif, en le contraignant à suivre les
interrogations sans le laisser se soustraire à l'influence
de celui qui parle et attacher son intellect à autre
chose, comme il arrive à ceux qui écoutent des discours
de rhétorique : les auditeurs, loin de se tourner vers
ces discours, le plus souvent les laissent-là et tournent
leur esprit vers tout autre chose[5]. En deuxième lieu,
ce genre de discours est extrêmement efficace en ce qui
concerne la faculté de recherche, puisqu'il persuade
l'auditeur de rechercher par lui-même les réponses conve-
nables, puisqu'il le conduit par les questions et qu'il le
tourne vers lui-même en le détournant des discours
qui se portent vers l'extérieur. En troisième lieu, ce
genre de discours apporte aussi une contribution considérable à la purification : car il fait que celui qui a des
opinions fausses se réfute lui-même, entre en dissonance
avec lui-même et que, entrant en lutte avec lui-même,
il voie la laideur de l'erreur et aspire à la connaissance

1-5. Voir *Notes complémentaires*, p. 386-387.

ὧν οὐκ ἄνευ λόγον πρὸς τὸ γιγνόμενον ἔχουσιν, ἐπειδὴ
τὰ κυρίως αἴτια ἄλλα εἰσί · τὸ τελικόν, τὸ παραδειγματι-
κόν, τὸ ποιητικόν.   10

⟨ ᾿Αρα ἐρωτᾷς εἴ ... εἰδῶ ὅ τι καὶ ἐρεῖς. 106 B-C. ⟩

Περὶ τοῦ τρόπου τῶν λόγων ἐν τούτοις ὁ Σωκράτης
διορίζεται, ὁποῖόν τινα αὐτὸν εἶναι προσήκει, πότερον
ῥητορικὸν καὶ δημηγορικὸν καὶ πιθανουργικὸν ἢ διαλεκτικὸν καὶ ἀκριβῆ / καὶ ἐξεταστικόν. Ὁ μὲν γὰρ νεανίσκος **170**
προσεδόκα προοιμίων ἀκούσεσθαι καὶ ἐπιλόγων καὶ
ἀγώνων τινῶν ἐπιχειρηματικῶν, ἐντραφεὶς τοῖς τοιούτοις
λόγοις · ὁ δὲ Σωκράτης ἐπὶ τὴν διαλεκτικὴν αὐτὸν ἄγει
καὶ τὴν κατὰ βραχὺ προϊοῦσαν ἐξέτασιν τῶν ἐν αὐτῷ   5
δογμάτων. Οὗτος γὰρ ὁ τρόπος τῶν λόγων, ὁ διαλεκτικός,
ἐρωτήσεσι καὶ ἀποκρίσεσι τελειούμενος, πρῶτον μὲν τὸν
ἀκούοντα προσεκτικώτερον ποιεῖ, παρακολουθεῖν αὐτὸν
ἀναγκάζων ταῖς ἐρωτήσεσιν, ἀλλ᾽ οὐκ ἀφέντα τὴν τοῦ
λέγοντος ῥοπὴν αὐτὸν πρὸς ἄλλοις ἔχειν τὸν νοῦν · ὅπερ   10
πάσχουσιν οἱ τῶν ῥητορικῶν ἀκροώμενοι λόγων, οὐδὲν
ἐπιστρεφόμενοι πρὸς αὐτούς, ἀλλ᾽ ὡς τὰ πολλὰ χαίρειν
ἐῶντες καὶ περὶ ἄλλα τὴν διάνοιαν τρέποντες. Δεύτερον
δὲ πρὸς τὴν ζητητικὴν δύναμιν ἀνυσιμώτατός ἐστιν, αὐτὸν
τὸν ἀκροατὴν πείθων τὰς προσηκούσας ἀποκρίσεις   15
ἀνερευνᾶν καὶ ταῖς ἐρωτήσεσι προσάγων καὶ ἐπιστρέφων
αὐτὸν εἰς ἑαυτὸν ἀπὸ τῶν ἔξω φερομένων λόγων. Τρίτον
καὶ πρὸς κάθαρσιν τὰ μέγιστα συντελεῖ · ποιεῖ γὰρ δὴ
τὸν τὰς ψευδεῖς ἔχοντα δόξας αὐτὸν ὑφ᾽ ἑαυτοῦ περιτρέ-
πεσθαι καὶ πρὸς ἑαυτὸν διαφωνεῖν καὶ ἑαυτῷ διαμαχόμενον 20
καθορᾶν τὸ αἶσχος τῆς ἀπάτης καὶ τῆς ἀληθοῦς ἐπορέγε-

véritable. Car la réfutation est un syllogisme qui établit
la contradiction[1] ; or, c'est en cela que consiste la
purification des opinions fausses ; car celui qui est
réfuté devient l'accusateur de sa propre ignorance.
Quatrièmement, enfin, pour la réminiscence, ce genre
de discours nous fournit une aide considérable ; car
discerner en soi-même le vrai, être celui-là même qui
parle, se tourner vers soi-même, contempler en soi-même
l'objet à connaître, // voilà qui, effectivement, montre
que les connaissances sont des réminiscences[2]. Car dans
les discours de rhétorique, la connaissance nous vient
de l'extérieur, elle est étrangère et adventice, tandis
que dans les rencontres dialectiques c'est nous-mêmes
qui proférons le vrai. *Car si l'interrogation est correctement
menée*, dit Platon, *les interrogés tirent d'eux-mêmes toutes
leurs réponses ;* ainsi la connaissance est une réminiscence.

C'est donc pour ces raisons et bien d'autres encore que
Socrate approuve l'entretien dialectique : en tant qu'il
nous est extrêmement profitable tant pour l'attention
que pour la recherche, la purification ou la réminiscence.
Que s'il déclare : « *C'est peu de chose que de répondre aux
questions* », ne va pas t'en étonner[3]. Sans doute est-ce,
semble-t-il, au sage de répondre ce qu'il faut, mais lorsque
le questionneur est savant et que le questionné fait
ses réponses pour parvenir à une délivrance, l'essentiel
de la tâche appartient au questionneur. Et si tu veux
parler en faisant les divisions nécessaires, tu pourrais
dire ceci : les réponses aux disputailleurs et aux sophistes
réclament une science plus grande, pour qu'à notre
insu nous ne soyons pas trompés par eux, tandis que
celles adressées à ceux qui accouchent et éveillent
l'intellect qui est en nous, dépendent du questionneur
et n'impliquent, de notre part, qu'une tâche limitée :
car si ceux qui accouchent guident correctement, les
réponses, à coup sûr, sont faciles. Et cette propriété
des discours ressemble aussi à la nature des réalités.

1-3. Voir *Notes complémentaires*, p. 387.

σθαι γνώσεως. Ὁ γὰρ ἔλεγχος συλλογισμός ἐστιν ἀντιφάσεως · τοῦτο δὲ τῶν ψευδῶν ἐστι δοξασμάτων ἀποκάθαρσις ·
γίνεται γὰρ ὁ ἐλεγχόμενος τῆς ἑαυτοῦ κατήγορος ἀγνοίας.
Τέταρτον πρὸς ἀνάμνησιν ἱκανῶς ἡμῖν συμβάλλεται · τὸ   25
γὰρ διορᾶν ἐν ἑαυτῷ τὸ ἀληθὲς καὶ αὐτὸν εἶναι τὸν λέγοντα
καὶ πρὸς ἑαυτὸν ἐπιστρέφειν καὶ ἐν ἑαυτῷ τὸ γνωστὸν
θεωρεῖν ὄντως τὰς μαθήσεις ἀναμνήσεις ἀποφαίνει. Ἐπὶ
μὲν γὰρ τῶν ῥη/τορικῶν λόγων ἔξωθεν ἡμῖν ἡ γνῶσις   **171**
ἐντίθεται καὶ ἔστιν ἀλλοτρία καὶ ἐπεισοδιώδης, ἐν δὲ ταῖς
διαλεκτικαῖς συνουσίαις αὐτοὶ προβάλλομεν τὸ ἀληθές.
Ἂν γάρ τις, φησί, καλῶς ἐρωτᾷ, πάντα παρ’ ἑαυτῶν
οἱ ἐρωτώμενοι λέγουσιν· οὕτως ἡ μάθησις ἀνάμνησίς   5
ἐστι.

Διὰ ταύτας μὲν οὖν ὁ Σωκράτης καὶ ἄλλας πλείονας
αἰτίας τὸν διαλεκτικὸν τρόπον δοκιμάζει τῆς συνουσίας ὡς
ὠφελιμώτατον ἡμῖν εἰς προσοχήν, εἰς ζήτησιν, εἰς κάθαρσιν,
εἰς ἀνάμνησιν. Εἰ δὲ βραχὺ τὸ ἀποκρίνασθαι τὰ   10
ἐρωτώμενά φησιν ὑπάρχειν, μή τοι θαυμάσῃς. Δοκεῖ μὲν
γὰρ εἶναι σοφοῦ τὸ δεόντως ἀποκρίνεσθαι · ὅταν δὲ ὁ
ἐρωτῶν ἐπιστήμων ᾖ καὶ ὁ ἐρωτώμενος μαιείας ἕνεκα
ποιῆται τὰς ἀποκρίσεις, τὸ ὅλον ἔργον ἐστὶ τοῦ ἐρωτῶντος.
Καὶ εἰ βούλει διελὼν εἰπεῖν οὕτως ἂν λέγοις, ὡς αἱ μὲν   15
πρὸς τοὺς ἐριστικοὺς ἀποκρίσεις καὶ σοφιστικοὺς δέονται
μείζονος ἐπιστήμης, ἵνα μὴ λάθωμεν ἐξαπατηθέντες ὑπ’
αὐτῶν, αἱ δὲ πρὸς τοὺς μαιευομένους καὶ ἀνεγείροντας
τὸν ἐν ἡμῖν νοῦν τοῦ ἐρωτῶντος ἐξήρτηνται καὶ βραχὺ
τὸ οἰκεῖον ἔργον ἔχουσιν · ἐκείνων γὰρ ὀρθῶς ὑφηγου-   20
μένων καὶ αἱ ἀποκρίσεις ῥᾴδιαι πάντως εἰσί. Καὶ ἔοικε
καὶ τοῦτο τῶν λόγων τὸ πάθος τῇ φύσει τῶν πραγμάτων.

170. 22-23 cf. Ar., *Anal. pr.* B 20, 66 b 11.
171. 4-5 = *Phd.* 73 A 5-6.

En effet, dans les réalités aussi, lorsque les causes sont malfaisantes[1], le substrat a besoin d'une grande puissance pour ne pas pâtir ; au contraire, lorsqu'elles sont bienfaisantes, non seulement le substrat doit toute sa puissance à ces causes, mais toute la tâche dépend // des agents, desquels proviennent justement pour les substrats et puissance et perfection. Ces deux thèses donc sont vraies à la fois : et que répondre correctement est d'un sage et que répondre correctement n'est pas difficile à Alcibiade à cause de l'accouchement que pratique Socrate. Par conséquent, la réponse ici aussi est la tâche d'un sage — je veux dire de Socrate ; car c'est lui la cause de la réponse. Et cela aussi, me semble-t-il, convient à une rencontre amoureuse. Cela démontre d'une façon éclatante que, d'une certaine façon, l'amant est dans l'aimé, l'aimé dans l'amant : de même, en effet, que c'est en contemplant dans Alcibiade que Socrate dirige ses réponses, ainsi est-ce venu en Socrate qu'Alcibiade fait des réponses correctes.

Explication de la lettre Arrêtons-là les explications générales. Voyons maintenant les expressions particulières : *tels que tu as l'habitude d'en ouïr* manifeste le caractère irrationnel de cette audition : car telle est la nature de l'habitude et de ce qui nous vient de l'extérieur ; en effet, nous acquérons nos habitudes par [l'irrationnel.]

Une petite chose seulement se contre-distingue[2] par rapport à la multiplicité et à la longueur des discours de rhétorique.

Quant à *servir*, cela montre que l'interrogation est, ici, une perfection qui procède à partir de celui qui interroge vers celui qui répond, et que la science a toujours la dignité de chef et de souverain, la disposition imparfaite de ceux qui n'ont pas la science, le rang de serviteur. Et c'est en cela que consiste le bien de cette disposition : c'est, puisque telle est sa nature, de se soumettre au supérieur et de recevoir la perfection

1-2. Voir *Notes complémentaires*, p. 387.

Καὶ γὰρ ἐν ἐκείνοις, ὅταν μὲν κακοποιὰ τὰ αἴτια ᾖ, δεῖται
τὸ ὑποκείμενον μεγάλης δυνάμεως πρὸς τὸ μὴ παθεῖν · ὅταν
δὲ ἀγαθουργᾷ, καὶ ἣν ἔχει δύναμιν παρ' ἐκείνων ἔχει 25
καὶ ὅλον τὸ ἔργον τῶν ποιούντων ἐξήρτηται, παρ' ὧν καὶ
ἡ δύναμις / τοῖς ὑποκειμένοις καὶ ἡ τελείωσις. Οὐκοῦν 172
ἀμφότερα ἀληθῆ, καὶ ὅτι τὸ ἀποκρίνεσθαι ὀρθῶς σοφοῦ
τι εἰπεῖν, καὶ ὅτι τῷ Ἀλκιβιάδῃ τοῦτο οὐ χαλεπὸν διὰ τὴν
τοῦ Σωκράτους μαιείαν. Ὥστε καὶ νῦν σοφοῦ ἐστιν ἔργον
ἀπόκρισις, λέγω δὴ τοῦ Σωκράτους · οὗτος γάρ ἐστιν ὁ 5
τῆς ἀποκρίσεως αἴτιος. Καί μοι δοκεῖ καὶ τοῦτο προσῆκον
εἶναι τῇ ἐρωτικῇ συνουσίᾳ. Τὸ γὰρ τρόπον τινὰ καὶ τὸν
ἐραστὴν ἐν τῷ ἐρωμένῳ εἶναι καὶ τὸν ἐρώμενον ἐν τῷ
ἐραστῇ τοῦτο δείκνυσι περιφανῶς · ὡς γὰρ ἐν τῷ Ἀλκιβιάδῃ θεωρούμενος ὁ Σωκράτης οὕτως αὐτῷ κατευθύνει 10
τὰς ἀποκρίσεις, καὶ ὡς ἐν Σωκράτει γενόμενος ὁ Ἀλκιβιάδης οὕτως ποιεῖται τὰς ἀποκρίσεις ὀρθάς.

Ταῦτα κοινῇ περὶ τούτων εἰρήσθω. Τῶν δὲ καθ' ἕκαστα
ῥημάτων τὸ μὲν οἵους δὴ ἀκούειν εἴθισαι τὸ ἄλογον
δηλοῖ τῆς τοιαύτης ἀκροάσεως · τὸ γὰρ ἔθος τοιοῦτον 15
καὶ τὸ ἔξωθεν ἐντιθέμενον · τοῖς γὰρ [ἀλόγοις] ἐθιζόμεθα.

Τὸ δὲ ἓν μόνον βραχὺ πρὸς τὸ πλῆθος καὶ τὸ μῆκος
ἀντιδιήρηται τῶν ῥητορικῶν λόγων.

Τὸ δὲ αὖ ὑπηρετῆσαι δείκνυσιν ὡς ἡ ἐρώτησις ἐνταῦθα
τελείωσίς ἐστιν ἀπὸ τοῦ ἐρωτῶντος προϊοῦσα εἰς τὸν 20
ἀποκρινόμενον, καὶ ὡς ἡ ἐπιστήμη πανταχοῦ τὴν ἡγεμο-
νικὴν ἔλαχεν ἀξίαν καὶ δεσποτικήν, ἡ δὲ ἀτελὴς τῶν ἀνεπιστημόνων ἕξις, τὴν ὑπηρετικήν. Καὶ τοῦτό ἐστιν αὐτῆς
τὸ ἀγαθόν, τὸ τοιαύτην οὖσαν ὑποτάττεσθαι τῷ κρείττονι

171. 25 ἔχει² recc. : ἔχῃ N.
172. 16 ἀλόγοις suppleuit Westerink : lac. capac. 12 litt.
reliquit N.

qui vient de là-haut. Et, en outre, dans ce texte[1],
Alcibiade, qui se sert de tous ses meilleurs amis comme
de serviteurs, se révèle comme le serviteur de Socrate,
comme si celui qui aspire au pouvoir sur tous les hommes
// plaçait ses espoirs de domination dans la puissance
de Socrate.

La phrase : *A condition que tu ne veuilles pas parler
d'un service trop difficile* a été dite par Alcibiade en
quelque sorte pour s'excuser[2], tant à cause de la taille
de la promesse (car cela lui a donné soupçon que son
point ne soit difficile à démontrer) qu'à cause de sa
propre puissance (car tout le monde ne peut supporter
tout service, mais certains services sont supportables,
d'autres non).

Si[3] répondre te paraît difficile introduit la seconde[4]
des conditions dont nous avons déjà parlé ; auparavant,
Socrate lui demandait de *patienter et d'écouter*, maintenant il lui demande de répondre. Ainsi donc, lorsqu'il
se bornait à écouter, il admirait Socrate, mais dès
lors qu'il répond, il verra tout ensemble et qui il est
et qui est Socrate.

Quant à : *Je t'interroge, n'est-ce pas?*, *en admettant
que tu as ces pensées-là en tête*, c'est une phrase pro-
noncée[5] par Socrate qui confirme ainsi les conditions[6]
des discours à venir. Car les démonstrations doivent
procéder à partir de principes reconnus de part et
d'autre ; et, en même temps, Socrate ramène ce qu'il
y a d'instable dans l'accord du jeune homme à la limite,
ce qui est mêlé de privation à la forme et ce qui est
indéfini à la connaissance circonscrite et incontestable.

Reste, enfin, la réponse d'Alcibiade : sans doute
consent-il plus qu'auparavant, mais même maintenant
il n'a pas encore totalement renoncé à la dissimulation.
Car *si tu veux* et *pour savoir ce que tu vas dire* montrent
clairement qu'Alcibiade de nouveau parle dans l'idée
qu'il fait ces concessions seulement à titre hypothétique[7].

1. Cf. Ol., 61.15-17.
2. Cf. Ol., 61.18-23.
3-7. Voir *Notes complémentaires*, p. 387-388.

καὶ καταδέχεσθαι τὴν ἐκεῖθεν τελείωσιν. Καὶ ἀναπέφανται 25
πάλιν ἐν τούτοις Ἀλκιβιάδης ὁ τοῖς φίλοις πᾶσι τοῖς
ἀρίστοις ὑπηρέταις χρώμενος νυνὶ Σωκράτους ὑπηρέτης ·
ὥσπερ ὁ τῆς κατὰ πάντων ἀνθρώπων δυνάμεως ἐφιέμενος
εἰς τὴν Σωκράτους δύναμιν ἔχων τὰς τῆς δυ/ναστείας **173**
ἐλπίδας.

Τὸ δὲ εἰ μὴ χαλεπόν τι λέγεις τὸ ὑπηρέτημα
μετά τινος εἴρηκεν ὑποτιμήσεως διά τε τὸ μέγεθος τοῦ
ἐπαγγέλματος (ὑποψίαν γὰρ αὐτῷ παρεῖχε μὴ δυσαπό- 5
δεικτον ᾖ) καὶ διὰ τὴν αὐτοῦ δύναμιν (οὐ γὰρ δυνατὸν
παντὶ πᾶσαν ὑπηρεσίαν ὑπομένειν, ἀλλ' αἱ μὲν αὐτῶν εἰσὶ
φορηταί, αἱ δὲ δυσχερεῖς).

Τὸ δὲ εἰ χαλεπὸν δοκεῖ τὸ ἀποκρίνασθαι τὴν
δευτέραν ὧν ἐλέγομεν ὑπόθεσιν εἰσάγει · πρότερον μὲν γὰρ 10
ᾐτεῖτο περιμεῖναι καὶ ἀκοῦσαι, νῦν δὲ τὸ ἀποκρίνεσθαι.
Ἀκούσας μὲν οὖν μόνον ἐθαύμασε τὸν Σωκράτην, ἀποκρι-
νάμενος δὲ καὶ ἑαυτὸν ὅστις ἐστὶν ὄψεται καὶ ἐκεῖνον.

Τὸ δὲ οὐκοῦν ὡς διανοουμένου σου ταῦτ' ἐρωτῶ ;
τοῦ Σωκράτους ἐστὶ τὰς ὑποθέσεις τῶν μελλόντων ῥηθήσε- 15
σθαι λόγων ἐμπεδουμένου. Δεῖ γὰρ ἐξ ἀρχῶν ὁμολογουμέ-
νων προϊέναι τὰς ἀποδείξεις · καὶ ἅμα τὸ ἄστατον τῆς τοῦ
νεανίσκου συγχωρήσεως εἰς ὅρον ὁ Σωκράτης περιάγει
καὶ τὸ τῇ στερήσει συμμιγὲς εἰς εἶδος καὶ τὸ ἀόριστον εἰς
τὴν περιγεγραμμένην καὶ ἀναμφισβήτητον γνῶσιν. 20

Λοιπὴ τοίνυν ἡ ἀπόκρισις τοῦ Ἀλκιβιάδου μᾶλλον μὲν
ἢ πρότερον ὁμολογοῦντος, ἀπηλλαγμένου δὲ οὐδὲ νυνὶ
πάντῃ τῆς κρύψεως. Τὸ γὰρ εἰ βούλει καὶ τὸ ἵνα εἰδῶ
ὅ τι ἐρεῖς ἐναργῶς δείκνυσιν ὅτι πάλιν ὡς καθ' ὑπόθεσιν
ταῦτα διδοὺς ποιεῖται τοὺς λόγους. Καὶ γὰρ ἐφίεται 25

173. ἐλέγομεν : cf. supra, p. 128.9-14 ‖ 11 = *Alc.* 104 D 7-8 ‖
22 πρότερον : cf. *Alc.* 106 A 4 ss.

173. 6 αὐτοῦ Westerink : αὐτοῦ N ‖ 21 μᾶλλον μὲν ἢ prop.
Westerink : ἄλλα μὲν οὖν N.

Et, de fait, il désire connaître les promesses de Socrate et c'est pour cela qu'il ne répond pas négativement, mais, en même temps, il a honte d'admettre quelque chose d'aussi gros contre lui.

< Alors, allons-y ... dans très peu de temps. (106 C 4-5). >

Sur la purification opérée par la dialectique

Le dessein de tous les arguments qui vont suivre maintenant[1] est de purifier notre intellect de la double ignorance et de supprimer les obstacles qui nous empêchent de recouvrer[2] la science véritable. Car les êtres inférieurs ne peuvent acquérir leur perfection sans être auparavant passés par la purification de ce qui, en eux, fait obstacle : car l'acte de purifier a partout cette puissance[3]. Or, il y a trois sortes de purification véritable de l'âme[4] : la première s'opère au moyen de la télestique (Socrate en traite dans le *Phèdre*) ; la deuxième, au moyen de la philosophie (il en est longuement question dans le *Phédon* ; et, de fait, la sagesse aussi bien que chacune des autres vertus y est dénommée *une sorte de purification*) ; la troisième, au moyen de la science dialectique nous mène à la contradiction, dénonce le désaccord dans nos opinions et nous débarrasse de la double ignorance. Ainsi donc, il y a trois sortes de purification, et c'est selon la troisième que Socrate traite Alcibiade ici. Car ceux qui souffrent de la double ignorance tirent profit de cette sorte de purification ; *ils ébranlent*, en effet, *les arguments à l'aide d'autres arguments* et jettent à bas leurs opinions erronées au moyen de celles-là même qu'ils ont posées. C'est pourquoi, Socrate ne dit rien de vrai avant qu'il n'ait supprimé les opinions qui empêchent l'âme de saisir la vérité[5]. Et cette purification nous rend plus mesurés, plus disciplinés //,

1-4. Voir *Notes complémentaires*, p. 388.
5. Cf. *Soph.*, 230 C 3-D 4.

γνῶναι τὰς τοῦ Σωκράτους ἐπαγγελίας καὶ διὰ τοῦτο
οὐ παντελῶς ἔξαρνος γίνεται, καὶ αἰσχύνεται καθ᾽ ἑαυτοῦ
τηλικοῦτον ὁμολόγημα συγχωρῆσαι.

⟨ Φέρε δή · διανοῇ ... οὐ πολλοῦ χρόνου. 106 C. ⟩   **174**

Ἡ μὲν πρόθεσίς ἐστιν ἁπάντων τῶν προσεχῶς ῥηθησομένων λόγων κάθαρσις τῆς διανοίας ἡμῶν ἀπὸ τῆς διπλῆς
ἀγνοίας καὶ ἀφαίρεσις τῶν ἐπιπροσθούντων εἰς τὴν τῆς
ἀληθοῦς ἐπιστήμης ἀνάληψιν. Ἀδύνατον γὰρ τὰ ἀτελῆ 5
τῆς ἑαυτῶν τελειότητος τυχεῖν μὴ διὰ τῆς ἑαυτῶν καθάρσεως τῶν ἐμποδίων πρότερον ὁδεύσαντα · τὸ γὰρ καθαίρειν πανταχοῦ ταύτην ἔχει τὴν δύναμιν. Τριττὴ δέ ἐστιν
ἡ ἀληθινὴ κάθαρσις τῆς ψυχῆς · ἡ μὲν διὰ τελεστικῆς,
περὶ ἧς ὁ ἐν Φαίδρῳ λέγει Σωκράτης, ἡ δὲ διὰ φιλοσοφίας, 10
περὶ ἧς ἐν Φαίδωνι λέλεκται πολλὰ (καὶ γὰρ ἡ φρόνησις
ἐκεῖ καὶ ἑκάστη τῶν ἄλλων ἀρετῶν κ α θ α ρ μ ό ς τις ἐπωνό-
μασται) · ἡ δὲ διὰ τῆς ἐπιστήμης ταύτης τῆς διαλεκτικῆς
εἰς ἀντίφασιν περιάγουσα καὶ τὴν ἀνομολογίαν ἀπε-
λέγχουσα τῶν δογμάτων καὶ τῆς διπλῆς ἡμᾶς ἀγνοίας 15
ἀπαλλάττουσα. Τριπλῆς τοίνυν τῆς καθάρσεως οὔσης
κατὰ τὴν τρίτην ὁ Σωκράτης ἐνταῦθα τὸν Ἀλκιβιάδην
μεταχειρίζεται. Τοῖς γὰρ κατὰ τὴν διπλῆν ἀμαθίαν
νοσοῦσι διὰ ταύτης τῆς καθάρσεως ἡ ὠφέλεια παραγίνεται ·
συγκρούουσι γὰρ τ ο ὺ ς λ ό γ ο υ ς τ ο ῖ ς λ ό γ ο ι ς καὶ 20
τὴν σαθρότητα τῶν οἰκείων δι᾽ αὐτῶν ὧν ἐτίθεντο δογμάτων
καταβάλλουσι. Διὸ καὶ ὁ Σωκράτης οὐδέν πω λέγει τῶν
ἀληθῶν, πρὶν ἂν ἀφέλῃ τὰς ἐμποδίους τῇ ψυχῇ δόξας
πρὸς τὴν τῆς ἀληθείας κατάληψιν. Τοῦτο δὲ ἅμα μὲν
μετριωτέρους ἡμᾶς ἀποτελεῖ καὶ κοσμιωτέρους / καὶ ἧττον **175**

174. 10 cf. *Phdr.* 244 D 5-E 5 ‖ 11-13 cf. *Phd.* 69 B 5-C 7 ‖
20 = *Theaet.* 154 E 2-3.

174. 6 an ἑαυτῶνª del. ? (Westerink) ‖ 20 an γὰρ del. ?

moins grossiers et insupportables à cause de notre
prétention pour ceux qui nous rencontrent ; en même
temps, elle nous rend mieux disposés pour la science
(car l'ignorance simple est une sorte d'intermédiaire
entre la science et la double ignorance, et l'on passe
d'abord de la science à l'ignorance simple et l'on
remonte immédiatement de l'ignorance simple à la
science) ; en même temps, aussi, cette purification nous
sépare de l'opinion qui vise l'extérieur, elle convertit
notre âme vers elle-même, lui fait examiner ses propres
opinions, supprimer ce qui l'empêche de connaître et
l'emplit de ce qui lui manque ; enfin, cette purification
confère solidité et constance au profit qui vient de la
discussion qui va se dérouler. Car de même que souvent
le corps, embarrassé par des humeurs étrangères,
corrompt la nourriture et change en mal l'utilité de
cette nourriture, de même aussi l'âme, troublée par
la fausse prétention, lors même qu'elle reçoit le secours
de la science d'une manière appropriée à sa propre
disposition, en fait souvent le principe d'une plus grande
erreur et tromperie.

Sur la démonstration de Socrate La purification qui précède toute
la discussion est donc assumée pour
ces raisons et elle ressemble aux
purifications des mystères, qui, avant les rites sacrés,
nous délivrent de toutes les souillures dont la génération
nous a chargés et nous préparent à participer au divin[1].
Et cette purification se produit en nous entraînant, par
la méthode dialectique, à nous contredire, et en dénon-
çant la tromperie qui obscurcit notre esprit ; elle
procède par le moyen des prémisses universelles et les
plus connaissables vers des conclusions incontestables ;
elle tire les // prémisses majeures des notions communes,
pose les mineures avec l'accord de l'interlocuteur et

---

1. Il s'agit probablement des purifications préliminaires aux
rites théurgiques (τὰ ἱερὰ ἔργα) : cf. *In Tim.*, III 300.16 ἡ τελε-
στικὴ ... ἀφανίζουσα τὰς ἐκ τῆς γενέσεως ἁπάσας κηλῖδας, ὡς τὰ
Λόγια διδάσκει (= *Or. Chald.*, 196 des Places ; p. 53 Kroll) et
H. Lewy, p. 495-496.

ἀηδεῖς καὶ φορτικοὺς διὰ τὴν οἴησιν τοῖς συγγινομένοις ·
ἅμα δὲ πρὸς ἐπιστήμην ἑτοιμοτέρους (ἡ γὰρ ἁπλῆ ἄγνοια
μεταξύ πώς ἐστι τῆς τε ἐπιστήμης καὶ τῆς διπλῆς ἀμαθίας,
καὶ πρώτη μετάβασις ἀπὸ τῆς ἐπιστήμης εἰς τὴν ἁπλὴν 5
ἄγνοιαν ἐπιτελεῖται καὶ προσεχὴς ἄνοδος ἐκ τῆς ἁπλῆς
ἀγνοίας εἰς τὴν ἐπιστήμην) · ἅμα δὲ ἀφίστησιν ἡμᾶς τῆς
πρὸς τὰ ἐκτὸς ἀποτεινομένης δόξης, ἐπιστρέφει δὲ τὴν
ψυχὴν εἰς ἑαυτὴν καὶ ποιεῖ αὐτὴν τῶν οἰκείων δογμάτων
ἐξεταστικὴν καὶ τοῦ ἐμποδίζοντος εἰς τὴν γνῶσιν ἀφαιρε- 10
τικὴν καὶ τοῦ ἐλλείποντος ἀποπληρωτικήν · ἔτι δὲ βεβαιό-
τητα καὶ μονιμότητα παρέχει τῇ ὠφελείᾳ τῶν ῥηθησομένων
λόγων. Ὡς γὰρ σῶμα ὑπὸ χυμῶν ἀλλοτρίων ἐνοχλούμενον
φθείρει πολλάκις τὴν τροφὴν καὶ τὴν ἀπ’ αὐτῆς ὠφέλειαν
εἰς βλάβην μεθίστησιν, οὕτω δὴ καὶ ψυχὴ διὰ τῆς ψευδοῦς 15
οἰήσεως ἐπιταραττομένη καὶ τὴν τῆς ἐπιστήμης ἐνδιδο-
μένην βοήθειαν οἰκείως τῇ ἑαυτῆς ἕξει δεχομένη ποιεῖται
μείζονος ψευδοδοξίας καὶ ἀπάτης ἀρχήν.

Ἡ μὲν οὖν κάθαρσις ἡ προηγουμένη τῶν λόγων πάντων
διὰ ταῦτα παραλαμβάνεται καὶ ἔοικε ταῖς τελεστικαῖς 20
καθάρσεσι ταῖς πρὸ τῶν ἔργων τῶν ἱερῶν ἀπολυούσαις
ἡμᾶς τῶν μιασμάτων πάντων ὧν ἐκ τῆς γενέσεως ἐπισυρό-
μεθα καὶ παρασκευαζούσαις πρὸς τὴν τοῦ θείου μετουσίαν.
Γίνεται δὲ αὕτη κατὰ τὴν διαλεκτικὴν μέθοδον εἰς ἀντίφασιν
ἡμᾶς περιάγουσα καὶ τὴν ἀπάτην τὴν ἐπισκοτοῦσαν ταῖς 25
διανοίαις ἡμῶν ἐλέγχουσα, καὶ πρόεισι διὰ τῶν γνωριμω-
τέρων καὶ καθολικῶν λημμάτων εἰς ἀναμφισβήτητα συμπεράσματα, τὰς μὲν μείζους τῶν προτάσεων ἐκ τῆς κοινῆς
ἐννοίας λαμβάνουσα, τὰς / δὲ ἐλάττους ἐκ τῆς ὁμολογίας 176
τοῦ προσδιαλεγομένου τιθεμένη, συνάπτουσα δὲ ἀλλήλοις

175. 8 ἀποτεινομένης N^{excorr.} · : -μένη N^{a.corr.} ‖ 10 ἐξεταστικὴν
Westerink : ἐξεταστὴν N ‖ 16 an τὴν<ἐκ>τῆς leg. ? (Westerink)
‖ 25 ταῖς bis posuit N.

relie entre eux les termes extrêmes par les moyens[1] ;
enfin, tout ce qui est nié du plus grand terme, elle le
nie du plus petit terme et tout ce qui appartient[2] au
prédicat, elle affirme que cela appartient aussi au sujet[3].
Comment donc, dans la présente démonstration, Socrate
observe-t-il toutes ces règles[4] ? Il se propose donc de
montrer qu'Alcibiade ne sait rien de ce qu'il croit
savoir et sur quoi il se fait fort de conseiller les
Athéniens. Il montre, en premier lieu[5], quelles qualités
appartiennent au bon conseiller ; par exemple : « Tout
bon conseiller connaît ce sur quoi il donne des conseils
et le connaît mieux que ceux qu'il conseille. Car s'il
connaît moins, il ne prétendra pas être le conseiller
de ceux qui connaissent mieux leur intérêt (c'est de la
folie) et s'il connaît de la même façon il ne peut être
le conseiller de ceux qui connaissent de la même façon,
dans les sujets qu'ils connaissent de la même façon
(car son entreprise serait vaine et superflue). Reste
donc que le conseiller connaisse mieux l'intérêt de ceux
qui vont bénéficier de son avis et jouir de son conseil.
Or[6], quiconque est savant en quelque matière a resaisi[7]
cette science ou par l'étude ou par la découverte, car
il n'y a pas d'autre voie pour l'acquisition du savoir,
mais il faut ou bien apprendre ce que l'on ignore ou
bien le découvrir, soit en se retournant vers soi-même
et en trouvant par soi-même le vrai, soit en étant mû
et aidé par autrui pour resaisir la science. Par conséquent, le bon conseiller, s'il est savant en tout ce dont
// ceux qu'il conseille sont ignorants, ou bien a appris
cela même qu'il sait ou bien l'a découvert. » Car les
hommes ont fait beaucoup de découvertes, comme
ceux qui, les premiers, ont appliqué[8] leur esprit à
certaines activités en matière d'art ou à certaines
connaissances en matière de science (et nous les admirons
pour leurs découvertes et leurs intuitions intellectives),
mais ils apprennent aussi beaucoup par l'étude, lorsque

1-8. Voir *Notes complémentaires*, p. 388-389.

τὰ ἄκρα διὰ τῶν μέσων, καὶ ὅσα μὲν ἀπαρνεῖται τῶν μειζόνων ὅρων, ταῦτα καὶ τῶν ἐλασσόνων ἀποφάσκουσα, ὅσα δὲ
τοῖς κατηγορουμένοις ὑπάρχει, ταῦτα παρεῖναι καὶ τοῖς 5
ὑποκειμένοις ἀξιοῦσα. Πῶς οὖν ταῦτα πάντα ὁ Σωκράτης ἐν
τῇ παρούσῃ τῶν λόγων ἀποδείξει διασῴζει τὰ θεωρήματα ;
Πρόκειται μὲν δὴ δεικνύναι τὸν Ἀλκιβιάδην οὐδὲν εἰδότα
τούτων ὧν οἴεται εἰδέναι καὶ περὶ ὧν ἐπαγγέλλεται συμβου- 10
λεύσειν Ἀθηναίοις. Δείκνυται δὲ πρῶτον τίνα τῷ ἀγαθῷ
συμβούλῳ πρόσεστιν · οἷον ὅτι πᾶς ὁ ἀγαθὸς σύμβουλος
ἐπίσταται ταῦτα περὶ ὧν συμβουλεύει, καὶ μᾶλλον ἐπίσταται
τῶν συμβουλευομένων. Οὔτε γὰρ ἧττον ἐπιστάμενος ἀξιώσει
σύμβουλος εἶναι τῶν μᾶλλον ἐγνωκότων τὸ συνοῖσον 15
ἑαυτοῖς, μανικὸν γὰρ τὸ τοιοῦτον · οὔτε ὁμοίως ἐπιστάμενος τῶν ὁμοίως εἰδότων ἐν οἷς ὁμοίως ἴσασιν ἐκεῖνοι
σύμβουλός ἐστι, περιττὸν γὰρ καὶ μάταιον τὸ ἐγχείρημα.
Λείπεται ἄρα τὸν σύμβουλον μειζόνως γινώσκειν τὸ
συνοῖσον τῶν μεθεξόντων αὐτοῦ τῆς γνώμης καὶ ἀπο- 20
λαυσόντων τῆς συμβουλῆς. Ἀλλὰ πᾶς ὁ ἐπιστήμων
ὁτουοῦν πράγματος ἢ διὰ μαθήσεως ἀνέλαβε τὴν ἐπιστήμην ταύτην ἢ δι᾽ εὑρέσεως · οὐ γὰρ ἄλλη τις ὁδὸς
εἰς κτῆσιν ὑπολείπεται φρονήσεως, ἀλλ᾽ ἢ μαθεῖν δεῖ τὸ
ἀγνοούμενον ἢ εὑρεῖν, ἢ πρὸς ἑαυτοὺς ἡμᾶς ἐπιστρέ- 25
φοντας καὶ δι᾽ ἑαυτῶν τὸ ἀληθὲς ἀνευρίσκοντας ἢ παρ᾽
ἄλλων ἀνακινουμένους καὶ βοηθουμένους εἰς τὴν τῆς
ἐπιστήμης ἀνάληψιν. Ὁ ἄρα ἀγαθὸς σύμβουλος, εἴπερ
ἐπιστήμων ἐστὶν ἐν οἷς ἂν οἱ συμβουλευόμενοι ἀνεπιστήμονες, ἢ ἔμαθε ταῦτα ἃ/ἐπίσταται ἢ εὗρε. Πολλὰ γὰρ καὶ **177**
εὗρον οἱ ἄνθρωποι, ὥσπερ οἱ πρῶτοί τισιν ἐπιβάλλοντες, ἐν
τεχνικοῖς τισὶν ἔργοις ἢ ἐν ἐπιστημονικοῖς τισὶ θεωρήμασιν,
οὓς καὶ θαυμάζομεν τῆς ἐπινοίας χάριν καὶ τῶν νοερῶν
ἐπιβολῶν · πολλὰ δὲ καὶ διὰ μαθήσεως γινώσκουσιν ἄλλοι 5

176. 7 διασῴζει recc. : -ειν N.

ceux qui sont plus parfaits aident les autres. Et parmi les natures, les plus fortes contemplent par elles-mêmes le vrai et sont très inventives, *sauvées par leur propre force*[1], comme dit l'*Oracle*, tandis qu'à l'inverse les plus faibles ont besoin et de l'enseignement et de la réminiscence de la part des êtres qui possèdent la perfection dans les domaines où elles sont imparfaites. A ce syllogisme ajoutons le suivant : « Quiconque a appris ou découvert, a d'abord fait des recherches ou bien a eu des maîtres, car la recherche doit précéder la découverte et l'enseignement, la connaissance ; car la découverte est une sorte de chasse[2] et de rencontre de ce qui est recherché ; la connaissance, une participation à une perfection qui procède de l'enseignant. Si donc le bon conseiller ou a appris les matières dans lesquelles il est conseiller ou les a découvertes, si, d'autre part, quiconque connaissant ou ayant trouvé quelque chose ou bien a fait des recherches ou bien a fréquenté des maîtres, force est, je présume, que tout bon conseiller connaisse les matières sur lesquelles il est conseiller ou bien par la recherche ou bien par l'enseignement reçu d'autrui. » Concevons encore un troisième syllogisme par l'addition d'une autre prémisse : « Quiconque a fait des recherches sur quelque sujet, ou a eu des maîtres en quelque matière, peut dire un temps // où il pensait ne pas connaître cela ; la raison en est que les hommes se mettent à la recherche quand ils ont prêté attention à leur ignorance et qu'ils fréquentent les écoles des maîtres lorsqu'ils croient n'être pas capables de se débarrasser par eux-mêmes de leur ignorance : il y a donc un temps et avant la recherche et avant l'enseignement, où ils pensaient ne pas savoir ce qui fait l'objet de leur recherche et ce qu'ils ont appris. Si le bon conseiller connaît les matières où il donne des conseils soit pour les avoir découvertes soit pour les avoir apprises, si celui qui a découvert ou appris quelque chose connaît un temps où il pensait ne pas connaître, il reste alors que le bon conseiller puisse dire un temps dans lequel il pensait ne pas

1-2. Voir *Notes complémentaires*, p. 389.

παρ' ἄλλων τῶν τελειοτέρων ὠφελούμενοι. Καὶ τῶν φύσεων
αἱ μὲν ἐρρωμενέστεραι δι' ἑαυτῶν θεῶνται τὸ ἀληθὲς καί
εἰσιν εὑρετικώτεραι, σῳζόμεναι δι' ἑῆς ἀλκῆς, ὥς
φησι τὸ λόγιον, αἱ δὲ ἀσθενέστεραι ἐπιδέονται καὶ διδασκαλίας καὶ τῆς παρ' ἄλλων ἀναμνήσεως τῶν τὸ τέλειον   10
ἐχόντων ἐν οἷς εἰσὶν ἀτελεῖς. Τούτῳ δὴ τῷ συλλογισμῷ
προσθῶμεν ἕτερον τοιοῦτον. Πᾶς ὁ μαθὼν ἢ εὑρὼν ἐζήτησε
πρότερον ἢ διδασκάλοις ἐχρήσατο · προηγεῖσθαι γὰρ
ἀνάγκη τῆς μὲν εὑρέσεως τὴν ζήτησιν, τῆς δὲ μαθήσεως
τὴν διδασκαλίαν · ἡ μὲν γὰρ εὕρεσις θήρα τοῦ ζητηθέντος   15
ἐστὶ καὶ ἔντευξις, ἡ δὲ μάθησις μετάληψις ἐστι τελειότητος
ἀπὸ τοῦ διδάσκοντος προερχομένη. Εἰ τοίνυν ὁ ἀγαθὸς
σύμβουλος ἢ ἔμαθε ταῦτα ἐν οἷς ἐστι σύμβουλος ἢ εὗρε,
πᾶς γε μὴν ὁ μαθὼν ὁτιοῦν ἢ εὑρὼν ἢ ἐζήτησεν ἢ διδασκάλοις ἐφοίτησεν, ἀνάγκη πάντα δήπου τὸν ἀγαθὸν σύμβου-   20
λον ἢ διὰ ζητήσεως εἰδέναι ταῦτα ἐν οἷς ἐστὶ σύμβουλος
ἢ διὰ τῆς παρ' ἄλλων διδασκαλίας. Τρίτον τοίνυν συλλογισμὸν κατὰ πρόσθεσιν ἄλλης προτάσεως ἐννοήσωμεν
τοιοῦτον. Πᾶς ὁ ζητήσας ὁτιοῦν ἢ διδασκάλοις περί τι
χρησάμενος ἔχει χρόνον εἰπεῖν ἐν ᾧ ποτὲ / ταῦτα ᾤετο   **178**
μὴ εἰδέναι · τὸ δὲ αἴτιον, ὅτι καὶ ἐπὶ τὴν ζήτησιν ὁρμῶσιν
ἄνθρωποι ταῖς ἑαυτῶν ἀγνοίαις ἐπιστήσαντες καὶ εἰς
διδασκάλων θύρας φοιτῶσιν ἑαυτοῖς ἀρκέσειν εἰς τὴν τῆς
ἀγνοίας ἀπαλλαγὴν μὴ πιστεύσαντες · ἔστιν οὖν τις χρόνος   5
καὶ πρὸ τῆς ζητήσεως καὶ πρὸ τῆς διδασκαλίας, ἐν ᾧ
ᾤοντο μὴ εἰδέναι ταῦτα ἅπερ ἐζήτησάν τε καὶ ἃ ἔμαθον.
Εἰ οὖν ὁ ἀγαθὸς σύμβουλος ἢ ζητήσας ἢ διδαχθεὶς ἔγνω
ταῦτα περὶ ἃ σύμβουλός ἐστιν, ὁ δὲ ζητήσας ἢ διδαχθεὶς
ἦν χρόνος ὅτε οὐκ ᾤετο εἰδέναι ταῦτα, λείπεται δήπου   10
τὸν ἀγαθὸν σύμβουλον ἔχειν τινὰ χρόνον εἰπεῖν ἐν ᾧ οὐκ

177. 8 = *Or. Chald.*, fr. 117 des Places (p. 52 Kroll).

connaître la matière en laquelle il est bon conseiller. »
Voilà donc trois syllogismes[1] qui ont été formés au
moyen du plus petit nombre de prémisses successives ;
que s'il faut maintenant en former un seul, composé
de tous les énoncés, exposons-le à la suite selon la figure
appelée ‘ synthétique[2] ’, en le constituant à partir de
syllogismes de la première figure ‘ empiétant ’[3] sur des
syllogismes de la première figure (ils sont, en effet, tous
de la première figure)[4]. Énonçons-le maintenant à la
suite : « Tout bon conseiller connaît les matières sur
lesquelles il donne des conseils ; quiconque connaît les
matières sur lesquelles il donne des conseils les connaît
pour les avoir ou bien apprises ou bien découvertes ;
quiconque a appris ou a découvert, ou bien a fréquenté
des maîtres ou bien a recherché par lui-même ; quiconque
a fréquenté des maîtres ou a fait personnellement une
recherche doit pouvoir dire un temps où il ne pensait
pas connaître les matières sur lesquelles il donne des
conseils. » Eh bien, à ce syllogisme[5] il faut rattacher
des prémisses mineures aussi bien en particulier à
chacune des propositions qui le composent qu'à toutes
prises ensemble[6] ; par exemple, on obtient : « Or,
Alcibiade ni n'a fait de recherche ni n'a reçu d'enseignement ; donc il n'est pas un bon conseiller » et ainsi tu
fais le même type de combinaison. Et encore : « Or,
Alcibiade ne peut dire de temps où il pensait ne pas
savoir ; il n'est donc pas un bon conseiller. »

Ainsi <donc,> c'est en assumant pour chaque syllogisme la mineure que nous sommes parvenus à la même
conclusion ; mais Socrate s'est contenté d'ajouter une
négation au seul plus grand terme et a ainsi ruiné tous
les petits termes[7]. Car si Alcibiade ne peut dire de
temps où il ne pensait pas savoir les matières dans
lesquelles il donne des conseils[8], c'est qu'il n'a pas fait
de recherche ni fréquenté de maîtres ; or, s'il n'a pas
fait de recherche ni fréquenté de maîtres, il n'a ni
appris ni découvert ; or, s'il n'a ni appris ni découvert,
il ne sait pas ; s'il ne sait pas, il n'est pas un bon conseil-

---

1-8. Voir *Notes complémentaires*, p. 389-390.

ᾤετο εἰδέναι ταῦτα περὶ ἅ ἐστιν ἀγαθὸς σύμβουλος. Τρεῖς
μὲν οὖν οὗτοι συλλογισμοὶ διὰ τῶν ἐλαχίστων καὶ συνεχῶν
ληφθέντες προτάσεων · εἰ δὲ δεῖ καὶ ἕνα ποιεῖν σύνθετον
ἁπάντων τῶν λημμάτων, ἐφεξῆς αὐτὸν οὑτωσὶ κατὰ τὸ   15
συνθετικὸν λεγόμενον σχῆμα προάγωμεν συγκείμενον ἐκ
πρώτων πρώτοις ἐπιβαλλόντων (πάντες γάρ εἰσιν ἐν πρώτῳ
σχήματι) · λεγέσθω δὴ οὖν οὑτωσὶ κατὰ τὸ ἑξῆς. Πᾶς ὁ
ἀγαθὸς σύμβουλος οἶδε περὶ ὧν συμβουλεύει · πᾶς ὁ εἰδὼς
περὶ ὧν συμβουλεύει ἢ μαθὼν ἢ εὑρὼν οἶδε · πᾶς ὁ μαθὼν   20
ἢ εὑρὼν ἢ διδασκάλοις προσῆλθεν ἢ ἐζήτησεν αὐτός ·
πᾶς ὁ διδασκάλοις προσελθὼν ἢ ζητήσας αὐτὸς ἔχοι ἂν
εἰπεῖν τινὰ χρόνον ἐν ᾧ οὐκ ᾤετο εἰδέναι περὶ ὧν συμβουλεύει. Τούτῳ δὴ τῷ συλλογισμῷ συμπλέκειν δεῖ τὰς ἐλάττους προτάσεις καὶ ἑκάστῳ ἰδίᾳ τῶν ἁπλῶν καὶ κοινῇ   25
πᾶσιν · οἷον · ἀλλὰ μὴν Ἀλκιβιάδης οὔτε ἐζήτησεν οὔτε
ἐδιδάχθη, οὐκ ἄρα ἀγαθός ἐστι σύμβουλος · καὶ ποιεῖς
τὸν ὅμοιον τῆς συμπλοκῆς τρόπον. Καὶ πάλιν · ἀλλὰ μὴν
Ἀλκιβιάδης οὐκ ἔχει χρόνον εἰπεῖν ἐν ᾧ οὐκ ᾤετο εἰδέναι,
οὐκ ἄρα ἀγαθὸς σύμβουλός ἐστιν.   30

/ Ἡμεῖς μὲν ⟨οὖν⟩ καθ᾽ ἕκαστον συλλογισμὸν τὴν **179**
ἐλάσσονα προσλαβόντες τὸ αὐτὸ συνεπερανάμεθα · ὁ δὲ
Σωκράτης ἑνὶ μόνῳ τῷ μεγίστῳ τῶν ὅρων τὸ ἀποφατικὸν
προσλαβὼν ἀνεῖλε πάντας τοὺς ἐλάττονας ὅρους. Εἰ γὰρ
μὴ ἔχει χρόνον εἰπεῖν Ἀλκιβιάδης ἐν ᾧ οὐκ ᾤετο εἰδέναι   5
ταῦτα περὶ ὧν συμβουλεύει, οὔτ᾽ ἐζήτησεν οὔτε διδασκάλοις προσῆλθεν · εἰ δὲ μήτε ἐζήτησε μήτε διδασκάλοις
τισὶν ὡμίλησεν, οὔτε ἔμαθεν οὔτε εὗρεν · εἰ δὲ μήτε ἔμαθε
μήτε εὗρεν, οὐκ οἶδε · εἰ δὲ μὴ οἶδεν, οὐκ ἔστιν ἀγαθὸς

ler dans les matières pour lesquelles il ne peut dire le temps où il pensait ne pas savoir. Et tu vois comment, si le raisonnement progresse de la sorte, nous cheminons tantôt selon le mode de la synthèse, tantôt selon le mode de l'analyse ; sur le mode synthétique, nous énonçons les affirmations, sur le mode analytique, les négations. Or ces deux — analyse et synthèse — conviennent absolument à la nature de l'âme, laquelle descend depuis le plus parfait vers le plus imparfait par le moyen d'une combinaison de notions[1] et l'addition de certaines tuniques[2] qui lui sont étrangères, jusqu'à ce qu'elle soit emmurée dans l'épaisse prison du corps[3], // et, inversement, remonte par l'analyse et la sépara-tion[4] de tout ce qui n'a nulle convenance avec elle jusqu'à ce que, devenue *nue* (comme dit l'*Oracle*)[5], elle s'unisse aux formes immatérielles et séparées elles-mêmes. Et c'est justement pour ces raisons que le syllogisme qui raisonne par affirmations procède du plus parfait au plus imparfait, celui qui raisonne par négations, à l'inverse. Car être un bon conseiller est plus parfait que la seule connaissance qui est en lui ; en effet, la connaissance ne produit qu'une participation à l'intellect, tandis que l'autre, la bonté du conseiller, fait participer à la cause toute première. Et de nouveau, savoir est plus éminent, je présume, qu'apprendre et découvrir ; car la première, la connaissance est proposée comme fin, tandis qu'étude et découverte ne sont que des voies qui mènent à la connaissance ; or, les voies sont, à coup sûr, imparfaites en tant qu'elles participent encore de la privation contraire à la fin. Davantage, apprendre une chose ou la découvrir, voilà qui est meilleur que recherche ou instruction : car ces dernières sont en vue de cela, tandis qu'apprendre ou découvrir, bien que ce soient des mouvements menant à la connais-sance, n'en constituent pas moins, pour elles, leur fin[6]. Finalement, chercher et être instruit dépassent en dignité l'ignorance : les premiers sont, en effet, les principes de la connaissance, l'ignorance, à l'inverse,

σύμβουλος ἐν οἷς οὐκ ἔχει χρόνον εἰπεῖν ὅτε οὐκ ᾤετο 10
εἰδέναι. Καὶ ὁρᾷς ὅπως, εἰ ταύτῃ προάγοιτο ὁ λόγος, τοτὲ
μὲν ὁδεύομεν κατὰ σύνθεσιν, τοτὲ δὲ κατὰ ἀνάλυσιν, τὰ
μὲν καταφατικὰ λέγοντες συνθετικῶς, τὰ δὲ ἀποφατικὰ
ἀναλυτικῶς. Ταῦτα δέ, ἡ σύνθεσις καὶ ἡ ἀνάλυσις, προσήκει πάντως τῇ φύσει τῆς ψυχῆς, κατιούσῃ μὲν ἀπὸ τῶν 15
τελειοτέρων ἐπὶ τὰ ἀτελέστερα διὰ συνθέσεως λόγων καὶ
προσθέσεώς τινων ἀλλοτρίων χιτώνων, ἕως ἂν τὸν παχὺν
τοῦτον καὶ ἀντίτυπον περιτειχίσηται δεσμόν, ἀνιούσῃ δὲ
δι' ἀναλύσεως καὶ ἀφαιρέ/σεως τῶν μηδὲν αὐτῇ προση- **180**
κόντων, ἕως ἂν γυμνῆτις γενομένη κατὰ τὸ λόγιον
αὐτοῖς συναφθῇ τοῖς ἀΰλοις εἴδεσι καὶ χωριστοῖς. Διὰ δὴ
ταῦτα καὶ ὁ μὲν διὰ τῶν καταφάσεων συλλογισμὸς ἀπὸ
τῶν τελειοτέρων ἐπὶ τὰ ἀτελέστερα πρόεισιν, ὁ δὲ διὰ τῶν 5
ἀποφάσεων ἀνάπαλιν. Τὸ γὰρ ἀγαθὸν εἶναι σύμβουλον
τῆς γνώσεως τῆς ἐν αὐτῷ μόνης τελειότερόν ἐστι · τὸ μὲν
γὰρ νοῦ μέθεξιν ἐμποιεῖ μόνον, ἡ γνῶσις, τὸ δὲ καὶ τῆς
πρωτίστης ἀρχῆς, ἡ ἀγαθότης. Καὶ αὖ πάλιν τὸ εἰδέναι
τοῦ μαθεῖν καὶ εὑρεῖν ὑπάρχει δήπου σεμνότερον · ἐκεῖνο 10
μὲν γὰρ ὡς τέλος πρόκειται, ἡ εἴδησις, μάθησις δὲ καὶ
εὕρεσις ὁδοί τινές εἰσιν ἐπὶ τὴν γνῶσιν · αἱ δὲ ὁδοὶ πάντως
ἀτελεῖς εἰσιν ὡς ἔτι μετέχουσαι τῆς ἐναντίας τῷ τέλει
στερήσεως. Καὶ δὴ καὶ τὸ μαθεῖν τοῦτο καὶ τὸ εὑρεῖν
ζητήσεώς ἐστι καὶ διδαχῆς κάλλιον · ἐκεῖνα γὰρ τούτων 15
ἕνεκα, ταῦτα δέ, εἰ καὶ πρὸς τὴν εἴδησιν κινήσεις εἰσίν,
ἀλλ' ἐκείνων τέλη τινά ἐστιν. Ἔτι δὲ αὖ τὸ ζητῆσαι καὶ τὸ
διδαχθῆναι τῆς ἀγνοίας ὑπερέχει κατὰ τὴν ἀξίαν · τὰ μὲν
γὰρ ἀρχαὶ τῆς γνώσεώς εἰσιν, ἡ δὲ ἄγνοια τοὐναντίον

180. 2-3 = *Or. Chald.*, fr. 116, 2 des Places (= p. 52 Kroll).

est chute hors de la connaissance. Si donc ce que nous venons de dire est correct, le syllogisme affirmatif procède du plus parfait vers le moins parfait, ce qui le fait ressembler à une descente, tandis que le syllogisme négatif ressemble à une remontée, puisqu'il va vers les termes les plus parfaits. Et en outre, le premier syllogisme, parce qu'il ne détruit pas les termes supérieurs, ressemble à la constitution naturelle des réalités, tandis que l'autre, parce qu'il renverse les termes supérieurs à partir des inférieurs, ressemble à la disposition contre nature[1]. Par conséquent, sous l'un et l'autre aspect, sous le rapport du type d'enchaînement des raisonnements // comme sous celui des réalités, il y a correspondance avec nos propres pâtirs. En voilà assez à titre de préliminaires sur les syllogismes ; reste maintenant, après avoir cité le texte[2] lui-même, à examiner les réalités.

< Alors, allons-y ... Évidemment. (106 C 4-D 3). >

Exégèse du fond   Le bien procède depuis le haut, en tant qu'il est établi, si l'on peut ainsi s'exprimer[3], au-delà de la nature intellective jusqu'aux êtres de tout dernier rang : il les illumine tous, les sauve tous[4], les met en ordre et les tourne vers lui-même ; et il est présent à titre premier aux êtres réellement êtres[5], en deuxième lieu, aux âmes divines, au troisième rang aux genres supérieurs, après ceux-ci à nos âmes, ainsi qu'aux animaux et aux plantes et à tous les corps et, enfin, même au sédiment[6] de tous les êtres, la matière informe[7]. Plus exactement[8], il fait rayonner son don d'une manière cachée et indicible, antérieurement à toute classe, sur tous les êtres, et ce sont les êtres qui participent selon leur classe, chacune d'une façon différente et dans la mesure où chacun est fait pour participer au bien : qui plus faiblement, qui plus clairement, // et qui plus unitairement, qui d'une façon plus divisée, et encore, qui éternellement, qui

---

1-8. Voir *Notes complémentaires*, p. 391-392.

ἀπόπτωσίς ἐστι τῆς γνώσεως. Εἰ τοίνυν ταῦτα ὀρθῶς εἴπο- 20
μεν, ὁ καταφατικὸς συλλογισμὸς ἀπὸ τοῦ τελειοτέρου
πρόεισιν ἐπὶ τὸ ἀτελέστερον, διὸ καθόδῳ ἔοικεν, ὁ δὲ
ἀποφατικὸς ἀνόδῳ, χωρῶν ἐπὶ τὰ τελειότερα · καὶ αὖ πάλιν
ὁ μὲν οὐκ ἀναιρῶν τὰ βελτίονα τῇ κατὰ φύσιν ὑποστάσει
τῶν πραγμάτων, ὁ δὲ ἀπὸ τῶν ἐλασσόνων ἀνατρέπων τὰ 25
μείζονα τῇ παρὰ φύσιν διαθέσει · τῇδε κατ᾽ ἀμφότερα [τῇ]
κατὰ τὸ εἶδος τῆς πλοκῆς καὶ κατὰ τὰ πράγματα προσήκει
τοῖς ἡμετέ/ροις παθήμασι. Ταῦτα μὲν δὴ περὶ τῶν συλλο- 181
γισμῶν προειρήσθω · λοιπὸν δὲ αὐτὴν ἐκθέμενοι τὴν λέξιν
τὰ πράγματα θεωρήσωμεν.

⟨ Φέρε δή · διανοῇ ... Πῶς γὰρ οὔ ; 106 C-D. ⟩

Τὸ ἀγαθὸν ἄνωθεν, ἅτε ἐπέκεινα τῆς νοερᾶς φύσεως 5
ἱδρυμένον, εἰ θέμις εἰπεῖν, ἄχρι τῶν ἐσχάτων πρόεισι καὶ
πάντα καταλάμπει καὶ πάντα σῴζει καὶ κοσμεῖ καὶ ἐπιστρέφει πρὸς ἑαυτό · καὶ πρώτως μὲν τοῖς ὄντως οὖσι
πάρεστι, δευτέρως δὲ ταῖς θείαις ψυχαῖς, κατὰ δὲ τρίτην
ἀπόστασιν τοῖς κρείττοσι γένεσι, μετὰ δὲ ταῦτα ταῖς 10
ἡμετέραις ψυχαῖς, καὶ δὴ ζῴοις, καὶ φυτοῖς, καὶ σώμασιν
ἅπασι, καὶ αὐτῇ τῇ ὑποστάθμῃ τῶν ὄντων ἁπάντων τῇ
ἀμόρφῳ ὕλῃ. Μᾶλλον δὲ ἐκεῖνο μὲν κρυφίως καὶ ἀρρήτως
πρὸ τάξεως ἁπάσης ἐλλάμπει πᾶσι τὴν οἰκείαν δόσιν, ταῦτα
δὲ μετέχει κατὰ τὴν αὐτῶν τάξιν ἄλλα ἄλλως καὶ ὡς ἕκαστα 15
πέφυκε τοῦ ἀγαθοῦ, τὰ μὲν ἀμυδρότερον, τὰ δὲ ἐναργέστε-
ρον, καὶ τὰ μὲν ἑνοειδεστέρως, τὰ δὲ μεμερισμένως μᾶλλον,

dans le changement. Ainsi les plus divines d'entre les
réalités, de même qu'elles ont une essence indivise,
possèdent de la même façon un bien unifié et indivis ;
au contraire, celles qui ont procédé plus loin des principes ont reçu en lot un bien plongé dans l'extension
et le fractionnement ; c'est pourquoi les êtres de cette
sorte ont besoin et de rencontre et de conspiration
mutuelle pour pouvoir compenser par leur communion
mutuelle et leur coordination ce qui fait défaut à leur
nature, puisque aucun ne possède en particulier la suffisance — qui est un élément constitutif du bien[1] —
et pour pouvoir remédier par leur conspiration à la
faiblesse et au manque dus à leur particularisation ;
ainsi peuvent-ils de nouveau prétendre à la suffisance
et à la perfection[2]. Et c'est justement pour cette raison
que les hommes aussi[3], qui par eux-mêmes sont faibles,
se réunissent et, en commun, délibèrent de leurs intérêts :
ils rassemblent ainsi l'intellect divisé en fragments et
s'efforcent, comme à partir de multiples étincelles[4],
d'allumer une lumière unique et cherchent à faire
contribuer le bien présent en chacun au succès commun.
Et c'est ce qui explique pourquoi des lieux de délibération ont été aménagés par les Etats. Et puisque chaque
homme a part selon une mesure différente au bien,
l'un plus, l'autre moins, et que, en ce qui concerne
l'intellect qui juge les biens (car c'est l'intellect qui peut
contempler le bien), l'un en a reçu un plus parfait,
l'autre un moins parfait, il naît, parmi la multitude,
un être qui possède une intelligence transcendante à la
multiplicité, qui participe au bien d'une manière plus
éminente et qui a empli d'intellect son âme ; il veut
être le conseiller de la multitude, celui // qui rassemble
le bien dispersé dans la multitude, celui qui combine
la fragmentation en une communauté, celui qui ramène
la déficience à la suffisance. Et comment jamais le multiple pourrait-il atteindre par lui-même son intérêt
commun sans se ranger autour de l'élément qui est le

1-4. Voir *Notes complémentaires*, p. 392.

καὶ τὰ / μὲν ἀϊδίως, τὰ δὲ κατὰ μεταβολήν. Τὰ μὲν δὴ **182**
θειότερα τῶν πραγμάτων, ὥσπερ ἀμέριστον ἔχει τὴν οὐσίαν
οὕτω δὴ καὶ τὸ ἀγαθὸν ἡνωμένον ἔχει καὶ ἀδιαίρετον · τὰ
δὲ πορρώτερον προεληλυθότα τῶν ἀρχῶν ἐν διαστάσει καὶ
μερισμῷ θεωρούμενον ἔλαχε τὸ ἑαυτῶν ἀγαθόν, ὅθεν 5
δὴ τὰ τοιαῦτα καὶ τῆς εἰς ταυτὸ δεῖται συνόδου καὶ τῆς
πρὸς ἄλληλα συμπνοίας, ἵνα, ἐπείπερ ἕκαστον οὐκ ἔχει τὸ
αὔταρκες, ὃ δὴ τοῦ ἀγαθοῦ στοιχεῖόν ἐστι, διὰ τῆς πρὸς
ἄλληλα κοινωνίας καὶ συντάξεως τὸ ἐλλεῖπον ἀναπληρώσῃ
τῇ φύσει καὶ τὴν διὰ τὸν μερισμὸν ἀσθένειαν καὶ ἔλλειψιν 10
διὰ τῆς συμπνοίας αὖθις παραμυθήσηται καὶ πρὸς τὸ
δυνατὸν καὶ τέλειον ἐπανακαλέσηται. Διὰ δὴ τὸν λογισμὸν
τόνδε καὶ ἄνθρωποι καθ᾽ ἑαυτοὺς ὄντες ἀσθενεῖς συνέρ-
χονται καὶ κοινῇ περὶ τῶν συμφερόντων αὑτοῖς βουλεύονται, τὸν διῃρημένον ἀθροίζοντες νοῦν καὶ οἷον ἐκ 15
σπινθήρων πολλῶν ἓν φῶς ἀνάψαι σπεύδοντες καὶ τὸ
μερισθὲν περὶ ἕκαστον ἀγαθὸν εἰς τὴν κοινὴν εὐπραγίαν
συνεισφέροντες. Καὶ τοῦτο αἴτιον τοῦ καὶ βουλευτήριά
τινα κοινὰ μεμηχανῆσθαι ταῖς πόλεσιν. Ἐπειδὴ δὲ ἄλλος
κατ᾽ ἄλλο μέτρον τοῦ ἀγαθοῦ μετέχει, καὶ ὁ μὲν μᾶλλον, 20
ὁ δὲ ἧττον, καὶ νοῦν κριτὴν τῶν ἀγαθῶν ὁ μὲν τελειότερον,
ὁ δὲ ἀτελέστερον ἔλαχε (νοῦς γάρ ἐστιν ὁ τὸ ἀγαθὸν
δυνάμενος θεωρεῖν), φύεταί τις ἐν τοῖς πολλοῖς ἐξῃρημένην
ἔχων διάνοιαν τοῦ πλήθους καὶ τοῦ τε ἀγαθοῦ μειζόνως
μετέχων καὶ τοῦ νοῦ τὴν ἑαυτοῦ ψυχὴν πληρώσας, ὃς δὴ 25
καὶ σύμβουλος ἀξιοῖ τῶν πολλῶν εἶναι, τὸ διεσπαρμένον
ἀγαθὸν ἐν αὐτοῖς / συνάγων καὶ τὸν μερισμὸν εἰς κοινωνίαν **183**
συνάπτων καὶ τὸ ἐνδεὲς εἰς αὐτάρκειαν ἀνακαλούμενος.
Καὶ πῶς γὰρ ἄν ποτε τὸ πλῆθος αὐτὸ καθ᾽ ἑαυτὸ τύχοι τοῦ
κοινοῦ συμφέροντος μὴ περὶ ἕν τι τὸ κρατιστεῦον ἐν ἑαυτῷ

---

182. 5 θεωρούμενον Westerink : -να N ‖ 11 τῆς συμπνοίας
Westerink : τὴν -αν N.
183. 3 τύχοι Westerink : τύχῃ N.

meilleur en lui ? Oui, c'est ce que l'on peut voir
dans toutes les classes d'êtres : la multiplicité partout
s'unit intimement à l'un et, ainsi, par l'entremise de
l'un qui lui est apparenté, se tend vers l'unité transcendante. Eh bien, c'est justement de cette façon-là
que la multitude qui délibère pour obtenir son bien
atteint sa fin par le moyen d'un conseiller. Car l'un
coordonné à la multitude c'est le conseiller, qui a justement reçu cette désignation du fait qu'il est cause
pour ceux qui délibèrent de la conclusion et de l'unité.
Et en effet, de même que c'est d'un principe unique
que viennent pour tous les étants unité et bien[1], de
même aussi chez les hommes est-ce le même qui propose
et communion d'intellect et participation aux biens ;
et de même que le premier des biens est générateur
d'intellect, de même aussi le conseiller est-il dispensateur de sagesse pour ceux qui délibèrent. C'est donc
à bon droit que l'ancienne tradition a surnommé *le
conseiller une chose sacrée*[2] : car il est divinement inspiré,
vise le bien et, en analogie avec // celui-ci, met en ordre
les inférieurs. C'est pourquoi ceux qui font du bien
le trait distinctif du genre délibératif par rapport aux
genres judiciaire et d'apparat me semblent tout à fait
atteindre la vérité[3]. Le genre délibératif, en effet, a
pour but le bien, le genre d'apparat a regard au beau,
enfin, le genre judiciaire vise le juste. Le genre judiciaire
dépend donc de l'âme, où se trouve le juste, toutes
les sortes de proportions et une division essentielle[4] ;
le genre d'apparat, de l'intellect, dans lequel brille
la beauté véritable ; le genre délibératif, du bien, car
l'avantageux appartient, lui aussi, à la portion du
bien[5]. Or donc, délibérants et conseiller ont pour but
le bien, et le conseiller est empli de tous les éléments
qui caractérisent la communication du bien. Il doit[6],

---

1. Cf. *supra*, p. 1.8 ss.
2. On retrouve encore ce *dictum* chez Xén., *Anabase*, V 6, 4
(181.24-25 Hude) ; Arist., *fr.*, 33 ; Lucien, *Rhet. pr.*, 1 (II 317.9-
10 McLeod) ; Epich., *fr.* 228 Kaibel ; Jambl., *V. Pyth.*, IX 49
(27.25) ; XVIII 85 (49.8-9).
3-6. Voir *Notes complémentaires*, p. 392-393.

συνταττόμενον ; Τοῦτο γὰρ δὴ κατὰ πᾶσάν ἐστι τάξιν 5
τῶν ὄντων θεωρεῖν, τὸ πλῆθος πανταχοῦ συμφυόμενον τῷ
ἑνὶ καὶ διὰ τοῦ ὁμοφυοῦς ἑνὸς ἐπὶ τὴν ἐξῃρημένην ἕνωσιν
ἀνατεινόμενον. Οὕτω δὴ οὖν καὶ τὸ τῶν βουλευομένων
πλῆθος τὸ ἀγαθὸν σπεῦδον ἑλεῖν διὰ μέσου τοῦ συμβούλου
τυγχάνει τοῦ τέλους. Τὸ γὰρ συντεταγμένον αὐτοῖς ἕν ὁ 10
σύμβουλός ἐστιν ὁ καὶ τὴν ἐπωνυμίαν ταύτην λαχὼν ὡς
τοῦ συμπεράσματος καὶ τῆς ἑνώσεως αἴτιος ὢν τοῖς βουλευομένοις. Καὶ γὰρ ὥσπερ ἅπασι τοῖς οὖσιν ἀπὸ μιᾶς
ἀρχῆς ἐφήκει καὶ ἡ ἕνωσις καὶ τὸ ἀγαθόν, οὕτω δὴ καὶ τοῖς
ἀνθρώποις ὁ αὐτὸς κοινωνίαν τε τοῦ νοῦ καὶ μετάδοσιν 15
προτείνει τῶν ἀγαθῶν · καὶ ὥσπερ τὸ πρῶτον τῶν ἀγαθῶν
νοῦ γεννητικόν ἐστιν, οὕτω δὴ καὶ ὁ σύμβουλος φρονήσεώς
ἐστι τοῖς βουλευομένοις χορηγός. Εἰκότως ἄρα καὶ ἡ
παλαιὰ φήμη τὴν συμβουλὴν ἱερὸν χρῆμα προσ-
είρηκεν · ἔνθεον γάρ ἐστι καὶ τοῦ ἀγαθοῦ στοχάζεται καὶ 20
ἀνάλογον ἐκείνῳ κοσμεῖ τὰ καταδεέστερα. Διὸ καὶ ὅσοι τὸ
συμβουλευτικὸν εἶδος τοῦ τε ἐπιδεικτικοῦ καὶ τοῦ δικανικοῦ διαιροῦσι τῷ ἀγαθῷ πάνυ / μοι δοκοῦσι τῆς ἀληθείας 184
τυγχάνειν. Τὸ μὲν γὰρ συμβουλευτικὸν τέλος ἔχει τὸ
ἀγαθόν, τὸ δὲ ἐπιδεικτικὸν εἰς τὸ καλὸν βλέπει, τὸ δὲ
αὖ δικανικὸν τοῦ δικαίου στοχάζεται. Τὸ μὲν ἄρα δικανικὸν
ψυχῆς ἐξήρτηται, παρ' ᾗ τὸ δίκαιον καὶ αἱ ἀναλογίαι 5
πᾶσαι καὶ ἡ διαίρεσις ἡ κατ' οὐσίαν · τὸ δὲ ἐπιδεικτικὸν
τοῦ νοῦ, παρ' ᾧ τὸ ἀληθινὸν κάλλος διαλάμπει · τὸ δὲ
συμβουλευτικὸν τοῦ ἀγαθοῦ, τὸ γὰρ συμφέρον δήπου καὶ
αὐτὸ τῆς τοῦ ἀγαθοῦ μοίρας ἐστί. Τέλος μὲν οὖν καὶ τοῖς
συμβουλευομένοις ἐστὶ καὶ τῷ συμβούλῳ τὸ ἀγαθόν · 10

---

183. 19-20 = *Theag.* 122 B 2-3 ; *Epist.*, V 321 C 5 ‖ 21-**184.** 2
cf. Ar., *Rhet.*, A 3, 1358 b 6-9, b 20-25 ; cf. infra, p. 294.18 ss.

183. 6 συμφυόμενον N (i.e. σύμφυτον$\overset{\tau'}{}$).

en effet, posséder et une volonté tout à fait boniforme
et une science très parfaite et une puissance tout à fait
juvénile, pour qu'il se tourne vers son but, atteigne
sa fin par la science et manifeste sa connaissance à
ceux qui le consultent ; et par sa volonté boniforme,
il doit s'assimiler au divin, par sa science à l'intellectif,
par sa puissance, aux âmes[1]. Car la bonté se trouve à
titre premier chez les dieux, la connaissance dans la
nature intellective, la puissance rationnelle, évidemment
dans les âmes ; car c'est un rejeton de l'âme que le
discours et toute la puissance dialectique. Et donc de
ces trois éléments qui doivent appartenir nécessairement
au conseiller, Socrate en choisit un, dans le présent
texte, la science, et c'est par là qu'il montre qu'Alcibiade n'est pas un bon conseiller, en tant qu'il manque
de science, alors que le conseiller doit être savant dans
les matières sur lesquelles il donne conseil ; et il ne doit
pas simplement avoir une connaissance de ce qui est avantageux, mais il doit l'avoir plus grande et plus parfaite
que ceux qui doivent participer à son conseil. Et voilà
le premier élément caractérisant // le conseiller, que
Socrate assume : le savoir. Il le fait pour que, s'il est
prouvé que le jeune homme possède ce savoir, il apparaisse comme un bon conseiller au moins à cause de
sa science, mais que, s'il ne l'a pas, il soit aussi privé
totalement de son éminence de conseiller. Il découle
de là, je pense, que les événements à venir doivent être
jugés par une science et que chacun est bon <conseil-
ler> dans le domaine où il est savant, et mauvais dans
le domaine où il présente la disposition contraire, la
sottise. Qu'on n'aille donc pas dire que ces distinctions
ne sont pas correctement faites par Socrate, sous
prétexte que les conseillers n'ont pas seulement besoin
de science mais aussi de modération dans leurs passions,
ni non plus que les vertus ne sont pas seulement des

---

1. On peut tirer de ce texte une triade προαίρεσις-ἐπιστήμη-
δύναμις, que l'on peut rapprocher de la triade βούλησις-δύναμις-
γνῶσις de *In Tim.*, I 389.19 ss, triade elle-même tirée de *Leges*
X 900 D ss et influencée par la triade chaldaïque ὕπαρξις-δύνα-
μις-νοῦς (sur laquelle on verra Hadot I, p. 260 ss).

συμπεπλήρωται δὲ ἐκ πάντων ὁ σύμβουλος τῶν στοιχείων
τῆς τοῦ ἀγαθοῦ μεταδόσεως. Δεῖ γὰρ αὐτὸν καὶ προαίρεσιν
ἔχειν ἀγαθοειδεστάτην καὶ ἐπιστήμην τελεωτάτην καὶ
δύναμιν νεανικωτάτην, ἵνα καὶ πρὸς τὸ οἰκεῖον τέλος
ἀποτείνηται καὶ τυγχάνῃ τοῦ τέλους διὰ τῆς ἐπιστήμης   15
καὶ τὴν ἑαυτοῦ γνῶσιν ἐμφαίνῃ τοῖς χρωμένοις · καὶ διὰ
μὲν τῆς ἀγαθοειδοῦς προαιρέσεως ὁμοιοῦσθαι τῷ θείῳ,
διὰ δὲ τῆς ἐπιστήμης τῷ νοερῷ, διὰ δὲ τῆς δυνάμεως ταῖς
ψυχαῖς. Ἀγαθότης μὲν γὰρ ἐν θεοῖς πρώτως, γνῶσις δὲ
ἐν τῇ νοερᾷ φύσει, δύναμις δὲ λογικὴ πάντως ἐν ψυχαῖς ·   20
ἔκγονος γὰρ ψυχῆς ὁ λόγος καὶ ἡ διαλεκτικὴ πᾶσα δύναμις.
Τῶν τοίνυν τριῶν τούτων, ὧν ἀνάγκη τὸν σύμβουλον ἔχειν,
ἓν ὁ Σωκράτης ἐν τοῖς παροῦσιν ἐκλέγεται, τὴν ἐπιστήμην,
καὶ κατὰ τοῦτο δείκνυσιν οὐκ ὄντα τὸν Ἀλκιβιάδην
σύμβουλον ἀγαθὸν ὡς ἐπιστήμης ἀπολειπόμενον, δέον   25
τὸν σύμβουλον ἐπιστήμονα περὶ τούτων εἶναι περὶ ὧν ἐστὶ
σύμβουλος · καὶ οὐχ ἁπλῶς γνῶσιν ἔχειν τοῦ συμφέροντος,
ἀλλὰ μείζονα καὶ τελειοτέραν τῶν μεταληψομένων τῆς
συμβουλῆς. Καὶ στοιχεῖον ἓν τοῦτο περὶ τοῦ συμβούλου
/ προλαμβάνει, τὴν εἴδησιν, ἵνα, εἰ μὲν καὶ ὁ νεανίσκος   185
δειχθείη ταύτην ἔχων τὴν εἴδησιν, ἀγαθὸς ἀποφανθῇ
σύμβουλος τῆς γε ἐπιστήμης ἕνεκα, ταύτης δὲ διαμαρτὼν
παντελῶς στερῆται καὶ τῆς κατὰ σύμβουλον ὑπεροχῆς.
Τούτοις δὲ ἕπεται δήπου τὸ δεῖν ἐπιστήμῃ τὰ μέλλοντα   5
κρίνεσθαι καὶ τὸ ἕκαστον ἐν τούτοις ἀγαθὸν εἶναι ⟨σύμβου-
λον⟩ περὶ ἃ καὶ φρόνιμός ἐστι, καὶ ἐν τούτοις κακὸν περὶ
ἃ τὴν ἐναντίαν ἀφροσύνην ἔχει. Μὴ δὴ λεγέτω τις ὡς οὐκ
ὀρθῶς ταῦτα ὁ Σωκράτης διορίζεται · δεῖν γὰρ μὴ μόνον
ἐπιστήμης τοῖς συμβούλοις, ἀλλὰ καὶ τῶν παθῶν συμ-   10
μετρίας · μηδ' ὅτι αἱ ἀρεταὶ οὔκ εἰσιν ἐπιστῆμαι μόνον

---

184. 14 νεανικωτάτην : an ἐκφαντικωτάτην leg. ? (cf. Ol.,
62.63) ‖ 23 post ἓν distinxit N.
185. 6-7 σύμβουλον add. Westerink.

sciences, en tant qu'elles réclament aussi l'accord des puissances irrationnelles[1]. Et de fait toutes les vertus dépendent de la sagesse en tant qu'elle est leur souveraine, elles existent en rapport avec elle et procèdent à partir d'elle ; et, en outre, discerner le bien et le mal est l'œuvre de la seule sagesse, comme Platon le montre lui-même dans le *Charmide* et le *Ménon*. Si donc le conseiller examine ce qui est bien et mal, utile et nuisible, on comprend que Platon ait rapporté toute sa préparation à la sagesse. Voilà pour le fond.

Sur la qualité du style de Socrate Il vaut aussi la peine d'admirer tout ce que la manière de traiter les arguments possède de vivide, de réprobateur et de scientifique. En effet, la phrase : *comme je le dis* ramène la dissimulation du jeune homme et son indétermination à la limite appropriée ; c'est tout juste si, en effet, elle ne dit pas ouvertement : les sages connaissent la disposition intérieure du multiple et rien d'inférieur, quelle qu'en soit la nature, ne peut leur échapper.

// Quant à *dans très peu de temps*, c'est une phrase qui marque la réprobation : car si, alors qu'il n'a pas encore vingt ans, il saute déjà sur les affaires publiques, comment ne pas considérer qu'il prend un élan pernicieux ?

Quant à mettre sous ses yeux, comme sur une scène, le peuple dans l'Assemblée, l'estrade elle-même et l'un qui se hâte pour occuper la place de conseiller, l'autre qui lui met la main dessus et place sur son impétuosité la raison comme un frein, voilà qui constitue un tableau très vivant[2], en même temps que cela met en évidence qu'il ne faut rien accomplir sans examen ni se précipiter au redressement d'autrui avant de connaître sa propre essence[3]. Que la raison

---

1. Voir *Notes complémentaires*, p. 393.
2. L'ἐνάργεια est une qualité du style : cf. *In Remp.*, I 163.22 s.; 171.15.
3. Voir *Notes complémentaires*, p. 393.

ὡς δεόμεναι καὶ τῆς ὁμολογίας τῶν ἀλόγων δυνάμεων.
Καὶ γὰρ αἱ ἀρεταὶ πᾶσαι τῆς φρονήσεως ὡς ἡγεμονούσης
ἐξήρτηνται καὶ περὶ ταύτην ὑφεστήκασι καὶ ἀπὸ ταύτης
ὥρμηνται · καὶ ἔτι τὸ διαγινώσκειν τά τε ἀγαθὰ καὶ τὰ κακὰ 15
μόνης ἐστὶ τῆς φρονήσεως ἔργον, ὡς αὐτὸς ἔν τε Χαρμίδῃ
καὶ ἐν Μένωνι δείκνυσιν. Εἰ τοίνυν ὁ σύμβουλος τῶν
ἀγαθῶν ἐστὶ καὶ τῶν κακῶν καὶ τῶν συμφερόντων καὶ
βλαβερῶν ἐξεταστής, εἰκότως εἰς φρόνησιν ἀνήνεγκε τὴν
σύμπασαν αὐτοῦ παρασκευήν. Ταῦτα περὶ τῶν πραγμάτων. 20

Ἄξιον δὲ θαυμάσαι καὶ τὴν μεταχείρισιν τῶν λόγων,
ὅσον μὲν ἔχει τὸ ἐναργές, ὅσον δὲ τὸ πληκτικόν, ὅσον
δὲ τὸ ἐπιστημονικόν. Τὸ μὲν γὰρ ὡς ἐγώ φημι τὴν τοῦ
νεανίσκου κρύψιν καὶ τὴν ἀοριστίαν εἰς τὸν οἰκεῖον ὅρον
ἐπανάγει, μονονουχὶ λέγων ἐμφανῶς ὅτι τοῖς σοφοῖς ἡ 25
τῶν πολλῶν ἕξις γνώριμός ἐστι καὶ οὐδὲν αὐτοὺς δια-
λανθάνει τῶν χειρόνων, ὁποῖόν ποτ' ἐστί.

Τὸ δὲ ἐντὸς οὐ πολλοῦ χρόνου / πληκτικόν ἐστιν · 186
εἰ γὰρ οὔπω γεγονὼς εἴκοσιν ἔτη τοῖς κοινοῖς ἐπιπηδᾷ,
πῶς οὐκ ἔμπληκτον ποιεῖται τὴν ὁρμήν ;

Τὸ δὲ ὥσπερ ἐν σκηνῇ τῇ ἐκκλησίᾳ αὐτῷ τὸν δῆμον
ὑπ' ὀφθαλμοῖς ἀγαγεῖν καὶ αὐτὸ τὸ βῆμα, καὶ τὸν μὲν σπεύ- 5
δοντα τὴν τοῦ συμβούλου χώραν καταλαβεῖν, τὸν δὲ
λαμβανόμενον αὐτοῦ καὶ οἷον χαλινὸν ἐπάγοντα τῇ ὁρμῇ
τὸν λόγον, πολλὴν παρέχεται τὴν ἐνάργειαν, ἅμα δὲ
κἀκεῖνο ποιεῖ δῆλον ὡς οὐδὲν ἀνεξετάστως προσήκει
πράττειν οὐδὲ πρὸ τοῦ τὴν ἑαυτοῦ γνῶσιν ἀνακρῖναι πρὸς 10
τὴν τῶν ἄλλων ᾄττειν ἐπανόρθωσιν. Λόγος οὖν ἡγεμὼν

---

185. 15-17 cf. *Charmid.*, 174 A 3-D 5 ; *Men.* 88 B 1-D 3.

185. 21 μεταχείρισιν recc. : -ησιν N ‖ 25 λέγον coniec. Cousin :
-ων N.

186. 4 τῇ ἐκκλησίᾳ Westerink : τὴν ἐκκλησίαν N.

soit donc la maîtresse de nos actions[1] ; qu'elle rende notre ambition plus sensée et soumette l'action irréfléchie à l'examen et au jugement et, ayant donné congé à la tribune et au peuple, mettons en ordre le peuple qui est en nous[2] et, ayant mis un terme au tumulte de nos passions, écoutons[3] les conseils de l'intellect (car c'est lui le vrai conseiller des âmes) et nous tournant vers lui, mettons-nous à la recherche du Bien. Car c'est par l'entremise de l'intellect que les âmes contemplent le bien, tandis que l'habitus empli d'ignorance et tourmenté par les passions ne peut fournir le bien ni à lui-même ni aux autres.

< Mais ce que tu sais ... il y a eu un temps où tu pensais ne pas le savoir? (106 D 4-E 3).>

Étude et découverte Platon pose ces deux voies[4] qui mènent à toute connaissance — étude et découverte — comme convenant à notre âme. Car ni les genres d'êtres supérieurs à notre âme n'atteignent leur perfection par l'étude ou la découverte — ils sont, en effet, toujours unis à leurs objets de connaissance[5] et ne s'en écartent jamais et ne présentent aucune déficience dans leur connaissance — ni les êtres inférieurs, appelés ' sans raison ', n'ont pour nature d'apprendre une seule connaissance intellectuelle ou de découvrir quoi que ce soit par eux-mêmes : car ils ne voient même pas un seul des êtres vrais. Mais l'âme humaine, qui a en elle-même toutes les raisons[6], qui a assumé à l'avance toutes les sciences, mais est empêchée par la *génésis* de contempler ce qu'elle possède, a besoin et de l'étude et de la découverte pour pouvoir, par l'étude, susciter ses propres intellections et, par la découverte, se découvrir elle-même ainsi que le plérôme[7] des raisons qui sont en elle. Et ce sont là les dons des dieux bienfaisants pour l'âme après sa chute et qui tentent de la rappeler à la vie intellective ; ces deux

1-7. Voir *Notes complémentaires*, p. 393-394.

ἔστω τῶν πράξεων καὶ τὴν μὲν φιλότιμον ἕξιν σωφρονεσ-
τέραν ποιείτω, τὴν δὲ ἀνυπεύθυνον ὁρμὴν εἰς βάσανον
ἀγέτω καὶ κρίσιν, καὶ χαίρειν εἰπόντες τῷ βήματι καὶ τῷ
δήμῳ τὸν ἐν ἡμῖν δῆμον καταστησώμεθα καὶ τὸν θόρυβον 15
τῶν παθῶν ἐκκόψαντες ἀκούσωμεν τῶν τοῦ νοῦ συμβουλῶν
(αὐτὸς γάρ ἐστιν ὁ τῶν ψυχῶν σύμβουλος ἀληθής) καὶ
πρὸς τοῦτον ἐπιστρέψαντες τὸ ἀγαθὸν ἀνερευνήσωμεν.
Διὰ γὰρ νοῦ καὶ αἱ ψυχαὶ θεῶνται τὸ ἀγαθόν, ἡ δὲ ἀγνοίας
μὲν ἀναπεπλησμένη, ταραττομένη δὲ ὑπὸ τῶν παθῶν ἕξις 20
οὔτε ἑαυτῇ τὸ ἀγαθὸν οὔτε τοῖς ἄλλοις πορίζειν δύναται.

⟨ Οὐκοῦν ταῦτα μόνον … χρόνος ὅτε οὐχ ἡγοῦ εἰδέναι ; **187**
106 D-E. ⟩

Δύο ταύτας ὁδοὺς ὁ Πλάτων ἁπάσης τίθεται γνώσεως,
μάθησιν καὶ εὕρεσιν, προσηκούσας ταῖς ἡμετέραις ψυχαῖς.
Οὔτε γὰρ τὰ κρείττονα γένη τῆς ἡμετέρας ψυχῆς διὰ 5
μαθήσεως ἢ εὑρέσεως τυγχάνει τῆς ἑαυτῶν τελειότητος ·
ἀεὶ γὰρ σύνεστι τοῖς ἑαυτῶν γνωστοῖς καὶ οὐδέποτε
ἀφίσταται αὐτῶν οὐδὲ ἐνδεῆ γίγνεται τῆς οἰκείας γνώσεως ·
οὔτε τὰ καταδεέστερα καὶ ἄλογα καλούμενα μανθάνειν
πέφυκε μάθημα διανοητικὸν ἢ παρ' ἑαυτῶν ἀνευρίσκειν τι 10
τῶν ὄντων · οὐδὲ γὰρ ὁρᾷ τι τῶν ἀληθῶν. Ἀλλ' ἡ ἀνθρωπίνη
ψυχὴ πάντας μὲν ἐν ἑαυτῇ τοὺς λόγους ἔχουσα, πάσας
δὲ προλαβοῦσα τὰς ἐπιστήμας, ἐπιπροσθουμένη δὲ ἐκ
τῆς γενέσεως περὶ τὴν θεωρίαν ὧν ἔχει, καὶ τῆς μαθήσεως
δεῖται καὶ τῆς εὑρέσεως, ἵνα διὰ μὲν τῆς μαθήσεως ἀνα- 15
κινήσῃ τὰς ἑαυτῆς νοήσεις, διὰ δὲ τῆς εὑρέσεως ἑαυτὴν
εὕρῃ καὶ τὸ πλήρωμα τῶν ἐν αὐτῇ λόγων. Καὶ ἔστι ταῦτα
τὰ δῶρα θεῶν εὐεργετούντων αὐτὴν πεσοῦσαν καὶ ἐπανακα-

186. 15 δῆμον recc. : δῆλον N ‖ 16 συμβουλῶν coni. Creuzer :
συμβούλων N.
                                              ότητος
187. 6 τελειώσεως N m. pr. ‖ 13 προλαβοῦσα recc. : -ούσας N.

dons[1] viennent de la classe hermaïque[2], mais le premier
[la découverte] en vient en tant qu'Hermès est fils de
Maïa[3], elle-même fille d'Atlas, et l'autre [l'étude],
en tant qu'il est le messager de Zeus. En effet, en
révélant // *la volonté paternelle*[4] Hermès donne aux
âmes <la connaissance,> mais en tant qu'il procède
de Maïa, dans laquelle se trouve sur un mode caché
la recherche, il gratifie ses nourrissons de la découverte.
Mais lorsque la connaissance procède depuis là-haut,
depuis les êtres les meilleurs vers les âmes, elle est
supérieure à la découverte ; lorsque, au contraire, elle
provient d'êtres de rang équivalent, par exemple,
lorsqu'elle provient d'hommes qui excitent notre faculté
cognitive, elle est alors très inférieure à la découverte[5].
Par conséquent, la découverte étant intermédiaire est
appropriée au caractère automoteur de l'âme ; car le
caractère spontané de notre vie[6] et de notre activité
est particulièrement mis en lumière par la découverte,
tandis que la connaissance occupe les deux termes
extrêmes : du côté supérieur elle emplit l'âme à partir
des principes plus divins qu'elle, du côté inférieur,
elle met en mouvement, sous l'action d'êtres qui nous
sont extérieurs, la puissance vitale. Et qu'il se produise
en nous, sous l'action des êtres supérieurs, une connaissance des réalités[7], les apparitions des dieux et leurs
instructions le montrent assez ; les unes révèlent aux
âmes l'ordre de toutes les choses, les autres montrent
la voie dans le voyage vers l'intelligible[8] et *allument
les feux élévateurs*[9].

**Enseignement
et recherche**

Voilà ce que nous avions à dire
sur l'étude et la découverte. Mais
recherche et enseignement présup-
posent nécessairement l'ignorance simple : en effet ni
les savants ne recherchent plus le vrai[10] (puisque leur
connaissance a déjà reçu sa limite dans la science)

1-10. Voir *Notes complémentaires*, p. 394-396.

λουμένων εἰς τὴν νοερὰν ζωήν, ἄμφω μὲν ἐκ τῆς Ἑρμαϊκῆς
ἥκοντα τάξεως, ἀλλ' ἡ μὲν καθ' ὅσον ἐστὶν ὁ θεὸς οὗτος 20
Μαίας τῆς Ἄτλαντος υἱός, ἡ δὲ καθ' ὅσον ἐστὶν ἄγγελος
τοῦ Διός. Ἐκφαίνων μὲν γὰρ τὴν π α τ ρ ι κ ὴ ν β ο ύ λ η σ ι ν
⟨μ ά θ η σ ι ν⟩ ἐνδίδωσι / ταῖς ψυχαῖς· ἐκ δὲ τῆς Μαίας 188
προϊών, παρ' ᾗ κρυφίως ἡ ζήτησις, τὴν εὕρεσιν δωρεῖται
τοῖς ἑαυτοῦ τροφίμοις. Ἀλλ' ὅταν μὲν ἡ μάθησις ἄνωθεν
ἀπὸ τῶν κρειττόνων εἰς τὰς ψυχὰς προέρχηται, τῆς εὑρέ-
σεώς ἐστι κρείττων· ὅταν δὲ ἀπὸ τῶν συστοίχων, οἷον 5
ἀνθρώπων ἀνακινούντων ἡμῶν τὴν γνωστικὴν δύναμιν,
καταδεεστέρα ὑπάρχει τῆς εὑρέσεως. Μέση τοίνυν ἡ εὕρε-
σίς ἐστι τῷ αὐτοκινήτῳ προσήκουσα τῆς ψυχῆς· τὸ γὰρ
αὐτόζων ἡμῶν καὶ τὸ αὐτενέργητον δι' αὐτῆς μάλιστα
γίνεται καταφανές· ἡ δὲ μάθησις ἐφ' ἑκάτερα, κατὰ μὲν τὸ 10
κρεῖττον πληροῦσα τὴν ψυχὴν ἀπὸ τῶν θειοτέρων αὐτῆς
αἰτίων, κατὰ δὲ τὸ χεῖρον ἀπὸ τῶν ἔξω τῆς οὐσίας ἡμῶν
ἀνακινοῦσα τὴν ζωτικὴν δύναμιν ἑτεροκινήτως. Ὅτι δὲ
καὶ παρὰ τῶν κρειττόνων ἐγγίνεταί τις ἡμῖν γνῶσις τῶν
πραγμάτων, αἱ τῶν θεῶν αὐτοψίαι καὶ ὑφηγήσεις ἱκανῶς 15
δηλοῦσιν, ἐκφαίνουσαι μὲν τὴν τάξιν τῶν ὅλων ταῖς ψυχαῖς,
προκαθηγούμεναι δὲ τῆς πρὸς τὸ νοητὸν πορείας καὶ τοὺς
πυρσοὺς ἀνάπτουσαι τοὺς ἀναγωγούς.

Ταῦτα μὲν οὖν περί τε μαθήσεως καὶ εὑρέσεως εἴχομεν
λέγειν. Αἱ δὲ δὴ ζητήσεις καὶ αἱ διδασκαλίαι προηγουμένην 20
ἔχουσιν ἐξ ἀνάγκης τὴν ἁπλῆν ἄγνοιαν. Οὔτε γὰρ οἱ
ἐπιστήμονες ἔτι ζητοῦσι τὸ ἀληθές, ἤδη τῆς γνώσεως ὅρον
κατὰ τὴν ἐπιστήμην εἰληφότες, οὔτε οἱ τὴν διπλῆν ἔχοντες

187. 22 cf. *Or. Chald.*, p. 62 Kroll.
188. 18 = *Or. Chald.*, fr. 126 des Places (= p. 52 Kroll) et
fr. 190.

188. 1 μάθησιν add. Westerink (sim. quid Taylor) ‖ 4 προέρχηται Nᵉˣ corr. : -εται Nᵃ·corr. ‖ 9 αὐτόζων Westerink : -ζῶν N.

ni ceux qui // ont la double ignorance : *Car c'est cela que* la double *ignorance : tout en n'étant ni beau ni bon ni intelligent, s'imaginer l'être suffisamment*, comme dit le discours de Diotime. La raison[1] en est que les âmes, une fois descendues dans la *génésis*, quoiqu'elles soient pleines par essence de sciences[2], accueillent en elles l'oubli[3] dû à la *génésis* ; et du fait que les raisons des choses sont en elles, pour ainsi dire, palpitantes[4], elles ont bien des idées sur ces choses, mais comme elles sont subjuguées par le philtre d'oubli[5], ces âmes sont incapables d'articuler[6] leurs propres idées et de les ramener à la science. Elles portent ces idées en elles-mêmes pour ainsi dire refroidies et respirant à grand-peine ; et les âmes acquièrent la double ignorance, parce qu'elles croient savoir à cause de ces idées mais sont en fait dans l'ignorance en raison de leur oubli : de là viennent tromperie et apparence de connaissances. Celui donc qui est doublement ignorant est éloigné de la recherche des choses aussi bien que celui qui sait. Car philosopher ne concerne ni le sage ni celui qui souffre de la double ignorance, mais, bien sûr, celui qui est dans l'ignorance simple. En effet, celui qui est doublement ignorant ressemble au savant sous ce rapport comme la matière ressemble à dieu *par la similitude de dissimilitude*, comme le dit justement quelqu'un[7]. Car de même que la matière est sans forme, ainsi de dieu ; de plus, l'un comme l'autre sont infinis et inconnaissables, si ce n'est que tout se dit de l'un en bonne part et, de l'autre, en // mauvaise part[8] ; ainsi donc, et l'expert et celui qui est doublement ignorant ne recherchent rien, et s'il en est ainsi, c'est parce que l'un est savant et, pour ainsi dire, *richesse*, et que l'autre ne possède même pas les principes de la recherche à cause de l'erreur qui le concerne, tandis que celui qui n'a qu'une ignorance simple est, pour ainsi dire, intermédiaire entre le savant et celui qui a doublé en lui l'erreur. Car du fait qu'il se connaît et qu'il se tourne vers lui-même, il est supérieur

1-8. Voir *Notes complémentaires*, p. 396-397.

ἄγνοιαν · / αὐτὸ γὰρ τοῦτό ἐστιν ἡ διπλῆ ἀμαθία, **189**
τὸ μὴ ὄντα καλὸν μηδὲ ἀγαθὸν μηδὲ φρόνιμον
οἴεσθαι ἱκανὸν εἶναι, φησὶν ὁ τῆς Διοτίμας λόγος.
Τὸ δὲ αἴτιον, ὅτι κατελθοῦσαι εἰς γένεσιν αἱ ψυχαὶ πλήρεις
κατ᾽ οὐσίαν τῶν ἐπιστημῶν ὑπάρχουσαι τὴν ἐκ τῆς γενέ- 5
σεως λήθην εἰσδέχονται · καὶ τῷ μὲν ἔχειν τοὺς λόγους
τῶν πραγμάτων οἷον σφύζοντας ἐννοίας ἔχουσι περὶ
αὐτῶν, τῷ δὲ τῆς λήθης πόματι κρατούμεναι διαρθροῦν
τὰς ἑαυτῶν ἀδυνατοῦσιν ἐννοίας καὶ εἰς ἐπιστήμην ἀναπέμπειν. Οἷον οὖν ἀπεψυγμένας αὐτὰς περιφέρουσι καὶ 10
μόλις ἀναπνεούσας, καὶ διὰ τοῦτο κτῶνται τὴν διπλῆν
ἄγνοιαν, οἰόμεναι μὲν εἰδέναι διὰ τὰς ἐννοίας ταύτας,
ἀγνοοῦσαι δὲ διὰ τὴν λήθην · καὶ ἡ ἀπάτη καὶ ἡ δόκησις
τῆς γνώσεως ἐντεῦθεν. Ὁ μὲν τοίνυν ἀμαθαίνων διπλῆ
πόρρω τῆς τῶν πραγμάτων ἐστὶ ζητήσεως, ὥσπερ καὶ ὁ 15
ἐπιστήμων. Οὔτε γὰρ σοφοῦ τὸ φιλοσοφεῖν οὔτε τοῦ τὴν
διπλῆν ἄγνοιαν νοσοῦντος, ἀλλὰ δηλονότι τοῦ κατὰ τὴν
ἁπλῆν ἑστῶτος. Ἔοικε γὰρ ὁ διπλῆ ἀμαθαίνων κατὰ τοῦτο
τῷ σοφῷ, ὥσπερ ἡ ὕλη τῷ θεῷ, κατὰ τὴν ἀνόμοιον
ὁμοιότητα, φησί τις ὀρθῶς. Ὡς γὰρ ἡ ὕλη ἀνείδεος, καὶ 20
ὁ θεός · καὶ δὴ καὶ ἄπειρον ἑκάτερον καὶ ἄγνωστον, εἰ καὶ
πάντα ὁ μὲν κατὰ τὸ κρεῖττον, ἡ δὲ κατὰ τὸ χεῖρον · οὕτω
/ τοίνυν καὶ ὁ ἐπιστήμων καὶ ὁ διπλῆ ἀμαθαίνων οὐδενός **190**
εἰσι ζητηταί, ἀλλ᾽ ὁ μὲν τῷ σοφὸς εἶναι καὶ οἷον πόρος,
ὁ δὲ τῷ μηδὲ ἀρχὰς τοῦ ζητεῖν εἰληφέναι διὰ τὸ ψεῦδος τὸ
περὶ αὐτόν. Ὁ δέ γε τὴν ἁπλῆν ἄγνοιαν ἔχων μέσος πώς
ἐστι τοῦ τε ἐπιστήμονος καὶ τοῦ διπλασιάσαντος ἐν ἑαυτῷ 5

---

189. 1-3 = *Symp.*, 204 A 4-6 ‖ 20 φησί τις : auctor ignotus.
190. 2 πόρος = *Symp.*, 203 B 3, 5, 8.

189. 6 μὲν Taylor : μὴ N ‖ 16 τοῦ ex τὸ N.

à celui qui s'ignore complètement ; mais du fait que lorsqu'il a regard à lui-même, ce n'est pas une connaissance qu'il voit mais l'ignorance, il est inférieur au savant. De ces trois, en effet, l'un n'est absolument pas tourné vers lui-même, l'autre est tourné vers lui-même et, une fois tourné vers lui-même, découvre en lui-même vertus et sciences, qui sont comme des statues divines resplendissantes[1] ; le troisième, enfin, est bien tourné vers lui-même, mais il ne voit en lui qu'ignorance et nescience, et ainsi il se trouve au principe de l'étude et de la découverte, soit qu'il se mette à s'examiner lui-même et la richesse qui, à son insu, est en lui[2], soit qu'il fréquente des maîtres et se fasse guider par eux. Pour le dire absolument, l'âme, par la science, s'assimile à l'intellect (car par son activité elle embrasse le connaissable comme l'intellect embrasse l'intelligible) mais par la double ignorance, elle s'assimile à la matière. Car de même que celle-ci possède toutes choses en vertu d'une simple apparence // et, en réalité, rien, et de même qu'elle s'imagine avoir été mise en ordre, alors qu'elle n'est pas débarrassée de son désordre[3], de la même façon celui qui a une double ignorance croit savoir ce qu'il ne sait pas et il porte l'apparence de la science de ce qu'il ne sait pas. Assez là-dessus.

Aporie et solution   Comme Socrate a dit : *Ce que nous nous trouvons savoir présentement, il y eut un temps où nous ne pensions pas le savoir*, certains pensent que cette déclaration contredit ce qui est écrit dans le *Phédon*, où Socrate, à propos de la question de savoir si les connaissances sont des réminiscences, démontre que, bien que nous ayons la connaissance de l'égal, du juste, du beau et de chacune des formes, nous ne saurions dire le temps où nous avons acquis cette connaissance[4]. Il faut dire, en réponse à cette objection[5], que les âmes ont deux sortes de connaissance : l'une est inarticulée et ne consiste que

1-5. Voir *Notes complémentaires*, p. 397-398.

τὴν ἀπάτην. Τῷ μὲν γὰρ ὅλως ἑαυτὸν εἰδέναι καὶ πρὸς
ἑαυτὸν ἐπιστρέφειν κρείττων ἐστὶ τοῦ παντελῶς ἀγνοοῦντος
ἑαυτόν, τῷ δὲ εἰς ἑαυτὸν ἀποβλέποντα μὴ γνῶσιν ὁρᾶν,
ἀλλὰ ἄγνοιαν, καταδεέστερός ἐστι τοῦ ἐπιστήμονος. Τῶν
γὰρ τριῶν τούτων ὁ μὲν ἀνεπίστροφός ἐστι πάντῃ πρὸς   10
ἑαυτόν· ὁ δὲ καὶ ἐπιστρέφεται καὶ ἐπιστραφεὶς ἀρετὰς
ἔνδον εὑρίσκει καὶ ἐπιστήμας οἷον ἀγάλματα θεῖα προ-
λάμποντα· ὁ δὲ ἐπιστρέφεται μέν, ὁρᾷ δὲ ἀμαθίαν ἔνδον
καὶ ἀνεπιστημοσύνην καὶ οὕτως εἰς ἀρχὴν καθίσταται
μαθήσεώς τε καὶ εὑρέσεως, ἢ ζητῶν ἑαυτὸν καὶ τὸν ἑαυτοῦ   15
πλοῦτον, ὃν ἔχων οὐκ οἶδεν, ἢ διδασκάλοις προσιὼν καὶ
παρ' ἐκείνων ποδηγούμενος. Ὡς δ' ἁπλῶς εἰπεῖν ἡ ψυχὴ
κατὰ μὲν τὴν ἐπιστήμην ὁμοιοῦται νῷ, κατ' ἐνέργειαν
περιλαμβάνουσα τὸ γνωστὸν ὥσπερ ὁ νοῦς τὸ νοητόν·
κατὰ δὲ τὴν διπλῆν ἀμαθίαν ὁμοιοῦται τῇ ὕλῃ. Ὡς γὰρ   20
ἐκείνη πάντα κατὰ δόκησιν ἔχει ψιλήν, κατ' ἀλήθειαν δὲ
οὐδέν, καὶ / οἴεται μὲν κεκοσμῆσθαι, τῆς δὲ ἀκοσμίας   **191**
οὐκ ἀπήλλακται, οὕτω δὴ καὶ ὁ τὴν διπλῆν ἔχων ἄγνοιαν
οἴεται γιγνώσκειν ἃ μὴ γινώσκει, καὶ δόκησιν περιφέρει
σοφίας ὧν ἐστιν ἀμαθής. Ταῦτα περὶ τούτων.

Εἰπόντος δὲ Σωκράτους ὅτι ἃ νῦν τυγχάνομεν εἰδό-   5
τες, ἦν χρόνος ὅτε οὐκ ᾠόμεθα εἰδέναι, μάχεσθαι
τὸν λόγον οἴονται τοῦτόν τινες τοῖς ἐν τῷ Φαίδωνι γεγραμ-
μένοις, ἐν οἷς περὶ τοῦ τὰς μαθήσεις ἀναμνήσεις εἶναι
διαλεγόμενος ἐπιδείκνυσιν, ὅτι καὶ τοῦ ἴσου καὶ τοῦ
δικαίου καὶ τοῦ καλοῦ καὶ ἑκάστου τῶν εἰδῶν τὴν γνῶσιν   10
ἔχοντες οὐκ ἂν ἔχοιμεν χρόνον εἰπεῖν ἐν ᾧ ταύτην εἰλήφαμεν. Ῥητέον δὲ πρὸς τὴν ἔνστασιν ὅτι διττὴ τῶν ψυχῶν
ἐστιν ἡ γνῶσις, ἡ μὲν ἀδιάρθρωτος καὶ κατ' ἔννοιαν ψιλήν,

---

191. 8-12 cf. *Phaed.* 75 C 4-D 5.

190. 7 κρείττων Cousin : κρεῖττον N.

dans la notion, tandis que l'autre est articulée, scientifique et // incontestable. *Car il pourrait bien nous
arriver*, comme le dit Platon quelque part, *que tout en
connaissant tout en rêve, nous ignorions ces mêmes choses
à la clarté de l'éveil*[1] : sans doute possédons-nous par
essence les raisons et, pour ainsi dire, nous exhalons[2]
leur connaissance, mais nous ne les avons pas en acte
et à l'état proféré. Par conséquent, nul temps ne précède
la notion des formes qui sont en nous par essence,
(nous possédons cette notion de toute éternité), tandis
que nous pouvons dire qu'un temps a précédé la connaissance proférée et articulée des raisons. Ainsi, je sais
que pour la forme du cercle, j'ai appris sa définition[3]
en tel temps, celle de la justice en tel autre et ainsi
pour chacun des êtres dont nous avons la science en
acte. En effet, ce dont nous nous ressouvenons n'est
pas accompagné du souvenir du temps où nous l'avons
appris, tandis que le ressouvenir, lui, a forcément un
temps déterminé.

< Or, ce que tu as appris ... je n'ai point suivi les
leçons d'autres maîtres que ceux là. (106 E 4-10). >

**Dénombrement
des connaissances
d'Alcibiade**

Socrate devait dénombrer les connaissances qu'Alcibiade a acquises.
En effet puisqu'il a été convenu
auparavant qu'il ne faut donner
d'enseignement et de // conseils à autrui que sur ce
que l'on connaît soi-même et sur ce en quoi l'on est
plus savant que ceux que l'on conseille ou enseigne,
il fallait d'abord faire voir les connaissances qu'Alcibiade
a reçues depuis son enfance, afin que nous puissions
juger en quoi il est meilleur que le multiple et par
quelles connaissances il peut dépasser certains — tous
domaines, évidemment, dans lesquels il est un conseiller
sérieux. Voilà donc pourquoi, comme je viens de le dire,
il fallait que Socrate dénombrât les enseignements athéniens traditionnels qu'Alcibiade avait reçus ; d'autre

1-3. Voir *Notes complémentaires*, p. 398.

ἡ δὲ διηρθρωμένη καὶ ἐπιστημονικὴ καὶ ἀναμφισβήτητος.
Κινδυ/νεύομεν γάρ, ὡς αὐτός πού φησιν, ὄναρ πάντα 192
ἐγνωκότες τὰ αὐτὰ ταῦτα ὕπαρ ἀγνοεῖν, κατ'
οὐσίαν μὲν ἔχοντες τοὺς λόγους καὶ οἷον ἀποπνέοντες τὰς
τούτων γνώσεις, κατ' ἐνέργειαν δὲ καὶ κατὰ προβολὴν
οὐκ ἔχοντες. Τῆς μὲν οὖν καθ' ὕπαρξιν ἐν ἡμῖν ἑστώσης 5
τῶν εἰδῶν ἐννοίας χρόνος οὐκ ἔστι προηγούμενος (ἐξ
ἀϊδίου γὰρ αὐτὴν εἰλήφαμεν), τῆς δὲ κατὰ προβολὴν
καὶ διάρθρωσιν τῶν λόγων γνώσεως καὶ χρόνον ἔχομεν
εἰπεῖν. Οἶδα γὰρ ὅτι τὸ μὲν εἶδος τοῦ κύκλου τί ἐστιν
ἔμαθον ἐν τῷδε τῷ χρόνῳ, τὸ δὲ εἶδος τῆς δικαιοσύνης ἐν 10
ἄλλῳ, καὶ οὕτως ἐφ' ἑκάστου τῶν ὄντων, ὧν τὰς ἐπιστήμας καὶ κατ' ἐνέργειαν ἔχομεν. Οὗ μὲν γὰρ ἀναμι-
μνῃσκόμεθα τὸν χρόνον οὐ συναναφέρομεν, τῆς δὲ
ἀναμνήσεώς ἐστί τις πάντως ὡρισμένος χρόνος.

⟨ Ἀλλὰ μὴν ἅ γε ... εἰς ἄλλων ἢ τούτων. 106 E. ⟩   15

Ἡ τῶν μαθημάτων ὧν Ἀλκιβιάδης ἔμαθεν ἀπαρίθμησις
ἀναγκαία τῷ Σωκράτει γέγονεν. Ἐπειδὴ γὰρ προωμολόγηται ταῦτα χρῆναι διδάσκειν ἄλλους καὶ περὶ τούτων
συμβουλεύειν / ὧν ἔχει τὴν εἴδησιν καὶ ἐν οἷς ἐπιστημο- 193
νικώτερός ἐστι τῶν διδασκομένων τε καὶ συμβουλευομένων,
ἀναγκαῖον ἦν πρότερον ἐκφῆναι τὰς γνώσεις ὧν μετέσχεν
Ἀλκιβιάδης ἐκ νεότητος, ἵνα ἔχωμεν ἐν τίσιν ἐστὶ τῶν
πολλῶν ἀμείνων καὶ τίσι μαθήμασιν ὑπερέχοι ἂν τίνων 5
ἀνθρώπων, ἐν οἷς δὴ καὶ σύμβουλος ἀξιόχρεώς ἐστιν.
Ἀναγκαία μὲν οὖν, ὅπερ ἔφην, ἡ τῶν Ἀττικῶν παιδευμά-
των ἀπαρίθμησις διὰ ταῦτα, ὧν καὶ Ἀλκιβιάδῃ μετῆν ·

192. 1-2 = *Pol.* 277 D 2-4 ‖ 17-18 προωμολόγηται : cf. *Alc.*
106 C 5-D 3.

192. 11 οὕτως recc. : ὄντως N.
193. 5 τίνων recc. : τινῶν N.

part, cela confère ornement et grâce à l'exposé, évitant ainsi que les énoncés dialectiques sèchement posés ne fassent se fâcher l'auditeur. S'y ajoute encore l'utilité pour la réfutation à venir : en effet, Socrate commence par ce que sait le jeune homme et termine sur ce qu'il ne sait pas, pour qu'Alcibiade ayant éprouvé, dans le domaine des choses qu'il connaît, les règles du savoir (par exemple : il faut savoir où trouver et, avant cela, avoir fait des recherches ou avoir reçu un enseignement et, encore auparavant, il doit exister un temps où l'on ne savait pas), pour que donc, cela fait, dans le cas des choses qu'il ignore, en présence des mêmes exigences, il admette la réfutation. Quelles études, en effet, quelles découvertes t'ont transmis la connaissance du juste ? Quelles recherches ou quels maîtres t'ont mis sur la voie du savoir ou de la découverte ? Quel est le temps où tu pensais ignorer le juste ? Car de même que dans le cas de la lutte, ainsi aussi dans le cas du juste et dans celui de l'avantageux, leur connaissance doit aussi comporter ces précisions.

Les trois connaissances d'Alcibiade

Qu'en outre ces trois connaissances : *lire et écrire, jouer de la cithare et lutter* contribuent, en quelque façon, à la vertu politique en général, // voilà qui est évident[1]. Et, de fait, dans les constitutions non perverties[2], c'est par la gymnastique que sont éduqués les enfants, par la musique et les sciences[3], afin que, par la gymnastique, le côté mou du désir soit rendu fort et que ce qu'il a de relâché soit ramené à une juste tension (car la partie désidérative, étant en contact direct avec le corps et, pour ainsi dire, mortifiée par la matière, a besoin de quelque chose qui lui donne force et l'éveille) et que, par la musique, au contraire, la tension et la sauvagerie de l'irascible soient calmées et rendues harmonieuses et bien accordées, car <la colère est le ton de l'âme.>[4]

1-4. Voir *Notes complémentaires*, **p.** 398-399.

παρέχεται δὲ καὶ κόσμον τῷ λόγῳ καὶ χάριν, ἵνα μὴ ξηρὰ
τὰ διαλεκτικὰ θεωρήματα κείμενα τὸν ἀκροατὴν ἀσχάλλειν 10
ἐπ' αὐτοῖς ποιῇ. Πρόσεστι δὲ καὶ τὸ χρήσιμον τὸ πρὸς τὸν
ἐσόμενον ἔλεγχον · ἄρχεται γὰρ ἀφ' ὧν οἶδεν ὁ νεανίσκος
καὶ τελευτᾷ εἰς ἃ μὴ οἶδεν, ἵν' ἐπὶ τῶν ἐγνωσμένων τοὺς
κανόνας βασανίσας τῆς γνώσεως, οἷον ὅτι δεῖ μαθεῖν ἢ
εὑρεῖν καὶ πρὸ τούτων ζητῆσαι ἢ διδαχθῆναι καὶ πρὸ 15
τούτων γεγονέναι τὸν τῆς ἀγνοίας χρόνον, οὕτω δὴ καὶ ἐπὶ
τῶν ἀγνοουμένων τὰ αὐτὰ ἀπαιτούμενος προσδέξηται
τὸν ἔλεγχον. Ποῖαι γὰρ δὴ μαθήσεις, ποῖαι εὑρέσεις
παραδεδώκασί σοι τὴν τοῦ δικαίου γνῶσιν ; Ποῖαι ζητήσεις,
ποῖοι διδάσκαλοι προκαθηγήσαντό σοι τῆς μαθήσεως ἢ 20
τῆς εὑρέσεως ; Ποῖός ἐστι χρόνος ἐν ᾧ τὸ δίκαιον ᾠήθης
ἀγνοεῖν · Ὡς γὰρ ἐπὶ τῆς πάλης, οὕτω δεῖ καὶ ἐπὶ τῶν
δικαίων καὶ ἐπὶ τῶν συμφερόντων ἅπαντα ταῦτα τὴν γνῶσιν
αὐτῶν συνεισάγειν.

Καὶ μὴν καὶ ὅτι τὰ τρία ταῦτα μαθήματα, γράμματα 25
καὶ κιθαρίζειν καὶ παλαίειν, συντελεῖ πως εἰς τὴν
ὅλην πολιτικὴν ἀρετήν, κατάδηλόν ἐστι. / Καὶ γὰρ ἐν **194**
ταῖς ἀδιαστρόφοις πολιτείαις διὰ γυμναστικῆς οἱ παῖδες
ἄγονται καὶ μουσικῆς καὶ τῶν μαθημάτων, ἵνα τῇ μὲν
γυμναστικῇ τὸ μαλακὸν τῆς ἐπιθυμίας ἐρρωμένον ποιήσωσι
καὶ τὸ εὔλυτον εἰς εὐτονίαν ἀνακαλέσωνται (προσεχὲς γὰρ 5
ὂν τοῦτο δὴ τὸ ἐπιθυμητικὸν τοῖς σώμασιν [ὁ γὰρ θυμὸς
τόνος ἐστὶ τῆς ψυχῆς] καὶ οἷον νεκρωθὲν ὑπὸ τῆς ὕλης
δεῖται τοῦ ῥωννύντος αὐτὸ καὶ ἀνεγείροντος) · διὰ δὲ τῆς
μουσικῆς τὸ σύντονον τοῦ θυμοῦ καὶ ἄγριον χαλάσωσι
καὶ ποιήσωσιν ἐμμελὲς καὶ εὐάρμοστον, ⟨ὁ γὰρ θυμὸς 10

---

194. 1-20 cf. *Resp.* III 410 B 10-412 A 7.

193. 9 τῷ λόγῳ Westerink : τῶν λόγων N ‖ 22 δεῖ ex δὴ N.
194. 6-7 ὁ — ψυχῆς infra post εὐάρμοστον l. 10-11 reposuit
Westerink.

En effet ni la gymnastique seulement ne suffit à l'éducation (car la gymnastique à elle seule, séparée de la
musique, rend les mœurs de ceux qui la pratiquent
excessivement sauvages, agressives et violentes) ni la
musique seulement sans la gymnastique (car ceux qui
ne pratiquent que la musique voient leur âme se fémi-
niser et ils deviennent très mous) : il faut donc que,
comme dans une lyre, ne règne seulement ni la tension[1]
ni le relâchement, mais l'âme doit être tout entière
accordée à elle-même grâce à la tension et au relâchement
de l'éducation. Ces disciplines donc mettent en ordre
et éduquent l'irrationnel des jeunes gens ; quant aux
sciences, et spécialement la dialectique, c'est elles qui
mettent en branle et entraînent notre raison. Car *l'œil
de l'âme*, qui est aveuglé et obstrué par quantité d'occupations[2], // sous l'action de ces sciences, se trouve ravivé
et se tourne vers lui-même et sa propre connaissance.
C'est de ces sciences que se nourrit[3] la raison en nous
et c'est par leur moyen qu'elle s'élève vers l'intellect,
comme Socrate nous l'a aussi enseigné dans ce texte.
Et tout cela, ce sont des enseignements hermaïques :
et de fait ce dieu est l'éphore des gymnases (raison
pourquoi on plaçait des statues d'Hermès dans les
palestres[4]), de la musique (c'est pourquoi il est honoré
comme Hermès à la lyre[5] dans le ciel), des sciences
(on fait remonter à lui la découverte de la géométrie[6],
des raisonnements, etc.) et de la dialectique (car ce
dieu est l'inventeur de tout discours[7], s'il est vrai que
c'est *lui qui a imaginé le parler*, comme nous l'avons
appris dans le *Cratyle*). Puis donc qu'il préside sur toute
l'éducation, on comprend qu'il soit le guide[8], celui qui
nous conduit vers l'intelligible, celui qui élève notre
âme hors du lieu mortel, celui qui dirige les diverses

---

1. Συντονία s'emploie à proprement parler de la tension d'un
corps (cf. par ex., Ar., *De an. gen.*, V 7, 788 a 9) ; pour la lyre,
on emploie plutôt ἐπίτασις (cf. *Rsp.* I 349 E 11-12 ἐν τῇ ἀνέσει
κ. ἐπιτάσει τῶν χορδῶν). Et justement Proclus dit que la lyre
a συντονία et ἄνεσις comme un corps, et l'âme, au contraire, un
accord consistant en ἐπίτασις et ἄνεσις.

2-8. Voir *Notes complémentaires*, p. 399-400.

τόνος ἐστὶ τῆς ψυχῆς⟩. Οὔτε γὰρ γυμναστικὴ μόνον εἰς
παιδείαν ἐξαρκεῖ (μόνη γὰρ αὕτη τῆς μουσικῆς ἀπο-
διαληφθεῖσα πέρα τοῦ δέοντος ἄγρια καὶ φιλόνεικα καὶ
σύντονα τὰ ἤθη τῶν μετιόντων ἀποτελεῖ) οὔτε μουσικὴ
μόνον ἄνευ γυμναστικῆς (καὶ γὰρ οἱ μουσικῇ μόνῃ χρώμε-   15
νοι τὴν ζωὴν ἐκθηλύνονται καὶ μαλακώτεροι γίγνονται) ·
δεῖ δὲ ὥσπερ ἐν λύρᾳ μήτε τὴν συντονίαν εἶναι μόνην
μήτε τὴν ἄνεσιν, ἀλλὰ τὴν ὅλην αὐτὴν πρὸς ἑαυτὴν
ἡρμόσθαι ψυχὴν ἔκ τε ἐπιτάσεως παιδευτικῆς καὶ ἀνέ-
σεως. Ταῦτα μὲν οὖν τὴν ἀλογίαν καθίστησι καὶ παιδεύει   20
τῶν νέων · τὰ δὲ μαθήματα καὶ ἡ διαλεκτικὴ τὸν λόγον
ἡμῶν ἀνακινεῖ καὶ ἀνάγει. Τὸ γὰρ ὄμμα τῆς ψυχῆς ὑπὸ
πολλῶν ἐπιτηδευμάτων ἀποτυφλωθὲν καὶ κατορυχθὲν
ὑπὸ τούτων ἀναζωπυρεῖται καὶ πρὸς ἑαυτὸ ἐπιστρέ/φει   195
καὶ τὴν ἑαυτοῦ γνῶσιν. Τούτοις δὴ οὖν τρέφεται ὁ ἐν ἡμῖν
λόγος καὶ διὰ τούτων ἄνεισιν εἰς νοῦν, ὡς καὶ ὁ Σωκράτης
ἐν ἐκείνοις ἐδίδαξε. Καὶ ἔστι πάντα ταῦτα [τὰ] Ἑρμαϊκὰ
παιδεύματα · καὶ γὰρ γυμνασίων ἔφορος ὁ θεὸς (διὸ καὶ   5
τοὺς Ἑρμᾶς ἵστασαν ἐν ταῖς παλαίστραις) καὶ μουσικῆς
(διὸ καὶ λυραῖος ἐν οὐρανῷ τετίμηται) καὶ τῶν μαθημάτων
(γεωμετρίας γὰρ καὶ λογισμῶν καὶ τῶν τοιούτων πάντων εἰς
αὐτὸν ἀναπέμπουσι τὴν εὕρεσιν) καὶ τῆς διαλεκτικῆς
(λόγου γάρ ἐστι παντὸς ὁ θεὸς εὑρετής, εἴπερ ὁ τὸ λέγειν   10
μησάμενός ἐστιν αὐτός, ὡς ἐν Κρατύλῳ μεμαθήκαμεν).
Παιδείας τοίνυν ἁπάσης προεστὼς εἰκότως ἡγεμόνιός ἐστι,
καθηγούμενος ἡμῖν ἐπὶ τὸ νοητὸν καὶ ἀνάγων τὴν ψυχὴν
ἐκ τοῦ θνητοῦ τόπου καὶ κατευθύνων τὰς διαφόρους

194. 22-**195.** 4 cf. *Rsp.* VII 533 D 2-4, 527 E 1-3.
195. 8-9 cf. *Phdr.* 274 C 8-D 2 ‖ 10-11 = *Crat.* 408 A 6.

194. 17 συντονίαν N qui in mg. habet etiam ἐπίτασιν.
195. 4 τὰ deleuit N ipse (qui et οὐ γρ., ut uid., posuit in
margine) ‖ 11 μησάμενος coni. Creuzer ex Plat. libris : μιμη-
σάμενος N.

troupes d'âmes[1], celui qui disperse leur sommeil et leur oubli, celui qui est le dispensateur du ressouvenir, dont la fin est l'intellection toute pure des êtres divins. Ainsi donc, dans les bonnes constitutions, c'est par ces enseignements, comme nous venons de le dire, que s'accomplit l'éducation de ceux que l'on élève sous la surveillance des gardiens des lois. Mais à Athènes[2], on ne conservait plus que de certains reflets de ces enseignements dans l'éducation des enfants bien nés[3] : ainsi la grammaire remplaçait l'éducation dialectique, la cithare la musique, et la lutte, la gymnastique. Et c'est pour cela que Socrate dit qu'Alcibiade a aussi ces connaissances, // en tant qu'il a reçu l'éducation qui convient aux enfants bien nés, car c'est à l'âge d'enfant qu'il convenait que les nobles eussent part à ces enseigne-ments. D'autre part, cela est aussi consonant avec l'ordre du tout[4]. Le tout premier âge, en effet, nous donne part spécialement à l'action séléniaque[5], car nous vivons alors selon nos puissances végétative et nutritive ; le deuxième, à l'action hermaïque[6], lorsque justement les enfants s'occupent de grammaire, de cithare et de lutte ; le troisième, à l'action aphrodisiaque, lorsqu'ils commencent à produire de la semence[7] et à mettre en mouvement les facultés génératrices de leur nature ; le quatrième, à l'action héliaque[8], lorsque le jeune homme est à son midi et qu'il manifeste la perfection de son âge tout entier, lequel occupe exactement le milieu entre la naissance et la mort (car telle est la place qu'occupe le midi) ; le cinquième[9], à l'action martienne, lorsque les hommes tiennent surtout aux pouvoirs et à la supériorité par rapport aux autres ; le sixième[10], à l'action jovienne, lorsqu'ils jugent bon de s'adonner avec sagesse à la vie tant politique que pratique ; le septième[11], à l'action cronienne, lorsqu'il leur est possible de s'éloigner de la génération, de s'en séparer naturellement et de s'en aller vers une autre vie, la vie incorporelle. Nous avons fait toute cette

τῶν ψυχῶν ἀγέλας καὶ τὸν ὕπνον αὐτῶν καὶ τὴν λήθην 15
διασκεδαννὺς καὶ τῆς ἀναμνήσεως χορηγὸς γινόμενος, ἧς
ἐστὶ τέλος ἡ τῶν θείων εἰλικρινὴς νόησις. Ἐν μὲν οὖν
ταῖς ὀρθαῖς πολιτείαις διὰ τούτων, ὡς ἔφαμεν, τῶν παι-
δευμάτων ἡ ἀγωγὴ πρόκειται τῶν τρεφομένων ὑπὸ τοῖς
νομοφύλαξιν. Ἐν δὲ ταῖς Ἀθήναις εἴδωλα ἄττα τούτων 20
διεσῴζετο · καὶ τὰ μὲν γράμματα τῆς διαλεκτικῆς παιδείας
ἐστοχάζετο, τὸ δὲ κιθαρίζειν τῆς μουσικῆς, τὸ δὲ παλαίειν
τῆς γυμναστικῆς, δι' ὧν οἱ εὐγενεῖς ἤγοντο τῶν παίδων.
Καὶ διὰ ταῦτα καὶ τὸν Ἀλκιβιάδην φησὶν ὁ Σωκράτης ταῦτα
μαθεῖν ὡς τῆς προσηκούσης ἀγωγῆς παισὶν εὐγενέσι 25
τυχόν/τα · κατὰ γὰρ τὴν τῶν παίδων ἡλικίαν τούτων **196**
μετέχειν ἔδει τοὺς εὐγενεῖς. Τοῦτο δὲ καὶ τῇ τάξει τοῦ
παντός ἐστι σύμφωνον. Ἡ μὲν γὰρ πρωτίστη τῶν ἡλικιῶν
διαφερόντως ἡμῖν τῆς σεληνιακῆς μεταδίδωσι ποιήσεως,
κατὰ γὰρ τὴν θρεπτικὴν τότε καὶ φυτικὴν διαζῶμεν δύνα- 5
μιν · ἡ δὲ δευτέρα τῆς Ἑρμαϊκῆς, ὅτε δὴ καὶ γραμμάτων
καὶ κιθάρας καὶ πάλης ποιοῦνται πρόνοιαν · ἡ δὲ τρίτη
τῆς Ἀφροδισιακῆς, ἡνίκα σπερμογονεῖν ἄρχονται καὶ
ἀνακινεῖν τὰς παιδουργοὺς τῆς φύσεως δυνάμεις · ἡ δὲ
τετάρτη τῆς ἡλιακῆς, ὅτε δὴ τὸ νέον ἀκμάζει καὶ τὴν τῆς 10
ἡλικίας τελειότητα πάσης ἐπιδείκνυσιν αὐτὸ τὸ μέσον
καταλαβοῦσαν τῆς τε γενέσεως καὶ τῆς φθορᾶς, ἡ γὰρ
ἀκμὴ τοιαύτην ἔλαχε τάξιν · ἡ δὲ πέμπτη τῆς Ἀρεϊκῆς, ἐν
ᾗ μάλιστα δυνάμεων ἀντέχονται καὶ τῆς πρὸς τοὺς ἄλλους
ὑπεροχῆς · ἡ δὲ ἕκτη τῆς Διΐας, καθ' ἣν εἰς φρόνησιν 15
ἐπιδιδόναι καὶ τὴν πρακτικὴν ζωὴν καὶ πολιτικὴν ἀξιοῦσιν ·
ἡ δὲ ἑβδόμη τῆς Κρονίας, καθ' ἣν ἀφίστασθαι τῆς γενέσεως
καὶ χωρίζειν ἑαυτούς ἐστι κατὰ φύσιν καὶ περιάγειν ἐπ'
ἄλλην τὴν ἀσώματον ζωήν. Ταῦτα δὴ πάντα διείλομεν

195. 16 γινόμενος Dexcorr. : γενόμενος N ‖ 25 προσηκούσης
recc. : προσηγούσης N.

division pour prouver que tant les lettres que toute l'éducation des enfants dépendent de la série hermaïque.

Pourquoi Alcibiade n'a pas voulu apprendre à jouer de la flûte // Quant à *la flûte*[1], il vaut la peine de voir pourquoi Alcibiade ne l'a pas acceptée ; et pourtant, le jeu de flûte aussi est une sorte de musique. Certains ont bien déjà dit qu'Alcibiade étant, depuis son enfance, très beau ne s'est pas adonné à l'art de la flûte pour éviter la laideur du visage et de tout le reste du corps, qui se produit lorsque l'on souffle dans une flûte : car celui qui joue des instruments de cette sorte apparaît laid[2]. Mais cette explication est, par ailleurs, bien précipitée, puisqu'elle est une condamnation de la fascination qu'éprouvait Alcibiade pour la beauté et qu'elle ne considère pas que c'est un trait commun à toute la noblesse que d'éviter la flûte[3]. Mieux vaut dire que les bonnes constitutions[4] se sont détournées de la flûte et donc que Platon non plus ne l'admet pas[5]. La raison en est la bigarrure de cet instrument[6] — je veux dire la flûte —, raison pourquoi Platon a dit que l'art de la flûte est à éviter ; et de fait, *les instruments qui rendent toutes les harmonies* et qui possèdent une multiplicité de cordes sont des *imitations des flûtes* : car chacun des trous de la flûte produit, dit-on, au moins trois sons, et si l'on ouvre des trous auxiliaires, plus encore[7]. Or, il ne faut pas admettre la totalité de la musique dans l'éducation, mais seulement ce qui, en elle, est simple[8]. En outre, parmi ces instruments de musique[9], les uns calment, // les autres excitent, les uns conviennent au repos, les autres au mouvement. Ceux donc qui calment sont extrêmement utiles pour l'éducation, puisqu'ils mènent à l'ordre notre caractère, refrènent le caractère tumultueux de la jeunesse et ramènent son impétuosité au calme et à la sagesse, tandis que ceux qui mettent en mouvement sont tout à fait appropriés pour produire l'enthousiasme[10]. Et c'est pourquoi, dans les mystères et dans

1-10. Voir *Notes complémentaires*, p. 401-403.

εἰς πίστιν τοῦ καὶ τὰ γράμματα καὶ πᾶσαν τὴν τῶν παίδων 20
ἀγωγὴν τῆς Ἑρμαϊκῆς ἐξάπτειν σειρᾶς.

Τὸν δὲ αὐλὸν κατιδεῖν ἄξιον δι᾽ ἣν / αἰτίαν ὁ Ἀλκιβιά- **197**
δης οὐ προσήκατο · καίτοι καὶ ἡ αὐλητικὴ μουσική τίς
ἐστιν. Ἤδη μὲν οὖν τινὲς εἰρήκασιν ὅτι καλλωπιστὴς ὢν
οὗτος ἐκ παιδὸς οὐ προσῆλθε τῇ αὐλητικῇ τὴν ἐν τῷ
προσώπῳ καὶ τῷ ἄλλῳ παντὶ σώματι φεύγων ἀσχημοσύνην 5
ἐκ τῆς τῶν αὐλῶν ἐμπνεύσεως · ἄσχημον γὰρ τὸ χρώμενον
φαίνεται τοῖς τοιούτοις ὀργάνοις. Ἔστι δὲ ἡ ἀπόδοσις
αὕτη καὶ ἄλλως προπετὴς τοῦ Ἀλκιβιάδου καταψηφιζο-
μένη τὴν περὶ τοὺς καλλωπισμοὺς πτοίαν καὶ τὸ κοινὸν
οὐχ ὁρῶσα τῆς ὅλης εὐγενείας φυλαττομένης τὸν αὐλόν. 10
Κάλλιον δὲ λέγειν ὅτι καὶ ⟨αἱ⟩ ὀρθαὶ πολιτεῖαι τὴν αὐλητι-
κὴν ἀπεστράφησαν · οὐκοῦν οὐδὲ ὁ Πλάτων αὐτὴν παραδέχεται. Τὸ δὲ αἴτιον ἡ ποικιλία τοῦδε τοῦ ὀργάνου, τοῦ
αὐλοῦ λέγω, ὃ καὶ τὴν τέχνην τὴν χρωμένην αὐτῷ ἀπέφηνε
φευκτήν · καὶ γὰρ τὰ παναρμόνια καὶ ἡ πολυχορδία 15
μιμήματα τῶν αὐλῶν ἐστίν· ἕκαστον γὰρ τρύπημα
τῶν αὐλῶν τρεῖς φθόγγους, ὥς φασι, τοὐλάχιστον ἀφίησιν,
εἰ δὲ καὶ τὰ παρατρυπήματα ἀνοιχθείη, πλείους. Δεῖ δὲ
οὐ πᾶσαν παραδέχεσθαι τὴν μουσικὴν εἰς τὴν παιδείαν,
ἀλλ᾽ ὅσον ἐστὶν αὐτῆς ἁπλοῦν. Ἔτι τοίνυν τῶν μουσικῶν 20
τούτων ὀργάνων τὰ μέν ἐστι καταστηματικά, τὰ δὲ κινητικά,
τὰ μὲν στάσει προσήκοντα, τὰ δὲ κινήσει, τὰ μὲν / οὖν **198**
καταστηματικὰ πρὸς παιδείαν ἐστὶν ἀνυσιμώτατα, τὸ
ἦθος ἡμῶν εἰς τάξιν ἄγοντα καὶ τὸ θορυβῶδες καταστέλ-
λοντα τῆς νεότητος καὶ τὸ κεκινημένον εἰς ἡσυχιότητα καὶ
εἰς σωφροσύνην περιάγοντα, τὰ δὲ κινητικὰ πρὸς ἐνθουσίαν 5
οἰκειότατα. Διὸ δὴ καὶ ἐν τοῖς μυστηρίοις καὶ ἐν ταῖς

---

197. 15-16 = *Resp.* III 399 D 3-5.

197. 11 αἱ add. Westerink ‖ 16-17 τῶν αὐλῶν τρύπημα^{β} N^{α} ‖
22 μὲν[1] Westerink : δὲ N.

les initiations, la flûte est utile. On y utilise, en effet, son pouvoir de mettre en mouvement pour éveiller la pensée au divin, car il faut endormir l'irrationnel et exciter la raison. C'est pourquoi les éducateurs usent d'instruments qui calment, les initiateurs de ceux qui mettent en mouvement : car ce qui est éduqué, c'est l'irrationnel, tandis que ce qui est initié et connaît l'inspiration divine, c'est la raison. Assez sur l'art de la flûte.

Socrate est le bon démon

On pourrait aussi tirer de ce texte que Socrate a conservé le rang de bon démon dans son soin provident d'Alcibiade[1]. Car le fait qu'*il ne lui ait échappé ni de jour ni de nuit* quand il sort de chez lui, voilà qui est réellement digne d'un démon. Car de même que le démon observe nos actions tant visibles qu'invisibles, de même Socrate a-t-il surveillé et inspecté les sorties de nuit comme de jour de son aimé, comme nous venons de le dire, à la façon d'un bon démon. Cette parole d'Homère, qu'Ulysse adresse à notre souveraine maîtresse[2], Athéna, *ni même mes mouvements ne t'échappent*, eh bien ! Alcibiade pourrait la dire exactement à Socrate. // Car lui être présent partout et à tout instant et préassumer tous ses mouvements, c'est le propre d'une garde et d'une surveillance démoniques et divines. En outre, le fait qu'il ait préassumé toutes les connaissances et la totalité du savoir d'Alcibiade, voilà encore un indice de la même supériorité. Car les êtres plus parfaits toujours embrassent les connaissances des êtres dégradés sur un mode unifié et plus élevé que chez les êtres inférieurs. Car tout ce que la sensation connaît matériellement, cela est sous un mode totalement immatériel dans la représentation ; et tout ce que l'opinion connaît sans la cause, la science le connaît avec sa cause. Et

1. Cf. Ol., 68.21-25 ; on retrouve deux fois chez Olympiodore (cf. encore 52.2-6) la même citation homérique, les deux fois mise dans la bouche de Diomède.
2. Voir *Notes complémentaires*, p. 403.

τελεταῖς χρήσιμος ὁ αὐλός. Χρῶνται γὰρ αὐτοῦ τῷ κινη-
τικῷ πρὸς τὴν τῆς διανοίας ἔγερσιν ἐπὶ τὸ θεῖον · δεῖ γὰρ
τὸ μὲν ἄλογον κοιμίζειν, τὸν δὲ λόγον ἀνακινεῖν. Διὸ
παιδεύοντες μὲν τοῖς καταστηματικοῖς χρῶνται, τελοῦντες 10
δὲ τοῖς κινητικοῖς · τὸ μὲν γὰρ παιδευόμενον τὸ ἄλογόν
ἐστι, τὸ δὲ τελούμενον καὶ ἐνθουσιάζον ὁ λόγος. Τοσαῦτα
καὶ περὶ τῆς αὐλητικῆς.

Λάβοι δ' ἄν τις καὶ ἐκ τούτων ὅτι δαίμονος ἀγαθοῦ
τάξιν ὁ Σωκράτης ἐν τῇ περὶ τὸν Ἀλκιβιάδην προνοίᾳ 15
διεσώσατο. Τὸ γὰρ μήτε νύκτωρ μήτε μεθ' ἡμέραν
λανθάνειν αὐτὸν οἴκοθεν προϊόντα δαιμόνιόν ἐστιν ὄντως.
Ὥσπερ γὰρ ἐκεῖνος καὶ τὰς ἐμφανεῖς ἡμῶν καθορᾷ καὶ
τὰς ἀφανεῖς ἐνεργείας, οὕτω δὴ καὶ ὁ Σωκράτης καὶ τὰς
νυκτερινὰς καὶ τὰς ἡμερινὰς τοῦ ἐρωμένου προόδους 20
ἐφύλαττε καὶ ἐπώπτευεν, ὥσπερ εἴπομεν, ὡς ἀγαθὸς δαίμων.
Ἄντικρυς οὖν τὸ Ὁμηρικόν, ὅ φησιν Ὀδυσσεὺς πρὸς τὴν
δέσποιναν ἡμῶν τὴν Ἀθηνᾶν, τὸ οὐδέ σε λήθω κινύμε-
νος, τοῦτο ἂν καὶ ὁ Ἀλκιβιάδης εἴποι πρὸς τὸν Σωκράτην.
Τὸ γὰρ καὶ πανταχοῦ αὐτῷ παρεῖναι καὶ / κατὰ πάντα 199
καιρὸν καὶ προκαταλαμβάνειν αὐτοῦ πάσας τὰς μεταβάσεις δαιμονίας τινός ἐστι καὶ θείας φρουρᾶς καὶ ἐποπτείας
ἴδιον. Καὶ μὴν καὶ τὸ πάντα αὐτοῦ [καὶ] τὰ μαθήματα καὶ
πᾶσαν τὴν γνῶσιν προειληφέναι, πάνυ καὶ τοῦτο τῆς
αὐτῆς ὑπεροχῆς ἔνδειξιν ἔχει. Τὰ γὰρ τελειότερα πανταχοῦ 5
τὰς τῶν ὑφειμένων γνώσεις ἡνωμένως περιέχει καὶ κρειτ-
τόνως ἤπερ ἐστὶν ἐν τοῖς καταδεεστέροις. Ὅσα γὰρ ἐνύλως
ἡ αἴσθησις γιγνώσκει, ταῦτα ἀϋλότερόν ἐστιν ἐν τῇ φαντασίᾳ · καὶ ὅσα χωρὶς αἰτίας ἡ δόξα, ταῦτα μετ' αἰτίας ἡ 10

198. 21 cf. supra, p. 160.7 ‖ 23-24 = K 279-280.

198. 23 δέσποιναν N : ἀειδάραν (i.e. γαἴδαραν = asinam) supra
scripsit N ‖ οὐδέ ex οὐδέν N.
199. 4 καὶ del. recc.

c'est de la sorte que les êtres supérieurs ont toujours préassumé selon quelque supériorité transcendante toute la connaissance qui est dans les êtres inférieurs. En outre, qu'il n'ait rien échappé à Socrate de ce qui concerne le jeune homme, ni relativement à sa préparation psychique ni relativement à sa disposition naturelle ni relativement à la dispensation qui vient de la fortune, comment cela ne serait-il pas démonique? Car il n'échappe non plus rien de ce qui nous concerne au démon qui nous est préposé, ni mouvement de l'âme ni puissance naturelle ni changement dû au hasard, mais il administre et gouverne tout cela sur un mode uniforme ; tout comme Socrate après avoir examiné son aimé tout entier, en commençant par l'âme même, lui apporte son aide et, pour ainsi dire, *depuis la poupe*[1] le guide et le perfectionne.

< Dans ces conditions, ... tu te lèveras pour leur donner tes avis? (107 A 1-3). >

Introduction générale : but et méthode du raisonnement // La discussion procède en ordre[2]. En effet, après avoir convenu quelles qualités doivent appartenir aux bons conseillers (une connaissance et une science dans les choses sur lesquelles ils conseillent, plus parfaites que celles des conseillés), ce qu'Alcibiade a appris et ce qu'il sait (grammaire, cithare et lutte), partant de là, Socrate démontre que les connaissances d'Alcibiade sont inutiles pour les Athéniens (car ils ne délibèrent pas sur ces sujets) et qu'ignorant ce sur quoi les Athéniens délibèrent, Alcibiade n'est pas un bon conseiller (car un bon conseiller a une connaissance supérieure à celle du multiple, tandis qu'Alcibiade, dans les matières sur lesquelles les Athéniens délibèrent, ne l'emporte en rien sur le multiple). Donc Alcibiade n'est utile ni en ce qu'il sait ni en ce dont les Athéniens ont besoin, pour des raisons différentes : dans le dernier cas à cause de son ignorance,

1-2. Voir *Notes complémentaires*, p. 403.

ἐπιστήμη. Καὶ οὕτω δὴ τὰ κρείττονα πανταχοῦ κατά τινα
ὑπεροχὴν ἐξῃρημένην προείληφεν ἅπασαν τὴν ἐν τοῖς
καταδεεστέροις γνῶσιν. Ἔτι τοίνυν τὸ μηδὲν λεληθέναι
τὸν Σωκράτην τῶν περὶ τὸν νεανίσκον μήτε κατὰ τὴν
ψυχικὴν παρασκευὴν μήτε κατὰ τὴν φυσικὴν ἐπιτηδειότητα 15
μήτε κατὰ τὴν ἐκ τῆς τύχης χορηγίαν, πῶς οὐ δαιμόνιον ;
Οὐδὲ γὰρ τὸν ἐφεστῶτα δαίμονα λανθάνει τι τῶν περὶ
ἡμᾶς, οὐ ψυχῆς κίνησις, οὐ φυσικὴ δύναμις, οὐ μεταβολὴ
κατὰ τύχην, ἀλλὰ πάντα ἑνοειδῶς ἐκεῖνος ἐπιτροπεύει
καὶ κυβερνᾷ · καθάπερ δὴ καὶ ὁ Σωκράτης ὅλον τὸν ἐρώμε- 20
νον ἐπεσκεμμένος ἀπ᾽ αὐτῆς τῆς ψυχῆς ἀρξάμενος προσάγει τὴν βοήθειαν αὐτῷ καὶ οἷον ἐκ πρύμνης αὐτὸν
κατευθύνει καὶ τελειοῖ.

⟨ Πότερον οὖν, ὅταν ... ἀναστήσῃ αὐτοῖς συμβου-
λεύσων ; 107 A ⟩   25

/ Ἐν τάξει πρόεισιν ὁ λόγος. Διομολογησάμενος γάρ, **200**
τίνα μὲν ὑπάρχειν προσήκει τοῖς ἀγαθοῖς συμβούλοις,
ὅτι γνῶσιν καὶ ἐπιστήμην ἐν οἷς συμβουλεύουσι τελεωτέραν
τῶν βουλευομένων, τίνα δὲ ἔγνωκεν ὁ Ἀλκιβιάδης καὶ
τίνα μεμάθηκεν, ὅτι γράμματα καὶ κιθαρίζειν καὶ παλαίειν, 5
ἐκ τούτων ὁρμηθεὶς δείκνυσιν ὅτι τὰ μὲν Ἀλκιβιάδου
μαθήματα τοῖς Ἀθηναίοις ἄχρηστά εἰσιν · οὐ γὰρ βουλεύονται περὶ αὐτῶν · ἃ δὲ βουλεύονται Ἀθηναῖοι, ταῦτα
ἀγνοῶν Ἀλκιβιάδης οὐκ ἔστι σύμβουλος ἀγαθός, εἴπερ ὁ
μὲν ἀγαθὸς σύμβουλος διαφέρουσαν ἔχει γνῶσιν τῶν 10
πολλῶν, ὁ δὲ Ἀλκιβιάδης ἐν οἷς Ἀθηναῖοι βουλεύονται
τῶν πολλῶν οὐδὲν διενήνοχεν. Οὔτε οὖν ἐν οἷς οἶδε χρήσι-
μός ἐστιν οὔτε ἐν οἷς ἐκεῖνοι δέονται, κατὰ διαφόρους
αἰτίας · οὗ μὲν διὰ τὴν ἄγνοιαν, οὗ δὲ διὰ τὴν ἀχρηστίαν

199. 22 = *Crit.* 109 C 2.

dans l'autre à cause de l'inutilité de ses connaissances
pour les délibérations des Athéniens. Tel est donc le
dessein de la discussion ; et Socrate procède par division[1].
Ayant assumé, en effet, qu'il y a certaines choses
qu'Alcibiade sait et pense connaître (comme la grammaire, la cithare et la lutte), qu'il y en a d'autres qu'il ne
sait pas ni ne prétend connaître (comme l'architecture, la
divination ou la médecine) et, enfin, qu'il y en a d'autres
qu'il ne sait pas[2] mais prétend pourtant savoir (comme
le juste et l'avantageux), au sujet desquelles se produisent l'erreur et la double ignorance, Socrate montre
que sur les premières choses Alcibiade ne saurait
conseiller les Athéniens (d'ailleurs ils ne délibèrent
pas sur ces sujets), que sur les deuxièmes, il se retirera
devant ceux qui savent (médecins, veux-je dire, archi-
tectes ou devins) et que, s'il veut donner des conseils
sur les troisièmes, il donnera des conseils à partir de
principes qu'il ne connaît pas et sans le secours de la
science ; or, // on a posé[3] que le bon conseiller <est
savant en ce sur quoi il est conseiller.> Et tu vois
que cette division revient de nouveau à : connaissance,
ignorance simple, ignorance double, et qu'elle est irré-
fragable[4] : elle a été, en effet, obtenue à partir des
propositions contradictoires[5]. En effet, (1) ou bien
nous savons (2) ou bien nous ne savons pas ; et si (2) nous
ne savons pas, (2 a) ou bien nous prétendons savoir (2 b)
ou bien nous ne le prétendons pas. Mais (1) si nous
savons, nous avons la connaissance ; et (2) si nous ne
savons pas et (2 b) ne nous imaginons pas savoir, nous
avons une ignorance simple ; si, enfin, (2) nous ne savons
pas et (2 a) nous nous imaginons savoir, nous sommes
alors doublement ignorants[6]. Assez sur la méthode de
la présente discussion.

Sur les prémisses du raisonnement — Parmi les prémisses dont est
constitué le syllogisme, les unes
ont été assumées pour former une
induction[7] — celles qui par le moyen des sciences

1-7. Voir *Notes complémentaires*, p. 403-404.

τῶν ἐν αὐτῷ μαθημάτων πρὸς τὰς ἐκείνων βουλάς. Σκοπὸς 15
μὲν οὖν οὗτος τῷ λόγῳ, πρόεισι δὲ διαιρετικῶς. Λαβὼν
γὰρ ὅτι τὰ μὲν καὶ οἶδεν ὁ Ἀλκιβιάδης καὶ οἴεται γιγνώσκειν, ὥσπερ τὰ γράμματα καὶ τὸ κιθαρίζειν καὶ τὸ παλαίειν,
τὰ δὲ οὔτε οἶδεν οὔτε οἴεται γινώσκειν, ὥσπερ οἰκοδομικὴν
καὶ μαντικὴν καὶ ἰατρικήν, τὰ δὲ οὐκ οἶδε μέν, οἴεται δὲ 20
ὅμως ἃ μὴ οἶδεν εἰδέναι, ὥσπερ τὰ δίκαια καὶ τὰ συμφέροντα, περὶ ἃ καὶ ἡ ἀπάτη καὶ ἡ διπλῆ ἄγνοια, δείκνυσιν
ὅτι περὶ μὲν τῶν πρώτων οὐκ ἂν συμβουλεύσειεν Ἀθηναίοις
(οὐδὲ γὰρ βουλεύονται περὶ αὐτῶν), περὶ δὲ τῶν δευτέρων
παραχωρήσει τοῖς εἰδόσιν, ἰατροῖς δήπου καὶ οἰκοδόμοις 25
καὶ μάντεσι, περὶ δὲ τῶν τρίτων ἐθελήσας συμβουλεύειν
ἐξ ἀγνοουμένων ἀρχῶν ποιήσεται τὴν συμβουλὴν καὶ
μετὰ ἀνεπιστη/μοσύνης · κεῖται δὲ ὅτι ὁ ἀγαθὸς σύμβουλος **201**
⟨ἐπιστήμων περὶ τούτων ἐστὶ περὶ ὧν σύμβουλός⟩ ἐστιν
ἀγαθός. Καὶ ὁρᾷς ὅτι ἡ διαίρεσις αὕτη πάλιν γέγονεν εἰς
γνῶσιν καὶ ἁπλῆν ἄγνοιαν καὶ τὴν διπλῆν, καὶ ἔστιν
ἀναντίβλεπτος · εἴληπται γὰρ ἐξ ἀντιφάσεως. Ἢ γὰρ 5
ἴσμεν ἢ οὐκ ἴσμεν · καὶ εἰ μὴ ἴσμεν, ἢ οἰόμεθα γιγνώσκειν
ἢ οὐκ οἰόμεθα. Ἀλλ' εἰ μὲν ἴσμεν, γνῶσιν ἔχομεν · εἰ δὲ
καὶ οὐκ ἴσμεν καὶ οὐκ οἰόμεθα γιγνώσκειν, ἁπλῆν
ἄγνοιαν · εἰ δὲ καὶ οὐκ ἴσμεν καὶ οἰόμεθα γιγνώσκειν,
διπλῇ ἀμαθαίνομεν. Τοσαῦτα καὶ περὶ τῆς μεθόδου τῶν 10
προκειμένων λόγων.

Τῶν δὲ προτάσεων ἐξ ὧν ὁ συλλογισμός, αἱ μὲν ἐπα-
γωγῆς ἕνεκα παρελήφθησαν, ὥσπερ αἱ διὰ τῶν καθ'

200. 16 τῷ λόγῳ Westerink : τῶν λόγων N ‖ 21 an ἃ μὴ οἶδεν
delendum ?
201. 2 ἐπιστήμων — σύμβουλος add. Westerink (coll. 184.26-
27) ‖ 5 ἀναντίλεκτος prop. Steel.

particulières établissent la proposition universelle que tout *conseil est la tâche de qui sait* (ainsi le devin, en matière de divination, et le médecin, en matière de médecine, sont et de bons conseillers et savants) —, les autres, au contraire, donnent de l'ornement au discours en introduisant de la variété, — prouver la même chose en la confirmant et par un argument et par un exemple concret —, d'autres enfin, sont ajoutées pour exhorter (*qu'il soit grand, qu'il soit valeureux ou même sans naissance,* chacun sera un conseiller utile dans les sujets où il est savant). Tout cela donne au dialogue puissance dialectique, grâce dans l'entretien ainsi que variété dans l'exhortation ; et il est rempli de tous les biens, ceux de l'expression comme ceux de la pensée.

Sur les interrogations // En outre, il vaut la peine d'examiner la manière dont les interrogations sont faites[1]. Socrate, en effet, ne demande pas : « Est-ce que tu donneras des conseils sur la question de savoir si l'art de la cithare doit exister dans la cité ou l'art de la lutte? », mais : Comment les hommes doivent-ils écrire[2]? ou : Comment doivent-ils lutter? De fait, l'homme politique ne donnera pas de conseils sur les arts particuliers, sauf pour rapporter leur bien à l'état et examiner l'utilité qui en découle, mais quant à leur usage et aux raisonnements qui les concernent, il les abandonnera aux praticiens[3]. Car de même que dans ce monde-ci tout entier, toutes les fins des êtres qui y ont place concourent à la fin du monde (car c'est pour que le monde fût parfait que tous les vivants, divins et mortels, sont venus à l'existence, comme le dit *Timée*), de même aussi dans les bonnes constitutions, toutes les fins des arts et leurs utilités sont coordonnées

1. Cf. Ol., 64.23-65.10.
2. Aristote note dans l'*EN*, Γ 5, 1112 b 1 ss que « les sciences précises et pleinement constituées ne laissent pas de place à la délibération : par exemple, en ce qui concerne les lettres de l'alphabet (car nous n'avons aucune incertitude sur la façon de les écrire) » ; sur ce texte on verra le commentaire de Gauthier-Jolif, p. 199-200.
3. Voir *Notes complémentaires*, p. 404.

ἕκαστα ἐπιστημῶν τὸ καθόλου πιστούμεναι τὸ πᾶσαν
συμβουλὴν τοῦ εἰδότος εἶναι (καὶ γὰρ ὁ μάντις ἐν τοῖς 15
μαντικοῖς καὶ ὁ ἰατρὸς ἐν τοῖς ἰατρικοῖς ἀγαθὸς σύμβουλος
καὶ ἐπιστήμων ἐστίν), αἱ δὲ κόσμον τῷ λόγῳ παρέχονται
διὰ τῆς ποικιλίας, οἷον τὸ καὶ ἐπὶ τῶν διὰ λόγου καὶ ἐπὶ
τῶν δι' ἔργου κυρουμένων δεικνύναι ταὐτόν, αἱ δὲ προτρο-
πῆς ἕνεκα συμπλέκονται (ἐάν τε μέγας ᾖ κἄν τε γεν- 20
ναῖος κἄν τε ἀγεννής, ἀξιόχρεως ἔσται σύμβουλος ἐν
οἷς ἐπιστήμων ἐστὶν ἕκαστος). Ἐκ δὲ τούτων ὁ διάλογος
ἅμα μὲν δύναμιν εἰσάγει διαλεκτικήν, ἅμα δὲ χάριν
ὁμιλητικήν, ἅμα δὲ ποικιλίαν προτρεπτικήν · καὶ συμ-
πληροῦται πᾶσι τοῖς ἀγαθοῖς τοῖς τε λεκτικοῖς καὶ τοῖς 25
διανοητικοῖς.

Καὶ μὴν καὶ τοὺς τρόπους τῶν / ἐρωτήσεων ἐπισκέπτε- **202**
σθαι ἄξιον · οὐ γὰρ ἐρωτᾷ, πότερον συμβουλεύσεις, εἰ
δεῖ κιθαριστικὴν εἶναι ἐν τῇ πόλει καὶ εἰ δεῖ παλαιστικήν,
ἀλλὰ πῶς ἂν γράφοιεν καὶ πῶς ἂν παλαίοιεν. Καὶ γὰρ ὁ
πολιτικὸς οὐ συμβουλεύσει περὶ τῶν καθ' ἕκαστα τεχνῶν, 5
ἀλλ' ἢ τὸ ἀγαθὸν αὐτῶν πρὸς τὴν πόλιν ἀναφέρων καὶ
τὸ χρήσιμον τὸ ἀπ' αὐτῶν ἐπισκοπούμενος, τὰς δὲ χρήσεις
αὐτῶν καὶ τοὺς περὶ τῶν χρήσεων λογισμοὺς ἐπιτρέψει
τοῖς καθ' ἕκαστα τεχνίταις. Ὡς γὰρ ἐν τῷ παντὶ τούτῳ
[τῷ] κόσμῳ πάντα τὰ τέλη τῶν ἐν αὐτῷ τεταγμένων συν- 10
νεύει πρὸς τὸ τοῦ κόσμου τέλος (ἵνα γὰρ ὁ κόσμος τέλειος
ᾖ, καὶ τὰ θεῖα πάντα ζῷα καὶ τὰ θνητὰ τὴν ὑπόστασιν
ἔσχεν, ὥς φησιν ὁ Τίμαιος), οὕτω δὴ καὶ ἐν ταῖς ὀρθαῖς
πολιτείαις πάντα τὰ τέλη τῶν τεχνῶν καὶ τὰ ἀπ' αὐτῶν

201. 15 = *Alc.* 107 B 9 ‖ 20-21 = *ibid.* 107 B 6-7.
202. 11-13 cf. *Tim.* 41 C 1, 92 C 6-8.

201. 20 an ‹οἷον τὸ› ἐάν τε leg. ? (Westerink).
202. 2 ἐρωτᾷ D : ἐρωτῶ N ‖ 3 κιθαριστικὴν Westerink : κιθα-
ριστὴν N ‖ 5 οὐ del. Westerink ‖ 6 ἀλλ' ἢ Dodds : ἀλλὰ N ‖ 10 τῷ
del. Westerink.

à la fin de la cité. Et c'est en visant cette fin que le bon conseiller fera des propositions sur les arts particuliers : quels il faut accueillir, quels non, et pour quelles raisons ; mais il laissera aux praticiens le soin de dire comment il faut pratiquer chaque art et les activités de chacun. Par conséquent, il donnera des conseils sur la question de savoir s'il doit y avoir une mantique ou non, mais refusera de pratiquer la mantique ; il connaîtra de la question de savoir si la cité doit admettre la médecine ou non, mais fera du médecin le conseiller dans les questions médicales ; même chose pour l'architecture et pour chacun des autres arts. Par conséquent, comme il est naturel, chaque praticien est savant dans un unique domaine, ignorant à propos de tout le reste qu'il n'a pas étudié, et seul l'homme politique est universellement savant ; et de fait, il a rattaché à lui-même la fin de tous les autres arts, laissant à ceux-ci le soin de découvrir ce qui mène à leur fin. De même donc que chacun des êtres du monde de la génération, ayant l'être en une seule forme, n'est pas infini, tandis que l'intelligible est toutes choses (et, de fait, il contient les causes des sensibles), de même l'artisan particulier est multiplement ignorant et savant d'une seule façon, tandis que le politique est parfaitement savant ; et de fait, il connaît et sa propre fin et celles des autres, et il coordonne tous les autres arts à l'unique vie de la cité.

< Dans ces conditions ... // mais ils iront chercher un médecin pour avoir son conseil (107 A 1-C 2). >

Tu vois comment il fait procéder les interrogations avec sûreté : il dit, en effet, *Comment doivent-ils écrire?* et *sur la façon de frapper la lyre* et *sur les exercices de la palestre*, tous points sur lesquels l'homme politique lui-même ne se présente pas comme conseiller. Et il ne fait pas de tort à Alcibiade en proposant ainsi les lemmes, car[1] *** ***

1. Voir *Notes complémentaires*, p. 404.

χρήσιμα συντέτακται πρὸς τὸ πολιτικὸν τέλος. Οὗ δὴ καὶ 15
ὁ ἀγαθὸς σύμβουλος στοχαζόμενος εἰσηγήσεται περὶ τῶν
καθ᾽ ἕκαστα τεχνῶν, τίνας μὲν αὐτῶν παραδεκτέον, τίνας
δὲ οὔ, καὶ διὰ ποίας αἰτίας · ὅπως δὲ ἑκάστην μετιέναι χρὴ
καὶ τὰ ἑκάστης ἔργα τοῖς τεχνίταις λέγειν παραχωρήσει.
Ὥστε εἰ μὲν δεῖ μαντικὴν εἶναι ἢ μή, συμβουλεύσει, 20
μαντεύειν δὲ οὐκ ἐθελήσει · καὶ εἰ μὲν δεῖ τὴν ἰα/τρικὴν **203**
παραδέχεσθαι τὴν πόλιν ἢ μή, γνώσεται, ἰατρικῶν δὲ
ἔργων τὸν ἰατρὸν ποιήσεται σύμβουλον · κατὰ τὰ αὐτὰ
δὲ καὶ περὶ οἰκοδομικῆς καὶ τῶν ἄλλων ἑκάστης τεχνῶν.
Εἰκότως ἄρα τῶν μὲν τεχνιτῶν ἕκαστος ἕν τι φρόνιμος ὢν 5
κατὰ τὰ ἄλλα πάντα ἄφρων ἐστίν, ἃ δὴ μὴ μεμελέτηκεν, ὁ
δὲ πολιτικὸς διὰ πάντων ἐστὶ φρόνιμος · καὶ γὰρ τὰ τέλη
τῶν ἄλλων τεχνῶν εἰς ἑαυτὸν ἀνεδήσατο, τὰ πρὸς τὸ τέλος
ἀνευρίσκειν ἐκείναις ἀπολιπών. Ὥσπερ οὖν τῶν μὲν ἐν
γενέσει ὄντων ἕκαστον καθ᾽ ἓν εἶδος ἔχον τὸ εἶναι ἄπειρα 10
οὐκ ἔστι, τὸ δὲ νοητὸν τὰ πάντα ἐστί (καὶ γὰρ τῶν αἰσθητῶν ἔχει τὰς αἰτίας), οὕτω δὴ καὶ ὁ μὲν καθ᾽ ἕκαστα
τεχνίτης πλεοναχῶς ἐστιν ἄφρων, μοναχῶς δὲ φρόνιμος,
ὁ δὲ πολιτικὸς τελέως φρόνιμος · καὶ γὰρ τὸ οἰκεῖον οἶδε
τέλος καὶ τὰ τῶν ἄλλων καὶ συντάττει τὰς τέχνας τὰς 15
ἄλλας πρὸς μίαν τὴν τῆς πόλεως ζωήν.

⟨ Πότερον οὖν ὅταν ... / ἰατρὸν εἶναι τὸν σύμβουλον. **204**
107 A-C. ⟩

Ὁρᾷς ὅπως σὺν ἀσφαλείᾳ προάγει τὰς ἐρωτήσεις · πῶς
γὰρ ἄν, φησί, γράφοιεν καὶ περὶ κρουμάτων ἐν λύρᾳ
καὶ περὶ παλαισμάτων, ἐν οἷς οὐδὲ ὁ πολιτικὸς ἑαυτὸν 5
εἰς τὴν τοῦ συμβούλου τάξιν καθίστησι, καὶ οὐκ ἀδικεῖ
τὸν Ἀλκιβιάδην οὕτω προτείνων τὰ λήμματα · καὶ γὰρ****
****

204. 7 lacuna paulo minus 7 foliorum in N.

le ciel est tout rempli d'harmonie[1] et d'eurythmie dans ses mouvements ; ensuite, tous les genres qui nous sont supérieurs eux aussi jouissent de l'harmonie qui procède de là-haut ; après eux, l'âme humaine, // qui donne mesure à ses mœurs, reçoit de là tout l'ensemble de l'habitus harmonieux et bien rythmé ; d'autre part, leur don s'étend même jusqu'aux vivants irrationnels et aux plantes ; et, de fait, même ces êtres ont naturellement part à l'harmonie. Et, pour ainsi dire, [les Muses] maintiennent dans l'être tous les êtres encosmiques, les perfectionnent et les unissent harmonieusement et entre eux-mêmes et avec le tout ; et elles rendent le corps proportionné à l'intellect au moyen de l'âme[2], la génération proportionnée à la révolution du même au moyen de la révolution de l'autre[3], et le feu proportionné à la terre au moyen des éléments intermédiaires[4] ; et, outre cela, elles mettent en ordre chaque âme au moyen des rapports harmoniques, elles conjoignent chacun des corps au moyen de mesures déterminées et elles donnent à chaque mouvement la perfection au moyen des rythmes qui conviennent. Donc l'habitus musical qui est en nous est sans doute un don des Muses, mais il est leur tout dernier reflet ; néanmoins, c'est d'elles que la musique aussi a tiré son nom, et c'est de la musique que l'activité tire sa perfection et le nom de sa perfection[5] : toujours, en effet, les êtres inférieurs tirent des causes supérieures, outre la participation substantielle, d'avoir en commun le même nom[6]. Il est donc montré dans ce texte d'abord que les habitus qui sont en nous, tant les habitus techniques que les habitus scientifiques, ont pour surveillants des dieux, et qu'ils commencent d'abord à partir des dieux ; deuxièmement, que les noms aussi sont donnés aux images, en même temps que l'essence, à partir des modèles ; que, troisièmement, les choses qui reçoivent leur nom par paronymie[7] d'après certaines réalités réclament trois choses : communier dans l'essence, participer au nom et différer dans la dernière syllabe.

1-7. Voir *Notes complémentaires*, p. 405.

οὐρανὸς συμφωνίας καὶ τῆς ἐν ταῖς κινήσεσιν εὐρυθμίας
ἀνάμεστος ὤν, ἔπειτα τὰ κρείττονα ἡμῶν γένη ἅπαντα 10
καὶ ταῦτα τῆς ἐκεῖθεν προϊούσης ἁρμονίας ἀπολαύοντα,
μετὰ δὲ ταῦτα ἡ ἀνθρωπίνη ζωὴ τά τε ἤθη σύμμετρα
ποι/οῦσα καὶ τὴν ὅλην εὐάρμοστον καὶ εὔρυθμον ἕξιν 205
ἐκεῖθεν παραδεχομένη · διήκει δὲ αὐτῶν ἡ δόσις καὶ μέχρι
τῶν ἀλόγων ζῴων καὶ τῶν φυτῶν, καὶ γὰρ καὶ ταῦτα κατὰ
φύσιν ἁρμονίας μετείληχε. Καὶ ὡς εἰπεῖν ἅπαντα τὰ
ἐγκόσμια συνέχουσι καὶ τελειοῦσι καὶ πρός τε ἄλληλα 5
καὶ πρὸς τὸ πᾶν συναρμόζουσι · καὶ τῷ μὲν νῷ τὸ σῶμα
διὰ μέσης τῆς ψυχῆς σύμμετρον ἀποτελοῦσι, τῇ δὲ ταύτοῦ
περιόδῳ τὴν γένεσιν διὰ μέσης τῆς θατέρου περιφορᾶς,
τῷ δὲ πυρὶ τὴν γῆν διὰ τῶν μεταξὺ συνδέσμων · καὶ ἔτι
πρὸς τούτοις τῶν τε ψυχῶν ἑκάστην τοῖς ἁρμονικοῖς λόγοις 10
κατακοσμοῦσι καὶ τῶν σωμάτων ἕκαστον ἐν μέτροις ὡρισμέ-
νοις συνδέουσι καὶ τῶν κινήσεων ἑκάστην ἐν ῥυθμοῖς τοῖς
προσήκουσι τελειοῦσιν. Ἡ τοίνυν ἐν ἡμῖν ἕξις ἡ μουσικὴ
δόσις μέν ἐστι τῶν Μουσῶν, ἔσχατον δὲ εἴδωλον αὐτῶν ·
ἀλλ' ὅμως καὶ αὐτὴ τὴν ἐπωνυμίαν ἐκεῖθεν ἔλαχεν, ἀπ' 15
αὐτῆς δὲ ἡ ἐνέργεια τὸ τέλειον ἔχει καὶ τὸ ὄνομα τῆς τελειότητος · ἀεὶ γὰρ τὰ δεύτερα μετὰ τῆς οὐσιώδους μεθέξεως
καὶ τὴν κατ' ὄνομα κοινωνίαν ἀπὸ τῶν πρεσβυτέρων αἰτίων
ἐφέλκεται. Δέδεικται οὖν ἐνταῦθα, πρότερον μὲν ὅτι αἱ
ἕξεις αἱ ἐν ἡμῖν αἱ τεχνικαὶ καὶ ἐπιστημονικαὶ θεοὺς ἐφό- 20
ρους ἔχουσι καὶ ἀπὸ θεῶν ὥρμηνται τὴν πρώτην · δεύτερον
δὲ ὅτι καὶ τὰ ὀνόματα ταῖς εἰκόσιν ἀπὸ τῶν παραδειγμάτων
μετὰ τῆς οὐσίας ἐνδίδοται · τρίτον ὅτι τὰ παρωνύμως ἀπό
τινων λεγόμενα τριῶν δεῖται τούτων, τοῦ κοινωνεῖν τῆς
οὐσίας, τῆς τοῦ ὀνόματος μεθέξεως, τῆς κατὰ τὴν τελευ- 25

205. 6-7 cf. *Tim.* 30 B 4-5 ‖ 7-8 cf. *ibid.* 35 A 1-2 ‖ 9 cf. *ibid.*
31 B 4-32 B 8.

205. 7 ταὐτοῦ Westerink : ταυτῇ N ‖ 12 ἐν ῥύθμοις recc. :
εὐρύθμοις N ‖ 15 ἔλαβεν N ‖ 18 ὄνομα recc. : οὔνομα N.

// Car c'est d'après les Muses que l'on a, sans doute, nommé la musique et d'après la musique le ' musicalement '[1].

En outre, considérons comment l'éloge du jeune homme a été fait par Socrate en accord avec ce qui a été dit auparavant[2]. Il a été, en effet, dit auparavant que le *bellement parler te conviendrait à toi aussi, je présume*, et comme Alcibiade a fait une réponse bien en accord et impeccable, Socrate a poursuivi par : *tu parles bien*, ce qui revient à peu près à *bellement* ; et le beau, plus que toute autre chose, est approprié aux Muses. Car c'est un amant du beau que celui qui est naturellement musicien[3], et il a cela en commun avec l'amoureux ; et d'une façon générale, accord et proportion[4], à coup sûr, subsistent avec la beauté, tout comme disproportion et désaccord avec la laideur.

< Poursuis maintenant ... Eh bien, je ne sais pas vraiment le dire (108 D 9-E 4). >

Exégèse du fond   // Socrate, ayant suffisamment guidé le jeune homme à concevoir, à partir des exemples, ce qu'il y a de meilleur dans les actions, demande au jeune homme en quoi consiste la fin commune de la guerre et de la paix, celle que doit viser le bon conseiller et celui qui a la science politique. Car il existe pour ces deux domaines aussi une fin commune, et c'est en y ayant regard que nous jugeons des activités qui les concernent si elles atteignent la fin qui leur convient ou non. Quelle est donc cette fin, c'est ce que doit savoir le bon conseiller. Car, en règle générale, l'ignorance de la cause finale en chaque domaine rend inutile aussi le discernement des autres causes, du fait que la cause toute première, la plus importante et celle qui les domine toutes, c'est la cause

---

1. Voir *Notes complémentaires*, p. 405.
2. Τοῖς προρρηθεῖσιν et προείρηται (l. 4-5) montrent qu'il y avait, dans la lacune, au moins deux lemmes.
3-4. Voir *Notes complémentaires*, p. 405.

ταίαν συλλαβὴν διαφορᾶς. Οὕτω γὰρ ἀπὸ τῶν Μου/σῶν ἡ **206**
μουσικὴ λέγοιτ᾽ ἄν, ἀπὸ δὲ ταύτης τὸ μουσικῶς.

Ἐπὶ δὲ τούτοις τὸν ἔπαινον τοῦ νεανίσκου συμφώνως
τοῖς προρρηθεῖσιν ἀποδεδομένον ὑπὸ τοῦ Σωκράτους
θεωρήσωμεν. Προείρηται μὲν γὰρ ὅτι **πρέποι ἄν που** 5
καὶ σοὶ τὸ καλῶς διαλέγεσθαι, τοῦ δὲ τὴν ἀπόκρισιν
ἐμμελῆ πεποιημένου καὶ ἀναμάρτητον ἐπήγαγεν ὁ Σωκράτης τὸ **εὖ λέγεις**, ὃ δὴ τῷ **καλῶς** εἰς ταὐτόν πως
ἔρχεται, καὶ ἔστι δήπου ταῖς Μούσαις, εἴπερ τι ἄλλο, καὶ
τὸ καλὸν οἰκεῖον. Φιλόκαλος γάρ τίς ἐστι καὶ ὁ μουσικὸς 10
τὴν φύσιν, καὶ τοῦτο κοινὸν ἔχει πρὸς τὸν ἐρωτικόν · καὶ
ὅλως ἡ ἁρμονία καὶ ἡ συμμετρία μετὰ τοῦ κάλλους πάντως
ὑφέστηκεν, ὥσπερ ἡ ἀσυμμετρία καὶ ἡ ἀναρμοστία μετὰ
τῆς αἰσχρότητος.

⟨ Ἴθι δὴ καὶ τὸ ... οὐ πάνυ τι ἔχω. 108 D-E. ⟩   15

/ Ἀπὸ τῶν παραδειγμάτων ποδηγήσας ἱκανῶς τὸν **207**
νεανίσκον ὁ Σωκράτης εἰς τὴν κατανόησιν τοῦ ἀμείνονος
ἐν ταῖς ἐνεργείαις, ἐρωτᾷ τί ποτέ ἐστι καὶ τὸ πολεμικὸν
καὶ τὸ εἰρηνικὸν τέλος τὸ κοινὸν αὐτῶν, οὗ στοχάζεσθαι
δεῖ τὸν ἀγαθὸν σύμβουλον καὶ τὸν ἔχοντα τὴν πολιτικὴν 5
ἐπιστήμην. Ἔστι γάρ τι κοινὸν ἀμφοτέρων καὶ τούτων
τέλος, πρὸς ὃ βλέποντες τὰς ἐνεργείας τὰς περὶ ταῦτα
δοκιμάζομεν, εἴτε κρατοῦσι τοῦ προσήκοντος αὐταῖς
τέλους εἴτε καὶ μή. Τί οὖν τοῦτο ἔστιν, ἀνάγκη τὸν
σύμβουλον εἰδέναι. Καθόλου γὰρ εἰπεῖν ἡ τῆς τελικῆς 10
αἰτίας ἄγνοια περὶ ἕκαστον ἀνόητον ἀποφαίνει καὶ τὴν
τῶν ἄλλων αἰτίων διάγνωσιν, διότι τὸ πρώτιστον καὶ
κυριώτατον αἴτιον καὶ ἡγεμονικώτατον τὸ τελικόν ἐστι ·

---

206. 5-6 = *Alc.* 108 C 6-7 ‖ 8 = *ibid.* 108 D 9.

207. 5 πολιτικὴν Nex corr. : πολεμικὴν Na.corr. ‖ 11 ἄγνοια
recc. : ἄνοια N.

finale ; car c'est en vue de la cause finale¹ que les pro-
ducteurs produisent et que les êtres soumis à la génération sont engendrés. Voilà pourquoi Timée appelle
la cause finale le principe le meilleur, digne d'être
nommé par des *hommes savants*. Quelle est donc la fin
du politique lorsqu'il donne des conseils sur la guerre
et la paix, c'est ce que Socrate demande maintenant
au jeune homme, parce qu'il se prétend bon conseiller
en ces matières. Or, on constate qu'il ignore aussi cela ;
dès lors, il est manifeste qu'il ne possède pas les qualités
que doit avoir celui qui veut être conseiller : il manque,
en effet, de science. Or, on a posé par un accord préalable
que le bon conseil en chaque matière vient de celui
qui sait². Voilà pour le sens du présent texte.

**Explication
de la lettre**

// Maintenant en ce qui concerne
la lettre, le mot : *Va*, qui est continuellement employé par Socrate³,
doit être déclaré très approprié à la connaissance de
notre âme : en effet, cette connaissance est en mouvement et elle ne vient à l'existence ni d'un seul coup ni
invariablement, à la différence de l'activité stable et
éternelle de l'intellect.

Tout à l'heure, dans chacun des cas : Socrate veut
parler de ce qui appartient en commun aux parties de
la musique⁴ : chant, mélodie et pas rythmé. Effectivement, dans chacun de ces cas, nous parlons de ' musical '
lorsque nous voulons dire ce qui est le meilleur : et de
fait, choralement, mélodiquement et rythmiquement
veulent dire *musicalement*.

Je ne sais pas vraiment dire... est, d'une certaine
façon, le langage de celui qui est plongé dans⁵ la
difficulté. Car il n'a pas estimé honteux d'ignorer le
meilleur dans le domaine du chant, de la cithare ou
du pas rythmé, mais il a considéré, à coup sûr, comme
honteux d'être ignorant en fait de guerre et de paix,
en quoi il prétend être bon conseiller : c'est précisément
ce que Socrate lui reproche à la suite⁶.

1-6. Voir *Notes complémentaires*, p. 405-406.

τούτου γὰρ ἕνεκα καὶ τὰ ποιοῦντα ποιεῖ καὶ τὰ γινόμενα
γίνεται. Διὸ καὶ ὁ Τίμαιος ταύτην ἀρχὴν ἀρίστην ἀπο- 15
καλεῖ, τὴν τελικήν, καὶ ὑπ' ἀνδρῶν φρονίμων λέγεσθαι
προσήκουσαν. Τί οὖν ἐστι τῷ πολιτικῷ τέλος περί τε πολέμου καὶ περὶ εἰρήνης συμβουλεύοντι, νῦν ὁ Σωκράτης
ἐρωτᾷ τὸν νεανίσκον προσποιούμενον ἐν τούτοις εἶναι
σύμβουλον ἀγαθόν. Ὁ δὲ φαίνεται καὶ τοῦτο ἀγνοῶν, ὅθεν 20
δὴ καὶ δῆλός ἐστιν οὐκ ἔχων ἃ δεῖ τὸν σύμβουλον ἐσόμενον
ἔχειν · ἐπιστήμης γάρ ἐστιν ἐνδεής. Κεῖται δὲ καὶ προδιωμο-
λόγηται τοῦ εἰδότος εἶναι περὶ ἕκαστα τὴν ὀρθὴν συμβουλήν. Ταῦτα περὶ τῆς ἐν τοῖς προκειμένοις ῥήμασι διανοίας.

Τῆς δὲ λέξεως τὸ μὲν ἴθι / συνεχῶς ὑπὸ τοῦ Σωκράτους **208**
λεγόμενον φατέον οἰκειότατον εἶναι τῇ γνώσει τῆς ἡμετέρας ψυχῆς · ἐν κινήσει γάρ ἐστι καὶ οὐκ ἀθρόως οὐδὲ
ἀμεταβλήτως ὑφέστηκεν, ὥσπερ ἡ τοῦ νοῦ μόνιμος καὶ
διαιώνιος ἐνέργεια.   5

Τὸ δὲ ὥσπερ ἐκεῖ ἐφ' ἑκάστῳ τὸ κοινὸν λέγει τῶν τῆς
μουσικῆς μερῶν, ᾠδῆς, μέλους καὶ βάσεως · ἐφ' ἑκάστῳ
γὰρ τούτων τὸ μουσικῶς λέγομεν ὡς ἄμεινον λέγοντες.
Καὶ γὰρ τὸ ᾠδικῶς [τὸ] μουσικῶς ἦν καὶ τὸ ἐμμελῶς καὶ
⟨τὸ⟩ εὐρύθμως.   10

Τὸ δὲ οὐ πάνυ τι ἔχω τρόπον τινὰ καταδυομένου πρὸς
τὴν ἀπορίαν ἐστί. Τὸ μὲν γὰρ ἐν ᾠδῇ καὶ κιθαρίσει καὶ
βάσει βέλτιον ἀγνοεῖν οὐχ ὑπελάμβανεν αἰσχρόν, τὸ δὲ
ἐν πολέμῳ καὶ εἰρήνῃ, περὶ ὧν προσποιεῖται σύμβουλος
εἶναι, μὴ εἰδέναι πάντως αἰσχύνης ἄξιον εἶναι ἐνόμιζεν, 15
ὃ καὶ ὁ Σωκράτης εὐθὺς ἑξῆς ἐπιφέρει.

207. 15 cf. *Tim.* 29 E 5 ‖ 16 = *ibid.* 29 E 5.

208. 9 τὸ del. Westerink ‖ 10 τὸ add. recc. ‖ 11 τι D cum
Plat. libris : τοι N.

< Mais c'est honteux ! ... // N'est-ce pas là une honte ? — Si fait. (108 E 5-109 A 4). >

Sur la manière dont Socrate adresse à Alcibiade ses reproches Jusqu'ici, les paroles de Socrate dissimulaient le reproche : elles n'en donnaient encore qu'une simple indication ; mais maintenant, il se met à le dévoiler en quelque mesure et il aborde le jeune homme d'une manière plus énergique : il argumente du moins au plus[1], nomme carrément son attitude *honteuse* et aggrave ses reproches en recourant à une comparaison[2] avec le problème des approvisionnements. Remarquable est donc l'adaptation du discours : il se borne d'abord à donner une réfutation au moyen de simples indices et maintenant la dévoile, et encore en épargnant le jeune homme : car ce n'est pas Socrate lui-même qui proclame que cette ignorance du jeune homme[3] est honteuse, mais c'est le jeune homme qui, à la suite des questions, devient son propre accusateur. En outre, il mêle au réfutatif le maïeutique pour, tout ensemble, purifier son aimé (en tant qu'il est réfuté) et le rendre mieux à même de répondre (en tant qu'il est accouché). En outre, le fait que les réfutations ne sont pas développées plus qu'il ne faut les rend plus mesurées. Socrate se contente, en effet, de dire qu'il est honteux d'ignorer le mieux en fait de guerre[4] ou de paix, sans ajouter la conséquence : « Comment donc oses-tu dire que tu es bon conseiller en matière de paix et de guerre, quand tu ignores la fin de la guerre ? » En outre[5], montrer le caractère honteux de l'ignorance par comparaison avec la connaissance d'autre chose rend le reproche supportable : « Car c'est une honte, dit-il, que de pouvoir parler // bien de médecine et nullement des fins politiques. »

Ainsi donc, c'est par tous ces moyens que Socrate a rendu, dans ce texte, l'élément réfutatif plus mesuré. Il me semble, d'autre part, qu'il fait de sa honteuse laideur un sujet de blâme pour plusieurs raisons. La

1-5. Voir *Notes complémentaires*, p. 406.

⟨ Ἀλλὰ μέντοι αἰσχρόν γε, ... / φανεῖται ; Πάνυ γε. **209**
108 E-109 A. ⟩

Τὰ μὲν πρὸ τούτων ῥήματα τοῦ Σωκράτους ὑπεκρύπτετο
τὸν ἔλεγχον μέχρις ἐνδείξεως αὐτὸν προάγοντα ψιλῆς · νῦν
δὲ ἀπογυμνοῦν πως αὐτὸν ἄρχεται καὶ πληκτικώτερον   5
πρόσεισι τῷ νεανίσκῳ ἀπὸ τοῦ ἥττονος ἐπιχειρῶν καὶ τὸ
πρᾶγμα ἄντικρυς ὀνομάζων αἰσχρὸν καὶ διὰ τῆς πρὸς
τὰ σιτία παραβολῆς ἐπιτείνων τὴν ἐπιτίμησιν. Θαυμαστὸν
τοίνυν ἡ συμμετρία τοῦ λόγου, πρῶτον μὲν δι' ἐνδείξεως
μόνης τὸν ἔλεγχον ποιουμένου, νυνὶ δὲ ἀπογυμνοῦντος   10
αὐτόν, καὶ ἔτι πεφεισμένως · οὐ γὰρ αὐτὸς ἀποφαίνεται
ὅτι αἰσχρὸν τὸ τοῦ νεανίσκου ⟨περὶ⟩ τούτου ἀγνόημα,
ἀλλ' ἐρωτήσας ἐκεῖνον ἑαυτοῦ ποιεῖ κατήγορον. Ἔτι δὲ
μίγνυσι τῷ ἐλεγκτικῷ τὸ μαιευτικόν, ἵνα ἅμα καὶ καθαίρῃ
τὸν ἐρώμενον ὡς ἐλεγχόμενον καὶ εὐπορώτερον ποιῇ πρὸς   15
τὰς ἀποκρίσεις ὡς μαιευόμενον. Ἔτι τὸ μὴ πέρα τοῦ
δέοντος ἐξετάζεσθαι τοὺς ἐλέγχους ἐμμετροτέρους αὐτοὺς
ποιεῖ. Τοσοῦτον γὰρ λέγει μόνον ὅτι αἰσχρὸν μὴ εἰδέναι
τὸ ἐν τῷ πολέμῳ βέλτιον καὶ τῷ εἰρήνην ἄγειν, καὶ οὐ
προσέθηκε τὰ ἑπόμενα τούτῳ, πῶς οὖν φησιν εἶναι πολέμου   20
καὶ εἰρήνης σύμβουλος ἀγαθός, ἀγνοῶν τὸ τοῦ πολέμου
τέλος. Ἔτι τὸ τὴν αἰσχρότητα δεῖξαι τῆς ἀγνοίας τῇ
παραθέσει τῆς ἄλλου γνώσεως φορητὴν ἐποίησε τὴν
ἐπίπληξιν · αἰσχρὸν γάρ, φησί, περὶ μὲν ἰατρικῶν ἔχειν
τι λέγειν, περὶ δὲ τῶν πολιτικῶν τελῶν μηδέν.   25

/ Τὸ μὲν οὖν ἐλεγκτικὸν διὰ τοσούτων ὁ Σωκράτης **210**
ἐμμελέστερον ἀπέφηνεν ἐν τούτοις τοῖς ῥήμασι · δοκεῖ δέ
μοι τὸ τοῦ αἴσχους ὄνειδος ἐπάγειν αὐτῷ κατὰ πολλὰς
αἰτίας. Πρῶτον μὲν ὅτι διττῆς ἐν ψυχῇ πονηρίας οὔσης,

---

210. 4-8 cf. *Soph.* 227 D 4-228 E 5.

209. 12 περὶ add. Westerink (possis et τοῦτο τοῦ νεανίσκου
cum O'Neill) ‖ 19 an πολεμεῖν leg. cum Festugière ?

première est que, puisqu'il y a deux sortes de perversité dans l'âme, selon la division de Platon dans le *Sophiste*[1], l'une consistant dans l'ignorance de la raison, l'autre dans l'insurrection de l'irrationnel contre la raison, cette insurrection est une maladie de l'âme, tandis que l'ignorance est une laideur. Car, du fait que la raison joue par rapport à l'âme tout entière le rôle de forme, de ce fait la maladie de la raison est aussi la laideur de l'âme, comme la vertu est sa beauté[2]. L'ignorance est produite, en effet, par la domination de l'irrationalité, la connaissance par <l'empire de la raison ; et la beauté se voit quand la raison> règne, la laideur, au contraire, quand la raison est dominée et que ses activités sont désordonnées, confuses et n'atteignent pas leur fin. S'il en est ainsi, toute ignorance de l'âme et toute absence de science la rendent laide. Voilà donc, en premier lieu[3], pourquoi Socrate dit qu'il est honteux de ne pas connaître la fin de la guerre et de la paix. La deuxième raison, c'est que, pour un jeune homme ambitieux, il n'y a rien de plus effrayant que ce qui apporte la honte[4]. Il redoute, en effet, l'absence de gloire et supporte tout plus que la honte et le mépris. Et à quoi bon épiloguer, dès là qu'il accepte même le mal véritable pour ne pas subir la honte apparente ? // C'est pour cette raison donc, en jugeant d'après son caractère, que Socrate le réfute par la honte. Et puisqu'il est fier de sa beauté corporelle, voici encore une façon de le purifier de sa prétention : en lui montrant que la laideur règne dans son élément le plus précieux, l'âme, et que la beauté apparente est superflue quand l'âme est laide.

C'est donc pour ces raisons qu'il lui a adressé le reproche de laideur ; quant au raisonnement, qui est frappant, il est bien clair qu'il argumente du moins au plus. Car si nous sommes en mesure de dire chose qui vaille au sujet de ce que nous nous vantons le

---

1. Sur ce texte du *Sophiste,* cf. Ol., 124.14-125.1 et 197.1-3.
2. Écho de *Rsp.,* IV 444 D 3-E 5.
3-4. Voir *Notes complémentaires,* p. 406.

ὡς αὐτὸς ἐν Σοφιστῇ διεῖλε, καὶ τῆς μὲν κατὰ τὴν ἄγνοιαν 5
ὑφισταμένης τοῦ λόγου, τῆς δὲ κατὰ τὴν στάσιν τοῦ
ἀλόγου πρὸς τὸν λόγον, νόσος μέν ἐστι ψυχῆς ἡ τοιαύτη
στάσις, αἶσχος δὲ ἡ ἄγνοια. Διότι γὰρ εἴδους ἐπέχει τάξιν
ὁ λόγος ἐν τῇ συμπάσῃ ψυχῇ, διὰ τοῦτο καὶ ἡ κακία τοῦ
λόγου τῆς ψυχῆς ἐστιν αἶσχος, ὥσπερ ἡ ἀρετὴ κάλλος. 10
Γίγνεται γὰρ ἡ μὲν ἄγνοια διὰ τὴν τῆς ἀλογίας ἐπικράτειαν,
ἡ δὲ γνῶσις διὰ τὴν τοῦ λόγου ⟨ἡγεμονίαν · καὶ τὸ μὲν
κάλλος ὁρᾶται τοῦ λόγου⟩ κρατοῦντος, τὸ δὲ αἶσχος
κρατουμένου καὶ ἀσυμμέτρους καὶ παραφόρους ἀποδι-
δόντος τὰς οἰκείας ἐνεργείας καὶ μὴ καταδραττομένας τοῦ 15
τέλους. Εἰ τοίνυν ταῦτα ἀληθῆ, πᾶσα ἄγνοια τῆς ψυχῆς
καὶ ἀνεπιστημοσύνη αἰσχρὰν αὐτὴν ἀποτελεῖ. Πρῶτον
μὲν οὖν διὰ ταῦτα αἰσχρὸν ἔφατο εἶναι τὸ μὴ εἰδέναι τὸ
τέλος τοῦ πολέμου καὶ τῆς εἰρήνης · δεύτερον δὲ καὶ ὅτι
φιλοτίμῳ νεανίσκῳ τοῦ αἰσχροῦ πληκτικώτερον οὐδέν. 20
Ὑποπτεύει γὰρ οὗτος τὴν ἀδοξίαν καὶ πάντα μᾶλλον
αὐτῷ φορητὰ τῆς αἰσχύνης καὶ τῆς καταγνώσεως · καὶ τί
δεῖ λέγειν, ὅπου γε καὶ τὸ ὡς ἀληθῶς κακὸν παραδέχεται
πολλάκις, ἵνα μὴ ὑπομείνῃ τὸ φαινόμενον αἰσχρόν ; Καὶ
ταύτῃ τοίνυν, στοχαζόμενος τοῦ ἤθους, διὰ τῆς αἰσχρότη- 25
/τος αὐτῷ προσάγει τὸν ἔλεγχον. Εἰ δὲ καὶ ἐπὶ σωματικῷ 211
κάλλει μεγαλαυχεῖται, καθαρτικόν ἐστι τῆς οἰήσεως τὸ
δεικνύναι τὸ αἶσχος αὐτῷ κατὰ τὸ τιμιώτερον ὑπάρχον,
τὴν ψυχήν, καὶ ὅτι περιττὸν τὸ φαινόμενον κάλλος τῆς
ψυχῆς οὔσης αἰσχρᾶς. 5

Διὰ ταῦτα μὲν οὖν τὸ τῆς αἰσχρότητος ὄνειδος ἐπήνεγ-
κεν αὐτῷ · τὸ δὲ ἐπιχείρημα πάντως οὐκ ἄδηλον ὅτι ἀπὸ
τοῦ ἥττονος εἴληπται, πληκτικὸν ὑπάρχον. Εἰ γὰρ περὶ
ὧν ἥττον κατεπαγγελλόμεθα εἰδέναι δυνάμεθα λέγειν τι,

---

210. 12-13 ἡγεμονίαν — λόγου add. Westerink (coll. 326.21-22).

moins de savoir, il est honteux de ne pouvoir parler
au sujet de ce que nous prétendons savoir. Et tu vois
comment il a indiqué ici que la honteuse laideur s'introduit à cause de la prétention. Car *sur quoi tu prétends
être savant* et, ensuite, *tu te lèves pour conseiller comme
si tu savais*, tout cela montre que sa prétention est la
cause de sa honte ; car la prétention, introduisant dans
l'âme la double ignorance, multiplie sa honteuse laideur.

< Examine ce point encore ... Oh, mais cela diffère
du tout au tout. (109 A 5-B 8). >

Explication du fond   Le précédent argument, comme
nous l'avons dit, a déjà, en quel-
que façon, dévoilé le caractère réfutatif des discours
et assez vigoureusement débarrassé le jeune homme
de sa fausse prétention ; le présent texte, apiès la
purification, éveille dans le jeune homme le désir de
connaissance. Car il faut, maintenant que les obstacles ont été renversés, appliquer dès lors l'âme à la
contemplation des réalités. Car sans doute la connaissance de la vérité nous est immanente, mais nous sommes
empêchés de la saisir à cause des obstacles constitués
par les pâtirs de la génération, je veux dire oubli,
prétention, fausses représentations et désirs sans mesure.
Mais une fois cela supprimé, il faut dès lors se tourner
vers soi-même. Donc après la purification de la vaine
prétention, Socrate invite le jeune homme à s'examiner
et à s'exciter à la saisie de [l'objet recherché avec
une application] plus tendue et une ardeur plus
parfaite[1]. Et comme le jeune homme peine encore à
découvrir la fin de la guerre, Socrate poursuit // le
raisonnement en examinant les contraires[2] et accouche
le jeune homme à nouveau ; celui-ci, dès lors, saisit
ce qui est cherché. Quelle est donc la méthode suivie
par Socrate ? Lorsque nous faisons la guerre, dit-il,

1. Cf. Ol., 84.9-11.
2. Contraires : *scil.* juste et injuste ; cf. *infra*, l. 10 et p. 214.
13-15.

αἰσχρὸν περὶ ὧν εἰδέναι φαμὲν μηδὲν δύνασθαι λέγειν. 10
Καὶ ὁρᾷς ὅπως ἐνταῦθα τὸ αἰσχρὸν ἀπὸ τῆς οἰήσεως τὴν
παρείσδυσιν ἔχειν ἐνεδείξατο. Τὸ γὰρ π ε ρ ὶ ο ὗ π ρ ο σ π ο ι ῇ
ἐ π ι σ τ ή μ ω ν ε ἶ ν α ι καὶ ἑξῆς τὸ κ α ὶ σ υ μ β ο υ λ ε ύ ε ι ς ἀ ν ι -
σ τ ά μ ε ν ο ς ὡς εἰδὼς τὴν οἴησιν αὐτοῦ δείκνυσιν αἰτίαν
τῆς αἰσχρότητος · αὕτη γὰρ τὴν διπλῆν ἄγνοιαν εἰσάγουσα 15
πολλαπλασιάζει τὸ αἶσχος τῆς ψυχῆς.

⟨ Σκόπει δὴ καὶ ... / ὅλον τε καὶ πᾶν. 109 A-B. ⟩   212

Ὁ μὲν προειρημένος λόγος, ὥσπερ εἴπομεν, ἤδη πως
παρεγύμνου τὸ ἐλεγκτικὸν εἶδος τῶν λόγων καὶ τῆς ψευδοῦς
οἰήσεως σφοδρότερον τὸν νεανίσκον ἀπήλλαττε · τὰ δὲ
προκείμενα ταῦτα μετὰ τὴν κάθαρσιν εἰς ἔφεσιν αὐτὸν 5
ἀνεγείρει τῆς γνώσεως. Δεῖ γὰρ τῶν ἐμποδίων ἐξῃρημένων
ἤδη τὴν ψυχὴν προσάγειν τῇ θεωρίᾳ τῶν πραγμάτων.
Ἐνυπάρχει μὲν γὰρ ἡ γνῶσις τῆς ἀληθείας ἐν ἡμῖν, ἐμπο-
διζόμεθα δὲ πρὸς τὴν κατάληψιν αὐτῆς διὰ τὰ ἐπιπροσ-
θοῦντα παθήματα τὰ γενεσιουργά, λέγω δὲ λήθην καὶ 10
οἴησιν καὶ φαντασίας ψευδεῖς καὶ ὀρέξεις ἀμέτρους ·
τούτων δὲ ἀφαιρεθέντων εἰς ἑαυτοὺς λοιπὸν ἐπιστρέφειν
δεῖ. Μετὰ τὴν κάθαρσιν τοίνυν τῆς περιττῆς οἰήσεως παρακελεύεται τῷ νεανίσκῳ σκοπεῖν καὶ ἀνεγείρειν ἑαυτὸν εἰς
τὴν τοῦ [ζητουμένου κατάληψιν μετ' ἐπιστά]σεως προσ- 15
εκτικωτέρας καὶ προθυμίας τελεωτέρας. Τοῦ δὲ νεανίσκου
κάμνοντος ἔτι περὶ τὴν εὕρεσιν τοῦ πολεμικοῦ τέλους
μέτεισιν ὁ Σωκράτης ἀπὸ τῶν ἐναντίων τὸν / λόγον καὶ 213
μαιεύεται πάλιν αὐτόν · ὁ δὲ ἤδη καταδράττεται τοῦ ζητου-
μένου. Τίς οὖν ἡ μέθοδος ; Ὅταν, φησί, πολεμῶμεν, ἐγκα-

212. 2 ὥσπερ εἴπομεν, cf. supra, p. 209.4-5.

212. 15 sic suppleuit Westerink : lac. 3 litt. capacem reliquit N.

nous la faisons en reprochant à nos ennemis d'avoir
subi de leur fait un dommage. Qu'est-ce que cela veut
dire ? Il est clair que nous voulons dire que nous sommes
victimes d'une injustice. Si donc nous faisons la guerre
parce que nous sommes victimes d'une injustice, la fin
de la guerre est d'obtenir ce qui est juste. S'il en est
ainsi, il convient que celui qui veut donner des conseils
corrects sur la guerre connaisse ce que c'est que le
juste[1]. On reviendra là-dessus plus tard. Pour l'instant,
nous nous proposons de montrer qu'Alcibiade a découvert le juste par le moyen de l'injuste. De même, en effet
que c'est à cause des maladies du corps que nous avons
besoin de la médecine, pour avoir la santé, de la même
façon aussi ce sont les injustices d'autrui qui nous
poussent à préparer la guerre, de manière à ne pas
être privés de notre part de juste[2]. Telle est donc la fin
de la guerre, comme celle de la médecine est la santé.
Et tu vois comment le raisonnement qui recherchait
quelle fin le bon conseiller doit assigner à la guerre
a finalement découvert le juste. Car autre est la fin
du soldat[3], autre celle du général, autre celle de
l'homme politique. Le premier, en effet, désire devenir
plus riche grâce au butin, le deuxième a regard à la
victoire et cherche à l'acquérir pour ses concitoyens,
le troisième n'a regard qu'au juste et ne fait durer la
guerre qu'aussi longtemps qu'il pense que les ennemis
commettent des injustices. C'est pourquoi il mettra
en action d'abord la rhétorique pour s'efforcer, au
moyen d'une persuasion // harmonieuse, de faire cesser
ceux qui commettent l'injustice ; ensuite, l'art du
stratège, pour rendre par les armes plus sages ceux
qu'il n'a pas pu convaincre par ses discours. C'est
pourquoi Nestor, le chef des Grecs, a d'abord envoyé
une ambassade formée d'orateurs[4] auprès des Troyens
au sujet d'Hélène ; ensuite, comme il n'avait pas
réussi à les convaincre, il s'en est pris à eux par le
moyen de stratèges et de la guerre[5]. C'est pour cette

1-5. Voir *Notes complémentaires*, p. 406-407.

λοῦντες τοῖς πολεμίοις ὥς τι παθόντες ὑπ' αὐτῶν πολεμοῦμεν. Τί οὖν τοῦτό ἐστιν ; Ἡ δηλονότι ἀδικεῖσθαι φάσκοντες. 5
Εἰ τοίνυν ἀδικούμενοι πολεμοῦμεν, τέλος ἐστὶ τοῦ πολέμου
τὸ τῶν δικαίων τυχεῖν · εἰ δὲ τοῦτο, προσήκει τὸν περὶ
πολέμου συμβουλεύσοντα ὀρθῶς εἰδέναι τὸ δίκαιον ὅ τι
ποτ' ἐστί. Ταῦτα μὲν οὖν εἰσαῦθις · τὸ δὲ νῦν προκείμενον,
ὅτι διὰ τῆς ἀδικίας εὗρε τὸ δίκαιον. Ὥσπερ γὰρ αἱ νόσοι 10
τῶν σωμάτων εἰς χρείαν ἡμᾶς κατέστησαν ἰατρικῆς, ἵνα τῆς
ὑγείας τύχωμεν, οὕτω δὴ καὶ τὰ ἀδικήματα τῶν ἄλλων
ἐγείρει τὴν πολεμικὴν παρασκευήν, ἵνα τοῦ δικαίου μὴ
ἀμοιρήσωμεν. Τοῦτο ἄρα ἐστὶ τὸ τοῦ πολέμου τέλος, ὥσπερ
τῆς ἰατρικῆς ὑγεία. Καὶ ὁρᾷς ὅπως ἐπιζητῶν ὁ λόγος τὸ 15
τέλος τὸ πολεμικόν, ὃ προσήκει τὸν ἀγαθὸν προΐστασθαι
σύμβουλον, τὸ δίκαιον τοῦτο ἀνεῦρεν. Ἄλλο γὰρ στρα-
τιώτου τὸ τέλος, ἄλλο στρατηγοῦ, ἄλλο τοῦ πολιτικοῦ ·
ὁ μὲν γὰρ εἰ τύχοι καὶ εὐπορώτερος θέλει γενέσθαι διὰ τῶν
λαφύρων, ὁ δὲ εἰς νίκην βλέπει καὶ ταύτην περιποιήσασθαι 20
σπεύδει τοῖς πολίταις, ὁ δὲ τὸ δίκαιον μόνον θεωρεῖ καὶ
μέχρι τοσούτου κινεῖ τὸν πόλεμον ἕως ἂν ἀδικεῖν οἴηται
τοὺς πολεμίους. Διὸ πρῶτον μὲν τὴν ῥητορικὴν κινήσει,
διὰ πειθοῦς ἐμμελοῦς παῦσαι τοὺς ἀδι/κοῦντας σπουδάζων, **214**
ἔπειτα τὴν στρατηγικήν, τοῖς ὅπλοις σωφρονεστέρους
ποιῶν οὓς τοῖς λόγοις οὐ προσηγάγετο. Ταῦτα ἄρα καὶ
τῶν Ἑλλήνων πολιτικὸς ὁ Νέστωρ πρῶτον μὲν διὰ τῶν
ῥητόρων ἐπρέσβευε πρὸς τοὺς Τρῶας ὑπὲρ τῆς Ἑλένης · 5
ἔπειτα μὴ πείσας διὰ τῶν στρατηγῶν καὶ τῶν πολεμικῶν
ἔργων αὐτοῖς προσέβαλλε. Διὰ ταῦτα καὶ ὁ ἐν Πολιτείᾳ

---

213. 9 εἰσαῦθις, cf. infra, p. 222.15-223.19.
    214. 3-5 cf. Γ 203-224 ‖ 7-10 ἐν Πολιτείᾳ : re uera in *Legibus*,
V 737 D 3-5

213. 4 ὥς τι recc. : ὡς τί N ‖ 18 τὸ Nʳ (om. D) ‖ 19 θέλει
D : ἄλλου Nʳ ‖ 22 ἀδικεῖν D : ἐκδικεῖν Nʳ ‖ 24 πειθοῦς Nʳ : ῥητο-
ρικῆς D.

raison que Socrate, dans la *République*[1], veut que son
Etat ait juste assez de puissance pour pouvoir se protéger
lui-même et ses proches voisins au cas où ils subiraient
l'injustice de la part d'autrui[2], dans la pensée que la
guerre a pour fin le juste et non pas la victoire ni le
butin ni rien de la sorte. Voilà donc la conclusion à
laquelle parvient tout l'ensemble de la discussion ;
mais pour l'instant, Socrate, qui accouche le jeune
homme en le menant vers l'objet recherché à partir
du contraire, lui demande quelles accusations nous font
recourir aux armes et à la guerre. Or, il est arrivé au
jeune homme exactement la même chose qu'à Théétète[3] :
interrogé sur une seule chose, il en donne plusieurs en
réponse au lieu d'une seule, et des particulières au
lieu d'une générale, et qui plus est, des choses susceptibles de recevoir les contraires (justice et injustice)
et qui ne sont pas absolument injustes. *Nous allons*,
dit en effet le jeune homme, *à la guerre parce que nous
sommes victimes d'une tromperie, d'une violence ou bien
d'une spoliation* : or tout cela peut aussi se produire
justement. Et de fait, celui qui trompe un insensé pour
qu'il ne nuise pas, agit justement[4] ; tout comme celui
qui contraint son enfant, pour qu'il n'accomplisse
rien de mauvais par manque de maîtrise de soi, ou
celui qui contraint un malade pour sa santé à absorber
un remède : tous ceux-là // agissent droitement ; et
encore celui qui dépouille un fou d'un dépôt, si le dépôt
est un poignard. Il n'a donc pas encore répondu à la
question de Socrate. Car Socrate veut l'entendre énoncer
des griefs ; or, ceux qu'il donne, dans certains cas, non
seulement ne sont pas des griefs, mais sont même
louables. Socrate a donc correctement posé sa question : *Comment disons-nous avoir subi ces traitements*
lorsque nous entrons en guerre ? En effet, nul de ces
traitements n'est simple, mais on peut les subir justement ou injustement. Certaines actions, en effet, impliquent, par elles-mêmes, une qualité : elles méritent,
suivant le cas, d'être recherchées ou fuies, tandis que

1-4. Voir *Notes complémentaires*, p. 407.

Σωκράτης ἀξιοῖ δύναμιν ἔχειν τὴν πόλιν τοσαύτην, ὅση
καὶ αὐτὴν καὶ τοὺς γείτονας αὐτῆς ἀδικουμένους
ὑπ' ἄλλων δύναται σῴζειν, ὡς τοῦ πολεμικοῦ τέλους 10
ὄντος τοῦ δικαίου καὶ οὐ τῆς νίκης οὐδὲ τῆς λαφυραγωγίας
οὐδὲ ἄλλου τινὸς τοιούτου. Καταστρέφει μὲν οὖν ὁ σύμπας
λόγος εἰς τοῦτο τὸ συμπέρασμα · νῦν δὲ ὁ Σωκράτης
μαιευόμενος τὸν νεανίσκον ἀπὸ τοῦ ἐναντίου τῷ ζητουμένῳ
προσάγων αὐτόν, ἐρωτᾷ τί ποτε ἐγκαλοῦντες ἐπὶ τὰ ὅπλα 15
καὶ τοὺς πολέμους καταφεύγομεν. Ὁ δέ γε νεανίσκος
ἄντικρυς τὸ τοῦ Θεαιτήτου πέπονθεν · ἓν ἐρωτηθεὶς πολλὰ
ἀνθ' ἑνὸς λέγει καὶ μερικώτερα ἀντὶ τοῦ καθόλου καὶ ἔτι
τῶν ἐναντίων δεκτικά, δικαιοσύνης καὶ ἀδικίας, καὶ οὐ
πάντως ἄδικα ὑπάρχοντα. Ἐρχόμεθα γὰρ εἰς τὸ πολε- 20
μεῖν ἐξαπατώμενοι ἢ βιαζόμενοι ἢ ἀποστερούμε-
νοι, ταῦτα δὲ γένοιτ' ἂν καὶ δικαίως. Καὶ γὰρ ὁ τὸν
ἀνόητον ἀπατῶν, ἵνα μὴ βλαβῇ, τὰ δίκαια ποιεῖ, καὶ ὁ τὸν
παῖδα βιαζόμενος, ἵνα μὴ δι' ἀκράτειαν ποιήσῃ τι μοχθη-
ρόν, καὶ ὁ τὸν νοσοῦντα βιαζόμενος ὑγείας ἕνεκα προσέσθαι 25
τι τῶν βοηθημάτων ὀρθῶς ποιεῖ, καὶ ὁ τὸν μαινόμενον τῆς
παρακαταθή/κης ἀποστερῶν, εἰ ξίφος εἴη τὸ παρακατα- **215**
τεθέν. Οὔπω τοίνυν ἀποκέκριται πρὸς τὴν τοῦ Σωκράτους
ἐρώτησιν. Ὁ μὲν γὰρ ἐγκλήματα ἀκοῦσαι ζητεῖ, ταῦτα δὲ
οὐ μόνον ποτὲ διαφεύγει τὸ εἶναι ἐγκλήματα, ἀλλὰ καὶ
ἐπαινετά ἐστιν. Ὀρθῶς οὖν ὁ Σωκράτης ἠρώτησε, πῶς 5
ἕκαστα τούτων πάσχοντες ἐρχόμεθα εἰς τὸ πολεμεῖν. Οὐδὲν γὰρ αὐτῶν ἐστιν ἁπλοῦν, ἀλλ' ἔστι καὶ
δικαίως πάσχειν ἕκαστον τούτων καὶ ἀδίκως. Αἱ μὲν γὰρ
τῶν πράξεων εὐθὺς καὶ τὸ ποιὸν συνεπιφέρουσι, τὸ αἱρετὸν

214. 16-19 cf. *Theaet.*, 146 C 7-D 4.

214. 10 ἄλλων scripsi : ἀλλήλων N ‖ 26 ὁ recc. : εἰ N.
215. 6 πάσχοντες Westerink ex Plat. lib. : πράττοντες N.

les autres, considérées en elles-mêmes, sont susceptibles de bien ou de mal. *Car pour toute action*, dit-il, *il en est ainsi : en elle-même*[1], *elle n'est ni bonne ni mauvaise*. Et précisément parmi les actions de cette sorte figurent : tromper, contraindre, dépouiller ; en revanche, commettre l'adultère, tuer son père, ce sont bien là des actions, mais non pas simplement des actions, car elles impliquent déjà la qualification de mauvaises[2]. Il y a donc , ici aussi, une différence entre tromper justement et injustement et entre contraindre justement et injustement, et de même pour déposséder. Sans doute, les stoïciens[3] blâment-ils toutes les actions de cette sorte comme mauvaises[4] : selon eux, en effet, il n'est possible ni de tromper ni de contraindre ni de déposséder justement, mais chacune de ces actions procède d'une disposition mauvaise et est injuste ; mais les Anciens[5] posent toutes ces actions comme intermédiaires et susceptibles des contraires, et comme injustes lorsqu'elles sont accomplies de telle façon, justes lorsqu'elles sont accomplies de telle autre. // C'est ce que montre aussi Homère, je suppose, quand il dit qu'Autolycos, fils d'Hermès, était paré *de l'art du vol et du serment*, bien qu'il soit impossible d'être jamais paré par une action mauvaise ni, pour qui a un habitus injuste, d'être fils des dieux. Et d'une manière générale, c'est là l'opinion de presque tous les Anciens, et l'usage commun s'accorde avec l'opinion des Anciens. En effet, nous louons celui qui n'a pas rendu à un fou son épée et celui qui a trompé les ennemis, lorsque sa patrie est en danger, et celui qui a contraint son ami à ne pas commettre une action impie, et nous nommons chacun de ces trois un homme juste et qui a correctement agi. Ces trois, en tout cas, tromperie, violence et dépossession provoquent parmi les hommes des guerres en grand nombre, privées ou publiques, mais elles sont plus particulières que la fin commune des guerres. Car être trompé concerne essentiellement la raison[6], être

1-6. Voir *Notes complémentaires*, p. 407-408.

ἢ φευκτόν, αἱ δὲ αὐταὶ ἐφ' ἑαυτῶν εἰσι δεκτικαὶ τοῦ εὖ καὶ 10
τοῦ κακῶς. Πᾶσα γάρ, φησί, π ρ ᾶ ξ ι ς ὧ δ ε ἔ χ ε ι · α ὐ τ ὴ
ἐφ' ἑαυτῆς ο ὔ τ ε κ α λ ή ἐστιν ο ὔ τ ε α ἰ σ χ ρ ά. Τῶν δὴ
τοιούτων εἰσὶ πράξεων τὸ ἐξαπατᾶν, τὸ βιάζεσθαι, τὸ ἀποστερεῖν · μοιχεύειν δὲ καὶ τὸν πατέρα ἀποκτιννύναι πράξεις
μέν, ἀλλ' οὐκ αὐταὶ ἐφ' ἑαυτῶν, ἀλλὰ μετὰ ποιότητος ἤδη 15
τῆς μοχθηρᾶς. Διαφέρει τοίνυν κἀνταῦθα δικαίως ἐξαπατᾶν
ἢ ἀδίκως, καὶ βιάζεσθαι δικαίως ἢ ἀδίκως, καὶ ἀποστερεῖν
ὡσαύτως. Οἱ μὲν γὰρ ἀπὸ ⟨τῆς⟩ Στοᾶς εὐθὺς τὰ τοιαῦτα
πάντα ὡς μοχθηρὰ διαβάλλουσιν · οὔτε γὰρ ἐξαπατᾶν
ἐστι δικαίως κατ' αὐτοὺς οὔτε βιάζεσθαι οὔτε ἀποστερεῖν, 20
ἀλλ' ἑκάστη τῶν πράξεων τούτων ἀπὸ μοχθηρᾶς πρόεισιν
ἕξεως καὶ ἄδικός ἐστιν. Οἱ δὲ ἀρχαῖοι μέσα τὰ τοιαῦτα
τίθενται πάντα καὶ δεκτικὰ τῶν ἐναντίων, καὶ τοιῶσδε μὲν
πραττόμενα ἄδικα, τοιῶσδε δὲ πραττόμενα δίκαια. Δηλοῖ
δέ που ταῦτα καὶ Ὅμηρος, τὸν / Αὐτόλυκον, τὸν ἀπόγονον 216
Ἑρμοῦ, κ λ ε π τ ο σ ύ ν ῃ τ ε κ α ὶ ὅ ρ κ ῳ κεκοσμῆσθαι λέγων,
καίτοι οὔτε κοσμεῖσθαί ποτε διὰ μοχθηρᾶς πράξεως δυνατὸν οὔτε θεοῖς προσήκειν τὸν ἀδίκῳ χρώμενον ἕξει. Καὶ
ὅλως ἀρέσκει τοῦτο σχεδὸν ἅπασι τοῖς ἀρχαίοις, καὶ ἡ 5
συνήθεια συνομολογεῖ τῇ δόξῃ τῶν παλαιῶν. Ἐπαινοῦμεν
γὰρ τὸν μὴ ἀποδόντα τῷ μαινομένῳ τὸ ξίφος καὶ τὸν
ἀπατήσαντα τοὺς πολεμίους, ὅταν ὑπὲρ τῆς πατρίδος ὁ
κίνδυνος ᾖ, καὶ τὸν βιασάμενον τὸν φίλον μὴ πρᾶξαί τι
τῶν ἀνοσίων, καὶ ἕκαστον τούτων δίκαιον καὶ ὀρθὸν 10
ἐπονομάζομεν. Κινεῖ μὲν οὖν καὶ ταῦτα πολέμους τοῖς
ἀνθρώποις οὐκ ὀλίγους, ἀπάτη καὶ βία καὶ ἀποστέρησις,
ἰδίους τε καὶ κοινούς, ἀλλ' ἔστι μερικώτερα τοῦ κοινοῦ τῶν
πολέμων τέλους. Τούτων γὰρ τὸ μὲν ἀπατᾶσθαι κατὰ τὸν

215. 11-12 = *Symp.*, 180 E 4-5 ‖ 18-22 = SVF III 347.
216. 1-2 cf. τ 394-396.

215. 11 φησι recc. : φάσι N ‖ 18 τῆς add. Arnim.

contraint, l'irascible, être dépossédé, le désir : car ce qui est dépossédé, c'est naturellement l'amour de l'argent, ce qui est contraint, <c'est l'amour du pouvoir, ce qui est trompé, c'est> essentiellement ce qui est susceptible de jugement ; or, la justice, c'est la vertu de l'âme totale[1] ; l'injustice, le mal de la totalité des trois parties[2]. Par conséquent, le juste ainsi que l'injuste sont plus communs que ces trois traitements, et le jeune homme n'a pas eu raison de descendre à ce niveau, échouant ainsi à connaître l'universel.

Porisme tiré de ce qui précède
Que s'il est possible, comme on vient de le dire, d'accomplir chacune de ces actions bien ou mal, il en résulte à l'évidence que le bien est supérieur et à la connaissance et à la volonté et à la relation avec les choses extérieures. Si, en effet, le bien était connaissance, jamais le contraire de la connaissance, la tromperie, // ne saurait participer du bien ; et s'il était du domaine de la volonté, ce qui est accompli contrairement à notre volonté ou par violence ne saurait jamais être bon pour nous qui le subissons ; et s'il était ce qui appartient en propre, <alors il ne serait pas possible d'être dépossédé de ce qui appartient en propre> en vue d'un bien. On le voit, tout cela, propriété, volonté et connaissance, est inférieur au bien. Car le bien ne saurait être présent à leur contraire, si l'un d'entre eux était bien à titre premier ; en effet, ni les corps froids n'ont part au chaud, ni les corps noirs, au blanc[3].

Remarque sur une expression
Voilà donc ce qu'il faut tirer comme une sorte de porisme géométrique, de ce raisonnement ; quant au fait que le justement par rapport à l'injustement diffère en *tout et totalement*[4], cela met en évidence leur complète séparation. Car toutes les choses sont séparées *en tout et totalement* (puisque leur unification consiste dans le tout et leur distinction dans le total)[5] ; c'est

1-5. Voir *Notes complémentaires*, p. 408-409.

λόγον γίνεται μάλιστα, τὸ δὲ βιάζεσθαι κατὰ τὸν θυμόν, 15
τὸ δὲ ἀποστερεῖσθαι κατὰ τὴν ἐπιθυμίαν · ἀποστερεῖται μὲν
γὰρ εἰκότως τὸ φιλοχρήματον, βιάζεται δὲ τὸ ⟨φίλαρχον,
ἀπατᾶται δὲ τὸ⟩ τῆς γνώμης μάλιστα δεκτικόν · ἡ δέ
γε δικαιοσύνη πάσης ἐστὶ τῆς ψυχῆς ἀρετή, καὶ ἡ ἀδικία
πάσης κακία τῆς τριμερείας. Κοινότερον ἄρα τὸ δίκαιόν 20
ἐστι καὶ τὸ ἄδικον τῶν τριῶν τούτων παθημάτων, καὶ
οὐκ ὀρθῶς ὁ νεανίσκος ἐπὶ ταῦτα ἦλθε τῆς τοῦ κοινοτέρου
γνώσεως ἀποπεσών.

Εἰ δὲ ἔστι τούτων ἕκαστον, ὥσπερ εἴρηται, καὶ εὖ πράττειν
καὶ κακῶς, δῆλον δὴ καὶ ἐντεῦθέν ἐστιν ὡς ἄρα τὸ ἀγαθὸν 25
καὶ γνώσεώς ἐστι κρεῖττον καὶ προαιρέσεως καὶ τῆς πρὸς
τὰ ἄλλα σχέσεως. Εἰ γὰρ ἦν ἐκεῖνο γνῶσις, οὐκ ἂν τὸ
ἐναντίον πρὸς τὴν γνῶσιν, ἡ ἀπάτη, μετεῖχεν ἄν ποτε τοῦ
ἀγαθοῦ · καὶ εἰ ἦν / προαιρετικόν, οὐκ ἂν τὸ παρὰ τὴν 217
προαίρεσιν ἡμῶν ἢ βίᾳ πραττόμενον ἀγαθὸν ὑπῆρχε τοῖς
πάσχουσι · καὶ εἰ τὸ οἰκεῖον ἦν, ⟨οὐκ ἄν ποτε ἀποστερεῖσθαι
τῶν οἰκείων ἦν⟩ ἐπ' ἀγαθῷ. Νῦν δὲ ἔοικεν ἅπαντα ταῦτα
δεύτερα εἶναι τοῦ ἀγαθοῦ, τὸ οἰκεῖον, ἡ προαίρεσις, ἡ 5
γνῶσις. Οὐ γὰρ ἂν τοῖς ἀντικειμένοις αὐτῶν παρῆν, εἰ
τούτων ἦν τι τὸ πρώτως ἀγαθόν · οὔτε γὰρ τοῦ θερμοῦ
τοῖς ψυχροῖς οὔτε τοῦ λευκοῦ τοῖς μέλασι μέτεστι.

Τοῦτο μὲν τοίνυν ὥσπερ πόρισμα γεωμετρικὸν ληπτέον
ἀπὸ τοῦ λόγου · τὸ δὲ ὅλῳ καὶ παντὶ διαφέρειν τὸ 10
δικαίως τοῦ ἀδίκως παντελῆ τὴν πρὸς ἄλληλα διάστασιν
αὐτῶν ἐπιδείκνυσι. Πάντα γὰρ τὰ πράγματα τῷ ὅλῳ καὶ
παντὶ διήρηται, τῆς μὲν ἑνώσεως αὐτῶν κατὰ τὸ ὅλον
ὑφισταμένης, τῆς δὲ διακρίσεως κατὰ τὸ πᾶν · διὸ καὶ

---

216. 17-18 φίλαρχον — τὸ add. Westerink (cf. Olympiod.,
Comm. In Alc., p. 81.10-19) ‖ 28 ἡ ἀπάτη D : ἡμῶν πάντη N^r.
217. 3-4 οὐκ — ἦν add. Westerink.

pourquoi, *dans le domaine de la quantité, la quantité
continue* est une sorte de tout, *la quantité discrète*
un total[1]. Donc pour indiquer la différence qui existe
dans tous les êtres dont on traite, on avait accoutumé
de dire qu'ils diffèrent *en tout et totalement.*

< Eh quoi ! contre lesquels ... ce mieux-là, c'est
tout simplement le plus juste, non ? — Ce semble.
(109 B 9-C 12). >

**La réponse
d'Alcibiade**

La question de Socrate a été nécessaire pour qu'il découvre quelle
est la fin de l'activité politique
selon l'avis d'Alcibiade[2]. Car il est évident que s'il
avait conseillé aux Athéniens de faire la guerre à
ceux qui les traitent justement, il ferait de l'injustice
et de l'épouvantable désir de dominer autrui la fin de
la guerre ; au contraire, s'il propose la guerre contre
ceux qui ne sont pas justes, il pose comme limite et
mesure de la guerre le juste. Or, le jeune homme a fait
à cette question une réponse qui n'est celle ni d'un
complet impudent ni de qui est parfaitement savant.
Ce dernier, en effet, ne songe jamais à faire la guerre
à ceux qui agissent justement ni ne profère cet avis
par discours ; l'autre, au contraire, y songe et ose le
dire en vertu d'une effrayante impudence. En tout cas,
dans la *République* aussi, Thrasymaque n'a pas rougi
de tenir bien des propos de ce genre. Alcibiade est
donc intermédiaire entre les deux : il ne peut totalement
nier qu'il // songe à l'injuste, mais reconnaît que c'est
honteux. Il est donc rangé[3] au niveau de l'ambition
et ne profère ni les discours du désir ni ceux de l'âme
supérieure ; et en tant qu'il désire la victoire et la
puissance, il ne discerne pas parmi les ennemis entre
les justes et les injustes, mais en tant qu'il s'en tient

---

1. Cf. Ar., *Cat.*, 6, 4 b 20-25 (et chez Proclus, *In Tim.*, II
238.10 ss) ; voir encore Jambl., *De comm. math. sc.*, 7, 28.24 ss.
2-3. Voir *Notes complémentaires*, p. 409.

τοῦ ποσοῦ τὸ μὲν συνεχὲς ὅλον τί ἐστι, τὸ δὲ 15
διωρισμένον πάντα. Ἐν ἅπασιν οὖν τοῖς οὖσι διαφορὰν
ἐνδεικνύμενοι τῶν προκειμένων οὕτως εἰώθεσαν λέγειν,
ὅτι ὅλῳ καὶ παντὶ διαφέρει.

⟨ Τί οὖν ; Ἀθηναίοις ... / ὂν ἢ οὔ ; Φαίνεταί γε. 218
109 B-C. ⟩

Ἡ μὲν τοῦ Σωκράτους ἐρώτησις ἀναγκαία γέγονεν,
ἵν᾽ εὕρῃ τί τέλος ἐστὶ πολιτικὸν κατὰ τὴν Ἀλκιβιάδου
συμβουλήν. Δῆλον γὰρ ὡς, εἰ μὲν πρὸς τοὺς τὰ δίκαια 5
πράττοντας εἰσηγοῖτο τοῖς Ἀθηναίοις πολεμεῖν, τὴν
ἀδικίαν ποιεῖται τοῦ πολέμου τέλος καὶ τὴν κατὰ τῶν
ἄλλων ἀνθρώπων δεινὴν πλεονεξίαν · εἰ δὲ πρὸς τοὺς μὴ
δικαίους, ὅρον καὶ μέτρον τίθεται τοῦ πολέμου τὸ δίκαιον.
Ὁ δέ γε νεανίσκος πρὸς ταύτην τὴν ἐρώτησιν ἀφῆκε 10
φωνὴν οὔτε παντάπασιν ἀπηρυθριακότος οὔτε τελέως
ἐπιστήμονος. Τούτων γὰρ ὁ μὲν οὔτε διανοεῖταί ποτε πρὸς
τοὺς τὰ δίκαια πράττοντας πολεμεῖν οὔτε διὰ λόγων
αὐτὸ προφέρεται · ὁ δὲ διανοεῖται καὶ λέγειν τολμᾷ διὰ
δή τινα δεινὴν ἀναισχυντίαν. Πολλὰ γοῦν τοιαῦτα καὶ 15
ἐν Πολιτείᾳ Θρασύμαχος λέγειν οὐκ ἐπῃσχύνετο. Μέσος
τοίνυν ἐστὶ τούτων ὁ Ἀλκιβιάδης, καὶ διανοεῖσθαι μὲν
τὸ ἄδικον οὐ/παντελῶς ἐστιν ἔξαρνος, ὁμολογεῖν δὲ αὐτό 219
φησιν αἰσχρὸν ὑπάρχειν. Τέτακται τοίνυν κατὰ τὸ φιλότιμον καὶ οὔτε τοὺς τῆς ἐπιθυμίας φθέγγεται λόγους οὔτε
τοὺς τῆς κρείττονος ψυχῆς · ἀλλ᾽ ὡς μὲν νίκης καὶ δυνάμεως ὀρεγόμενος οὐ διακρίνει τοὺς δικαίους ἀπὸ τῶν 5
ἀδίκων ἐν τοῖς πολεμίοις, ὡς δὲ τῆς κοινῆς δόξης στοχα-

---

217. 15-16 = Ar., *Cat.* 6, 4 b 20.
218. 15-16 cf. *Rsp.* I 348 B 8-349 D 11.

218. 14 αὐτὸ Westerink : αὐτῷ N ‖ προφέρεται D : -ονται N
‖ 16 πάντα N : πᾶν τι prop. Steel.
219. 2 ὑπάρχειν D : ἀπάρχειν Nʳ.

à l'opinion commune, il juge honteux de le reconnaître — sauf qu'en faisant sa réponse d'une façon hypothétique, il se ménage à nouveau une voie de sortie[1]. Car il n'a pas dit : « Je pense qu'il faut faire la guerre à ceux dont la conduite est juste, mais j'ai honte de le reconnaître », mais : « Même si l'on songeait à cela, on éviterait la mauvaise réputation en ne le reconnaissant pas devant autrui. »

Sur la démonstration de Socrate   Socrate donc, constatant qu'à cause de l'opinion du multiple — le jeune homme préfère la justice à l'injustice, entreprend de ramener cette opinion à la science. Car il fait dépendre le juste du légitime et du beau et désigne l'injuste par la privation de ces deux notes : « Car cette conduite, dit-il, n'est *ni belle ni légitime*[2] ». Et, à nouveau, dans ce texte, on peut constater le mélange de l'élément démonstratif avec l'élément dialectique[3]. Et, de fait, le vulgaire dirait que l'injuste est contraire à la loi[4] et laid avec, dans l'esprit, la loi d'ici-bas et le beau d'après l'opinion commune ; et le savant conviendrait de la même chose, mais en vertu de principes démonstratifs. En effet, au niveau des causes, la justice (je veux dire la justice encosmique) dépend de l'eunomie, et c'est pour cela que le juste est légitime[5] et beau, du fait que, lui aussi, a part à l'eunomie[6], laquelle, en elle-même, renferme beauté et loi. En outre, puisque la justice antérieure au monde accompagne Zeus, // car *La loi est parèdre de Zeus*, comme le dit Orphée (raison pourquoi l'Étranger d'Athènes a nommé la justice *vengeresse de la loi divine*[7]), le juste d'ici-bas est aussi légitime. Par conséquent, Socrate a, d'une façon appropriée à leurs principes, posé que le juste est légitime, et de même, la justice a été exactement appelée *vengeresse de la loi*. C'est pour cette raison, en effet, que le juge a regard au

1-2. Voir *Notes complémentaires*, p. 409.
3. Remarque déjà faite *supra*, p. 209.13 ss.
4. Rapprocher de Ar., *EN*, E 2, 1129 a 32 ss.
5-7. Voir *Notes complémentaires*, p. 409.

ζόμενος τὸ ταῦτα ὁμολογεῖν αἰσχρὸν ὑπολαμβάνει, πλὴν
ὅτι τὸν λόγον ἐξ ὑποθέσεως προαγαγὼν ἀποστροφὴν
ἑαυτῷ πάλιν καταλιμπάνει. Οὐ γὰρ εἶπεν ὅτι διανοοῦμαι
μὲν ὡς χρὴ πρὸς τοὺς τὰ δίκαια πράσσοντας πολεμεῖν, 10
αἰσχύνομαι δὲ ὅμως ὁμολογεῖν, ἀλλ᾽ ὅτι καὶ εἴ τις δια-
νοοῖτο ταῦτα, φύγοι ἂν τὴν ἀδοξίαν καὶ τὸ πρὸς ἄλλους
ταῦτα ὁμολογῆσαι.

Ὁ τοίνυν Σωκράτης κατιδὼν αὐτὸν διὰ τὴν τῶν πολλῶν
δόξαν προσιέμενον τὴν δικαιοσύνην πρὸ τῆς ἀδικίας εἰς 15
ἐπιστήμην ἀναπέμπει τὴν δόξαν. Ἐξάπτει γὰρ τὸ δίκαιον
τοῦ νομίμου καὶ τοῦ καλοῦ καὶ τὸ ἄδικον κατὰ τὴν
στέρησιν ἐπονομάζει τούτων ἀμφοτέρων · οὔτε γὰρ νόμιμον, φησίν, οὔτε καλὸν τὸ τοιοῦτον. Καὶ πάλιν ἐνταῦθα
τῷ διαλεκτικῷ μεμιγμένον ἔξεστι θεάσασθαι τὸ ἀποδεικτι- 20
κόν. Καὶ γὰρ ὁ πολὺς φαίη ἂν ὅτι τὸ ἄδικον παράνομόν
ἐστι καὶ αἰσχρόν, τὸν ἐνταῦθα νόμον καὶ τὸ ἐν ταῖς δόξαις
ταῖς κοιναῖς καλὸν ἐν νῷ τιθέμενος · καὶ ὁ ἐπιστήμων τὰ
αὐτὰ ἂν ὁμολογήσειε κατὰ τὰς ἀποδεικτικὰς ἀρχάς.
Ἐπειδὴ γὰρ ἐν τοῖς αἰτίοις αὐτῶν ἡ δίκη τῆς εὐνομίας 25
ἐξῄρτηται (λέγω δὴ τὴν ἐγκόσμιον δίκην), διὰ τοῦτο τὸ
δίκαιον νόμιμόν ἐστι καὶ καλόν, τῷ μετέχειν καὶ τοῦτο τῆς
εὐνομίας, ἥτις ἔχει καὶ τὸ εὖ καὶ τὸν νόμον ἐν ἑαυτῇ. Πάλιν
ἐπειδήπερ ἡ πρὸ τοῦ κόσμου δίκη συνέπεται τῷ Διΐ,
π ά ρ ε δ ρ ο ς / γὰρ ὁ νόμος τοῦ Διός, ὥς φησιν Ὀρφεύς 220
(διὸ καὶ ὁ Ἀθηναῖος ξένος τὴν δίκην τ ο ῦ θ ε ί ο υ ν ό μ ο υ
τ ι μ ω ρ ὸ ν ἐκάλεσε), καὶ τὸ ἐνταῦθα δίκαιον νόμιμόν
ἐστιν. Οἰκείως ἄρα ταῖς ἀρχαῖς αὐτῶν ὁ Σωκράτης τὸ
δίκαιον ἔθετο νόμιμον εἶναι, καθάπερ ἡ δίκη τ ο ῦ ν ό μ ο υ 5
τ ι μ ω ρ ὸ ς εἴρηται. Διὰ γὰρ τοῦτο καὶ ὁ δικαστὴς εἰς τὸν

---

220. 1 cf. *Orphica*, fr. 160 Kern ‖ 2-3 = *Legg.* IV 716 A 2-3.

219. 20 μεμιγμένον recc. : -να N ut uid.
220. 1 γὰρ N : an δὲ leg. ? (Westerink) ‖ 6 εἰς Nʳ : οὖ D.

législateur et que l'administration de la justice dépend
de la législation : parce que leurs causes ont reçu cet
ordre. Il y a donc même rapport entre justice antérieure
au monde et loi, entre justice encosmique et eunomie,
entre justice et législation, et entre juste et légitime.
Toujours, en effet, les êtres inférieurs ont part à ceux
qui les précèdent et une série procède à partir de
chacune des deux causes jusqu'aux êtres tout derniers.
Donc le juste est et légitime et beau et meilleur[1], ce
qui, semble-t-il, confère le bien. Et du fait qu'il est
légitime, il est apparenté aux classes intellectives (car
c'est là-haut que se trouve la loi, *sous le règne de Cronos*[2],
comme il est écrit dans le *Gorgias* ; et d'ailleurs, il a
été dit dans un autre texte : la loi est une // *répartition
d'intellect*[3]) ; du fait qu'il est beau, il a part aux intelligibles aussi (car c'est là-haut qu'est le beau à titre
premier et c'est de là qu'il procède sur toutes choses) ;
du fait qu'il est meilleur, il est bon et il a part à la
cause antérieure aux êtres intelligibles (car le meilleur,
le supérieur, tout cela appartient à la chaîne du bien).
On a donc dit, pour le dire en bref, que le conseiller,
sur la question de savoir s'il faut faire la guerre ou
non, doit avoir regard au juste : car c'est le critère
de cette décision. Car de même que la guerre et la paix
dans le monde sublunaire reçoivent la mesure et le
bien de la justice céleste, de même sur la question de
savoir s'il faut faire la guerre ou non, nous devons nous
décider d'après le juste. En effet, si la guerre se produit
à cause d'injustices[4], la fin de la guerre est le juste ;
car ce n'est certainement pas de gagner, comme le
croient certains. *Il y a eu*, en effet, *bien des victoires
à la Cadmos*[5], comme le dit l'Étranger d'Athènes
quelque part : or, dans tous les cas le juste est profitable
à ceux qui le respectent. Et celui qui n'a que gagné ne

---

1. Ἄμεινον, cf. *supra*, 109 A 6.
2-3. Voir *Notes complémentaires*, p. 409-410.
4. Cf. Ol., 74.1-7.
5. Voir *Notes complémentaires*, p. 410.

νομοθέτην βλέπει καὶ ἡ δικαστικὴ τῆς νομοθετικῆς ἐξήρτηται, διότι καὶ τὰ αἴτια αὐτῶν ταύτην ἔλαχε τὴν τάξιν.
Ἀνάλογον τοίνυν ὡς ἡ πρὸ τοῦ κόσμου δίκη πρὸς τὸν
νόμον, οὕτως ἡ ἐγκόσμιος πρὸς τὴν εὐνομίαν, οὕτως ἡ 10
δικαστικὴ πρὸς τὴν νομοθετικήν, οὕτω τὸ δίκαιον πρὸς
τὸ νόμιμον. Ἀεὶ γὰρ τὰ καταδεέστερα μετέχει τῶν πρὸ
αὐτῶν καὶ σειρά τις ἀφ᾽ ἑκατέρου τῶν αἰτίων πρόεισιν
ἄχρι τῶν ἐσχάτων. Οὐκοῦν τὸ δίκαιον καὶ νόμιμόν ἐστι
καὶ καλόν ἐστι καὶ ἄμεινόν ἐστιν, ὃ δὴ τὸ ἀγαθὸν ἐπιφέρειν 15
ἔοικε. Καὶ διότι μὲν νόμιμον, οἰκείως ἔχει πρὸς τὰς νοερὰς
τάξεις — ἐκεῖ γὰρ ὁ νόμος, ἐπὶ Κρόνου, καθάπερ ἐν τῷ
Γοργίᾳ γέγραπται · καὶ ὅλως εἴρηται ἐν ἄλλοις ὡς ὁ νόμος
ἐστὶ νοῦ διανομή — διότι δὲ καλόν, μετέχει καὶ τῶν
νοητῶν / — ἐκεῖ γὰρ πρώτως τὸ κάλλος κἀκεῖθεν ἐπὶ 221
πάντα πρόεισι — διότι δὲ ἄμεινον, ἀγαθόν ἐστι καὶ μετέχει
τῆς πρὸ τῶν νοητῶν αἰτίας — τὸ γὰρ ἄμεινον καὶ τὸ
βέλτιον καὶ πάντα τὰ τοιαῦτα τῆς τοῦ ἀγαθοῦ συστοιχίας
ἐστίν. Εἴρηται οὖν, ὡς συντόμως εἰπεῖν, ὅτι δεῖ τὸν σύμβου- 5
λον ἐν τῇ περὶ τοῦ πολεμεῖν ἢ μὴ πολεμεῖν σκέψει πρὸς τὸ
δίκαιον βλέπειν · τοῦτο γάρ ἐστι κριτήριον τῆς διαιρέσεως
ταύτης. Ὥσπερ γὰρ ὁ πόλεμος ὑπὸ σελήνην καὶ ἡ εἰρήνη
τὸ μέτρον ἀπὸ τῆς ἐν οὐρανῷ δίκης ὑποδέχεται καὶ τὸ
ἀγαθόν, οὕτω καὶ τὸ πολεμεῖν ἢ μὴ τῷ δικαίῳ καὶ ἡμῖν 10
κριτέον. Εἰ γὰρ διὰ τὰς ἀδικίας ὁ πόλεμος, τέλος ἐστὶ τοῦ
πολέμου τὸ δίκαιον · οὐ γὰρ δὴ τὸ νικᾶν, ὡς οἴονταί τινες.
Νῖκαι μὲν γὰρ πολλαὶ Καδμεῖαι γεγόνασιν, ὥς πού
φησιν ὁ Ἀθηναῖος ξένος, τὸ δὲ δίκαιον ἀπανταχοῦ λυσι-
τελεῖ τοῖς χρωμένοις · καὶ ὁ μὲν νικήσας μόνον οὔπω 15

---

220. 17-18 = *Gorg.*, 523 A 5-6 (cf. *Legg.* IV 713 E 7) ‖ 18-19
= *Legg.* IV 714 A 1-2.
221. 13 = *Legg.* I 641 C 6-7.

220. 8 διότι D : διὸ Nʳ.
221. 3 πρὸ τῶν νοητῶν Westerink : πρὸς τὸ νοητὸν N.

rend pas meilleurs les vaincus, tandis que celui qui
vise le juste non seulement est au nombre des hommes
de bien, mais rend aussi meilleurs les vaincus. Tel est,
par conséquent, le but de la guerre : le juste ; et ceux
qui se font la guerre doivent avoir pour limite la justice,
tandis que ceux qui sont en paix doivent concevoir
un bien plus grand et plus final : l'amitié et l'unification.
Telle est la fin de toute vertu, comme le disent les
Pythagoriciens et Aristote, qui a justement dit : *Quand
tous les hommes sont amis, nous n'avons pas besoin de la
justice //* (et c'en est fait de la distinction entre ' mien '[1]
et ' non mien '), *tandis que s'ils se contentent d'être justes,
tous, nous avons encore besoin du lien de l'amitié.* Que
l'injustice soit le principe des guerres[2], c'est ce que
montre, je pense, la guerre qui a lieu dans les choses
matérielles[3]. Car le chaud livre bataille au froid et ce,
non pas quand l'un est ici et l'autre là, mais lorsque
l'un désire occuper le réceptacle de l'autre. Car comme
celui-ci a aussi besoin de substrat, il livre bataille
contre ce qui vient de l'extérieur et cherche à l'expulser
de sa place. Voilà pourquoi les raisons cœxistent dans
la nature[4] sans trouble les unes avec les autres : chacune
est en elle-même ; au contraire, lorsqu'elles sont plongées dans la matière, comme elles ne peuvent exister
sans la matière, elles se disputent les unes les autres
la possession du réceptacle commun, qui ne peut
admettre inconfusément[5] en son sein les deux raisons
contraires.

Jusques ici, Socrate a conclu qu'Alcibiade connaît
le juste. En effet, s'il conseille sur la guerre et la paix,
et si quiconque conseillant en ce domaine doit donner
ses conseils en ayant regard au juste, par conséquent,
Alcibiade connaîtra le juste et c'est en le visant qu'il
conseillera aux Athéniens s'il faut faire la guerre ou
rester en paix. Car ces deux choses ont été établies :
et que sur la question de savoir s'il faut faire la guerre

1. Cf. sur τὸ ἐμόν, *Rsp.*, V 462 C 4-5 et Ar., *Pol.*, B 3, 1261 b 18.
2. Cf. Ol., 73.2-4 ; voir aussi 72.22-25.
3-5. Voir *Notes complémentaires*, p. 410.

καλλίους ποιεῖ τοὺς ἡττηθέντας, ὁ δὲ τοῦ δικαίου στοχαζόμενος αὐτός τε ἐν ἀγαθοῖς ἐστὶ καὶ τοὺς πολεμίους
ἀμείνους ποιεῖ. Τοῦτο ἄρα τέλος ἐστὶ τοῦ πολέμου, τὸ
δίκαιον · καὶ πολεμούντων μὲν ὅρος, ἔστω δικαιοσύνη,
τῶν δὲ εἰρηνευόντων ἄλλο μεῖζον νοείσθω καὶ τελικώτερον 20
ἀγαθόν, ἡ φιλία καὶ ἡ ἔνωσις. Τέλος γάρ ἐστιν ἁπάσης
ἀρετῆς, καθάπερ οἱ Πυθαγόρειοί φασι καὶ ὁ Ἀριστοτέλης,
ὀρθῶς εἰπών, ὅτι πάντων μὲν φίλων ὄντων οὐ δεόμεθα
δικαιοσύνης, ἐξῄρηται δὲ τὸ ἐμὸν καὶ οὐκ / ἐμόν, **222**
ἁπάντων δὲ δικαίων ὄντων ἔτι δεόμεθα τῆς συναγω-
γοῦ φιλίας. Ὅτι δὲ ἀρχὴ τῶν πολέμων ἐστὶν ἡ ἀδικία,
δηλοῖ που καὶ ὁ ἐν τοῖς ἐνύλοις πόλεμος. Μάχεται γὰρ
τὸ θερμὸν τῷ ψυχρῷ, καὶ οὐχ ὅταν τὸ μὲν ὡδί, τὸ δὲ 5
ἀλλαχοῦ τυγχάνῃ, ἀλλ᾽ ὅταν τὸ ἕτερον ἐθέλῃ τὴν θατέρου
καταλαβεῖν ὑποδοχήν. Δεόμενον γὰρ κἀκεῖνο τοῦ ὑποκει-
μένου μάχεται πρὸς τὸ ἔξωθεν ἐπεισιὸν καὶ ἐκβάλλον αὐτὸ
τῆς οἰκείας χώρας. Ὅθεν καὶ οἱ μὲν ἐν τῇ φύσει λόγοι
σύνεισιν ἀλλήλοις ἀστασιάστως, ἕκαστος γὰρ ἐν ἑαυτῷ 10
ἐστίν · οἱ δὲ ἔνυλοι, μὴ δυνάμενοι χωρὶς ὑποστῆναι τῆς
ὕλης, στασιάζουσι πρὸς ἀλλήλους περὶ τῆς κοινῆς ὑπο-
δοχῆς οὐ δυναμένης ἀμφοτέρους τοὺς ἀντικειμένους
λόγους ἀσυγχύτως εἰς ἑαυτὴν χωρεῖν.

Μέχρι μὲν δὴ τούτων συνήγαγεν ὅτι Ἀλκιβιάδης τὸ 15
δίκαιον οἶδε. Εἰ γὰρ συμβουλεύει περὶ πολέμου καὶ
εἰρήνης, πᾶς δὲ ὁ περὶ τούτων σύμβουλος πρὸς τὸ δίκαιον
βλέπων ποιήσεται τοὺς λόγους, Ἀλκιβιάδης ἄρα τὸ
δίκαιον εἴσεται καὶ τούτου στοχαζόμενος συμβουλεύσει
Ἀθηναίοις, εἴτε δεῖ πολεμεῖν εἴτε εἰρήνην ἄγειν. Κατε- 20
σκεύασται γὰρ ἀμφότερα · καὶ ὅτι τὸ ἐν τῷ πολεμεῖν ἢ μὴ

221. 22 cf. Iambl., *De V. Pyth.*, XXXIII 229-230 (p. 123.
7-27 Deubner) ; Pr. *In Parm.* I 702. 25-30 ‖ 22-**222.** 2 = Ar.,
E.N., Θ 1, 1155 a 26-27.

ou non, le meilleur est le plus juste et d'autre part que celui qui conseille en chaque domaine a regard au meilleur (par exemple, celui qui conseille sur l'alimentation a regard à ce qui est le meilleur pour la santé ; celui qui conseille sur le jeu de cithare, à ce qui est le plus musical ; celui qui conseille sur la lutte, à ce qui est le plus gymnique). Car meilleur se définit de deux façons[1] : tantôt d'après l'art, tantôt d'après la fin. // Ainsi, nous nommons les instruments et les diverses matières ' meilleurs ' d'après la fin (et nous disons d'un remède, d'un aliment ou d'un exercice qu'ils sont meilleurs pour la santé), mais dans le cas des actions c'est d'après l'art (nous disons que tel mouvement est plus gymnique que tel autre ou que tel chant est plus musical que tel autre). Eh quoi ! puisque le mieux en fait de guerre c'est le plus juste, comment expliquerons-nous qu'il ait reçu ce nom ? Dirons-nous qu'il a reçu cette dénomination d'après la science politique toute entière ? Car elle est la justice, comme Socrate l'a montré dans la *République*, en posant que la politique est la justice de la cité et que la justice est la politique dans les parties de l'âme. Si donc la politique est la même chose que la justice, on comprend que, puisque nous disons que l'activité juste est appelée d'après elle, nous appelions de la sorte le mieux en matière de conseil politique. Car de même que le mieux en matière de lutte, comme nous l'avons vu, c'est le plus gymnique, ainsi nommé d'après la gymnastique toute entière, ainsi le mieux en fait de guerre c'est le plus juste, lequel tire son nom de la totalité de la politique.

1. Voir *Notes complémentaires*, p. 410-411.

βέλτιον τὸ δικαιότερόν ἐστι καὶ ὅτι ὁ περὶ ἕκαστον σύμβουλος πρὸς τὸ βέλτιον ὁρᾷ, οἷον ὁ περὶ σιτίου πρὸς τὸ
ὑγιεινότερον, ὁ περὶ τοῦ κιθαρίζειν πρὸς τὸ μουσικώτερον,
ὁ περὶ τοῦ παλαίειν πρὸς τὸ γυμναστικώτερον. Διχῶς γὰρ 25
ἀποδίδοται τὸ βέλτιον, ποτὲ μὲν ἀπὸ τῆς τέχνης, ποτὲ δὲ
ἀπὸ τοῦ τέλους · τὰ μὲν ⟨γὰρ⟩ ὄργανα καὶ τὰς ὕλας ἀπὸ
τοῦ τέλους ὀνομάζο/μεν, τὸ φάρμακον ὑγιεινότερον καὶ 223
τὸ σιτίον καὶ τὸ γυμνάσιον λέγοντες, τὰς δὲ ἐνεργείας
ἀπὸ τῆς τέχνης, γυμναστικωτέραν καὶ μουσικωτέραν τήνδε
μᾶλλον τὴν κίνησιν ἢ τήνδε καὶ τήνδε μᾶλλον τὴν ᾠδὴν ἢ
τήνδε φάσκοντες εἶναι. Τί οὖν ; Ἐπειδὴ καὶ τὸ ἐν τῷ 5
πολεμεῖν βέλτιον τὸ δικαιότερόν ἐστι, πόθεν τοῦτο φήσομεν τὴν ἐπωνυμίαν ἔχειν ; Ἢ καὶ τοῦτο φήσομεν ἀπὸ τῆς
ὅλης ἐπιστήμης τῆς πολιτικῆς τὴν προσηγορίαν εἰληφέναι. Δικαιοσύνη γάρ ἐστιν ἐκείνη, καθάπερ καὶ ὁ ἐν
Πολιτείᾳ Σωκράτης δεδήλωκε, τὴν μὲν πολιτικὴν δικαιο- 10
σύνην εἶναι πόλεως τιθέμενος, τὴν δὲ δικαιοσύνην πολιτικὴν ἐν τοῖς μέρεσιν ὑφεστῶσαν τῆς ψυχῆς. Εἰ τοίνυν
ταὐτόν ἐστι τῇ δικαιοσύνῃ πολιτική, εἰκότως τὸ δίκαιον
ἐνέργημα κατ᾽ αὐτὴν λέγοντες ὀνομάζεσθαι τὸ ἐν τῇ
πολιτικῇ συμβουλῇ βέλτιον οὕτω καλοῦμεν. Ὡς γὰρ τὸ 15
ἐν τῷ παλαίειν βέλτιον τὸ γυμναστικώτερον ἦν, ἀφ᾽ ὅλης
τῆς γυμναστικῆς ὀνομαζόμενον, οὕτω τὸ ἐν τῷ πολεμεῖν
βέλτιον τὸ δικαιότερόν ἐστιν, ἀφ᾽ ὅλης τῆς πολιτικῆς τὴν
προσηγορίαν κομιζόμενον.

223. 9-12 cf. *Resp.* II 368 E 2-8 ; IV 434 C 8-435 C 3 ; 443 C 4-
444 A 6.

222. 27 γὰρ add. Westerink.

< Comment cela, mon cher Alcibiade ? ... — Tu railles, Socrate. (109 D 1-6). >

Sur la descente de l'âme dans le corps

// La descente de l'âme dans le corps[1] l'a séparée des causes divines, par lesquelles elle était remplie d'intellection, de puissance et de pureté ; elle l'a conjointe au monde de la génération[2] et aux choses matérielles, sous l'action desquelles elle s'infecte d'oubli, d'errance et d'ignorance. Au cours de sa descente, en effet, le tout a fait pousser sur elle des vies multiformes et des tuniques[3] variées, qui l'entraînent vers la constitution mortelle et l'empêchent de contempler <les> êtres. Il faut donc que l'âme qui, depuis ici-bas, veut correctement s'élever vers cette nature toujours en éveil[4], mette en ordre les puissances de deuxième et de troisième rangs[5], qui lui sont attachées, comme à *Glaucus le marin* sont attachés *algues et coquillages* ; elle doit entraver ses impulsions se portant vers l'extérieur et se ressouvenir des êtres réellement êtres et de l'essence divine, à partir de laquelle s'est faite sa descente et vers laquelle doit tendre toute notre vie. Et ce qui, en nous, réclame la perfection, c'est l'irrationnel qui a pour nature d'être réglé et éduqué par les habitudes, la volonté, qui doit se séparer des désirs irrationnels et de l'union avec eux, // et, en outre, notre élément cognitif, qui a besoin de la réminiscence des êtres ; car autre est ce qui se ressouvient, autre ce qui est mis en ordre par les habitudes, autre enfin ce qui devient plus proportionné par les avertissements et les enseignements. Il faut, en outre, que l'éducation soit accordée à ces trois éléments : elle doit d'abord nous perfectionner par la rectitude des habitudes ; ensuite, par les avertissements et les discours éducatifs ; enfin, en troisième lieu, elle doit, par la réminiscence, réveiller nos raisons et ramener

1-5. Voir *Notes complémentaires*, p. 411.

⟨ Πῶς οὖν, ὦ φίλε ... Σκώπτεις, ὦ Σώκρατες. 109 D. ⟩ 20

/ Ἡ τῆς ψυχῆς εἰς τὸ σῶμα κάθοδος ἀπέστησε μὲν 224
αὐτὴν τῶν θείων αἰτίων, ἀφ' ὧν νοήσεως ἐπληροῦτο καὶ
δυνάμεως καὶ καθαρότητος, συνῆψε δὲ τῇ γενεσιουργῷ
φύσει καὶ τοῖς ἐνύλοις πράγμασιν, ἀφ' ὧν ἀναπίμπλαται
λήθης καὶ πλάνης καὶ ἀγνοίας. Κατελθούσῃ γὰρ αὐτῇ 5
περιέφυσαν ἐκ τοῦ παντὸς καὶ ζωαὶ πολυειδεῖς καὶ χιτῶνες
ποικίλοι, καθέλκοντες μὲν αὐτὴν εἰς τὴν θνητὴν σύστασιν,
ἐπιπροσθοῦντες δὲ εἰς τὴν ⟨τῶν⟩ ὄντων θεωρίαν. Δεῖ
τοίνυν τὴν ἐντεῦθεν μέλλουσαν ὀρθῶς ἐπ' ἐκείνην τὴν
ἄγρυπνον περιάγεσθαι φύσιν κοσμῆσαι μὲν τὰς δευτέρας 10
καὶ τρίτας δυνάμεις τὰς συνηρτημένας αὐτῇ καθάπερ
τῷ θαλαττίῳ Γλαύκῳ τὰ φύκια καὶ τὰ ὄστρεα,
κωλῦσαι δὲ τὰς ἔξω προϊούσας αὐτῆς ὁρμάς, ἀναμνησθῆναι
δὲ τῶν ὄντως ὄντων καὶ τῆς θείας οὐσίας ἀφ' ἧς ἡ κάθοδος
καὶ πρὸς ἣν σπεύδειν προσήκει τὴν σύμπασαν ἡμῶν 15
ζωήν. Ἔστι δὴ τὰ δεόμενα τῆς τελειώσεως ἐν ἡμῖν τό τε
ἄλογον, ὃ δι' ἐθῶν κοσμεῖσθαι καὶ παιδεύεσθαι πέφυκε,
καὶ τὸ προαιρετικόν, ὃ δεῖ τῶν ἀλόγων ὀρέξεων καὶ τῆς
πρὸς αὐτὰς ἀποστῆναι συμπλοκῆς, καὶ πρὸς τούτοις τὸ
γνωστικὸν / ἡμῶν, ὃ δεῖται τῆς τῶν ὄντων ἀναμνήσεως · 225
ἄλλο γάρ ἐστι τὸ ἀναμιμνησκόμενον καὶ ἄλλο τὸ δι' ἐθῶν
ῥυθμιζόμενον καὶ ἄλλο τὸ νουθετήσεσι καὶ διδασκαλίαις
συμμετρότερον γινόμενον. Δεῖ δὲ καὶ τὴν παιδείαν σύμφωνον εἶναι τοῖς τρισὶ τούτοις, καὶ πρῶτον μὲν διὰ τῆς 5
ὀρθότητος ἡμᾶς τελειοῦν τῶν ἐθῶν, ἔπειτα διὰ τῆς νουθεσίας
καὶ τῶν διδασκαλικῶν λόγων, τὸ δὲ τρίτον διὰ τῆς ἀναμνήσεως τοὺς λόγους ἡμῶν ἀνακινεῖν καὶ τὴν γνῶσιν

---

224. 12 = *Rsp.* X 611 D 1, 5.

224. 2 αἰτίων D : ψυχῶν Nʳ ‖ 3 γενεσιουργῷ D : γενεσει et
lac. Nʳ ‖ 8 τῶν add. recc. ‖ 16 ἔστι Westerink : εἰ N.

à sa pureté la connaissance qui, par essence, appartient aux âmes. Tel est donc le nombre des types de perfections qui s'offrent aux âmes tombées dans les corps, et tel est leur ordre[1]. Cela étant, le troisième type se réalise par l'étude et la découverte, car il n'y a pas d'autre mode de connaissance chez nous que l'étude ou la découverte[2]. Sans doute, en effet, l'âme est-elle, par essence, automotrice[3], mais comme elle est entrée en union avec le corps, elle a part aussi, dans une certaine mesure, à un mouvement provoqué par un agent externe. Car de même qu'elle a donné au corps un reflet de tout dernier rang du mouvement par soi, de même aussi a-t-elle reçu en échange, par suite de sa relation avec le corps, une apparence de mouvement provoqué par un agent externe[4]. Or, c'est en vertu de sa puissance automotrice que l'âme est inventive et qu'elle découvre et engendre raisons et sciences, tandis qu'à cause de l'apparence de mouvement provoqué par un agent externe elle a quelquefois besoin d'être mise en mouvement par d'autres âmes, d'autant plus que les âmes plus parfaites sont plus inventives[5], tandis que les plus imparfaites ont davantage besoin du secours extérieur. Les unes, en effet, sont davantage automotrices et moins infectées de l'élément inférieur, les autres, au contraire, sont moins automotrices // et davantage affectées par la nature corporelle : elles n'en procèdent pas moins, elles aussi, dans la perfection et, lorsqu'elles s'éveillent hors du corps[6], et rassemblent leurs propres puissances à l'écart de la matière, elles deviennent plus fécondes et inventent mieux les choses dont, auparavant elles étaient infécondes et dépourvues à cause de l'inertie qui leur venait de la matière, à cause de la non-vie[7] et de la torpeur conséquentes au monde de la génération.

1-2. Voir *Notes complémentaires*, p. 411.

3. Cf. *El. theol.*, 20, 22.7-8, etc. et, naturellement, chez Platon, *Phdr.*, 245 C 6 et Ps. Platon, *Definitiones*, 411 C ψυχή · τὸ ἑαυτὸ κινοῦν.

4-7. Voir *Notes complémentaires*, p. 411-412.

τὴν κατ' οὐσίαν ὑπάρχουσαν ταῖς ψυχαῖς ἀνακαθαίρεσθαι.
Γένη μὲν οὖν τοσαῦτα καὶ ἡ τάξις αὕτη τῆς τελειώσεως 10
πρόκειται ταῖς εἰς τὰ σώματα πεσούσαις ψυχαῖς. Τούτων
δὲ τοιούτων ὄντων τὸ τρίτον διά τε μαθήσεως καὶ εὑρέσεως
ἔχει τὸ τέλειον. Οὐ γὰρ ἄλλος ἐστὶ γνώσεως τρόπος ἐν
ἡμῖν ἀλλ' ἢ μάθησις ἢ εὕρεσις. Κατ' οὐσίαν μὲν γάρ ἐστιν
αὐτοκίνητος ἡ ψυχή, κοινωνήσασα δὲ τῷ σώματι μετέσχε 15
πως τῆς ἑτεροκινησίας. Ὡς γὰρ τῷ σώματι δέδωκεν αὐτοκινησίας ἔσχατον ἴνδαλμα, οὕτω καὶ τῆς ἑτεροκινησίας
ἔμφασιν διὰ τὴν περὶ τοῦτο σχέσιν ἀντέλαβε. Διὰ μὲν
οὖν τὴν τῆς αὐτοκινησίας δύναμιν πόριμός ἐστιν ἡ ψυχὴ
καὶ εὑρετικὴ καὶ γόνιμος τῶν λόγων καὶ ἐπιστημῶν · διὰ 20
δὲ τὴν τῆς ἑτεροκινησίας ἔμφασιν δεῖταί ποτε τῆς παρ'
ἄλλων ἀνακινήσεως, ὅτε δὴ καὶ αἱ μὲν τελειότεραι τῶν
ψυχῶν εὑρετικώτεραι μᾶλλόν εἰσιν, αἱ δὲ ἀτελέστεραι
πλειόνως ἐνδεεῖς τῆς ἔξωθεν βοηθείας. Αἱ μὲν γὰρ μᾶλλόν
εἰσιν αὐτοκίνητοι καὶ ἧττον / ἀναπεπλησμέναι τοῦ χεί- 226
ρονος, αἱ δὲ ἧττον αὐτοκίνητοι καὶ μᾶλλον ἐκ τῆς σωμα-
τικῆς φύσεως παθοῦσαι, προϊοῦσαι δ' ὅμως ἐν τῷ τελειοῦ-
σθαι καὶ αὐταὶ καὶ τοῦ σώματος ἀνεγειρόμεναι καὶ
συλλέγουσαι τὰς ἑαυτῶν δυνάμεις ἀπὸ τῆς ὕλης γονιμώτε- 5
ραι γίνονται καὶ εὑρετικώτεραι τούτων περὶ ἃ πρότερον
ἦσαν ἄγονοι καὶ ἄποροι διὰ τὴν ἐκ τῆς ὕλης ἐφήκουσαν
ἀργίαν καὶ τὴν ἀζωΐαν καὶ τὸν ἐκ τῆς γενέσεως κάρον.

225. 13 γνώσεως recc. : εὑρέσεως N.
226. 4 an καὶ ‹ἐκ› τοῦ σώματος leg. ?

Réfutations Telle est donc la façon dont, tout
des thèses incorrectes en conservant la position intermé-
sur la perfection diaire de l'âme rationnelle[1], nous
de l'âme rendons compte des habitus parfaits et imparfaits qui se trouvent en elle, et telles
sont selon nous les voies qui mènent à leur perfectionnement. Mais tous ceux qui placent l'âme dans une position
inférieure ou supérieure à l'intermédiaire manquent la
vérité qui concerne ces habitus. Nous n'admettrons, en
effet, ni les arguments[2] qui affirment que l'âme, parce
qu'elle arrive dans un corps humide et que ce corps
lui est un obstacle, est, au début, dépourvue d'intellect
et qu'ensuite, lorsque l'humidité s'est évaporée sous
l'action de la chaleur innée et qu'elle est devenue en
plus juste proportion, elle fait revivre son élément
pensant[3] : car ce mode de perfectionnement est corporel
et matériel et suppose que la perfection de l'âme dépend
des tempéraments du corps, bien que l'âme ait son
existence antérieurement // et aux éléments et à la génération tout entière et qu'elle soit une vie sans mélange
avec le corps et la nature. Nous n'admettrons pas non
plus ceux[4] qui disent que l'âme est une partie de l'essence
divine, que la partie est semblable au tout et toujours
parfaite et que *trouble* et passions ne se produisent
qu'*au niveau du vivant* : car ceux qui tiennent ce
langage rendent l'âme éternellement parfaite, éternellement savante et jamais en besoin de réminiscence ;
ils la rendent éternellement impassible et jamais mauvaise. Et pourtant Timée ne dit pas que notre essence
soit issue des genres tout premiers, comme les âmes
qui nous sont supérieures, mais des *genres de deuxième
et de troisième rangs*[5]. Et Socrate, dans le *Phèdre*, déclare
que nos puissances sont mêlées avec le contraire[6] du

1-4. Voir *Notes complémentaires*, p. 412-413.

5. Même citation dans le même contexte *In Tim.*, III 245.22 ;
même observation pour le texte du *Phèdre* cité juste après :
cf. en effet *ib.*, 246.3 ss.

6. Cet ἐναντίον vient de *Phdr.*, 247 B 3 : selon Proclus il équivaut
à un mal, tandis que selon Hermias (*In Phdr.*, 128.14 ss), il faut
entendre par là un moindre bien.

Ἡμεῖς μὲν οὖν οὑτωσὶ τὴν μεσότητα φυλάττοντες τῆς
λογικῆς ἀποδίδομεν τὰς αἰτίας καὶ τῶν ἀτελεστέρων ἐν 10
αὐτῇ καὶ τῶν τελειοτέρων ἕξεων καὶ τὰς ὁδοὺς τοιαύτας
εἶναί φαμεν τῆς τελειώσεως αὐτῶν. Ὅσοι δὲ κατὰ τὸ
κρεῖττον ἵστανται τῆς μεσότητος ἢ κατὰ τὸ χεῖρον, ἀπο-
πίπτουσι τῆς περὶ τούτων ἀληθείας. Οὔτε γὰρ ἐκείνους
ἀποδεξόμεθα τοὺς λόγους ὅσοι φασὶ τὴν ψυχὴν εἰς ὑγρὸν 15
ἀφικομένην σῶμα κἀντεῦθεν ἐπιπροσθουμένην ἀνόητον
εἶναι κατ' ἀρχάς, αὖθις δὲ τῆς ὑγρότητος ἐξατμιζομένης
διὰ τῆς ἐμφύτου θερμότητος καὶ συμμετροτέρας γινομένης
ἀνανεοῦσθαι κατὰ τὸ φρόνιμον ἑαυτῆς · οὗτος γὰρ ὁ τῆς
τελειώσεως τρόπος σωματικός ἐστι καὶ ἔνυλος καὶ ταῖς 20
κράσεσι τοῦ σώματος ἑπομένην ὑποτίθεται τὴν τελειότητα
τῆς ψυχῆς, καίτοι καὶ πρὸ τῶν στοιχείων καὶ / πρὸ τῆς 227
γενέσεως ὅλης τὴν ὑπόστασιν αὐτῆς ἐχούσης καὶ ζωῆς
οὔσης ἀμιγοῦς πρὸς τὸ σῶμα καὶ τὴν φύσιν. Οὔτε αὖ
ἐκείνους ὅσοι μέρος μὲν εἶναι τῆς θείας οὐσίας λέγουσι
τὴν ψυχήν, ὅμοιον δὲ τῷ ὅλῳ τὸ μέρος καὶ ἀεὶ τέλειον, 5
τὸν δὲ θόρυβον εἶναι καὶ τὰ πάθη περὶ τὸ ζῷον · οἱ
γὰρ ταῦτα λέγοντες ἀεὶ τελείαν ποιοῦσι τὴν ψυχὴν καὶ
ἀεὶ ἐπιστήμονα καὶ μηδέποτε δεομένην ἀναμνήσεως καὶ ἀεὶ
ἀπαθῆ καὶ μηδέποτε κακυνομένην. Καίτοι γε ὁ Τίμαιος
οὐδὲ τὴν οὐσίαν ἡμῶν ἐκ πρώτων φησὶν ὑφεστάναι πάντῃ 10
τῶν γενῶν, ὥσπερ τὰς κρείττους ἡμῶν ψυχάς, ἀλλ' ἐκ
δευτέρων καὶ τρίτων · καὶ ὁ ἐν Φαίδρῳ Σωκράτης μεμῖ-
χθαι φησὶ τὰς δυνάμεις ἡμῶν πρὸς τὸ ἐναντίον τῷ ἀγαθῷ

---

226. 14 ss Galenum dicit (cf. Galeni, *Opera minora*, éd. Müller
II 42.3-44.9).
227. 3-6 Plotinum dicit (cf. I 1 (53), 9.1-3, 23-26) ‖ 9-12 cf.
Tim. 41 D 7 ‖ 12-15 cf. *Phdr.* 246 A 7-B 4.

226. 11 τελεͤͬͭτέρων N ‖ 14 in mg. N habet καὶ μὴν οὕτως
λέγει ὁ πλάτων ἐν τιμαίῳ, ὅν σὺ ἐξηγεῖ (cf. enim *In Timaeum* III,
p. 348.3-350.8).

bien, infectées de guerre intestine et que c'est pour
cela que tantôt les meilleures règnent, tantôt les moins
bonnes. Et à quoi bon s'étendre, quand on voit le
même Socrate déclarer que même le cocher devient
mauvais : *Par la méchanceté du cocher, beaucoup d'âmes
deviennent boiteuses, beaucoup perdent beaucoup de plu-
mes*[1]. Et pourtant, quoi de plus auguste en nous que
la puissance du cocher? C'est elle justement qui se
ressouvient des êtres divins et use des puissances de
deuxième et de troisième rangs comme d'instruments
pour la réminiscence, et c'est ce qui est clairement dit
dans le *Phèdre*. Quoi qu'il en soit, il faut, nous le disions,
respecter les mesures de l'âme et ni élever à son niveau
les modes de perfection propres aux êtres corporels
ni faire descendre ceux appartenant en propre aux
êtres divins, pour que nous soyons des exégètes de
Platon et // ne rendions pas compte des paroles du
philosophe d'après nos propres <opinions.>[2] Puis donc
que l'âme est à certains moments imparfaite et ensuite
devient parfaite, puisqu'elle a oubli des êtres divins
à certains moments et ensuite s'en ressouvient, il est
bien clair que le temps aussi contribue à sa perfection.
Car comment passerait-elle de l'ignorance à la science
et, d'une façon générale, du vice à la vertu, sans
accomplir ses changements dans le temps? Tout changement, en effet, s'effectue dans le temps[3].

Application   En voilà assez pour le traitement
général de la perfection des âmes.
Contentons-nous de tirer de là que celui qui connaît
le juste doit être passé de l'ignorance à la connaissance
du juste, qu'il ne doit pas avoir le concept de juste à
sa disposition tout le temps, comme les êtres qui nous
sont supérieurs (car nous naissons imparfaits au début)
et que cette connaissance ne doit pas nous être venue
à cause du changement survenu dans notre corps. Car

1-2. Voir *Notes complémentaires*, p. 413.
3. Principe aristotélicien : cf. *Phys.*, Δ 14, 223 a 14-15, etc.

καὶ μάχης ἀναπεπλῆσθαι πρὸς ἀλλήλας καὶ διὰ τοῦτο
ποτὲ μὲν τὰς ἀμείνους κρατεῖν, ποτὲ δὲ τὰς χείρονας. 15
Καὶ τί δεῖ πολλὰ λέγειν ; ὅπου γε καὶ τὸν ἡνίοχον κακύ-
νεσθαί φησιν ὁ αὐτός · οὗ δὴ κακίᾳ ἡνιόχου πολλαὶ
μὲν χωλεύονται, πολλαὶ δὲ πολλὰ πτερὰ θραύον-
ται. Καίτοι τί σεμνότερόν ἐστιν ἐν ἡμῖν τῆς ἡνιοχητικῆς
δυνάμεως ; Αὕτη δὴ οὖν ἐστὶ καὶ ἀναμιμνησκομένη τῶν 20
θείων καὶ ταῖς δευτέραις καὶ τρίταις δυνάμεσιν ὑπουργοῖς
χρωμένη πρὸς τὴν ἀνάμνησιν, καὶ ταῦτα ἐν Φαίδρῳ
λέγεται σαφῶς. Ἀλλ' οὖν, ὅπερ ἐλέγομεν, φυλακτέον τὰ
μέτρα τῆς ψυχῆς, καὶ τοὺς περὶ τῆς τελειώσεως λόγους
οὔτε ἀπὸ τῶν σωματικῶν ἐπ' αὐτὴν ἀναθετέον οὔτε ἀπὸ 25
τῶν θείων εἰς αὐτὴν καθελκυστέον, ἵνα δὴ τοῦ Πλάτωνος
ὦμεν ἐξηγηταὶ καὶ μὴ πρὸς ἰδίας ὑπ⟨ολήψεις ἀπ⟩ευθύνωμεν
τὰς τοῦ φιλοσόφου ῥήσεις. Ἐπειδὴ τοί/νυν καὶ ἀτελής 228
ἐστιν ἡ ψυχή ποτε καὶ αὖθις τελειοῦται καὶ λήθην ἴσχει
τῶν θείων καὶ αὖθις ἀναμιμνήσκεται, δῆλον δὴ ὅτι καὶ ὁ
χρόνος συντελεῖ πρὸς τὴν τελείωσιν αὐτῆς. Πῶς γὰρ ἂν ἐξ
ἀφροσύνης μετέβαλεν εἰς φρόνησιν καὶ ὅλως εἰς ἀρετὴν ἀπὸ 5
κακίας, μὴ κατὰ χρόνον ποιουμένη τὰς μεταβάσεις ; Πᾶσα
γὰρ μεταβολὴ κατὰ χρόνον ὑφέστηκε.

Ταῦτα μὲν οὖν εἰρήσθω καθόλου περὶ τῆς τελειώσεως
τῶν ψυχῶν. Λάβωμεν δὲ ἐκ τούτων τό γε τοσοῦτον, ὅτι
δεῖ καὶ τὸν εἰδότα τὸ δίκαιον ἐξ ἀγνοίας εἰς τὴν γνῶσιν 10
αὐτοῦ μεταβεβληκέναι καὶ οὔτε ἀεὶ τὸν τοῦ δικαίου λόγον
πρόχειρον ἔχειν ὥσπερ τὰ κρείττονα ἡμῶν (ἀτελεῖς γὰρ
φυόμεθα τὴν πρώτην) οὔτε διὰ τὴν τοῦ σώματος μεταβολὴν
καὶ τὴν τούτου γνῶσιν ἡμῖν συνεληλυθέναι. Οὐ γάρ ἐστιν

227. 16-19 cf. *Phdr.* 248 B 2-3 ‖ 20-23 *ibid.* 249 C 1-9 ; 253
C 7-256 E 2 ‖ 23 ὅπερ ἐλέγομεν, cf. supra, p. 226.9 ss.

227. 27 ὑπολήψεις ἀπευθύνωμεν Westerink : ὑπευθύνωμεν N
(ἀπευ- D).

notre essence n'est pas corporéiforme ni constituée à partir des genres matériels. Reste donc qu'étude ou découverte précède la connaissance. C'est donc à bon droit que le jeune homme se voit prié de dire qui a été la cause de son savoir et d'où vient qu'il sait — si toutefois il sait — ce qui est juste. Car, ainsi qu'on l'a déjà dit plusieurs fois, le savoir lui-même doit précéder la connaissance impartie par autrui et, à son tour, ce savoir suppose un maître. En effet, le savoir est un mouvement ; or tout mouvement réclame une cause motrice[1]. Il est donc besoin d'un enseignant ; car c'est lui la cause du savoir.

Tout cela est parfaitement vrai ; on peut aussi observer dans ce texte le tact[2] dont Socrate fait preuve dans ses questions ainsi que son art d'adoucir les reproches. En effet, en appelant d'abord *ami* celui qui est réfuté[3], Socrate par avance tempère le chagrin par la familiarité en même temps qu'il montre que l'amitié est le but de la purification qu'il accomplit et que puisque *aucun dieu ne veut de mal // aux hommes, lui non plus*, donc[4], *ne fait rien par malveillance*, comme il le dit dans le *Théétète*, et enfin que l'agent purificateur, chez les dieux, propose la purification aux imparfaits par bonté et nullement en raison de son altérité par rapport aux êtres imparfaits. Deuxièmement, cela se voit aussi dans le fait qu'il n'a pas introduit sa réfutation sur un mode négatif, en disant : « Or tu ne connais pas le juste car tu ne l'as ni étudié ni découvert » ; au contraire, par ses interrogations il lui fait découvrir son égarement et il lui pose avec tact une question : « est-ce que *tu as appris à mon insu* la nature du juste ? » et « *qui donc est ce* maître ? » En troisième lieu, il se range avec le jeune homme en feignant de ne pas connaître non plus le juste : « *Dis-moi*, dit-il en effet, ton maître en matière de juste, *afin que tu m'introduises auprès de lui comme*

1-3. Voir *Notes complémentaires*, p. 413.

4. Le οὐκοῦν inclus dans la citation me paraît être une addition délibérée de Proclus ; on retrouve la même citation du *Theaet.* chez Ol., 53.11-13 ; 174.7-8.

ἡ οὐσία ἡμῶν σωματοειδὴς καὶ ἐκ τῶν ἐνύλων ὑφεστῶσα 15
γενῶν. Λείπεται ἄρα μάθησιν ἢ εὕρεσιν προκεῖσθαι τῆς
γνώσεως. Εἰκότως δὴ οὖν ὁ νεανίσκος ἀπαιτεῖται λέγειν,
τίς ὁ τῆς μαθήσεως αἴτιος αὐτῷ καὶ πόθεν ἔγνω τὸ δίκαιον,
εἴπερ ἔγνω. Δεῖ γάρ, ὡς πολλάκις εἴρηται, τῆς μὲν παρ'
ἄλλου γνώσεως ἐνδοθείσης αὐτὴν ἡγεῖσθαι τὴν μάθησιν, 20
τῆς δὲ μαθήσεως τὸν διδάσκαλον. Ἡ μὲν γὰρ μάθησις
κίνησίς ἐστι, πᾶσα δὲ κίνησις δεῖται τῆς κινούσης αἰτίας.
Δεῖ τοίνυν καὶ τοῦ διδάσκοντος · οὗτος γάρ ἐστιν ὁ τῆς
μαθήσεως αἴτιος.

Τοῦτο μὲν οὖν ἁπάντων ἐστὶν ἀληθέστατον, τὸ δὲ τῆς 25
Σωκρατικῆς ἐρωτήσεως ἐμμελὲς καὶ τὸ πραῦνον τοὺς
ἐλέγχους ἔξεστιν ἐν τούτοις ὁρᾶν. Πρῶτον μὲν γὰρ διὰ τοῦ
φίλον τὸν ἐλεγχόμενον προσειπεῖν προκαταλαμβάνει τὴν
λύπην τῇ οἰκειώσει καὶ ἅμα δείκνυσιν ὅτι καὶ τέλος αὐτῷ
τῆς καθάρσεως ἡ φιλία, ὅτι οὐδεὶς θεὸς δύσνους 30
ἀνθρώποις, οὐκοῦν οὐδὲ αὐτὸς δυσνοίᾳ / τοιοῦτον 229
οὐδὲν δρᾷ, καθάπερ εἴρηκεν ἐν Θεαιτήτῳ, καὶ ὅτι καὶ ἐν
θεοῖς τὸ καθαῖρον δι' ἀγαθότητα προτείνει τὴν κάθαρσιν
τοῖς ἀτελέσιν, ἀλλ' οὐ διὰ τὴν πρὸς αὐτὰ ἀλλοτριότητα.
Δεύτερον δὲ ὅτι οὐκ ἀποφατικῶς εἰσήγαγε τὸν ἔλεγχον 5
λέγων · ἀλλὰ μὴν οὐκ οἶσθα τὸ δίκαιον, οὔτε γὰρ ἔμαθες
οὔτε εὗρες · ἀλλὰ ἀνερωτῶν αὐτὸν ποιεῖ φωρᾶσαι τὴν
αὑτοῦ πλάνην καὶ τὴν ἐρώτησιν ἐμμελῆ προσάγει · ἆρα
ἔλαθές με μανθάνων τὴν τοῦ δικαίου φύσιν; καὶ τίς
ἐστιν οὗτος ὁ διδάσκαλός σου ; Τρίτον ὅτι καὶ ἑαυτὸν 10
συντάττει τῷ νεανίσκῳ, ὡς ἂν καὶ αὐτὸς ἀγνοῶν τὸ δίκαιον ·
φράσον γάρ, φησίν, ἐμοὶ τὸν τούτου διδάσκαλον, ἵνα
αὐτῷ φοιτητὴν προξενήσῃς ἐμέ. Διὰ ταύτης τοίνυν

228. 30 - 229. 2 = *Theaet.* 151 D 1-2 (cf. supra, p. 155.22-25).

229. 5 an ἀποφαντικῶς leg. ? (Westerink) ‖ 8 αὐτοῦ Westerink :
αὑτοῦ N.

élève. » Par cette coordination donc il adoucit le caractère réprobateur du reproche, il atténue sa force et rend la douleur supportable.

**Explication
de la lettre**

Assez sur le mode des discours ; voyons maintenant les expressions de détail[1]. *Il t'a échappé* convient à qui s'ignore lui-même[2] : car toujours c'est ce qui échappe qui est cause d'ignorance ; en même temps, cela met en évidence que c'est par oubli que se produit l'ignorance.

Ou bien je ne t'ai pas vu étudier[3] réduit l'argument à l'impossible, car il a été dit auparavant qu'il ne lui a échappé *ni jour ni nuit*, où qu'il allât. De même donc que nos pensées ne peuvent échapper au bon démon, de même aussi le jeune homme ne pouvait échapper en aucun de ses mouvements à Socrate, dès là que ce dernier a expliqué // tous les mouvements intérieurs du jeune homme, aussi bien pensées que désirs.

Aller chez un professeur[4] indique la conversion de ceux qui doivent être perfectionnés vers celui qui doit les perfectionner. Car l'âme n'est pas comme le corps, qui pâtit seulement sous l'action d'agents d'origine externe, mais c'est elle-même qui s'éveille à la perfection et se présente à ce qui peut la remplir.

Quant à *distinguer ce qui est plus juste ou ce qui est plus injuste*, cela indique qu'une même science s'occupe des contraires[5] et que qui peut discerner l'un des contraires est aussi un bon juge de l'autre. Cela indique également que ces deux (je veux dire juste et injuste) sont participés par les choses d'ici-bas d'une façon indéterminée[6] selon le plus et le moins, et que c'est le discours scientifique qui discerne la différence dans la participation. Car Socrate n'a pas dit : « *Qui t'a enseigné* le juste ou l'injuste » mais « *ce qui est plus juste ou ce qui*

1-5. Voir *Notes complémentaires*, p. 413.
6. Cf. *In Parm.*, III 805.33 ss ἴδιον γὰρ τῆς περὶ τὴν ὕλην ἀοριστίας τῶν εἰδῶν τοῦτο τὸ μᾶλλον καὶ ἧττον ; voir aussi Simpl., *In Cat.*, 111.29 ss.

τῆς συντάξεως λεαίνει τοῦ ἐλέγχου τὸ πληκτικὸν καὶ
πραΰνει τὸ σφοδρὸν καὶ φορητὸν ἀποτελεῖ τὸ ἀλγεινόν. 15

Ταῦτα καὶ περὶ τοῦ τρόπου τῶν λόγων· τῶν δὲ καθ'
ἕκαστον ῥημάτων τὸ μὲν ἑαυτὸν λέληθας οἰκεῖόν ἐστι
τῷ ἑαυτὸν ἀγνοοῦντι· πανταχοῦ γὰρ τὸ λανθάνον ἀγνοίας
αἴτιόν ἐστιν· ἅμα οὖν κἀκεῖνο δῆλον, ὅτι διὰ λήθης ἡ
ἄγνοια.   20

Τὸ δὲ ἢ ἐμὲ ἔλαθες μανθάνων εἰς ἀδύνατον περιέ-
στησε τὸν λόγον· προείρηται γὰρ ὅτι οὔτε νύκτωρ
οὔτε μεθ' ἡμέραν ἐλάνθανεν αὐτὸν οὐδαμοῦ φοιτῶν.
Ὥσπερ οὖν ἀδύνατόν ἐστι τὸν ἀγαθὸν δαίμονα λαθεῖν
ἡμᾶς διανοουμένους, οὕτω δὴ καὶ τὸν Σωκράτην κατ' 25
οὐδεμίαν κίνησιν ὁ νεανίσκος ἐλάνθανεν, ὅπου γε καὶ τὰς
ἔνδον αὐτοῦ κινήσεις τάς τε διανοητικὰς καὶ / τὰς ὀρεκτι- 230
κὰς πάσας ἀνήπλωσε.

Τὸ δὲ φοιτῶν εἰς διδασκάλου τὴν ἐπιστροφὴν
ἐνδείκνυται τῶν τελειωθησομένων πρὸς τὸν μέλλοντα
τελειοῦν. Οὐ γάρ ἐστιν ἡ ψυχὴ τοιοῦτον οἷον τὸ σῶμα, 5
πάσχον ἔξωθεν μόνον, ἀλλὰ καὶ ἑαυτὴν ἐγείρει πρὸς τὸ
τέλειον καὶ προσάγει τῷ δυναμένῳ πληροῦν.

Τό γε μὴν διαγινώσκειν τὸ δικαιότερον καὶ ἀδικώτερον ἐνδείκνυται μὲν ὅτι τῶν ἐναντίων ἡ αὐτή ἐστιν
ἐπιστήμη καὶ ὡς ὁ τὸ ἕτερον δυνάμενος διαγνῶναι καὶ 10
θατέρου κριτής ἐστιν ὀρθός· ἐνδείκνυται δὲ καὶ ὅτι ταῦτα
(τὸ δίκαιον λέγω καὶ ἄδικον) ἀορίστως ὑπὸ τῶν τῇδε
μετέχεται κατὰ τὸ μᾶλλον καὶ ἧττον, ὁ δὲ τῆς ἐπιστήμης
λόγος διακρίνει τὸ διάφορον τῆς μεθέξεως. Οὐ γὰρ εἶπεν
ὅς σε ἐδίδαξε τὸ δίκαιον καὶ τὸ ἄδικον, ἀλλὰ τὸ 15

---

229. 22-23 = *Alc.* 106 E 8-9.

229. 17 an σαυτὸν leg. ? ‖ 23 οὔτε Westerink cum Platonis
libris : οὔ (sic) N.

230. 12 τῶν D : τοῦ N ‖ 15 ἐδίδασκε N m. pr.

est plus injuste », ce qui introduit du même coup le plus ou le moins.

Quant à *Pour que tu m'introduises auprès de lui comme élève*, nous devons entendre cela non seulement comme une ironie[1], mais aussi comme la vérité : Socrate n'aurait certainement pas refusé d'entendre les leçons d'un savant. Car de même que les êtres divins, même s'ils sont de la même classe, sont mutuellement unis et se remplissent les uns les autres sur un mode boniforme, de même aussi les savants, même s'ils ont le même habitus, sont unis // les uns aux autres par la similitude et prennent plaisir à se voir les uns les autres et à se voir eux-mêmes.

La parole finale du jeune homme : « *Tu railles, Socrate* » vient lorsqu'il a enfin conscience et de la science et de la puissance de Socrate. Car il pense que Socrate, qui n'a aucun manque et est savant, feint d'avoir besoin d'un maître pour pouvoir réfuter son insuffisance et son embarras relativement au juste et à l'injuste. Et cela est consonnant avec les réalités : en effet, de même que, quoique dieu fasse toutes choses sans division, la matière reçoit en elle toutes choses sous un mode divisé <et> de même que, quoique dieu agisse de toute éternité, nous le participons temporellement, de même aussi, alors que Socrate dit tout sur un mode boniforme et véridique, le jeune homme reçoit ses dires sur un mode autre, puisqu'il se croit raillé et repris à cause de son embarras, alors que Socrate ne parle pas dans cet esprit[2].

< Par le Dieu de l'amitié[3] ... // et qu'il te faisait tort. N'est-ce pas? (109 D 7-110 B 6). >

Sur le dieu de l'amitié Socrate enlève au jeune homme tout soupçon pouvant, pense-t-il, le rendre très mal disposé à l'égard de ce qu'il dit et très

1-3. Voir *Notes complémentaires*, p. 414.

δικαιότερον καὶ ἀδικώτερον, ἃ δὴ τὸ μᾶλλον συνεισφέρει καὶ ἧττον.

Τὸ δὲ ἵνα αὐτῷ φοιτητὴν προξενήσῃς ἐμὲ μὴ
μόνον εἰρωνείαν νοήσωμεν, ἀλλὰ καὶ ἀλήθειαν · οὐδὲ γὰρ
ἂν ὁ Σωκράτης ἀπέφυγεν ἀκρόασιν τοῦ ἐπιστήμονος. Ὡς 20
γὰρ τὰ θεῖα, κἂν τῆς αὐτῆς ᾖ τάξεως, ἀλλήλοις συνήνωται
καὶ πληροῖ ἄλληλα ἀγαθοειδῶς, οὕτω καὶ οἱ ἐπιστήμονες,
κἂν τὴν αὐτὴν ἔχωσιν ἕξιν, διὰ τῆς ὁμοιότητος συνάπτονται
ἀλλήλοις καὶ χαίρουσιν εἰς ἀλλήλους τε καὶ ἑαυ/τοὺς 231
ἀποβλέποντες.

Τὸ δ' ἐπίλοιπον δή, τὸ τοῦ νεανίσκου ῥῆμα τὸ σκώπτεις, ὦ Σώκρατες, ἤδη συνησθημένου τῆς τοῦ Σωκράτους δυνάμεως καὶ ἐπιστήμης. Οἴεται γὰρ ἀνενδεῶς 5
ἔχοντα αὐτὸν καὶ ἐπιστήμονα ὄντα προσποιεῖσθαι διδασκάλου χρῄζειν, ἵνα τὴν περὶ αὐτὸν ἔνδειαν ἐλέγξῃ καὶ τὴν
ἀπορίαν τὴν περὶ τῶν ἀδίκων καὶ δικαίων. Καὶ ἔστι τοῦτο
τοῖς πράγμασι σύμφωνον · ὡς γὰρ τοῦ θεοῦ πάντα ἀμε-
ρίστως ποιοῦντος ἡ ὕλη δέχεται μεριστῶς εἰς αὐτήν, ὡς 10
⟨δὲ⟩ δι' αἰῶνος ἐνεργοῦντος ἐκείνου μετέχομεν [δὲ] ἡμεῖς
κατὰ χρόνον, οὕτω δὴ καὶ τοῦ Σωκράτους ἀγαθοειδῶς
πάντα καὶ ἀληθευτικῶς λέγοντος ὁ νεανίσκος ἀλλοίως
ὑποδέχεται τοὺς λόγους, σκώπτεσθαι νομίζων καὶ ὀνει-
δίζεσθαι τῆς ἀπορίας ἕνεκα, καίτοι τοῦ Σωκράτους οὐ 15
τούτων ἕνεκα λέγοντος.

⟨ Μὰ τὸν φίλιον … / οὐκ ἀληθῆ λέγων. 109 D-110 B. ⟩   232

Ἐξαιρεῖ τοῦ νεανίσκου πᾶσαν ὑπόνοιαν ὁ Σωκράτης
ἀφ' ἧς οἴεται δυσκολώτερον αὐτὸν ἕξειν πρὸς τὰ παρ'

---

231. 10 μεριστῶς Westerink : μὲν N (iam Taylor coniecerat
μὲν μεριστῶς) ‖ 11 δὲ¹ add. Festugière ‖ δὲ² del. Westerink ‖
θευτικῶς
13 ἀληθινῶς pr. m. N (D).
232. 2 ἐξαιρεῖ Westerink : ἐξαίρει N.

étranger à lui, pour qu'il accueille de bonne grâce les
réfutations et, au total, considère comme paternelle
toute l'action procédant de Socrate et s'exerçant sur
lui. Car il n'y a pas d'autre moyen pour l'imparfait
d'obtenir l'assistance d'autrui que de croire que ce
qui propose cette perfection est lui-même favorablement
disposé. De même si le divin est pour nous un objet de
désir, c'est pour pouvoir nous donner part aux biens.
Voilà donc pourquoi, comme je viens de le dire, Socrate
enlève les prétextes de mécontentement de l'âme du
jeune homme, comme un bon médecin retranche ce
qui s'oppose au traitement. Et cet enlèvement s'accomplit par amitié, identité et communion. Car de même
que nous chassons le froid par la chaleur et, en général,
les contraires par les contraires[1], // de même guérissons-
nous la blessure faite par les mots les plus durs, qui
sont cause de séparation, au moyen de mots affectueux
et amicaux. D'où donc viennent aux âmes ces deux
choses, amitié et union ? Des dieux, de même que pâtir
et séparation viennent de la matière. Socrate prend
donc à témoin de ses paroles et de sa volonté *le dieu de
l'amitié* qui veille sur eux deux, car il pense, en tant
que savant, que l'unité vient à tous les êtres de dieu
et, en qualité d'amant, du dieu de l'amitié. Maintenant,
qui donc est ce *dieu de l'amitié*[2] ? On peut dire qu'on a
accoutumé de rapporter ce titre aussi à Zeus : car de
même qu'on l'appelle dieu des étrangers et dieu des
suppliants, de même aussi l'appelle-t-on dieu de
l'amitié[3] ; et sans doute est-il raisonnable que Socrate
rapporte ce titre à Zeus, puisqu'il invite celui qui se
propose le genre de vie hégémonique[4] à suivre Zeus.
Mais on peut aussi appeler l'Amour dieu de l'amitié :
car l'Amour est cause de l'amitié, puisqu'il est *le gardien
des beaux enfants*, comme Socrate le dit dans le *Phèdre*.
Mais le mieux est de réunir ces deux explications.

1. Principe aristotélicien : cf. par ex., *Phys.*, A 9, 192 a 21-22
φθαρτικὰ ... ἀλλήλων τὰ ἐνάντια.
2-3. Voir *Notes complémentaires*, p. 414-415.
4. Désigne Alcibiade, cf. *infra*, p. 241.8.

αὐτοῦ λεγόμενα καὶ ἀλλοτριώτερον ἔσεσθαι πρὸς αὐτόν,
ἵνα δὴ καὶ τοὺς ἐλέγχους εὐμενῶς παραδέξηται καὶ τὸ 5
ὅλον πατρικὴν εἶναι νομίσῃ τὴν παρ' αὐτοῦ πᾶσαν εἰς
αὐτὸν προϊοῦσαν ἐνέργειαν. Οὐδὲ γὰρ ἄλλως δυνατὸν
τὸ ἀτελέστερον ὠφελείας ἀπ' ἄλλου τυχεῖν ἢ πιστεῦσαν
εὔνουν εἶναι τὸ τὴν τελειότητα προτείνον. Οὕτω γὰρ καὶ
τὸ θεῖον ἐφετὸν ἡμῖν ἐστίν, ἵνα μεταδιδόναι δύνηται τῶν 10
ἀγαθῶν. Ἐξαιρεῖ μὲν οὖν, ὅπερ ἔφην, διὰ ταῦτα τὰς τῆς
δυσκολίας προφάσεις, ὥσπερ ἰατρὸς ἀγαθὸς τὰ ἐμπόδια
τὰ πρὸς τὴν θεραπείαν ἐκκόπτων ἀπὸ τῆς τοῦ νεανίσκου
ψυχῆς. Ἡ δὲ ὑπεξαίρεσις αὕτη διὰ φιλίας πρόεισι καὶ
ταυτότητος καὶ κοινωνίας. Ὡς γὰρ τὰ ψυχρὰ διὰ θερμό- 15
τητος καὶ ὅλως τὰ ἐναντία διὰ τῶν ἐναντίων ἐκβάλλομεν,
/ οὕτω τὰ τραχύτερα καὶ διαστάσεως αἴτια τῶν ῥημάτων 233
διὰ τῶν οἰκειωτικῶν καὶ φιλικῶν ἐξιώμεθα. Πόθεν οὖν
ταῦτα παραγίνεται ταῖς ψυχαῖς, φιλία καὶ ἕνωσις ; Ἀπὸ
τῶν θεῶν, ὥσπερ τὰ πάθη καὶ ἡ διάστασις ἀπὸ τῆς ὕλης.
Θεὸν δὴ οὖν φίλιον κοινὸν αὐτῶν ἔφορον ὁ Σωκράτης 5
μάρτυρα καλεῖ τῶν ἑαυτοῦ λόγων καὶ τῆς προαιρέσεως,
ὡς μὲν ἐπιστήμων ἀπὸ θεοῦ τὴν ἕνωσιν ἐφήκειν τοῖς πᾶσιν
οἰόμενος, ὡς δὲ ἐρωτικὸς ἀπὸ τοῦ φιλίου θεοῦ. Τίς δέ
ἐστιν οὗτος ὁ φίλιος θεός ; Ἔξεστι μὲν λέγειν ὅτι καὶ
ἐπὶ τὸν Δία ταύτην ἀναφέρειν εἰώθασι τὴν ἐπωνυμίαν · 10
ὡς γὰρ ξένιον αὐτὸν καὶ ἱκέσιον, οὕτω καὶ φίλιον ἐπο-
νομάζουσι · καὶ ἴσως ἔχει λόγον ἐπὶ τὸν Δία ποιεῖσθαι
τὴν ἀναφορὰν ὡς παρακαλοῦντα τὸ ἡγεμονικὸν προστησά-
μενον εἶδος ζωῆς συνέπεσθαι τῷ Διί. Ἔξεστι δὲ καὶ τὸν
Ἔρωτα φίλιον λέγειν θεόν · τῆς γὰρ φιλίας αἴτιος, ὁ Ἔρως, 15
παίδων καλῶν ἔφορος ὤν, ὡς αὐτὸς ἐν τῷ Φαίδρῳ
λέγει. Κάλλιον δὲ συνάπτειν ἀμφοτέρους τοὺς λόγους ·

233. 16 = *Phdr.* 265 C 2-3.

232. 11 ἐξαιρεῖ Westerink : ἐξαίρει N.
233. 13 τὸ recc. : τὸν N (an τὸν <τὸ> leg. ?).

Car dans Zeus on trouve aussi l'Amour. De fait :
Le premier générateur[1] *est Mêtis et le très délicieux
Amour*, et l'Amour procède depuis Zeus et vient à
l'existence à titre premier avec Zeus dans les intelligibles : car là-haut se trouve *Zeus qui voit tout*[2] et le
délicat Amour[3], comme le dit // Orphée. Ils sont donc
apparentés l'un à l'autre, ou plutôt ils sont unis l'un à
l'autre et chacun des deux est dieu de l'amitié. Et
Socrate, rapporte le jeune homme en tant qu'hégémonique à Zeus, en tant qu'aimé, à l'Amour ; et il agit de
deux façons, à la fois comme philosophe et comme
amant, et sous le premier rapport, il se tend vers Zeus,
sous le second, vers l'Amour.

Sur le parjure   Voilà donc comment nous devons
entendre : *dieu de l'amitié. Par
lequel, pour rien au monde, je ne voudrais jurer en vain* :
n'allons pas croire que Socrate veut dire[4] : « Il pourrait
bien m'arriver de jurer en vain par d'autres dieux,
mais jamais je ne saurais jurer en vain par le dieu de
l'amitié. » Nous avons, en effet, appris dans le *Gorgias*[5]
et dans le *Philèbe*[6] la circonspection de Socrate et à
l'égard des serments et à l'égard des classes des dieux
elles-mêmes. Mais la contradistinction ne se fait pas
par rapport à d'autres dieux (car une est la piété qui
nous unit à tous les dieux), mais par rapport à son
jeune auditeur : Socrate veut dire, en effet, qu'il ne
jurerait pour rien au monde en vain par le dieu de
l'amitié en s'entretenant avec Alcibiade, ni par le dieu
des étrangers en s'entretenant avec un étranger ou
par le dieu des suppliants en s'entretenant avec un
suppliant[7]. Ainsi, dans chaque formule de serment on a
pour rien au monde, mais elle prend une valeur différente
en chaque relation, parce que celui qui entend le serment
est chaque fois autre. Puis donc que l'entretien a lieu
avec un aimé, il ne faut pour rien au monde jurer en
vain par le dieu de l'amitié : car si le serment est une

1-7. Voir *Notes complémentaires*, p. 415.

ἐν γὰρ τῷ Διΐ καὶ ὁ Ἔρως ἐστί. Καὶ γὰρ Μῆτίς ἐστι
πρῶτος γενέτωρ καὶ Ἔρως πολυτερπής · καὶ ὁ Ἔρως
πρόεισιν ἐκ τοῦ Διὸς καὶ συνυπέστη τῷ Διΐ πρώτως ἐν 20
τοῖς νοητοῖς · ἐκεῖ γὰρ ὁ Ζεὺς ὁ πανόπτης ἐστὶ καὶ
ἁβρὸς Ἔρως, ὡς Ὀρφεύς φησι. Συγγενῶς οὖν ἔχουσι
/ πρὸς ἀλλήλους, μᾶλλον δὲ ἥνωνται ἀλλήλοις, καὶ 234
φίλιος αὐτῶν ἑκάτερός ἐστι. Καὶ ὁ Σωκράτης ὡς μὲν
ἡγεμονικὸν εἰς Δία τὸν νεανίσκον ἀναπέμπει, ὡς δὲ
ἐρώμενον εἰς τὸν Ἔρωτα · καὶ ἐνεργεῖ διχῶς, καὶ ὡς φιλόσοφος ἅμα καὶ ὡς ἐρωτικός · καὶ τῇ μὲν εἰς Δία, τῇ δὲ εἰς 5
Ἔρωτα ἀνατείνεται.

Ὁ μὲν οὖν φίλιος θεὸς οὕτως ἡμῖν νοείσθω. Τὸ δὲ
ὃν ἐγὼ ἥκιστα ἂν ἐπιορκήσαιμι μὴ αὐτὸν τοῦτο λέγειν
οἰηθῶμεν, ὅτι κατ' ἄλλων μὲν θεῶν ἴσως κἂν ἐπιορκῆσαί
μοι συμβαίη, τὸν φίλιον δὲ οὐδέποτ' ἂν ἐπιορκήσαιμι. 10
Τὴν γὰρ Σωκρατικὴν εὐλάβειαν τήν τε πρὸς τοὺς ὅρκους
καὶ τὴν πρὸς αὐτὰ τὰ γένη τῶν θεῶν καὶ ἐν Γοργίᾳ καὶ
ἐν Φιλήβῳ μεμαθήκαμεν. Ἀλλ' ἡ ἀντιδιαίρεσις οὐκ ἔστι
πρὸς ἄλλους θεούς (μία γὰρ ἡ ὁσιότης ἐστὶν ἡ πρὸς
πάντας συνάπτουσα), ἀλλὰ πρὸς τὸν ἀκούοντα νέον · 15
ἥκιστα γὰρ ἂν ἐπιορκήσειε τὸν φίλιον ἐν τοῖς πρὸς
Ἀλκιβιάδην λόγοις, ἥκιστα δ' ἂν τὸν ξένιον ἐν τοῖς πρὸς
τὸν ξένον, καὶ τὸν ἱκέσιον ἐν τοῖς πρὸς τὸν ἱκέτην. Καὶ ἐφ'
ἑκάστου μὲν τῶν ὀμνυμένων τὸ ἥκιστα, πρὸς δὲ ἄλλον
καὶ ἄλλον τῶν τοιούτων ἀκροατὴν κατὰ τὰς διαφόρους 20
σχέσεις ἐξαλλάττεται. Πρὸς τοίνυν ἐρώμενον ὄντος τοῦ
λόγου τὸν φίλιον θεὸν ἥκιστα ἐπιορκητέον · εἰ γάρ

233. 18-19 = *Orph.*, fr. 168.9 Kern ‖ 21 Ζεύς : ib. fr. 170 K. ‖
22 Ἔρως : ib. fr. 83 K.
  234. 2-3 cf. *Phdr.* 252 E 3 ‖ 12 cf. *Gorg.* 466 E 6 ‖ 13 cf. *Phil.*
12 C 1-3.

233. 19 πρῶτος Kern (coll. supra p. 67.2) : πρώτως N.
234. 7 τὸ N : an leg. τῷ ? (Westerink).

sorte de garde, de maintien et de sécurité qui vient sur
celui qui jure de la part du divin, si l'amant veut par
l'amitié unir à lui son aimé, il ne lui faut pour rien au
monde jurer en vain par le dieu de l'amitié, pour qu'il
soit maintenu par ce dieu de tous côtés, qu'il soit
protégé ainsi que son aimé et pour que ce qui les lie
soit le lien de l'amitié.

Sur les réponses du jeune homme

// Voilà donc pourquoi Socrate jure par *le dieu de l'amitié* ; quant au jeune homme, il est bien en peine de
nommer le maître qui lui a donné la connaissance du
juste et, ensuite, comme il se rend compte que la division
de Socrate est inéluctable, il a recours à la découverte ;
et là encore, Socrate atteste son excellente nature et
sa grande fécondité en disant : « *Et certainement tu aurais
trouvé, si tu avais cherché*[1]. » Ainsi donc ne pas avoir
de maître est une preuve, selon Socrate, que l'on n'a
pas appris ; dans le *Lachès* et le *Gorgias*, cela est présenté
comme une preuve que l'on n'a pas appris. La raison
en est que l'âme humaine a été conjointe à un corps,
qu'elle a comme vie une vie commune avec le corps,
qu'elle est empêchée par le corps et qu'elle a besoin
d'être mise en mouvement par un agent externe : ainsi
l'intellect imparfait est guidé par l'intellect parfait,
tout comme aussi la nature imparfaite est menée à la
perfection par la nature déjà parfaite en acte[2]. L'âme
donc, ayant regard à une autre âme, voit dans sa
congénère sa propre connaissance et ainsi elle fait
passer sa déficience à la perfection et son ignorance à
la connaissance : car l'âme en a encore besoin. Et
pour bon nombre d'objets de connaissance, nous devons
recevoir causes et principes premiers [de la connais-
sance], mais pour les réalités qui sont au-delà de l'âme,
[notre âme n'a pas] besoin d'un guide pour pouvoir les

1. Cf., Ol., 89.10-12.
2. Principe évidemment aristotélicien, mais repris à leur
compte par les néoplatoniciens, cf. *El. theol.*, 77 (et le comm. de
Dodds *ad loc.*).

ἔστιν ὁ ὅρκος φρουρά τις ἀπὸ τοῦ θείου καθήκουσα τῷ
ὀμνύντι καὶ συνοχὴ καὶ ἀσφάλεια, βούλεται δὲ ὁ ἐραστὴς
διὰ φιλίας ἑαυτῷ τὸν ἐρώμενον ἐνοῦν, ἥκιστα αὐτῷ τὸν 25
φίλιον θεὸν ἐπιορκητέον, ἵνα πανταχόθεν ὑπ' ἐκείνου
συνέχηται καὶ περιφράττηται μετὰ τοῦ ἐρωμένου καὶ
τὸν τῆς φιλίας αὐτῶν ἔχῃ δεσμόν.

Ὁ μὲν οὖν / Σωκράτης διὰ ταῦτα τὸν φίλιον ὄμνυσι 235
θεόν · ὁ δέ γε νεανίσκος ἀπορῶν διδάσκαλον εἰπεῖν τῆς
τοῦ δικαίου γνώσεως, ἔπειτα ἄφυκτον τὴν διαίρεσιν τοῦ
Σωκράτους ὁρῶν ἐπὶ τὴν εὕρεσιν καταφεύγει · κἀνταῦθα
μαρτυρεῖ μὲν αὐτῷ πολλὴν ὁ Σωκράτης εὐφυΐαν καὶ γόνι- 5
μον δύναμιν εἰπὼν καὶ μάλα γε εὗρες ἄν, εἴπερ ἐζήτη-
σας. Τοῦ μὲν οὖν μὴ μεμαθηκέναι τεκμήριον ποιεῖται τὸ
μὴ ἔχειν διδασκάλους · τοῦτο δὲ ἐν Λάχητι καὶ ἐν Γοργίᾳ
προΐσχεται τεκμήριον τοῦ μὴ μαθεῖν. Τὸ δὲ αἴτιον, ὅτι ἡ
ἀνθρωπίνη ψυχὴ σώματι συνεζύγη καὶ ζῇ τὴν μετὰ τοῦ 10
σώματος ζωὴν τὴν κοινὴν καὶ ἐπιπροσθεῖται ὑπὸ τοῦ
σώματος καὶ δεῖται τῶν ἔξωθεν αὐτὴν ἀνακινῆσαι δυναμένων. Ὁ γὰρ ἀτελὴς νοῦς ὑπὸ τοῦ τελείου ποδηγεῖται,
καθάπερ δὴ καὶ ἡ ἀτελὴς φύσις ὑπὸ τῆς τελείας κατ'
ἐνέργειαν ἤδη τελεσιουργεῖται. Ψυχὴ οὖν εἰς ἄλλην ὁρῶσα 15
ψυχὴν ἐν τῷ συγγενεῖ τὴν ἑαυτῆς γνῶσιν ὁρᾷ καὶ οὕτω δὴ
τὸ ἐλλεῖπον εἰς τὸ τέλειον περιάγει καὶ τὴν ἄγνοιαν εἰς
γνῶσιν · ἔτι γὰρ δὴ προσδεῖται. Καὶ πολλά ἐστι τῶν
γνωστῶν ὧν ἀνάγκη τὰς πρωτίστας ἡμᾶς αἰτίας καὶ
ἀρχὰς † καὶ ὑποδέξασθαι καὶ πρὸς τοῖσδε τὰ ὑπὲρ τὴν 20
οὐσίαν τῆς [....] δεῖται † τοῦ ποδηγοῦντος, ἵνα θεωρήσωμεν

---

235. 8 cf. *Lach.* 186 A 6-187 A 8 ; *Gorg.* 514 B 7-D 1.

235. 8 an δὲ <καὶ> leg. ? ‖ 20-21 lac. 5 litt. capacem reliquit
N; totum locum sic fere constituendum esse censet Westerink :
[καὶ] ὑποδέξασθαι, [καὶ] πρὸς δὲ τὰ ὑπὲρ τὴν οὐσίαν τῆς [ἡμετέρας
ψυχῆς οὐ] δεῖ, sed plura deesse potest.

contempler, du fait que nous possédons par nature les points de départ permettant leur recherche. Avoir eu des maîtres est donc la preuve que l'on a appris, mais pour trouver // il faut, au préalable, avoir cherché. Car la recherche met en mouvement l'œil de l'âme et l'exerce à la vue de la vérité. C'est ce qui explique que les plus industrieux dans leurs recherches sont les plus riches en matière de solutions : car avoir correctement posé une aporie est aussi la cause de sa solution[1]. Ainsi donc la pauvreté qui est en nous est cause de l'aporie et c'est <l'>amour qui nous incite à la recherche de la connaissance parfaite, tandis que Ressource se trouve dans l'être et dans [l'intellectif] de l'âme, puisqu'il est le fils de Mêtis[2]. En effet, l'élément intellectif qui est en nous procède d'en haut, depuis l'intellect divin, mais ce qui, en nous, est en puissance, c'est la pauvreté et l'indétermination de la vie. Lors donc que nous nous éveillons à l'amour de la connaissance de nous-mêmes, alors nous contemplons la richesse qui est en nous et tout l'ensemble du monde de l'âme. Ainsi donc, deux sont les voies qui mènent à la connaissance et à la découverte, l'une est la recherche, l'autre, l'enseignement. Voilà pourquoi, certains parmi les Exégètes de Platon, tirant de là le principe de leur division, ont divisé les dialogues de Platon en dialogues d'enseignement et dialogues de recherche[3].

A nouveau, donc, la discussion remonte de la découverte à l'ignorance simple. Car personne ne saurait se mettre à chercher ce qu'il pense savoir ; il faut donc que l'ignorance simple soit au principe de la recherche ; car la recherche est désir de connaissance relativement à ce que nous pensons ignorer. Et à partir de l'ignorance simple on doit découvrir le temps où nous ne pensions pas connaître. Voilà pourquoi Socrate demande au jeune homme de dire le temps où il croyait ne pas savoir. Car, ainsi que nous l'avons déjà dit plus haut[4],

1-3. Voir *Notes complémentaires*, p. 416.
4. Cf. *supra*, p. 191.5-192.14 et p. 228.4-7.

αὐτά, διὰ τὸ αὐτόθεν καὶ ἡμᾶς ἔχειν ἀφορμὰς εἰς τὴν ζήτησιν αὐτῶν. Τοῦ μὲν τοίνυν μαθεῖν ἐστὶ τεκμήριον τὸ
διδασκάλων τυχεῖν, τοῦ δὲ εὑρεῖν τὸ ζητῆσαι προκεί/μενόν **236**
ἐστιν. Ἡ γὰρ ζήτησις ἀνακινεῖ τὸ ὄμμα τῆς ψυχῆς καὶ
γυμνάζει πρὸς τὴν θέαν τῆς ἀληθείας. Ὅθεν δὴ καὶ οἱ
ζητητικώτεροι γιγνόμενοι πρὸς τὰς λύσεις εὐπορώτεροι
καθίστανται· τὸ γὰρ καλῶς ἀπορῆσαι καὶ τῆς εὐπορίας 5
αἴτιόν ἐστιν. Ἡ μὲν οὖν πενία ἡ ἐν ἡμῖν αἰτία τῆς ἀπορίας
ἐστὶ καὶ ⟨ὁ⟩ ἔρως ἐπὶ τὴν ζήτησιν ἐγείρει τῆς τελείας
γνώσεως· ὁ δὲ πόρος ἐν τῷ ὄντι καὶ [τῷ νοερῷ] τῆς ψυχῆς
Μήτιδος ὢν υἱός. Ἄνωθεν γὰρ πρόεισι τὸ οὐσιῶδες ἡμῶν
ἀπὸ τοῦ θείου νοῦ, τὸ δὲ δυνάμει τὸ ἐν ἡμῖν ἡ πενία καὶ ἡ 10
ἀοριστία τῆς ζωῆς. Ὅταν οὖν ἐγερθῶμεν εἰς τὸν ἔρωτα
τῆς ἑαυτῶν γνώσεως, τότε καὶ τὸν ἐν ἡμῖν πόρον θεώμεθα
καὶ τὸν διάκοσμον ὅλον τὸν ψυχικόν. Δύο δὴ οὖν αὗται
πρὸς τὴν μάθησιν καὶ τὴν εὕρεσιν ὁδοί, μία μὲν ἡ ζήτησις,
μία δὲ ἡ διδασκαλία. Διὸ καὶ τῶν τοῦ Πλάτωνος ἐξηγητῶν 15
τινὲς τοὺς διαλόγους διεῖλον εἴς τε τοὺς διδασκαλικοὺς
καὶ τοὺς ζητητικούς, ἐντεῦθεν λαβόντες τὴν ἀφορμὴν τῆς
τοιαύτης διαιρέσεως.

Πάλιν τοίνυν ἀπὸ τῆς εὑρέσεως ἄνεισιν ὁ λόγος ἐπὶ τὴν
ἁπλῆν ἄγνοιαν. Οὐθεὶς γὰρ ἂν ὁρμήσειε ζητεῖν ὅ γε οἴεται 20
γινώσκειν· δεῖ δὴ οὖν ἄρξαι τὴν ἁπλῆν ἄγνοιαν τῆς ζητή-
σεως· ἡ γὰρ ζήτησις ὄρεξίς ἐστι γνώσεως ἐν οἷς οἰόμεθα
ἀγνοεῖν. Ἀπὸ δὲ τῆς ἁπλῆς ἀγνοίας ἀνάγκη τὸν χρόνον
γνωρίσαι καθ᾽ ὃν ᾠώμεθα μὴ εἰδέναι. Διὸ καὶ ὁ Σωκράτης
ἀπαιτεῖ χρόνον αὐτὸν εἰπεῖν τῆς οἰήσεως τοῦ μὴ εἰδέναι. 25
Καθάπερ γὰρ εἴρηται καὶ πρότερον, ἀνάγκη τὰς τοιαύτας

---

236. 6-9 cf. *Symp.* 203 B 1-C 6 ‖ 26 καθάπερ εἴρηται : cf. supra,
p. 228.4-7.

236. 1 προκείμενον ex προηγμένον N m. pr. ‖ 7 ὁ add. Festugière ‖ 8 suppleuit Westerink (iam τῇ νοερᾷ φύσει Taylor) :
lac. 4 litt. capacem reliquit N ‖ 24 γνωρίσαι recc. : γνωρίσθαι
N (an διωρίσθαι leg. ?).

// tous les changements de cette sorte doivent être
mesurés par le temps. C'est pourquoi le génial[1] Aristote,
dans ce cas au moins, admet dans l'âme le mouvement
et le changement temporel. Mais que l'âme, quand
elle est unie au corps et passe du vice à la vertu, ait
besoin du temps, voilà qui est évident pour quiconque,
je pense[2] ; pourtant, certains nient que l'âme, lorsqu'elle
est en elle-même, ait besoin de temps dans son activité ;
ils affirment même que c'est elle, l'âme, qui engendre
le temps[3]. Or cela réclame, je pense, quelque explication.
Il y a deux sortes de temps[4] : l'un consiste dans la vie
naturelle et le mouvement corporéiforme du tout, tandis
que l'autre réside dans la vie incorporelle. Or donc,
ce dernier temps et mesure les périodes des âmes divines
et assure aux activités séparables de nos âmes leur
perfection, l'autre celui qui s'étend sur toute la durée
de la vie naturelle, mesure notre vie avec le corps, mais
en aucune façon la vie de l'âme qui vit en elle-même.
Assez sur le fond du texte.

Explication de la lettre

En ce qui concerne la lettre : *Ne
penses-tu pas que je peux trouver?* est
l'expression de celui qui a tout à fait
confiance dans son habileté naturelle et pense qu'elle
suffit. Voilà pourquoi Socrate ne ruine pas cet heureux
espoir : car les parfaits ne cherchent pas à ruiner la
disposition chez les mieux doués, mais à la parfaire.

// *Bien dit* : entraîne à nouveau Alcibiade dans une
réfutation pleine de tact. Car Socrate aurait pu dire
d'une façon affirmative : « Il n'y a jamais eu de temps
où tu aies eu l'ignorance simple, mais tu t'es toujours
imaginé savoir ce que tu ne savais pas » ; il ne s'est pas
exprimé de la sorte, mais il a dit : « Examine ta vie
et dis-moi l'année dans laquelle tu pensais ne pas
savoir » ; et, remontant depuis le présent vers le passé,

1. Voir *Notes complémentaires*, p. 416.
2. Cf. *El. theol.*, 191 : « Toute âme participée a une existence
éternelle et une activité temporelle » ; cf. *In Tim.*, II 293.20 ;
III 22.5 ss, etc.
3-4. Voir *Notes complémentaires*, p. 416.

/ ἁπάσας μεταβολὰς μετρεῖσθαι ὑπὸ χρόνου. Διὸ καὶ ὁ 237
δαιμόνιος Ἀριστοτέλης ἐνταῦθά γε προσίεται τὴν κίνησιν
ἐπὶ τῆς ψυχῆς καὶ τὴν κατὰ χρόνον μεταβολήν. Ἀλλ' ὅτι
μὲν ἡ σώματι συνοῦσα καὶ ἀπὸ κακίας εἰς ἀρετὴν μεθι-
σταμένη δεῖται τοῦ χρόνου, παντὶ καταφανὲς δήπου · ἤδη 5
δέ τινες καθ' ἑαυτὴν οὖσαν τὴν ψυχὴν οὔ φασι δεῖσθαι
χρόνου κατὰ τὴν ἐνέργειαν, ἀλλὰ τοὐναντίον αὐτὴν ἀπο-
γεννᾶν τὸν χρόνον. Τοῦτο δὲ οἶμαι δεῖσθαι λόγου τινός.
Διττὸς γὰρ ὁ χρόνος, ὁ μὲν τῇ φυσικῇ ζωῇ καὶ τῇ σωματοει-
δεῖ κινήσει τοῦ παντὸς συνυφιστάμενος, ὁ δὲ διὰ τῆς 10
ἀσωμάτου ζωῆς πεφοιτηκώς. Ἐκεῖνος μὲν οὖν καὶ τὰς
τῶν θείων ψυχῶν περιόδους μετρεῖ καὶ τὰς ἐνεργείας τὰς
χωριστὰς τῶν ἡμετέρων τελειοῖ · ὁ δὲ δεύτερος, ὁ τῇ κατὰ
φύσιν ζωῇ συμπαρατεινόμενος, τὴν μὲν μετὰ σώματος
ἡμῶν ζωὴν μετρεῖ, τὴν δὲ τῆς ψυχῆς αὐτῆς καθ' ἑαυτὴν 15
ζώσης οὐδαμῶς.

Ταῦτα περὶ τῶν πραγμάτων εἰρήσθω. Τῶν δὲ περὶ τὴν
λέξιν τὸ μὲν ο ὐ κ ἂ ν ε ὑ ρ ε ῖ ν μ ε ἡ γ ῇ; πάνυ τεθαρρηκότος
ἐστὶ τῇ τῆς φύσεως δεξιότητι καὶ ταύτην ἀποχρῆναι
νομίζοντος. Διὸ καὶ ὁ Σωκράτης οὐκ ἀναιρεῖ ταύτην 20
αὐτοῦ τὴν εὐελπιστίαν · οὐ γὰρ οἱ τέλειοι τῆς ἐπιτηδειότη-
τος τῶν εὐφυεστέρων εἰσὶν ἀναιρετικοί, ἀλλὰ τελειωτικοί.

Τὸ δὲ κ α λ ῶ ς λ έ γ ε ι ς εἰς ἐμμελῆ πάλιν / αὐτὸν 238
ἔλεγχον περιάγει. Δυνατὸν γὰρ ἦν εἰπεῖν ἀποφαινόμενον
ὅτι χρόνος οὐδείς ἐστιν ἐν ᾧ τὴν ἁπλῆν ἔσχες ἄγνοιαν,
ἀλλ' ἀεὶ σαυτὸν ὑπέλαβες εἰδέναι ἃ μὴ ᾔδεις · ὁ δὲ οὐχ
οὕτως εἶπεν, ἀλλ' ὅτι τὸν σαυτοῦ βίον ἐπίσκεψαι καὶ εἰπέ 5
μοι τὸ ἔτος ἐν ᾧ οὐκ ᾤου εἰδέναι · καὶ ἀναλύσει χρησάμενος

237. 1-3 cf. Ar., *De anima* A 3, 406 b 24-407 a 34 ; 408 b 1-18 ‖
6-8 τινες : scil. Plotinus ; cf. III 7 (45), 11-12.

237. 15 αὐτῆς recc. : αὐτὴν N.
238. 4 ἀλλ' ἀεὶ σαυτὸν Westerink : ἀλλὰ εἰς αὐτὸν N.

il fait constater au jeune homme qu'il n'a jamais pensé ignorer le juste.

Réponds la vérité : Socrate a ajouté cela à juste titre. En effet, lorsque l'entretien portait sur des [prémisses] universelles[1], il n'employait que la science pour la saisie de la vérité, mais maintenant que l'examen concerne Alcibiade lui-même et ses dispositions intimes, Socrate a besoin qu'Alcibiade dise vrai pour pouvoir parvenir à un accord.

Quant à : *Pour que notre dialogue ne soit pas en vain,* cela montre sans doute que <les> syllogismes formés de prémisses fausses sont, d'une certaine façon, vains, mais cela montre aussi que les sages ne doivent rien faire en vain[2]. Car de même que *ni dieu ni la nature,* dit-on, *ne font rien en vain*[3], de même le sage : car il vit selon la nature[4] et selon dieu. Peut-être cela montre-t-il aussi que le résultat de l'accouchement est la vérité et le discernement entre le vrai et le faux. Il ne faut donc pas que celui qui subit l'accouchement mente à celui qui l'accouche. Enfin, cela indique qu'il ne faut mentir ni à son semblable ni à son supérieur ; et, de fait, lorsque le supérieur ment à ses inférieurs il présente le mensonge, non comme un objet de choix, mais comme nécessaire[5].

Chez les maîtres et ailleurs et *toutes les fois que* || *tu joues aux dés ou que tu joues à quelque autre jeu,* sépare les lieux et les jeux, non pas en vain, mais pour indiquer que Socrate était présent au jeune homme en tout lieu et dans chacun de ses jeux d'enfant. Alcibiade était, dit-on[6], si fort porté aux jeux qu'un jour, alors qu'un

---

1-2. Voir *Notes complémentaires*, p. 416-417.

3. Cf. *supra*, p. 162.19-20 et n. 2, p. 226 (*Notes compl.*, p. 383).

4. Évoque lointainement la formule stoïcienne définissant le τέλος du sage : ζῆν ὁμολογουμένως τῇ φύσει, c'est-à-dire comme ils l'expliquent souvent ζῆν κατὰ φύσιν (cf. SVF, III 16, etc.) ; cf. *infra*, p. 296.13-14.

5. A rapprocher de l'usage du mensonge fait par les Gardiens dans la Cité ? (*Rsp.*, V 459 C 2-D 5).

6. La source de cette anecdote est clairement Plutarque, *V. Alc.*, 2, comme le montrent plusieurs détails de vocabulaire ; voir Ol., 11.19-21.

ἀπὸ τοῦ παρόντος πρὸς τὸν παρεληλυθότα χρόνον ἐφίστη-
σιν αὐτὸν ὅτι οὐδέποτε ᾠήθη τὸ δίκαιον ἀγνοεῖν.

Τὸ δὲ τ ἀ λ η θ ῆ ἀ π ο κ ρ ί ν ο υ προσέθηκεν εἰκότως. Ὅτε
μὲν γὰρ περὶ τῶν καθόλου τοὺς λόγους ἐποιεῖτο, τῇ 10
ἐπιστήμῃ μόνῃ πρὸς τὴν λῆψιν ἐχρῆτο τῆς ἀληθείας · νῦν
δὲ περὶ αὐτοῦ τοῦ Ἀλκιβιάδου τῆς ἐξετάσεως οὔσης καὶ
τῶν ἐν αὐτῷ διαθέσεων, ἀληθεύοντος αὐτοῦ δεῖται πρὸς
τὴν ὁμολογίαν.

Τὸ δὲ ἵ ν α μ ὴ μ ά τ η ν ο ἱ δ ι ά λ ο γ ο ι γ ί ν ω ν τ α ι δηλοῖ 15
μέν που ὅτι καὶ ⟨οἱ⟩ ἐκ ψευδῶν προτάσεων συλλογισμοὶ
μάταιοι τρόπον τινά εἰσι, δηλοῖ δὲ καὶ ὅτι τοῖς σπουδαίοις
οὐδὲν μάτην ἐστὶ πρακτέον. Ὥσπερ γὰρ ο ὔ τ ε θ ε ὸ ς ο ὔ τ ε
ἡ φ ύ σ ι ς μ ά τ η ν τι λέγεται π ο ι ε ῖ ν, οὕτως οὐδὲ ὁ σπουδαῖος · ζῇ γὰρ καὶ κατὰ φύσιν καὶ κατὰ θεόν. Τάχα δ᾽ ἂν 20
δηλοῖ καὶ ὅτι χάρις ἐστὶ τῆς μαιείας ἡ ἀλήθεια καὶ ἡ
διάκρισις τῶν ἀληθῶν καὶ τῶν ψευδῶν. Οὐ δεῖ ἄρα τὸν
ὑπέχοντα τὴν μαιείαν ψευδῆ λέγειν πρὸς τὸν μαιευόμενον.
Ἐνδείκνυται δὲ πρὸς τούτοις καὶ ὅτι οὐ χρὴ ψεύδεσθαι
οὔτε πρὸς τὸν ὅμοιον οὔτε πρὸς τὸν ἑαυτοῦ βελτίονα · καὶ 25
γὰρ ὅταν ὁ κρείττων ψεύδηται πρὸς τοὺς χείρονας, ὡς
ἀναγκαῖον προτείνει τὸ ψεῦδος καὶ οὐχ ὡς αἱρετόν.

Τὸ δὲ ἐ ν δ ι δ α σ κ ά λ ω ν κ α ὶ ἄ λ λ ο θ ι καὶ τ ὸ ὁ π ό τ ε
δ ὲ ἀ σ τ ρ α γ α λ ί ζ ο ι ς / ἢ ἄ λ λ η ν π α ι δ ι ὰ ν π α ί ζ ο ι ς διαι- 239
ρεῖ καὶ τοὺς τόπους καὶ τὰς παιδιὰς οὐ μάτην, ἀλλ᾽ ἵνα
ἐνδείξηται ὅτι καὶ ἐν παντὶ τόπῳ παρῆν αὐτῷ καὶ πᾶσαν
ἐνέργειαν ἐνεργοῦντι παιδικήν. Οὕτω δὲ ἐλέγετο σύντονος
εἶναι περὶ τὰς παιδιὰς ὁ Ἀλκιβιάδης ὥστε ποτέ τινος 5

238. 18-19 = Ar., *De Caelo*, A 4, 271 a 33 (iam supra, p. 162.
19-20).
239. 4-8 cf. Plut., *Alc.* 2, 3-4.

238. 16 οἱ add. recc. ‖ 28 διδασκάλων Westerink cum Plat.
lib. : -οις N.
239. 1 παιδιὰν D cum Plat. libris : παιδείαν N ‖ 2 τόπους
Westerink : τρόπους N ‖ 4 σύντονος coniec. Creuzer : σύντομος N.

attelage se dirigeait sur lui pendant qu'il jouait aux
osselets, il se jeta par terre devant l'attelage pour que
celui-ci, en passant, ne dérangeât pas les osselets. Socrate
montre ici aussi son intérêt passionné en disant : « *Tu
criais bien fort et sans retenue contre quiconque parmi les
enfants te faisait du tort* ». Et de fait, cri et manque
de retenue sont des traits de la passion du jeu.

Comme un méchant ou un injuste témoigne de la
droiture du jeune homme. Car se détourner dès l'enfance
de l'injustice et considérer qu'elle est perversité de
l'âme, voilà un excellent témoignage d'une bonne
nature[1].

< Mais que devais-je faire ... // comment et d'où les
sais-tu ? (110 B 7-D 4). >

Le jeune homme a clairement reconnu dans ce texte
qu'il a la prétention de connaître le juste. C'est pourquoi
Socrate à nouveau l'interroge : quand donc a-t-il appris
ou découvert ? Car ce n'est certainement pas lorsque
l'on croit savoir que l'on se met à la recherche de ce
que l'on connaît déjà ! Et contraint par cet argument,
le jeune homme reconnaît qu'il sait sans avoir appris
ni découvert, puisqu'il ne peut dire aucun temps pour
son ignorance, à partir duquel il s'est mis à rechercher
ou bien a reçu l'enseignement du juste. Et, me semble-
t-il, ce texte montre clairement quelle est la nature de la
science qui est en nous avant tout temps, quelle est
celle de la science qui survient dans le temps[2]. Socrate,
en effet, a regard à la science en acte quand il recherche
quel est le temps antérieur à cette science, tandis
qu'Alcibiade, qui possède la science par essence, par
laquelle il croit savoir ce qu'il ne sait pas, ne peut
dire le temps où il a participé à celle-ci ; car nous la
possédons de toute éternité. Par conséquent, si l'un
parle d'une science, l'autre d'une autre, les deux thèses
sont vraies à la fois : et <que> le temps précède la
science et qu'on ne peut dire de temps avant la présence

1-2. Voir *Notes complémentaires*, p. 417.

αὐτῷ ζεῦγος ἐπελαύνοντος ἀστραγαλίζοντι ἔρριψεν ἑαυτὸν
πρὸ τοῦ ζεύγους, ἵνα μὴ ἐπελθὸν ἐκεῖνο συγχέῃ τοὺς
ἀστραγάλους. Δηλοῖ δὲ αὐτοῦ καὶ νῦν τὴν σφοδρότητα ὁ
Σωκράτης εἰπὼν ὅτι μάλα μέγα καὶ θαρραλέως ἐβόας
περὶ ὅτου τύχοις τῶν παίδων ὅτι ἀδικοῖ. Καὶ γὰρ 10
ἡ βοὴ καὶ τὸ ἀνενδοιάστως τῆς περὶ τὴν παιδιάν ἐστι
συντονίας.

Τὸ δὲ ὡς πονηρὸς καὶ ὡς ἄδικος τῇ δεξιότητι μαρτυρεῖ τοῦ νεανίσκου. Τὸ γὰρ ἐκ παιδὸς ἀποστρέφεσθαι τὴν
ἀδικίαν καὶ [τὴν] πονηρίαν αὐτὴν ψυχῆς νομίζειν εὐφυΐας 15
ἐστὶ τεκμήριον ἱκανόν.

⟨ Ἀλλὰ τί ἔμελλον ... / οἶσθα καὶ πόθεν ; 110 B-D. ⟩   240

Σαφῶς ἐν τούτοις ὁ νεανίσκος ὡμολόγησεν οἴησιν ἔχειν
τῆς τῶν δικαίων γνώσεως. Διὸ καὶ ὁ Σωκράτης ἐρωτᾷ
πάλιν · πότε μαθὼν ἢ πότε εὑρών; Οὐ γὰρ δή τις ὅτε
οἴεται εἰδέναι, τότε ἐπὶ τὴν ζήτησιν τρέπεται τὴν τοῦ 5
γνωστοῦ. Κἀκ τούτων συνελαυνόμενος ὁ νεανίσκος ὁμολο-
γεῖ μήτε μαθὼν εἰδέναι μήτε εὑρών, διότι μηδένα ἔχει
χρόνον τῆς ἀγνοίας εἰπεῖν, μεθ' ὃν ἢ ἐζήτησεν ἢ ἐδιδάχθη
τὸ δίκαιον. Καί μοι δοκεῖ δείκνυσθαι διὰ τούτων ἐναργῶς,
τίς μέν ἐστιν ἐπιστήμη πρὸ χρόνου παντὸς ἐν ἡμῖν, τίς 10
δὲ κατὰ χρόνον παραγίνεται. Σωκράτης μὲν γὰρ εἰς τὴν
κατ' ἐνέργειαν ἐπιστήμην ἀποβλέπων ἐπιζητεῖ, τίς ὁ πρὸ
ταύτης χρόνος · Ἀλκιβιάδης δὲ τὴν κατ' οὐσίαν ἔχων
ἐπιστήμην, δι' ἣν καὶ οἴεται εἰδέναι ἃ μὴ οἶδεν, οὐκ ἔχει
χρόνον εἰπεῖν τῆς μεθέξεως αὐτῆς · ἐξ ἀϊδίου γὰρ αὐτὴν 15
ἔχομεν. Ὥστε εἰ ὁ μὲν περὶ ἄλλης ἐπιστήμης λέγει, ὁ δὲ
περὶ ἄλλης, ἀμφότερά ἐστιν ἀληθῆ, καὶ ⟨τὸ⟩ τὸν χρόνον
προηγεῖσθαι τῆς ἐπιστήμης καὶ τὸ μὴ ἔχειν πρὸ τῆς

239. 15 τὴν del. Westerink.
240. 17 τὸ add. coniec. Creuzer.

de la science. Car la science imparfaite n'est pas précédée d'un temps, mais c'est la science parfaite et en acte qui l'est. Et ni // cela ne dissonne avec les arguments du *Phédon*[1] ni Alcibiade n'a totalement manqué la vérité relative aux réalités[2]. Assez là-dessus.

Il vaut la peine de remarquer que le jeune homme jure continuellement par le grand Zeus. Effectivement, et dans ce qui précède et dans le présent passage, par deux fois, il a usé de ces mots : *Par Zeus, je ne l'ignorais pas, moi* et, de nouveau : *Par Zeus, ô Socrate, non, je ne puis le dire.* Et, semble-t-il, c'est parce qu'il a une nature hégémonique qu'il est poussé par nature vers ce dieu, et aussi c'est parce qu'il désire puissance, élévation et grandeur qu'il se tend vers le plus grand, le plus élevé et le plus puissant des dieux.

A nouveau, il convient d'admirer le tact de Socrate. Effectivement, après la réfutation, il ne reproche pas au jeune homme son ignorance, mais après avoir conclu qu'il n'a ni étudié ni découvert, il lui demande : *Comment et d'où le sais-tu?* Cela, en effet, contribue à la fois à l'accouchement et à un traitement approprié, pour que ce soit le jeune homme qui, d'une certaine façon, se réfute lui-même. Car de même que les dieux et nous purifient et nous font bénéficier de leurs bienfaits par nous-mêmes et, en général, nous meuvent comme si c'était nous qui avions l'initiative du mouvement[3], de même aussi Socrate a-t-il machiné une réfutation de cette sorte où et celui qui est réfuté aura l'impression d'être réfuté par lui-même, et celui qui est accouché s'accouchera[4] lui-même.

---

1. Cf. déjà *supra*, p. 191.8-12.
2. Ἡ τῶν πραγμάτων ἀλήθεια : sur cette expression qui revient ailleurs dans le commentaire, cf. O'Neill, p. 242 et 247 (liste et classement des passages où elle apparaît) ; voir aussi *In Remp.*, I 114.21 (et la n. du P. Festugière *ad loc.*).
3. Cf. *In Tim.*, III 302.22-24 et Amm., *De Interp.*, 137.22.
4. Je lirais volontiers μαιεύεσθαι (au lieu de μαιεύεται), pour préserver le parallélisme καὶ ὁ ἐλεγχόμενος αὐτὸς ἐλ. δόξει καὶ ὁ μαιευόμενος (s.e. δόξει) ... μαιεύεσθαι.

παρουσίας αὐτῆς εἰπεῖν τινὰ χρόνον. Τῆς μὲν γὰρ ἀτελοῦς
ἐπιστήμης οὐκ ἔστι προηγούμενος χρόνος, τῆς δὲ κατ' 20
ἐνέργειαν καὶ τῆς τελείας ἐστί. Καὶ οὔτε τοῖς ἐν Φαίδωνι
ταῦτα διαφωνεῖ λό/γοις οὔτε ὁ Ἀλκιβιάδης παντελῶς 241
ἀποπέπτωκε τῆς τῶν πραγμάτων ἀληθείας. Ταῦτα καὶ
περὶ τούτων.

Ἐπισημήνασθαι δὲ ἄξιον ὅτι συνεχῶς ὁ νεανίσκος
ὄμνυσι κατὰ τοῦ μεγάλου Διός. Καὶ γὰρ ἐν τοῖς ἔμπρο- 5
σθεν καὶ ἐν τούτοις δὶς τοῖς ῥήμασιν ἐχρήσατο, μὰ Δία
οὐκ ἠγνόουν ἔγωγε καὶ πάλιν μὰ τὸν Δί' ὦ Σώκρατες, οὔκουν ἔχω γε εἰπεῖν. Καὶ ἔοικεν ὡς ἡγεμονικὸς
τὴν φύσιν ὢν ἐπὶ τοῦτον κατὰ φύσιν φέρεσθαι τὸν θεόν,
καὶ ὡς δυνάμεως καὶ ὕψους καὶ μεγέθους ὀρεγόμενος ἐπὶ 10
τὸν μέγιστον καὶ ὑψηλότατον καὶ δυνατώτατον ἀνατείνειν
ἑαυτὸν τῶν θεῶν.

Πάλιν τοίνυν τὸ ἐμμελὲς τοῦ Σωκράτους θαύματος ἄξιον.
Καὶ γὰρ μετὰ τὸν ἔλεγχον οὐκ ὀνειδίζει τὴν ἄγνοιαν αὐτῷ,
ἀλλὰ συναγαγὼν ὡς οὔτε ἔμαθεν οὔτε εὗρεν ἐρωτᾷ, πῶς 15
οἶσθα καὶ πόθεν ; Τοῦτο γὰρ ἅμα μὲν εἰς μαιείαν συντελεῖ,
ἅμα δὲ εἰς ἐμμελῆ θεραπείαν, ἵν' αὐτὸς ᾖ τρόπον τινὰ ὁ ἑαυτὸν ἐλέγχων. Ὥσπερ γὰρ οἱ θεοὶ καὶ καθαίρουσιν ἡμᾶς καὶ
εὐεργετοῦσι δι' ἑαυτῶν, καὶ ὅλως οὕτω κινοῦσιν ὡς αὐτοκινήτους, οὕτω δὴ καὶ ὁ Σωκράτης μεμηχάνηται τοιοῦτον 20
ἐλέγχων τρόπον δι' οὗ καὶ ὁ ἐλεγχόμενος αὐτὸς ἐλέγχεσθαι δόξει παρ' ἑαυτοῦ καὶ ὁ μαιευόμενος αὐτὸς ἑαυτὸν
μαιεύεται.

240. 21-22 cf. *Phd.* 75 C 4-D 5.
241. 5-6 ἔμπροσθεν : *Alc.* 107 A 4 ‖ 8-10 cf. *Phdr.* 252 E 3.

241. 23 an μαιεύεσθαι leg. ?

< Eh bien, j'ai peut-être eu tort ... // Du multiple.
(110 D 5-E 1). >

Cet argument aussi contribue à la purification d'Alcibiade   Le savoir est de deux sortes[1] : tantôt il descend des causes supérieures vers les êtres inférieurs (c'est en ce sens que le démiurge du *Timée* dit aux jeunes dieux : *maintenant voici les enseignements que je vous donne, retenez-les*[2]), tantôt, au contraire, il est suscité par les êtres extérieurs (c'est en ce sens que nous avons accoutumé de désigner certains comme professeurs), et la découverte est intermédiaire entre ces deux sortes de savoirs (car elle est inférieure au savoir donné à l'âme par les dieux, mais plus parfaite que la réminiscence qui est provoquée de l'extérieur et par autrui) ; eh bien, du savoir supérieur, Alcibiade n'a pas même idée, sauf que c'est parce qu'il a regard à la science qui nous est immanente par essence (laquelle est donnée par les dieux) qu'il s'imagine connaître exactement le juste aussi ; mais comme il a déjà eu recours à la découverte, qui est intermédiaire dans une âme elle-même intermédiaire, comme il a été ébranlé par l'argumentation et comme il a été montré qu'il n'a pas fait de recherche et qu'il ne peut dire un temps où il pensait ne pas savoir, lequel état doit précéder la recherche, le voilà maintenant, de nouveau, qui en vient à la seconde sorte de savoir et, // à défaut du véritable professeur de justice, (c'est-à-dire le savant), il a recours à la multitude et à la vie instable du multiple, et c'est elle qu'il présente comme son guide dans la connaissance du juste. Eh bien, Socrate, tel un Hercule[3] qui tranche les têtes de l'Hydre, montre que toute la multitude en matière de connaissance du juste et de l'injuste est indigne de créance. En apparence, ce raisonnement contribue moins à la purification du jeune homme ; mais si quelqu'un le considère exactement, il découvrira que lui aussi vise à la même fin. Première-

1-3. Voir *Notes complémentaires*, p. 417.

⟨ Ἀλλ' ἴσως τοῦτό ... / Παρὰ τῶν πολλῶν. 110 D-E. ⟩ 242

Τῆς μαθήσεως διττῆς οὔσης, καὶ τοτὲ μὲν ἀπὸ τῶν κρειττόνων αἰτίων ἐφηκούσης εἰς τὰ καταδεέστερα (καθ' ὃ δὴ
καὶ ὁ ἐν τῷ Τιμαίῳ λέγει δημιουργὸς πρὸς τοὺς νέους θεούς ·
νῦν ὃ λέγω πρὸς ὑμᾶς ἐνδεικνύμενος, μάθετε), 5
τοτὲ δὲ αὖ ἀπὸ τῶν ἐκτὸς ἀνακινουμένης (καθ' ὃ καὶ
διδασκάλους εἰώθαμεν ἐπιγράφεσθαί τινας), καὶ τῆς
εὑρέσεως μεταξὺ τούτων γε τεταγμένης (ἔστι γὰρ καταδεεστέρα μὲν τῆς ἀπὸ τῶν θεῶν ἐνδεδομένης τῇ ψυχῇ
γνώσεως, τελειοτέρα δὲ τῆς ἔξωθεν καὶ παρ' ἄλλων ἀναμνή- 10
σεως), περὶ μὲν τῆς κρείττονος μαθήσεως οὐδὲ ἔννοιαν ὁ
Ἀλκιβιάδης ἔχει, πλὴν ὅσον εἰς τὴν κατ' οὐσίαν ἐνυ-
πάρχουσαν ἡμῖν ἐπιστήμην ἀποβλέπων, ἥτις ἀπὸ θεῶν
ἐνδέδοται, καὶ τὸ δίκαιον οἴεται γινώσκειν ἀκριβῶς ·
ἐλθὼν δὲ ἐπὶ τὴν εὕρεσιν μέσην οὖσαν ἐν μέσῃ τῇ ψυχῇ 15
καὶ περικρουσθεὶς ὑπὸ τοῦ λόγου καὶ δειχθεὶς ὡς οὔτε
ἐζήτησεν οὔτε ἔχει χρόνον εἰπεῖν τῆς ἀγνοίας, ἣν ἀνάγκη
προϋπάρχειν τῆς ζητήσεως, νυνὶ πάλιν ἐπὶ τὴν δευτέραν
ἔρχεται μάθησιν καὶ ἀπορ/ίᾳ τοῦ ὡς ἀληθῶς διδασκάλου 243
τῶν δικαίων, τοῦ ἐπιστήμονος, ἐπὶ τὸ πλῆθος καταφεύγει
καὶ τὴν ἀστάθμητον τῶν πολλῶν ζωήν, καὶ ταύτην ἡγεμόνα
προΐσταται τῆς τῶν δικαίων γνώσεως. Ἐνταῦθα δὴ οὖν ὁ
Σωκράτης, ὥσπερ τις Ἡρακλῆς τὰς τῆς Ὕδρας κεφαλὰς 5
ἐκτέμνων, δείκνυσιν ὅτι πᾶν τὸ πλῆθος ἀναξιόπιστόν ἐστι
περὶ τὴν γνῶσιν τῶν τε δικαίων καὶ τῶν ἀδίκων. Δοκεῖ μὲν
οὖν ὁ λόγος οὗτος ἧττον συντελεῖν εἰς τὴν τοῦ νεανίσκου
κάθαρσιν · εἰ δέ τις ἀκριβῶς θεωροίη, καὶ τοῦτον εὑρήσει
τοῦ αὐτοῦ τέλους στοχαζόμενον. Πρῶτον μὲν γὰρ ὁ νεα- 10

242. 3-5 = *Tim.* 41 B 6-7.

242. 8 γε D : δὲ N^r.
243. 1 ἀληθῶς D : -οῦς N.

ment : le jeune homme, parce qu'il est ambitieux, dépendait de l'opinion du multiple et il était fasciné par elle ; Socrate montre donc que l'opinion du multiple est impuissante à juger les réalités et à les discerner et que celui qui vise le bien ne doit pas s'appuyer sur elle. Deuxièmement : la multitude est cause de notre fausse opinion, parce qu'elle produit en nous depuis notre enfance des imaginations perverses et des passions de toutes sortes : il faut donc que le discours scientifique redresse ce qui, en nous, a été perverti par la fréquentation du multiple[1] ; il doit soigner ce qui est tombé sous l'emprise de la passion et, // enfin, purifier radicalement ce qui est infecté d'impureté : car c'est seulement ainsi que nous pourrons devenir aptes à la récupération de la science. En troisième lieu : il existe en chacun de nous un *monstre à têtes multiples*[2], comme Socrate l'a dit, qui est l'analogue de la multitude ; car cette espèce bigarrée, irrationnelle et matérielle, qui est aussi ce qu'il y a de plus pédestre[3] en nous, est dans l'âme ce que le peuple est dans la cité. Le présent argument invite donc à s'écarter du désir illimité et à rejeter de l'âme la multitude et le peuple[4] qui est en nous, en tant qu'il n'est pas un juge digne de créance sur la nature des réalités[5] et n'est, généralement, pas capable de recevoir aucune science. Car si rien d'irrationnel, par nature, ne peut participer à la science, à plus forte raison, ce qu'il y a de plus bas parmi les irrationnels ! En effet, ayant en lui-même une multitude, il est en insurrection et se combat lui-même. En quatrième lieu[6], enfin, nous disons que le présent argument invite à ne pas accepter dans l'âme savante et intellective l'éloignement de l'Un, la fuite, l'altérité et la division de toutes sortes // mais à rejeter tout cela comme étranger à l'intellect et à l'unification

---

1. Correspond à la morale populaire, cf. par ex., *Hermetica*, fr. XI 4, p. 57 Festugière-Nock τὰς πρὸς τοὺς πολλοὺς ὁμιλίας παραιτοῦ.

2. Sur ce monstre, cf. *In Remp.*, I 225.16 ss, 226.8 ss.

3-6. Voir *Notes complémentaires*, p. 417.

νίσκος, φιλότιμος ὤν, ἐξήρτητο τῆς δόξης τῶν πολλῶν
καὶ περὶ αὐτὴν ἐπτόητο · δείκνυσιν οὖν ὁ Σωκράτης ὅτι
καὶ πρὸς τὸ κρίνειν τὰ πράγματα καὶ πρὸς τὸ διαγινώσκειν
ἄκυρός ἐστιν ἡ τῶν πολλῶν δόξα καὶ οὐ χρὴ ταύτῃ τὸν
τοῦ καλοῦ στοχαζόμενον ἐπερείδεσθαι. Δεύτερον, ὅτι τὸ 15
πλῆθος αἴτιόν ἐστι τῆς ψευδοδοξίας, ἐκ νεότητος ἡμῖν
φαντασίας πονηρὰς καὶ πάθη ποικίλα ἐμποιοῦν · ἀνάγκη
τοίνυν τὸν ἐπιστημονικὸν λόγον τὸ μὲν διαστραφὲν ἡμῶν
ἐκ τῆς τῶν πολλῶν ὁμιλίας ἀπευθύνειν, τὸ δὲ ἐμπαθὲς
γενόμενον θεραπεύειν, τὸ δὲ ἀκαθαρσίας ἀναπλησθὲν 20
ἀποκαθαίρειν · / οὕτω γὰρ ἂν ἐπιτήδειοι γενοίμεθα πρὸς 244
τὴν τῆς ἐπιστήμης ἀνάκτησιν. Τρίτον, ὅτι καὶ ἐν ἑκάστῳ
ἡμῶν ἐστί τι πο λυκέφαλον θηρίον, ὡς αὐτὸς εἴρηκεν,
ὅπερ ἀνάλογόν ἐστι τῷ πλήθει · τοῦτο γάρ ἐστιν ὅπερ δῆμος
ἐν πόλει, τὸ ποικίλον καὶ ἄλογον καὶ ἔνυλον εἶδος τῆς 5
ψυχῆς, ὃ καὶ πεζότατόν ἐστιν ἡμῶν. Παρακελεύεται τοίνυν ὁ
παρὼν λόγος ἀφίστασθαι τῆς ἐπιθυμίας τῆς ἀπεράντου καὶ
ἀποσκευάζεσθαι τὸ πλῆθος τῆς ζωῆς καὶ τὸν ἐν ἡμῖν δῆμον
ὡς οὐκ ὄντα κριτὴν ἀξιόπιστον τῆς φύσεως τῶν πραγμάτων οὐδὲ ἐπιστήμης τινὸς ὅλως ὑπάρχοντα δεκτικόν. Οὐδὲν 10
γὰρ ἄλογον ἐπιστήμης μετέχειν πέφυκε, μὴ ὅτι γε τὸ τῶν
ἀλόγων καταδεέστατον, ὃ καὶ τὸ πλῆθος ἔχον ἐν ἑαυτῷ
στασιάζει καὶ διαμάχεται πρὸς ἑαυτό. Τέταρτον δὴ οὖν
ἐπὶ τούτοις λέγομεν ὅτι τὴν ἀπόστασιν τὴν ἀπὸ τοῦ ἑνὸς
καὶ τὴν φυγὴν καὶ τὴν ἑτερότητα καὶ τὴν παντοίαν διαίρε- 15
σιν ἀξιοῖ μὴ προσίεσθαι ὁ παρὼν λόγος εἰς τὴν ἐπιστήμονα καὶ / νοερὰν ζωήν, ἀλλὰ πάντα ταῦτα ὡς 245
ἀλλότρια τοῦ νοῦ καὶ τῆς ἑνώσεως τῆς θείας ἀποπέμπε-

---

244. 3 = *Rsp.* IX 588 C 7-8 (cf. supra, p. 160.3-4).

243. 17 ἐμποιοῦν N^{mg.m.rec.} (D) : ἐμποιούσης N^r.
244. 10 ὅλως recc. : ὅλης N ‖ 12 καταδεέστερον N^{m.pr.} (D) ‖
16-17 ἐπιστήμονα edd. : ἐπιστη N.

divine. Car il ne faut pas seulement fuir la multitude
extérieure, mais aussi celle qui est dans l'âme même ;
il ne faut pas non plus se contenter de fuir, il faut aussi
rejeter toute espèce de multiple.

Exhortation   En commençant[1] donc par le bas,
il faut fuir[2] la multitude des hom-
mes *qui vont en troupeau*[3], comme le dit l'*Oracle*, et ne
partager ni leur vie ni leurs opinions. Il faut fuir les
désirs multiformes qui nous particularisent dans notre
corps et nous font nous élancer tantôt vers tels objets
extérieurs, tantôt vers tels autres, tantôt vers des
plaisirs irrationnels, tantôt vers des actions indéfinies
et contradictoires : car ces actions nous *infectent de
remords et de maux*[4]. Il faut fuir les sensations[5] étroitement liées à notre nature, qui abusent notre entende-
ment : elles sont, en effet, elles aussi multiformes, font
l'expérience à chaque instant de sensibles différents et
ne disent rien de correct ni d'exact, comme le dit
quelque part Socrate lui-même. Il faut fuir les imaginations[6] en tant que formatrices d'images[7], en tant
que particulières et en tant qu'elles introduisent une
incroyable diversité, // en tant qu'elles nous empêchent
de remonter vers l'indivis et l'immatériel, mais au
contraire nous entraînent dans l'intellection passive[8],
alors que nous nous efforçons de saisir la nature immatérielle. Il faut fuir loin des opinions[9] : elles sont, en
effet, diverses, infinies et se portent vers l'extérieur,
elles sont mélangées d'imagination et de sensation
et ne sont pas non plus pures de contradiction. Car,
en nous, les opinions se combattent les unes les autres,
comme les imaginations entre elles et les sensations[10].
Eh bien donc, fuyant toutes ces espèces divisées et
particulières de la vie, remontons vers la science elle-
même, et là[11], ramenons la multitude de nos connais-

1. Voir *Notes complémentaires*, p. 417-418.
2. Sur le thème de la « fuite », cf. H. Lewy, p. 172, n. 403
(p. 172-173) où sont rassemblés les textes essentiels.
3-11. Voir *Notes complémentaires*, p. 418-419.

σθαι. Δεῖ γὰρ μὴ τὸ ἔξω πλῆθος μόνον, ἀλλὰ καὶ τὸ ἐν
αὐτῇ τῇ ψυχῇ φεύγειν, μηδὲ τοῦτο μόνον, ἀλλὰ καὶ τὸ
ὁποιονοῦν ἀποσκευάζεσθαι.

5

Κάτωθεν οὖν ἀρχομένοις φευκτέον τὸ πλῆθος τῶν ἀνθρώπων τῶν ἀγεληδὸν ἰόντων, ὥς φησι τὸ λόγιον,
καὶ οὔτε ταῖς ζωαῖς αὐτῶν οὔτε ταῖς δόξαις κοινωνητέον.
Φευκτέον τὰς ὀρέξεις τὰς πολυειδεῖς, αἵ μερίζουσιν ἡμᾶς
περὶ τὸ σῶμα καὶ ποιοῦσιν ἄλλοτε ἐπ' ἄλλα τῶν ἔξω   10
κειμένων ὁρμᾶν, τοτὲ μὲν ἐπὶ ἡδονὰς ἀλόγους, τοτὲ δὲ
ἐπὶ πράξεις ἀορίστους καὶ μαχομένας ἀλλήλαις· μετα-
μελείας γὰρ ἡμᾶς ἀναπιμπλᾶσιν αὐταὶ καὶ κακῶν.
Φευκτέον τὰς συντρόφους ἡμῖν αἰσθήσεις τὰς τὴν διάνοιαν
ἀπατώσας· καὶ γὰρ αὗται πολυειδεῖς εἰσὶ καὶ ἄλλοτε   15
ἀλλοίων πειρῶνται τῶν αἰσθητῶν καὶ οὐδὲν ὑγιὲς λέγουσιν
οὐδὲ ἀκριβές, ὥς πού φησιν αὐτὸς ὁ Σωκράτης. Φευκτέον
τὰς φαντασίας ὡς μορφωτικὰς καὶ ὡς μεριστὰς καὶ ὡς
ποικιλίαν ἀμήχανον ὅσην ἐπεισαγούσας καὶ πρὸς τὸ ἀμέ-
/ριστον καὶ ἄϋλον οὐκ ἐώσας ἡμᾶς ἀναχωρεῖν, ἀλλὰ **246**
σπεύδοντας τῆς τοιαύτης οὐσίας ἀντιλαβέσθαι κατασπώσας
ἐπὶ τὴν παθητικὴν νόησιν. Φευκτέον ἀπὸ τῶν δοξῶν·
ποικίλαι γὰρ αὗται καὶ ἄπειροι καὶ εἰς τὸ ἐκτὸς φερόμεναι
καὶ τῇ φαντασίᾳ καὶ τῇ αἰσθήσει συμμιγεῖς καὶ οὐδὲ   5
αὗται καθαρεύουσι τῆς ἐναντιώσεως. Μάχονται γάρ που
καὶ δόξαι ἀλλήλαις ἐν ἡμῖν, ὥσπερ φαντασίαι φαντασίαις
καὶ αἰσθήσεις αἰσθήσεσι. Ταῦτα δὴ πάντα τὰ μεριστὰ καὶ
ποικίλα τῆς ζωῆς εἴδη φεύγοντες ἐπ' αὐτὴν ἀναδράμωμεν
τὴν ἐπιστήμην, κἀκεῖ τὸ πλῆθος τῶν θεωρημάτων εἰς   10

---

245. 7 = *Or. Chald.*, fr. 154 des Places (= p. 59 Kroll) ‖
12-13 = *Legg.* V 727 C 3 ‖ 16-17 cf. *Phdr.* 242 E 5, *Phd.* 69 B 8,
Crat. 440 C 5-7.

245. 4 αὐτῇ recc. : ταύτῃ N ‖ 16 an ἀλλοίως leg. ?
246. 6 an καθαρευούσαι leg. cum Hamb. philol. 30 ?

sances à l'unité et embrassons d'un lien[1] unique la multitude des sciences. Car il n'y a ni conflit ni contrariété entre les sciences, mais toujours les sciences de second rang servent celles qui leur sont antérieures et tiennent leurs principes propres de celles-là. Cependant, il faut ici s'élever des sciences multiples vers la science unique, la science anhypothétique[2] et première, et faire tendre toutes les autres sciences vers celle-là. Mais après la science et l'entraînement dans la science[3], il faut que l'âme abandonne les synthèses, les divisions et les discursus de toute sorte pour émigrer vers la vie intellective et les intuitions simples[4]. Car la science n'est pas le sommet des connaissances, mais // antérieurement à la science il y a l'intellect : par intellect, je ne veux pas dire l'intellect qui transcende l'âme, mais l'illumination même qui descend de là-haut sur l'âme[5], dont Aristote dit : *l'intellect est ce par quoi nous connaissons les définitions*[6], et Timée : *il ne vient que dans une âme.* Étant donc remonté vers cet intellect, avec lui nous devons considérer la substance intelligible et à l'aide des intuitions simples et indivises *contemplons, comme dans une époptie,* les genres d'êtres simples, *immobiles et indivis*[7]. Et après l'intellect si estimé[8], il faut éveiller l'existence suprême elle-même de l'âme, grâce à laquelle nous sommes un et par laquelle est unifiée la multitude qui est en nous. Car de même que nous avons part à l'intellect selon ledit intellect, de même aussi nous avons part au Premier, duquel vient, pour tous les êtres l'unité, par l'un et, pour ainsi dire, par *la fleur* de notre essence, laquelle nous unit tout particulièrement au divin. Car toujours *le semblable est saisi par le semblable*[9], les objets de science par la

1-7. Voir *Notes complémentaires,* p. 419-420.

8. Sur l'expression, voir *Theol. plat.,* I 19, 93.13 et la n. 1 (p. 154) : aux textes cités, on ajoutera *Dubit.,* 53.15 τὸν πολύτιμον νοῦν et Simpl., *In Phys.,* 147.9.

9. Sur ce principe, cf. *Theol. plat.,* I 3, 15.17-18 et n. 3 (p. 135-136) ; aux textes cités, ajouter : *In Tim.,* I 246.17 ; III 160.18 ; *In Parm.,* IV 924.35 ; *In chald.,* 4, 209.12-15 ; *De prov.* 31.7 ; d'autres textes encore sont cités par P. Hadot, II, p. 77, n. 4.

ἔνωσιν συναγάγωμεν καὶ τὸ πλῆθος τῶν ἐπιστημῶν ἑνὶ
συνδέσμῳ περιλάβωμεν. Οὔτε γὰρ στάσις οὔτε ἐναντίωσίς
ἐστιν ἐπιστημῶν πρὸς ἐπιστήμας, ἀλλ' ἀεὶ ταῖς πρὸ
αὐτῶν ὑπουργοῦσιν αἱ δεύτεραι καὶ ἔχουσι τὰς οἰκείας
ἀρχὰς ἀπ' ἐκείνων. Δεῖ δὲ ὅμως ἐνταῦθα πρὸς τὴν μίαν 15
ἐπιστήμην ἀπὸ τῶν πολλῶν ἑαυτὸν περιάγειν, τὴν ἀνυ-
πόθετον καὶ πρώτην, καὶ τὰς ἄλλας ἁπάσας εἰς ἐκείνην
ἀνατείνειν. Μετὰ δὲ τὴν ἐπιστήμην καὶ τὴν ἐν αὐτῇ γυμνα-
σίαν τὰς μὲν συνθέσεις καὶ τὰς διαιρέσεις καὶ τὰς πολυειδεῖς
μεταβάσεις ἀποθετέον, ἐπὶ δὲ τὴν νοερὰν ζωὴν καὶ τὰς 20
ἁπλᾶς ἐπιβολὰς μεταστατέον τὴν ψυχήν. Οὐ γάρ ἐστιν
ἐπιστήμη τῶν γνώσεων [καὶ] ἀκρότης, ἀλλὰ καὶ πρὸ
ταύτης ὁ / νοῦς · οὐ λέγω τὸν ἐξῃρημένον τῆς ψυχῆς νοῦν, 247
ἀλλ' αὐτὴν τὴν ἐκεῖθεν ἔλλαμψιν τὴν ἐφήκουσαν τῇ ψυχῇ,
περὶ οὗ καὶ ὁ Ἀριστοτέλης φησὶν ὅτι νοῦς ἐστιν ᾧ τοὺς
ὅρους γινώσκομεν, καὶ ὁ Τίμαιος ὅτι ἐν οὐδενὶ ἄλλῳ
ἐγγίνεται ἢ ἐν ψυχῇ. Ἐπὶ τοῦτον τοίνυν τὸν νοῦν ἀνα- 5
βάντες μετ' αὐτοῦ τὴν νοητὴν οὐσίαν θεασώμεθα, ταῖς
ἁπλαῖς καὶ ἀμερίστοις ἐπιβολαῖς τὰ ἁπλᾶ καὶ ἀτρεμῆ
καὶ ἀμέριστα τῶν ὄντων ἐποπτεύοντες γένη. Μετὰ δὲ τὸν
πολυτίμητον νοῦν αὐτὴν τὴν ἄκραν ὕπαρξιν ἀνεγεῖραι
δεῖ τῆς ψυχῆς, καθ' ἣν ἕν ἐσμεν καὶ ὑφ' ἧς τὸ πλῆθος 10
ἑνίζεται τὸ ἐν ἡμῖν. Ὡς γὰρ νοῦ μετέχομεν κατὰ τὸν εἰρημένον νοῦν, οὕτω καὶ τοῦ πρώτου, παρ' οὗ πᾶσιν ἡ ἕνωσις,
κατὰ τὸ ἓν καὶ οἷον ἄνθος τῆς οὐσίας ἡμῶν, καθ' ὃ καὶ
μάλιστα τῷ θείῳ συναπτόμεθα. Τῷ γὰρ ὁμοίῳ τὸ ὅμοιον
πανταχοῦ καταληπτόν, τὰ μὲν ἐπιστητὰ τῇ ἐπιστήμῃ, τὰ 15

247. 3-4 = Ar., *An. post.* A 2, 72 b 24 ‖ 4 cf. *Tim.* 30 B 3 ‖
7-8 = *Phdr.* 250 C 3-4 ‖ 13 cf. infra, p. 248.3 ‖ 14 = Ar., *De anima*,
A 2, 405 b 15.

246. 22 καὶ del. Westerink.
247. 11 νοῦ recc. : νοῦν N (ut uid.) ‖ 12 ἕνωσις Taylor : γνῶσις
N.

science, les intelligibles par l'intellect[1], les mesures les plus unifiées des êtres par l'un de notre âme[2]. Car c'est là la plus élevée d'entre nos activités ; c'est par elle que nous devenons divinement inspirés[3] lorsque nous avons fui toute la multitude, que nous nous sommes concentrés sur notre unité, que nous sommes devenu un et que nous agissons sur le mode de l'un. // Et Socrate pour nous préparer[4] à cette vie bienheureuse nous invite à n'admettre d'aucune façon la multitude extérieure. Enfin, il faut fuir la multitude qui nous est coordonnée pour parvenir, en nous élevant, à *la fleur de l'intellect*[5] et à notre existence.

Ascension par les objets à connaître

Et de la sorte[6], si tu veux cheminer à travers les connaissances, tu verras que l'invitation de Socrate est droite ; que si tu veux aussi poursuivre le propos à travers les objets de connaissance eux-mêmes, alors fuis tous les sensibles (car ils sont dispersés, divisés et sans part à une saisie précise) et, à partir d'eux, élève-toi à la substance incorporelle. Car tout être sensible possède une unité adventice[7] et, par lui-même, il tend à s'éparpiller, sans compter qu'il est infecté d'infinitude : voilà justement pourquoi son bien est fractionné, acquis par surcroît, tendant à sortir de lui-même et ayant son exister dans un siège étranger. T'étant élevé là-haut et étant parvenu au sein des incorporels, tu verras ce monde de l'âme au-dessus des corps, qui, bien qu'il soit automoteur, autonome et possède son exister en lui-même et de lui-même, est pourtant pluralisé et a préassumé une image de *la substance divisée dans les corps*[8] ; tu verras toutes sortes de rapports, des analogies, des liens, des touts, des parties, des cercles psychiques et la multipli-

---

1-5. Voir *Notes complémentaires*, p. 420-421.

6. Ici commence la seconde remontée, à partir des objets de connaissance.

7. Pour l'expression, cf. *In Tim.*, III 320.2 s. Définition de l'ἐπεισοδιῶδες dans *El. theol.*, 19, 20.26-28.

8. Voir *Notes complémentaires*, p. 421.

δὲ νοητὰ τῷ νῷ, τὰ δὲ ἑνικώτατα μέτρα τῶν ὄντων τῷ ἑνὶ τῆς
ψυχῆς. Αὕτη τῶν ἡμετέρων ἐστὶν ἐνεργειῶν ἡ ἀκροτάτη ·
κατὰ ταύτην ἔνθεοι γινόμεθα πᾶν τὸ πλῆθος φυγόντες καὶ
εἰς αὑτὴν συννεύσαντες τὴν ἕνωσιν ἡμῶν καὶ ἓν γενόμενοι
καὶ ἑνοειδῶς ἐνεργήσαντες. Καὶ ταύτην ὁ Σωκράτης 20
προευτρεπίζων ἡμῖν τὴν μακαρίαν ζωὴν παρακελεύεται 248
μηδαμοῦ προσίεσθαι τὸ ἔξω πλῆθος. Ἔτι καὶ φευκτέον τὸ
σύστοιχον πλῆθος, ὡς ἂν εἰς τὸ ἄνθος τοῦ νοῦ καὶ
τὴν ὕπαρξιν ἡμῶν ἀνιόντες καταντήσωμεν.

Καὶ οὕτω μέν, εἰ βούλει κατὰ τὰς γνώσεις ὁδεύειν, ὄψει 5
τὴν τοῦ Σωκράτους παρακέλευσιν ὀρθήν · εἰ δὲ καὶ κατ᾽
αὐτὰ τὰ γνωστὰ μετιέναι τὸν λόγον ἐθέλοις, φύγε τὰ
αἰσθητὰ πάντα (διαπεφορημένα γάρ ἐστι καὶ μεριστὰ καὶ
τῆς ἀκριβοῦς καταλήψεως ἀμέτοχα) καὶ ἀπὸ τούτων
ἄναγε σαυτὸν ἐπὶ τὴν ἀσώματον οὐσίαν. Πᾶν γὰρ αἰσθητὸν 10
ἐπεισοδιώδη τὴν ἕνωσιν ἔχει καὶ διασκεδάννυται καθ᾽
ἑαυτό, καὶ δὴ καὶ ἀπειρίας ἀναπέπλησται · διὸ δὴ καὶ τὸ
ἀγαθὸν αὐτοῦ μεριστόν ἐστι καὶ ἐπίκτητον καὶ ἐξιστάμενον
ἀφ᾽ ἑαυτοῦ καὶ ἐπ᾽ ἀλλοτρίας ἕδρας τὴν ὑπόστασιν ἔχον.
Ἀναβὰς δὲ ἐκεῖ καὶ γενόμενος ἐν τοῖς ἀσωμάτοις ὄψει 15
τὸν ψυχικὸν ἐκεῖνον ὑπὲρ τὰ σώματα διάκοσμον, αὐτοκίνητον μὲν καὶ αὐτενέργητον καὶ ἐν ἑαυτῷ καὶ ἐφ᾽ ἑαυτοῦ
τὴν ὑπόστασιν ἔχοντα, πεπληθυσμένον δὲ ὅμως καὶ
ἔμφασιν προειληφότα τῆς μεριστῆς περὶ τοῖς σώμασιν οὐσίας, λόγων σχέσεις παμπληθεῖς καὶ ἀναλογίας 20
καὶ συνδέσεις καὶ ὅλα καὶ μέρη καὶ κύκλους ψυχικοὺς

---

248. 3 = *Or. Chald.* fr. 1, 1 des Places (= p. 11 Kroll) ; 49, 2
(p. 27) ‖ 19-20 = *Tim.*, 35 A 2-3.

247. 16-17 τῆς ψυχῆς recc. : τῇ ψυχῇ N.
248. 5 ὄψει D : ὄψιν N^ex corr. ‖ 18 πεπληθυσμένον (ex -ος) N ‖
σωματικοὺς
21 ψυχικοὺς N^m.pr..

cité des puissances ; tu verras que leur perfection n'est pas // éternelle et n'existe pas non plus tout entière simultanément mais qu'elle se déroule selon le temps et consiste dans des discursus : car telle est la nature de l'âme[1]. Après la multitude qui est dans les âmes, tends-toi vers l'intellect et les royaumes intelligibles pour saisir l'unité des réalités ; contemple cette nature-là ; vois-la subsister dans l'éternité, vois la vie bouillonnante[2], la vigilante intuition, vois-la qui ne manque de rien pour le vivre et n'a besoin ni de temps ni de périodes pour réaliser sa perfection[3]. Quand tu auras vu cela et considéré combien ces réalités sont supérieures aux âmes, cherche donc s'il n'y a nulle multitude en elles et si l'intellect, tout en étant un, n'est pas aussi totalement complet et si, tout en étant uniforme, il n'est pas aussi multiforme. Et quand tu auras compris et contemplé, comme dans une initiation, la multitude intellective, qui est indivise et unifiée, alors, à nouveau, passe à un autre principe et, antérieurement aux essences intellectives, examine leurs hénades[4] et l'unité transcendante à toutes choses. Et lorsque tu seras parvenu là, tu auras laissé derrière toi tout le multiple, tu seras remonté à la source même du bien.

Tu vois que ce n'est pas une mince aide que nous offre le présent argument en nous invitant à fuir loin de la multitude et tu vois comment // concevoir le multiple qui s'étend à travers tous les êtres contribue au salut[5] total de l'âme. Par conséquent, nous séparer du multiple, aussi bien de celui qui nous est extérieur que de celui qui gît dans les appétits de l'âme et dans les mouvements opinatifs indéterminés, cela nous enseigne le plus beau principe de notre perfection. Cela montre donc à l'évidence que les âmes n'accumulent pas leurs connaissances à partir des sensibles[6] non plus qu'elles ne découvrent le tout et l'un à partir des choses particulières et divisées, mais qu'elles projettent au jour leurs connaissances depuis l'intérieur et, ainsi,

1-6. Voir *Notes complémentaires,* p. 421.

καὶ δυνάμεων ποικιλίαν θεάσῃ, καὶ τὴν τελειότητα αὐτῶν
οὐκ οὖσαν αἰώ/νιον οὐδὲ ὁμοῦ πᾶσαν ἑστῶσαν, ἀλλὰ κατὰ 249
χρόνον ἀνελισσομένην καὶ ἐν διεξόδοις ὑφεστηκυῖαν ·
τοιαύτη γὰρ ἡ ψυχῆς φύσις. Μετὰ δὲ τὸ ἐν ψυχαῖς πλῆθος
ἀνάτεινον σαυτὸν ἐπὶ νοῦν καὶ τὰς νοερὰς βασιλείας,
ἵνα τῆς ἑνώσεως ἀντιλάβῃ τῶν πραγμάτων, καὶ θεατὴς 5
γενοῦ τῆς φύσεως ἐκείνης καὶ ἴδε μένουσαν ἐν αἰῶνι φύσιν
καὶ ζωὴν ζέουσαν καὶ ἄγρυπνον νόησιν καὶ μηδενὶ λεί-
πουσαν εἰς τὸ ζῆν μηδὲ χρόνου δεομένην μηδὲ περιόδων
εἰς τὸ τέλειον. Καὶ ταῦτα ἰδὼν καὶ ὅσῳ δὴ ταῦτα ψυχῶν
κρείττω θεασάμενος, ζήτησον εἰ μηδὲν ἐν τούτοις πλῆθος, 10
μηδὲ ὁ νοῦς εἷς ὢν καὶ παντελής ἐστι, μηδὲ μονοειδὴς ὢν
καὶ πολυειδὴς ὑπάρχει. Μαθὼν δὲ καὶ ἐποπτεύσας τὸ
νοερὸν πλῆθος τὸ ἀμέριστον καὶ ἡνωμένον, ἴθι δὴ πάλιν ἐπ᾽
ἄλλην ἀρχὴν καὶ πρὸ τῶν νοερῶν οὐσιῶν τὰς ἑνάδας αὐτῶν
σκόπει καὶ τὴν ἐξῃρημένην τῶν ὅλων ἕνωσιν. Κἀνταῦθα 15
γενόμενος πᾶν τὸ πλῆθος ἔσῃ καταλιπὼν καὶ πρὸς αὐτὴν
ἀναβεβηκὼς τὴν τοῦ ἀγαθοῦ πηγήν.

Ὁρᾷς ὅπως οὐ σμικρὰν ἡμῖν βοήθειαν ὁ προκείμενος
προδείκνυσι λόγος ἀναφεύγειν ἀπὸ τοῦ πλήθους παρα-
κελευόμενος, καὶ ὅπως εἰς πᾶσαν συντελεῖ τὴν σωτηρίαν 20
τῆς ψυχῆς εἰ τὸ διὰ πάντων τῶν ὄν/των διῆκον πλῆθος 250
ἐννοήσομεν. Ἀρχὴν ἄρα καλλίστην ὑφηγεῖται τῆς τελειότητος ἡμῖν τὸ τῶν πολλῶν ἑαυτοὺς χωρίζειν τῶν τε ἔξω
κειμένων καὶ τῶν ἐν ταῖς ὀρέξεσι τῆς ψυχῆς καὶ τῶν ἐν
ταῖς ἀορίστοις δοξαστικαῖς κινήσεσιν. Ἐκ δὴ τούτων 5
φανερὸν ὅτι τὰς γνώσεις οὐκ ἀπὸ τῶν αἰσθητῶν ἀθροίζουσιν
αἱ ψυχαί, οὐδὲ ἀπὸ τῶν μερικῶν καὶ διῃρημένων πραγμάτων τὸ ὅλον εὑρίσκουσι καὶ τὸ ἕν, ἀλλ᾽ ὡς ἔνδοθεν τὴν
μάθησιν προβάλλουσι καὶ ἐπανορθοῦνται τὸ ἀτελὲς τῶν

249. 4 ἀνάτεινον recc. : ἀνατείνων N ‖ 9 δεῖ ex δὴ N.

redressent l'imperfection des phénomènes. Car il ne
faut pas regarder les non-étants absolus[1] comme causes
principales de la connaissance qui est dans les âmes
<ni> mettre ce qui est en lutte intestine, manque
de ces raisons et est ambigu à la tête de la science qui
est en accord avec elle-même, ni non plus faire de ce
qui change de toute façon la source de ce qui se tient
fixement dans l'unicité du rapport, ou faire de ce qui
est indéterminé la cause de l'intellection déterminée.
Par conséquent, ce n'est pas du multiple qu'il faut
recevoir la vérité relative aux êtres éternels ni des
sensibles la distinction des universels ni des irrationnels
le jugement relatif aux biens, mais il faut que l'âme
aille en elle-même pour y chercher et le vrai et le bien
et les raisons éternelles des êtres[2]. Car son essence est
toute pleine de ces raisons, mais tout cela est caché
par l'oubli dû au monde de la génération, et quand
l'âme recherche le vrai, elle a regard aux autres choses
// alors qu'elle le possède par essence, et elle cherche
dans les autres êtres le bien, en se négligeant[3]. Par
conséquent c'est par là que doit commencer pour nous
la connaissance de nous-mêmes. Car si nous jetons les
yeux sur la multitude des hommes, nous ne saurons
jamais voir leur unique forme, qui est obscurcie par
le multiple, le fractionnement, la séparation et les
changements de toutes sortes de ceux qui y participent ;
si, au contraire, nous nous retournons vers nous-mêmes,
là nous verrons et la raison unique et la nature unique
des hommes dans toute leur pureté. C'est donc avec
raison que Socrate, de loin, détourne d'avoir regard
au multiple l'âme qui veut connaître ce que c'est que
l'homme réellement homme, et qu'il commence par
la purifier des opinions qui s'opposent à cette contemplation. Car le multiple s'oppose à la conversion vers
nous-mêmes et à la connaissance de la forme unique,
parce que dans les choses matérialisées, le divers obs-

1-2. Voir *Notes complémentaires*, p. 421.
3. Thèse fréquemment soutenue, cf. par ex., *El. theol.*, 194 et
J. Trouillard, *L'un et l'âme*, p. 31 s.

φαινομένων. Οὐ γὰρ δεῖ τὰ μηδαμῶς μηδαμῇ ὄντα 10
ἀρχηγικὰ νομίζειν αἴτια τῆς ἐν ταῖς ψυχαῖς γνώσεως
εἶναι, ⟨οὐδὲ⟩ τὰ μαχόμενα πρὸς ἑαυτὰ καὶ ἐνδεῆ τούτων
τῶν λόγων καὶ ἀμφίβολα προΐστασθαι τῆς ἐπιστήμης
ὡσαύτως ἐχούσης αὐτῇ, οὐδὲ τὰ μεταβάλλοντα ποικίλως
τῶν ἐν ἑνὶ ἑστηκότων λόγῳ γεννητικὰ τίθεσθαι καὶ τῆς 15
ὡρισμένης νοήσεως τὰ ἀόριστα. Οὐκ ἄρα ἀπὸ τῶν πολλῶν
εἰσδέχεσθαι δεῖ τὴν τῶν ἀϊδίων πραγμάτων ἀλήθειαν οὔτε
ἀπὸ τῶν αἰσθητῶν τὴν τῶν καθόλου διάκρισιν οὔτε ἀπὸ
τῶν ἀλόγων τὴν περὶ τῶν ἀγαθῶν κρίσιν, ἀλλ' αὐτὴν
ἰοῦσαν τὴν ψυχὴν ἐν ἑαυτῇ ζητεῖν καὶ τὸ ἀλ[η]θὲς καὶ τὸ 20
ἀγαθὸν καὶ τοὺς ἀϊδίους τῶν ὄντων λόγους. Πλήρης γάρ
ἐστιν αὐτῆς ἡ οὐσία τούτων, ἐπικρύπτεται δὲ ἐκ τῆς
γενεσιουργοῦ λήθης καὶ πρὸς ἄλλα βλέπει ζητοῦσα
τἀληθές, ἔχουσα αὐτὸ / κατ' οὐσίαν, καὶ ἐν ἄλλοις σκοπεῖ 251
τὸ ἀγαθὸν ἀφεῖσα ἑαυτήν. Ἐντεῦθεν ἄρα καὶ τῆς ἑαυτῶν
γνώσεως ἡμῖν ἀρχὴ παραγίνεται. Ἐὰν μὲν γὰρ εἰς τὸ
πλῆθος τῶν ἀνθρώπων ἀποβλέπωμεν, οὐκ ἄν ποτε ἴδοιμεν
τὸ ἓν εἶδος αὐτῶν, ἐπισκιαζόμενον ἐκ τοῦ πλήθους καὶ 5
τοῦ μερισμοῦ καὶ τῆς διαστάσεως καὶ τῆς μεταβολῆς τῆς
παντοίας τῶν μετειληφότων · ἐὰν δὲ εἰς ἑαυτοὺς ἐπι-
στραφῶμεν, ἐκεῖ καὶ τὸν λόγον τὸν ἕνα καὶ τὴν φύσιν τὴν
μίαν τῶν ἀνθρώπων θεωρήσομεν ἀνεπιθόλωτον. Εἰκότως
ἄρα ὁ Σωκράτης πόρρωθεν ἀναστέλλει τὴν ψυχὴν τῆς εἰς 10
τὸ πλῆθος ἀφοράσεως τὴν μέλλουσαν γνώσεσθαι, τίς ὁ
ὡς ἀληθῶς ἄνθρωπος, καὶ τὰς ἐμποδίους δόξας προανακαθαίρει τῆς τοιαύτης θεωρίας. Ἐμπόδιον γάρ ἐστι τὸ
πλῆθος πρὸς τὴν εἰς αὐτοὺς ἡμᾶς ἐπιστροφὴν καὶ πρὸς
τὴν γνῶσιν τοῦ ἑνὸς εἴδους, διότι δὴ τῷ ἑνὶ τὸ ποικίλον 15

---

250. 12 οὐδὲ add. Westerink ‖ 14 αὐτῇ Westerink : αὐτῆς N
(an ἀεί leg. ?) ‖ 18 οὔτε N : an οὐδὲ leg. ? (Westerink) ‖ 19
αὐτὴν recc. : ἑαυτὴν N (an εἰς ἑαυτὴν leg. cum Steel ?).
251. 12-13 προανακαθαίρει recc. : -ειν N.

curcit l'un, l'autre, le même, et le dissemblable, le
semblable. Car, ici-bas, les formes ne sont pas présentes
inconfusément et le supérieur n'est pas sans mélange
avec l'inférieur. Ceux donc qui désirent <voir> // chacun des biens en eux-mêmes doivent rejeter tout ce
qui est étranger à ces biens.

Explication de la lettre   En voilà assez sur l'ensemble du
syllogisme[1], maintenant que nous
avons solidement établi[2] l'univer-
selle utilité qui en provient ; reste à examiner les
mots de Platon. Il existe, chez les dialecticiens un
terme employé à propos de ceux qui, au début, sous-
crivent aux prémisses, mais qui, après le syllogisme
et la conclusion, à nouveau se dressent contre l'une
des prémisses auxquelles ils ont souscrit ; et ils appellent
cette attitude ' rétracter '[3] : or c'est justement ce que
fait ici aussi Alcibiade. Car parmi les prémisses posées
au commencement il en rétracte une pour tenter
d'échapper à la réfutation et, puisque, en admettant
auparavant qu'il n'a ni appris ni découvert le juste,
il s'est vu poussé par la force de l'argument vers l'ignorance complète du juste, il rétracte maintenant qu'il n'a
jamais étudié et prétend que c'est par l'étude qu'il a
appris le juste et que c'est par erreur qu'au début il a
nié qu'il l'ait étudié ; et il allègue comme maître
dans cette étude le multiple. A défaut, en effet, d'un
maître unique, il se précipite sur le multiple et lui
rapporte sa connaissance. Et le jeune homme, semble-
t-il, défend cette opinion que le vulgaire est maître
en matière de justice parce qu'il en a été convaincu
par les arguments sophistiques *sans doute courants.*
// En tout cas, dans le *Protagoras,* Platon a fait ainsi
parler le sophiste : « *En ce moment, tu en prends à ton
aise, Socrate, parce que tous sont maîtres de vertu, chacun*

1. Sur ce syllogisme, cf. *supra,* 15.7 ss.
2-3. Voir *Notes complémentaires,* p. 421-422.

ἐπισκιάζει καὶ τῷ ταὐτῷ τὸ ἕτερον καὶ τῷ ὁμοίῳ τὸ ἀνόμοιον
ἐν τοῖς ἐνύλοις πράγμασιν. Οὐ γάρ ἐστιν ἀσυγχύτως
ἐνταῦθα τὰ εἴδη οὐδὲ ἀμιγῆ τὰ βελτίονα πρὸς τὰ χείρονα.
Τοῖς οὖν τὰ ἕκαστα τῶν ἀγαθῶν βουλομένοις ἐφ' ἑαυτῶν
⟨ἰδεῖν⟩ ἀποστρέφε/σθαι προσήκει τὰ πρὸς αὐτὰ ἀλλότρια. 252

Ταῦτα μὲν οὖν περὶ τοῦ παντὸς ἡμῖν εἰρήσθω συλλογισμοῦ, τὴν διὰ πάντων διήκουσαν ὠφέλειαν ἀπ' αὐτοῦ κατα-
δησαμένοις · λοιπόν ἐστι τὰ τοῦ Πλάτωνος ῥήματα θεωρεῖν.
Ἔστι δή τι παρὰ τοῖς διαλεκτικοῖς ὄνομα λεγόμενον ἐπὶ 5
τῶν συγχωρησάντων μὲν ἐξ ἀρχῆς ταῖς προτάσεσι, μετὰ
δὲ τὸ συμπέρασμα καὶ τὸν συλλογισμὸν αὖθις πρός τινα
τῶν συγκεχωρημένων προτάσεων ἱσταμένων, καὶ τοῦτο
καλοῦσιν ἀναθέσθαι · τοῦτο δὴ οὖν καὶ ἐν τούτοις ὁ Ἀλκιβιάδης ποιεῖ. Τῶν γὰρ ἐξ ἀρχῆς προτάσεων ἀνατίθεταί τι 10
τὸν ἔλεγχον φυγεῖν ἐπιχειρῶν, καὶ ἐπειδὴ συγχωρήσας
ἑαυτὸν πρότερον μήτε μαθεῖν τὰ δίκαια μήτε εὑρεῖν ἑώρα
συνεωσμένον εἰς παντελῆ τῶν δικαίων ἄγνοιαν ὑπὸ τοῦ
λόγου, τὸ μὴ μαθεῖν ἀνατίθεται νῦν, καί φησι διὰ μαθήσεως
ἐγνωκέναι τὰ δίκαια καὶ κακῶς ἔξαρνος γενέσθαι τὴν ἀρχὴν 15
ὡς ἄρα οὐκ ἔμαθε, καὶ τῆς μαθήσεως ταύτης διδασκάλους
προΐσταται τοὺς πολλούς. Τοῦ γὰρ ἑνὸς ἀπορῶν καθηγε-
μόνος ἐπὶ τὸ πλῆθος φέρεται καὶ τούτῳ τὴν ἑαυτοῦ γνῶσιν
ἀνατίθησι. Καὶ ἔοικεν ὁ νεανίσκος ὑπὸ τῶν σοφιστικῶν
λόγων ὡς τὸ εἰκὸς περιφερομένων ἀναπεπεισμένος ταύτης 20
προΐστασθαι τῆς δόξης, ὡς ἄρα οἱ πολλοὶ διδάσκαλοι τῶν
δικαίων / εἰσίν. Ἐν γοῦν τῷ Πρωταγόρᾳ ταῦτα πεποίηται 253
τῷ Πλάτωνι λέγων ὁ σοφιστής · νῦν δὲ τρυφᾷς, ὦ
Σώκρατες, διότι πάντες διδάσκαλοί εἰσιν ἀρετῆς

253. 1-6 = *Protag.* 327 E 1-328 A 1.

251. 19 ἐφ' ex ἀφ' N (ἀφ' D) ‖ 20 ἰδεῖν add. uir doctus ap.
Creuzer.

selon sa mesure et pourtant, à tes yeux, aucun ne l'est ;
c'est comme si tu cherchais des maîtres pour apprendre
à parler grec[1], *il ne te paraîtrait pas qu'il y en eût*
un seul. » Voilà donc ce que dit Protagoras et le jeune
homme dit la même chose ici aussi. « C'est, dit-il, en
effet, *du multiple* que j'ai appris le juste, Socrate, tout
de même que c'est de lui que j'ai appris à parler grec. »
Voilà donc introduit du même coup un autre mode de
purification, celui qui éloigne la jeunesse de la fréquentation des sophistes ; car cette fréquentation est
un empêchement à l'acquisition de la science, qui nous
fait choir de la vérité et engendre l'erreur par la multiplicité et la variété des enseignements. Par conséquent,
la sophistique est coordonnée au multiple et à la vie
du multiple, parce qu'elle vise à la tromperie et à
l'apparence et qu'elle éloigne de la vérité et de l'un.

< Tu ne recours pas à des professeurs ... capable
d'enseigner celles qui sont plus sérieuses ! (110 E 2-
10). >

**Sur le sens
de l'argument
de Socrate**

// En quoi consiste le critère permettant de reconnaître les hommes
de savoir et comment, selon ce critère, le vulgaire n'est pas un bon
maître pour enseigner la nature du juste, l'exposé
l'indiquera dans la suite ; mais l'argumentation développée ici par Socrate est, à la fois, très persuasive — de
par sa clarté — et très vraie, à condition qu'on l'examine correctement. Que dit en effet Socrate ? Le multiple n'est pas capable d'enseigner le jeu de trictrac,
qui est bien inférieur au juste ; dès lors, comment ceux
qui ne peuvent enseigner ce qui est inférieur pourront-ils
être de bons maîtres dans ce qui est meilleur ? Comment
ceux qui ne sont pas capables de juger droitement de
ce qui est très facile à connaître pourront-ils enseigner
ce qu'il y a de plus difficile et de plus dur à comprendre ?
Ainsi donc le dessein de ce raisonnement est évident,

1. Voir *Notes complémentaires*, p. 422.

καθ' ὅσον δύναται ἕκαστος, καὶ οὐδείς σοι φαίνεται εἷς, ὥσπερ ἂν εἰ ζητοῖς τίς διδάσκαλος τοῦ 5
ἑλληνίζειν, οὐδ' ἂν εἷς φανείη. Ταῦτα μὲν ὁ τοῦ
Πρωταγόρου λόγος· τὰ δὲ αὐτὰ καὶ ὁ νεανίσκος ἐν
τούτοις· παρὰ γὰρ τῶν πολλῶν, φησίν, ἔμαθον τὸ
δίκαιον, ὦ Σώκρατες, ὥσπερ καὶ τὸ ἑλληνίζειν παρὰ
τούτων ἔμαθον. Πάλιν οὖν ἄλλος τρόπος καθαρτικὸς 10
συνεισάγεται, τῆς τῶν σοφιστῶν συνουσίας ἀπείργων τὴν
νεότητα ὡς ἐμποδίου πρὸς τὴν τῆς ἐπιστήμης κτῆσιν
καὶ ὡς ἀφελκούσης ἡμᾶς τῆς ἀληθείας καὶ πλάνην
ἐμποιούσης διὰ τῶν πολλῶν καὶ παντοδαπῶν ἀκουσμά-
των. Σύστοιχος οὖν ἐστι τῷ πλήθει καὶ τῇ ζωῇ τοῦ 15
πλήθους ἡ σοφιστική, πρὸς ἀπάτησιν ὁρῶσα καὶ τὸ
φαινόμενον καὶ τῆς ἀληθείας ἀφισταμένη καὶ τοῦ ἑνός.

⟨ Οὐκ εἰς σπουδαίους ... τὰ δὲ σπουδαιότερα ; 110 E. ⟩

Τί μέν ἐστι κριτήριον ἐπιστημόνων ἀνθρώπων καὶ ὅπως
/ οἱ πολλοὶ κατὰ τοῦτο τὸ κριτήριον οὔκ εἰσι σπουδαῖοι **254**
διδάσκαλοι τῆς τοῦ δικαίου φύσεως, ἐνδείξεται προϊὼν ὁ
λόγος· ἡ δὲ νῦν λεγομένη παρὰ τοῦ Σωκράτους ἐπι-
χείρησις καὶ πιθανότητα πολλὴν ἔχει, διὰ τὴν ἐνάργειαν,
καὶ ἀλήθειαν, εἴ τις αὐτὴν ὀρθῶς μεταδιώξειε. Τί γάρ ποτέ 5
ἐστιν ὅ φησιν ; Οἱ πολλοὶ τὰ πεττευτικὰ διδάσκειν οὐχ
οἷοί τ' εἰσί, φαυλότερα ὄντα τῶν δικαίων· εἶτα οἳ μὴ
δύνανται τὰ φαυλότερα διδάσκειν τῶν μειζόνων εἰσὶν
ἀγαθοὶ διδάσκαλοι καὶ οἱ τὰ πρὸς γνῶσιν εὐκολώτερα
μὴ οἷοί τε ὄντες κρίνειν ὀρθῶς τὰ χαλεπώτερα καὶ δυσκα- 10
τανοητότερα διδάσκειν δυνήσονται ; Ἐναργὴς μὲν οὖν
ἡ ἐπιβολὴ τοῦ λόγου τούτου, δοκεῖ δὲ ἄτοπος εἶναι ἡ

---

253. 4-5 φαίνεται εἷς N (et iam Hermann in ed. sua) : φαίνεται
ἐῖθ' Plat. libri ‖ 5 εἰ ζητοῖς τίς διδάσκαλος scripsi cum Plat. lib. :
ἐζήτει τοῖς διδασκάλοις N ‖ 16 ἀπάτησιν Westerink : ἀπάντησιν N.

mais la conséquence en paraît absurde[1]. Car on n'a pas
prouvé par là que celui qui ne connaît pas l'inférieur
est sans part à la connaissance du supérieur. En tout
cas, Hippocrate pouvait enseigner la médecine, mais
nullement la charpenterie qui est pourtant bien inférieure à la médecine ; et Socrate lui-même faisait de
ses disciples des dialecticiens, et il leur enseignait cette
science, mais non pas des joueurs de trictrac, quoique
ce jeu soit bien inférieur à la dialectique. Ainsi donc,
comme je viens de le dire, la proposition hypothétique[2]
ne paraît pas vraie mais seulement vraisemblable ;
pourtant, si on l'examine comme il faut, elle paraîtra
absolument vraie. Car le raisonnement n'a pas seulement assumé le jeu de trictrac comme inférieur au
juste, mais aussi comme tout à fait familier au vulgaire
et comme lui tenant à cœur. Car le peuple, c'est-à-dire
la multitude sans intellect, se précipite sur ces sortes
d'activités et y gaspille son temps. Voilà donc ce qu'il
faut sous-entendre avec la proposition hypothétique,
et alors elle sera incontestable. Si, en effet, le vulgaire
n'est pas capable d'enseigner les activités inférieures
qu'il pratique, auxquelles il est attaché et qui lui sont
// familières, il ne saurait non plus enseigner les activités
meilleures que celles-là, dont il s'occupe moins et qui
ne lui sont pas familières.

**La réponse
du jeune homme**

Telle est donc la façon dont, je
pense, le signifié[3] rencontre la vérité
des choses. Le jeune homme, ce
semble, introduit tous ses arguments — que la multitude
est capable d'enseigner bien d'autres choses qui ne
sont pas plus mauvaises que le jeu de trictrac — comme
s'il voulait ruiner la vraisemblance de l'argument, parce
qu'il ne sait pas qu'aucune multitude ne peut recevoir
la science véritable. Voilà pourquoi il est impossible
de trouver une démocratie bonne et vertueuse, parce

1-3. Voir *Notes complémentaires*, p. 422.

ἀκολουθία. Οὐ γὰρ ὁ τὰ καταδεέστερα μὴ εἰδὼς ἄμοιρος
ἀπεργάζεται τῆς τῶν βελτιόνων γνώσεως εἶναι. Ὁ γοῦν
Ἱπποκράτης τὰ μὲν ἰατρικὰ διδάσκειν οἷός τ᾽ ἦν, τὰ δὲ 15
τεκτονικὰ οὐδαμῶς, φαυλότερα τῶν ἰατρικῶν ὄντα · καὶ ὁ
Σωκράτης αὐτὸς διαλεκτικοὺς μὲν ἐποίει τοὺς συνόντας
καὶ παρεδίδου τὴν ἐπιστήμην ταύτην, πεττευτὰς δὲ οὔ,
καίτοι φαυλότερα τῶν διαλεκτικῶν εἰσὶ τὰ πεττευτικά.
Δοκεῖ μὲν οὖν, ὅπερ ἔφην, οὐκ εἶναι τὸ συνημμένον 20
ἀληθές, ἀλλὰ πιθανὸν μόνον, ἐπισκοποῦντι δὲ αὐτὸ
μετρίως φανεῖται παντάπασιν ἀληθὲς ὑπάρχον. Τὰ γὰρ
δὴ πεττευτικὰ παρέλαβεν ὁ λόγος οὐ μόνον ὡς φαυλότερα
τῶν δικαίων, ἀλλὰ καὶ ὡς οἰκειότερα τοῖς πολλοῖς ὄντα
καὶ σπουδαζόμενα ὑπ᾽ αὐτῶν · τὸ γὰρ δημῶδες καὶ τὸ 25
ἄνουν πλῆθος ἐπιτρέχει τοῖς τοιούτοις καὶ περὶ ταῦτα
διατρίβει. Δεῖ δὴ οὖν τῷ συνημμένῳ τοῦτο προσυπακούειν
καὶ ἔσται ἀναμφισβήτητον. Εἰ γὰρ τὰ φαυλότερα καὶ οἷς
ἐγχειροῦσι καὶ οἷς προσπεπόνθασι καὶ πρὸς ἃ ᾠκείωνται
μὴ οἷοί / τέ εἰσιν οἱ πολλοὶ διδάσκειν, οὐδ᾽ ἂν τὰ τούτων **255**
σπουδαιότερα καὶ ὧν ἧττον ἅπτονται καὶ πρὸς ἃ ἐλασ-
σόνως ᾠκείωνται διδάσκειν δύναιντο.

Τὸ μὲν οὖν σημαινόμενον οὕτως ἂν οἶμαι τυγχάνοι τῆς
τῶν πραγμάτων ἀληθείας · ἔοικε δὲ καὶ ὁ νεανίσκος ὥσπερ 5
διελέγχων τὴν πιθανότητα τοῦ ἐπιχειρήματος ἐπάγειν τὰ
ἐφεξῆς, ὅσα δείκνυσι τοὺς πολλοὺς καὶ ἄλλα διδάσκειν
δυναμένους ἃ μή ἐστι φαυλότερα τῶν πεττευτικῶν,
ἀγνοῶν ὅτι πᾶν πλῆθος ἄδεκτον ἐστι τῆς ὡς ἀληθῶς
ἐπιστήμης. Διὰ γὰρ τοῦτο καὶ δημοκρατίαν ἀγαθὴν καὶ 10
σπουδαίαν εὑρεῖν ἀδύνατον, ὅτι δεῖ μὲν ἑκάστην πολιτείαν

---

255. 6-7 τὰ ἐφεξῆς : *scil. Alc.* 110 E 11 ss.

254. 14 γοῦν prop. Westerink : οὖν N.
255. 9 ἄδεκτον coniec. Steel (ἄτακτον <ἄδεκτον> Westerink) :
ἄτακτον N.

que chaque constitution atteint son bien lorsque ce qui
dirige détient la science convenable ; or ce qui dirige dans
la démocratie c'est le peuple et le peuple n'est pas fait
pour avoir la science ni pour vivre selon la science ; par
conséquent, il ne saurait jamais y avoir de démocratie
vertueuse. Il faut aussi avoir regard au tout et dire
que les êtres les plus unifiés qui s'y trouvent possèdent
intellect et sagesse, tandis que tout ce qui est partiel,
divers et sans ordre, tout cela est sans part à la connaissance véritable et à la science. // Le valeureux Héraclite[1]
a donc raison d'envoyer promener la multitude, parce
qu'elle est sans intellect et sans raison : *Car qu'est-ce
que leur intellect*, dit-il, *sinon un diaphragme? ils se
laissent persuader par les chants des dèmes, et ils usent
de la communauté comme maître, sans voir que nombreux
sont les méchants, peu nombreux les bons*[2]. Voilà pour
Héraclite ; c'est pourquoi le Sillographe[3] l'a appelé
l'insulteur de la foule[4].

Sur le petit nombre   D'autre part[5], il ne faut pas
   des bons   s'étonner si, tout en affirmant que
et le grand nombre le conforme à la nature est plus
  des méchants   étendu que le contre nature, que le
contre nature est réduit à une toute petite portion et
que le conforme à la nature domine dans le tout[6], nous
affirmons cependant aussi que la majorité des hommes
est ignorante et méchante et ceux qui savent, un tout
petit nombre. En effet, pour les âmes, l'existence avec
un corps n'est pas naturelle[7] non plus que la vie liée
à la génération ; au contraire, c'est la vie séparée, immatérielle et incorporelle qui leur convient davantage.
Et lorsque les âmes sont dans le monde de la génération
elles ressemblent à ceux qui séjournent dans un lieu
contaminé par la peste, mais lorsqu'elles sont hors du
monde de la génération, elles ressemblent à ceux qui
vivent, selon l'expression même de Platon, dans la

1-7. Voir *Notes complémentaires*, p. 422-423.

τότε τοῦ εὖ τυγχάνειν ὅταν τὸ ἄρχον ἐν αὐτῇ τὴν
προσήκουσαν ἐπιστήμην ἔχῃ · τὸ δὲ ἐν ταῖς δημοκρατίαις
ἄρχον ὁ δῆμός ἐστιν, ὁ δέ γε δῆμος ἐπιστήμην οὐ πέφυκεν
ἴσχειν οὐδὲ κατ’ ἐπιστήμην ζῆν, ὥστε οὐδὲ δημοκρατία
ἂν γένοιτό ποτε σπουδαία. Δεῖ δὲ καὶ εἰς τὸ πᾶν βλέψαντα 15
ἐρεῖν ὅτι τὰ ἑνικώτατα τῶν ἐν αὐτῷ νοῦν ἔχει καὶ φρόνησιν,
ἃ δὲ μερικά εἰσι καὶ διαφερόμενα καὶ ἄτακτα, ταῦτα
γνώσεώς ἐστιν ἀληθοῦς ἄμοιρα καὶ ἐπιστήμης. Ὀρθῶς
οὖν καὶ ὁ γενναῖος Ἡράκλειτος ἀποσκο/ρακίζει τὸ πλῆθος **256**
ὡς ἄνουν καὶ ἀλόγιστον. Τίς γὰρ αὐτῶν, φησί, νόος ἢ
φρήν; δήμων †αἰδοῦς ἡπιόων τε† καὶ διδασκάλῳ
χρείωνται ὁμίλῳ, οὐκ εἰδότες ὅτι οἱ πολλοὶ κακοί,
ὀλίγοι δὲ ἀγαθοί. Ταῦτα μὲν ὁ Ἡράκλειτος · διὸ καὶ ὁ 5
σιλλογράφος ὀχλολοίδορον αὐτὸν ἀπεκάλεσεν.

Οὐ δεῖ δὲ θαυμάζειν εἰ τὸ κατὰ φύσιν πλέον εἶναι τοῦ
παρὰ φύσιν λέγοντες καὶ τοῦτο μὲν εἰς στενὸν συνελαύ-
νεσθαι, τὸ δὲ κατὰ φύσιν ἐπικρατεῖν ἐν τῷ παντί, τῶν
ἀνθρώπων τοὺς πλείστους λέγομεν ἀνεπιστήμονας καὶ 10
κακούς, ἐλαχίστους δὲ τοὺς ἐπιστήμονας. Οὐ γάρ ἐστι ταῖς
ψυχαῖς κατὰ φύσιν ὁ μετὰ τῶν σωμάτων βίος οὐδὲ ἡ
γενεσιουργὸς ζωή, τοὐναντίον δὲ ἡ χωριστὴ καὶ ἄϋλος
καὶ ἀσώματος αὐταῖς μᾶλλον προσήκει. Καὶ ὅταν μὲν ὦσιν
ἐν τῇ γενέσει, τοῖς ἐν λοιμώττοντι χωρίῳ ποιουμένοις τὰς 15
διατριβὰς ἐοίκασιν, ὅταν δὲ ἔξω τῆς γενέσεως, αὐτὸ τοῦτο,
⟨ὃ⟩ φησιν ὁ Πλάτων, τοῖς ἐν λειμῶνι διαιτωμένοις.

255. 16 cf. *Phil.* 59 D 1.
   256. 1-5 Heraclitus, 22 B 104 Diels (= 104 Bollack) ‖ 6 =
Timo Phlias. frg. 29 Wachsmuth (= 43 Diels) ‖ 17 cf. *Gorg.*
524 A 2, *Phdr.* 248 C 1, *Rsp.* X 614 E 2-3, 616 B 2.

   256. 3 δήμων αἰδοῦς ἡπιόων τε N, corruptus : δήμων ἀοιδοῖσι
πείθονται scripsit Diels δήμων ἀοιδοῖσι ἔπονται uel δ. ἀ. ἡπιόωνται
Bollack ‖ 4 χρείωνται Diels : χρειῶν τε N ‖ 7 in mg. N hoc habet :
ση (μείωσ)αι · περὶ οὗ καὶ ἐγὼ ἐν ἄλλοις ἐπεστάτησα ‖ 17 ὃ add.
Westerink.

prairie[1]. Tout de même donc qu'il n'y a rien d'étonnant
à ce que dans les lieux pestilentiels // il y ait plus de
malades que de gens bien portants, de même aussi,
dans la génésis, n'y a-t-il rien d'étonnant à ce que les
âmes passionnées et mauvaises soient plus nombreuses.
Au contraire même, l'étonnant serait que des âmes
revêtues de tels corps[2], entourées de tels liens et entraî-
nées dans un changement de condition si grand, fussent
sobres[3] et demeurassent pures et sans passion ! Et c'est
en ayant regard à ces âmes, je pense, et à celui qui vit
immatériellement au milieu des êtres matériels et purement au milieu des êtres mortels, qu'un juge[4] pourrait
dire : *Ce qui m'étonne c'est que ayant bu, tu ne sois pas
enivré de ces passions;* car oubli, erreur, ignorance
ressemblent effectivement à quelque poison qui attire
les âmes vers *la région de dissimilitude*[5]. Pourquoi, dès
lors, t'étonner si beaucoup sont, dans leur vie, des
loups, beaucoup des porcs[6], si beaucoup manifestent
l'apparence de quelque autre bête[7], puisque le lieu
terrestre c'est l'antre de Circé[8] et que beaucoup d'âmes
se laissent prendre par son philtre à cause de leur
// insatiable désir ? Étonne-toi plutôt que certains ici-
bas échappent au poison, au charme et, comme ils sont
de nature Hermaïque[9], passent à la raison et à la science.
De même que nous ne devons pas nous étonner de voir
dans le Tartare des âmes se faire châtier (car c'était
et c'est encore le lieu pour cela), de même nous ne
devons pas nous étonner si les âmes dans la génésis
pâtissent et sont dépourvues d'intellect et de connaissance : car c'est ce genre d'âmes que réclame la génésis.
De même donc qu'au ciel toutes les âmes sont boniformes, dans le Tartare, toutes mauvaises, de même
dans la génération, plus nombreuses sont les mauvaises,
moins nombreuses les bonnes ; car le monde de la génération est vers la plus mauvaise des extrémités de la
réalité et non vers la plus divine et la meilleure.

1-8. Voir *Notes complémentaires*, p. 423-425.
9. Sur la chaîne hermaïque, cf. *supra*, 187.19-20 et n. 2, p. 157.

Ὥσπερ οὖν οὐδὲν θαυμαστὸν ἐν λοιμώδεσι τόποις πλείους
εἶναι τοὺς νοσοῦντας τῶν κατὰ / φύσιν διακειμένων, 257
οὕτω δὴ καὶ ἐν τῇ γενέσει πλείους εἶναι ψυχὰς τὰς ἐμπα-
θεῖς καὶ μοχθηρὰς οὐδὲν θαυμαστόν. Τοὐναντίον μέντ' ἂν
εἴη θαυμαστόν, εἴ τινες ἠμφιεσμέναι τοιαῦτα σώματα καὶ
περιβεβλημέναι τοιούτους δεσμοὺς καὶ περιεστοιχισμέναι 5
τοσαύτῃ μεταβολῇ νήφουσι καὶ καθαραὶ καὶ ἀπαθεῖς
διαμένουσι. Καὶ εἴποι ἂν καὶ πρὸς τὰς τοιαύτας ψυχάς,
οἶμαι, ἀφορῶν κριτὴς καὶ τὸν οὕτω ζῶντα, ἐν τοῖς ἐνύλοις
ἀΰλως καὶ ἐν τοῖς θνητοῖς ἀχράντως · θαῦμά μ' ἔχει
πῶς οὔ τι πιὼν τάδε φάρμακ' ἐθέλχθης. Ὄντως 10
γὰρ ἔοικεν ἡ λήθη καὶ ἡ πλάνη καὶ ἡ ἄγνοια φαρμακείᾳ
τινὶ κατασπώσῃ τὰς ψυχὰς ἐπὶ τὸν τῆς ἀνομοιότητος
τόπον. Τί οὖν θαυμάζεις εἰ πολλοὶ μὲν λύκοι κατὰ
τὴν ζωήν, πολλοὶ δὲ σύες, πολλοὶ δὲ ἄλλο τι τῶν
ἀλόγων εἶδος προβεβλημένοι, Κίρκης ὄντος καταγωγίου 15
τοῦ περὶ γῆν τόπου καὶ τῷ πόματι τῶν πολλῶν ψυχῶν
ἁλισκομένων διὰ τὴν ἄμετρον / ἐπιθυμίαν ; Ἐκεῖνο θαῦμα- 258
σον, εἴ τινες ἐνταῦθα ἀφάρμακτοι καὶ ἄθελκτοι καὶ
Ἑρμαϊκοὶ τὴν φύσιν εἰσίν, εἰς λόγον καὶ ἐπιστήμην μετα-
βαίνοντες. Ὥσπερ γὰρ οὐ δεῖ θαυμάζειν εἰ ἐν τῷ Ταρτάρῳ
ψυχὰς κολαζομένας ἴδοιμεν (τούτων γὰρ ἦν ὁ ἐκεῖ τόπος), 5
οὕτω καὶ εἰ ἐν τῇ γενέσει αἱ πολλαὶ παθαίνονται καί εἰσιν
ἄνους καὶ ἀμαθεῖς · τοιαύτας γὰρ ἀπαιτεῖ ψυχὰς ἡ γένεσις.
Ὥσπερ οὖν ἐν τῷ οὐρανῷ πᾶσαι ἀγαθοειδεῖς, ὡς ἐν τῷ
Ταρτάρῳ πᾶσαι μοχθηραί, οὕτως ἐν τῇ γενέσει πλείους
μὲν αἱ μοχθηραί, ἐλάσσους δὲ αἱ σπουδαῖαι · πρὸς γὰρ τῷ 10
χείρονι τῶν ἄκρων ἐστὶν ἡ γένεσις, ἀλλ' οὐ πρὸς τῷ
θειοτέρῳ καὶ κρείττονι.

257. 9-10 = χ 326 ‖ 12-13 = *Pol.* 273 D 6-7 (cf. supra, p. 34.6).

257. 8 ἀφορῶν Dodds : ἄφρων N ‖ 14 σύες Westerink : σῦς
N ‖ 16 τῶν iterauit N.

258. 3 Ἑρμαϊκοὶ recc. : -ὴν N ‖ 7 ἄνους N : an ἄνοι cum
Dodds leg. ?

< C'est pourtant ce que je pense ! ... j'en rapporte
ma connaissance. (110 E 11-111 A 4). >

**Sur le sens
de « parler grec »**

Il est arrivé au jeune homme cela
même que nous avions dit auparavant : il suit les opinions sophisti-
ques tout en réfutant l'argument comme plausible et
comme non vrai. « Le peuple, dit-il, enseigne bien
d'autres choses qui sont supérieures au jeu de trictrac :
n'est-il pas un maître de grec, ce qui est supérieur au
jeu de trictrac ? » Or, parler grec n'a pas un sens
simple[1], mais un triple sens. En un premier sens[2], // c'est
respecter l'usage[3] grec des noms : c'est donner, par
exemple, à telle chose le nom de *xylon*, à telle autre
celui d'*anthropos*, à telle autre celui d'*hippos* et ainsi
dans tous les cas[4] ; en un deuxième sens, c'est avoir un
usage exact de la langue grecque et la proférer d'une
manière correcte[5] ; en un troisième sens, c'est attribuer
aux choses le nom propre qui leur convient par nature[6].
Dans le premier sens de ' parler grec ', sans doute le
vulgaire peut-il être aussi un maître ; il est, en effet,
capable d'exposer les emplois courants dans les noms
en accord avec l'usage commun des Grecs ; mais il ne
peut plus l'être au deuxième et au troisième sens : le
deuxième sens revient à celui qui a le savoir de la
grammaire, le troisième à celui qui a examiné la nature
des choses, au philosophe. Sinon, nous <n'aurions pas>
eu recours au spécialiste ; or c'est ce que nous faisons[7],
lorsque nous découvrons que la compréhension du vulgaire est incapable de saisir les étants. Pythagore[8] disait,
en effet, qu'*entre toutes les choses* qui existent, *la plus*

1-2. Voir *Notes complémentaires*, p. 425.
3. Συνήθεια autre expression technique : c'est la *consuetudo*
des latins et notre concept d'usage ; cf. Lausberg, § 469.
4. Exemples de type stoïcien selon H. Barwick, *op. cit.*, p. 8,
n. 1 ; en fait ils sont communs à tous les traités de grammaire
anciens.
5. Sans doute faut-il entendre : choisir correctement ses mots
et les prononcer correctement.
6-8. Voir *Notes complémentaires*, p. 426-427.

⟨ Οἶμαι ἔγωγε· ἄλλα ... σπουδαίους εἶναι διδασκάλους.
110 E-111 A. ⟩

Τοῦτο ἐκεῖνο τὸ προειρημένον ὑφ᾽ ἡμῶν ὁ νεανίσκος 15
πέπονθεν, ἅμα μὲν ταῖς σοφιστικαῖς δόξαις ἑπόμενος, ἅμα
δὲ ὡς πιθανὸν ἀλλ᾽ οὐκ ἀληθὲς τὸ ἐπιχείρημα τὸ ῥηθὲν
διελέγχων · καὶ ἄλλα πολλά φησι διδάσκειν τοὺς πολλούς,
ὧν τὰ πεττευτικὰ φαυλότερα · καὶ γὰρ τοῦ ἑλληνίζειν τούτους εἶναι διδασκάλους, κρείττονος ὄντος ἢ κατὰ τὸ πετ- 20
τεύειν. Ἔστι δὲ τὸ ἑλληνίζειν οὐχ ἁπλοῦν, ἀλλὰ τριττόν.
Τὸ μὲν γάρ ἐστι τὴν ἑλληνικὴν διασῴζειν συνήθειαν τῶν
ὀνομάτων, οἷον ὅτι / τῳδὶ μὲν ξύλον ὄνομα, τῳδὶ δὲ **259**
ἄνθρωπος, καὶ ἵππος ἄλλῳ, καὶ οὕτως ἐπὶ πάντων · τὸ δέ
ἐστιν ἀκριβοῦν κατὰ τὴν ἑλληνικὴν φωνὴν καὶ τὴν ὀρθότητα
αὐτῆς διασῴζειν τὴν ἐν τῇ προφορᾷ · τρίτον δέ ἐστι τὸ
τὰς κυριότητας τῶν ὀνομάτων τὰς κατὰ φύσιν προσηκού- 5
σας τοῖς πράγμασιν ἀπονέμειν. Κατὰ οὖν τὸ πρῶτον
σημαινόμενον τοῦ ἑλληνίζειν καὶ οἱ πολλοὶ δύναιντ᾽ ἂν
εἶναι διδάσκαλοι · τὰς γὰρ κειμένας συνηθείας ἐν τοῖς
ὀνόμασι κατὰ τὴν κοινὴν τῶν Ἑλλήνων χρῆσιν διασα-
φοῦσι · κατὰ δὲ τὸ δεύτερον οὐκέτι καὶ τὸ τρίτον, ἀλλὰ 10
τὸ μέν ἐστι τοῦ τὴν γραμματικὴν εἰδότος, τὸ δὲ τοῦ τὴν
φύσιν τῶν πραγμάτων ἐπεσκεμμένου καὶ τοῦ φιλοσόφου.
Οὕτω γὰρ ⟨οὐκ⟩ ἂν ἐπὶ τὸ τεχνικώτερον ἀνατρέχοιμεν ·
καὶ τοῦτο ποιοῦμεν, ὅταν τὴν τῶν πολλῶν διάνοιαν
ἀσθενοῦσαν εὑρίσκωμεν πρὸς τὴν τῶν ὄντων κατάληψιν. 15
Ἐπεὶ καὶ ὁ Πυθαγόρας τῶν μὲν ὄντων πάντων σοφώτα-

---

258. 15 cf. supra, p. 252.17-253.9 ; p. 255.5-7.
259. 16-18 cf. v.g. Iambl., *V. Pyth.* XVIII 82 (p. 47. 17-18 Deubner).

259. 3 κατὰ N : om. Schol. Plat. ǁ 13 οὐκ addidi ǁ ἀνατρέχοιμεν Dodds : -ωμεν N (ex -ομεν) ǁ 14 ποιοῦμεν Westerink :
ποιῶμεν N.

sage est le nombre ; la seconde dans l'ordre de la sagesse,
d'imposer aux réalités les noms qui leur conviennent.
Et, en effet, l'intellect[1] est le premier nombre et l'âme
intellective qui vient à sa suite contemple les formes ;
quant à l'un, il est antérieur non seulement à l'âme
mais aussi à l'intellect ; car il engendre le [nombre][2].

Le multiple maître en matière de juste ? Assez sur la question de parler
grec ; quant à ceux qui regardent le
multiple comme maître en matière
de juste aussi bien qu'en matière de
langue grecque, ils me semblent dire clairement qu'ils
considèrent que le juste aussi est affaire de convention[3],
au même titre que // les noms[4]. Effectivement, dans le
cas des noms, en particulier de ceux qui relèvent de
l'usage courant, le multiple est bien connaisseur, mais
il est incapable de saisir l'appropriation de ces noms
aux réalités. Or donc ces gens s'imaginent que le juste
aussi est affaire de convention et c'est pourquoi ils en
rapportent l'enseignement au multiple ; d'ailleurs le
juste par nature n'est évident que pour ceux qui savent.
Quant à nous, nous devons dire que le vulgaire peut
sans doute reconnaître tel juste particulier selon l'opinion commune, tout de même qu'il peut dire que tel
nom appartient à tel objet particulier, mais qu'il ne
saurait jamais connaître le juste-en-soi, non plus que la
propriété du nom elle-même.

< Eh bien, mon brave ... // tous fussent en ce
domaine, bons maîtres ! (111 A 5-D 1). >

Exégèse générale du syllogisme De ce qui est dit par le jeune
homme, Socrate accepte une par-
tie et en repousse une autre. Et
d'abord, il mène à son achèvement ce qui a été correctement dit ; ensuite, par là même, il réfute l'autre
partie. Car il faut atteindre ce qui est inconnu à partir
de ce qui est plus connu[6] et ce qui est cherché à partir
des notions communes. Que donc le multiple soit

1-6. Voir *Notes complémentaires*, p. 427.

τον ἔλεγεν εἶναι τὸν ἀριθμόν, δεύτερον δὲ εἰς σοφίαν
τὸ τοῖς πράγμασι τὰ ὀνόματα τιθέναι προσήκοντα.
Νοῦς μὲν γάρ ἐστιν ὁ πρῶτος ἀριθμός, ψυχή δὲ νοερὰ μετὰ
τοῦτον ἡ τῶν εἰδῶν θεωρητική, τὸ δὲ ἓν καὶ πρὸ ψυχῆς 20
καὶ πρὸ νοῦ · γεννᾷ τὸν [ἀριθμόν].

Περὶ μὲν οὖν τοῦ ἑλληνίζειν τοσαῦτα · δοκοῦσι δέ μοι οἱ
τοὺς πολλοὺς αἰτιώμενοι τοῦ δικαίου διδασκάλους, ὥσπερ
καὶ τοῦ ἑλληνίζειν, σαφῶς λέγειν ὅτι θέσει καὶ τὸ δίκαιον
εἶναι νομίζουσιν, ὥσπερ δὴ καὶ τὰ ὀνόματα. Καὶ γὰρ ἐπὶ 25
τῶν ὀνομάτων τῶν ἄλλων / καὶ ἐν τῇ συνηθείᾳ κειμένων 260
ἐπιγνώμονές εἰσιν οἱ πολλοί, τὴν δὲ πρὸς τὰ πράγματα
αὐτῶν οἰκειότητα θεωρεῖν ἀδυνατοῦσιν. Οἴονται δὴ οὖν
καὶ τὸ δίκαιον εἶναι θέσει καὶ διὰ τοῦτο ἐπὶ τοὺς πολλοὺς
αὐτοῦ τὴν διδασκαλίαν ἀναφέρουσιν, ἐπεὶ τό γε φύσει 5
δίκαιον τοῖς ἐπιστήμοσι μόνοις ἐστὶ καταφανές. Λεκτέον
δὲ ἡμῖν ὅτι τοδὶ μὲν τὸ δίκαιον κατὰ τὴν κοινὴν φήμην
γνωρίζειν δύνανται, καθάπερ δὴ καὶ τὸ ὄνομα λέγουσι
τὸ τῷδε τῷ πράγματι κείμενον, αὐτὸ δὲ τὸ δίκαιον οὐκ ἄν
ποτε εἰδεῖεν, ὥσπερ οὐδὲ αὐτὴν τὴν κυριότητα τοῦ ὀνό- 10
ματος.

⟨ Ἀλλ', ὦ γενναῖε, ... / διδάσκαλοι εἶεν ἀγαθοί. 111 A- 261
D. ⟩

Τὸ μὲν ἀποδέχεται τῶν εἰρημένων ὁ Σωκράτης, τὸ δὲ
ἀποδοκιμάζει · καὶ πρότερον τελειοῖ τὸ ὀρθῶς εἰρημένον,
ἔπειτα διὰ τούτου καὶ θάτερον ἐλέγχει. Δεῖ γὰρ ἀπὸ τῶν 5
γνωριμωτάτων τὰ ἄγνωστα καὶ ἀπὸ τῶν κοινῶν ὁμολογημά-
των τὰ ζητούμενα κατορθοῦν. Οὐκοῦν ὅτι μὲν διδάσκαλοι

259. 19 Νοῦς Westerink (cf. Olymp., *In Alc.* 95.11) : τὸ N ‖
21 suppleuit Creuzer : lac. 10 litt. capacem reliquit N.
260. 1 καὶ τῶν ἄλλων τῶν ἐν τῇ σ. sic constituit textum
Westerink : τῶν ἄλλων καὶ ἐν τῇ σ. N ‖ 3 δὴ D : δεῖ N.

maître de grec, Socrate le concède à ceux qui le sou-
tiennent et même il en ajoute une preuve ; et c'est
par là même qu'ensuite il démontre que le vulgaire ne
saurait enseigner la justice. Il énonce donc la preuve,
ou plus exactement le critère permettant de reconnaître
une pensée correcte : l'accord sur la chose qui est enseignée. Car on a déjà dit que celui qui veut enseigner
quelque sujet que ce soit doit auparavant connaître
complètement la nature de la chose enseignée. Si donc
quelqu'un possède en lui-même la science de ce qu'il
se propose d'enseigner, il faut l'accepter comme maître ;
s'il ne l'a pas, il est clair qu'il ne faut pas l'accepter
en tant qu'il n'est pas un bon maître et qu'il n'est pas
non plus savant. Inversement, quel peut bien être
l'indice de l'ignorance[1] ? Le fait que ceux qui ignorent
// sont en désaccord entre eux. Car il est clair que
tendus vers le même objet de connaissance, les savants
quand ils l'enseignent, ne diffèrent pas à son sujet les
uns des autres ni ne s'affrontent, les uns disant telles
choses, les autres, telles autres sur la même réalité.
La raison en est que les réalités sont établies dans leur
nature et n'apparaissent pas différemment aux uns
et aux autres ; et la connaissance humaine possède des
modes de saisie bien déterminés, tandis que la science
a préassumé en elle-même les critères de la nature de
chaque chose. (En effet, si les choses n'étaient que ce
qu'elles paraissent, comme le disait Protagoras[2], ou
bien s'il n'y avait pas de jugement déterminé en nous,
rien n'empêcherait et que les hommes fussent tous
savants et qu'ils fussent en désaccord les uns avec
les autres, les uns saisissant les objets de connaissance

---

1. Le texte me semble mal transmis. On a vu plus haut (l. 11)
le signe permettant de reconnaître un savoir : l'accord du multiple sur la chose enseignée ; inversement (πάλιν δή) on a dans le
désaccord du multiple avec lui-même le signe de son ignorance :
je ne vois donc pas ce que vient faire ici (l. 20) γνώσεως ; je pro-
poserais donc de le supprimer. Voir au surplus le texte parallèle
d'Olympiodore 92.4-5 : σημεῖον δὲ ἀγνοίας καὶ ἀνεπιστημοσύνης
ἡ ἀσυμφωνία.
2. Voir *Notes complémentaires*, p. 427-428.

τοῦ ἑλληνίζειν εἰσὶν οἱ πολλοί, καὶ συγχωρεῖ τοῖς λέγουσιν
ὁ Σωκράτης καὶ τεκμήριον αὐτοῦ προστίθησιν · ἐκ δὲ αὐτοῦ
τούτου πάλιν ἐπιδείκνυσιν ὅτι δικαιοσύνην οὐκ ἂν οἱ   10
πολλοὶ διδάξαιεν. Λέγει τοίνυν τὸ τεκμήριον, μᾶλλον δὲ
τὸ κριτήριον τῆς ὀρθῆς διανοίας, ὅτι εἰ συμφωνοῦσι περὶ
πράγματος οὗ ἐστιν αὕτη διδασκαλία. Προείρηται γὰρ
ὅτι δεῖ τὸν μέλλοντα διδάσκειν περὶ ὁτουοῦν πρότερον
αὐτὸν διεγνωκέναι τὴν τοῦ διδασκομένου πράγματος   15
φύσιν. Εἰ μὲν οὖν τις ἔχοι παρ' ἑαυτῷ τὴν ἐπιστήμην οὗ
προέθετο διδάσκειν, ἀποδεκτέον τὸν τοιοῦτον διδάσκαλον ·
εἰ δὲ μὴ ἔχοι, δῆλον ὅτι οὐ προσδεκτέον αὐτὸν ὡς οὐκ
ὄντα ἀκριβῆ διδάσκαλον, οὐδὲ εἶναι αὐτὸν ἐπιστήμονα.
Πάλιν δὴ γνώσεως καὶ ἀγνοίας τί ποτ' ἂν εἴη τεκμήριον ;   20
Τὸ τούτους διαφωνεῖν ἀλλήλοις. Δῆλον γὰρ / ὅτι πρὸς   **262**
τὸ αὐτὸ γνωστὸν ἀνατεινόμενοι τὸ πρᾶγμα διδάσκοντες
κατὰ τοῦτο οὐ διαφέρουσιν ἀλλήλων οἱ εἰδότες οὐδὲ
στασιάζουσιν, οἱ μὲν ἄλλα, οἱ δὲ ἄλλα λέγοντες περὶ τοῦ
αὐτοῦ πράγματος. Τὸ δὲ αἴτιον ὅτι τὰ πράγματα ἕστηκεν   5
ἐπὶ τῆς ἑαυτῶν φύσεως καὶ οὐ τοῖς μὲν ἄλλα φαίνεται,
τοῖς δὲ ἄλλα · καὶ ἡ τῶν ἀνθρώπων γνῶσις ὡρισμένους
ἔχει τοὺς τρόπους τῆς καταλήψεως, ἡ δ' ἐπιστήμη καὶ
τὰ κριτήρια προείληφεν ἐν ἑαυτῇ τῆς ἑκάστου φύσεως.
Ἐπεὶ τῶν γε πραγμάτων ἐν τῷ φαινομένῳ μόνον ὄντων,   10
ὡς Πρωταγόρας ἔλεγεν, ἢ κρίσεως ἀφωρισμένης ἐν ἡμῖν
μὴ οὔσης οὐδὲν ἐκώλυε καὶ εἰδότας εἶναι πάντας καὶ
διαφέρεσθαι πρὸς ἀλλήλους, τοὺς μὲν ἀλλοίως, τοὺς δὲ

261. 13-16 προείρηται : cf. *Alc.* 106 C 5-D 3.
262. 10-11 cf. *Theaet.*, 152 A 1-9, *Crat.*, 385 E 4-386 E 6.

261. 20 γνώσεως : an del. ?
262. 2 ἀνατεινόμενοι N : -νάμενοι dubit. Festugière ‖ τὸ² :
an καὶ τὸ αὐτὸ leg. ? ‖ 9 προείληφεν Westerink : προσ- N ‖ 10 ἐν
τῷ φαινομένῳ Festugière : εἰ τὸ φαινόμενον N, ἢ τ. φ. Cousin ‖
12 μὴ οὔσης Westerink : ἡ φύσις N.

de telle façon, les autres de telle autre). Si donc cela
a été correctement dit, il faut tenir comme indice de
l'ignorance le désaccord et comme indice de savoir,
l'accord : car tous ceux qui connaissent la vérité n'ont
entre eux tous nul différend à son sujet. Par conséquent,
on aboutit à la proposition hypothétique[1] suivante[2] :
« Si certains connaissent la vérité, ils ne diffèrent pas
entre eux. » Ensuite, en vertu de ce que l'on appelle
« conversion avec négation[3] », on a : « S'ils diffèrent
entre eux, ils ne connaissent pas la vérité, mais ou tous
// ou certains d'entre eux sont ignorants. » Et la conversion sera utile ensuite à Socrate lorsque, étant passé
au problème du juste, il en traitera ; pour l'instant,
dans le cas du grec, il montre qu'il n'y a rien d'étonnant
à ce que le vulgaire soit un bon maître en ce domaine.
Il a, en effet, *ce que doit avoir un bon maître* ; or un bon
maître doit connaître la chose qu'il se fait fort d'enseigner. Quel est le signe de cette connaissance? Que les
maîtres ne s'opposent pas les uns aux autres. Si donc
le vulgaire s'oppose sur ce qui s'appelle bois, et quoi
homme, quoi pierre, ils ne sauraient non plus être tous
de bons et irréprochables maîtres de grec ; en revanche,
s'ils s'entendent entre eux sur cela et si chacun est
d'accord et avec soi-même et avec les autres, alors
ils doivent posséder, pour le grec, l'habitus qui convient
à tous ceux qui veulent enseigner quoi que ce soit.
Voici donc le syllogisme auquel on aboutit dans le
cas du grec : « Le vulgaire s'entend avec lui-même sur
les noms attribués aux choses par l'usage ; <ceux>
qui s'entendent entre eux sur les noms usuellement
attribués aux choses possèdent la science du grec ; ceux
qui possèdent la science du grec sont des maîtres de

---

1. Cf. *supra*, p. 254.20, et n. 2, p. 300 (p. 422 des *Notes complémentaires*).
2. Cf. Ol., 92.7-9.
3. Voir *Notes complémentaires*, p. 428.

ἀλλοίως ἁπτομένους τῶν γνωστῶν. Εἰ τοίνυν ταῦτα ὀρθῶς
εἴρηται, δεῖ τεκμήριον ποιεῖσθαι τῆς μὲν ἀγνοίας τὴν 15
διαφωνίαν, τῆς δὲ γνώσεως τὴν συμφωνίαν · οἱ γὰρ τὸ
ἀληθὲς εἰδότες ἅπαντες οὐ διαφέρονται περὶ αὐτοῦ πρὸς
ἀλλήλους. Οὐκοῦν γέγονε τὸ συνημμένον τοιοῦτον · εἰ
γιγνώσκουσί τινες τὸ ἀληθές, οὐ διαφέρονται πρὸς
ἀλλήλους. Εἶτα κατὰ τὴν σὺν ἀντιθέσει λεγομένην 20
ἀντιστροφήν · εἰ δὲ διαφέρονται πρὸς ἀλλήλους, οὐ
γινώσκουσι τὸ ἀληθές, ἀλλ' ἤτοι πάντες ἤ τινες / αὐτῶν **263**
ἀγνοοῦσιν. Ἀλλ' ἡ μὲν ἀντιστροφὴ μετὰ ταῦτα ἔσται τῷ
Σωκράτει χρήσιμος, ὅταν ἐπὶ τὸ δίκαιον μεταστὰς περὶ ἐκείνου ποιῆται τὸν λόγον · νυνὶ δὲ τὴν πρώτην ἐπὶ τοῦ ἑλληνίζειν δείκνυσιν ὡς οὐδὲν θαυμαστὸν ἀγαθοὺς εἶναι διδα- 5
σκάλους τούτου τοὺς πολλούς. Ἔχουσι γὰρ ἃ δεῖ τοὺς
ἀγαθοὺς διδασκάλους ἔχειν · δεῖ δὲ ἄρα τούτους
εἰδέναι τὸ πρᾶγμα περὶ οὗ διδάσκειν ἐπαγγέλλονται. Τί
οὖν τούτου τεκμήριον ; Τὸ μὴ διαφέρεσθαι πρὸς ἀλλήλους.
Εἰ μὲν οὖν οἱ πολλοὶ διαφέρονται περὶ τοῦ τί καλεῖται 10
ξύλον καὶ τί ἄνθρωπος καὶ τί λίθος, οὐκ ἂν εἶεν οὐδὲ τοῦ
ἑλληνίζειν ἅπαντες ἀκριβεῖς καὶ ἀνέλεγκτοι διδάσκαλοι ·
εἰ δὲ ὁμολογοῦσι πρὸς ἀλλήλους περὶ τούτου καὶ ἑαυτῷ
τις ἕκαστος συμφωνεῖ καὶ τοῖς ἄλλοις, ἔχοιεν ἂν περὶ τὸ
ἑλληνίζειν τὴν προσήκουσαν τοῖς διδάσκειν ὁτιοῦν μέλ- 15
λουσιν ἕξιν. Συλλογισμὸς οὖν περὶ τοῦ ἑλληνίζειν γινέσθω
τοιοῦτος · οἱ πολλοὶ περὶ τῶν ὀνομάτων τῶν κειμένων
τοῖς πράγμασι κατὰ τὴν συνήθειαν ὁμολογοῦσιν ἀλλήλοις · ⟨οἱ⟩ περὶ τῶν κειμένων ὀνομάτων ἐν τῇ συνηθείᾳ
τοῖς πράγμασι πρὸς ἀλλήλους ὁμολογοῦντες τὴν ἐπι- 20
στήμην ἔχουσι τοῦ ἑλληνίζειν · οἱ τὴν ἐπιστήμην ἔχοντες
τοῦ ἑλληνίζειν διδάσκαλοί εἰσιν ἀνέλεγτοι τοῦ ἑλληνί-

263. 2 μετὰ ταῦτα : infra, p. 270. 2 ss.

263. 19 οἱ add. Westerink.

grec irréfutables ; par conséquent, le vulgaire est un
maître de grec irréfutable. » Maintenant, tout le monde
accorde la plus petite prémisse[1], savoir que le vulgaire
est d'accord avec lui-même ; et de fait que le vulgaire
ne s'oppose pas à lui-même <sur l' >//usage des noms,
voilà qui est bien clair, et aussi que celui qui ne s'oppose
pas à quelqu'un sur quelque chose est un bon maître
en la matière[2]. En revanche, la prémisse intermédiaire
est, semble-t-il, fausse : tous ceux, en effet, qui s'entendent entre eux sur quelque chose ne sont pas forcément
savants relativement à ce sur quoi ils sont d'accord[3].
Ainsi, à notre époque[4], le vulgaire est d'accord sur le
fait que les dieux n'existent pas, et c'est par ignorance
que cela leur est arrivé. Il faut répondre à cette difficulté
d'abord[5] qu'il est impossible qu'un méchant soit d'accord
avec lui-même[6] ; car il faut, puisqu'il est mauvais, qu'il
se révolte contre son âme et qu'à cause de sa nature
rationnelle il voie quelque peu le vrai, mais qu'à
cause de ses passions et de ses imaginations matérielles,
il soit entraîné dans l'ignorance et le combat contre
soi-même ; et c'est ce que montre le remords qu'il
éprouve, lorsque les passions se sont calmées ainsi que
le désaccord qu'à son insu il portait en lui. Et donc
et l'athée[7] et l'intempérant, à cause de leur discursus,
qui est parent par nature du divin et qui appartient
à la part boniforme de la réalité, profèrent des paroles
sages et divinement inspirées, mais à cause des désirs et
des mouvements imaginatifs et formateurs d'images,
ils sont dans une disposition athée et intempérante, et,
en général, ils introduisent en eux-mêmes, par leur
âme irrationnelle, guerre et agitation de toute sorte.
Tout être mauvais est donc en désaccord avec lui-même ;
s'il en est ainsi, à bien plus forte raison est-il en désaccord
avec les autres. Et de fait, comment pourrait-on être
d'accord avec ceux qui sont au-dehors quand on est

---

1. Le terme ἐλαχίστη πρότασις est déjà apparu *supra*, p. 178.
13 et revient *infra*, p. 270.11. Il désigne ici la première prémisse
οἱ πολλοὶ περὶ τῶν ὀνομάτων ... ὁμολογοῦσιν ἀλλήλοις (l. 17-19).
2-7. Voir *Notes complémentaires*, p. 428-429.

ζειν· οἱ ἄρα πολλοὶ διδάσκαλοί εἰσιν ἀνέλεγκτοι τοῦ
ἑλληνίζειν. Ἀλλὰ τῇ μὲν ἐλαχίστῃ τῶν προτάσεων, ὅτι
ὁμολογοῦσιν ἀλλήλοις, συγχωροῦσιν ἅπαντες· καὶ γὰρ 25
ὅτι οἱ πολλοὶ πρὸς ἀλλήλους οὐ διαφέρονται ⟨περὶ
/ τῆς⟩ χρήσεως τῶν ὀνομάτων, εὔδηλον, καὶ ὅτι ὁ μὴ 264
πρός τινα διαφερόμενος περὶ ὁτιοῦν διδάσκαλος ἀγαθός
ἐστιν ἐκείνου. Δοκεῖ δὲ ἡ μέση ἀμφοτέρων τῶν προτάσεων εἶναι ψευδής· οὐ γὰρ πάντως οἱ ὁμολογοῦντες
ἀλλήλοις περὶ ὁτιοῦν ἐπιστήμονές εἰσιν ἐκείνου περὶ ὃ τὴν 5
ὁμολογίαν ἔχουσιν. Ἐν γὰρ τῷ παρόντι χρόνῳ περὶ τοῦ
μὴ εἶναι θεοὺς ὁμολογοῦντες οἱ πολλοὶ δι’ ἀνεπιστημοσύνην τοῦτο πεπόνθασι. Λεκτέον δὴ πρὸς τὴν ἀπορίαν
ταύτην πρῶτον μέν, ὅτι τὸν μοχθηρὸν ὁμολογεῖν πρὸς
ἑαυτὸν ἀδύνατον· ἀνάγκη γὰρ αὐτὸν ὄντα κακὸν στα- 10
σιάζειν πρὸς τὴν ἑαυτοῦ ζωήν, καὶ διὰ μὲν τὴν λογικὴν
φύσιν ὁρᾶν πῃ τὸ ἀληθές, διὰ δὲ τὰ πάθη καὶ τὰς φαντασίας τὰς ἐνύλους εἰς ἄγνοιαν διαφέρεσθαι καὶ τὴν πρὸς
ἑαυτὸν διαμάχην· δηλοῖ δὲ ἡ μεταμέλεια τῶν παθῶν
λωφησάντων καὶ τῆς ἀσυμφωνίας ἣν πρότερον ἔχων 15
ἑαυτὸν ἐλάνθανε. Καὶ ὁ ἄθεος τοίνυν καὶ ὁ ἀκόλαστος
κατὰ μὲν τὴν διάνοιαν φύσει τῷ θείῳ προσήκουσαν καὶ
τῆς ἀγαθοειδοῦς μοίρας ὑπάρχουσαν σωφρονικὰ φθέγ-
γονται καὶ ἔνθεα, κατὰ δὲ τὰς ἐπιθυμίας καὶ τὰς φανταστι-
κὰς καὶ μορφωτικὰς κινήσεις ἀθέως διάκεινται καὶ ἀκο- 20
λάστως, καὶ ὅλως κατὰ τὴν ἄλογον ψυχὴν πόλεμον ἐπεισ-
άγουσιν ἑαυτοῖς καὶ θόρυβον παντοδαπόν. Πᾶς οὖν ὁ
κακὸς πρὸς ἑαυτόν ἐστιν ἀσύμφωνος· εἰ δὲ τοῦτο, πολλῷ
μᾶλλον πρὸς τοὺς ἄλλους ἐστὶ τοιοῦτος. Καὶ πῶς γὰρ
τοῖς ἐκτὸς ἑαυτοῦ τις ὁμολογήσειεν αὐτὸς πρὸς ἑαυτὸν 25

263. 26 - 264. 1 περὶ τῆς add. recc.
264. 6 in mg. N : ψεύδη μάταιε ‖ 15 τῆς ἀσυμφωνίας N :
an τὴν -ίαν leg. ? (Westerink).

7

// en état d'insurrection intérieure ? Et donc tous les athées, tous les intempérants et tous les injustes sont en différend entre eux et ne sauraient jamais connaître l'accord, puisqu'ils sont dépourvus de science.

Explication de la lettre Assez sur la susdite instance ; voyons maintenant le détail de l'expression[1]. *Ô mon brave* : l'apostrophe est non seulement courtoise, puisqu'elle adoucit les reproches, mais aussi, d'une certaine façon, elle sépare le jeune homme du multiple. Elle indique, en effet, que celui qui s'enorgueillit de sa noblesse et a reçu en lot une nature brave[2] ne doit pas se montrer indigne de sa nature ni courir après la gloire que donne le vulgaire ni non plus se compter avec les inférieurs, que la nature lui a donné de dominer.

Quant à : *Sur tous les points où ils sont en désaccord* le multiple ne sait pas, c'est la conversion avec négation de la proposition : ' Ceux qui savent ne sont pas en désaccord entre eux ' ; d'autre part, elle est utile à Socrate pour le raisonnement qui suit, dans lequel il établit que le multiple n'est pas un bon maître en fait de juste pour la raison qu'il n'est pas savant en ce domaine.

Tendre vers les mêmes choses rend l'accord complet[3]. Car on peut avoir même opinion et ne pas s'intéresser aux mêmes choses, comme ceux qui sont en désaccord <dans leurs actions >[4] ; [on peut aussi agir] de la même façon tout en partant d'opinions divergentes. [Tous ces gens, donc] sont, dans une certaine mesure, en accord, dans une autre, non ; or, sont seuls [totalement en accord ceux qui à la fois] connaissent les mêmes choses sur les mêmes objets et poursuivent les mêmes activités à propos des mêmes [choses]. // Par conséquent, *être d'accord* désigne [dans ce texte] <l' >accord en parole, *tendre vers les mêmes choses* désigne l'accord sur un même objet de désir, ce qui à son tour contribue [à l'accord].

1. Cf. Ol., 95.21-96.2.
2-4. Voir *Notes complémentaires*, p. 429.

στασιαστικῶς διακεί/μενος ; Καὶ οἱ ἄθεοι δὴ οὖν πάντες **265**
καὶ οἱ ἀκόλαστοι καὶ οἱ ἄδικοι διαφέρονται πρὸς ἀλλήλους
καὶ οὐκ ἄν ποτε ἐναρμονίως ἔχοιεν ἀνεπιστήμονες ὄντες.

Πρὸς μὲν οὖν τὴν εἰρημένην ἔνστασιν τοσαῦτα · τῶν δὲ
καθ' ἕκαστα τὸ μὲν ᾧ γενναῖε θεραπευτικόν τέ ἐστι 5
τοὺς ἐλέγχους παραμυθούμενον καὶ ἔτι χωρίζει πως αὐτὸν
ἀπὸ τῶν πολλῶν. Ἐνδείκνυται γὰρ ὅτι δεῖ τὸν ἐπ' εὐγενείᾳ
μεγάλα φρονοῦντα καὶ φύσιν λαχόντα γενναίαν μὴ φαίνεσθαι τῆς φύσεως ἀνάξιον μηδὲ ἐπιδιώκειν τὰς τῶν πολλῶν
δόξας μηδὲ συναριθμεῖν ἑαυτὸν τοῖς χείροσιν, ὧν ἡ φύσις 10
αὐτῷ δέδωκε κρατεῖν.

Τό γε μὴν ἐν οἷς ἂν διαφέρωνται μὴ εἰδέναι τοὺς
πολλοὺς ἀντιστροφὴ σὺν ἀντιθέσει τῆς λεγούσης ἐστὶ
προτάσεως τοὺς ἐπιστήμονας μὴ διαφέρεσθαι ἀλλήλοις,
συντελεῖ δὲ αὐτῷ πρὸς τὸν ἑξῆς λόγον, δι' οὗ δείκνυσιν 15
οὐκ ὄντας τοὺς πολλοὺς τῶν δικαίων διδασκάλους ἀγα-
θούς, ὅτι μηδὲ ἐπιστήμονας.

Τὸ δὲ ἐπὶ ταὐτὰ ὁρμᾶν παντελῆ ποιεῖ τὴν συμφωνίαν.
Ἔστι γὰρ καὶ τὰ αὐτὰ δοξάζειν καὶ μὴ τὰ αὐτὰ πρεσβεύειν
κατὰ τὰς πράξεις διαφερομένους, [ἔστι δὲ καὶ τὰ] αὐτὰ 20
πράττειν ἀπὸ γνώσεων διαφερουσῶν ὡρμημένους. [Οὗτοι
μὲν οὖν] πῇ μὲν συμφωνοῦσι, πῇ δὲ οὔ · μόνοι δὲ ἐκεῖνοι
συμφωνοῦσιν [παντελῶς ὅσοι καὶ] τὰ αὐτὰ περὶ τῶν αὐτῶν
γινώσκουσι καὶ τὰς αὐτὰς / πράξεις ἐπὶ τῶν αὐτῶν [πραγ- **266**
μάτων] διώκουσιν. Οὐκοῦν τὸ μὲν ὁμολογεῖν ⟨τὴν⟩ κατὰ
τὸν λόγον συμφωνίαν δηλοῖ [ἐνταῦθα], τὸ δὲ ἐπὶ τὰ αὐτὰ
ὁρμᾶν τὴν πρὸς τὸ ὀρεκτόν, ὃ δὴ καὶ αὐτὸ π[ρὸς τὴν
συμφωνίαν] συντελεῖ.   5

265. 4 ἔνστασιν Westerink : στάσιν N ‖ 18 ταὐτὰ Westerink
cum Plat. lib. : ταῦτα N ‖ 20 κατὰ τοὺς προσδιαφερομένους N
corruptus : uidetur legendum esse κατὰ τὰς πράξεις διαφερομένους cum Westerink ‖ 20-**266.** 13 lacunas 10, 6, 12, 6, 10, 6,
10, 10, 7, 11 litterarum reliquit N : omnes suppleuit Westerink.
    266. 2 τὴν add. Westerink ‖ 4 πρὸς suppl. Westerink :
an περὶ leg. ? (Westerink).

Davantage, ce qui fait immédiatement suite : *C'est
bien là comment je comprends ce que tu appelles parler
grec*, indique que savoir parler grec [se dit en plusieurs
sens[1]] et aussi que [le multiple n'est bon maître] de
grec que selon un seul de ces sens.

Quant à *et eux-mêmes avec eux-mêmes*, cela résout
[la susdite aporie. Car il faut] que l'accord commence,
chez les hommes qui savent, par eux-mêmes ; or, nul
[homme mauvais n'est d'accord avec lui-même], de
telle sorte qu'il ne saurait non plus être d'accord avec
les autres, puisqu'il est en conflit avec lui-même.

< Si nous voulions rendre quelqu'un savant . . . le fait
que tu les vois en désaccord ? (111 D 2-E 10). >

**Le désaccord,
signe de l'ignorance**

Avant que Socrate ne passe au
sujet qui l'occupe[2], il démontre à
propos d'autres exemples que le
multiple n'est pas un bon maître, parce qu'il n'est pas
d'accord avec lui-même[3]. Sans doute pour les noms de
l'usage courant le multiple est-il capable de donner un
enseignement, sans doute n'y a-t-il pas de divergences
en son sein, mais sur la question de savoir quels êtres
sont faits pour la course et quels non, et encore quels
sont sains et quels malades, il n'appartient pas au
multiple de donner un enseignement — car ils ne s'accordent pas entre eux là-dessus — mais seulement aux
spécialistes en ces matières — équitation et médecine.
Car ce sont eux qui peuvent discerner cela et s'entendre
entre eux. Et tu vois que les noms attribués aux
espèces particulières[4], Socrate les a abandonnés à la
connaissance du multiple, tandis que ce qui est apte à
la course ou non et ce qui est sain ou non ne se fait
remarquer que sous forme d'une disposition et est
difficile à connaître, parce que très éloigné des appa-
rences et parce que réclamant une connaissance spéciale.
Car même si la course est quelque chose qui se voit,

1-4. Voir *Notes complémentaires*, p. 429-430.

Καὶ μὴν καὶ τὸ τούτοις ἐφεξῆς ὅτι σχεδὸν γὰρ
μανθάνω τὸ ἑλληνίζειν ἐπίστασθαι ὅτι τοῦτο
λέγεις ἔνδειξιν ἔχει τοῦ [πλεοναχῶς λέγεσθαι] τὸ ἑλληνίζειν, καὶ ὅτι καθ' ἓν μόνον αὐτοῦ σημαινόμενον [οἱ πολλοὶ
ἀγαθοὶ διδάσκαλοι] τοῦ ἑλληνίζειν εἰσί.   10

Τὸ δὲ καὶ αὐτοὶ ἑαυτοῖς λυτικόν ἐστι [τῆς προειρημέ-
νης ἀπορίας. Δεῖ γὰρ] τὴν ὁμολογίαν ἀφ' ἑαυτῶν ἄρχεσθαι
τοῖς ἐπιστήμοσιν, οὐδεὶς δὲ κ[ακὸς ἑαυτῷ ὁμολογεῖ],
ὥστ' οὐδὲ ἄλλοις ὁμολογεῖν ἂν δύναιτο πρὸς αὐτὸν
στασιάζων.   15

⟨ Εἰ μὲν βουλοίμεθα ... / αὐτοὺς διαφερομένους ; Ἔμοιγε. **267**
111 D-E. ⟩

Πρὶν ἐπὶ τὸ προκείμενον στρέψῃ τὸν λόγον ὁ Σωκράτης
ἐπ' ἄλλων δείκνυσι πραγμάτων, πῶς οὔκ εἰσιν ἀγαθοὶ
διδάσκαλοι οἱ πολλοί, τῷ μὴ ὁμολογεῖν ἀλλήλοις. Περὶ   5
μὲν γὰρ τῶν ἐν τῇ συνηθείᾳ κειμένων ὀνομάτων ἱκανοὶ
διδάσκειν εἰσὶ καὶ οὐ διαφέρονται πρὸς ἀλλήλους · περὶ
δὲ τοῦ τίνες εἰσὶ δρομικοὶ καὶ τίνες οὔ, καὶ αὖ πάλιν τίνες
μὲν ὑγιεινοί, τίνες δὲ νοσώδεις, οὐκ ἔστι διδάσκειν τῶν
πολλῶν, οὐ γὰρ συμφωνοῦσιν ἀλλήλοις περὶ τούτων, ἀλλὰ 10
μόνων τῶν περὶ ταῦτα ἐπιστημόνων, τῶν τε ἱππικῶν καὶ
τῶν ἰατρικῶν, οὗτοι γὰρ ταῦτα δύνανται διακρίνειν καὶ
ὁμολογοῦσιν ἀλλήλοις. Καὶ ὁρᾷς ὅτι τὰ μὲν ὀνόματα τὰ
κείμενα τοῖς εἴδεσιν ἐπέτρεψε τῇ γνώσει τῶν πολλῶν, τὸ
δὲ δρομικὸν καὶ τὸ μὴ καὶ τὸ ὑγιεινὸν καὶ τὸ μὴ κατ' 15
ἐπιτηδειότητα μόνην ὁρᾶται καὶ ἔστι δύσγνωστα πορ-
ρωτέρω γεγονότα τῶν φαινομένων καὶ τεχνικῆς δεόμενα
γνώσεως. Εἰ γὰρ καὶ ὁ δρόμος φαινόμενόν ἐστιν, ἀλλ' ἡ

266. 11 ἑαυτοῖς Westerink cum Plat. libris : ἑαυτοὺς N.
267. 3 στρέψῃ Westerink : -οι N ‖ 12 οὗτοι coniec. Creuzer :
οὒ N ‖ 14 εἴδεσιν coniec. Creuzer : εἰδόσιν N (an ταῖς εἴκοσιν
leg. ?).

cependant la nature apte à courir n'est pas encore du nombre des êtres qui sont informés (par conséquent, pour cette raison, elle n'est pas évidente pour le multiple), et c'est un signe de leur ignorance que leur désaccord.

Aporie et solution Mais cela, à son tour, présente une grande difficulté[1]. En effet, si c'est le signe du défaut de science que le désaccord, nous devons alors dire que les philosophes aussi sont en défaut de science : car ils sont, eux aussi, en désaccord entre eux et ruinent mutuellement leurs hypothèses, les uns prônant telles hypothèses, // les autres, telles autres. Eh bien, il faut résoudre cette aporie de la même manière que nos prédécesseurs[2], en disant qu'il y a deux sortes de désaccord[3] : il y a, d'une part, le désaccord de ceux qui, ne sachant pas, s'opposent à eux-mêmes et entre eux ; et, d'autre part, le désaccord de ceux qui ne savent pas et s'opposent à ceux qui savent, tout en pensant dans leur for intime que les hommes sont tous des ignorants[4]. Mais s'il s'agit du désaccord de contrariété, nous dirons qu'ils n'ont nulle science des objets sur lesquels ils sont en désaccord, tandis que dans le cas du désaccord de contradiction, nous dirons que ceux qui diffèrent ne possèdent pas tous la science, mais les uns, oui, les autres, non. Il faut en outre prêter attention à l'exactitude de cette prémisse. Ceux qui ne sont pas d'accord *avec eux-mêmes* ni non plus *entre eux*, Socrate nie qu'ils aient science — ce sont ceux qui ne savent pas —, puisque ceux qui savent sont d'accord avec eux-mêmes, de telle sorte que cette double caractérisation ne convient qu'à ceux qui ne savent pas et nullement à ceux qui savent. Au surplus, ce ne sont pas ceux qui savent qui sont en désaccord avec ceux qui ne savent pas (tout au contraire, ils les parfont, les mettent en ordre[5] et les incitent à s'élever à leur propre habitus), mais ce sont les ignorants qui s'écartent eux-mêmes de ceux qui savent : en effet, à cause du désaccord qui est en eux, ils sont en différend avec

1-5. Voir *Notes complémentaires*, p. 430-431.

δρομικὴ φύσις οὔπω τῶν εἰδοπεποιημένων ἐστίν, ὥστε
διὰ τοῦτο τοῖς πολλοῖς οὐκ ἔστι καταφανές, τεκμήριον δὲ 20
τῆς ἀγνοίας αὐτῶν ἡ διαφωνία.

Καὶ τοῦτο δὲ αὖ πάλιν ἀπορίαν ἔχει πολλήν. Εἰ γὰρ
τοῦτο τῆς ἀνεπιστημοσύνης ἐστὶν ἡ διαφωνία τεκμήριον,
καὶ τοὺς φιλοσόφους ἀνεπιστήμονας φήσομεν · διαφωνοῦσι
γὰρ δὴ καὶ οὗτοι πρὸς ἀλλήλους καὶ καταβάλλουσι τὰς 25
ἀλλήλων ὑποθέσεις, καὶ οἱ μὲν ἄλλων προεστήκασιν,
οἱ δὲ ἄλλων. Λυτέον δὴ καὶ ταύ/την τὴν ἀπορίαν κατὰ τὰ **268**
αὐτὰ τοῖς πρὸ ἡμῶν, λέγοντας ὡς ἔστιν ἡ διαφωνία διττή,
καὶ ἡ μὲν τῶν μὴ εἰδότων πρός τε ἑαυτοὺς καὶ πρὸς
ἀλλήλους μαχομένων, ἡ δὲ τῶν μὴ εἰδότων πρὸς τοὺς
εἰδότας διαφερομένων καὶ ὡς καθ᾿ ἑαυτοὺς οἰομένων 5
ἀνεπιστήμονας εἶναι πάντας. Ἀλλ᾿ εἰ μὲν κατὰ τὴν
ἐναντίαν, μηδεμίαν ἐπιστήμην ἔχειν τούτων περὶ ἃ δια-
φωνοῦσιν, εἰ δὲ κατὰ τὴν ἀντίφασιν, οὐ πάντας ἔχειν τοὺς
διαφερομένους, ἀλλὰ τοὺς μέν, τοὺς δὲ μή. Προσεκτέον
καὶ ταύτῃ τῇ προτάσει τὸ ἀκριβὲς ἐχούσῃ. Τοὺς γὰρ μὴ 10
ὁμολογοῦντας ἑαυτοῖς μηδὲ ἀλλήλοις οὔ φησιν
ἐπιστήμην ἔχειν, οὗτοι δέ εἰσιν οἱ μὴ εἰδότες, ἐπεὶ οἵ γε
εἰδότες ἑαυτοῖς ὁμολογοῦσιν, ὥστε ἀμφότερα τοῖς μὴ
εἰδόσι μόνον προσήκει, τοῖς δὲ εἰδόσιν οὐδαμῶς. Ἀλλ᾿
οὐδὲ οἱ ἐπιστήμονες διαφέρονται πρὸς τοὺς ἀνεπιστή- 15
μονας (τοὐναντίον γὰρ τελειοῦσιν αὐτοὺς καὶ κοσμοῦσι
καὶ εἰς τὴν ἑαυτῶν ἕξιν ἀνακαλοῦνται), ἀλλ᾿ οἱ ἀνεπιστήμο-
νές εἰσιν οἱ τῶν ἐπιστημόνων αὐτοὺς ἀφιστάντες · διὰ γὰρ
τὴν ἐν ἑαυτοῖς διαφωνίαν διαφέρονται καὶ πρὸς τοὺς

268. 2 τοῖς πρὸ ἡμῶν : Syriano ? ‖ 10-12 cf. *Alc.* 111 C 6-7,
112 A 1-2.

267. 23 τοῦτο an del. ?
268. 4 μαχομένων Schol. Plat. : -ους N ‖ 10 μὴ D : μη δὲ N ‖
11 φησιν Westerink : φασιν N ‖ 17 ἀλλ᾿ οἱ recc. : ἄλλοι N.

ceux qui sont meilleurs. Il n'est donc pas vrai que ceux qui savent et ceux qui ne savent pas soient en différend entre eux, de telle sorte qu'il n'est absolument pas vrai que ceux qui savent soient en différend[1]. Il s'en faut donc de beaucoup que cette difficulté embarrasse les véritables philosophes : car ceux qui sont unifiés entre eux par la similitude et l'identité et qui ont une connaissance absolument transcendante par rapport à ceux qui ne savent pas, ne sont en lutte ni avec eux-mêmes ni avec les ignorants.

< Et maintenant, au sujet des personnes ... Au moins, d'après ce que tu dis, il n'y a pas apparence. (111 E 11-112 D 10). >

Le multiple n'est pas bon maître en matière de juste et d'injuste   Le raisonnement en est venu au sujet de la discussion : montrer que le multiple n'est pas un bon maître en matière de juste[2] ; le syllogisme est le suivant : « Le multiple se dresse contre lui-même et en son sein sur le juste ; ceux qui se dressent contre eux-mêmes et en leur sein sur le juste ne sont pas savants en matière de juste ; ceux qui ne sont pas savants en matière de juste ne sont pas non plus de bons maîtres en matière de juste ; le multiple n'est donc pas un bon maître en matière de juste. » Toutes les prémisses ont déjà été tirées au clair par Socrate dans la discussion précédente, sauf la mineure que Socrate rend maintenant évidente, à savoir : « le multiple se dispute sur le juste ». Car ils ne diffèrent pas seulement sur le droit, dit-il, mais *ils diffèrent excessivement.* Quel est donc l'indice de cet excès ? C'est que mille morts, mille ruines de cités se sont produites à cause de différends sur le juste.

Pourquoi les différends sur le juste sont-ils aussi graves ?   // Examinons à nouveau quelle peut bien être la cause qui fait que les hommes, quand ils se disputent entre eux en matière de santé et de maladie, pourtant n'en viennent pas au comble du mal,

1-2. Voir *Notes complémentaires*, p. 431.

ἀμείνονας. Οὐδ' ἄρα πρὸς ἀλλήλους διαφέρονται οἵ τε 20
εἰδότες καὶ οἱ μὴ εἰδότες, ὥστε οὐδ' ὅλως οἱ ἐπιστήμονες
διαφέρονται. Πολλοῦ ἄρα δεῖ τοὺς ἀληθεῖς φιλοσόφους
ἐνοχλεῖν ὁ ἀπορῶν λόγος · οἱ γὰρ δι' ὁμοιότητος καὶ
ταυτότητος ἀλλήλοις ἡνωμένοι καὶ τῶν ἀνεπιστημόνων
παντελῶς ἐξῃρημένην λαχόντες γνῶσιν οὔτε πρὸς ἑαυτοὺς 25
οὔτε πρὸς ἐκείνους στασιάζουσιν.

⟨ / Τί δὲ δὴ νῦν ; ... σὺ λέγεις οὐκ εἰκός. 111 E-112 D. ⟩ **270**

Ἐπὶ τὸ προκείμενον ἦλθεν ὁ λόγος δεικνὺς ὅτι οἱ πολλοὶ
διδάσκαλοι τῶν [δικαίων οὔκ εἰσιν] ἀγαθοί, καὶ συλλογίζεται τὸν τρόπον τοῦτον. Οἱ πολλοὶ στασιάζουσι πρὸς
ἑαυτοὺς καὶ πρὸς ἀλλήλους περὶ τῶν δικαίων · οἱ στα- 5
σιάζοντες πρὸς ἑαυτοὺς καὶ πρὸς ἀλλήλους περὶ τῶν
δικαίων οὔκ εἰσιν ἐπιστήμονες τῶν δικαίων · οἱ μὴ ἐπιστήμονες τῶν δικαίων οὐδὲ διδάσκαλοί εἰσιν ἀγαθοὶ τῶν
δικαίων · οἱ ἄρα πολλοὶ οὔκ εἰσιν ἀγαθοὶ διδάσκαλοι τῶν
δικαίων. Τὰς μὲν οὖν ἄλλας προτάσεις ἤδη διὰ τῶν 10
προειρημένων πεποίηκε σαφεῖς, τὴν δὲ ἐλαχίστην μόνην
ἐν τούτοις ἐναργῆ ποιεῖ τὴν λέγουσαν στασιάζειν τοὺς
πολλοὺς περὶ τῶν δικαίων. Οὐ γὰρ μόνον, φησί, διαφέρονται περὶ αὐτῶν, ἀλλὰ καὶ σφόδρα διαφέρονται. Τί
οὖν τεκμήριον τῆς ὑπερβολῆς ταύτης ; Τὸ πολλοὺς μὲν 15
θανάτους, πολλὰς δὲ ἀνατροπὰς πόλεων γίνεσθαι διὰ
τὰς περὶ τῶν δικαίων διαφοράς.

Πάλιν οὖν σκεψώμεθα τί ποτε ἂν εἴη τὸ αἴτιον τοῦ τοὺς
ἀνθρώ/πους περὶ μὲν ὑγιεινῶν καὶ νοσερῶν ἀμφισβητοῦντας **271**
ἀλλήλοις ὅμως μὴ εἰς ἔσχατον κακοῦ χωρεῖν, περὶ δὲ

tandis que lorsqu'ils se disputent en matière de juste
et d'injuste, il infligent et supportent de si grands
maux ? Il faut répondre que la première et plus immé-
diate cause est la double ignorance qui donne, à ceux
qui l'ont, l'illusion de la science. En matière de santé,
en effet, nous n'avons qu'une ignorance simple et nous
savons que nous ne savons pas ; et même si nous nous
disputons un instant, nous nous en remettons aux
spécialistes en la matière ; en revanche, pour ce qui
est du juste, nous nous croyons savants, parce que
notre âme en possède les raisons et, forts de cette
pensée par nature, nous ne voulons pas abandonner
le juste. Et là encore nous ne péchons pas dans la
prémisse majeure[1], mais c'est dans la mineure que nous
avons une opinion fausse : car nous disons de telle
chose qu'elle est juste, nous nous laissons abuser et
nous croyons savoir, alors que nous ne savons pas.
« Le juste ne doit pas être abandonné » : cette assomp-
tion[2] est naturelle et correcte ; « par conséquent, il ne
faut pas abandonner cette chose-là » : à nouveau,
l'incorrection réside dans la mineure. Nous soutenons
donc la mineure à cause de notre double ignorance.
En deuxième lieu, il faut encore ajouter que ' sain '
et ' malade ' n'entraînent que des contestations partielles
et ne concernent pas la totalité de notre existence,
tandis que les différends sur le juste et l'injuste portent
sur tout l'ensemble de notre existence, de telle sorte
qu'il est naturel qu'ils nous entraînent davantage dans
les contestations[3]. Et relativement à ' malade ' et
' sain ' sans doute peut-on abandonner, en tant que le
dommage n'atteint pas ce qu'il y a de plus précieux
en nous, mais tous par nature nous tenons fermement
à ce qui est juste et injuste en tant que c'est toute
notre essence qui est là en jeu. Peu s'en faut donc
que nous ne pensions devenir privés de substance,
morts et // non-être si nous nous voyons dépouillés
de ce qui est juste. En troisième lieu, la justice en tant
qu'elle appartient à un ordre plus élevé et qu'elle est

1-3. Voir *Notes complémentaires*, p. 431-432.

δικαίων καὶ ἀδίκων στασιάζοντας τηλικαῦτα καὶ ποιεῖν
κακὰ καὶ πάσχειν. Λεκτέον δὴ πρῶτον μὲν αἴτιον εἶναι καὶ
προσεχέστατον τὴν διπλῆν ἀμαθίαν ὑπόληψιν τοῖς ἔχουσιν 5
ἐπιστήμης παρεχομένην. Περὶ μὲν γὰρ τῶν ὑγιεινῶν ἁπλῆν
ἔχομεν ἄγνοιαν καὶ ἴσμεν ὅτι οὐκ ἴσμεν, κἂν πρὸς ὀλίγον
διενεχθῶμεν τοῖς τεχνίταις τῶν τοιούτων ἐπιτρέπομεν·
περὶ δὲ τῶν δικαίων οἰόμεθα ἐπιστήμονες εἶναι διὰ τὸ
λόγους ἔχειν αὐτῶν τὴν ψυχήν, καὶ τοῦτο οἰόμενοι κατὰ 10
φύσιν οὐ βουλόμεθα προέσθαι τὸ δίκαιον. Καὶ πάλιν
ἐνταῦθα κατὰ μὲν τὴν μείζονα πρότασιν οὐχ ἁμαρτάνομεν,
κατὰ δὲ τὴν ἐλάττονα ψευδοδοξοῦμεν· τόδε γὰρ δίκαιόν
φαμεν καὶ ἠπατήμεθα καὶ οἰόμεθα εἰδέναι μὴ εἰδότες. Τὸ
δίκαιον οὐ χρὴ προΐεσθαι· τοῦτο κατὰ φύσιν τὸ λῆμμα 15
καὶ ὀρθόν· τόδε ἄρα οὐ χρὴ προΐεσθαι· τοῦτο πάλιν
διάστροφον περὶ τὴν ἐλάττονα πρότασιν. Κρατοῦμεν
τοίνυν αὐτὴν διὰ τὴν διπλῆν ἀμαθίαν. Δεύτερον δὲ ἐπὶ
τούτῳ ῥητέον ὅτι τὰ ὑγιεινὰ καὶ τὰ νοσώδη μερικὰς ἔχει
τὰς ἀμφισβητήσεις καὶ οὐ πρὸς ὅλον ἡμῖν συντελεῖ τὸν 20
βίον· τὰ δὲ δίκαια καὶ τὰ ἄδικα περὶ τὸν σύμπαντα βίον
ἔχει τὴν διαφοράν, ὥστε εἰκότως ταῦτα μειζόνως ἡμᾶς
ἐξάπτει περὶ τὰς ἀμφισβητήσεις. Καὶ νοσῶδες καὶ ὑγιεινὸν
κἂν πρόοιτό τις ὡς οὐ περὶ τὸ τιμιώτατον γινομένης τῆς
βλάβης, δικαίου δὲ καὶ ἀδίκου κατὰ φύσιν ἀντεχόμεθα 25
πάντες ὡς τὴν οὐσίαν ἡμῶν ἐν τούτῳ σύμπασαν ἔχοντες.
Μόνον οὖν οὐκ ἀνούσιοι καὶ νεκροὶ καὶ τὸ μὴ ὂν ὑπάρ-
χοντες νομίζομεν γίνεσθαι στε/ρόμενοι τῶν δικαίων. Τὸ 272
δὴ τρίτον ἡ μὲν δικαιοσύνη ὡς οὖσα τάξεως ὑψηλοτέρας

271. 5 προσεχέστατον Westerink : πρὸς ἔσχατον N ‖ 6 ἐπιστήμης παρεχομένην Westerink : ἐπιστήμην παρεπομένην N ‖
14 εἰδέναι Westerink : εἶναι N.

tout à fait intellective, est un écho des dieux (car *justice*-en-soi, *sagesse*-en-soi et *science*-en-soi sont, à titre premier, dans *le lieu supracéleste*, quel qu'il soit[1], et c'est là-haut que les âmes les ont vues *solidement installées sur leur socle*[2], comme le dit Socrate dans le *Phèdre*[3]), tandis que la santé[4] est une illumination d'une existence inférieure des dieux, raison pourquoi chez nous la médecine imite l'art judiciaire, comme il est dit dans le *Gorgias*. Il est donc naturel que les âmes estiment digne d'un désir plus grand le juste plutôt que le sain ; et pour obtenir le premier, elles font tout, tandis qu'au sujet du sain et du non-sain, elles ne diffèrent et s'affrontent que pour peu de temps. Voilà pour cette difficulté.

Explication de la lettre

Pour les expressions particuliè-res : *Et maintenant?* : le temps pré-sent est indiqué pour la raison que c'est aux multiples hommes de son époque qu'Alcibiade attribuait l'enseignement du juste.

Quant à *personnes et choses*, cela donne au jeune homme une idée du lieu des termes coordonnés[5] : justice, juste, justement. Ce lieu, en effet, se divise en habitus, participant et manière. Le multiple donc se dispute sur les hommes justes dans ses jugements, et sur les choses justes dans ses jugements et dans ses actions.

Pas le moins du monde, par Zeus, Socrate : le jeune homme a fait cette réponse non seulement en tant qu'il est de nature hégémonique, mais aussi en tant qu'il s'élève depuis le niveau de // la contestation au sein du multiple jusqu'à celui qui est cause de la justice universelle.

1. Allusion aux longues discussions parmi les néoplatoniciens sur la nature exacte de l'ὑπερουράνιος τόπος, cf. *v.g.* Hermias, *In Phdr.*, 142.28 ss ; voir la préface de la *Théol. plat.*, t. I, p. LXVI ; voir aussi *Theol. plat.*, IV 10-16, 31.18-54.19.

2. Cf. Herm., *In Phdr.*, 198.6-9 : « Par *sur un socle saint* il veut dire l'intelligible, parce que le lieu intelligible est pur, sans souillure et saint ; et en effet, les choses belles d'ici-bas ne sont pas d'une beauté sans mélange. »

3-5. Voir *Notes complémentaires*, p. 432-433.

θεῶν ἐστὶν ἀπήχημα καὶ νοερωτέρα (αὐτὴ γὰρ [ἐστι]
δικαιοσύνη καὶ αὐτὴ σωφροσύνη καὶ αὐτὴ ἐπιστήμη
πρώτως εἰσὶν ἐν τῷ ὑπερουρανίῳ τόπῳ, ὅστις ποτὲ 5
οὗτός ἐστι, καὶ ἐκεῖ κατεῖδον αὐτὰς ἐν τῷ βάθρῳ βεβώ-
σας αἱ ψυχαί, καθ᾽ ἅ φησιν ὁ ἐν τῷ Φαίδρῳ Σωκράτης) ·
ἡ δὲ ὑγεία δευτέρας ἐστὶ θεῶν ὑποστάσεως ἔλλαμψις,
διὸ καὶ παρ᾽ ἡμῖν ἡ ἰατρικὴ μιμεῖται τὴν δικαστικήν, ὡς
ἐν Γοργίᾳ λέλεκται. Κατὰ φύσιν τοίνυν αἱ ψυχαὶ τὸ δίκαιον 10
μείζονος ἀξιοῦσι τοῦ πόθου μᾶλλον ἢ τὸ ὑγιεινόν · καὶ
ἵνα μὲν ἐκείνου τύχωσι πάντα ποιοῦσι, τοῦ δὲ ὑγιεινοῦ πέρι
καὶ τοῦ μὴ τοιούτου πρὸς ὀλίγον ἀλλήλοις διαφέρονται καὶ στασιάζοσαι. Ταῦτα καὶ πρὸς τήνδε τὴν ἀπορίαν.

Τῶν δὲ καθ᾽ ἕκαστα ῥημάτων τὸ μὲν τί δὲ δὴ νῦν; 15
τὴν προσθήκην ἔχει τοῦ παρόντος χρόνου, διότι δὴ καὶ
ὁ Ἀλκιβιάδης τοὺς νῦν ἀνθρώπους τοὺς πολλοὺς ᾐτιάσατο
τῆς τοῦ δικαίου διδασκαλίας.

Τὸ δὲ ἀνθρώπων καὶ πραγμάτων ἔννοιαν αὐτῷ παρέχει τοῦ τῶν συστοίχων τόπου · δικαιοσύνη, δίκαιον, 20
δικαίως · διαιρεῖται γὰρ εἰς τὴν ἕξιν, εἰς τὸ μετέχον
πρᾶγμα, εἰς τὸν τρόπον. Ἀμφισβητοῦσιν οὖν οἱ πολλοὶ
περὶ μὲν [οὖν] τῶν δικαίων ἀνθρώπων ἐν ταῖς κρίσεσι,
περὶ δὲ τῶν δικαίων πραγμάτων ἐν ταῖς κρίσεσι καὶ ἐν
ταῖς πράξεσι.   25

Τὸ δὲ ἥκιστα, νὴ Δία, ὦ Σώκρατες οὐ μόνον ὡς
ἡγεμονικὸς ὁ νεανίσκος ἀνεφθέγξατο, ἀλλὰ καὶ ὡς ἀπὸ
τῆς τῶν πολλῶν διαφορᾶς ἀνάγων ἑαυτὸν / ἐπὶ τὸν αἴτιον **273**
τῆς ὅλης δικαιοσύνης.

272. 4-7 cf. *Phdr.* 247 D 6-7, 254 B 7, 247 C 3 ‖ 10 cf. *Gorg.*
478 D 4-7 ‖ 19-21 cf. Ar. *Top.* B 9, 114 a 26-38 ‖ 26-27 cf. *Phdr.*
262 E 3.

272. 3 ἐστι del. Westerink ‖ 5 ὅστις recc. : ὅστί N ‖ 6 τῷ
N : an ἀγνῷ cum Plat. libris leg. ? ‖ 9 ἰατρικὴ recc. : π(ατ)ρικὴ
N ‖ 23 οὖν del. coniec. Creuzer.

Davantage : la mention de l'Iliade et de la guerre de Troie[1] montre de quelle importance est chez les hommes l'opposition pour des questions de juste : cela a entraîné la ruine de Troie, une grande partie de la race grecque aussi en est morte et, enfin, c'est devenu un proverbe que l'on emploie à propos des maux les plus grands : *Une Iliade de maux*[2]. Mais comment se fait-il que Socrate ait assumé auparavant qu'Alcibiade n'avait appris que *les lettres, la cithare et la lutte* et qu'il ajoute maintenant la connaissance d'Homère ? N'est-ce pas parce qu'il parlait d'arts et de sciences et non pas de lettres anciennes, qu'il a ramené le savoir d'Alcibiade[3] à ces trois choses-là[4] ?

En outre, la bataille de *Tanagra* et celle de *Coronée*[5] ont été assumées pour nous rappeler que le multiple s'affronte fort sur le juste, et non seulement les barbares mais aussi les Grecs[6] ; et aussi pour montrer qu'être de même langue ne les a pas empêchés de s'infliger les derniers outrages à cause de leur différend en matière de juste.

En outre, la mention de *Clinias* qui a trouvé la mort à Coronée constitue, elle aussi, une réfutation de l'erreur des hommes en ce qui concerne le juste. Car peu s'en faut qu'il ne veuille dire : « Et ta maison et ta race pour cela ont subi mille maux. » Par là, en mentionnant Clinias[7], il a rendu sa démonstration solide. Voilà pour l'explication // des choses particulières.

Appendice　　La mention de faits historiques varie le style et donne de l'ornement au dialogue ; cela atténue aussi ce qu'il y a, dans les questions et les réponses, de déficient sous le rapport

1-5. Voir *Notes complémentaires*, p. 433.

6. La transposition proposée par L. G. Westerink rend évidemment le texte plus logique, mais est-elle pour autant nécessaire ? On a un chiasme.

7. Cf. Ol., 93.14-16. — En 112 C 4, le nom du père d'Alcibiade figurait déjà dans le texte de Platon tel que le lisait Proclus (il manquait peut-être dans celui d'Olympiodore) ; Burnet, dans son édition, l'a supprimé comme une glose (suivi par Carlini).

Καὶ μὲν δὴ καὶ ἡ μνήμη τῆς Ἰλιάδος καὶ τοῦ Τρωϊκοῦ
πολέμου δείκνυσιν ἡλίκη τίς ἐστιν ἡ περὶ τῶν δικαίων παρὰ
τοῖς ἀνθρώποις στάσις, ὥστε ἀνατραπῆναι μὲν τὸ Ἴλιον 5
διὰ ταύτην, πάμπολυ δὲ ἀπολέσθαι καὶ τῶν Ἑλλήνων
γένος, καὶ τέλος γενέσθαι παροιμίαν ἐπὶ τῶν μεγίστων
συμφορῶν τὴν Ἰλιάδα τῶν κακῶν. Ἀλλὰ πῶς πρότερον ἔλαβεν ὅτι μόνα ταῦτα ἔμαθε, γράμματα καὶ
κιθαρίζειν καὶ παλαίειν, νῦν δὲ καὶ τὸ Ὁμήρου 10
προσέθηκεν ; Ἢ ὅτι περὶ τεχνῶν καὶ ἐπιστημῶν λέγων εἰς
τρία ταῦτα τὴν γνῶσιν αὐτοῦ ἀπήγαγεν, οὐ περὶ γραμμάτων παλαιῶν.

Ἔτι τοίνυν ὁ ἐν Τανάγρᾳ πόλεμος καὶ ὁ ἐν Κορωνείᾳ
παρελήφθησαν, εἰς ὑπόμνησιν τοῦ τοὺς πολλοὺς ἀμφι- 15
σβητεῖν σφόδρα περὶ τῶν δικαίων, καὶ μὴ μόνον τοὺς
Ἕλληνας, ἀλλὰ καὶ τοὺς βαρβάρους · καὶ ὅτι μηδὲν
αὐτοῖς ἐλυσιτέλησε τὸ ὁμογλώσσοις εἶναι εἰς τὸ μὴ
ἀπεργάσασθαι τὰ ἔσχατα κακὰ τῆς διαφορᾶς ἕνεκα τῶν
δικαίων.
                                                          20
Πρὸς τούτοις ἡ τοῦ Κλεινίου μνήμη τοῦ τελευτήσαντος
ἐν Κορωνείᾳ παριστᾷ καὶ αὐτὴ τὸν ἔλεγχον τῆς περὶ τὰ
δίκαια τῶν ἀνθρώπων πλάνης. Μόνον γὰρ οὐχὶ λέγει ὅτι
καὶ ἡ σὴ οἰκία καὶ τὸ σὸν γένος διὰ ταῦτα πέπονθε κακὰ
πολλά. Ἐντεῦθεν οὖν πεποίηκε τὴν ἀπόδειξιν ἰσχυρὰν 25
τοῦ Κλεινίου μνησθείς. Ταῦτα καὶ περὶ τῆς τῶν καθ᾽
/ ἕκαστα διαρθρώσεως.
                                                          274

Ἡ δὲ τῶν ἱστοριῶν παράθεσις ποικίλλει μὲν τὴν γραφήν,
κόσμον δὲ παρέχεται τῷ διαλόγῳ · παραμυθεῖται δὲ καὶ τὸ
τῶν ἐρωτήσεων καὶ ἀποκρίσεων πρὸς εὐφροσύνην ἐνδέον.

---

273. 9-10 = *Alc.* 106 E 6.

273. 12 γνῶσιν αὐτοῦ scripsi : ἑαυτοῦ γνῶσιν N ἐν αὐτῷ
γνῶσιν Westerink ‖ 17 Ἕλληνας ... βαρβάρους ... : debebat
βαρβάρους ... Ἕλληνας ... (Westerink) ‖ 22 αὐτὴ Westerink :
αὐτὸν N.

de l'agrément. En outre, la variation des figures évite l'ennui provoqué par les discours : c'est justement ce que cherchait à atteindre Socrate en usant du style figuré. Car il était parfaitement équivalent de dire : <je pense que> c'est un désaccord portant sur rien d'autre que la question du juste et de l'injuste qui a amené ces morts et ces guerres, mais Socrate dit : *C'est un désaccord portant sur rien d'autre que la question du juste et de l'injuste qui a amené ces morts et ces guerres*[1].

Ensuite, Socrate a brièvement conclu sa réfutation : « Par conséquent, tu n'as ni appris ni découvert le juste, car ceux que tu allègues pour maître, le multiple, ne peuvent pas enseigner le juste pour la raison qu'ils ne le connaissent même pas. La preuve en est qu'ils sont en fort différend entre eux sur ce sujet, si bien qu'*ils s'infligent mutuellement les pires maux*[2] à cause de leur différend à ce sujet. » Car ceux qui connaissent quelque chose scientifiquement doivent s'accorder entre eux là-dessus ; ce qui justifie cet axiome c'est d'abord que la nature des choses est parfaitement déterminée et que les critères de la connaissance sont les mêmes chez tous, comme nous l'avons déjà dit auparavant. Deuxiè-mement, c'est aussi le fait que, dans les premiers prin-cipes, l'intellect est uni à lui-même et donc tout ce qui participe de l'intellect participe de l'un. Si donc la science est une illumination de l'intellect, si l'accord est une illumination de l'un (car il est l'unité des disso-nances), force est que ceux qui participent à la même science s'accordent entre eux ; car distance et désaccord font choir de l'un.

Sur l'imagination du multiple de connaître le juste Mais quelle est, selon nous, la cause de l'illusion où est le multiple de connaître le juste ? Et à quoi ont-ils regard lorsqu'ils prétendent enseigner le juste ? // Aristote a dit excellemment

---

1-2. Voir *Notes complémentaires*, p. 433-434.

Ἔτι δὲ καὶ ἡ τῶν σχημάτων ἐξαλλαγὴ τὸ προσκορὲς 5
ἐκλύει τῶν λόγων· ὃ καὶ ὁ Σωκράτης μηχανώμενος
ἐσχημάτισε τὸν λόγον. Κατάλληλον γὰρ ἦν εἰπεῖν· οὐδὲ
περὶ ἑνὸς ἄλλου τὴν διαφορὰν ἢ περὶ δικαίων καὶ ἀδίκων
τοὺς θανάτους καὶ τὰ μάχας πεποιηκέναι· ὁ δὲ οὐδὲ περὶ
ἑνὸς ἄλλου διαφορά, φησίν, ἢ περὶ δικαίου καὶ 10
ἀδίκου πεποίηκεν τοὺς θανάτους καὶ τὰς μάχας.

Ἐπὶ δὲ τούτοις συνήγαγεν ἐν βραχεῖ τὸν ἔλεγχον·
οὔτε ἔμαθες ἄρα τὸ δίκαιον οὔτε εὗρες· οὐδὲ γὰρ οὓς
προεστήσω σαυτοῦ διδασκάλους, οὗτοι δύνανται τὸ
δίκαιον διδάσκειν, οἱ πολλοί· τὸ δὲ αἴτιον ὅτι μηδὲ ἐπί- 15
στανται· τὸ δὲ τούτου τεκμήριον ὅτι διαφέρονται περὶ
αὐτοῦ πρὸς ἀλλήλους σφοδρῶς, ὥστε τὰ ἔσχατα τῶν
κακῶν ἀλλήλους ἐργάζεσθαι διὰ τὴν περὶ τοῦτο
διαφοράν. Δεῖ γὰρ τοὺς ἐπισταμένους ὁτιοῦν συμφωνεῖν
περὶ τοῦτο ἀλλήλοις· αἴτιον δὲ τοῦ ἀξιώματος τούτου 20
πρῶτον μὲν ἥ τε τῶν πραγμάτων φύσις ὡρισμένη καὶ τὰ
κριτήρια τῆς γνώσεως ὄντα τὰ αὐτὰ παρὰ πᾶσιν, ὥσπερ
δὴ καὶ πρότερον εἴπομεν. Δεύτερον δὲ ὅτι καὶ ἐν ταῖς
πρώταις ἀρχαῖς ὁ νοῦς ἥνωται πρὸς ἑαυτόν, καὶ πᾶν οὖν
τὸ νοῦ μετέχον μετέχει τοῦ ἑνός. Εἰ τοίνυν ἐπιστήμη νοῦ 25
ἔλλαμψίς ἐστιν, ἡ δὲ συμφωνία τοῦ ἑνός (ἕνωσις γάρ ἐστι
τῶν διαφώνων), ἀνάγκη τὰ μετέχοντα τῆς αὐτῆς ἐπιστήμης
συμφωνεῖν ἀλλήλοις· ἡ γὰρ διάστασις καὶ ἡ διαφωνία
τοῦ ἑνὸς ἀποπέπτωκεν.

Ἀλλὰ τί φῶμεν εἶναι τὸ αἴτιον τῆς τῶν πολλῶν ὑπο- 30
λήψεως περὶ τῆς τοῦ δικαίου γνώσεως; καὶ πρὸς τί
βλέποντες οἴονται τὸ δίκαιον διδάσκειν; Εἴρηταί που

---

274. 23 πρότερον : cf. supra, p. 262.5-14.

274. 10-11 δὶ καὶ ἀδὶ N ‖ 11 πεποίηκεν corr. Steel cum Plat.
libris : πεποιηκέναι N ‖ 25 εἰ Westerink : ἢ N.

quelque part qu'il y a quatre sortes de problèmes qui suscitent discussion et recherche[1] : savoir si la chose existe, ce qu'elle est, de quelle sorte elle est et pourquoi elle est, et aussi que qui veut connaître une chose doit auparavant savoir si elle existe. Mais avant ces quatre problèmes eux-mêmes, il faut au préalable savoir ce que signifie le nom[2], car si nous n'avons pas une simple notion de la chose, nous ne saurions même pas connaître si elle existe. Lors donc que nous possédons la signification, nous pourrons indubitablement reconnaître ce qu'est la chose, si nous venons à la rencontrer, puisque nous en avons une idée. Ainsi donc, le « ce que signifie » est différent du « ce qu'est ». Car la signification est l'explication d'une chose pour aboutir à quelque intellection déterminée, tandis que le ' ce qu'est ' est une compréhension exacte de la nature de l'objet en question. Par conséquent, le multiple enseigne ce que signifie tel ou tel nom (par exemple, ce que signifie homme, ce que signifie cheval) ; mais ce que sont ces choses ni il ne l'a appris ni il ne l'enseigne. Car // il ne sait pas de l'homme et du cheval <ce qu'ils sont en eux-mêmes> l'un et l'autre, mais pourtant, parce qu'il mêle le ' ce que signifie ' avec le ' ce qu'est ' et parce qu'il les identifie, il s'imagine détenir grâce à la simple notion de la chose une compréhension scientifique.

< Vois-tu comment cette réponse est incorrecte ... Tu le sauras de la façon suivante. (112 E 1-10). >

Résumé de l'argumentation
Comme le jeune homme, à la fin de la discussion qui précède, a admis la conclusion et reconnu, non sans s'excuser, l'ignorance que Socrate vient de lui faire voir en matière de juste et d'injuste, comme, d'autre part, il désigne Socrate comme la cause des démonstrations et non pas lui-même et son caractère et comme, enfin, il déclare ignorer le juste et l'injuste

1-2. Voir *Notes complémentaires*, p. 434-435.

καλῶς / ὑπὸ τοῦ Ἀριστοτέλους, ὅτι τέτταρα προβλήματά **275**
ἐστι δι᾽ ἃ οἱ λόγοι καὶ αἱ ζητήσεις, τὸ εἰ ἔστι, τὸ τί ἐστι,
τὸ ὁποῖόν τί ἐστι καὶ τὸ διατί ἐστι, καὶ ὅτι τὸν μέλλοντα
γνώσεσθαι τὸ τί ἐστιν ἀνάγκη προειδέναι τὸ εἰ ἔστιν. Αὐτῶν
δὲ ἄρα τῶν τεσσάρων τούτων προεγνῶσθαι δεῖ τὸ τί 5
σημαίνει · μὴ γὰρ ἔχοντες ψιλὴν τοῦ πράγματος ἔννοιαν
οὐδ᾽ ἂν εἰ ἔστι γιγνώσκοιμεν. Ἔχοντες οὖν τὴν σημασίαν
καὶ ὅ τι ἐστὶ περιτυχόντες αὐτῷ γνοίημεν ⟨ἂν⟩ ἀνενδοιάστως ἔχοντες τὴν ἔννοιαν αὐτοῦ. Τοῦτο οὖν τὸ τί σημαίνει
τοῦ τί ἐστιν ἕτερον ὑπάρχει. Ἡ μὲν γὰρ σημασία ἐστὶ τοῦ 10
πράγματος ἀνάπτυξις ἐπί τινα νόησιν ὡρισμένην, τὸ δὲ τί
ἐστι τῆς τοῦ προκειμένου πράγματος φύσεως ἀκριβὴς
κατάληψις. Οἱ τοίνυν πολλοί, τί μὲν σημαίνει αὕτη καὶ
τί ἡ φωνὴ αὕτη, διδάσκουσιν · ὥσπερ τί σημαίνει ἄνθρωπος,
τί σημαίνει ἵππος · τί δὲ ἔστι ταῦτα οὔτε ἐγνώκασιν οὔτε 15
διδάσκουσιν. Οὐδὲ γὰρ ἄνθρωπον καὶ ἵππον οἴδασι τούτων
ἑκάτερον, οἴονται δὲ / ὅμως συγχέοντες τό τε τί σημαίνει **276**
καὶ τὸ τί ἐστι τῇ ψιλῇ τοῦ πράγματος ἐννοίᾳ τὴν ἐπιστημονικὴν περίληψιν ἔχειν, ταῦτα εἰς ταὐτὸν ἄγοντες.

⟨ Ὁρᾷς αὖ τοῦθ᾽ ... Πῶς δή ; Ὧδε εἴσῃ. 112 Ε. ⟩

Τοῦ νεανίσκου πρὸς τῷ τέλει τῶν προειρημένων λόγων 5
δεξαμένου μὲν τὸ συμπέρασμα, καὶ τὴν ἄγνοιαν τῶν
δικαίων καὶ ἀδίκων, ἣν ὁ Σωκράτης ὑπεδείκνυ, μεθ᾽ ὑποτιμήσεως δὲ προσεμένου, καὶ τὸν Σωκράτην τῶν ἀποδε-
δειγμένων, οὐχ ἑαυτὸν αἰτιασαμένου καὶ τὸ αὑτοῦ ἦθος,
καὶ εἰπόντος ἀγνοεῖν τὰ δίκαια καὶ τὰ ἄδικα κατὰ τοὺς 10

---

275. 1-4 cf. Ar., *An. post.*, Β 1, 89 b 23-35.

275. 7 γιγνώσκοιμεν Westerink : -ομεν Ν ‖ 8 ἂν add. Westerink ‖ 16 an οἴδασι ⟨τί ἐστι⟩ leg. ? (Westerink).
276. 1 δὲ ὅμως scripsi : δὲ ὅμως sscr. ἄρα Ν^{m.pr.} (= D),
δὲ ἄρα ὅμως Westerink ‖ 9 αὑτοῦ Westerink : αὐτοῦ Ν.

selon les démonstrations de Socrate mais non pas en
réalité (car c'est là ce qu'il a insinué en ajoutant :
D'après ce que tu dis toi, ce n'est guère vraisemblable),
Socrate, dans le présent texte, démontre qu'au jugement même d'Alcibiade en vertu de ce sur quoi il est
tombé d'accord, il apparaît ignorer le juste ; il démontre
aussi que personne d'autre ne lui inflige cette réfutation,
sinon lui-même, et qu'il ne faut pas rapporter la cause
de ce qui a été démontré à Socrate, mais qu'il doit
considérer ses réponses comme les fondements les plus
assurés de la conclusion. Car il est clairement démontré
que c'est celui qui répond, qui énonce toutes les prémisses et toutes les conclusions, et non pas celui qui
interroge. // Si donc Socrate s'est contenté de poser
les questions susdites et si Alcibiade y a répondu, c'est
Alcibiade alors qui a énoncé les points démontrés, c'est
lui-même qui s'est réfuté et s'est fait l'accusateur de
son ignorance, et non pas Socrate.

Ce syllogisme contribue au but du dialogue   Selon certains, le syllogisme dont
nous sommes en train de faire l'exa-
men ne joue pas un rôle essentiel
dans ce dialogue : il ne serait qu'une
sorte de réfutation accessoire[1], qui n'apporte rien de
neuf aux recherches, mais s'attaque aux mots mêmes
d'Alcibiade pour montrer qu'ils sont fautifs. Or, si
nous examinons soigneusement cet argument, nous
verrons qu'il a, lui aussi, une admirable utilité pour
tout l'entretien. Si en effet le but principal[2] de ce
dialogue est de nous ramener à la connaissance de nous-
mêmes, de montrer que notre essence consiste en formes
et raisons, qu'elle met au jour à partir d'elle-même
toutes les sciences[3] et connaît en elle-même tous les
êtres divins et toutes les espèces naturelles[4], comment
le fait de montrer qu'Alcibiade est pour lui-même
la cause de tout ce qu'il a répondu et de toutes les
conclusions et qu'il ne tient pas cette connaissance de
l'extérieur comme quelque chose d'ajouté et d'étranger,

1-4. Voir *Notes complémentaires*, p. 435.

λόγους τοῦ Σωκράτους, ἀλλ᾽ οὐ κατ᾽ ἀλήθειαν (τοῦτο γάρ
ἐστιν ὃ ὑπεδήλου προστιθεὶς τὸ ἐκ μὲν ὧν σὺ λέγεις
οὐκ εἰκός), δείκνυσιν αὐτὸν διὰ τούτων ὁ Σωκράτης
ὅτι καὶ κατὰ τὴν αὐτοῦ κρίσιν ᾽Αλκιβιάδου, δι᾽ ὧν ὡμολόγησεν, ἀγνοῶν ἀναφαίνεται τὸ δίκαιον, καὶ ὡς οὐδείς 15
ἐστιν ἄλλος ὁ τὸν ἔλεγχον τοῦτον προσενεγκάμενος,
ἀλλ᾽ αὐτὸς ᾽Αλκιβιάδης, καὶ ὡς οὐ δεῖ τὴν αἰτίαν τῶν
ἀποπεφασμένων ἐπὶ τὸν Σωκράτην μεταφέρειν, ἀλλὰ τὰς
οἰκείας ἀποκρίσεις κυριωτάτας ἀρχὰς νομίζειν τοῦ συμπεράσματος. ᾽Αποδείκνυται γὰρ σαφῶς ὅτι ὁ ἀποκρινόμενός 20
ἐστιν ὁ τὰ λήμματα καὶ τὰ συμπεράσματα πάντα λέγων,
ἀλλ᾽ οὐχ ὁ ἐρωτῶν · εἰ / τοίνυν ἠρώτα μὲν τὰ προρρηθέντα 277
μόνον ὁ Σωκράτης, ἀπεκρίνετο δὲ ὁ ᾽Αλκιβιάδης, οὗτός τε
ἦν ὁ τὰ δεικνύμενα λέγων καὶ αὐτὸς ἑαυτὸν ἤλεγχε καὶ τῆς
οἰκείας ἀμαθίας αὐτὸς κατήγορος ἦν, ἀλλ᾽ οὐχ ὁ Σωκράτης.

Καὶ δοκεῖ μέν τισιν οὐδὲ προηγουμένην ἐν τῷδε τῷ 5
διαλόγῳ τάξιν ἔχειν ὁ προκείμενος ἡμῖν εἰς ἐξέτασιν συλλογισμός, ἀλλὰ παρεξέλεγχός τις εἶναι περὶ τῶν ζητουμένων οὐδὲν συναγαγών, ἀλλὰ τῆς λέξεως τῆς ῥηθείσης
ἀντιλαμβανόμενος καὶ ταύτην ἡμαρτημένην ἀποφαίνων.
Εἰ δὲ σκοποῖμεν μὴ παρέργως, θαυμαστὴν καὶ οὗτος ὁ 10
λόγος παρέχεται τῇ πάσῃ συνουσίᾳ χρείαν. Εἰ γὰρ ἐστι τὸ
σκοπιμώτατον τοῦ διαλόγου τέλος ἐπαναγαγεῖν ἡμᾶς εἰς
τὴν ἑαυτῶν γνῶσιν καὶ δεῖξαι τὴν οὐσίαν ἡμῶν ἐν εἴδεσι
καὶ λόγοις ὑφεστηκυῖαν καὶ πάσας τὰς ἐπιστήμας ἀφ᾽
ἑαυτῆς προβάλλουσαν καὶ ἐν ἑαυτῇ τά τε θεῖα πάντα καὶ 15
τὰ τῆς φύσεως εἴδη γινώσκουσαν, πῶς οὐ τὰ μέγιστα
συντελεῖ πρὸς τὸν τοιοῦτον σκοπὸν τὸ δεῖξαι τῶν ἀποκρι-
νομένων ἕκαστον αὐτὸν τῶν λόγων πάντων καὶ τῶν συμπε-

276. 12-13 = *Alc.* 112 D 10.

277. 7 τις recc. : τι N ‖ 8 συναγαγών N : an συνάγων leg. ?
(Westerink).

oui, comment cela ne serait-il pas une contribution tout à fait capitale pour atteindre un tel but? Car il n'est pas comme une *tablette non écrite*[1] qui reçoit les mots de l'extérieur. Alcibiade commence donc, dès lors, à se connaître lui-même et lui qui ignorait auparavant que c'est lui-même qui met au jour les arguments, le voilà maintenant qui sait aussi qu'il se convertit vers lui-même ; et comme il connaît ensemble et sa propre activité et sa propre connaissance, il devient un avec le connaissable ; et ce mode même de conversion // entraîne l'âme à la contemplation de son essence. Il faut donc que l'âme, premièrement, acquière la connaissance d'elle-même ; qu'ensuite elle examine les puissances qu'elle a reçues en lot et ensuite son essence[2], ensuite, comment en partant des choses les plus imparfaites, elle s'avance jusques aux causes toutes premières. Présentement donc, l'âme se convertit par un acte vers un acte et, par celui-ci, vers l'agent (car en même temps que les actes, se révèle aussi le substrat qui engendre les actes qui lui sont propres) ; ensuite, par l'acte, elle se tourne vers la puissance et, par le biais de celle-ci, à nouveau vers son essence (car les puissances sont plus voisines de l'essence) et, enfin, elle rattache son acte à son essence même et ainsi tout devient un et concourt ensemble ; non seulement, la substance concourt avec l'acte mais l'acte est l'acte conséquent à la substance : car la substance devient intellective en acte et l'acte conaturel à la substance dans sa perfection.

Ces considérations aussi sont donc très appropriées au présent passage ; ajoutons encore que comme l'ignorance en tous les êtres est involontaire — et tout particulièrement l'ignorance de soi-même et des meilleurs parmi les êtres —, les Sages de l'ancien temps[3] ont regardé comme tout à fait efficace pour nous débarrasser de cette ignorance <l'>enseignement par réfutations, lequel met en parallèle les fausses opinions

---

1-2. Voir *Notes complémentaires*, p. 435-436.

3. Je ne sais qui exactement Proclus a ici en vue (les pythagoriciens ?).

ρασμάτων εἶναι αἴτιον ἑαυτῷ καὶ οὐκ ἀλλαχόθεν τὴν
γνῶσιν [ἔχειν ἐπείσα]κτον καὶ ἀλλοτρίαν ; Οὐδὲ γὰρ 20
ὥσπερ ἄγραφον γραμματεῖον ἔξωθέν ἐστι τοὺς λόγους
δεχόμενον. Ἤδη οὖν ἑαυτὸν ἄρχεται γινώσκειν ὁ Ἀλκιβιάδης, [ὁ ἀγνοήσας] πρότερον ἑαυτὸν προβάλλοντα τοὺς
λόγους, νῦν αὖ καὶ τοῦτο γινώσκων, ὅτι εἰς ἑαυτὸν ἐπιστρέφει, καὶ τὴν ἑαυτοῦ / ἐνέργειαν καὶ τὴν ἑαυτοῦ 278
γνῶσιν γιγνώσκων ἓν γίνεται πρὸς τὸ γνωστόν · καὶ αὐτὸς ὁ
τρόπος τῆς ἐπιστροφῆς ἐν αὐτῷ περιάγει τὴν ψυχὴν εἰς
τὴν τῆς οὐσίας θεωρίαν. Δεῖ οὖν πρῶτον γνῶσιν λαβεῖν
τὴν ψυχὴν ἑαυτῆς, ἔπειτα τὰς δυνάμεις ἃς ἔλαχε σκοπῆσαι, 5
ἔπειτα τὴν οὐσίαν, ἔπειτα πῶς ἀπὸ τῶν ἀτελεστέρων
ὁρμηθεῖσα προέρχεται μέχρι τῶν πρώτων αἰτίων. Νῦν δὴ
οὖν δι' ἐνεργείας εἰς ἐνέργειαν ἐπιστρέφει καὶ διὰ ταύτης
ἐπὶ τὸ ἐνεργοῦν (ἅμα γὰρ ἀναφαίνεται καὶ τὸ ὑποκείμενον
γεννητικὸν τῶν οἰκείων ὑπάρχον ἐνεργειῶν), αὖθις δὲ δι' 10
ἐνεργείας εἰς τὴν δύναμιν καὶ διὰ ταύτης πάλιν εἰς τὴν
οὐσίαν (ἐγγυτέρω γάρ εἰσι τῆς οὐσίας αἱ δυνάμεις), καὶ
τέλος αὐτῇ τῇ οὐσίᾳ συνάπτει τὴν ἐνέργειαν καὶ γίνεται
πάντα ἓν καὶ σύνδρομα ἀλλήλοις, ἥ τε οὐσία ἐνεργείᾳ καὶ
ἡ ἐνέργεια οὐσιώδης · ἡ μὲν γὰρ νοερὰ γίνεται κατ' ἐνέρ- 15
γειαν, ἡ δὲ συμφυὴς τῇ οὐσίᾳ κατὰ τὴν ἑαυτῆς τελείωσιν.

Εἰσὶ μὲν οὖν καὶ ταῦτα τοῖς προκειμένοις οἰκειότατα ·
λεγέσθω δὲ αὖ πρὸς τοῖσδε καὶ ὅτι τῆς ἀγνοίας ἀκουσίου
πᾶσιν οὔσης, καὶ μάλιστα τῆς ἑαυτῶν καὶ τῶν τιμιωτάτων
ἐν τοῖς οὖσιν, ἀνυσιμώτατος τοῖς παλαιοῖς καὶ σοφοῖς 20
ἀνδράσι τρόπος ἔδοξεν εἶναι πρὸς τὴν ταύτης ἀπαλλαγὴν
⟨ὁ⟩ διὰ τῶν ἐλέγχων, παράλληλα τιθεὶς τὰ ψευδῆ δο-

---

277. 21 = Ar., *De anima*, Γ 4, 430 a 1.

277. 20 suppl. recc. : lac. 5 litt. capacem reliquit N ‖ 23 suppl.
Westerink : lac. 6 litt. capacem reliquit N (sed plura deesse
possunt) ‖ 24 γινώσκων scripsi : γινώσκοντα N.
278. 7 ὁρμηθεῖσα D : -σαι N ‖ 22 add. ὁ Westerink.

avec les vraies et révèle, dans les premières, un désaccord
interne, et démontre un parfait accord dans les secondes.
Car lorsqu'on a montré que les passions s'opposent
aux opinions, que, de leur côté, les passions s'opposent entre elles et, enfin, lorsque l'on a révélé que
les opinions de la même façon s'affrontent, c'est alors
que paraît spécialement la mauvaiseté de l'ignorance
et l'ignorant lui-même conçoit son malheur et il
éprouve de la joie à être débarrassé de ce mal. Et
lorsque // celui qui ignore et ne connaît rien aux choses
les plus importantes non seulement est réfuté mais
encore l'est par lui-même, alors il aime davantage la
réfutation, l'accueille avec joie et multiplie l'effet théra-
peutique qui en provient. Car de même que dans les
soins du corps le plus doux, lorsqu'il est présent dans
les remèdes, en accroît l'utilité, parce que la nature
absorbe alors les remèdes de toutes les façons, tant à
cause de leur douceur qu'à cause de leur bonté, de
même aussi pour la réfutation : c'est celle qui — toutes
conditions égales par ailleurs — paraît la plus douce
qui produit la cure la plus parfaite, autrement dit c'est
la réfutation que nous nous infligeons à nous-mêmes ;
car réfuté par nous-mêmes, nous nous emportons moins
que lorsque c'est par autrui. Que si donc Socrate a
démontré que, dans les entretiens dialectiques, celui
qui répond est celui qui affirme et non pas celui qui
interroge — c'est-à-dire celui qui semble réfuter —,
il est clair pour quiconque, je présume, que c'est par
nous-mêmes que nous sommes réfutés et que nous ne
subissons pas cela sous l'action d'un agent extérieur,
si bien que ce mode de guérison est plus supportable.
Car dans la mesure même où il apparaît comme plus
approprié, dans cette mesure même son caractère
pénible et douloureux s'en trouve diminué, tandis que
sa douceur et son utilité s'en trouvent accrues. Car
tout ce qui nous est approprié est plus efficace pour
nous soigner.

Troisième point : les vivants irrationnels font partie

ξάσματα τοῖς ἀληθέσι καὶ τῶν μὲν τὴν πρὸς ἑαυτὰ διαφωνίαν ἐκφαίνων, τῶν δὲ τὴν ὁμολογίαν ἐπιδεικνύς. Ὅταν
γὰρ ταῖς δόξαις τὰ πάθη μαχόμενα δειχθῇ, καὶ αὖ πάλιν 25
ἀλλήλοις τὰ πάθη, καὶ τὰ δοξάσματα δὲ κατὰ τὸν αὐτὸν
τρόπον στασιάζοντα ἀποφανθῇ, τότε διαφερόντως ἡ τῆς
ἀγνοίας ἀναφαίνεται μοχθηρία καὶ αὐτὸς ὁ ἀγνοῶν συνορᾷ
τὸ ἑαυτοῦ πάθος καὶ ἀπαλλαττόμενος χαίρει τοῦ τοιούτου
κακοῦ. Ὅταν δὲ ἄρα μὴ μόνον ἐλέγχηταί τις ἀγνοῶν καὶ 30
ἀμαθαίνων ἐν τοῖς μεγίστοις, ἀλλὰ καὶ ἐλέγ/χηται παρ' **279**
ἑαυτοῦ, τότε μειζόνως ἀγαπᾷ τὸν ἔλεγχον καὶ ἀσπάζεται
καὶ πολλαπλασίαν ποιεῖ τὴν ἀπ' αὐτοῦ προσγινομένην
θεραπείαν. Ὡς γὰρ ἐν ταῖς τοῦ σώματος ἰατρείαις τὸ
ἥδιον, ὅταν προσῇ τοῖς βοηθήμασι, μείζονα παρέχεται 5
τὴν ὠφέλειαν, πανταχόθεν αὐτὰ τῆς φύσεως περιπτυσ-
σομένης, καὶ διὰ τὸ ἡδὺ καὶ διὰ τὸ ἀγαθόν, οὕτω δὴ καὶ ὁ
ἔλεγχος ὁ τοῖς ἐλεγχομένοις τῶν ἄλλων ἴσων δήπου
μενόντων ἡδίων φαινόμενος τελεωτέραν παρέχει τὴν θεραπείαν, ὁ ὑφ' ἡμῶν αὐτὸς εἰς ἡμᾶς γιγνόμενος · ἧττον γὰρ 10
ὑφ' ἑαυτῶν ἐλεγχόμενοι δυσχεραίνομεν ἢ ὑπὸ τῶν ἄλλων.
Εἰ τοίνυν ἀποδείξειεν ὁ Σωκράτης ὅτι ὁ ἀποκρινόμενός
ἐστιν ἐν ταῖς διαλεκτικαῖς συνουσίαις ὁ λέγων, ἀλλ' οὐχ
ὁ ἐρωτῶν, ὁ δοκῶν ἐλέγχειν, παντὶ δήπου καταφανὲς
γίνεται τὸ παρ' ἑαυτῶν ἐλέγχεσθαι καὶ οὐκ ἔξωθεν ταῦτα 15
πάσχειν · ὥστε καὶ ὁ τρόπος τῆς ἰάσεως ταύτης φορητό-
τερος. Ὅσῳ γὰρ οἰκειότερος ἀναφαίνεται, τοσούτῳ ἐλαττοῖ
μὲν τὸ ἐν αὐτῷ βαρὺ καὶ ἀλγεινόν, ἐπιτείνει δὲ τὸ προσηνὲς
καὶ ὠφέλιμον · πᾶν γὰρ τὸ οἰκεῖον εἰς τὴν θεραπείαν
ἀνυσιμώτερόν ἐστι. 20

Τὸ τρίτον πάλιν λέγομεν, ὅτι τὰ μὲν ἄλογα ζῷα τῶν

278. 29 ἀπαλλαττόμενος recc. : ἀναπλαττόμενος N.
279. 3 προσγινομένην D : -γεν- N ‖ 5 ἥδιον Westerink (cf.
infra p. 305.21) : ἴδιον N ‖ 9 an ‹ἡδίων δὲ› ὁ leg. ? (Westerink).

des êtres que *l'on paît à coups de bâton*[1], et aussi ceux qui reçoivent leur guérison de l'extérieur ; ils sont entraînés partout où les entraîne leur guide, parce qu'ils sont privés du pouvoir de se commander eux-mêmes et de se sauver eux-mêmes ; au contraire, l'âme humaine grâce à son autonomie et à son automotricité a pour nature d'agir en elle-même, de se mouvoir elle-même et de se pourvoir elle-même du bien. Par conséquent, la réfutation qui nous vient de nous-mêmes est appropriée à l'essence de l'âme et donc l'argument qui établit que // celui qui répond est celui qui affirme, est consonnant à notre essence et à nos activités. En effet, la purification, par nature, ne nous vient pas de l'extérieur, mais part de l'intérieur, de l'âme même. Car tout le mal vient de l'extérieur, et il s'ajoute à l'âme[2], tandis que le bien vient de l'intérieur : car l'âme est, par nature, boniforme ; et plus elle devient parfaite, plus elle recouvre la vie automotrice[3], comme si elle était devenue mue par un autre à cause de son union avec les corps et de sa communauté d'affects avec eux. Et c'est justement pour cela que tout ce qu'elle reçoit de l'extérieur demeure en dehors d'elle (par exemple, les objets de l'imagination[4] ou de la sensation) et que seules sont en elles les choses qui sont faites en elle de par elle-même et qu'elle met au jour. Elle se purifie donc de par elle-même, s'il est vrai que le discours et commence par lui-même et s'achève en lui-même. Que si celui qui répond est réfuté, si celui qui est réfuté est purifié, si celui qui est purifié se purifie en accord avec le caractère propre de l'essence psychique, alors, je présume, celui qui répond se purifie lui-même et il se débarrasse de son ignorance en s'apportant à lui-même la réfutation ; dès lors purificateur et purifié, réfutateur et réfuté ne font qu'un. Par conséquent, il ne faut pas s'irriter contre les réfutations ni non plus contre les purifications, s'il est vrai que nous nous les apportons nous-mêmes et que nous ne les subissons pas sous l'action d'autrui.

1-4. Voir *Notes complémentaires*, p. 436.

πληγῇ νεμομένων ἐστὶ καὶ πάντα ὅσα τὴν ἴασιν παρὰ
τῶν ἐκτὸς ὑπομένει, καὶ ᾗπερ ἂν ἄγῃ τὸ ἄγον, ταύτῃ καὶ
τὰ ἀγόμενα ἄγεται, τοῦ ἑαυτῶν ἄρχειν καὶ ἑαυτὰ σῴζειν
παρῃρημένα · ἡ δὲ ἀνθρωπίνη ψυχὴ διὰ τὴν αὐτενέργητον   25
καὶ αὐτοκίνητον ἰδιότητα πέφυκε περὶ ἑαυτὴν ἐνεργεῖν
καὶ ἑαυτὴν κινεῖν καὶ ἑαυτῇ παρέχειν τὸ ἀγαθόν. Οὐκοῦν ὁ
ἔλεγχος ὁ παρ' ἑαυτῶν οἰκείως ἔχει πρὸς τὴν οὐσίαν τῆς
ψυχῆς, καὶ ὁ δεικνὺς δήπου λόγος ὅτι ὁ ἀποκρινό/μενός   280
ἐστιν ὁ λέγων σύμφωνός ἐστι τῇ οὐσίᾳ καὶ ταῖς ἐνεργείαις
ἡμῶν. Οὐ γὰρ ἔξωθεν ἡμῖν ἡ κάθαρσις προσγίγνεσθαι
πέφυκεν, ἀλλὰ ἔνδοθεν ἀπ' αὐτῆς ὥρμηται τῆς ψυχῆς.
Τὸ μὲν γὰρ κακὸν πᾶν ἔξωθεν καὶ ἐπείσακτόν ἐστι τῇ   5
ψυχῇ, τὸ δὲ ἀγαθὸν ἔνδοθεν · φύσει γάρ ἐστιν ἀγαθοειδής ·
καὶ ὅσῳ τελειοτέρα γίνεται, τοσούτῳ τὴν αὐτοκίνητον
ἀπολαμβάνει ζωήν, οἷον ἑτεροκίνητος γενομένη διὰ τὴν
τῶν σωμάτων συνάρτησιν καὶ διὰ τὴν πρὸς αὐτὰ συμπά-
θειαν. Διὰ δὴ τοῦτο καὶ πᾶν ὃ ἂν ἔξωθεν εἰσδέχηται μένει   10
κείμενον ἐκτὸς αὐτῆς, ὥσπερ τὰ φανταστὰ καὶ τὰ αἰσθητά,
μόνα δὲ ἐκεῖνα ἐν αὐτῇ ἐστιν ὅσα παρ' αὐτῆς εἰς αὐτὴν
δρᾶται καὶ ὑπ' αὐτῆς προβάλλεται. Καθαίρεται οὖν παρ'
ἑαυτῆς, ἐπείπερ καὶ ὁ λόγος ἀφ' ἑαυτοῦ τε ἄρχεται καὶ εἰς
ἑαυτὸν τελευτᾷ. Εἰ δὴ ὁ ἀποκρινόμενος ἐλέγχεται, ὁ δὲ   15
ἐλεγχόμενος καθαίρεται, ὁ δὲ καθαιρόμενος ἑαυτὸν καθαίρει
κατὰ τὸ ἰδίωμα τῆς ψυχικῆς οὐσίας, ὁ ἀποκρινόμενος
ἑαυτὸν δήπου καθαίρει καὶ τῆς ἀγνοίας ἀπαλλάττει τὸν
ἔλεγχον ἐπιφέρων ἑαυτῷ καὶ εἷς ἐστιν ὁ καθαίρων καὶ ὁ
καθαιρόμενος καὶ ὁ ἐλέγχων καὶ ὁ ἐλεγχόμενος. Οὐκ ἄρα   20
δεῖ πρὸς τοὺς ἐλέγχους ἀγριαίνειν οὐδὲ πρὸς τὰς καθάρσεις,
εἴπερ αὐτοῖς ταύτας ἐπάγομεν, ἀλλ' οὐ παρ' ἄλλου
πάσχομεν.

279. 22 = *Critias* 109 C 1.

280. 11 φανταστὰ scripsi : φάσματα N ‖ 19 εἷς recc. : εἰ N.

En outre, convenablement pressé,
La connaissance n'est ce raisonnement montre à l'évidence
qu'un ressouvenir
que les connaissances sont des
réminiscences[1]. Car le fait que ceux qui répondent
disent tout ce qu'ils disent en le tirant d'eux-mêmes,
est une forte preuve en faveur de ce // dogme que les
âmes mettent au jour les raisons à partir de leur propre
fond, qu'elles n'avaient besoin que d'un éveilleur et
qu'elles ne sont pas des *tablettes non écrites*[2] qui reçoivent
leurs empreintes de l'extérieur : non, les âmes sont
inscrites de toute éternité et celui qui inscrit est en
elle ; mais elles ne peuvent pas toutes connaître ce qui
est inscrit en elles-mêmes ni même, [tout simplement],
découvrir qu'elles sont inscrites, pour la raison que
leur œil est devenu chassieux[3] par suite de l'oubli dû
au monde de la génération et de l'invasion tumultueuse[4]
des passions nées de cet oubli. Par conséquent, l'âme
a seulement besoin d'être débarrassée de ce qui fait
écran, et nullement de la connaissance qui vient de
l'extérieur et est ajoutée : car elles ont, en elles-mêmes,
les portes de la vérité[5] obstruées par les formes terrestres
et matérielles. En tout cas, si l'on s'exprime correctement, les âmes sous la notion d'autrui profèrent de
par elles-mêmes les réponses scientifiques, prouvant
ainsi que la thèse de Platon est vraie, selon qui les
âmes connaissent toutes choses et, en particulier, elles-
mêmes, et qu'elles n'ont besoin que d'un éveilleur[6] qui,
de l'extérieur, par l'effet de ses interrogations scientifiques, les éveille.

En outre, le présent théorème
Caractère démonique est adapté à Socrate d'une autre
de Socrate
façon encore : en effet, faire que
celui qui a besoin de cette sorte de secours se purifie
lui-même, voilà l'action d'une puissance démonique.
En effet, les démons n'agissent pas sur nous depuis
l'extérieur, mais ils nous *dirigent* depuis l'intérieur[7],
comme *depuis la poupe*[8] ; de même, ils ne nous purifient
pas comme des corps qui ont pour nature d'être mus

1-8. Voir *Notes complémentaires*, p. 436.

Ἔτι τοίνυν τὸ τὰς μαθήσεις ἀναμνήσεις εἶναι δείκνυσιν
ἐναργῶς ὁ λόγος οὗτος ἱκανῶς πιεσθείς. Μέγα γὰρ τοῦτο 25
τεκμήριόν ἐστι, τὸ αὐτοὺς παρ' ἑαυτῶν πάντα λέγειν τοὺς
ἀποκρινομένους, τοῦ τοιούτου δόγματος, ὅτι προβάλλου-
/σιν ἀφ' ἑαυτῶν αἱ ψυχαὶ τοὺς λόγους καὶ ὡς τοῦ ἀνεγεί- 281
ροντος ἐδέοντο μόνον καὶ οὔκ εἰσιν ἄγραφα γραμματεῖα
δεχόμενα τοὺς τύπους ἔξωθεν, ἀλλὰ γέγραπται μὲν ἀεὶ
καὶ ὁ γράφων ἐν αὐτῷ ἐστί, γιγνώσκειν δὲ οὐ πᾶσαι τὰ
γεγραμμένα δύνανται οὐδὲ αὖ [ὅτι ὅλως] γέγραπται, 5
λημῶντος αὐταῖς τοῦ ὄμματος ὑπὸ τῆς γενεσιουργοῦ
λήθης καὶ τῶν ἐκ τῆς λήθης ἐπεισκωμασάντων εἰς αὐτὰς
παθῶν. Ἀφαιρέσεως οὖν δεῖ μόνης τοῦ ἐπιπροσθοῦντος,
ἀλλ' οὐ τῆς ἔξωθεν οὐδὲ ἐπεισοδίου γνώσεως · ἔχουσι γὰρ
ἐν αὐταῖς τὰς τῆς ἀληθείας θύρας κατακεχωσμένας ὑπὸ 10
τῶν γηΐνων καὶ ἐνύλων εἰδῶν. Εἰ γοῦν τις ἀκριβῶς ἀπο-
φαίνοιτο, κινούμεναι μὲν ὑπ' ἄλλων, προχειριζόμεναι δὲ
παρ' ἑαυτῶν τὰς ἐπιστημονικὰς ἀποκρίσεις αὐτόθεν ἀπο-
δεικνύουσι τὸ τοῦ Πλάτωνος ἀληθὲς ὄν, τὸ πάντα εἰδυῖαν τὴν
ψυχὴν εἶναι, καὶ δὴ καὶ ἑαυτήν, καὶ μόνου δεῖσθαι τοῦ διε- 15
γείροντος αὐτὴν ἔξωθεν ὑπὸ τῶν ἐπιστημονικῶν ἐρωτήσεων.

Καὶ μὴν καὶ κατ' ἄλλον τρόπον τὸ προκείμενον θεώρημα
τῷ Σωκράτει προσῆκόν ἐστι. Τὸ γὰρ αὐτὸν δι' ἑαυτοῦ
καθαίρειν τὸν δεόμενον τῆς τοιαύτης βοηθείας δαιμονίας
ἔργον ἐστὶ δυνάμεως. Οὐ γὰρ ἔξωθεν εἰς ἡμᾶς δρῶσιν οἱ 20
δαίμονες, ἀλλ' οἷον ἐκ πρύμνης ἡμᾶς ἔνδοθεν κατευ-
θύνουσιν · οὐδὲ ὡς τὰ σώματα καθαίρουσι τὰ φύσιν ἑτε-

280. 24 cf. *Phd.* 75 C 4-D 5.
281. 2 = Ar., *De Anima*, Γ 4, 430 a 1 (cf. supra, p. 277.21) ‖
3-5 cf. *Phil.* 39 A 1-7 ‖ 15-16 cf. *Phd.* 72 E 3-73 B 2, *Men.* 81 C 5-
E 2 ‖ 21-22 cf. *Crit.* 109 C 2.

281. 5 suppl. Westerink : lac. 10 litt. capacem reliquit
N ‖ 10 αὐταῖς Westerink : αὐ– N ‖ θύρας D : θήρας N ‖ 16 ἐρωτήσεων Westerink : ἀποκρίσεων N ‖ 18 αὐτὸν Westerink : ἑαυτὸν N.

par autre chose, mais ils nous guérissent comme des êtres maîtres de leur mouvement. Et de fait, // ils nous transmettent les biens et purifient nos passions de cette façon. Socrate donc montre qu'il est installé dans la position du bon démon, en amenant le jeune homme à s'infliger <à lui-même> la réfutation[1]. Car placer la cause des réfutations dans celui qui répond, c'est définir comme une personne unique celui qui purifie et celui qui est purifié, et comme réellement démonique la cause de cette purification. Pour toutes ces raisons, et pour bien d'autres encore, nous pensons que ce théorème convient à Socrate et qu'il n'est pas superflu comme le croient certains[2]. Maintenant passons au détail et considérons ce qu'il en est sous le rapport de la vérité.

< — Si je te demande ... c'est moi d'après ce sur quoi nous sommes tombés d'accord. (112 E 10-113 B 7). >

Exégèse du fond   // Parmi les interrogations[3], les unes sont [des demandes] et elles réclament, pour réponse, un discours plus long que la simple expression symbolique[4] du dissentiment [ou de l'assentiment] ; les autres, les interrogations dialectiques, se contentent d'un simple oui ou non. Si, par exemple, nous demandons : « Où donc Dion habite-t-il ? »[5], notre interlocuteur doit dire : « Au Lycée » et pour une question de cette sorte une réponse par oui et par non est inutile ; mais si nous demandons : « L'âme est-elle immortelle ou non ? » alors un simple assentiment ou dissentiment pour faire connaître le sens de la réponse convient[6]. Si donc <l'on> prend le cas des interrogations-demandes, nécessairement il apparaît que c'est celui qui répond qui affirme. Car celui qui a dit : « Dion habite au Lycée » est à coup sûr celui qui répond et non

---

1. Le texte est, à coup sûr, corrompu, et dans la traduction on a suivi une conjecture du P. Festugière. — Sur l'identification Socrate-Bon démon, cf. *supra*, 40.16, 45.9.
2. Cf. *supra*, p. 277.5. Ces auteurs ne peuvent être identifiés.
3-6. Voir *Notes complémentaires*, p. 437-438.

ροκίνητον λαχόντα, ἀλλ' ὡς αὐτοκινήτους ἐξιῶνται. Καὶ γὰρ
τὰς μεταδόσεις τῶν ἀγαθῶν / καὶ τὰς καθάρσεις τῶν   **282**
παθῶν οὕτως ἡμῖν ἐπιφέρουσι. Δείκνυσιν οὖν καὶ ὁ Σωκράτης ἑστὼς ἐν ἀγαθοῦ δαίμονος τάξει τὸν ἔλεγχον δι' αὐτοῦ
τῷ νεανίσκῳ προσάγοντα. Τὸ γὰρ ἐν τῷ ἀποκρινομένῳ
θέσθαι τὴν τῶν ἐλέγχων αἰτίαν ἕνα μὲν ἀποφαίνει τὸν   5
καθαίροντα καὶ καθαιρόμενον, δαιμόνιον δὲ ὄντως τὸν τῆς
τοιαύτης καθάρσεως αἴτιον. Τὸ μὲν οὖν θεώρημα διὰ
τοσαύτας καὶ ἄλλας πλείους αἰτίας οἰόμεθα τῷ Σωκράτει
συντελεῖν καὶ οὐκ εἶναι πάρεργον, ὥσπερ οἴονταί τινες ·
ἤδη δὲ καὶ τὰ καθ' ἕκαστα ἐπιόντες, ὅπως ἀληθείας ἔχει   10
θεωρήσωμεν.

⟨ Ἐάν σε ἔρωμαι ... ἐκ τῶν ὡμολογημένων ἐγώ. 112 Ε-
113 Β. ⟩

/ Τῶν ἐρωτήσεων αἱ μέν εἰσι [πευστικαί], πλείονος   **283**
λόγου δεόμεναι πρὸς τὴν ἀπόκρισιν τῆς συμβολικῆς
κατανεύσεως [ἢ ἀνανεύσεως], αἱ δὲ ἀρκοῦνται τῷ ναὶ καὶ
τῷ οὖ μόνον. Ἂν μὲν οὖν ἐρωτῶμεν ποῦ ποτὲ Δίων οἰκεῖ,
δεόμεθα τοῦ λέγοντος ὅτι ἐν Λυκείῳ, καὶ τὸ ναὶ καὶ τὸ οὖ   5
πρὸς τὴν τοιαύτην ἐρώτησιν ἄχρηστον · ἐὰν δὲ ἐρώμεθα
πότερον ἡ ψυχὴ ἀθάνατος ἢ οὔ, οἰκεῖον καὶ τὸ ἐπινεῦσαι
μόνον ἢ ἀνανεῦσαι πρὸς τὴν τοιαύτην ἐρώτησιν εἰς τὸ
δηλωθῆναι τὴν τῆς ἀποκρίσεως διάνοιαν. Εἰ μὲν οὖν τὰς
ἐρωτήσεις λαμβάνει ⟨τις⟩ τὰς πευστικάς, ἐξ ἀνάγκης   10
φαίνεται ὡς ὁ ἀποκρινόμενός ἐστιν ὁ λέγων. Ὁ γὰρ εἰπὼν
ὅτι ἐν Λυκείῳ Δίων οἰκεῖ, πάντως ὁ ἀποκρινόμενος, ἀλλ'

282. 2-4 textus corruptus, ut uidetur : δείκνυται ... προσάγων prop. Westerink, τὸν νεάνισκον ⟨ἑαυτῷ⟩ προσάγοντα
prop. Festugière ‖ 10 ἐπιόντες Westerink : εἰπόντες N.
283. 1 πευστικαὶ Schol. Plat. : lac. 5 litt. capac. reliquit
N ‖ 3 suppleuit Westerink : lac. 5 litt. capac. reliquit N ‖
αἱ δὲ N : αἱ δὲ διαλεκτικαὶ Schol. Plat. ‖ 10 τις add. Westerink.

pas celui qui a demandé : car l'un a demandé parce
qu'il ignore, l'autre a répondu parce qu'il sait, et le
discours appartient à celui qui sait et affirme, mais
non pas à celui qui ignore. Voilà pourquoi Socrate dans
ce cas convainc spécialement Alcibiade que c'est lui
qui affirme. Car « *de combien deux est-il plus grand que
un?* » et « *quelles sont les lettres constituant le nom de
Socrate?* », cela réclame une réponse de cette sorte, une
réponse non pas symbolique, mais une réponse exprimée
par un discours. En revanche, si l'on nous propose le
cas des interrogations dialectiques, dont on peut se
libérer soit en répondant ' oui ' ou ' non ' soit en mani-
festant simplement son assentiment ou son dissentiment,
il est plus difficile, dans ce cas, de comprendre que
c'est celui qui répond qui affirme et non pas celui qui
pose les questions. De plus[1], puisque parmi les interrogations dialectiques, les unes servent à accoucher, les
autres sont propres à l'affrontement[2], tandis que d'autres
soulèvent une aporie // (car le plus parfait, interrogeant
le moins parfait, procède à un accouchement ; celui
qui a besoin de connaissance, interrogeant le plus savant,
soulève des difficultés ; enfin, celui qui rencontre son
semblable sous le rapport de la disposition l'affronte
au moyen de questions et de réponses), il faut donc,
puisqu'il y a trois sortes d'interrogations dialectiques,
[montrer] qu'en chaque sorte celui qui répond est celui
qui affirme. (1) Si l'interrogation s'adresse à un plus
savant, à coup sûr celui qui affirme est celui qui communique sa science au plus imparfait ; car c'est lui
qui répond sur les problèmes posés par ce dernier[3].
(2) Si c'est l'accoucheur qui interroge, à nouveau, c'est
celui qui subit l'accouchement, je présume, qui profère
les réponses : car l'accouchement, d'après ce qui est
écrit à ce sujet dans le *Théétète*, n'engendre pas lui-
même les discours, mais il fait seulement passer les
rejetons d'autrui au grand jour et juge de la nature

1-3. Voir *Notes complémentaires*, p. 438-439.

οὐχ ὁ ἐρωτήσας ἐστίν· ὁ μὲν γὰρ ἤρετο ἀγνοῶν, ὁ δὲ
ἀπεκρίνατο γινώσκων, ὁ δὲ λόγος τοῦ γινώσκοντός ἐστι
καὶ ἀποφαινομένου, ἀλλ᾽ οὐχὶ τοῦ ἀγνοοῦντος. Διὸ καὶ ὁ 15
Σωκράτης ἐπὶ τούτων μάλιστα πείθει τὸν νεανίσκον ὅτι
αὐτὸς ἦν ὁ λέγων. Τὸ γὰρ πόσῳ πλείω τὰ δύο τοῦ
ἑνὸς καὶ ὁποῖα γράμματα Σωκράτους ἀποκρίσεων
δεῖται τοιούτων, οὐ συμβολικῶν, ἀλλὰ διὰ λόγου κυρουμένων. Εἰ δὲ τὰς ἐρωτήσεις ἐκείνας προτείνει τις ἡμῖν 20
τὰς διαλεκτικάς, πρὸς ἃς ἔστιν εἰπόντας τὸ ναὶ καὶ τὸ
οὔ, καὶ ἐπινεύσαντας δὲ καὶ ἀνανεύσαντας μόνον, ἀπηλ-
λάχθαι, χαλεπώτερον ἐπὶ τῶν τοιούτων καταμαθεῖν ὡς
ἔστιν ὁ ἀποκρινόμενος ὁ λέγων, ἀλλ᾽ οὐχ ὁ ἐρωτῶν. Πάλιν
ἐπειδὴ τῶν διαλεκτικῶν ἐρωτήσεων αἱ μέν εἰσι μαιευτικαί, 25
αἱ δὲ ἀγωνιστικαί, αἱ δὲ ἀπορητικαί (μαιεύεται μὲν γὰρ ὁ
τελειότερος / ἐρωτῶν τὸν ἀτελέστερον, ἀπορεῖ δὲ ὁ γνώσεως 284
δεόμενος τὸν ἐπιστημονικώτερον ἀνερωτῶν, ἀγωνίζεται δὲ
ὁ πρὸς τὸν ὅμοιον αὐτῷ κατὰ τὴν ἕξιν διά τε ἐρωτήσεων
καὶ ἀποκρίσεων συγγινόμενος), ἀνάγκη τοίνυν τῶν διαλεκτικῶν ἐρωτήσεων τριττῶν οὐσῶν καθ᾽ ἕκαστον εἶδος 5
αὐτῶν τὸν ἀποκρινόμενον εἶναι τὸν λέγοντα. Εἰ μὲν γὰρ
πρὸς ἐπιστημονικώτερον ἡ ἐρώτησις γίγνοιτο, πάντως ὁ
λέγων ἐστὶν ὁ τῆς ἐπιστήμης τῷ ἀτελεστέρῳ μεταδιδούς·
ἐκεῖνος γάρ ἐστι † καὶ ἀποφαινόμενος ὑπὲρ ἐκείνου τῶν †
προτεινομένων. Εἰ δὲ ὁ μαιευτικὸς ἐρωτῴη, πάλιν ὁ τὴν 10
μαιείαν ὑπέχων δήπου προάγει τοὺς λόγους· ἡ γὰρ μαιεία,
κατὰ τὰ ἐν τῷ Θεαιτήτῳ γεγραμμένα ὑπὲρ αὐτῆς, οὐκ
αὐτὴ γεννᾷ τοὺς λόγους, ἀλλὰ τοὺς ἄλλων τόκους εἰς τὸ
ἐμφανέστερον προάγει καὶ τὰ γεννώμενα ὅπως ἔχει φύσεως

284. 10-15 cf. *Theaet.* 150 B 6-D 8, 157 C 7-D 5.

283. 21 ἃς ἔστιν Festugière : ἅς ἐστιν N.
284. 9-10 textus corruptus : an ἔστιν ὁ ἀποφαινόμενος περὶ
τῶν ὑπ᾽ ἐκείνου leg. cum Westerink ? sed plura deesse videntur ‖
12-13 οὐκ αὐτὴ conie. Creuzer : οὐχ αὕτη N.

des êtres produits. Si donc c'est l'imparfait qui engendre, si celui qui engendre est celui qui profère les réponses, c'est lui aussi, je présume, qui affirme : par conséquent, dans ce cas encore nous attribuerons l'affirmation à celui qui répond. (3) Troisièmement : dans les interrogations propres aux affrontements, le syllogisme doit résulter de ce que concède celui qui répond. Car *le syllogisme est,* comme on l'a dit[1], *un raisonnement dans lequel certaines choses étant posées, une chose distincte de celles qui ont été posées s'ensuit nécessairement.* Il est donc clair pour quiconque que celui qui interroge propose l'un et l'autre membre de la contradiction[2], et que celui qui répond concède // l'un des deux, et qu'il ne concède pas forcément ce que celui qui interroge avait proposé. Et par exemple[3], s'il présente son interrogation dans une forme affirmative et que son interlocuteur pose négativement, alors forcément le raisonnement ne résulte pas de l'interrogation mais de cette position, et le raisonnement s'accomplit grâce aux réponses et non grâce aux interrogations ; elles étaient, en effet, ambiguës, mais c'est par la réponse qu'elles deviennent objet d'accord. Il est donc parfaitement clair que, dans ce cas encore, celui qui répond est celui qui affirme[4] ; car celui qui pose et concède les prémisses et tout ce qui est demandé, c'est celui qui répond. Par conséquent, dans chacune de ces sortes d'interrogations, celui qui répond nous est apparu comme celui qui affirme, mais le mode de l'affirmation est différent : dans un cas l'interlocuteur fait ses réponses sous forme d'une déclaration, dans l'autre sous forme d'une génération et dans le dernier sous forme de thèse ; quoi qu'il en soit, dans tous les cas c'est lui qui affirme et non pas celui qui interroge. En effet, en règle générale, si celui qui dit est celui qui affirme et s'il n'est pas possible que celui qui affirme soit le même que celui qui interroge (car les définitions de l'interrogation et de l'affirmation ne sont pas non plus les mêmes), reste que celui qui affirme soit celui qui répond. Car celui qui affirme c'est

1-4. Voir *Notes complémentaires,* p. 439-440.

διακρίνει. Εἰ τοίνυν γεννᾷ μὲν ὁ ἀτελέστερος, ὁ δὲ γεννῶν 15
ἐστιν ὁ προφερόμενος τοὺς λόγους, οὗτος ἂν εἴη δήπου
καὶ ὁ λέγων · ὥστε κἀνταῦθα τῷ ἀποκρινομένῳ τὸ λέγειν
ἀποδώσομεν. Τὸ δὴ τρίτον, ἐν ταῖς ἀγωνιστικαῖς ἐρωτήσεσι
δεῖ γενέσθαι τὸν συλλογισμὸν ἐξ ὧν ὁ ἀποκρινόμενος
δίδωσι. Λόγος γὰρ ἦν ὁ συλλογισμὸς ἐν ᾧ, τεθέντων 20
τινῶν, ἕτερόν τι τῶν κειμένων ἐξ ἀνάγκης συμβαίνει. Παντὶ οὖν δὴ καταφανές, ὅτι προτείνει μὲν ὁ ἐρωτῶν
θάτερον μόριον τῆς ἀντιφάσεως, δίδωσι δὲ ὁ ἀποκρινόμενος, καὶ οὐ πάντως / ὅπερ ὁ ἐρωτῶν προύτεινεν, ἐκεῖνο 285
δίδωσιν. Εἰ γὰρ καταφατικῶς σχηματίζει τὴν ἐρώτησιν,
ὁ δὲ τίθεται ἀποφατικῶς, πάντως ὁ λόγος οὐκ ἐκ τῆς
ἐρωτήσεώς ἐστιν, ἀλλ' ἐκ τῆς τούτου θέσεως, καὶ συμπε-
ραίνεται ὁ λόγος διὰ τὰς ἀποκρίσεις, οὐ διὰ τὰς ἐρωτήσεις · 5
ἀμφίβολοι γὰρ ἦσαν, ἀλλὰ διὰ τῆς ἀποκρίσεως αὗται
ὡμολόγηντο. Πρόδηλον οὖν ὅτι κἀνταῦθα ὁ ἀποκρινόμενός ἐστιν ὁ λέγων · ὁ γὰρ τιθέμενος καὶ ὁμολογῶν τά τε
λήμματα καὶ τὰ ἐρωτώμενα πάντα ὁ ἀποκρινόμενός ἐστι.
Καθ' ἕκαστον ἄρα τῶν ἐρωτήσεων εἶδος ὁ ἀποκρινόμενος 10
ἀναπέφηνεν ὁ λέγων, ἀλλὰ διάφορος ὁ τρόπος τοῦ λέγειν ·
οὗ μὲν γὰρ [ἀποφαντικῶς, οὗ δὲ] γεννητικῶς, οὗ δὲ θετικῶς
προάγει τοὺς λόγους, πανταχοῦ δ' οὖν οὗτός ἐστιν ὁ
λέγων οὐχ ὁ ἐρωτῶν. Καὶ γὰρ ὅλως εἰ ὁ μὲν λέγων ἐστὶν
ὁ ἀποφαινόμενος, οὐκ ἐνδ[έχεται δὲ εἶναι τὸν] αὐτὸν τῷ 15
ἐρωτῶντι τὸν ἀποφαινόμενον (οὐδὲ γὰρ οἱ λόγοι οἱ αὐτοί
εἰσιν ὅ τε τῆς ἐρωτήσεως καὶ ὁ τῆς ἀποφάνσεως), λείπεται
τὸν ἀποκρινόμενον εἶναι τὸν λέγοντα · λέγει γὰρ ὁ τιθέ-

---

284. 20-22 = Ar., *An. pr.* A 1, 24 b 18-20.

285. 12 suppl. Westerink : lac. 6 litt. cap. reliquit N ‖
15 suppl. Westerink : ἐνο et lac. septem litt. capac. reliquit N ‖
17 ἀποφάνσεως Westerink : ἀποφάσεως N.

celui qui pose ; or, celui qui affirme pose et celui qui
répond affirme. Quelle est donc la raison qui fait que
certains s'imaginent que celui qui affirme est celui qui
interroge ? Pour moi, je donnerais volontiers celle-ci :
souventes fois, celui qui interroge, rassemblant les
réponses, en constitue un unique syllogisme. Mais
lorsqu'il interrogeait, il était en différend avec son interlocuteur ; tandis que, maintenant, lorsqu'il compose son
syllogisme, il joint sa voix // à celui qui répond et c'est de
cette façon qu'il semble affirmer et n'être plus celui qui
interroge, mais être devenu identique à celui qui répond.
Et, de fait, il pose les prémisses en tant qu'elles correspondent en quelque manière à l'opinion[1] de son
interlocuteur et en tire la conclusion selon l'opinion
de celui-ci. Voilà aussi pourquoi nous nous adressons
à celui qui répond : « Et c'est cela, par conséquent,
que tu as admis », en tant que nous attribuons à lui
et non pas à nous-mêmes d'avoir affirmé et d'affirmer.
Car c'est la tâche de celui qui questionne correctement,
dans ces sortes d'entretiens, que de faire dire ce qui
est demandé à celui qui répond, et non pas d'affirmer
lui-même[2]. De même donc que ce qui cause le vivre du
corps ne se meut pas du mouvement dont se meut le
corps, de même celui qui fait affirmer celui qui répond,
quant à lui n'affirme pas ce qu'affirme celui qui répond,
mais dit en tant qu'il interroge ; et le syllogisme est
issu non pas des interrogations mais des réponses. C'est
donc à bon droit aussi que Socrate déclare que c'est
celui qui répond qui affirme. Car Platon n'assume pas
le sens commun du mot ' legein ' et qui convient à tous
ceux qui font usage du discours proféré[3], par exemple
ceux qui appellent, ceux qui prient, ceux qui deman-
dent, mais au sens qui n'est le propre que de ceux qui
affirment. Car ici discours (logos) veut dire la même chose
que discours assertif (apophantikos logos). Voilà pourquoi il est parfaitement vrai de dire que c'est celui qui
répond qui affirme : car c'est celui qui répond qui affirme
et non celui qui interroge.

1-3. Voir *Notes complémentaires*, p. 440.

μενος, ὁ δὲ ἀποφαινόμενος τίθεται, καὶ ὁ ἀποκρινόμενος
ἀποφαίνεται. Τί οὖν ἐστι τὸ αἴτιον τοῦ φαντασίαν τισὶ 20
παρέχειν ὅτι ὁ ἐρωτῶν ἐστιν ὁ λέγων ; Ἐκεῖνο ἔγωγε
εἴποιμ' ἄν, ὅτι τὰς ἀποκρίσεις πολλάκις ὁ ἐρωτῶν συνθεὶς
ἕνα τὸν ὅλον συλλογισμὸν ἀποτελεῖ ἐκ τούτων. Ἀλλ' ὅτε
μὲν ἠρώτα, τότε τοῦ ἀποκρινομένου διέφερεν, ὅτε δὲ
συντίθησι, συμφθέγγεται τῷ ἀποκρινομένῳ καὶ οὕτω δὴ 25
δοκεῖ / λέγειν, οὐκέτ' ἐρωτῶν, ἀλλ' ὁ αὐτὸς τῷ ἀποκρινο- **286**
μένῳ γινόμενος. Καὶ γὰρ ὡς ἀρέσκοντά πως ἐκείνῳ τὰ
λήμματα τίθησι καὶ συνάγει τὸ συμπέρασμα κατὰ τὴν
ἐκείνου δόξαν · ὅθεν καὶ ἐπιφέρομεν πρὸς τὸν ἀποκρινόμενον · τόδε ἄρα ὡμολόγησας, ὡς ἂν ἐκείνῳ τό τε εἰρηκέναι 5
καὶ τὸ λέγειν ἀπονέμοντες, ἀλλ' οὐχ ἑαυτοῖς. Ἔργον γάρ
ἐστιν ἐν ταῖς τοιαύταις διαλέξεσι τοῦ ἐρωτῶντος ὀρθῶς
τὸ ποιῆσαι τὰ ἐρωτώμενα τὸν ἀποκρινόμενον εἰπεῖν, οὐ
τὸ αὐτὸν εἰπεῖν. Ὥσπερ οὖν τὸ αἴτιον τοῦ τὸ σῶμα ζῆν οὐ
ταύτην κινεῖται τὴν κίνησιν ἣν τὸ σῶμα, οὕτως ὁ παρα- 10
σκευάζων τὸν ἀποκρινόμενον λέγειν αὐτὸς οὐ λέγει μὲν
ἅπερ ὁ ἀποκρινόμενος, ὡς δὲ ἐρωτῶν λέγει · γίνεται δὲ
συλλογισμὸς οὐκ ἐκ τῶν ἐρωτήσεων, ἀλλ' ἐκ τῶν ἀποκρίσεων. Εἰκότως ἄρα καὶ ὁ Σωκράτης φησὶν ὅτι ὁ ἀποκρινόμενός ἐστιν ὁ λέγων. Οὐ γὰρ τὸ κοινὸν τοῦ λέγειν 15
σημαινόμενον ἐνταῦθα παραλαμβάνει καὶ ὃ προσήκει
πᾶσι τοῖς τῷ προφορικῷ λόγῳ χρωμένοις, οἷον τοῖς
καλοῦσι, τοῖς εὐχομένοις, τοῖς πυνθανομένοις, ἀλλ' ὃ
μόνον ἴδιόν ἐστι τῶν ἀποφαινομένων. Ἴσον γὰρ δύναται
νῦν ὁ λόγος τῷ ἀποφαντικῷ λόγῳ. Διὸ καὶ πάντων ἐστὶν 20
ἀληθινώτατον τὸ λέγειν τὸν ἀποκρινόμενον · ἀποφαίνεται
γὰρ ὁ ἀποκρινόμενος καὶ οὐχ ὁ ἐρωτῶν.

< — Et ce qui a été dit au sujet du juste et de l'injuste ... pour avoir négligé de l'apprendre ! (113 B 8-C 7). >

Pourquoi le jeune homme impute à Socrate sa propre faute ? Les stoïciens[1] ont accoutumé, avec raison, de dire que l'ignorant accuse les autres et non pas lui-même de son propre malheur ; que le progressant rapporte à lui-même la cause de tout ce qu'il a fait ou dit de mal ; qu'enfin, celui qui est devenu sage n'accuse ni lui-même ni les autres de ses propres fautes, car il ne néglige aucun de ses devoirs, mais c'est par lui-même qu'il découvre ce qu'il faut faire[2]. Eh bien, c'est cela même qui nous est clairement montré ici aussi dans le cas d'Alcibiade. Lorsqu'il était affecté de la double ignorance, c'est non pas lui-même, mais Socrate qu'il rendait responsable de sa réfutation (car tel était le sens de son : *D'après ce que tu dis, toi, je ne sais pas*, comme on l'a déjà dit auparavant) ; // lorsque ensuite il est passé à la simple ignorance, c'est lui-même qu'il rend responsable du désaccord mais non pas celui qui le guide ; que s'il devient jamais parfait et savant, ce n'est ni lui-même ni un autre qu'il rendra responsable. Car il n'y aura plus rien de dissonant ou de mal accordé en lui, mais les mouvements de son âme seront tous évidents, tous rationnels[3], tous intellectifs. Car le désaccord avec lui-même se produit chez le multiple, comme on s'y attend, du fait qu'il reçoit telles choses de la sensation, telles autres de la représentation, telles autres de l'opinion[4] et encore telles autres de l'irascible, telles autres du concupiscible. En effet, ce n'est pas seulement les opinions qui mettent en mouvement chez l'homme ces passions, comme l'affirment les stoïciens[5], mais, à l'inverse aussi, c'est à cause de telle ou telle passion ou de tel désir que les hommes changent leurs opinions et qu'au lieu de bonnes,

1-5. Voir *Notes complémentaires*, p. 440-441.

/ ⟨ Οὐκοῦν ἐλέχθη ... ἀμελήσας μανθάνειν. 113 B-C ⟩ 287

Ὀρθῶς οἱ ἀπὸ τῆς Στοᾶς λέγειν εἰώθασιν ὡς ὁ μὲν
ἀπαίδευτος ἄλλους αἰτιᾶται, καὶ οὐχ ἑαυτόν, τῆς αὐτοῦ
κακοδαιμονίας · ὁ δὲ προκόπτων εἰς αὐτὸν ἀναφέρει 5
τὴν αἰτίαν ὧν ποιεῖ πάντων ἢ λέγει κακῶς, ὁ δὲ πεπαιδευμένος οὔτε ἑαυτὸν οὔτε ἄλλους αἰτιᾶται τῶν οἰκείων παρο-
ραμάτων, οὐδὲ γὰρ αὐτὸς παρορᾷ τῶν δεόντων οὐδέν,
ἀλλ᾽ ἔστιν αὐτὸς τῆς τοῦ καθήκοντος εὑρέσεως ἀρχηγός.
Ταῦτα γὰρ δὴ καὶ νῦν ἐπὶ τοῦ Ἀλκιβιάδου σαφῶς 10
ἐνδείκνυται ἡμῖν. Διπλῆ μὲν γὰρ ἀμαθαίνων οὐχ ἑαυτόν,
ἀλλὰ Σωκράτη τῶν ἐλέγχων ᾐτιᾶτο (τὸ γὰρ ἐκ μὲν ὧν σὺ
λέγεις οὐκ οἶδα τοιοῦτον ἦν, ὡς εἴρηται πρότερον) ·
εἰς δὲ τὴν ἁπλῆν ἄγνοιαν μεθιστάμενος ἑαυτὸν αἰτιᾶται
τῆς δια/φωνίας, ἀλλ᾽ οὐ τὸν καθηγούμενον · εἰ δέ ποτε 288
τέλεος γένοιτο καὶ ἐπιστήμων, οὔτε ἑαυτὸν οὔτε ἄλλον
αἰτιάσεται. Οὐ γὰρ ἔσται τι διάφωνον ἐν αὐτῷ καὶ ἀνάρμοστον, ἀλλὰ πάντα φανά, πάντα ῥητά, πάντα νοερὰ τὰ
κινήματα τῆς ψυχῆς. Συμβαίνει γὰρ εἰκότως ἐν μὲν τοῖς 5
πολλοῖς ἡ πρὸς ἑαυτοὺς διαφωνία, διότι τὰ μὲν ἀπ᾽ αἰσθή-
σεως εἰσδέχονται, τὰ δὲ ἀπὸ φαντασίας, τὰ δὲ ἀπὸ δόξης,
καὶ τὰ μὲν ἀπὸ θυμοῦ, τὰ δὲ ἀπὸ ἐπιθυμίας. Οὐ γὰρ μόνον
ἐκ τῶν δογμάτων τοιάδε κινεῖται πάθη τοῖς ἀνθρώποις, ὡς
οἱ ἀπὸ τῆς Στοᾶς λέγουσιν, ἀλλὰ καὶ τοὐναντίον διὰ 10
τὰ τοιάδε πάθη καὶ τὰς ὀρέξεις μεταβάλλουσι τὰς δόξας

287. 3-9 cf. Epict., *Ench.* 5 (p. 430.5-9 Schenkl) ‖ 11-13 =
Alc. 112 D 10 ‖ 13 cf. supra, p. 276.5-13.
288. 8-10 cf. Epict., *Ench.* 5 (p. 430.1-2).

287. 4 αὐτοῦ Westerink : αὐτοῦ N ‖ 5 προκόπτων : sequitur
lac. 3 litt., sed nihil deesse uidetur ‖ 13 οἶδα N : εἰκός Plat.
libri (cf. supra 276.13) ‖ ὡς Westerink : καὶ N.
288. 4 φανὰ (sic) N ‖ 7 ἀπὸ δόξης Np.corr. : ἀπόδειξις Na.corr.
(D).

ils en prennent de mauvaises[1]. Ainsi donc, le multiple, qui accepte dans son âme des mouvements multiformes à partir de principes et de facultés multiples — et encore de facultés d'ordre inférieur — a une âme en doute et en désaccord, tandis que ceux qui savent reçoivent la connaissance intégrale à partir d'un principe unique qui leur est antérieur[2]. Car c'est l'intellect qui leur fournit les principes et les dogmes vrais sont des rejetons de l'intellect : venant donc à l'existence avec simplicité et unitairement à partir d'une cause de cette sorte, ces dogmes sont tous d'accord et se correspondent les uns les autres. Ici encore, donc, on voit Alcibiade lutter contre lui-même et s'imaginer connaître ce qu'il ne sait pas et rendre autrui responsable de la réfutation, <dont> il est la seule cause ; en un mot, on le voit en désaccord avec lui-même pour la raison qu'il s'est éloigné de l'intellect pour suivre les hommes mauvais et fols, des représentations vaines, des imaginations absurdes et, pour le dire d'un mot, pour suivre // <ceux> qui s'en tiennent aux objets extérieurs.

Sur les réfutations de Socrate

Et les réfutations de Socrate sont admirables[3] parce qu'elles ne sont pas totalement privées de douceur, lors même qu'elles tendent à être davantage efficaces et incisives[4]. Cette façon de faire est, en effet, tout à fait en place présentement : car le jeune homme est présenté comme ne se connaissant pas lui-même et comme se l'entendant dire d'une certaine façon par lui-même et non pas par Socrate. Car c'est seulement après les conclusions que Socrate montre toute la force des réfutations et non pas avant les démonstrations, exactement comme il l'a fait dans le *Gorgias* ; c'est en effet après avoir raisonné qu'il poursuit dans ce texte en disant : « *Et va de l'avant parce que tu ne cesses de dire des sottises*[5]. » Telle est donc la première caractéristique des présentes réfutations : c'est d'être présentées

1-5. Voir *Notes complémentaires*, p. 441.

καὶ ἀντὶ χρηστῶν πονηρὰς ἀναλαμβάνουσιν. Οὗτοι μὲν
οὖν ἀπὸ τῶν πολλῶν ἀρχῶν καὶ δυνάμεων καὶ τούτων
χειρόνων εἰσδεχόμενοι κινήματα πολυειδῆ διστάζουσαν
ἔχουσι καὶ ἀνάρμοστον τὴν ψυχήν, οἱ δὲ ἐπιστήμονες ἀπὸ   15
μιᾶς ἀρχῆς ὑποδέχονται τὴν γνῶσιν ὅλην τῆς πρὸ αὑτῶν.
Νοῦς γὰρ αὐτοῖς δίδωσι τὰς ἀρχὰς καὶ νοῦ γεννήματα τὰ
ἀληθῆ τῶν δογμάτων ἐστί · μετὰ ἀπλότητος οὖν ὑφιστά-
μενα καὶ ἀπὸ τοιαύτης αἰτίας ἑνοειδῶς σύμφωνα πάντα καὶ
προσήγορά ἐστιν ἀλλήλοις. Κἀνταῦθα τοίνυν Ἀλκιβιάδης   20
ἀναδείκνυται πρὸς ἑαυτὸν διαμαχόμενος καὶ οἰόμενος
γινώσκειν ἃ μὴ οἶδε καὶ ἄλλους αἰτιώμενος τῶν ἐλέγχων,
⟨ὧν⟩ ἐστιν αἴτιος αὐτὸς ἑαυτῷ, καὶ ὅλως ἀνάρμοστος ὢν
πρὸς ἑαυτόν, διότι δὴ νοῦ μὲν ἀφίστατο, κακοῖς δὲ καὶ
ἀνοήτοις ἀνθρώποις εἵπετο καὶ φαντασίαις κεναῖς καὶ   25
οἰήσεσιν ἀλλοκότοις καὶ ὅλως ⟨τοῖς⟩ τῶν ἐκτὸς κειμένων
ἀντεχο/μένοις.   **289**

Καὶ γίγνονται θαυμαστοὶ τοῦ Σωκράτους ἔλεγχοι μὴ
παντελῶς ἀπηλλαγμένοι τοῦ προσηνοῦς καὶ πρὸς τὸ
δραστικώτερον καὶ τομώτερον ἀποκλίνοντες. Εὔκαιρον γὰρ
ἐν τοῖς παροῦσι τὸ τοιοῦτον · ὅ τε γὰρ νεανίσκος δείκνυται   5
παντελῶς ἑαυτὸν ἀγνοῶν καὶ τρόπον τινὰ παρ᾽ ἑαυτοῦ
ταῦτα ἀκηκοώς, οὐ παρὰ Σωκράτους. Μετὰ γὰρ τὰ
συμπεράσματα τὸ πληκτικὸν προσάγει τῶν ἐλέγχων, ἀλλ᾽
οὐ πρὸ τῶν ἀποδείξεων, ὥσπερ δὴ καὶ ἐν Γοργίᾳ πεποίηκε ·
μετὰ γὰρ τὸ συλλογίσασθαι καὶ ἐν ἐκείνοις ἐπιφέρει ·   10
καὶ πρόϊθί γε εἰς τοὔμπροσθεν, ὅτι ἔχων ληρεῖς.
Ἓν μὲν τοῦτο τοιοῦτον ἔχουσιν οἱ παρόντες ἔλεγχοι, τὸ

288. 20 cf. *Rsp.* VIII 546 C 1.
289. 10-11 = *Gorg.* 497 A 7-9.

288. 23 ὧν add. Westerink ‖ 25 ἀνθρώποις Westerink : -ων
N ‖ 26 τοῖς add. Westerink.
289. 9 πρὸ D : πρὸς N.

après les démonstrations et de tenir compte du moment opportun ; elles ont comme seconde caractéristique d'être appropriées à celui qui est réfuté et elles corrigent leur dureté par la familiarité. Car celui qui est réfuté par autrui et souffre davantage et éprouve du remords, tandis que celui qui se réfute lui-même et s'irrite moins contre la réfutation[1] et procède à l'évacuation du mal, puisqu'il a en lui ce qui, sans jamais le quitter, dénonce ses passions. Telles sont donc les deux caractéristiques des présents arguments : d'une part ils sont présentés tout à fait au moment opportun après les démonstrations et, d'autre part, se rapportent à Alcibiade, puisqu'il est son propre accusateur. // Car pour les plus dures d'entre les réfutations, c'est là la méthode communément enseignée par les anciens : attribuer à d'autres personnages les mots les plus durs[2]. Ainsi Homère : c'est à Pélée qu'il a rapporté le rabrouement d'Achille ; Démosthène, à l'ensemble des Grecs, l'attaque contre les Athéniens, tout comme Platon lui-même rapporte aux Lois et à la Philosophie le rabrouement de ses auditeurs. Car les réfutations sont en quelque façon diminuées lorsqu'elles passent à d'autres qui ne sont pas présents ; mais lorsque celui qui réfute n'est autre que nous-mêmes, à bien plus forte raison, la réfutation apparaît-elle à ceux qui la subissent comme moins douloureuse. C'est justement ce que Socrate fait : il remet à Alcibiade le soin de réfuter Alcibiade ; par ce procédé, il atténue la dureté du rabrouement tout en rendant familier ce qu'il y a d'étranger dans le caractère frappant du reproche.

Exégèse littérale   Assez parlé en général sur le présent texte ; examinons maintenant le détail, comment les blâmes se mêlent aux éloges et les réfutations aux atténuations d'une façon réellement

---

1. Cf. *supra*, p. 280.20-23.
2. Voir *Notes complémentaires*, p. 441.

μετὰ τὰς ἀποδείξεις προάγεσθαι καὶ τοῦ καιροῦ στοχάζεσθαι · δεύτερον δὲ τὸ οἰκειοῦν αὐτοὺς τῷ ἐλεγχομένῳ καὶ
τὸ πικρὸν αὐτῶν κολάζειν διὰ τῆς οἰκειώσεως. Ὁ μὲν γὰρ 15
ὑπ' ἄλλων ἐλεγχόμενος καὶ ἀλγύνεται μᾶλλον καὶ μετα-
μέλεται, ὁ δὲ ὑφ' αὐτοῦ καὶ ἧττον ἀγριαίνει πρὸς τὸν
ἔλεγχον καὶ πρόσεισιν εἰς ἀπαλλαγὴν τῆς πονηρίας
ἐν ἑαυτῷ τὸν κατήγορον ἔχων τῶν παθῶν οὐδέποτε ἀφιστάμενον. Ταῦτα δὴ οὖν ἀμφότερα ἔχουσιν οἱ προκείμενοι 20
λόγοι, καὶ ἐπὶ τοῖς δεδειγμένοις εὐκαίρως προάγονται καὶ
ἐπ' αὐτὸν ἀναφέρονται τὸν Ἀλκιβιάδην αὐτὸν ἑαυτοῦ
κατήγορον ὑφιστάμενον. Πρὸς γὰρ τοὺς πληκτικωτέρους
τῶν ἐλέγχων κοινή τις αὕτη / μέθοδος ὑπὸ τῶν παλαιῶν 290
παραδέδοται, προσώποις τισὶν ἄλλοις περιτιθέναι τὰ
πικρότερα τῶν ῥημάτων. Οὕτως Ὅμηρος μὲν εἰς Πηλέα
τὴν ἐπιτίμησιν τοῦ Ἀχιλλέως ἀνήνεγκε, Δημοσθένης δὲ
εἰς τὸ κοινὸν τῶν Ἑλλήνων τὴν κατὰ Ἀθηναίων ἐπί- 5
πληξιν, ὡς αὐτὸς ὁ Πλάτων εἰς τοὺς νόμους καὶ τὴν
φιλοσοφίαν τὴν ἐπιτίμησιν τῶν ἀκουόντων. Ἐλαττοῦνται
γὰρ οἱ ἔλεγχοι μετατιθέμενοί πως εἰς ἄλλους τοὺς ἀπόντας
ἡμῶν · ὅταν δὲ μηδὲ ἄλλος τις ᾖ ὁ ἐλέγχων, ἀλλ' αὐτὸς
ἑαυτόν, πολλῷ μειζόνως ἀλυπότερος εἶναι ὁ ἔλεγχος δοκεῖ 10
τοῖς ἐλεγχομένοις. Τοῦτο τοίνυν ὁ Σωκράτης ποιεῖ · τῷ
γὰρ Ἀλκιβιάδῃ τὸν Ἀλκιβιάδου περιτίθησιν ἔλεγχον, τὸ
μὲν σφοδρὸν τῆς ἐπιτιμήσεως διὰ τῆς μεθόδου ταύτης
χαλῶν, τὸ δὲ ἀλλότριον τοῦ πλήττοντος οἰκεῖον ἀποφαίνων. 15

Ταῦτα μὲν οὖν προειρήσθω κοινῇ περὶ τῶν προκειμένων
λόγων · σκεψώμεθα δὲ καὶ τὰ καθ' ἕκαστον, ὅπως κεκραμέ-
νους ἔχει τοὺς ψόγους τοῖς ἐπαίνοις καὶ τοὺς ἐλέγχους

---

290. 3 cf. Η 125-131 (et I 438-443) ‖ 4-5 cf. Dem., *Orat.* 8,
34-37 *(De Chers.)* ‖ 5-7 cf. *Crito*, 50 A 6-54 D 1 ; *Gorg.* 482 A 5-B 7.

290. 6 ὡς N : an καὶ leg. ?

admirable. Or donc, *le bel Alcibiade, fils de Clinias* :
fait son éloge par le biais de ses qualités naturelles[1]
— dont il s'enorgueillissait — et comporte une indication sur ce que toutes les qualités de cette sorte, sans
la science, sont imparfaites, stériles et en manque des
biens véritables.

Il ne savait pas : manifeste la priva ion d'un grand
bien, la science ; quant à : *il s'imaginait,* cela lui
attribue même un mal, la vaine prétention et la
double ignorance ; *s'apprêter à aller devant l'Assemblée
pour conseiller les Athéniens sur || ce qu'il ne sait pas* :
cela exprime, enfin, le blâme lui-même. Le discours donc
a procédé en ordre[2] et non pas en désordre, puisqu'il
montre d'abord que le jeune homme n'est pas bon,
ensuite qu'il est mauvais, enfin, qu'il est cause de mal.
Et à mon avis, en lui refusant la science, Socrate démontre qu'il est dépourvu de la perfection de l'âme — car
la science est un bien de l'âme[3], comme le dit quelque
part Timée — ; en lui attribuant la prétention, il
démontre qu'il n'a pas la perfection intellective — car
l'intellect connaît toutes choses et donc se connaît
nécessairement lui-même, tandis que celui qui a la
prétention tout ensemble et ignore et ne sait pas qu'il
ignore, et sous ces deux rapports, il est disposé d'une
manière contraire à l'intellect — ; enfin, en ajoutant :
et il s'apprête à conseiller sur ce qu'il ne sait pas, il
démontre qu'il est déchu de la bonté divine — car
celle-ci et donne part aux autres êtres aux biens et
n'est cause d'aucun mal pour les êtres[4] —, tandis
qu'Alcibiade est malfaisant et entraîne la perte de
ceux qu'il conseille. Par conséquent, dans ce texte,
le jeune homme est montré d'une façon cachée, comme
éloigné de toutes les causes suprêmes et comme fautif[5].

---

1. Cf. déjà *supra,* p. 14.14-16 et surtout p. 96.9 ; p. 101.10 ss,
où l'on voit que la vertu φυσική (c'est-à-dire celle du corps) est
méprisée par Proclus. Voir aussi le commentaire d'Olympiodore,
104.1-2 : « Cela veut clairement dire : ' ni ta beauté, ni ta richesse,
ni ta noblesse ne t'ont servi de rien pour apprendre le juste '. »
2. 'Εν τάξει : observation fréquente de la part de Proclus.
3. Cf. *El. theol.,* 167 et 170.
4-5. Voir *Notes complémentaires,* p. 441-442.

ταῖς θεραπείαις θαυμαστόν τινα τρόπον. Τὸ μὲν οὖν
ὁ καλὸς ὁ Κλεινίου διὰ τῶν φυσικῶν αὐτὸν ἐπαινεῖ 20
πλεονεκτημάτων, ἐφ' οἷς καὶ ἐκεῖνος μέγα ἐφρόνει, περιέχει δὲ ἔνδειξίν τινα καὶ τοῦ πάντα τὰ τοιαῦτα χωρὶς τῆς
ἐπιστήμης ἀτελῆ καὶ ἄγονα εἶναι καὶ ἐνδεῆ τῶν ἀληθινῶν
ἀγαθῶν.

Τὸ δὲ οὐκ ἐπίσταιτο μεγάλου ἀγαθοῦ στέρησιν ἐμφαί- 25
νει, τῆς ἐπιστήμης · καὶ τὸ οἴοιτο προστίθησιν αὐτῷ καὶ
κακόν, τὴν οἴησιν τὴν περιττὴν καὶ τὴν ἄγνοιαν τὴν
διπλῆν · καὶ τὸ μέλλειν εἰς ἐκκλησίαν ἐλθόντα συμ-
βουλεύσειν Ἀθηναίοις περὶ ὧν οὐκ οἶδεν, ἤδη καὶ
/ τὸν ἔλεγχον αὐτὸν ἀποφαίνει. Προῆλθεν οὖν ὁ λόγος 291
ἐν τάξει καὶ οὐκ ἀτάκτως, δηλῶν ὅτι πρῶτον οὐκ ἀγαθός,
εἶθ' ὅτι κακός, εἶθ' ὅτι κακοποιός [ἐστι]. Καί μοι δοκεῖ τῇ
μὲν ἀφαιρέσει τῆς ἐπιστήμης ψυχικῆς αὐτὸν γυμνὸν
δεικνύει τελειότητος — ἡ γὰρ ἐπιστήμη ψυχῆς ἐστὶν 5
ἀγαθόν, ὥς που καὶ ὁ Τίμαιος λέγει · — [τῇ δὲ προσθή]κῃ
τῆς οἰήσεως, νοερᾶς — νοῦς μὲν γὰρ καὶ πάντα γινώσκει
καὶ ἑαυτὸν πάντως ἔγνωκεν, ὁ δὲ τὴν οἴησιν ἔχων καὶ
ἀγνοεῖ καὶ ὅτι ἀγνοεῖ οὐκ οἶδε, καὶ κατ' ἀμφότερα πρὸς
τὸν νοῦν ὑπεναντίως διάκειται — τῇ δὲ ἐπιθήκῃ τοῦ καὶ 10
μέλλει συμβουλεύειν περὶ ὧν οὐκ οἶδε, τῆς θείας
αὐτὸν ἀγαθότητος ἀποπεπτωκότα δείκνυσιν — ἐκείνη
μὲν γὰρ καὶ τοῖς ἄλλοις μεταδίδωσι τῶν ἀγαθῶν, κακοῦ
δὲ οὐδενός ἐστιν αἰτία τοῖς οὖσιν, Ἀλκιβιάδης δὲ κακοποιός ἐστι καὶ τῶν συμβουλευομένων ὄλεθρος. Πασῶν ἄρα 15
τῶν ὑπερτέρων αἰτιῶν αὐτὸν ἔρημον καὶ ἡμαρτηκότα διὰ
τούτων λεληθότως ἀπέφηνε.

291. 6 cf. *Tim.* 37 C 1-5.

291. 2 δηλῶν ὅτι Steel : δηλόνοτι N (δηλόνοτι ... ⟨ὅτι⟩
Westerink) ‖ 3 suppl. Westerink : lac. 6 litt. cap. reliquit
N ‖ 6 suppl. Westerink : lac. 7 litt. cap. reliquit N ‖ 9 ἀγνοεῖ[a]
Westerink : ἀγνοῶν N.

En outre, la mention d'Euripide allège les réfutations et rend le discours plus gracieux[1] : en effet, tout à la fois elle rapporte à un autre la conclusion de ce qui vient d'être dit et atténue la précision de la discussion dialectique. // Et d'autre part, en ce texte, on montre, d'une certaine façon, quelle mesure observer dans la citation des poèmes[2] : car ni il ne faut les utiliser à satiété (cela révèle un manque de goût) ni il ne convient de les citer trop longuement (car alors nous ruinons le genre littéraire de notre expression[3]), non, c'est en y faisant allusion et en les ramenant, en quelque sorte, à plus de ressemblance avec la prose[4] qu'il faut les citer. Car il faut, sans doute, donner du plaisir par la variété, mais sans pourtant sortir du genre des présents discours. Ce vers ïambique vient d'*Hippolyte*[5] : Phèdre s'adressant à sa nourrice à mots couverts, fait allusion à son amour, tout en révélant indirectement l'objet de cet amour ; et la nourrice alors : *C'est d'Hippolyte que tu veux parler*, parce qu'elle a déjà compris sa passion ; et Phèdre : *C'est toi qui l'as nommé et non pas moi* ; ainsi, elle ne choisit pas d'avouer sa passion, tout en n'ayant pas la force de nier son amour, mais elle s'arrange pour à la fois déclarer et taire sa passion.

En outre, *tu m'accuses en vain* détourne de Socrate la charge des réfutations et montre que tous les ignorants font peser sur autrui d'une manière inconsidérée, imparfaite et insensée la responsabilité de leur propre malheur. Et ce que Platon a dit dans la *République*[6] à propos de celui qui choisit une vie de tyran : *Il accuse son démon et la fortune au lieu de lui-même*, voilà qui encore mérite d'être dit ici : et de fait, dans la *République*, lorsque le choix est offert d'après le sort donné par Lachésis, ce sont les âmes qui faisaient le choix, mais les conséquences de ce choix étaient dispensées par le tout ;

1-4. Voir *Notes complémentaires*, p. 442.

5. Même citation dans le passage parallèle d'Olympiodore, 101.19-102.5.

6. Cf. Olympiodore 104.10-14, où c'est aussi la *République* qui est utilisée, mais non pas le même passage (X 617 E 1-2). — Pour l'exégèse de *Rsp.*, X 619 C 5-6, cf. *In Remp.*, II 291.16 ss.

Καὶ μὴν καὶ ἡ τοῦ Εὐριπίδου μνήμη τοὺς μὲν
ἐλέγχους ἀνίησι, ποιεῖ δὲ τὸν λόγον χαριέστερον, ἅμα
μὲν ἐπ᾽ ἄλλον ἀναφέρουσα τὸ συμπέρασμα τῶν εἰρημένων, 20
ἅμα δὲ καὶ τὴν διαλεκτικὴν ἀκριβολογίαν χαλάσασα. Καὶ
δέ/δεικταί πως ἐν τούτοις τὰ μέτρα τῆς τῶν ποιημάτων 292
χρήσεως · οὔτε γὰρ κατακόρως αὐτοῖς χρηστέον (ἀπειρό-
καλον γάρ) οὔτε εἰς μῆκος αὐτὰ ἀποτείνειν προσήκει (τὸ
γὰρ εἶδος τῆς προκειμένης ἑρμηνείας ἐκλύομεν), ἀλλὰ
παρῳδοῦντας καὶ μεταβάλλοντάς πως ἐπὶ τὸ πεζοφα- 5
νέστερον, οὕτω δεῖ ποιεῖσθαι τὴν μνήμην αὐτῶν. Δεῖ γὰρ
εὐφραίνειν μὲν διὰ τῆς ποικιλίας, μὴ ἐκβαίνειν δὲ τὸ
εἶδος τῶν προκειμένων λόγων. Ἔστι δὲ τοῦτο τὸ ἰαμβεῖον
ἐξ Ἱππολύτου · τῆς γὰρ Φαίδρας ὑπαινιττομένης που τὸν
ἑαυτῆς ἔρωτα πρὸς τὴν τροφόν, καὶ τὸν ἐρώμενον ὅστις 10
ἦν παραδηλούσης, ἐκείνη μέν φησιν Ἱππόλυτον αὐδᾷς
ὡς ἂν ἤδη συνησθημένη τοῦ πάθους, ἡ δέ γε Φαίδρα
σοῦ τάδε, φησίν, οὐκ ἐμοῦ κλύεις, οὔτε ὁμολογεῖν
αἱρουμένη τὰ καθ᾽ ἑαυτὴν οὔτε ἔξαρνος εἶναι πρὸς τὸν
ἔρωτα καρτεροῦσα, μηχανωμένη δὲ ἅμα καὶ λέγειν καὶ 15
σιωπᾶν τὸ πάθος.

Ἔτι τοίνυν τὸ ἐμὲ δὲ αἰτιᾷ μάτην ἀποστρέφει μὲν
ἀπὸ τοῦ Σωκράτους τὴν τῶν ἐλέγχων βαρύτητα, δείκνυσι
δὲ ὅτι ἕκαστος τῶν ἀπαιδεύτων ἀσκόπως καὶ ἀτελῶς καὶ
ἀνοήτως ἐπ᾽ ἄλλον μετατίθησι τὴν αἰτίαν τῆς ἑαυτοῦ κακο- 20
δαιμονίας. Καὶ ὅπερ εἴρηκεν ἐν Πολιτείᾳ περὶ τοῦ τὸν
τυραννικὸν αἱρουμένου βίον, αἰτιωμένου δαίμονα καὶ
τύχην ἀνθ᾽ ἑαυτοῦ, τοῦτο καὶ ἐνταῦθα ἁρμόττει λέγειν ·
καὶ γὰρ ἐκεῖ προτεινομένης τῆς αἱρέσεως ἐκ τοῦ τῆς
Λαχέσεως κλήρου ᾑροῦντο μὲν αἱ ψυχαί, ἀπενέμετο δὲ τὰ 25

---

292. 9 = Eur., *Hippol.* 352 ‖ 21-293. 5 cf. *Rsp.* X 619 B 7-
D 1 ; cf. 617 E 1.

292. 5-6 πεζοφανέστερον Schol. Plat. : πεζε- N (ut uid.).

// et dans ce texte aussi : les interrogations sont proposées par Socrate, mais c'est Alcibiade qui choisit et
les conclusions découlent de ce qu'il a répondu. De
même donc que l'amant de la vie de tyran accusait
à tort *son démon et la fortune* pour les conséquences
de son choix sans s'accuser lui-même, tout de même
aussi Alcibiade accuse en vain Socrate, quand il
devrait, au contraire, se considérer comme le responsable des conclusions et non pas Socrate.

Ce qui vient à la suite : *tu dis bien*[1] mêle avec tact
l'éloge au blâme et rapporte l'éloge à Socrate, le blâme
à Alcibiade ; en même temps, puisque ce qui va être
dit est plus sévère, d'une certaine façon la douceur
précède ces propos apportant ainsi à l'argument un
admirable mélange. Car *entreprise folle, enseigner ce
que tu ne sais pas* et *avoir négligé d'apprendre*, voilà
des paroles qui comportent une forte réfutation. Eh
bien, ces mots, l'éloge les a rendus moins dissonants.

Que l'ignorance soit *une folie* invétérée, et particulièrement la double ignorance, voilà qui est para-
doxal mais n'en est pas moins parfaitement vrai. Car
de même que le fou et s'ignore et ignore les autres[2],
ainsi du doublement ignorant ; et de même que pour
les fous le médecin, même présent, n'est d'aucune
utilité, ainsi pour ceux qui sont doublement ignorants,
celui qui sait, même s'il est présent, ne leur sera d'aucun
secours[3]. Et en effet, ils s'imaginent être non moins
savants que les véritables savants et, comme le dit
l'Étranger d'Athènes, *ils enflent leur âme de démesure*,
parce qu'ils croient n'avoir besoin de personne et prétendent faire tout ce que font ceux qui savent.

< — Mais, à mon avis, Socrate ... // d'autres qui
avaient agi justement n'y ont pas trouvé leur avantage.
(113 D 1-8). >

Exégèse générale   Le jeune homme pense échapper
aux réfutations dans le problème du
juste parce qu'il a fait passer les délibérations et les

1-3. Voir *Notes complémentaires*, p. 442.

ἀκόλουθα [τῇ αἱρέσει] ἐκ τοῦ παντός, καὶ ἐνταῦθα / προ- 293
τείνονται μὲν αἱ ἐρωτήσεις ἀπὸ Σωκράτους, αἱρεῖται δὲ ὁ
Ἀλκιβιάδης, ἐπάγεται δὲ τὰ συμπεράσματα ἐξ ὧν ἐκεῖνος
ἀπεκρίνετο. Ὥσπερ οὖν ὁ τῆς τυραννικῆς ζωῆς ἐραστὴς
ἀτόπως ᾐτιᾶτο δαίμονα καὶ τύχην τῶν ἑπομένων, ἑαυτὸν 5
ἀφείς, οὕτω δὴ καὶ ὁ Ἀλκιβιάδης μάτην αἰτιᾶται τὸν
Σωκράτην, δέον ἑαυτὸν αἰτιᾶσθαι τῶν συμπερασμάτων,
ἀλλ᾽ οὐκ ἐκεῖνον.

Προσκείμενον δὲ τούτοις καὶ τὸ εὖ λέγεις μίγνυσι τὸν
ἔπαινον ἐμμελῶς τῷ ψόγῳ καὶ τὸ μὲν ἐγκωμιαστικὸν 10
ἑαυτῷ προσνέμει, τὸ δὲ ἐπιπληκτικὸν ἐκείνῳ· καὶ ἅμα
ἐπειδὴ τὰ ῥηθησόμενα σφοδρότερά ἐστιν, ἡγεῖταί πως
αὐτῶν τὸ προσηνὲς σύγκρασιν θαυμαστὴν τῷ λόγῳ παρε-
χόμενον. Τὸ γὰρ μανικὸν ἐπιχείρημα καὶ τὸ διδάσκειν
ἃ οὐκ οἶσθα καὶ τὸ ἀμελήσας μανθάνειν πολὺ τὸ ἐλεγ- 15
κτικὸν ἔχει. Ταῦτα τοίνυν ὁ ἔπαινος ἐμμελέστερα πεποίηκεν.

Ὅτι δὲ ἡ ἀμαθία μανία πολυχρόνιός ἐστι, καὶ μάλιστα
ἡ διπλῆ, παράδοξον μέν ἐστιν, ἀληθέστατον δὲ ὅμως.
Ὥσπερ γὰρ ὁ μαινόμενος καὶ ἑαυτὸν ἀγνοεῖ καὶ τοὺς
ἄλλους, οὕτω δὴ καὶ ὁ διπλῇ ἀμαθαίνων· καὶ ὥσπερ 20
τοῖς μαινομένοις οὐδὲ παρὼν ὁ ἰατρὸς χρήσιμος, οὕτως
οὐδὲ τοῖς τὴν διπλῆν ἔχουσιν ἄγνοιαν ὁ ἐπιστήμων, εἰ
παραγένοιτο, λυσιτελὴς ἔσται. Καὶ γὰρ αὐτοὶ οἴονται
οὐδὲν ἧττον ἐπιστήμονες εἶναι τῶν ὡς ἀληθῶς ἐπιστημόνων, καὶ ὅ φησιν ὁ Ἀθηναῖος ξένος, φλέγονται τὴν 25
ψυχὴν μεθ᾽ ὕβρεως, οἰόμενοι μηδενὸς ἐνδεεῖς εἶναι καὶ
πάντα πράττειν ἀξιοῦντες ἅπερ οἱ ἐπιστήμονες.

⟨ Οἶμαι δέ ... / οὐ ξυνήνεγκεν. 113 D. ⟩   294

Οἴεται μὲν διαφεύγειν ὁ νεανίσκος τοὺς ἐπὶ τῶν δικαίων
ἐλέγχους, μεθιστὰς καὶ τὰς βουλὰς καὶ τὰς συμβουλὰς

293. 25-26 = *Legg.* IV 716 A 7.

292. 26 suppl. Westerink : lac. 3 litt. cap. reliquit N.

conseils de ce sujet au problème de l'avantageux,
sous prétexte que ceux qui délibèrent ne présentent
pas leur avis sur ce qui est juste mais sur ce qui est
avantageux et qu'ils assignent comme fin à leurs conseils
la découverte de ce qui est avantageux, mais non pas
la connaissance de ce qui est juste ; c'est tout juste
si le jeune homme ne dit pas clairement : « que m'importe
de connaître le juste, puisque je ne dois pas donner
de conseils à ce sujet[1] ? » Mais le jeune homme ne fait,
semble-t-il, qu'accroître son ignorance et multiplier
les réfutations qui lui seront adressées. Car ou bien
juste et avantageux sont la même chose, et comme
il ignore le juste, il ignore aussi, je présume, de la même
façon, ce qui est avantageux ; ou bien l'un et l'autre
ne sont pas la même chose : et l'on prouvera par les
mêmes preuves qu'il ignore tout ensemble et le juste
et l'avantageux, de telle sorte que son ignorance dans
ces matières sera à la fois plus grande et sur plus de
sujets[2] ! Sur quoi donc s'appuie le jeune homme pour
distinguer entre eux le juste et l'avantageux[3] ? En
premier lieu, pourrais-je dire, il s'appuie sur les divers
genres d'éloquence[4] : éloquence judiciaire, éloquence
// délibérative, éloquence d'apparat ; la première se
propose comme fin le juste, la deuxième, l'avantageux
et la dernière, le beau ; si donc ces genres d'éloquence
sont différents ainsi que leur fin, l'avantageux ne saurait
s'identifier avec le juste. En deuxième lieu, il s'appuie
sur ce que les rhéteurs ont coutume d'appeler « chefs
relatifs aux fins »[5] : car, disent-ils, une chose est le
juste, une autre le légitime, une autre l'avantageux et,
à partir de ces chefs, ou certains ou tous, ils entre-
prennent de traiter leur sujet ; et ils affirment souvent
que le juste s'applique[6] et qu'il n'y a pas de place pour
la considération de l'avantageux, ou inversement, dans
la pensée que juste et avantageux se distinguent l'un
de l'autre. En troisième lieu : c'est des rencontres avec

1. Cf. Ol., 104.17-19.
2. Cf. Ol., 100.18-21.
3-6. Voir *Notes complémentaires*, p. 442-443.

ἀπὸ τούτων ἐπὶ τὰ συμφέροντα ὡς τῶν βουλευομένων οὐ
περὶ δικαίων τὰς γνώμας προτιθέντων, ἀλλὰ περὶ τῶν 5
συμφερόντων, συμβουλιῶν τέλος ποιουμένων τὴν τοῦ
συμφέροντος εὕρεσιν, ἀλλ' οὐχὶ τὴν τοῦ δικαίου γνῶσιν,
μονονουχὶ τοῦτο λέγων σαφῶς ὅτι· τί γὰρ ἐμοὶ μέλει τὸ
δίκαιον εἰδέναι, μὴ περὶ τούτου μέλλοντι συμβουλεύειν ;
Ἔοικε δὲ πολλαπλασιάζειν αὐτῷ τὴν ἄγνοιαν καὶ τοὺς 10
ἐλέγχους πλείους ἀποτελεῖν. Εἴτε γὰρ τὸ δίκαιον καὶ
τὸ συμφέρον ταὐτόν ἐστιν, ἀγνοεῖ δὲ τὸ δίκαιον, ἀγνοεῖ
δήπου καὶ τὸ συμφέρον ὡσαύτως· εἴτε μὴ ταὐτόν ἐστιν
ἑκάτερον, δειχθήσεται διὰ τῶν αὐτῶν τούτων καὶ τὸ δίκαιον
καὶ τὸ συμφέρον ἀγνοῶν, ὥστε μείζων ἔσται περὶ αὐτῶν 15
καὶ ἐν πλείοσιν ἡ ἄγνοια. Πόθεν οὖν ὁ νεανίσκος ὁρμώμενος
διΐστησιν ἀπ' ἀλλήλων τό τε δίκαιον καὶ τὸ συμφέρον ;
Πρῶτον μέν, φαίην ἄν, ἀπὸ τῶν ῥητορικῶν εἰδῶν, τοῦ
δικανικοῦ τε ⟨καὶ⟩ τοῦ συμβουλευτικοῦ / καὶ τοῦ ἐπι- 295
δεικτικοῦ, τοῦ μὲν τὸ δίκαιον τέλος προτιθεμένου, τοῦ δὲ
τὸ συμφέρον, τοῦ δὲ τὸ καλόν· εἰ τοίνυν ταῦτα τὰ εἴδη
διάφορα καὶ τὰ τέλη τὰ τούτων, οὐκ ἂν εἴη ταὐτὸν τῷ
δικαίῳ τὸ συμφέρον. Δεύτερον δὲ ἐκ τῶν εἰωθότων θρυλ- 5
λεῖσθαι τελικῶν παρὰ τοῖς ῥήτορσι κεφαλαίων· ἄλλο γάρ
φασι τὸ δίκαιον, ἄλλο τὸ νόμιμον, ἄλλο τὸ συμφέρον, καὶ
ἀπὸ τούτων ἐπιχειροῦσιν ἢ τινῶν ἢ πάντων τὰ προκείμενα
δεικνύναι· καὶ λέγουσι πολλάκις τὸ μὲν δίκαιον ἐμπίπτειν,
τὸ δὲ συμφέρον χώραν οὐκ ἔχειν, καὶ ἀνάπαλιν, ὡς τούτων 10
διεστηκότων ἀπ' ἀλλήλων. Τρίτον τοίνυν ἀπὸ τῶν σοφι-

294. 18 cf. Ar., *Rhet.* I 3, 1358 b 6-8, 20-29 (cf. supra, p. 183.
21-184.2).
    295. 6 παρὰ τοῖς ῥήτορσι : cf. ex. gr. Hermogenes, *Progym-
nasmata*, 6, p. 14.6-8 Rabe ; 11, p. 25.22-26.7 ; *De statibus*, 3,
p. 52.19-21 Rabe, etc.

    294. 6 ⟨καὶ τῶν⟩ συμβουλιῶν prop. Westerink ‖ 8 μέλει
recc. : μέλλει N ‖ 10 αὐτῷ recc. : αὐτῶ N ‖ 19 καὶ add. recc.

les sophistes qu'il a reçu ces sortes d'arguments. Et
de fait, Thrasymaque, Polos et Calliclès prétendaient
que l'injustice est avantageuse à qui la pratique. Car
ils approuvaient que chacun fasse comme bon lui semble,
qu'il ait beaucoup de puissance et soit même un tyran ;
et ils exaltaient le bonheur d'Archélaos qui, par les
pires injustices, d'esclave devint tyran. C'est à eux
donc qu'Alcibiade // avait entendu cent fois dire que le
juste ne s'identifie pas avec l'avantageux. Ainsi donc[1],
ces gens séparaient l'un de l'autre juste et avantageux,
tandis que Socrate maudissait ceux qui les premiers
avaient séparé le juste de l'injuste[2]. La raison en est
que cette opinion met dans la confusion toute la philosophie morale. En effet, pour ceux qui pensent que le
juste et l'avantageux sont deux choses différentes, il
faut bien que le bonheur comprenne aussi les biens
extérieurs (dans ces biens, en effet, l'avantageux paraît
souvent différent du juste), tandis que ceux qui les
identifient l'un à l'autre doivent et convenir que le
bien véritable réside dans l'âme et rapporter notre
véritable moi à l'âme. Voilà justement pourquoi Socrate
pensait que ce dogme est le principe de toute la philosophie qui s'occupe des fins et de la connaissance de
soi-même. Au contraire, les épicuriens[3] et tous ceux
qui <identifient> le vivre selon la nature <avec le
vivre bien> (par exemple, les stoïciens) ainsi que tous
ceux qui font entrer dans notre bien les choses nécessaires (par exemple, les péripatéticiens) sont incapables
de préserver purement l'identité du juste et de l'avantageux. Et, à leur tour, tous ceux qui font de l'homme
un corps animé ou le composé d'une âme et d'un corps[4],
ne pourront montrer que le juste est totalement iden-

---

1. Cf. Ol., 104.23-105.4.
2-3. Voir *Notes complémentaires*, p. 443.
4. Sur ces définitions de l'homme, cf. J. Pépin, *Idées grecques*,
p. 63 ss.

στικῶν συνουσιῶν τοὺς τοιούτους παρεδέδεκτο λόγους.
Καὶ γὰρ οἱ περὶ Θρασύμαχον καὶ περὶ Πῶλον καὶ Καλλι-
κλέα συμφέρειν τὴν ἀδικίαν ἔλεγον τοῖς ἀδικοῦσι. Τὸ γὰρ
ποιεῖν τὰ δοκοῦντα καὶ τὸ μέγα δύνασθαι καὶ τὸ τυραννεῖν 15
ἀπεδέχοντο, καὶ τὸν Ἀρχέλαον ἐμακάριζον τὸν διὰ τῶν
μεγίστων ἀδικημάτων ἀντὶ δούλου γενόμενον τύραννον.
Ἀπὸ τούτων τοίνυν διετεθρύλλητο καὶ ὁ Ἀλκιϐιάδης,
ὅτι τὸ δίκαιον οὐκ ἔστι τῷ συμφέ/ροντι ταὐτόν. Οὗτοι 296
μὲν οὖν διῖστασαν ταῦτα ἀπ' ἀλλήλων, ὁ δέ γε Σωκράτης
ἐπηρᾶτο τοῖς πρώτοις τὸ δίκαιον ἀπὸ τοῦ συμφέροντος
διαστήσασι. Τὸ δὲ αἴτιον, ὅτι πᾶσαν τὸ δόγμα τοῦτο
συγχεῖ τὴν ἠθικὴν φιλοσοφίαν. Τοῖς μὲν γὰρ οἰηθεῖσιν 5
ἕτερα ταῦτα εἶναι καὶ τὴν εὐδαιμονίαν ἀνάγκη συμπληροῦν
ἀπὸ τῶν ἐκτός (ἐν ἐκείνοις γὰρ τὸ συμφέρον δοκεῖ πολλάκις τοῦ δικαίου χωρίζεσθαι), τοῖς δὲ ἐν ταὐτῷ θεμένοις
ἀμφότερα καὶ τὸ ἀληθινὸν ἀγαθὸν ἐν ψυχῇ συνομολογεῖν
ἀναγκαῖον εἶναι καὶ τὸν ἕκαστον ἡμῶν εἰς ψυχὴν ἀναφέ- 10
ρειν. Διὸ δὴ καὶ ὁ Σωκράτης ἀρχὴν εἶναι τοῦτο ἐνόμιζε
καὶ τῆς ὅλης περὶ τέλους φιλοσοφίας καὶ τῆς ἑαυτοῦ
γνώσεως. Οἱ δὲ Ἐπικούρειοι καὶ οἱ τὸ κατὰ φύσιν ζῆν ⟨εἰς
ταὐτὸν ἄγοντες τῷ εὖ ζῆν⟩, ὥσπερ οἱ ἀπὸ τῆς Στοᾶς, καὶ
οἱ συμπληροῦντες ἡμῶν τὸ ἀγαθὸν ἀπὸ τῶν ἀναγκαίων, ὡς 15
οἱ ἐκ τοῦ Περιπάτου, τὸ ταὐτὸν τοῦ δικαίου σῴζειν καὶ
τοῦ συμφέροντος εἰλικρινῶς ἀδυνατοῦσι. Καὶ ὅσοι δὲ αὖ
τὸν ἄνθρωπον σῶμα ἔμψυχον ποιοῦσιν ἢ τὸ ἐκ ψυχῆς καὶ
σώματος οὐχ ἕξουσι δεικνύναι ἁπλῶς τὸ συμφέρον τῷ

295. 13 cf. *Rsp.* I 343 C 1-D 1, 348 B 8-C 12 ‖ 13-14 cf. *Gorg.*
470 D 1-3, 492 C 4-8 ‖ 16-17 cf. *ibid.* 470 D 5-471 D 2.
296. 1-4 cf. Cleanthes, fr. 558 ‖ 13-14 cf. SVF III 16-17 ‖
15-16 cf. Ar., *Eth. Nic.* A 5, 1097 b 6-11.

296. 3 ἐπειρᾶτο, -ει- ex -η- N ‖ πρώτοις scripsi (coll. Cl. Alex.
Strom. II 22, 131) : πρώτως N ‖ 5 συγχεῖ Westerink (συγχέει
recc.) : συνέχει N ‖ 12 ἑαυτοῦ prop. Westerink : ἑκάστου N ‖
13-14 εἰς — ζῆν add. Westerink (coll. Chrysip. fragm. 17).

tique à l'avantageux. Car on fuit, au prix de l'injustice, blessures et mort pour sauver le vivant ; et se sauver et être dans un état conforme à la nature, voilà certainement le bien du vivant ; par conséquent, dans ce cas encore, l'avantageux se distingue du juste. En revanche, tous ceux qui placent la fin, sans aucun besoin des réalités corporelles, dans l'âme et disent que l'homme est *une âme qui use d'un corps*, tous ceux-là reconnaissent aussi // que le juste s'identifie avec l'avantageux ; car ils placent l'un et l'autre dans l'âme, distinguant les passions des instruments de ceux qui les emploient.

Les paroles d'Alcibiade   Mais cela sera, sous peu, parfaitement connu ; pour l'instant, examinons les paroles d'Alcibiade. *Car le juste*, dit-il, *est*, *pensent-ils*, *évident* (et pourtant ils se disputent à son sujet, et guerres, batailles, destructions de cités et de maisons particulières se sont produites et se produiront à cause du juste), tandis que l'avantageux, voilà l'objet de recherche de ceux qui donnent des conseils. Et que les conseillers s'occupent de l'avantageux, cela est évident pour quiconque ; seulement, le conseiller savant, examinant ce qui est avantageux pour l'âme, pense que cela s'identifie avec le juste et ne fait pas de distinction entre eux, tandis que le conseiller perverti, qui recherche l'avantageux dans les choses externes, bien souvent manque et l'avantageux et le juste. Car les choses nécessaires le trompent comme si elles étaient dignes d'élection, et les idoles des biens, comme si elles étaient des biens véritables. En s'en tenant donc à ces biens, il déchoit tout ensemble du juste et de l'avantageux véritable pour s'associer avec des ombres et des idoles sans consistance au lieu des biens premiers.

< — Mais quoi ! si le juste ... ni parce que tu l'as étudié. (113 D 9-114 A 6). >

Exégèse générale   Le jeune homme a fait passer le problème de la question du juste à celle de l'avantageux, mais Socrate montre, en utilisant

δικαίῳ πάντῃ ταὐτόν. Τραύματα γὰρ καὶ θανάτους φεύγει 20
τις ἀδίκως, ἵνα σωθῇ τὸ ζῷον, καὶ τὸ σῴζεσθαι καὶ τὸ κατὰ
φύσιν ἔχειν τοῦ ζῴου πάντως ἀγαθόν · ὥστε τοῦ δικαίου
τὸ συμφέρον ἐνταῦθα διέστηκεν. Ὅσοι δὲ τὸ τέλος ἐν ψυχῇ
τίθενται τῶν σωματικῶν ἀπροσδεὲς ὑπάρχον καὶ τὸν ἄνθρωπον ψυχὴν εἶναί φασι σώματι χρωμένην, οὗτοι 25
καὶ τὸ δίκαιον τῷ συμφέ/ροντι ταὐτὸν εἶναι συγχωροῦσιν · **297**
ἑκάτερον γὰρ ἐν ψυχῇ τίθενται, τὰ τῶν ὀργάνων πάθη
τῶν χρωμένων διϊστάντες.

Τοῦτο μὲν δὴ καὶ μικρὸν ὕστερον ἔσται γνωριμώτερον,
τὰ δὲ τοῦ Ἀλκιβιάδου νῦν σκεπτέον. Τὰ μὲν γὰρ δίκαια, 5
φησίν, ἡγοῦνται δῆλα εἶναι (καίτοι στασιάζουσι περὶ
αὐτῶν, καὶ οἱ πόλεμοι καὶ αἱ μάχαι καὶ αἱ τῶν πόλεων
ἀνατροπαὶ καὶ τῶν ἰδίων οἴκων διὰ ταῦτα γεγόνασί τε
καὶ ἔσονται), τὰ δὲ συμφέροντα προκεῖσθαι τοῖς συμβούλοις εἰς ζήτησιν. Καὶ ὅτι μὲν οἱ σύμβουλοι περὶ τὸ συμφέρον 10
διατρίβουσι, παντὶ καταφανές · ἀλλ' ὁ μὲν ἐπιστήμων
σύμβουλος τὸ τῆς ψυχῆς συμφέρον ἐπισκοπούμενος ταὐτὸν
οἴεται καὶ δίκαιον εἶναι καὶ οὐ διΐστησιν αὐτὰ ἀπ' ἀλλήλων,
ὁ δὲ διάστροφος ἐν τοῖς ἔξωθεν κειμένοις τὸ συμφέρον
ἐπιζητῶν καὶ τούτου καὶ τοῦ δικαίου πολλάκις ἁμαρτάνει. 15
Πλανᾷ γὰρ αὐτὸν ὡς αἱρετὰ τὰ ἀναγκαῖα καὶ ὡς ὄντως
ἀγαθὰ τὰ εἴδωλα τῶν ἀγαθῶν. Τούτων οὖν ἀντεχόμενος
καὶ τῶν δικαίων ἀποπίπτει καὶ τῶν ὡς ἀληθῶς συμφερόντων,
σκιαῖς καὶ εἰδώλοις ἀμυδροῖς ἀντὶ τῶν πρώτων ἀγαθῶν
συνών.   20

⟨ Τί οὖν ; ... / οὔθ' ὡς μαθών. 113 D-114 A. ⟩   **298**

Μετέστησε μὲν ἀπὸ τῶν δικαίων τὸ πρόβλημα ὁ νέος ἐπὶ
τὰ συμφέροντα, δείκνυσι δὲ ὁ Σωκράτης ὡς οὐδὲν μᾶλλον

---

296. 25 cf. *Alc.* 129 E 11.

les mêmes interrogations que le jeune homme ne connaît
pas plus l'avantageux que le juste. Car il ne faut pas
s'éloigner des modèles généraux et des notions communes
dans les recherches diverses. Car de même que les
démonstrations qui partent des termes les plus universels[1] nous conduisent mieux à la science, de la
même façon aussi les réfutations qui partent des méthodes communes sont <plus> efficaces pour la purification. Car il est plus facile de purifier quelqu'un de
ses multiples opinions fausses à l'aide d'une méthode
unique et fort connue, que de devoir utiliser une très
grande variété de types de traitements : en effet, même
dans les soins du corps, nous choisissons les remèdes
les plus simples et les plus universels de préférence
aux remèdes compliqués et particuliers. Socrate donc,
à l'aide d'arguments identiques, démontre que le jeune
homme ignore de la même façon ce qu'est l'avantageux ;
quant au jeune homme, il devance de lui-même les
réfutations de Socrate et annonce à l'avance la méthode
des arguments: ainsi, tout ensemble il montre sa propre
bonne disposition (en tant qu'il n'a pas méconnu le
caractère commun des réfutations, // qui s'étend aussi à
tout le champ des réalités à propos desquelles nous
avons une double ignorance) et réclame de Socrate une
autre aide, plus efficace, en tant que la première est
déjà, en quelque façon, dévaluée, puisqu'il y est accoutumé. Bien souvent, en effet, les affections corporelles
elles aussi, bien qu'elles aient été soulagées deux ou
trois fois par certains remèdes, par la suite n'en tirent
plus aucun profit et réclament un autre médicament
plus puissant. Eh bien, c'est la même chose qui arrive
au jeune homme : il méprise déjà en quelque façon
les arguments employés auparavant et meut son guide
vers d'autres modes pour le purifier de son ignorance,
modes qui le traiteront d'une manière plus appropriée.

Exégèse de la lettre Voilà donc pour les considérations générales concernant le pré-
sent texte ; pour le particulier[2] : *Si le juste et l'avanta-*

1-2. Voir *Notes complémentaires*, p. 444.

ταῦτα τῷ νεανίσκῳ διέγνωσται τῶν δικαίων, ταῖς αὐταῖς
ἐρωτήσεσι χρώμενος. Δεῖ γὰρ μὴ ἀφίστασθαι τῶν καθολι- 5
κῶν τύπων καὶ τῶν κοινῶν ἐννοιῶν ἐν τοῖς διαφόροις ζητή-
μασιν. Ὡς γὰρ αἱ ἀποδείξεις αἱ ἀπὸ τῶν καθολικωτέρων
μειζόνως εἰς ἐπιστήμην ἡμᾶς προάγουσιν, οὕτω δὴ καὶ
οἱ ἀπὸ τῶν κοινῶν ἐπιβολῶν ἔλεγχοι πρὸς τὴν κάθαρσιν
ἀνύσιμοι γίνονται. Τὸ γὰρ διὰ μιᾶς μεθόδου καὶ γνωρι- 10
μωτάτης πολλῶν ἀποκαθαίρεσθαι ψευδῶν δοξασμάτων ῥᾷον
ἐστιν ἢ τὸ ποικιλωτέρων δεῖσθαι τῆς ἰάσεως τρόπων · ἐπεὶ
κἂν ταῖς τοῦ σώματος ἰατρείαις τὰ ἁπλούστερα καὶ καθο-
λικώτερα τῶν βοηθημάτων αἰρούμεθα μᾶλλον τῶν πολυ-
τρόπων καὶ μερικῶν. Ἀπὸ τῶν ὁμοίων τοίνυν ὁ Σωκράτης 15
ἐπιχειρῶν δείκνυσιν ὡσαύτως ἀγνοοῦντα τὰ συμφέροντα
τὸν νεανίσκον · ὁ δὲ πρὸ τῶν τοῦ Σωκράτους ἐλέγχων αὐτὸς
φθάνει καὶ τὰς μεθόδους προλέγει τῶν ἐπιχειρήσεων, ἅμα
μὲν τὴν ἑαυτοῦ δεικνὺς εὐφυῖαν ὡς τὸ κοινὸν τῶν λόγων
οὐκ ἀγνοήσαντος καὶ διατεῖνον ἐπὶ πάντα / τὰ πράγματα 299
περὶ ἃ τὴν διπλῆν ἄγνοιαν ἔχομεν, ἅμα δὲ σφοδροτέραν
ἄλλην παρὰ τοῦ Σωκράτους βοήθειαν ἀπαιτῶν ὡς ταύτης
ἤδη πως διὰ συνήθειαν καταφρονουμένης. Πολλάκις γὰρ
καὶ τὰ σωματικὰ πάθη δὶς ἢ τρὶς ὑπό τινων ὠφεληθέντα 5
βοηθημάτων οὐδὲν αὖθις ὑπ' αὐτῶν ὀνίναται καὶ δεῖται
μείζονος ἄλλης δυνάμεως. Ταὐτὸ τοίνυν καὶ ὁ νεανίσκος
παθὼν ὑπερορᾷ πως ἤδη τῶν προειρημένων λόγων καὶ κινεῖ
τὸν καθηγούμενον ἐπ' ἄλλους καθαρτικοὺς τῆς ἀγνοίας
τρόπους προσεχέστερον αὐτὸν θεραπεύοντας. 10

Κοινῇ μὲν οὖν ταῦτα προειλήφθω τῶν προκειμένων
ῥημάτων · ἰδίᾳ δὲ τὸ μὲν εἰ ὅτι μάλιστα ἕτερα μὲν

---

298. 4 διέγνωσται N^r : ἔγνωσται D ‖ 10 an ἀνυσιμώτεροι leg. ?
299. 2 περὶ ἃ Westerink (coll. supra p. 200.22) : ἃ περὶ N.

geux sont deux choses aussi différentes que possible est présenté comme une concession[1], menant ainsi le jeune homme vers une réfutation complète de son ignorance. « Ou bien, en effet, le juste est différent de l'avantageux, et tu n'en tireras nul profit ; car tu ne connais pas non plus l'avantageux, puisque tu ne l'as ni appris ni découvert ; ou bien ils sont la même chose, et tu les ignores tous les deux d'une seule et unique ignorance. Donc tu ne seras pas utile même à ceux qui délibèrent sur l'avantageux, pas plus que tu ne l'es pour ceux qui délibèrent sur le juste. » Car personne entreprenant de donner des conseils sur ce dont il est ignorant, ne saurait jamais être utile à ceux qui le consultent[2].

A moins que tu ne veuilles à nouveau me demander de qui j'ai appris cela ou bien si je l'ai trouvé par moi-même : fait connaître à la fois la bonne nature du jeune homme et son imperfection ; sa bonne nature, en tant qu'il a saisi la puissance véritablement universelle de la méthode ; son imperfection, en tant qu'il se moque du caractère commun et semblable des raisonnements.

|| Que prétends-tu là : l'éloigne du genre de vie qui convient aux adolescents[3], lequel méprise les raisons stables pour rechercher les opinions nouvelles et jeunes. C'est justement cela qui arrive à tous ceux qui sont infestés de la génération, qui est sans arrêt différente d'elle-même, et à tous ceux qui se plaisent aux changements, parce qu'ils ne saisissent d'aucune façon la nature de ce qui se tient fixement. Car les âmes, une fois pour toutes, reçoivent l'empreinte des formes de ce à quoi elles s'attachent : et, par exemple, si elles s'assimilent à l'intellect, elles s'en tiennent au même et à l'immuable aussi bien dans leurs opinions que dans leur genre de vie ; si, au contraire, elles se collent à la *génésis*, alors les hommes poursuivent sans cesse le nouveau et l'adolescent, ils se portent sans cesse vers des opinions différentes et sont incapables de percevoir les raisons éternellement stables qui sont dans l'âme.

τὰ δίκαια, ἕτερα δὲ τὰ συμφέροντα κατὰ συγχώρησιν
προῆκται, περιάγον αὐτὸν εἰς παντελῆ τῆς ἀγνοίας
ἔλεγχον. Εἴτε γὰρ ἕτερα τὰ δίκαια τῶν συμφερόντων, οὐκ 15
ὠφελήθησῃ σύ · οὐδὲ γὰρ τὰ συμφέροντα γινώσκεις, ἃ μήτε
ἔμαθες μήτε εὗρες · εἴτε τὰ αὐτά, κατὰ μίαν ἄγνοιαν
ἀμφότερα ἀγνοεῖς. Οὐ τοίνυν καὶ τοῖς περὶ τῶν συμφερόντων βουλευομένοις ἔσῃ λυσιτελής, ὥσπερ τοῖς περὶ τῶν
δικαίων. Οὐδεὶς γὰρ περὶ ὧν ἀγνοεῖ ⟨εἰ⟩ συμβουλεύειν 20
ἐπιχειρήσειεν, οὐδὲ λυσιτελής ἐστι τοῖς χρωμένοις.

Τὸ δὲ εἰ μή με αὖ ἐρήσῃ παρ' ὅτου ἔμαθον ἢ
αὐτὸς εὗρον καὶ τὸ εὐφυὲς καὶ τὸ ἀτελὲς τοῦ νεανίσκου
παρίστησι. ⟦ὡς⟧ Εὐφυὴς μὲν γὰρ ὡς τὴν τῆς μεθόδου
δύναμιν καθολικωτάτην οὖσαν συνιείς, ἀτελὴς δὲ ὡς 25
διαπαίζων τὸ κοινὸν καὶ τὸ ὅμοιον τῶν λόγων.

Τὸ δὲ οἷον τοῦτο ποιεῖς ἀφί/στησιν αὐτὸν τῆς νεαρο- 300
πρεποῦς ζωῆς καὶ τῆς ὑπερφρονούσης μὲν τῶν ἑστώτων
λόγων, τὰ δὲ καινὰ καὶ νέα ζητούσης δόγματα. Ταῦτα
πάντα δὴ πεπόνθασιν ὅσοι τῆς γενέσεώς εἰσιν ἀναπε-
πλησμένοι τῆς ἄλλως καὶ ἄλλως ἐχούσης καὶ ὅσοι χαί- 5
ρουσι ταῖς μεταβολαῖς, τῆς ἑστώσης φύσεως οὐδαμῶς
ἀντιλαμβανόμενοι. Καθάπαξ γὰρ αἱ ψυχαὶ καὶ τὰ εἴδη
τούτων ἀναμάττονται οἷς συνάπτουσιν ἑαυτάς · καὶ πρὸς
μὲν νοῦν ὁμοιούμεναι τοῦ ταὐτοῦ καὶ τοῦ ἀμεταβλήτου
καὶ κατὰ τὰ δόγματα καὶ κατὰ τὴν ζωὴν ἀντέχονται, πρὸς 10
δὲ τὴν γένεσιν συγκολλώμεναι τὸ καινὸν ἀεὶ καὶ τὸ νεα-
ροπρεπὲς ἐπιδιώκουσι καὶ ἄλλοτε ἐπ' ἄλλα φέρονται
δοξάσματα καὶ τῶν ἑστώτων ἀεὶ λόγων τῆς ψυχῆς ἀνε-
παίσθητοι τυγχάνουσιν ὄντες.

299. 16 σύ N^{m.pr.} : om. N^r ‖ 18 οὐ N^r : εἰ N ; an leg. οὕτω ?
(Westerink) ‖ τοῖς N^{m.pr.} (D) : om. N^r ‖ 19 λυσιτελὴς D : -ῶν
N^r ‖ 20 γὰρ N^r : om. D ‖ εἰ add. Dodds ‖ 24 ὡς del. recc.

Davantage : *vêtements usés* indique la sorte[1] de changement appropriée aux êtres inanimés et mus de l'extérieur, // mais non aux raisons de l'âme qui se meuvent
elles-mêmes et de leur propre initiative. Par *skeuaria*,
il peut vouloir désigner soit les défroques tragiques
soit simplement tout ce que nous nommons du nom
d'affaires.

Et : *tu ne voudrais plus te vêtir* comporte un reproche
adressé au jeune homme en tant qu'il était très dépen-
sier pour son vêtement et que, pour son plaisir, *il
changeait*, pour parler comme Homère, *de vêtements* et
de tout le reste.

En outre, *preuve pure et immaculée* contient une
métaphore[2] tirée des vêtements et indique que les mieux
douées des âmes, parce qu'elles ont une idée de la
pureté immaculée des dieux et qu'elles la transportent
en image, se saisissent de la pureté apparente : car les
enveloppements divins[3] ont en propre une substance
immaculée et une pureté immatérielle ; et les âmes
doivent revêtir cette pureté en purifiant à fond leurs
enveloppements naturels et en maintenant leurs tuniques à l'abri de la souillure provenant de la *génésis*,
mais elles ne doivent pas tout faire consister dans la
pureté des tuniques apparentes.

Outre cela, *tes harcèlements contre la raison*[5] signifient
les impulsions désordonnées [des âmes imparfaites]
contre les puissances de la providence, de la justice
et de la purification. Car les âmes [dans le monde]
font beaucoup d'actions de cette espèce quand elles
refusent les purifications véritables.

Et l'interrogation qui embrasse toutes les recherches
précédentes manifeste la méthode scientifique et intellective de Socrate. Car les raisons stables et embrassent

---

1. Cf. Ol., 106.23-107.1 : « Par *skeuaria* ce ne sont pas les
skeué qui sont désignés par Platon, comme dans la langue commune (ἡ συνήθεια) : il ajoute, en effet, ' *et dont tu ne voudrais plus
te vêtir* ' ; par *skeuaria*, Platon veut dire les *skeuai* des tragiques
et des comiques. » C'est donc l'interprétation de Proclus, qui,
implicitement, est repoussée.
2-5. Voir *Notes complémentaires*, p. 444-445.

Καὶ μὴν καὶ τὰ σκευάρια τὰ κατατετριμμένα τοῖς 15
ἀψύχοις καὶ τοῖς ἑτεροκινήτοις ἀποφαίνει τὴν μεταβολὴν
προσήκουσαν, ἀλλ' οὐ τοῖς αὐτοκινήτοις καὶ / αὐτενερ- 301
γήτοις λόγοις τῆς ψυχῆς. Λέγοι δ' ἂν τὰ σκευάρια ἤτοι
τὰς τραγικὰς σκευὰς ἢ πάντα ἁπλῶς ἃ καλοῦμεν σκεύη.

Καὶ τὸ οὐκέτ' ἂν αὐτὰ ἀμπίσχοιο διαβολὴν ἔχει
ὡς περὶ τὴν ἐσθῆτα πολυτελοῦς τοῦ νεανίσκου καὶ ὥς 5
φησιν Ὅμηρος εἵματά τε ἐξημοιβὰ καὶ τὰ ἄλλα πάντα
διὰ τρυφὴν ἐξαλλάττοντος.

Ἔτι δὴ οὖν τὸ καθαρὸν καὶ ἄχραντον τεκμήριον
ἔχει μὲν τὴν ἀπὸ τῶν ἱματίων μεταφοράν, ἐνδείκνυται δὲ
ὅτι αἱ εὐφυέστεραι τῶν ψυχῶν, ἔννοιαν ἔχουσαι τῆς 10
ἀχράντου καθαρότητος τῶν θεῶν καὶ ταύτην ἐν εἰδώλοις
περιφέρουσαι, τῆς φαινομένης ἀντέχονται καθαρότητος ·
ἐπεὶ καὶ περιβλημάτων ἐστὶ θείων ἄχραντος οὐσία καὶ
ἄυλος καθαρότης, ἣν δεῖ τὰς ψυχὰς ἐνδιδύσκεσθαι τὰ
συμφυῆ περιβλήματα αὐτῶν ἐκκαθαιρούσας καὶ τοὺς 15
χιτῶνας αὐτῶν ἀχράντους ἀπὸ τῆς γενέσεως διασῳζούσας,
ἀλλ' οὐκ ἐν τῇ τῶν φαινομένων ἱματίων καθαρότητι τὸ
ὅλον ἀποτίθεσθαι.

Πρὸς δὴ τούτοις καὶ αἱ προδρομαὶ τοῦ λόγου σημαί-
νουσι τὰς ἀτάκτους ὁρμὰς [τῶν ἀτελῶν ψυχῶν] πρὸς τὰς 20
δυνάμεις τῆς προνοίας καὶ τῆς δίκης καὶ τῆς καθάρσεως.
Πολλὰ γὰρ καὶ [ἐν τῷ παν]τὶ τοιαῦτα δρῶσιν αἱ ψυχαὶ
τὰς καθάρσεις ἐκκλίνουσαι τὰς ἀληθινάς.

Καὶ ἡ ἐρώτησις ἡ πάντα τὰ πρότερα ἐπιχειρήματα περιλαμβάνουσα δηλοῖ τὴν ἐπιστημονικὴν καὶ νοερὰν τοῦ 25
Σωκράτους μέθοδον. Οἱ γὰρ ἑστῶτες λόγοι καὶ τὰ φερόμενα

301. 6 cf. θ 249.

τρημένα
300. 15 κατατετριμμένα N^{m.pr.}.
301. 12 περιφέρουσαι N^{ex corr.} : ἐπι– N^{a.corr.} (D) ‖ 20 suppl.
Westerink : lac. 9 litt. cap. reliquit N ‖ 22 suppl. Westerink :
lac. 7 litt. cap. reliquit et]τι N.

les choses plongées dans le mouvement et comprennent dans l'unité toutes les choses soumises à de multiples changements.

Davantage, Socrate dit d'Alcibiade qu'*il aboutira au même point*, en tant qu'il a // préassumé toute la disposition du jeune homme et qu'il n'ignore rien de ce qui le concerne, mais embrasse de toutes façons le commencement, le milieu et le terme de sa vie.

< Mais puisque tu es délicat ... je serais capable de faire devant toi cet exposé, Socrate. (114 A 6-B 5). >

Introduction générale   Le susdit mode de réfutation, qui procède par la méthode commune consistant à purifier tous ceux qui souffrent d'une double ignorance à propos de chacune des réalités, a montré que le jeune homme ignore aussi bien l'avantageux que le juste, qu'on les pose comme différents l'un de l'autre ou comme identiques. A présent, Socrate réfute aussi l'opinion d'Alcibiade, qui distingue de l'avantageux le juste, et il montre qu'ils s'identifient et ne se distinguent pas l'un de l'autre. Il le purifie donc de la façon de voir populaire et mortelle, et rattache le juste à l'avantageux, de telle sorte que l'on démontre que qui ignore l'un, de la même façon ignore l'autre.

Cette thèse sera démontrée plus longuement dans la suite ; dans le présent passage, Socrate a reproché au jeune homme sa *mollesse* à cause de son train de vie coûteux, dont on parlait partout ; certains[1] ont même écrit à ce sujet, faisant de sa mollesse le sujet de leur écrit.

// Dans la phrase[2] : *pourquoi n'as-tu pas fait de démonstration ? Si tu le veux*, etc. Socrate montre que celui qui interroge, lui aussi, démontre (tout de même que nous l'avons dit celui qui répond) et qu'il participe à la science démonstrative[3] ; et ces deux propositions

---

1-2. Voir *Notes complémentaires*, p. 445.

3. L'adjectif ἀποδεικτικός qualifie rarement des personnes (cf. LSJ *s.v.*) et l'on ne voit pas très bien ce qu'il ajoute pour le sens à ἀποδείκνυσιν.

συλλαμβάνουσι καὶ τὰ πολυμετάβολα πάντα καθ᾽ ἕνωσιν περιέχουσι.

Καὶ δὴ καὶ τὸ εἰς ταὐτὸν ἥξειν τὸν Ἀλκιβιάδην ὡς ἅπασαν αὐτοῦ τὴν ἕξιν προειληφὼς λέγει καὶ ὡς μη/δὲν 302 ἀγνοῶν τῶν περὶ αὐτόν, ἀλλ᾽ ἀρχὰς καὶ μέσα καὶ τέλη τῆς ζωῆς αὐτοῦ πάντη περιέχων.

⟨ Ἐπειδὴ δὲ τρυφᾷς ... πρὸς σὲ διελθεῖν. 114 A-B. ⟩

Ὁ μὲν προειρημένος τρόπος τῶν ἐλέγχων διὰ τῆς 5 κοινῆς μεθόδου τῆς καθαρτικῆς πάντων τῶν διπλῆν ἄγνοιαν ἐχόντων περὶ ἕκαστον τῶν πραγμάτων ἐδείκνυ καὶ τὰ συμφέροντα τὸν νεανίσκον ὥσπερ τὰ δίκαια ἀγνο- οῦντα, κἄν τε ἕτερα ᾖ τῶν δικαίων κἄν τε τὰ αὐτά. Νυνὶ δὲ καὶ ταύτην αὐτοῦ διελέγχει τὴν δόξαν τὴν διορίζουσαν 10 ἀπὸ τῶν συμφερόντων τὰ δίκαια, καὶ δείκνυσιν ὅτι τὰ αὐτά ἐστι καὶ οὐ διέστηκεν ἀπ᾽ ἀλλήλων. Καθαίρει τοίνυν αὐτὸν ἀπὸ τῆς δημώδους ὑπολήψεως καὶ φθαρτικῆς καὶ συνάπτει τῷ συμφέροντι τὸ δίκαιον, ἵν᾽ ὁ τὸ ἕτερον ἀγνοῶν καὶ τὸ λοιπὸν ὡσαύτως ἀγνοῶν ἀποφαίνηται. 15

Καὶ τοῦτο μὲν αὖθις διὰ πλειόνων δειχθήσεται · ἐν δὲ τοῖς προκειμένοις ῥήμασι τρυφὴν μὲν ἐνεκάλεσε τῷ νεανίσκῳ διὰ τὴν τεθρυλλημένην αὐτοῦ καὶ πολυτελῆ δίαιταν, περὶ ἧς καὶ γεγράφασιν ἤδη τινές, πραγματείαν ποιησάμενοι τὴν τοῦ Ἀλκιβιάδου τρυφήν. 20

Ἐν δὲ τῷ τί οὐκ ἀπέδειξας; εἰ μὲν / βούλει καὶ τὰ 303 ἑξῆς, δείκνυσιν ὅτι καὶ ὁ ἐρωτῶν ἀποδείκνυσιν, ὥσπερ καὶ ἐλέγομεν τὸν ἀποκρινόμενον, καὶ ἀποδεικτικός ἐστι · καὶ

302. 16 διὰ πλειόνων : cf. 115 A 9-116 D 3 ‖ 19 τινές : uide adnot. ad uersionem.
303. 3 ἐλέγομεν, cf. supra, p. 283.1-286.22.

301. 27 πολὺ μετάβολα N.
302. 17 ἐνεκάλεσε coni. Creuzer : ἐκάλεσε N ‖ 21 Ἐν recc. : ἐὰν N.
303. 3 ἐλέγομεν Nex corr· : λέγομεν Na·corr· (D).

sont vraies à la fois, tant celle que nous soutenions auparavant que celle que nous soutenons maintenant. En effet, celui qui répond dit les prémisses, tandis que celui qui interroge tire la conclusion, de sorte que le premier affirme, le second démontre, que l'un énonce l'antécédent, l'autre le conséquent[1], que le premier donne la matière, le second lui confère la forme[2]. Et dans le cas où, toutes les prémisses ayant été accordées, il n'en résulte aucune conclusion[3], c'est celui qui interroge qui est ridicule parce qu'il n'a pas pu réunir une matière utile ou tirer parti de celle qu'on lui a concédée[4]. Si maintenant, à partir de prémisses fausses, on aboutit en conclusion à quelque absurdité, c'est celui qui répond qui est la cause, parce qu'il a concédé de pareilles prémisses. Et m'est avis qu'auparavant déjà, lorsque Socrate disait que celui qui répond est celui qui affirme, c'est pour cette raison qu'il ajoutait : *Toutes les fois qu'il y a question et réponse*, alors c'est celui qui répond qui affirme. Car cela ne vaut que pour les prémisses et non pour la conclusion.

Sur la méthode de réfutation employée par Socrate Mais arrêtons-nous maintenant sur ce problème : pour quelle raison, lorsque Alcibiade a déclaré distinguer le juste de l'avantageux, Socrate a-t-il fait d'abord usage non pas d'une objection — en disant que chacun des deux est la même chose —, mais d'une ʽ antiparastase ʼ — en concédant que tous les deux sont choses différentes et en se contentant de rechercher d'où Alcibiade tenait sa connaissance de l'avantageux[5]. Cette question, en effet, a déjà fait l'objet de recherche de la part des rhéteurs : faut-il se servir de l'objection ou plutôt de l'//antiparastase? Et l'on voit qu'ils font les deux, selon qu'il leur est utile pour établir la vraisemblance de leurs arguments. Nous disons donc que dans ce passage aussi, Socrate était conscient qu'il faut d'abord débarrasser le jeune homme de sa double ignorance,

1-5. Voir *Notes complémentaires*, p. 445-446.

ἔστιν ἀμφότερα ἀληθῇ, τά τε πρότερον εἰρημένα καὶ τὰ νῦν.
Τὰς μὲν γὰρ προτάσεις ὁ ἀποκρινόμενος λέγει, τὸ δὲ συμ- 5
πέρασμα ὁ ἐρωτῶν συνάγει, ὥστε ἀποφαίνεται μὲν ἐκεῖνος,
δείκνυσι δὲ οὗτος, καὶ τὸ μὲν ἡγούμενον ἐκεῖνος λέγει, τὸ
δὲ ἑπόμενον οὗτος, καὶ τὴν μὲν ὕλην ἐκεῖνος δίδωσι, τὸ δὲ
εἶδος οὗτος ἐπιφέρει. Ὅταν δὲ ἁπασῶν τῶν προτάσεων
δεδομένων μηδὲν συνάγηται πλέον, καταγέλαστός ἐστιν 10
ὁ ἐρωτῶν ὡς μὴ δυνηθεὶς ὕλην λαβεῖν χρησίμην ἢ τῇ
δεδομένῃ χρήσασθαι. Εἰ δὲ ἐκ προτάσεων ψευδῶν ἄτοπόν
τι συνάγεται, ὁ ἀποκρινόμενός ἐστιν αἴτιος, διότι τοιαύταις
συνεχώρησε προτάσεσι. Καί μοι δοκεῖ καὶ πρότερον, ὅτε
τὸν ἀποκρινόμενον ἔφατο εἶναι τὸν λέγοντα ὁ Σωκράτης, 15
διὰ τοῦτο προσθεῖναι ὡς ὅταν ἐρώτησις γίνηται καὶ
ἀπόκρισις, τότε ὁ ἀποκρινόμενος λέγει. Τοῦτο γὰρ ἐπὶ
τῶν προτάσεων συμβαίνει μόνων καὶ οὐκ ἐπὶ τοῦ συμπεράσματος.

Ἀλλ' ἐκείνοις πάλιν ἐπιστήσωμεν, δι' ἣν αἰτίαν ὁ 20
Σωκράτης τοῦ Ἀλκιβιάδου τὰ δίκαια τῶν συμφερόντων
διαστήσαντος οὐχὶ τῇ ἐνστάσει πρότερον ἐχρήσατο, εἰπὼν
ὅτι ταὐτά ἐστιν ἑκάτερα τούτων, ἀλλὰ τῇ ἀντιπαραστάσει,
συγχωρήσας μὲν ἕτερα αὐτὰ εἶναι, ζητῶν δὲ ὁπόθεν
ἔμαθεν ὁ Ἀλκιβιάδης τὸ συμφέρον. Ἤδη γὰρ καὶ παρὰ 25
τοῖς ῥήτορσι τοῦτο ζητήσεως ἔτυχε, / πότερον δεῖ τῇ 304
ἐνστάσει χρῆσθαι ἢ τῇ ἀντιπαραστάσει· καὶ φαίνονται
ποιοῦντες ἀμφοτέρως, ὅπως ἂν αὐτοῖς λυσιτελῇ πρὸς
τὴν πιθανότητα τῶν ἐπιχειρημάτων. Λέγομεν τοίνυν κἂν
τούτοις, ὡς ὁ Σωκράτης συνοῖδεν ὅτι πρότερον ἀπαλλάξαι 5
δεῖ τῆς διπλῆς ἀγνοίας τὸν νεανίσκον, εἶθ' οὕτως αὐτῷ

---

303. 16-17 = *Alc.* 113 A 7-8.

303. 23 ταὐτά recc. : ταῦτα N.

puis, cela fait, lui donner part à la science des réalités. Il le débarrasse donc de sa vaine prétention en lui demandant comment et de qui il a appris l'avantageux : car c'est à l'aide d'une unique méthode qu'il a montré qu'il ignorait et le juste et l'avantageux ; d'autre part, il lui donne la science du juste et de l'avantageux en lui montrant que le juste est identique à l'avantageux. De même donc que les médecins d'abord purifient et expulsent l'humeur gênante au moyen de médications[1], puis, cela fait, restituent au malade ses forces au moyen d'un régime, de la même façon Socrate débarrasse le jeune homme de sa double ignorance grâce à ' l'anti-parastase ' et le nourrit et le perfectionne grâce à l'objection. Telle est, en effet, la nature de cet argument, qui est composé de ces deux éléments. Le point essentiel — l'identité du juste et de l'avantageux — Socrate le prouve en second lieu ; mais pour le cas où ils seraient différents, Socrate recherche comment et où Alcibiade a connu l'avantageux : or c'est ce qu'il a demandé en premier. Cet ordre a encore pour lui de commencer par des notions bien connues et de s'achever sur les notions moins connues[2] : car nous nous sommes déjà prévalus en d'autres cas de la même méthode. Socrate met donc avant ce qui n'est pas encore évident, ce qu'il y a d'évident dans la démonstration et avant le particulier, le général. C'est pour cette raison justement que la réfutation de l'ignorance en matière d'avantageux précède la connaissance que juste et injuste sont identiques l'un à l'autre.

// Et comme le discours, cheminant par les mêmes démonstrations, causait la satiété, Socrate, en se contentant d'embrasser brièvement ces démonstrations et en ne posant que les points les plus importants, a évité la satiété : en homme qui sait, il ne refuse certes pas de *dire deux fois les belles choses* (sans compter qu'il s'agit ici du même sujet : or Socrate a enseigné dans le *Gorgias* qu'il convenait, à ceux qui savent, de

1. Même image, *supra*, p. 119.12-16.
2. Lointain écho de *Phys.*, A 1, 184 a 16 ss ; déjà *supra*, p. 298.7 ss.

μεταδοῦναι τῆς τῶν πραγμάτων ἐπιστήμης. ᾿Απαλλάττει
μὲν οὖν αὐτὸν τῆς κενῆς οἰήσεως ἐρωτῶν πῶς ἔμαθε τὰ
συμφέροντα καὶ πόθεν · μιᾷ γὰρ μεθόδῳ καὶ τῶν δικαίων
αὐτὸν καὶ τῶν συμφερόντων ἄγνοιαν ἔχοντα διήλεγξε · 10
τίθησι δὲ αὐτῷ τὴν ἐπιστήμην τούτων ἐπιδεικνὺς ὅτι τὸ
δίκαιον τῷ συμφέροντι ταὐτόν ἐστιν. ῞Ωσπερ οὖν οἱ ἰατροὶ
καθαίρουσι πρότερον καὶ τὸν ἐνοχλοῦντα χυμὸν ἐκβάλ-
λουσι φαρμακείαις, ἔπειθ᾿ οὕτως ἀνακτῶνται τὰς δυνάμεις
διαίταις, οὕτω δὴ καὶ ὁ Σωκράτης ἀπαλλάττει μὲν τῆς 15
διπλῆς ἀμαθίας διὰ τῆς ἀντιπαραστάσεως, τρέφει δὲ καὶ
τελειοῖ διὰ τῆς ἐνστάσεως. ῾Ο γὰρ ἐκ τούτων λόγος ἐξ
ἀμφοῖν συγκείμενος τοιοῦτός ἐστι. Μάλιστα μὲν ταὐτὸν
ὑπάρχει τὸ δίκαιον καὶ συμφέρον, ὃ δεύτερον δείκνυσι · εἰ
δ᾿ οὖν καὶ ἕτερον, ζητεῖ πῶς ἔγνω τὸ συμφέρον αὐτὸς καὶ 20
ποῦ ποτέ, τοῦτο δέ ἐστι τὸ πρότερον ἐρωτηθέν. ῎Εχει δὲ ἡ
τάξις αὕτη καὶ τὸ ἄρχεσθαι μὲν ἀπὸ τῶν γνωρίμων ἐπιβολῶν, τελευτᾶν δὲ εἰς τὰς ἀγνωστοτέρας · ἤδη γὰρ τῇ αὐτῇ
μεθόδῳ καὶ ἐπὶ ἄλλων τυγχάνομεν χρησάμενοι. Τὸ οὖν
σαφὲς τῆς ἐπιχειρήσεως προτίθησι τοῦ μήπω καταφανοῦς 25
καὶ τὸ κοινὸν τοῦ ἰδίου. Κατὰ δὴ ταύτην τὴν αἰτίαν χώραν
ἔσχεν ὁ τῆς ἀγνοίας ἔλεγχος τῶν συμφερόντων πρὸ τῆς
γνώσεως τοῦ ταὐτὰ εἶναι τά τε συμφέροντα καὶ τὰ δίκαια
ἀλλήλοις.

Καὶ ἐπειδὴ προσκορὴς ὁ λόγος ἐγίγνετο διὰ τῶν αὐ/τῶν **305**
ὁδεύων ἐπιχειρημάτων, συντόμως αὐτὰ περιλαβὼν καὶ
αὐτὰ τὰ ἀναγκαιότατα θεὶς ἔφυγε τὸ προσκορές · ὡς μὲν
ἐπιστήμων τὸ δὶς τὰ καλὰ λέγειν οὐ παραιτούμενος
(πρόσεστι γὰρ ἐνταῦθα τὸ καὶ περὶ τῶν αὐτῶν, ὅπερ ὁ ἐν 5
Γοργίᾳ Σωκράτης παραδέδωκεν ὡς τοῖς ἐπιστήμοσι πρέπον,

305. 4 = *Gorg.* 498 E 11-499 A 1 ; cf. *Phil.* 60 A 1-2 ‖ 5-7 cf.
Gorg. 490 E 9-11 (cf. 482 A-B et *Symp.* 221 E 5-6).

304. 11 an ἐντίθησι leg. ? (Westerink coll. supra, p. 171.2) ‖
28 εἶναι Westerink : εἰσι N.

dire <*la*>[1] *même chose de la même chose*)[2], mais en
tant qu'il a affaire à un être voluptueux, qui n'est pas
un [vrai] sophiste, il s'est gardé de la satiété[3].

Quelle raison[4] pourrait-on donner de ce que Socrate
pense qu'il ne doit s'entretenir qu'en interrogeant et
pourtant permet au jeune homme et de questionner
et de faire un exposé? On pourrait donner comme
première raison que Socrate a confiance dans sa science
des réalités et qu'il a conscience qu'on ne peut le tromper
et qu'il applique au jeune homme, parce qu'il est déficient en matière d'exactitude dialectique, l'épreuve par
les interrogations[5]. La deuxième raison est que Socrate,
voulant le rendre intéressé à l'entretien, propose
chacun des deux genres[6] de discours à son choix, l'un
comme plus approprié, l'autre comme plus scientifique.
Et de fait, les meilleurs médecins bien souvent choi-
sissent un remède plus doux au lieu d'un remède apparemment avantageux, se faisant une alliée de la nature[7].
La troisième raison, c'est que Socrate veut aussi le
débarrasser de la prétention qu'il a d'être bon orateur.
Car de même qu'il l'a montré dépourvu de science,
de la même façon aussi il le montre dépourvu de capacité
oratoire[8], de telle sorte qu'il apparaît, à la suite de ces
deux démonstrations, impréparé pour le conseil et // pour
diriger le peuple : car il n'était capable ni de parler ni
de penser. Et donc pour qu'Alcibiade, invité à poser
des questions, ne réponde pas (parce qu'il ignore les
façons de poser les questions) : ' les conseillers ne parlent
pas de la sorte ', ainsi qu'il l'a fait dans la discussion
sur le juste, Socrate lui présente les deux sentiers
dialectiques, de telle sorte qu'il apparaisse ignorant
l'un et l'autre et qu'ici aussi, de nouveau, se manifeste

1-3. Voir *Notes complémentaires*, p. 446.
4. Cf. Ol., 108.3-12 (mais le rapprochement est lointain).
5. Cf. *supra*, p. 128.11-13.
6. La correction τρέπων en τρόπον (due à L. G. Westerink)
paraît excellente.
7. Sur cette comparaison, cf. *supra*, p. 279.4-10.
8. Δύναμις ... λεκτική : l'expression, étrange au premier
abord, peut s'autoriser, par ex., de *Pol.*, 304 D 7.

τὸ ⟨τὰ⟩ αὐτὰ περὶ τῶν αὐτῶν λέγειν), ὡς δὲ πρὸς
τρυφῶντα καὶ οὐκ ἀ[...] σοφιστὴν ἔχων τὸ προσκορὲς
φυλαξάμενος.

Τί οὖν φαίης ἂν τὸ αἴτιον εἶναι τοῦ τὸν Σωκράτην αὐτὸν 10
μὲν δι' ἐρωτήσεως μόνον οἴεσθαι δεῖν ποιεῖσθαι τὸν λόγον,
τὸν δὲ νεανίσκον καὶ τοῦτο καὶ τὸ λόγῳ διεξιέναι συγ-
χωρεῖν ; Ἕν μὲν οὖν αἴτιον εἴποις ἂν τὸ θαρρεῖν αὐτὸν τῇ
ἐπιστήμῃ τῶν πραγμάτων καὶ ἑαυτῷ μὲν συγγινώσκειν
ἀνεξαπατήτῳ τυγχάνοντι, τῷ δὲ νεανίσκῳ, τῆς διαλεκτι- 15
κῆς ἀκριβείας ἐνδεῶς ἔχοντι, τὰς διὰ τῶν ἐρωτήσεων
προσάγειν βασάνους. Ἕτερον δὲ ὅτι προθυμότερον αὐτὸν
περὶ τὴν συνουσίαν ποιῶν ἑκάτερον προτίθησι τῶν λόγων
τρόπον εἰς αἵρεσιν, τὸν μὲν ὡς οἰκειότερον, τὸν δὲ ὡς ἐπιστημονικώτερον. Καὶ γὰρ οἱ δεινοὶ τῶν ἰατρῶν πολλάκις 20
ἐκλέγονται τὸ ἥδιον ἀντὶ τοῦ συμφέρειν δοκοῦντος, προσ-
αγόμενοι τὴν φύσιν. Τρίτον τοίνυν ὅτι καὶ ταύτης αὐτὸν
ἀπαλλάξαι βούλεται τῆς οἰήσεως ἣν ἔχει περὶ τοῦ δύνασθαι
λέγειν. Ὡς γὰρ ἐπιστήμης αὐτὸν ἔρημον ἀπέφηνεν, οὕτω
δὴ καὶ δυνάμεως αὐτὸν ἐνδεᾶ δείκνυσι λεκτικῆς, ἵνα δι' 25
ἀμφοῖν ἀπαράσκευος δειχθῇ πρὸς τὴν συμβουλὴν καὶ τὴν
δημαγωγίαν · / οὔτε γὰρ λέγειν οὔτε φρονεῖν οἷός τε ἦν. 306
Ἵν' οὖν μὴ ἐπιταττόμενος ἐρωτᾶν τοῦτο ἐκεῖνο φῇ τὸ
οὐχ οὕτως οἱ σύμβουλοι λέγουσιν, ἀγνοῶν τοὺς τῶν
ἐρωτήσεων τρόπους, ὥσπερ δὴ περὶ τοῦ δικαίου ἀποκρινόμενος εἴρηκεν, ἀμφοτέρας αὐτῷ προτείνει τὰς διαλεκτι- 5
κὰς ἀτραπούς, ἵν' ἀμφοτέρας ἀγνοῶν ἀποφανθῇ κἀνταῦθα

306. 3-4 cf. *Alc.* 113 D 1-5.

305. 7 τὰ add. coni. Creuzer ‖ 8 lac. 3 litt. cap. reliquit N :
ἀ[μαθῆ] Hamb. philol. 30, ἀ[κριθῆ] O'Neill, ambo uix recte ‖
12 τὸν δὲ νεανίσκον N : τῷ δὲ νεανίσκῳ prop. Westerink ‖ 19
τρόπον coni. Westerink : τρέπων N.
306. 4-5 ἀποκρινόμενος scripsi : κρινόμενος N.

ce qui est dit dans le *Phèdre* : qui n'a pas été éduqué dans la philosophie ni dans la science de la nature des choses *n'est pas non plus bon orateur.*

Voilà donc pourquoi Socrate propose ce choix au jeune homme et le jeune homme fait une réponse toute pénétrée de la puissance de Socrate, mais qui pourtant respire encore la vie amie de la chicane. *Car passer en revue contre toi* est adressé à Socrate comme un adversaire[1], alors qu'il aurait dû[2] songer à s'entretenir avec lui comme avec un père ou un tuteur. Mais tel est le caractère ambitieux, toujours plongé dans les querelles plus qu'il ne convient, parce qu'il use des mêmes arguments et du même genre de conversation et sur des sujets où il ne le faut pas et dans des occasions où il ne convient pas et avec des gens avec qui il ne le faut pas.

< — Mais, mon ami, imagine-toi ... Il se peut. (114 B 6-D 3). >

Ce discours contribue au dessein d'ensemble du dialogue

Le discours de Socrate apporte une description très vivante[3] en mettant devant nous l'assemblée, le peuple, la tribune et le conseil et en incitant ainsi le jeune homme à prendre la parole. Tout juste si Socrate ne dit pas : « Imagine-toi que voici le peuple, suppose que voilà la pnyx et que la tribune est là devant toi ; et y étant monté, efforce-toi de convaincre ton auditoire que juste et avantageux ne sont pas identiques. » En voilà assez, j'imagine, pour émouvoir et frapper un véritable amant du peuple. Par ailleurs, Socrate[4] accroît la variété dialectique en usant, avant les démonstrations objets de la recherche, d'autres syllogismes différents quant aux conclusions, et c'est à cause de ces conclusions que certains croient qu'il démontre des sujets qui n'ont pas un rôle essentiel ; et pourtant, comme nous l'avons déjà dit, chacun des raisonnements contribue au dessein

1-4. Voir *Notes complémentaires,* p. 446-447.

πάλιν ἀναφανῇ τὸ ἐν τῷ Φαίδρῳ λεχθέν, ὅτι ο ὐ δ ὲ λ έ γ ε ι ν
ἱ κ α ν ό ς ἐστιν ὁ μὴ διὰ φιλοσοφίας ἀχθεὶς μηδὲ ἐπιστήμων
γενόμενος τῆς τῶν πραγμάτων φύσεως.

Ἐπὶ τούτοις δὴ οὖν προτείνει· καὶ ἀφίησι φωνὴν ὁ   10
νεανίσκος συνησθημένος τῆς τοῦ Σωκράτους δυνάμεως,
ἔτι δὲ ὅμως τῆς φιλονείκου ζωῆς ἀποπνέουσαν. Τὸ γὰρ
π ρ ὸ ς σ ὲ δ ι ε λ θ ε ῖ ν ὡς πρὸς ἀνταγωνιστὴν ἀποτείνεται
τὸν Σωκράτην, δέοντος ὡς πρὸς πατέρα καὶ κηδεμόνα
ποιούμενον τοὺς λόγους διανοεῖσθαι. Τοιοῦτον δὲ πᾶν   15
ἐστὶ τὸ φιλότιμον ἦθος καὶ πέρα τοῦ δέοντος ταῖς ἁμίλλαις
ἐγκείμενον, ὅτι καὶ περὶ ὧν μὴ δεῖ καὶ ὁπότε μὴ προσήκει
καὶ ἐν οἷς οὐκ ἔστιν ἀναγκαῖον τοῖς αὐτοῖς χρῆται λόγοις
καὶ τῇ ὁμοίᾳ προαιρέσει τῆς συνουσίας.

⟨'Αλλ', ὠγαθέ ... / Κινδυνεύει. 114 B-D. ⟩   307

Ἐνάργειαν μὲν ὁ λόγος εἰσενήνοχε πολλήν, τὴν ἐκκλησίαν καὶ τὸν δῆμον εἰς μέσον ἀγαγὼν καὶ τὸ βῆμα καὶ τὴν
συμβουλήν, καὶ οὕτω δὴ τὸν νεανίσκον προτρέπων ἐπὶ
τὸν λόγον. Μόνον γὰρ οὐχὶ λέγει· τοῦτον μὲν εἶναι τὸν   5
δῆμον ἡγοῦ, αὕτη δὲ ἡ Πνὺξ ὑποκείσθω, τὸ δὲ βῆμα προ-
κείσθω σοι τουτί, σὺ δ' ἀναβὰς πεῖθε περὶ τῶν δικαίων καὶ
συμφερόντων ὡς οὐκ ἔστι τὰ αὐτὰ ἀλλήλοις. Ἱκανὰ δήπου
κινῆσαι καὶ πλῆξαι πάντα ταῦτα τὸν ὡς ἀληθῶς δημε-
ραστήν. Ποικιλίαν δὲ αὖ συνεισφέρει διαλεκτικὴν πρὸ τῶν   10
ζητουμένων ἀποδείξεων ἄλλοις συλλογισμοῖς χρώμενος
ἐξηλλαγμένοις κατὰ τὰ συμπεράσματα, καὶ διὰ ταῦτα
προηγουμένως δοκεῖ τισὶν ἔνια τῶν κεφαλαίων μὴ δεικνύναι.
Καίτοι γε, ὥσπερ εἴπομεν, ἕκαστος τῶν λόγων συντελεῖ

---

306. 7-8 = *Phdr.* 261 A 4-5.
307. 14 εἴπομεν : cf. supra, p. 18.8-12.

d'ensemble et se propose la même fin que le dialogue tout entier[1] ; et justement, le présent argument, qui montre qu'il appartient à une seule et même science de convaincre un seul et plusieurs, constitue comme une sorte d'hymne à la gloire de la science et d'éloge de celle-ci ; cette démonstration manifeste, dans chaque individu, quelle et combien grande est la puissance de la science ; et aussi que c'est la même science qui, à l'imitation de l'intellect, emplit de connaissance tout ensemble et chacun et tous et que, tout en demeurant établie en elle-même, elle perfectionne tous ceux qui ont part à elle et, enfin, que c'est l'intellect qui donne part à lui-même // et à tous et à chacun séparément. Tout cela montre que notre essence est séparable du corps et qu'elle se tient en elle-même[2], dès là que la science aussi, qui constitue notre perfection, a reçu pareille puissance. Car les puissances corporéiformes s'amenuisent dans leurs communications[3], tandis que la science se communique à chacun et à tous de la même façon, tout en demeurant une seule et même, suffisante et non diminuée. C'est de la même façon donc que l'âme aussi est présente au corps tout entier et à toutes ses parties[4], bien que l'une participe de l'âme d'une façon, l'autre d'une autre[5].

Ainsi donc, comme nous venons **Les trois étapes** de le dire, ce raisonnement contri- **de la démonstration** bue aussi à toute la découverte de notre essence ; et il se propose de montrer qu'il y a trois possibilités : (1)[6] que celui qui persuade un seul homme en persuade aussi plusieurs ; (2) que celui qui persuade plusieurs en persuade aussi un seul ; (3) que le même homme s'acquitte aussi bien de l'une et l'autre tâche (car ces énoncés sont convertibles) —, parmi les trois possibilités ainsi distinguées, [le raisonnement] montre (2) que celui qui persuade plusieurs hommes est aussi capable d'en persuader un seul, à condition d'être savant, et que (1) celui qui persuade un seul

τῇ πάσῃ προθέσει καὶ τὸ αὐτὸ τῷ διαλόγῳ παντὶ τέλος 15
ἐνίσταται· καὶ δὴ καὶ οὗτος ὁ νυνὶ προκείμενος, δεικνὺς
ὅτι τῆς αὐτῆς ἐστιν ἐπιστήμης ἕνα τε καὶ πολλοὺς πείθειν,
οἷον ὕμνος τίς ἐστι τῆς ἐπιστήμης καὶ ἐγκώμιον α[ὐτῆς],
καθ' ἕκαστον τὴν δύναμιν αὐτῆς ἐμφαίνων, ὅση καὶ ἡλίκη
τίς ἐστι, καὶ ὅτι κατὰ τὴν τοῦ νοῦ μίμησιν ἡ αὐτὴ καὶ 20
ἕκαστον πληροῖ γνώσεως καὶ πάντας ὁμοῦ, καὶ ὡς ἀμέρι-
στός ἐστι καὶ ἐν αὐτῇ ἱδρυμένη πάντα τὰ μετέχοντα αὐτῆς
τελειοῖ, καὶ ὅτι νοῦς / ἐστιν ἑαυτοῦ πᾶσι μεταδιδοὺς καὶ **308**
ἑκάστῳ χωρίς. Ταῦτα δὲ ἐμφαίνει τὴν οὐσίαν ἡμῶν χωρι-
στὴν οὖσαν σώματος καὶ ἐν ἑαυτῇ ἑστῶσαν, ὅπου γε καὶ ἡ
ἐπιστήμη τελειότης ἡμῶν ὑπάρχουσα τοιαύτην ἔλαχε δύναμιν. Αἱ μὲν γὰρ σωματοειδεῖς δυνάμεις ἐν ταῖς μεταδόσεσιν 5
ἑαυτὰς ἐλαττοῦσιν, ἡ δ' ἐπιστήμη μία μένουσα καὶ ἡ αὐτὴ
καὶ αὐτάρκης καὶ ἀνελάττωτος ἑνὶ καὶ πολλοῖς ὡσαύτως
ἑαυτῆς μεταδίδωσιν. Οὕτω δὴ οὖν καὶ ἡ ψυχὴ παντὶ τῷ
σώματι πάρεστι καὶ πᾶσι τοῖς μορίοις, καὶ εἰ τὸ μὲν ἄλλως
αὐτῆς μετέχει, τὸ δὲ ἄλλως. 10

Συντελεῖ μὲν οὖν, ὡς ἔφαμεν, ὁ λόγος καὶ πρὸς πᾶσαν
τὴν εὕρεσιν τῆς οὐσίας ἡμῶν, ἐπαγγέλλεται δὲ δεικνύναι
ὅτι τριῶν ὄντων τούτων, ἑνὸς μὲν τοῦ τὸν ἕνα πείθοντα
καὶ πολλοὺς πείθειν, ἑτέρου δὲ τοῦ τὸν πολλοὺς πείθοντα
καὶ ἕνα πείθειν, τρίτου τοῦ τὸν αὐτὸν ὁμοίως ἑκάτερον 15
ποιεῖν, ἀντιστρέφοντα ταῦτα ἀλλήλοις — τριῶν δ' οὖν
ὄντων τούτων δείκνυσιν ὡς ὁ πολλοὺς πείθων καὶ ἕνα

---

307. 18 suppl. Westerink : lac. 4 litt. capac. reliquit N.

homme est aussi capable d'en persuader plusieurs, et qu'il n'accomplit pas une seule de ces deux tâches seulement[1]. Or cela est de la plus absolue vérité si, en premier lieu, nous attribuons à celui qui persuade la science de ce en quoi il prétend persuader. En effet, c'est pour cela que Socrate ajoute : *Et en même temps plusieurs* et ce, non pas absolument mais dans *tout ce qu'il connaît* ; ou encore, dans la suite : *Et dans le cas des nombres, ce sera le même qui persuadera un seul aussi bien que plusieurs ; et ce sera // celui qui sait, l'arithméticien* ; et à la fin de ses paroles : *Et donc toi, ce que tu peux persuader à plusieurs, tu peux aussi en persuader un seul? Et c'est, bien évidemment, ce que tu sais.* Par conséquent, il fait universellement dépendre ce mode de persuasion de la science, et ce, à juste titre : car sans doute celui qui ne sait pas pourrait tromper quelqu'un, mais persuader à l'aide d'une unique faculté à la fois un seul homme et plusieurs, c'est le fait d'un homme qui sait.

Seconde remarque En second lieu, assumons comme digne de remarque le fait que le ' un seul homme persuadé ' doit être pris au sein de la multitude des hommes persuadés en même temps. C'est pour cette raison, en effet, que Socrate dit que le même orateur persuade *plusieurs hommes en groupe* et *chacun individuellement* dans le groupe ; et c'est en ce sens que dès le début de l'argument, Socrate a dit : « *Car à l'assemblée il te faudra bien persuader chacun des individus* constituant le multiple. » Par conséquent, les objectants ne doivent pas dire[2] : « Comment se fait-il que Théophraste n'ait pas su convaincre les Aréopagites, lui qui était si persuasif dans ses entretiens? » Car ceux qu'il persuadait en privé ne font pas partie du multiple non persuadé ; et ce n'est pas dans les matières où il était savant que Théophraste ne persuadait pas, mais dans celles où il était inexpérimenté. Ils ne doivent pas non plus rétorquer : « Et comment se fait-il que Socrate n'ait pas convaincu avec sa défense? ». Socrate

1-2. Voir *Notes complémentaires*, p. 447-448.

δυνατός ἐστι πείθειν, ἂν ἐπιστήμων ᾖ, καὶ ὁ ἕνα πείθων
καὶ πολλούς, ἀλλ' οὐ τὸ ἕτερον μόνον. Ἔστι δὲ τοῦτο
πάντων ἀληθέστατον, εἰ πρῶτον μὲν τῷ πείθοντι τὴν ἐπι-   20
στήμην τούτων ἃ πείθειν ἐπαγγέλλεται παραδοίημεν. Καὶ
γὰρ ὁ Σωκράτης διὰ τοῦτο προστίθησι καὶ ὁμοῦ πολλοὺς
οὐχ ἁπλῶς, ἀλλὰ περὶ ὧν ἂν εἰδῇ · καὶ πάλιν ἐν τοῖς
ἐξῆς ὅτι περὶ ἀριθμῶν ἕνα πείσει καὶ πολλοὺς ὁ
αὐτός, οὗτος δὲ / ἔσται ὁ εἰδώς, ὁ ἀριθμητικός · **309**
καὶ πρὸς τῷ τέλει τῶν λόγων · οὐκοῦν καὶ σὺ ἅπερ
πολλοὺς οἷός τ' εἶ πείθειν, ταῦτα καὶ ἕνα; ἔστι
δὲ ταῦτα δηλονότι ἃ οἶσθα. Τῆς ἐπιστήμης ἄρα
πανταχοῦ τὸν τρόπον τοῦτον ἐξάπτει τῆς πειθοῦς, καὶ   5
τοῦτο εἰκότως · ὁ μὲν γὰρ ἀνεπιστήμων ἕνα γέ τινα ἐξα-
πατήσειεν ἄν, τὸ δὲ μιᾷ δυνάμει καὶ πολλοὺς πείθειν καὶ
ἕνα τοῦ ἐπιστήμονος ἔργον ἐστί.

Δεύτερον δὲ ἐπιστάσεως ἄξιον λάβωμεν ὅτι δεῖ τὸν ἕνα
τὸν πειθόμενον ἐκ τῶν πολλῶν ἐκείνων εἶναι τῶν ἅμα   10
πεπεισμένων. Διὰ γὰρ τοῦτό φησι καὶ ὁ Σωκράτης ὅτι
πολλοὺς καὶ αὐτὸς ἀθρόους τε πείθει καὶ καθ' ἕνα
τοὺς ἀθρόους · οὕτως γὰρ καὶ εὐθὺς ἐν ἀρχῇ τῶν λόγων,
καὶ ἐκεῖ τοί σε δεήσει ἕνα ἕκαστον πείθειν τῶν
πολλῶν. Οὐκ ἄρα δεῖ λέγειν τοὺς ἐνισταμένους · πῶς οὖν   15
ὁ Θεόφραστος οὐχ οἷός τε ἐγένετο πείθειν τοὺς Ἀρεοπαγί-
τας, ὁ ἐν ταῖς ἰδίαις συνουσίαις πιθανώτατος ; Οὐ γὰρ οἱ
ἰδίᾳ πειθόμενοι τῶν πολλῶν ἦσαν τῶν μὴ πεπεισμένων
οὐδὲ ἐν οἷς ἐπιστήμων ἦν ὁ Θεόφραστος, ἐν τούτοις οὐκ
ἐπείσθησαν, ἀλλ' ἐν οἷς ἀπείρως εἶχεν · οὐδὲ ἀντεπιφέρειν ·   20
πῶς δὲ ὁ Σωκράτης οὐκ ἔπεισεν ἀπολογούμενος ; Αὐτὸς

308. 21 ἃ πείθειν recc. : ἀπειθεῖν N (mg. ἔσφαλται) ‖ 24 ἀριθμῶν
(cf. Ol. 112.1) N : ἀριθμοῦ Plat. lib. plerique.
309. 3 πολλοὺς N : καὶ πολλοὺς Plat. libri ‖ εἶ πείθειν N : π.
εἶ Plat. libri ‖ 12 καὶ¹ N : ἂν ὁ leg. ? (Westerink).

dit, en effet, lui-même clairement : « *C'est à cause de mon défaut d'impudence que je suis vaincu* » et aussi : « *Si j'avais été plus longtemps à m'entretenir avec vous, je vous aurais convaincu sur les sujets dont je parle.* » Que l'on // n'aille pas non plus dire[1] : il y a deux sortes de persuasion, l'une est *la persuasion de croyance*, qui convient à ceux qui ont une opinion droite, l'autre, qui convient à ceux qui savent, est *la persuasion d'ensei-gnement* ; or, il n'est pas possible d'employer avec le vulgaire la persuasion d'enseignement. Sans doute cela est-il dit dans le *Gorgias*, et à juste titre. Mais comment admettre que, puisque c'est Socrate qui fait cette division, elle puisse s'opposer en quoi que ce soit à la présente démonstration[2] ? Ceux qui sont savants, en effet, ont reçu pour première tâche de distinguer les moments opportuns, les personnages, les sujets et de donner à tous le genre de discours qui leur convient, aux uns, des discours scientifiques, aux autres, des discours opinatifs. En effet, chaque homme est convaincu par des arguments différents, et l'un ne peut pas s'élever jusqu'à la science, mais se contente d'opinions droites, tandis que l'autre saisit aussi les modes les plus exacts de connaissance. Ainsi donc, c'est le même qui persuade un seul et plusieurs, seule-ment il persuade les uns d'une façon et les autres, d'une autre ; et si les modes de persuasion diffèrent, en revan-che la puissance qui persuade demeure la même ; et *l'ouvrière* de ces deux sortes de persuasion, c'est la science ; car elle use de ces deux sortes comme il le faut. C'est donc à juste titre que les Théologiens aussi asso-cient avec le dieu dispensateur de la science Peithô[3] ; // c'est elle qui rend tous les êtres obéissants et dociles au démiurge de l'Univers et les fait tendre vers l'unique Père ; et *l'intellect* démiurgique lui-même *commande* [*à la nécessité*] *en la persuadant* de tout *mener à la meilleure*

1. Cf. Ol., *In Gorg.*, 46.5-21.
2. Principe exégétique fondamental : il ne saurait y avoir de contradiction chez Socrate (ou chez Platon).
3. Voir *Notes complémentaires*, p. 448.

γὰρ λέγει σαφῶς ὅτι δι᾽ ἔνδειαν ἀναισχυντίας ἡττῶμαι
καὶ ὅτι εἰ πλείω χρόνον ὑμῖν συνεγενόμην, ἔπεισα ἂν
ὑμᾶς περὶ ὧν λέγω. Μὴ τοίνυν μηδὲ ἐκεῖνα λεγέ/τω τις, **310**
ὅτι διττὸς ὁ τρόπος ἐστὶ τῆς πειθοῦς, καὶ ὁ μὲν πιστευ-
τικός, ὁ τοῖς ὀρθοδοξαστικοῖς προσήκων, ὁ δὲ τοῖς
ἐπιστήμοσιν, ὁ διδασκαλικός, καὶ ὡς τοῖς πολλοῖς
οὐ δυνατὸν προσάγειν τὴν ἐπιστημονικὴν πειθώ. Λέγεται 5
μὲν γὰρ ταῦτα ἐν Γοργίᾳ, καὶ ὀρθῶς λέγεται. Πῶς δὲ οὐ
μέλλει, τοῦ Σωκράτους οὑτωσὶ διαιρουμένου, πρὸς τὴν
παροῦσαν ἀπόδειξιν οὐδὲν ὑπεναντίον ἔχειν ; Τοῖς γὰρ
ἐπιστήμοσιν αὐτὸ τοῦτο πρῶτον ἔργον ἀποδίδοται, τὸ
διελέσθαι τοὺς καιροὺς καὶ τὰ πρόσωπα καὶ τὰ πράγματα, 10
καὶ τὰ προσήκοντα τῶν λόγων εἴδη πᾶσιν ἀποδιδόναι,
καὶ τοῖς μὲν τὰ ἐπιστημονικά, τοῖς δὲ τὰ δοξαστικά.
Πείθεται γὰρ ὑπ᾽ ἄλλων ἄλλος, καὶ ὁ μὲν ἀδύνατός ἐστιν
εἰς ἐπιστήμην ἑαυτὸν ἀνάγειν, ἀλλὰ ταῖς ὀρθαῖς ἀρκεῖται
δόξαις, ὁ δὲ καὶ τῶν ἀκριβεστέρων τρόπων τῆς γνώσεως 15
ἀντιλαμβάνεται. Πείθει μὲν οὖν ὁ αὐτὸς ἕνα καὶ πολλούς,
πείθει δὲ ἄλλους ἄλλως · καὶ οἱ μὲν τρόποι τῆς πειθοῦς
διοίσουσιν, ἡ δὲ πείθουσα δύναμις ἡ αὐτή, δημιουργὸς δὲ
ἡ ἐπιστήμη τῆς συναμφοτέρας · χρῆται γὰρ αὐταῖς εἰς
δέον. Εἰκότως ἄρα καὶ οἱ τὰ θεῖα σοφοὶ τῷ τῆς ἐπιστήμης 20
χορηγῷ τῶν θεῶν τὴν Πειθὼ συνοικίζουσι, δι᾽ ἧς τὰ πάντα
πειθή/νια καὶ κατήκοα ποιεῖ τῷ δημιουργῷ τῶν ὅλων καὶ **311**
ἀνατείνει πρὸς τὸν ἕνα πατέρα · καὶ αὐτὸς δὲ ὁ δημιουρ-
γικὸς νοῦς [τῆς ἀνάγκης] ἄρχει τῷ πείθειν αὐτὴν

309. 22 cf. *Apol.* 38 D 6-7 ‖ 23-24 *ibid.* 37 A 6-B 1.
310. 1-6 cf. *Gorg.* 454 E 3-455 A 7 ‖ 18 = *ib.* 453 A 2 ‖ 20-
311. 1 cf. *Orphica*, fr. 202 Kern.
311. 3-4 = *Tim.* 48 A 2-3.

310. 12 καὶ N : an del. ? (Westerink).
311. 3-7 lac. 10, 8, 11, 5 litt. reliquit N : omnes suppleuit
Westerink ‖ 3 ἄρχει Westerink (ex Platonis libris) : ὑπάρχει
N ; an ἐπάρχει leg. ? (Westerink).

fin. Si donc la science est [*ouvrière de persuasion*] et *rejeton de l'intellect*, elle est appropriée aux deux [modes de persuasion], et c'est à bon droit qu'elle est dite présider à la persuasion d'un seul <et> de plusieurs. Aussi bien les jeunes dieux sont dits *obéir à leur père* et chacun d'eux en particulier et tous en général, et de la sorte exercer leur providence sur les mortels : [*ayant compris*], est-il dit, *l'ordre du Père, ils lui obéirent.* Et puisqu'il y [a deux sortes de persuasion], celui qui sait persuader en usant de l'une ou de l'autre sorte, n'outrepassera pas les limites de la connaissance scientifique.

< Va de l'avant ... // En vérité, tu as un don de divination ! (114 D 1-115 A 1). >

Exégèse du fond   Voilà le quatrième syllogisme[1] démontré aussi, celui qui prouve que le même peut persuader un seul homme et plusieurs à la condition qu'il soit savant. Il en découle donc qu'Alcibiade aussi, s'il est vraiment connaisseur en matière de juste et d'avantageux, peut convaincre Socrate sur ce terrain. Car il n'est pas vrai, je présume, qu'il puisse le persuader avec les autres, mais en soit incapable lorsque Socrate est seul. On peut voir, dans ce texte, l'humanité de Socrate[2] en ce qu'il se propose en guise de terrain d'exercice pour le jeune homme ; son manque d'arrogance[3], en ce qu'il ne refuse pas le mot d'insolence et sa magnanimité dans le même trait ; sa science dialectique, en ce qu'il n'admet pas les longs discours, mais propose à présent de faire la recherche au moyen de questions ; sa puissance, en ce qu'il promet au jeune homme qu'il s'entendra dire que le juste est

---

1. Sur ce syllogisme, cf. *supra*, p. 15.16 ss.
2. Socrate lui-même se reconnaît de la *philanthropia* en *Euth.*, 3 D 7.
3. Ἀτυφία : qualité du sage (stoïcien, par exemple, SVF, I 557), etc. ; μεγαλοφροσύνη : cf. *Symp.*, 194 B 1.

πάντα πρὸς τὸ βέλτιστον ἄγειν. Εἰ τοίνυν [πειθοῦς
δημιουργὸς] ἡ ἐπιστήμη καὶ γέννημα νοῦ, προσήκει 5
μὲν ἀμφοτέροις τοῖς [τῆς πειθοῦς τρό]ποις, εἰκότως δὲ καὶ
πειθοῦς προεστάναι λέγεται καὶ ἑνὸς ⟨καὶ⟩ πο[λλῶν]. Ἐπεὶ
καὶ οἱ νέοι θεοὶ πείθεσθαι λέγονται τῷ πατρὶ καὶ
ἕκαστος αὐτῶν ἰδίᾳ καὶ κοινῇ πάντες, καὶ οὕτω δὴ
προνοεῖν τῶν θνητῶν · νοή[σαντες γάρ,] φησί, τὴν τοῦ 10
πατρὸς τάξιν ἐπείθοντο αὐτῇ. Διττῆς δὲ οὔ[σης
τῆς πειθοῦς] καθ' ἑκατέραν ὁ ἐπιστήμων πείθων οὐκ
ἐκβήσεται τὰ μέτρα τῆς ἐπιστημονικῆς γνώσεως.

⟨ Ἴθι τοίνυν ... / Μαντικὸς γὰρ εἶ. 114 D-115 A. ⟩   **312**

Συνῆκται καὶ ὁ τέταρτος συλλογισμός, δεικνὺς ὅτι ὁ
αὐτὸς ἕνα τε πείθειν δύναται καὶ πολλούς, ἄνπερ ἐπιστήμων ᾖ. Ἕπεται δὴ οὖν καὶ τὸν Ἀλκιβιάδην, εἴπερ
ἐπιστήμων ἐστὶ τῶν δικαίων καὶ τῶν συμφερόντων, πείθειν 5
περὶ αὐτῶν τὸν Σωκράτην. Οὐ γὰρ δήπου μετὰ μὲν τῶν
ἄλλων δύναται αὐτὸν πείθειν, αὐτὸν δὲ καθ' ἑαυτὸν
ἀδυνατεῖ. Πάρεστι δὲ ἐν τούτοις τὴν μὲν φιλανθρωπίαν
κατιδεῖν τοῦ Σωκράτους, διότι προτίθησιν ἑαυτὸν εἰς γυμνάσιον τῷ νεανίσκῳ · τὴν δὲ ἀτυφίαν, ἐν οἷς οὐ προσποιεῖται 10
τὸ τῆς ὕβρεως ὄνομα, καὶ τὴν μεγαλοφροσύνην ἐν τῷ
αὐτῷ · τὴν δὲ ἐπιστήμην τὴν διαλεκτικήν, ἐξ ὧν οὐ προσίεται τοὺς μακροὺς λόγους, ἀλλὰ τὰς δι' ἐρωτήσεων ἐξε-
τάσεις τῶν ζητουμένων ἐν τῷ παρόντι προτίθησι · τὴν δὲ
δύναμιν, ἐν οἷς ἐπαγγέλλεται ποιήσειν τὸν νεανίσκον αὐτὸν 15
ἀκοῦσαι παρ' ἑαυτοῦ λέγοντος ὅτι τὰ δίκαια συμφέροντά

311. 4-5 = *Gorgias*, 453 A 2 (cf. supra, p. 310. 18) ‖ 7-11 =
Tim. 42 E 6-7.

311. 6 τρό]ποις Westerink : . . . .]τοις N ‖ 7 καὶ add. Westerink
‖ 10 suppl. Westerink (iam νοήσαντες suppleuerat Cousin) : lac. 4
litt. reliquit N ‖ 11 suppl. recc. : οὔ et lac. 8 litt. reliquit N.

avantageux. Car quel initiateur pourrait, de la sorte, prévaloir sur l'âme de celui qu'il initie ? Ou quel thaumaturge se prévalant d'accomplir de pareils miracles, parviendrait à sa fin ? Mais Socrate est expert, s'il en fut jamais, en dialectique et il établit ceux mêmes avec qui il dialogue comme témoins de ses propres discours.

Explication de la lettre

Voilà pour les considérations générales regardant le présent lemme ; en ce qui concerne le détail : exhorter le jeune homme à démontrer que le juste et l'avantageux sont différents, c'est, en quelque sorte, lui proposer de s'entraîner dans les joutes dialectiques et dans tout l'art des discours. Car ceux qui veulent être de bons conseillers ont besoin aussi de cet art-là, mais seulement à titre d'instrument.

Socrate a été appelé *insolent* parce qu'il a dit : *exerce-toi sur moi.* Alcibiade, en effet, a assimilé[1] cette liberté de langage à de l'insolence, et il voit dans la vigueur de la réfutation un signe de cette insolence[2]. Et dans le *Banquet*, Alcibiade dit que Socrate porte, à l'extérieur, *la peau de quelque insolent satyre*, mais si l'on ouvre, à l'intérieur, il montre de merveilleuses *statues*. En effet, il avait déjà alors conscience de la science de Socrate.

Quant au fait que Socrate n'ait pas repoussé le terme d'insolence, cela montre sa force, son élévation et son mépris de tout ce qui est petit. Et sa promesse de démontrer le contraire de la thèse d'Alcibiade ne le rend pas insolent à l'égard des autres, mais fait de lui un champion de la vérité. Car ne pas se porter

---

1. Aucune raison de corriger μετέβαλε en μετέλαβε : la note marginale est simplement mal placée et se rapporte à *infra,* p. 314.8.
2. Cf. Ol., 113.8.

ἐστι. Ποῖος γὰρ τελεστὴς οὕτως ἂν δυνηθείη καταγωνίσα-
σθαι τὴν τοῦ τελουμένου ψυχήν; Ἢ τίς τῶν θαυματοποιῶν
οὕτω παράδοξα ἐπαγγελλόμενος τοῦ τέλους ἔτυχεν;
Ἀλλὰ Σωκράτης καὶ εἴ τις ἄλλος ἐν διαλεκτικῇ δεινός, 20
αὐτοὺς δὲ τοὺς προσδιαλεγομένους μάρτυρας προΐσταται
τῶν οἰκείων λόγων.

Ταῦτα μὲν οὖν κοινῇ τεθεωρήσθω περὶ τῶν ἐκκειμένων
ῥημάτων· τῶν δὲ καθ' ἕκαστα τὸ μὲν προτρέπειν τὸν
νεανίσκον εἰς τὴν ἀπόδειξιν τῆς τῶν δικαίων καὶ συμφε- 25
ρόντων ἑτερότητος γυμνάζειν πως αὐτὸν προτίθεται περὶ
τοὺς διαλεκτικοὺς ἀγῶνας καὶ περὶ ἅπασαν τὴν τῶν
λόγων τέχνην. Δεῖ γὰρ καὶ ταύτης ὡς ὑπουργοῦ τοῖς
μέλλουσιν ἔσεσθαι / συμβούλοις ἀγαθοῖς. 313

Τὸ δὲ ὑβριστὴν τὸν Σωκράτην καλεῖν εἴρηται διὰ
τὸ φάναι ἐκεῖνον ἐν ἐμοὶ ἐμμελέτησον. Τὴν γὰρ παρ-
ρησίαν εἰς τὴν ὕβριν μετέβαλε, καὶ τὸ ἐλεγκτικὸν δὲ καὶ
πληκτικὸν ὕβρεως ποιεῖται σημεῖον. Καὶ ἐν Συμποσίῳ δὲ 5
σατύρου τινὸς αὐτὸν ὑβριστοῦ φησὶ δορὰν περιβε-
βλημένον ἔνδοθεν ἀνοιχθέντα ἀγάλματα δεικνύναι θαυ-
μαστά. Τότε γὰρ ἤδη συνῃσθημένος ἦν τῆς Σωκράτους
ἐπιστήμης.

Τὸ δὲ καὶ τὸν Σωκράτην μὴ ἀποπέμπεσθαι τὸ ὄνομα 10
τῆς ὕβρεως τὸ ἁδρὸν αὐτοῦ δείκνυσι καὶ τὸ ὑψηλὸν καὶ
τὸ περιφρονεῖν ἁπάντων τῶν χειρόνων. Καὶ ἡ ἐπαγγελία
τοῦ τὰ ἀντικείμενα τοῖς ἐκείνου δόγμασιν ἀποδείξειν οὐχ
ὑβριστὴν αὐτὸν ἀποφαίνει περὶ τοὺς ἄλλους, ἀλλ' ἀγωνι-
στὴν ὑπὲρ τῆς ἀληθείας. Τὸ γὰρ δικαιοσύνης κατηγορου- 15

---

313. 6-9 cf. *Symp.* 221 E 3-4 ; 222 A 1-5. ‖ 15-18 cf. *Rsp.* II
368 B 8-C 2.

312. 17 ποῖος γὰρ τελεστὴς Westerink : παρ' οὗ τελεσθεὶς N.
313. 4 μετέβαλε N (mg. σῆ · μετάληψιν) : μετέλαβε prop.
Westerink ‖ 11 ἁδρὸν recc. : ἀμυδρὸν N.

au secours de la justice lorsqu'elle est attaquée et séparée de l'avantageux et du bien, ce n'est vraiment pas le rôle d'hommes justes, comme il le dit lui-même quelque part, dans la *République*.

// En outre, le fait qu'Alcibiade évite de répondre a pour cause le troisième syllogisme[1], qui a montré que c'est celui qui répond qui affirme. Et comme ce point a déjà été démontré, il ne veut pas s'exposer aux réfutations. Voilà pourquoi Socrate, qui vise à son utilité, le ramène de nouveau à l'échange dialectique d'arguments, pour qu'Alcibiade devienne le spectateur de sa propre ignorance et le témoin de la science de Socrate.

Davantage, la transformation du problème est tout à fait justifiée : en effet, alors qu'Alcibiade a prétendu que juste et avantageux sont différents, Socrate non seulement montre qu'ils ne sont pas différents mais même qu'ils sont identiques. Car *la relation de tout avec tout se présente ainsi*[2] *: elle est ou bien différence ou bien identité et ce, ou bien totalement ou bien partiellement.* Or, juste et avantageux, Socrate ne veut ni qu'ils soient différents (il les conjoint l'un à l'autre) ni qu'ils soient l'un pour l'autre tout ou partie (car il y a conversion entre les deux termes) ; et Socrate pose que l'avantageux est juste ; or, il est impossible que tout et partie se convertissent. Et donc, pour éviter que, à la suite de la négation de la différence, nous n'entendions le tout ou la partie Socrate démontre immédiatement l'identité du juste et de l'avantageux.

En outre : *En vérité, tu as un don de divination* est dit parce qu'Alcibiade a dit à l'avance, par opinion mais non pas par science, *Je ne pense pas que cela doive me faire du tort* : et, effectivement, ceux qui ont un don de divination sont gens pourvus d'opinion mais non pas de science, tandis que ceux qui n'ont pas seulement un don de divination mais sont des devins véritables non seulement sont pourvus de science mais possèdent même quelque chose de plus que la science humaine[3].

1-3. Voir *Notes complémentaires*, p. 448.

μένης καὶ διασπωμένης ἀπὸ τοῦ συμφέροντος καὶ τοῦ
ἀγαθοῦ μὴ ὑπερδικεῖν ὄντως οὐ δικαίων ἐστίν, ὥσπερ που
λέγει καὶ αὐτὸς ἐν Πολιτείᾳ.

Πρὸς δὴ τούτοις τὸ τὰς ἀποκρίσεις διαφεύγειν αἰτίαν
/ ἔχει τὸν τρίτον συλλογισμὸν τὸν ἀποδείξαντα ὅτι ὁ 314
ἀποκρινόμενός ἐστιν ὁ λέγων. Ἤδη γὰρ τούτου δειχθέντος
οὐ βούλεται τοῖς ἐλέγχοις ἑαυτὸν ὑπεύθυνον ποιεῖν. Ὅθεν
δὴ καὶ ὁ Σωκράτης τῆς ὠφελείας αὐτοῦ στοχαζόμενος
ἄγει πάλιν αὐτὸν εἰς τὴν διαλεκτικὴν κοινωνίαν τῶν 5
λόγων, ἵνα θεατὴς αὐτὸς γένηται τῆς οἰκείας ἀγνοίας
καὶ μάρτυς τῆς Σωκράτους ἐπιστήμης.

Καὶ μὴν καὶ ἡ μετάληψις τοῦ προβλήματος πάμπολυν
ἔχει λόγον. Ἐκείνου γὰρ ἕτερα τὰ δίκαια καὶ τὰ συμφέροντα εἰπόντος αὐτὸς οὐ τοῦτο μόνον δείκνυσιν ὅτι οὐχ 10
ἕτερα, ἀλλ' ὅτι καὶ ταὐτά. Πᾶν γὰρ πρὸς πᾶν ὧδε
ἔχει· ἢ ἕτερόν ἐστιν ἢ ταὐτὸν ἢ ὅλον ἢ μέρος. Τὸ δὲ
δίκαιον καὶ τὸ συμφέρον οὔτε ἕτερα εἶναι βούλεται (συνάπτει γὰρ αὐτὰ ἀλλήλοις) οὔτε ὅλον θατέρου θάτερον ἢ
μέρος · ἀντιστρέφει γάρ, καὶ τὸ συμφέρον τίθεται δίκαιον 15
εἶναι, τῷ δὲ ὅλῳ τὸ μέρος ἀντιστρέφειν ἀδύνατον. Ἵν' οὖν
μὴ διὰ τῆς ἀποφάσεως τοῦ ἑτέρου τὸ ὅλον ἢ τὸ μέρος
ἐννοήσωμεν, αὐτόθεν δείκνυσι τὴν ταυτότητα τοῦ δικαίου
καὶ τοῦ συμφέροντος.

Ἔτι τοίνυν τὸ μαντικὸς γὰρ εἶ λέγεται μέν, διότι 20
καὶ ἐκεῖνος κατὰ δόξαν, ἀλλ' οὐ κατ' ἐπιστήμην, προείρηκε
τὸ οὐδὲν οἶμαι βλαβήσεσθαι· καὶ γὰρ οἱ μαντικοὶ
δοξαστικοί τινές εἰσιν, ἀλλ' οὐκ ἐπιστήμονες, οἱ δὲ μὴ
μαντικοὶ μόνον, ἀλλὰ καὶ μάντεις, ἤδη καὶ ἐπιστήμονες
καὶ κρεῖττόν τι τῆς ἀνθρωπίνης ἐπιστήμης ἔχοντες. 25

314. 11-12 = *Parm.* 146 B 2-5.

314. 11 πρὸς πᾶν N : πρὸς ἅπαν Plat. libri ‖ 18 ἐννοήσωμεν
Westerink : ἐνώσωμεν N.

Cela indique aussi que dans les âmes les mieux douées les impulsions et les mouvements sont émus en quelque façon par les êtres supérieurs ; voilà pourquoi ces âmes accomplissent, contre toute attente, beaucoup de bonnes actions, bien qu'elles agissent sans la science.

// < Et dis-moi ... Or tout ce qui est juste est beau aussi ? — Oui. (115 A 1-9). >

Cette recherche contribue à tout l'ensemble de la philosophie éthique

La présente recherche concernant le juste et l'avantageux, sur la question de savoir s'ils sont identiques ou s'ils sont séparés l'un de l'autre d'après l'altérité de leur substrat, contribue à l'ensemble de notre recherche philosophique et a rapport à la vérité totale sur les réalités[1]. Car toute l'éthique et la découverte de la fin suprême de l'homme dépendent de ce dogme, et c'est par son moyen que la contemplation de notre essence devient la plus évidente.

En effet, si le juste est véritablement identique à l'avantageux et s'ils ne se distinguent pas l'un de l'autre, alors le bien n'existe que dans la vertu et ni ce qui est regardé comme des biens du corps ne contribue en quoi que ce soit au bonheur de l'homme ni, à plus forte raison, les biens extérieurs au corps ne sont des constituants du bien, mais le seul et unique bien est établi dans les âmes elles-mêmes, à l'abri du mélange, pur et immatériel et il n'est infecté des biens ou des maux ni corporels ni extérieurs[2]. Or s'il existe quelque juste — c'est l'argument d'Alcibiade — qui ne soit pas avantageux et, inversement, quelque avantageux pour nous qui ne soit pas juste, alors les biens apparents aussi (par exemple : la richesse ou la santé) doivent faire partie de la vie heureuse. // Pour ces biens, en effet, les hommes font quantité d'actions et, se lançant à la chasse du bien qui est en ces sortes de choses, ils s'éloignent de l'amour[3] pour le juste : à leurs yeux,

1-3. Voir *Notes complémentaires*, p. 448.

Ἐνδείκνυται δὲ καὶ ὅτι τῶν εὐφυεστέρων ψυχῶν αἱ ὁρμαὶ
καὶ αἱ κινήσεις ἀνεγείρονταί πως ὑπὸ τῶν κρειττόνων · διὸ
καὶ παρ᾽ ἐλπίδας πολλὰ πράττουσιν ἀγαθὰ καίτοι χωρὶς
ἐπιστήμης ἐνεργοῦσαι.

/ ⟨ Καί μοι λέγε · ... δίκαια καὶ καλά ; Ναί. 115 Α. ⟩   **315**

Ἡ προκειμένη ζήτησις περὶ τῶν δικαίων καὶ τῶν συμφερόντων, εἴτε τὰ αὐτὰ ἐστιν εἴτε διῄρηται ἀπ᾽ ἀλλήλων
καθ᾽ ἑτερότητα τῶν ὑποκειμένων, εἰς ἅπασαν ἡμῖν συντελεῖ
τὴν φιλοσοφίαν καὶ τῆς ὅλης ἀντέχεται τῶν πραγμάτων 5
ἀληθείας. Ἥ τε γὰρ ἠθικὴ πᾶσα πραγματεία καὶ ἡ τοῦ
ἀνθρωπείου τέλους εὕρεσις ἐκ τοῦ δόγματος ἤρτηται
τούτου καὶ ἡ τῆς οὐσίας ἡμῶν θεωρία διὰ τούτου μάλιστα
γίνεται καταφανής.

Εἰ γάρ ἐστι τὸ δίκαιον ὡς ἀληθῶς τῷ συμφέροντι
ταὐτὸν καὶ μὴ διώρισται ταῦτα ἀπ᾽ ἀλλήλων, ἐν ἀρετῇ 10
μόνῃ τὸ ἀγαθὸν ὑφέστηκε καὶ οὔτε τὰ περὶ τὸ σῶμα
θεωρούμενα ὡς ἀγαθὰ συντελεῖ τι πρὸς τὴν ἀνθρωπίνην
εὐδαιμονίαν οὔτε τὰ ἔξω τοῦ σώματος πολλῷ μᾶλλον
πληρώματα τοῦ ἀγαθοῦ καθέστηκεν, ἀλλ᾽ ἓν μόνον τὸ
ἀγαθὸν ἐν αὐταῖς ἵδρυται ταῖς ψυχαῖς ἄμικτον καὶ καθαρὸν 15
καὶ ἄϋλον καὶ μήτε τῶν σωματικῶν μήτε τῶν ἐκτὸς ἀναπιμπλάμενον ἀγαθῶν ἢ κακῶν. Εἰ δὲ ἔστι τι δίκαιον μέν, ὡς
ὁ Ἀλκιβιάδου λόγος, ἀσύμφορον δέ, καὶ αὖ πάλιν συμφέρον μὲν ἡμῖν, ἄδικον δέ, καὶ τὰ φαινόμενα ἀγαθὰ συμπληροῦν ἀνάγκη τὴν εὐδαίμονα ζωήν, οἷον δὴ καὶ τὴν ὑγείαν 20
καὶ τὸν πλοῦτον. Πολλὰ γὰρ ἕνεκα τούτων πράτ/τουσιν **316**
ἄνθρωποι, καὶ θηρῶντες τὸ ἐν τούτοις ἀγαθὸν τῆς
περὶ τὸ δίκαιον ἐξίστανται φιλίας, οἷς καὶ δοκοῦσιν οἱ

315. 6 τοῦ recc. : τῆς N.
316. 3 φιλίας N : φιλοπονίας Dodds.

ceux qui pour le juste méprisent la bonne santé du corps et le lucre, accomplissent sans doute des actions justes et, selon le vulgaire, louables, mais pourtant non avantageuses, parce qu'ils ne voient pas que l'avantageux est solidement installé dans l'âme elle-même, mais le croient présent dans les choses disséminées à l'extérieur et qui sont plutôt nécessaires que bonnes[1], et qu'eux, d'autre part, en tant qu'à l'intellect et à la science, ils préfèrent l'imagination et la sensation[2] <***> Davantage, si le juste est identique à l'avantageux — c'est l'argument de Socrate —, alors l'essence de l'homme se définit par l'âme elle-même, et le corps n'est ni une partie ni un constituant[3] de nous-mêmes. Car si le corps aussi constitue l'homme, le bien du corps sera aussi l'un des biens de l'homme et le beau sera inutile non seulement pour le corps, mais aussi pour l'homme. Ainsi donc, les qualités naturelles des membres — et tous leurs contraires — passent aussi au tout, puisque aussi bien le tout a reçu son existence dans les parties, tandis que les pâtirs des instruments ne changent pas les dispositions de ceux qui les utilisent, même si, bien souvent, ils constituent des obstacles à leurs actions[4]. Par conséquent, si le juste est identique à l'avantageux, là où se trouve le juste, là aussi se trouve l'avantageux ; or le juste se trouve dans l'âme : donc l'avantageux se trouve aussi dans l'âme. Or, là où existe principalement notre bien, là même nous avons aussi notre être. Car notre substance ne consiste pas en une chose et notre perfection en une autre, mais là où est la forme de l'homme, là même est sa perfection. Par conséquent, l'homme aussi consiste dans l'âme, car chacun des êtres possède lié à lui son bien aussi : // et, de fait, le tout premier étant est en vue du Bien et existe par rapport au Bien[5]. Là donc où pour tous est l'être, là même est le ' être bien ' ; et il est également impossible et que l'homme soit un

---

1. Sur cette distinction, cf. par ex., SVF, III 81 et, chez les néoplatoniciens, par ex., Jamblique, *Prot.*, 9, 52.19 ss, etc.
2-5. Voir *Notes complémentaires*, p. 448-449.

τῶν δικαίων ἕνεκα καὶ σωμάτων εὐεξίας καὶ χρηματισμοῦ
καταφρονοῦντες δίκαια μὲν καὶ τοῖς πολλοῖς ἐπαινετὰ 5
πράττειν, οὐ μέντοι συμφέροντα, διότι τὸ συμφέρον οὐχ
ὁρῶσιν ἔνδον ἐν αὐτῇ τῇ ψυχῇ μονίμως ἑστηκός, ἀλλ' ἐν
τοῖς ἔξω κείμενον ἐσπαρμένοις πράγμασιν καὶ ἀναγκαίοις
μᾶλλον ἢ ἀγαθοῖς, αὐτοὶ δὲ ἅτε φαντασίαν καὶ αἴσθησιν
νοῦ καὶ ἐπιστήμης προστησάμενοι. Καὶ μὴν εἰ ἔστι τὸ 10
δίκαιον τῷ συμφέροντι ταὐτόν, ὡς ὁ Σωκράτους λόγος, καὶ
ἡ οὐσία τοῦ ἀνθρώπου κατ' αὐτὴν ἀφώρισται τὴν ψυχήν,
τὸ δὲ σῶμα οὔτε μόριόν ἐστιν οὔτε συμπληρωτικὸν ἡμῶν.
Εἰ γὰρ δὴ καὶ τὸ σῶμα συμπληροῖ τὸν ἄνθρωπον, καὶ τὸ
ἀγαθὸν τοῦ σώματος ἔσται τῶν ἀνθρωπίνων ἀγαθῶν καὶ τὸ 15
καλὸν ἀλυσιτελὲς οὐ τῷ σώματι μόνον, ἀλλὰ καὶ τῷ
ἀνθρώπῳ. Τὰ μὲν δὴ τῶν μορίων πλεονεκτήματα καὶ ὅσα
ἐναντία διαβαίνει καὶ εἰς τὴν τοῦ ὅλου φύσιν, ἐπειδὴ
τὸ ὅλον ἐν τοῖς μέρεσιν ἔλαχε τὸ εἶναι, τὰ δὲ τῶν ὀργάνων
παθήματα τὰς τῶν χρωμένων ἕξεις οὐ μεταβάλλει, καὶ εἰ 20
πρὸς τὰς ἐνεργείας αὐτῶν εἴη πολλάκις ἐμπόδια. Ὥστ'
εἴπερ ἐστὶ τὸ δίκαιον τῷ συμφέροντι ταὐτόν, ὅπου τὸ
δίκαιον, ἐκεῖ καὶ τὸ συμφέρον · ἐν ψυχῇ δὲ τὸ δίκαιον,
ὥστε ἐν ψυχῇ καὶ τὸ συμφέρον. Ἀλλὰ μὴν ὅπου τὸ ἀγαθὸν
ἡμῶν ὑπάρχει διαφερόντως, ἐκεῖ καὶ τὸ εἶναι ἔχομεν. Οὐ 25
γὰρ ἐν ἄλλῳ μὲν ἡμῶν ἡ οὐσία, κατ' ἄλλο δὲ τελειούμεθα,
ἀλλ' ὅπου τὸ ἀνθρώπου εἶδος, ἐκεῖ καὶ ἡ τοῦ ἀνθρώπου
τελειότης. Ἐν ψυχῇ ἄρα καὶ ὁ ἄνθρωπος. Ἕκαστον γὰρ
τῶν ὄντων ἐν αὐτῷ σύζυγον ἔχει καὶ τὸ ἀγαθόν · καὶ γὰρ
τὸ πρώτιστον ὂν τοῦ ἀγαθοῦ ἕνεκα καὶ περὶ τὸ ἀγαθὸν 30
ὑφέστηκεν. / Ὅπου τοίνυν τὸ εἶναι πᾶσιν, ἐκεῖ καὶ τὸ εὖ 317
εἶναι · καὶ ἀδύνατον σῶμα μὲν εἶναι τὸν ἄνθρωπον, ἐν ἄλλῳ

---

316. 29-31 cf. *Epist.* II 312 E 1-3.

316. 9 αὐτοὶ δὲ : aut delendum aut uerbum suppl. (Westerink).

corps tout en ayant sa perfection en une autre chose,
extérieure au corps, et qu'il soit le composé[1] âme-corps,
tandis que le bien de l'homme serait limité à l'âme
seule. En outre : l'appétit du bien assure le salut des
appétants. Car, comme Socrate l'a défini dans la *Répu-*
blique, ce qui assure le salut de chaque être, c'est son
bien, ce qui le perd, son mal[2]. Si donc, puisque nous
avons notre bien dans l'âme, en elle aussi nous avons
notre être, c'est par nature alors que nous éprouverions
le désir du bien. Or si notre bien consiste dans l'âme
et notre être dans le composé corps-âme, nécessairement alors il nous arrive de désirer notre propre perte,
s'il est vrai que le bien est immatériel et hors du corps.
Or, nul parmi les êtres ne désire sa perte ; par conséquent, celui qui se demande si le juste est avantageux,
ne dit pas non plus que notre bien se trouve dans notre
âme. Et si [le bien est dans l'âme,] alors l'être de
l'homme est psychique et non pas un mixte fait de
corps et d'âme ni un corps seulement.

Elle donne également
d'excellents points
de départ
pour la théologie
Ce qui précède a montré clairement, je pense, que la présente
recherche contribue et à la philosophie éthique et à la découverte
de la nature de l'homme[3] ; que cela fournisse aussi
d'admirables points de départ pour la théologie[4], nous
pourrions l'apprendre si nous nous souvenons que le
juste maintient toute la substance des âmes (puisqu'elles viennent à l'être selon toutes les sortes de
proportions[5], il est clair que la division de leur substance
et de leurs puissances s'est faite selon la justice), que le
beau, de son côté, définit l'existence intellective (voilà
pourquoi // l'intellect est objet d'amour et de désir,
comme le dit Aristote[6] ; et tout ce qui a part à l'intellect
est beau et la matière, qui de soi est dépourvue de
beauté, du fait qu'elle est dépourvue de forme[7], dès là
qu'elle a part à la figure et à la forme, immédiatement
reçoit des reflets de la puissance de la beauté) et que le

1-7. Voir *Notes complémentaires*, p. 449.

δὲ τὴν τελειότητα ἔχειν ἔξω σώματος, καὶ τὸ μὲν συναμφότερον εἶναι, κατὰ δὲ ψυχὴν μόνην ἀφωρίσθαι τὸ ἀνθρώπειον
ἀγαθόν. Ἔτι τοίνυν ἡ τοῦ ἀγαθοῦ ἔφεσις σωστικὴ τῶν ἐφιε-　5
μένων ἐστίν. Ὡς γὰρ καὶ ὁ ἐν Πολιτείᾳ Σωκράτης διώρισε,
τὸ μὲν ἑκάστου σωστικόν ἐστι τὸ ἀγαθόν, τὸ δὲ ἑκάστου
φθαρτικὸν τὸ κακόν. Εἰ μὲν οὖν ἐν ψυχῇ τὸ ἀγαθὸν ἔχοντες
ἐν ἐκείνῃ καὶ τὸ εἶναι ἔχομεν, κατὰ φύσιν ἂν καὶ τοῦ ἀγαθοῦ
τυγχάνοιμεν τῆς ἐφέσεως. Εἰ δὲ τὸ μὲν κατὰ τὴν ψυχήν,　10
τὸ δὲ κατὰ τὸ συναμφότερον ἡμῶν εἴη, τῆς ἑαυτῶν ἐφίεσθαι
συμβαίνειν ἀνάγκη φθορᾶς, εἴπερ ἄϋλον [μὲν] τὸ ἀγαθὸν
καὶ ἔξω σώματος. Οὐδὲν δὲ τῶν ὄντων ὀρέγεται τῆς οἰκείας
φθορᾶς, ὥστε οὐδὲ ὁ ἀπορῶν, εἰ ἄρα τὸ δίκαιον συμφέρον,
ἐν ψυχῇ λέγει τὸ ἀγαθὸν ἡμῶν. Εἰ δὲ [ἐν ψυχῇ τὸ ἀγαθόν],　15
καὶ τὸ εἶναι τοῦ ἀνθρώπου ψυχικόν ἐστι καὶ οὔτε μικτὸν ἐκ
ψυχῆς καὶ σώματος οὔτε σωματικὸν μόνον.

Διὰ μὲν οὖν τούτων ὅτι καὶ πρὸς τὴν ἠθικὴν φιλοσοφίαν
καὶ πρὸς τὴν εὕρεσιν τῆς ἀνθρώπου φύσεως ἡ προκειμένη
συμβάλλεται ζήτησις, οἶμαι γεγονέναι καταφανές · ὅτι δὲ　20
καὶ πρὸς θεολογίαν ἀφορμὰς παρέχεται θαυμαστάς, μάθοι-
μεν ἂν μνημονεύσαντες ὡς τὸ μὲν δίκαιον τὴν ὅλην οὐσίαν
συνέχει τῶν ψυχῶν (κατὰ γὰρ τὰς ἀναλογίας ὑποστᾶσαι
πάσας κατὰ δίκην δηλονότι τήν τε οὐσίαν διῃρέθησαν
καὶ τὰς δυνάμεις), τὸ δὲ αὖ καλὸν τὴν νοερὰν ὑπόστασιν　25
ἀφορίζει (διὸ καὶ ἐραστόν ἐστιν ὁ / νοῦς καὶ ὀρεκτόν, ὡς　318
φησιν Ἀριστοτέλης · καὶ τὰ νοῦ μετασχόντα καλὰ πάντα,
καὶ ἡ ὕλη καθ’ ἑαυτὴν ἀκαλλὴς οὖσα, διότι καὶ ἀνείδεος,
ἅμα τε μεταλαμβάνει μορφῆς καὶ εἴδους καὶ τῆς τοῦ
κάλλους δυνάμεως ἐμφάσεις ὑποδέχεται), τὸ δὲ ἀγαθὸν　5

317. 6-8 cf. *Rsp.* X 608 E 3-4.
318. 1-2 cf. Ar., *Met.* Λ 7, 1072 a 26-27.

317. 12 μὲν del. Westerink nisi praestat lacunam statuere
post σώματος l. 13, ut me docuit Steel ‖ 15 lac. suppl. Westerink :
lac. 5 litt. capacem reliquit N.

bien, enfin, définit toute l'essence divine (car tout le
divin, en vertu de l'existence divine elle-même, est
bon[1] ; si les dieux, en effet, sont cause des êtres et
s'ils sont supérieurs en dignité à l'univers, s'ils ont
produit les êtres en référence à eux-mêmes, alors ils
sont bons substantiellement et font rayonner sur tous
les êtres le bien)[2]. Si donc le juste est rattaché au bien
par l'intermédiaire du beau[3], alors la totalité du monde
psychique est unie aux dieux par l'intermédiaire des
existences intellectives, de telle sorte que la nature
incorporelle est une dans l'unité d'une forme, et tend
tout entière vers le bien ; au contraire, le fractionnement se rencontre parmi les idoles, parce qu'elles sont
incapables de reproduire les causes primordiales sous
le rapport de leur <unité>. Tout cela, par conséquent,
montre à l'évidence que la présente démonstration
n'apporte pas une médiocre contribution à l'ensemble
de la théologie et, pour ainsi dire, à la philosophie tout
entière.

Examen du syllogisme Après avoir exposé le syllogisme
tout entier depuis le commence-
ment, passons à l'examen de chacune des prémisses
prise séparément et déterminons quelles sont les vraies
opinions sur ces prémisses, quelles sont les fautives et
pour quelles raisons ceux qui ont un avis contraire à
celui de Platon se sont détournés de la science à ce
sujet pour s'engager, pour ainsi dire, sur l'autre voie.
Or donc le syllogisme[4] complet qui établit que le juste
est avantageux procède de la sorte : ' tout juste est
beau ; tout beau est bon ; par conséquent, tout juste
est bon ; or le bon est identique à l'avantageux ; par
conséquent, tout juste est avantageux[5]. ' Et le syllogisme est du premier type de la première figure[6], de
celui qui embrasse les termes moyens dans les majeurs
// et montre que les termes majeurs sont convertibles
dans les mineurs. Si maintenant, à nouveau, tu pars
du bien, tu pourras aboutir à la même conclusion :

1-6. Voir *Notes complémentaires*, p. 449-450.

ἅπασαν τὴν θείαν οὐσίαν ἀφορίζει (πᾶν γὰρ τὸ θεῖον κατ'
αὐτὴν τὴν θείαν ὕπαρξιν ἀγαθόν ἐστιν· εἰ γὰρ οἱ θεοὶ τῶν
ὄντων εἰσὶν αἴτιοι καὶ εἰ πρεσβύτεροι τῶν ὅλων καὶ εἰ τὰ
ὄντα περὶ ἑαυτοὺς ὑπέστησαν, ἀγαθοὶ κατ' οὐσίαν εἰσὶ καὶ
πᾶσι τοῖς οὖσιν ἐπιλάμπουσι τὸ ἀγαθόν). Εἰ τοίνυν τὸ   10
δίκαιον διὰ τοῦ καλοῦ τῷ ἀγαθῷ συνδέδεται, καὶ πᾶς ὁ
ψυχικὸς διάκοσμος διὰ μέσων τῶν νοερῶν ὑποστάσεων
ἥνωται τοῖς θεοῖς, ὥστε μία ἐστὶν ἡ ἀσώματος φύσις καὶ
ἑνοειδὴς καὶ συννεύει πᾶσα πρὸς τὸ ἀγαθόν· ὁ δὲ μερισμὸς
ἐν τοῖς εἰδώλοις ἐστίν, οὐ δυναμένοις τὰς πρωτουργοὺς   15
αἰτίας κατὰ τὴν ἐκείνων ⟨ἕνωσιν⟩ ἀποτυπώσασθαι. Φανερὸν ἄρα ἐκ τούτων ὅτι καὶ πρὸς θεολογίαν ἡμῖν ἡ παροῦσα
ἀπόδειξις οὐ σμικρὰ συντελεῖ καὶ πρὸς πᾶσαν ὡς εἰπεῖν
φιλοσοφίαν.

Ἄνωθεν οὖν τὸν ὅλον ἐκθέμενοι συλλογισμὸν ἑκάστην   20
τῶν προτάσεων αὐτὴν ἐφ' ἑαυτῆς ἀνασκεψώμεθα καὶ διο-
ρίσωμεν, τίνες μέν εἰσι περὶ αὐτῶν ἀληθεῖς δόξαι, τίνες δὲ
ἡμάρτηνται, καὶ παρὰ ποίας αἰτίας οἷον ἑτέραν ὁδὸν
ἐξετράπησαν τῆς περὶ τούτων ἐπιστήμης οἱ τἀναντία τῷ
Πλάτωνι δοξάζοντες. Ὁ μὲν δὴ συλλογισμὸς ὅλος ὁ   25
κατασκευάζων ὅτι τὸ δίκαιον συμφέρον οὑτωσὶ πρόεισι·
πᾶν δίκαιον καλόν, πᾶν καλὸν ἀγαθόν, πᾶν ἄρα δίκαιον
ἀγαθόν· ἀλλὰ μὴν καὶ τὸ ἀγαθὸν τῷ συμφέροντι ταὐτόν·
πᾶν ἄρα δίκαιον συμφέρον. Καὶ ἔστι πρῶτος ἐν πρώτῳ
σχήματι, τοῖς μὲν μείζοσιν ὅροις τοὺς ἐλάττονας περι-   30
λαμβάνων, τοῖς δὲ ἐλάτ/τοσι τοὺς μείζονας ἀντιστρόφους **319**
ἀποφαίνων. Πάλιν γὰρ αὖ καὶ ἀπὸ τοῦ ἀγαθοῦ ἀρξάμενος
τὸ αὐτὸ δυνήσῃ συναγαγεῖν· πᾶν ἀγαθὸν καλόν, πᾶν

---

318. 8 εἰ¹ Westerink : οἱ N ‖ 16 ἕνωσιν nos add. (iam ἑνότητα
add. Westerink).

' tout bien est beau[1] ; tout beau est juste[2] ; par conséquent, tout bien est juste ; or, l'avantageux est identique
au bien : tout avantageux est donc juste. ' Le juste,
par conséquent, est identique à l'avantageux. Car le
bien de l'âme ne consiste en rien d'autre que dans la
vertu, de même sa beauté ; mais tout le bien est défini
par la vertu, et le beau est la même chose que le bien,
et ces deux sont aussi ' justes '[3]. Car que l'on soit
tempérant ou vaillant, on est juste à cause de l'implication réciproque[4] des vertus : car il n'est pas possible
d'être tempérant et de vivre injustement, ni non plus
d'être vaillant[5] et d'être privé à quelque moment de la
justice, mais la même forme de vie est constituée à
partir de toutes les vertus.

**Analogie
avec les causes**

Or donc, dans les principes des
choses, le bien transcende la beauté
et la beauté est établie au-dessus de
la justice. Car le bien est antérieur aux intelligibles,
installé au-dessus d'eux dans des lieux inaccessibles[6] ;
la seconde est présente d'une façon secrète dans les
premiers des êtres intelligibles, et d'une façon plus
évidente aux confins de cette classe ; la troisième, enfin,
est présente sur un mode unitaire dans la toute première
classe des intellectifs, et sur un mode secondaire // à la
fin de la procession intellective des dieux[7] ; et encore :
le bien est chez les dieux, le beau dans les intellects,
le juste dans les âmes[8]. C'est là ce qui explique que le
juste est beau, mais que tout beau n'est pas juste,
car la cause de la beauté pré-existe [au juste] ; et sans
doute tout beau est-il bien, mais la source des biens
universels dépasse en simplicité[9] la totalité du beau ;
et sans doute le juste est-il bien, puisque par l'intermédiaire du beau il est rattaché au bien, mais le bien
est au-delà du juste et du beau. Et c'est[10] ce que tu
trouveras si tu portes aussi tes regards sur les tout
derniers des êtres : la cause matérielle, quoiqu'elle
soit ' bien ', est pourtant laide et dépourvue de beauté

1-10. Voir *Notes complémentaires,* p. 450-451.

καλὸν δίκαιον, πᾶν ἄρα ἀγαθὸν δίκαιον · ἔστι δὲ τὸ συμφέρον τῷ ἀγαθῷ ταὐτόν · πᾶν ἄρα συμφέρον δίκαιόν ἐστι. 5
Ταὐτὸν ἄρα ἐστὶ τῷ συμφέροντι τὸ δίκαιον. Οὔτε γὰρ τὸ
ἀγαθὸν τῆς ψυχῆς ἐν ἄλλῳ τινὶ ἢ ἐν τῇ ἀρετῇ ὑφέστηκεν
οὔτε τὸ καλόν, ἀλλὰ πᾶν τὸ ἀγαθὸν κατ' ἀρετὴν ἀφώρισται
καὶ τὸ αὐτὸ καλόν ἐστιν ὅπερ καὶ ἀγαθόν, καὶ ταῦτα ἀμφότερα δίκαιά ἐστι. Κἂν γὰρ σῶφρον ᾖ κἂν ἀνδρεῖον, δίκαιόν 10
ἐστι διὰ τὴν τῶν ἀρετῶν ἀντακολούθησιν · οὐ γὰρ ἔστι
σωφρονεῖν μέν, ἀδίκως δὲ ζῆν, οὐδὲ ἀνδρίζεσθαι μέν,
στέρεσθαι δέ ποτε δικαιοσύνης, ἀλλὰ τὸ αὐτὸ τῆς ζωῆς
εἶδος ἐκ πασῶν ὑφέστηκε τῶν ἀρετῶν.

'Εν μὲν οὖν ταῖς ἀρχαῖς τῶν πραγμάτων τὸ ἀγαθὸν 15
ἐξῄρηται τοῦ κάλλους καὶ τὸ καλὸν ὑπέρκειται τῆς δικαιοσύνης. Τὸ μὲν γάρ ἐστι πρὸ τῶν νοητῶν ἐν ἀβάτοις ὑπερ-
ιδρυμένον, τὸ δὲ κρυφίως μὲν ἐν τοῖς πρώτοις τῶν νοητῶν,
ἐκφανέστερον δὲ ἐν τῷ πέρατι τῆς διακοσμήσεως ἐκείνης,
τὸ δὲ ἑνοειδῶς μὲν ἐν τῇ πρωτίστῃ τάξει τῶν νοερῶν, δευ- 20
τέρως δὲ / ἐν τῷ τέλει τῆς νοερᾶς προόδου τῶν θεῶν · καὶ **320**
αὖ πάλιν τὸ μὲν ἀγαθὸν ἐν τοῖς θεοῖς, τὸ δὲ καλὸν ἐν τοῖς
νοῖς, τὸ δὲ δίκαιον ἐν ταῖς ψυχαῖς. Ὅθεν δὴ καὶ τὸ μὲν
δίκαιον καλόν ἐστιν, οὐ πᾶν δὲ τὸ καλὸν δίκαιον, ἀλλ' ἡ
τοῦ κάλλους αἰτία τοῦ [δικαίου προ]ϋφέστηκε · καὶ πᾶν 5
μὲν τὸ καλὸν ἀγαθόν, ἡ δὲ πηγὴ τῶν ὅλων ἀγαθῶν
ὑπερήπλωται παντὸς τοῦ καλοῦ · καὶ τὸ μὲν δίκαιον ἀγαθόν, διὰ μέσου τοῦ καλοῦ τῷ ἀγαθῷ συναπτόμενον, τὸ δὲ
ἀγαθὸν ἐπέκεινα ἀμφοῖν. Οὕτω δ' ἂν εὕροις καὶ εἰς τὰ
ἔσχατα τῶν ὄντων ἀποβλέπων · τὸ μὲν ὑλικὸν αἴτιον, εἰ 10
καὶ ἀγαθόν ἐστιν, αἰσχρὸν ὑπάρχει καὶ ἀκαλλές (τοῦ γὰρ

319. 17 ἐν ἀβάτοις : Orphicum sapit ; cf. *Orph.* fr. 195 K.

319. 11 ἔστι Festugière : ἐστι N.
320. 5 suppl. Creuzer : lac. 6 litt. et ὑφέστηκε N.

(car encore qu'elle participe à l'un[1], elle n'a pas part à la forme), le sensible a bien un reflet de la beauté, mais non pas de la justice[2] : et, en effet, Socrate dans le *Phèdre* dit : *De justice et de tempérance dans les imitations d'ici-bas, nulle lueur ; mais c'est un fait que seule la beauté a reçu en lot d'être ce qui se manifeste avec le plus d'éclat[3] et attire le plus l'amour.* Par conséquent, là où est le juste, là est aussi le beau ; et là où est le beau, là aussi le bien, que tu veuilles jeter tes regards vers les tout premiers principes ou vers les illuminations qui viennent de là-haut jusques aux êtres de tout dernier rang. Car sans doute, toutes choses jouissent du bien (il est, en effet, principe de toutes choses[4]), mais ne jouissent du beau que celles qui ont part à la forme, et du juste, que celles qui ont part à l'âme. Et ce n'est qu'au centre même de tous les êtres (c'est-à-dire l'âme), que bien, beau et juste s'unissent intimement l'un à l'autre[5] : et le bien de l'âme est en même temps beau <et juste, le beau, en même temps bien et juste> et le juste, en même temps bien et beau. Et ce principe n'est pas vrai seulement dans le cas de cette triade, mais aussi dans le cas de beaucoup d'autres. Par exemple : dans les principes, l'être est au-delà de la vie, et la vie au-delà de la pensée[6] ; et dans les produits, à leur tour, tout ce qui participe à l'être ne participe pas forcément à la vie, non plus que tout vivant n'a automatiquement part à la pensée, mais il en va à l'inverse : tous les êtres qui intelligent et vivent et existent[7], tandis que ceux qui vivent n'ont part qu'à l'être[8]. Et quoiqu'il existe une si grande distinction dans les êtres extrêmes selon cette triade, être-vie-pensée sont intimement unis[9] les uns avec les autres dans l'âme, et l'être est à la fois vie et pensée, la vie, pensée et être et la pensée, enfin, vie et être[10]. Car il n'y a dans l'âme qu'une unique simplicité et une unique existence, [et] ni le vivre ni le penser ne sont adventices, mais l'intellect de l'âme est à la fois

1-10. Voir *Notes complémentaires*, p. 451-452.

ἑνὸς ⟦μὴ⟧ μετέχον ἄμοιρόν ἐστιν εἴδους), τὸ δὲ αἰσθητὸν
κάλλους μὲν ἔμφασιν ἔχει, δικαιοσύνης δὲ οὔ · καὶ γὰρ ὁ ἐν
τῷ Φαίδρῳ Σωκράτης δικαιοσύνης φησὶ καὶ σωφροσύνης οὐδέν ἐστι φέγγος ἐν τοῖς τῇδε ὁμοιώμασι, 15
νῦν δὲ κάλλος μόνον ταύτην ἔσχε μοῖραν, ἐκφανέστατον εἶναι καὶ ἐρασμιώτατον. Ὅπου μὲν ἄρα τὸ
δίκαιον, ἐκεῖ καὶ τὸ καλόν, καὶ ὅπου τὸ καλόν, ἐκεῖ καὶ τὸ
ἀγαθόν, εἴτε εἰς τὰς πρωτίστας ἀρχὰς ἀπιδεῖν ἐθέλεις,
εἴτε εἰς τὰς ἐκείνων μέχρι τῶν ἐσχάτων ἐλλάμψεις. Τοῦ 20
μὲν γὰρ ἀγαθοῦ πάντα ἀπολαύει (πάντων γάρ ἐστιν ἀρχή),
τοῦ δὲ καλοῦ τὰ εἴδους μετέχοντα μόνα, τοῦ δὲ δικαίου τὰ
ψυχῆς. Ἐν δέ γε τῷ μέσῳ κέντρῳ τῶν ὄντων ἁπάντων,
οἷον δή ἐστιν ἡ ψυχή, πάντα συνήνωται ταῦτα ἀλλήλοις,
τὸ ἀγαθόν, τὸ καλόν, τὸ δίκαιον, καὶ τό τε / ἀγαθὸν αὐτῆς 321
καλόν ἐστι ⟨καὶ δίκαιον, καὶ τὸ καλὸν ἅμα ἀγαθὸν καὶ
δίκαιον,⟩ καὶ τὸ δίκαιον ἅμα καλὸν καὶ ἀγαθόν. Καὶ οὐκ
ἐπὶ ταύτης μόνον τῆς τριάδος ὁ λόγος ἀληθής, ἀλλὰ καὶ
ἐπ' ἄλλων πολλῶν. Οἷον τὸ ὂν ἐπέκεινα ζωῆς ἐστι καὶ ζωὴ 5
τοῦ νοῦ ἐπέκεινα ἐν ταῖς ἀρχαῖς · καὶ αὖ ἐν τοῖς ἀπο-
τελέσμασιν οὐ πᾶν τὸ τοῦ ὄντος μετέχον καὶ ζωῆς ἐστι
μετέχον οὐδὲ πᾶν τὸ ζῶν καὶ νοῦ μετείληφεν, ἀλλ' ἔμπαλιν
τὰ μὲν νοοῦντα πάντα καὶ ζῇ καὶ ἔστι, τὰ δὲ ζῶντα τοῦ
εἶναι μετέχει. Καὶ ὅμως τοιαύτης οὔσης ἐν τοῖς ἄκροις 10
κατὰ τὴν τριάδα ταύτην διαφορᾶς ἐν τῇ ψυχῇ συνήνωται
ἀλλήλοις, καὶ τὸ μὲν ὂν ζωή τε καὶ νοῦς ἐστιν, ἡ δὲ ζωὴ
νοῦς καὶ οὐσία, ὁ δὲ νοῦς οὐσία καὶ ζωή. Μία γάρ ἐστιν
ἁπλότης ἐν αὐτῇ καὶ ὑπόστασις μία, [καὶ] οὔτε τὸ ζῆν
ἐπακτὸν οὔτε τὸ νοεῖν, ἀλλ' ὁ μὲν νοῦς αὐτῆς ζῶν καὶ 15

320. 14-17 = *Phdr.* 250 B 1-3, D 6-E 1.

320. 12 μὴ del. Westerink (μὲν recc.) ‖ 16-17 ἐκφανέστατον
N : ὥστ' ἐκ. Platonis libri.
321. 2-3 καὶ — δίκαιον add. Westerink (iam Ficinus sim.
quid addidit) ‖ 14 suppl. recc. : lac. 4 litt. N.

vivant et marqué du caractère substantiel, la vie,
substantiellement intellective, l'être, [intellectif et vital].
Et elle est toutes choses de toutes façons et une chose
une constituée de toutes choses. De la même façon,
son bien l'emporte en beauté et en justice, et son beau
est parfait, bien et totalement juste, et son juste // se
mélange de bien et de beau ; et le substrat est un, mais
différentes les définitions. Voici encore un autre point :
nous ne devons considérer ces trois ni comme identiques
par définition ni comme autres par leur substrat[1], mais
nous devons maintenir leurs définitions différentes et
leur substrat unique, parce que ces trois, dans toutes
les activités de l'âme, existent indissolublement liés
les uns aux autres. Car de même que les définitions
des vertus sont différentes, mais unique ce qui a part
à toutes, et qu'il n'est pas possible d'avoir part à la
justice sans avoir part à la tempérance, ou d'avoir
part à ces deux sans avoir part aux autres vertus, de
même aussi cette triade est-elle intimement unie avec
elle-même ; et tout ce qui est bien est plein tout à la
fois de beau et de juste, et chacun de ces deux vient
en même temps que le troisième. Voilà pourquoi Socrate
a réuni le juste au bien par l'intermédiaire du beau :
car celui-ci est le moyen terme et le lien entre ces deux.
Or le lien le plus beau, dit Timée, *est celui qui rend le
plus possible un lui-même et ce qu'il relie*[2]. Ainsi, le
beau, à bien meilleur titre que tout autre lien, réunit-il
et unifie-t-il les deux autres, le juste et le bien.

Sur les prémisses en particulier — Sur l'ensemble de la démonstration trêve de préambules ; exami-
nons à la suite la vérité de chacune
des prémisses. Contre la prémisse qui affirme que
' tout juste est beau ', les gens bien nés ne sauraient
faire d'objection ; mais il y a toujours eu et il y aura

---

1. Utilisation du principe dit « d'implication réciproque ».
2. Cf. *In Tim.*, II 13.19-14.2

οὐσιώδης ἐστίν, ἡ δὲ ζωὴ νοερὰ κατ' οὐσίαν, ἡ δὲ οὐσία
[νοερὰ καὶ ζωτική]. Καὶ πάντη οὖν ἐστὶ πάντα καὶ ἓν ἐκ
πάντων. Κατὰ τὰ αὐτὰ γοῦν καὶ τὸ ἀγαθὸν αὐτῆς κάλλει
διαφέρει καὶ δικαιοσύνη, καὶ τὸ καλὸν τέλειόν ἐστι καὶ
ἀγαθὸν καὶ πάντως δίκαιον, καὶ τὸ δίκαιον τῷ καλῷ καὶ τῷ   20
/ ἀγαθῷ συγκέκραται· καὶ τὸ μὲν ὑποκείμενον ἕν, οἱ δὲ   322
λόγοι διάφοροι. Καὶ αὖ καὶ τοῦτο· μήτε τὴν ταυτότητα
τῶν τριῶν τούτων κατὰ τοὺς λόγους νομίζωμεν μήτε τὴν
ἑτερότητα κατὰ τὸ ὑποκείμενον, ἀλλὰ τοὺς μὲν λόγους
διαφόρους αὐτῶν φυλάττωμεν, τὸ δὲ ὑποκείμενον ἕν, διότι   5
δὴ πανταχοῦ κατὰ τὰς ἐνεργείας τῆς ψυχῆς συνυφέστηκε
τὰ τρία ταῦτα ἀλλήλοις. Ὥσπερ γὰρ οἱ μὲν λόγοι τῶν
ἀρετῶν εἰσὶ διαφέροντες, ἓν δὲ τὸ πασῶν ἐστὶ μετειληφός,
καὶ οὐκ ἐνδέχεται δικαιοσύνης μὲν μετέχειν, σωφροσύνης
δὲ ἀμοιρεῖν, ἢ τούτων μὲν μετέχειν, ἄνευ δὲ τῶν ἄλλων   10
ἀρετῶν, οὕτω δὴ καὶ ἡ τριὰς αὕτη συνήνωται ἑαυτῇ· καὶ
πᾶν τὸ ἀγαθὸν ὁμοῦ καὶ τοῦ καλοῦ πλῆρές ἐστι καὶ τοῦ
δικαίου καὶ τούτων ἑκάτερον μετ' ἐκείνου συνεισέρχεται.
Διὸ καὶ ὁ Σωκράτης διὰ τοῦ καλοῦ τῷ ἀγαθῷ συνῆψε τὸ
δίκαιον· τοῦτο γὰρ μέσον ἐστὶ καὶ σύνδεσμος ἐκείνων,   15
δεσμὸς δὲ κάλλιστος, φησὶν ὁ Τίμαιος, ὃς ἂν ἑαυτόν
τε καὶ τὰ συνδούμενα ὅτι μάλιστα ἓν ποιῇ. Πολλῷ
δὴ οὖν μᾶλλον παντὸς ἄλλου δεσμοῦ τὸ καλὸν αὐτὸ
συναγωγόν ἐστι καὶ ἑνωτικὸν τῶν δύο τούτων, τοῦ τε
δικαίου καὶ τοῦ ἀγαθοῦ.   20

Περὶ μὲν δὴ τῆς ὅλης ἀποδείξεως τοσαῦτα προειρήσθω·
καθ' ἑκάστην δὲ τῶν προτάσεων ἑξῆς τὴν ἀλήθειαν θεωρήσωμεν. Πρὸς δὴ τὴν λέγουσαν πρότασιν πᾶν τὸ δίκαιον
εἶναι καλὸν οἱ μὲν εὖ πεφυκότες οὐκ ἄν ποτε ἐνσταῖεν·

---

322. 16-17 = *Tim.* 31 C 2-3.

321. 17 suppl. Westerink (νοερὰ καὶ ζῶσα Creuzer) : lac. 5
litt. reliquit N.

toujours des gens comme Thrasymaque et // Calliclès[1]
et toute cette race si nombreuse de *Centaures et de
Satyres* pour prétendre que la justice est *une généreuse
folie*[2] et qu'elle n'est au nombre ni des actions belles
ni des actions sensées. D'autres, par crainte de l'opinion
de la multitude, concèdent bien que la justice est chose
belle, mais belle par la loi et non pas par nature[3].
Et de fait, Polos d'Agrigente et beaucoup d'autres
ont soutenu cette opinion, en disant que commettre
l'injustice est, selon la loi, plus laid que la subir, mais
selon la nature, plus beau ; ils séparaient la loi véritable
de la nature des choses en disant que beau et laid selon
la loi sont différents de beau et laid selon la nature.
Se dressant contre ces opinions, Socrate, dans la
République[4], montre que le juste est un savant et non
un fol comme l'affirme leur thèse, et il a posé comme
éléments constitutifs du savant *qu'il ne veut pas l'emporter sur son semblable mais sur celui qui ne lui ressemble
pas* (ainsi le médecin ne veut pas l'emporter sur les
médecins, mais sur les non-médecins, pour la raison
qu'il voudrait dire la même chose que les médecins,
puisqu'on a justement démontré que ceux qui savent
ont les mêmes opinions relativement aux mêmes choses ;
et de la même façon aussi, pour l'arithméticien, le
géomètre et chacun de ceux qui savent) ; au contraire,
pour celui qui ne sait pas, Socrate pose qu'il veut
l'emporter de la même façon sur tous, aussi bien, évidemment, sur ses semblables que sur ceux qui ne lui
ressemblent pas ; car il n'a pas en lui-même le moyen
de distinguer entre science et non-science. Et d'une
façon générale, le bien a pour contraire unique le mal,
tandis que le mal a pour contraires le mal et le bien ;
le mal est donc destructeur du bien et // du contraire

---

1. Pour la thèse de Calliclès, cf. *Gorg.*, 483 C-484 B 1 et Ol.,
In Gorg., 114.12-115.27 ; thèse de Thrasymaque : *Rsp.*, I 338 C ss
τὸ δίκαιον ... τὸ τοῦ κρείττονος ξυμφέρον.
2. La correction de Creuzer, dans la citation de Platon, s'impose
comme le montre la suite du texte (cf. p. 323.13 ; 324.15).
3-4. Voir *Notes complémentaires*, p. 453.

γεγόνασι δέ τινες καὶ ἔσονται Θρασύμαχοι καὶ Καλλικλεῖς 25
καὶ ἄλλο / πάμπολυ Κενταυρικὸν καὶ Σατυρικὸν 323
γένος, οἵ φασι γενναίαν εὐήθειαν εἶναι τὴν δικαιοσύνην
καὶ οὔτε τῶν καλῶν οὔτε τῶν φρονίμων ἐπιτηδευμάτων. Οἱ
δὲ καλὸν μὲν αὐτὴν εἶναι συγχωροῦσιν αἰσχυνόμενοι τὴν
τῶν πολλῶν δόξαν, νόμῳ δὲ καλόν, ἀλλ' οὐ φύσει. Καὶ 5
γὰρ Πῶλος ὁ Ἀκραγαντῖνος καὶ ἄλλοι πολλοὶ ταύτης
προὔστησαν τῆς δόξης, οἵ καί φασι τὸ ἀδικεῖν τοῦ ἀδικεῖσθαι νόμῳ μὲν αἴσχιον, τῇ δὲ φύσει κάλλιον, διϊστάντες
τὸν ὡς ἀληθῶς νόμον ἀπὸ τῆς φύσεως τῶν πραγμάτων,
ἄλλα μὲν τὰ κατὰ νόμον αἰσχρὰ καὶ καλὰ λέγοντες, ἄλλα 10
δὲ τὰ κατὰ φύσιν. Πρὸς δὴ ταύτας τὰς δόξας ὁ Σωκράτης
ἱστάμενος ἐν Πολιτείᾳ καὶ δεικνὺς ὅτι ὁ δίκαιος ἐπιστήμων
ἐστὶ καὶ οὐκ εὐήθης, ὡς ὁ ἐκείνων λόγος, στοιχεῖον ἔθετο
τοῦ μὲν ἐπιστήμονος τὸ τοῦ μὲν ὁμοίου πλεονεκτεῖν
μὴ βούλεσθαι, τοῦ δὲ ἀνομοίου (καὶ γὰρ ὁ ἰατρὸς οὐ 15
τῶν ἰατρῶν ἐθέλει πλέον ἔχειν, ἀλλὰ τῶν μὴ ἰατρῶν, ἐπεὶ
τοῖς γε ἰατροῖς ἐθέλοι ἂν τὰ αὐτὰ λέγειν, ἐπείπερ καὶ
δέδεικται ὅτι τοῖς ἐπιστήμοσι τὰ αὐτὰ δοκεῖ περὶ τῶν
αὐτῶν · ὁμοίως τοίνυν καὶ ὁ ἀριθμητικὸς καὶ ὁ γεωμέτρης
καὶ τῶν ἐπιστημόνων ἕκαστος) · τοῦ δὲ ἀνεπιστήμονος 20
τὸ πάντων ὡσαύτως ἐθέλειν πλεονεκτεῖν, καὶ τῶν ὁμοίων
δήπου καὶ τῶν ἀνομοίων · οὐ γὰρ ἔχειν παρ' ἑαυτῷ διάκρισιν ἐπιστήμης καὶ ἀνεπιστημοσύνης. Καὶ ὅλως τῷ μὲν
ἀγαθῷ τὸ κακὸν ἠναντίωται μόνον, τῷ δὲ κακῷ καὶ τὸ
κακὸν καὶ τὸ ἀγαθόν · ἀναιρετικὸν οὖν ἐστι τοῦ ἀγαθοῦ 25

323. 1 = *Polit.* 303 C 9 ‖ 2 = *Rsp.* I 348 C 12 ‖ 5-8 cf. *Gorg.*
474 C 4 ss et 483 A 5-B 1 ‖ 11 - **324.** 17 cf. *Rsp.* I 349 B 1-350 C 11 ‖
14-15 = *ibid.* 349 C 11-12 ‖ 18 δέδεικται : cf. supra, p. 262.15-16 et
p. 305. 5-7.

323. 2 εὐήθειαν coni. Creuzer (cf. infra p. 324.15) : ἀλήθειαν
N (sscriptum signo ⊱— :) ‖ 25 κακὸν ex καλὸν N (ut uid.)
(κακὸν D).

de celui-ci, le mal. Puis donc que sont posés ces deux éléments constitutifs, l'un de la science, l'autre de la non-science, est-il vrai que le juste ne veuille pas l'emporter sur son semblable, mais seulement sur celui qui ne lui ressemble pas, ou bien veut-il l'emporter de la même façon sur les deux à la fois ? Eh bien, nous voyons que qui est juste ne saurait vouloir l'emporter sur les justes, mais sur les injustes. Car s'il voulait aussi l'emporter sur ses semblables, il ne serait pas juste. En effet, de même que l'égal est dans les égaux et sort [de sa propre nature[1] dans les inégaux, de même aussi le juste.] Par conséquent, il est nécessaire que le juste ne veuille en aucune manière l'emporter sur son semblable mais seulement sur celui qui ne lui ressemble pas. Or nous avons posé plus haut que c'est là un élément constitutif de la science : par conséquent, le juste est savant. S'il en est ainsi, la justice est belle et belle par nature (puisque ces attributs appartiennent à la science) et non pas laide ; et c'est par science et non par folie que le juste se comporte comme il le fait. Voilà donc comment Socrate, dans la *République*, a réfuté les accusateurs de la justice ; dans son syllogisme, il identifie ' selon la loi ' et ' selon la nature ' et il démontre que partout le juste est beau par nature, que l'autorité appartienne à un seul ou à plusieurs[2], et que la vie juste est préférable et meilleure, tandis que la vie injuste est tout le contraire, souverainement odieuse et mauvaise.

Preuves supplémentaires pour établir « tout juste est beau » Que si cette prémisse : ' tout juste est beau ' réclame d'autres démonstrations, allons, à notre tour, rendons la plus évidente au moyen de plusieurs arguments. Puis donc que l'âme est multiplicité et qu'il y a en elle un élément premier, un médiant et un ultime, quand disons-nous que la justice se produit en elle[3] ? Est-ce lorsque le milieu ou le bas entreprend de commander à l'élément meilleur ou bien lorsque le tout premier domine sur le milieu

1-3. Voir *Notes complémentaires*, p. 453.

καὶ / τοῦ πρὸς αὐτὸ ἐναντίου κακοῦ. Ἐπειδὴ τοίνυν δύο **324**
ταῦτα στοιχεῖα κεῖται, τὸ μὲν ἐπιστήμης, τὸ δὲ ἀνεπιστημοσύνης, ὁ δίκαιος πότερον τοῦ μὲν ὁμοίου πλέον ἔχειν οὐκ
ἐθέλει, τοῦ δὲ ἀνομοίου μόνον, ἢ ἀμφοτέρων ὡσαύτως ;
Ἀλλ᾿ ὁρῶμεν ὅτι δίκαιός τις ὢν τῶν μὲν δικαίων οὐκ ἂν 5
βούλοιτο πλέον ἔχειν, τῶν δὲ ἀδίκων. Εἰ γὰρ καὶ τῶν
ὁμοίων ἐθέλοι πλεονεκτεῖν, οὐ δίκαιος ἂν εἴη. Ὡς γὰρ τὸ
ἴσον ἐν τοῖς ἴσοις, ἐκβαίνει δὲ [τῆς ἑαυτοῦ φύσεως ἐν
τοῖς ἀνίσοις, οὕτω καὶ τὸ δίκαιον]. Ἀναγκαῖον ἄρα τὸν
δίκαιον τοῦ μὲν ὁμοίου πλεονεκτεῖν οὐδαμῶς ἐθέλειν, τοῦ 10
δὲ ἀνομοίου μόνον. Ἀλλὰ μὴν τοῦτο στοιχεῖον ἐπιστήμης
ἐθέμεθα · ὁ ἄρα δίκαιος ἐπιστήμων ἐστίν. Εἰ δὲ τοῦτο,
καλόν ἐστιν ἡ δικαιοσύνη καὶ φύσει καλόν, εἴπερ ἐπιστήμη σύνεστιν, ἀλλ᾿ οὐκ αἰσχρόν · καὶ διὰ φρόνησιν ὁ
δίκαιος τοιοῦτος, ἀλλ᾿ οὐ δι᾿ εὐήθειαν. Ὁ μὲν οὖν Σωκρά- 15
της τὸν τρόπον τοῦτον ἐν Πολιτείᾳ τοὺς τῆς δικαιοσύνης
κατηγόρους διήλεγξεν · ἐν δὲ τῷ συλλογισμῷ συνάγει
μὲν εἰς ταὐτὸν τό τε κατὰ νόμον καὶ τὸ κατὰ φύσιν, ἐπιδείκνυσι δὲ ὅτι πανταχοῦ τὸ δίκαιον φύσει καλόν ἐστι,
καὶ ἑνὸς ὄντος τοῦ κρατοῦντος καὶ πολλῶν, καὶ ὡς ὁ 20
δίκαιος βίος κράτιστός ἐστι καὶ ἄριστος, ὁ δὲ ἄδικος πᾶν
τοὐναντίον αἴσχιστός τε ἅμα καὶ κάκιστος.

Εἰ δὲ δεῖ ἄλλων ἀποδείξεων τῆς προτάσεως ταύτης, ἥ
φησι πᾶν τὸ δίκαιον εἶναι καλόν, φέρε καὶ ἡμεῖς αὐτὴν διὰ
πλειόνων ἐπιχειρημάτων γνωριμωτέραν ποιήσωμεν. Ἐπειδὴ 25
τοίνυν ἡ ψυχὴ πλῆθός ἐστι καὶ τὸ μέν ἐστιν αὐτῆς πρῶτον,
τὸ δὲ μέσον, τὸ δὲ τελευταῖον, πότε φαμὲν ἐν ταύτῃ γίνεσθαι δικαιοσύνην ; Ἆρα ὅταν τὸ μέσον ἢ τὸ ἔσχατον
ἄρχειν ἐπιχειρῇ τῶν βελτιόνων, ἢ ὅταν τὸ πρώτιστον τοῦ

---

324. 8-9 suppl. Westerink : lac. 8 litt. reliquit N.

et le milieu sur le bas ? Mais si c'est lorsque l'inférieur
gouverne le supérieur, // alors l'inférieur ne saurait
plus être par nature tel. Car ce à quoi il revient de
commander est meilleur et plus estimable par nature.
Si donc il est impossible que la même chose soit à la
fois meilleure et inférieure par nature, il faut alors que
l'on observe le juste dans l'âme lorsque ce qu'il y a
de meilleur en elle commande à la vie tout entière
et que le milieu, soumis au meilleur, commande à
l'inférieur. C'est alors, en effet, que chacune des parties
obtient ce qui lui revient en vertu de sa valeur propre :
l'une de régner comme un souverain, l'autre, d'être
son garde du corps et l'autre, enfin, de servir les puissances[1] de ce qui est le meilleur. Par conséquent, le
juste est ce qui répartit ce qui convient à chacune des
parties de l'âme et ce qui fait que chacune s'occupe
de ses affaires[2]. Et lorsque [chacune des parties] a
ce qui lui revient en vertu de sa valeur propre[3] et
qu'[elle s'occupe] de ses affaires, il y a dans l'âme tout
entière bon ordre et proportion, puisque [nulle partie]
ne fait rien [contre] nature : or ce qui est ordonné, ce
qui est proportionné et ce qui est conforme à la nature[4]
est beau ; le juste donc [est beau]. En effet, il y a deux
sortes de juste[5] : celui qui concerne les contrats et vise
à l'égalité arithmétique, et celui qui concerne les
répartitions et doit forcément faire appel à l'égalité
// géométrique. Il faut, en effet, dans un contrat rechercher l'égal arithmétique, pour ne pas faire subir d'injustice à celui qui a part à la transaction, en nous saisissant
d'une part plus grande que la sienne, mais lorsque l'on
répartit entre des inégaux des parts inégales, il faut
faire la répartition selon la valeur propre de chacun
et préserver la proportion grâce à la géométrie ; <et>
de même qu'il y a une différence entre les personnes,
ainsi doit-il en aller sous le rapport de la valeur de ce
qui leur est attribué. Tout juste donc, est égal, comme
nous l'avons dit, et tout égal est beau, car l'inégal est

1-5. Voir *Notes complémentaires*, p. 453.

μέσου καὶ τὸ μέσον τοῦ τελευταίου κρατῇ ; Ἀλλ' εἰ μέν, 30
ὅταν τὰ χείρονα δυναστεύῃ / κατὰ τῶν κρειττόνων, οὐκέτ' 325
ἂν εἴη τὰ χείρονα τῇ φύσει τοιαῦτα. Ὧι γὰρ τὸ ἄρχειν
προσήκει, τοῦτο κρεῖττόν ἐστι καὶ τιμιώτερον κατὰ φύσιν.
Εἰ τοίνυν ἀδύνατον τὸ αὐτὸ βέλτιον εἶναι καὶ χεῖρον τῇ
φύσει, δεῖ καὶ τὸ δίκαιον τότε ἐν ψυχαῖς θεωρεῖν, ὅταν τὸ 5
μὲν ἄριστον ἐν αὐταῖς ἄρχῃ τῆς ζωῆς ὅλης, τὸ δὲ μέσον
ὑποτεταγμένον τῷ ἀμείνονι τοῦ ἐσχάτου κρατῇ. Τότε γὰρ
ἕκαστον τῶν μορίων τοῦ κατ' ἀξίαν τυγχάνει, τὸ μὲν
βασιλεῦον, τὸ δὲ δορυφοροῦν, τὸ δὲ ὑπηρετοῦν ταῖς τοῦ
κρείττονος δυνάμεσι. Τὸ ἄρα δίκαιον ἀπονεμητικόν ἐστι 10
τοῦ προσήκοντος ἑκάστῳ τῶν τῆς ψυχῆς μορίων καὶ τῆς
ἰδιοπραγίας αἴτιον. [Ἑκάστου δὲ τῶν μορίων] τὸ κατ'
ἀξίαν ἔχοντος καὶ τὰ ἑαυτοῦ [πράττοντος] εὐταξία περὶ
τὴν ψυχὴν ὅλην ἐστὶ καὶ συμμετρία μη[δενὸς παρὰ] φύσιν
τὴν αὐτοῦ πράττοντος μηδέν · τὸ δὲ τεταγμένον καὶ τὸ 15
σύμμετρον καὶ τὸ κατὰ φύσιν καλόν ἐστι · τὸ ἄρα δίκαιον
[καλόν ἐστι]. Διττὸν γὰρ τὸ δίκαιον · τὸ μὲν ἐν τοῖς συναλ-
λάγμασιν, ὃ τῆς ἀριθμητικῆς ἰσότητος στοχάζεται, τὸ δὲ
ἐν ταῖς διανομαῖς, ὃ τῆς γεωμετρικῆς δεῖται / πάντως 326
ἰσότητος. Δεῖ γὰρ συναλλάττοντα μὲν τὸ ἀριθμητικὸν
ἴσον ἐπιζητεῖν, ἵνα μὴ τὸν κοινωνοῦντα τῶν συμβολαίων
ἀδικήσωμεν τοῦ πλείονος ἀντιλαμβανόμενοι, διανέμοντα δὲ
τοῖς ἀνίσοις τὰ ἄνισα κατὰ τὴν προσήκουσαν ἀξίαν 5
νέμειν καὶ τὸ ἀνάλογον σῴζειν γεωμετρικῶς, ⟨καὶ⟩ ὡς
ἔχει τὰ πρόσωπα διαφορᾶς, οὕτω καὶ τὰ διανεμόμενα
αὐτοῖς ἀξίας ἔχειν πρὸς ἄλληλα. Πᾶν μὲν οὖν τὸ δίκαιον
ἴσόν ἐστιν, ὡς εἰρήκαμεν, πᾶν δὲ τὸ ἴσον καλόν · τὸ γὰρ

325. 12-14 suppl. Hamb. philol. 30 : lac. 6, 10, 9 litt. reliquit
N ‖ 15 αὑτοῦ Westerink : αὐτοῦ N ‖ 17 suppl. Westerink : lac. 6
litt. reliquit N.
326. 6 καὶ add. Westerink ‖ 8 ἀξίας Westerink : ἀξίως N.

laid et manque de proportion, puisque aussi bien il manque d'harmonie ; par conséquent, tout le juste est beau.

En troisième lieu, nous disons que le beau dans le corps n'existe que lorsque la forme domine la matière[1] : car celle-ci est dépourvue de beauté et laide et lorsqu'elle est dominée par la matière, la forme est infectée de laideur, d'absence de configuration et elle devient, pour ainsi dire, informe en s'identifiant à la matière qui lui sert de substrat. Si donc dans l'âme aussi l'élément intellectif joue le rôle de forme, l'irrationnel, celui de matière[2] (car l'intellect et la raison font partie de la colonne de la limite[3], l'irrationnel, de celle de l'illimité : il est, en effet, par nature, sans limite et sans mesure), il faut, je présume, que dans l'âme aussi, on voie le beau lorsque la raison domine et que les formes irrationnelles de vie sont dominées par la raison et la science. Or, c'est le juste qui donne à la raison la domination, à l'irrationalité d'être dominée, car il assigne à chacun des deux ce qui lui convient : à la partie qui commande, de commander, à la partie qui sert, d'être serve, puisque // c'est la démiurgie qui nous a soumis l'irrationnel et qui l'a préparé pour être une sorte de véhicule[4] pour la raison qui est en nous : par conséquent, le juste est avantageux <et> beau, et cause de beauté pour l'âme.

En quatrième lieu : le juste est parfait et déterminé[5], puisque l'injuste est indéterminé et imparfait et qu'il s'en va à l'infini et ne s'arrête nulle part une fois qu'il s'est soustrait à la limite de la justice. Le juste donc apporte à tous les êtres en qui il se trouve mesure et limite et il rend toutes choses parfaites. Et parce qu'il a cette nature, il produit la beauté de l'âme : car le beau s'identifie avec le parfait et le mesuré, du fait que la laideur vient à l'existence en même temps que le démesuré et l'illimité. Par conséquent, le juste est tout à la fois parfait, mesuré, déterminé et beau, et ces attributs ne se distinguent pas les uns des autres par nature.

1-5. Voir *Notes complémentaires,* p. 453-454.

ἄνισον αἰσχρόν ἐστι καὶ ἀσύμμετρον, ἐπειδὴ καὶ ἀνάρμο- 10
στόν ἐστι · πᾶν ἄρα τὸ δίκαιον καλόν.

Τρίτον δὴ οὖν λέγομεν ὅτι καὶ τὸ ἐν σώμασι καλὸν οὐκ
ἄλλως ὑφέστηκεν ἢ ὅταν τὸ εἶδος ἐπικρατῇ τῆς ὕλης ·
ἀκαλλὴς γὰρ αὕτη καὶ αἰσχρά, καὶ ὅταν κρατηθῇ τὸ
εἶδος ὑπ' αὐτῆς, αἴσχους ἀναπίμπλαται καὶ ἀμορφίας 15
καὶ οἷον ἀνείδεον γίνεται τῇ ὑποκειμένῃ φύσει συνεξο-
μοιούμενον. Εἰ τοίνυν καὶ ἐν ψυχῇ τὸ μὲν νοερὸν ἡμῶν
εἴδους ἐπέχει τάξιν, τὸ δὲ ἄλογον ὕλης, (νοῦς μὲν γὰρ καὶ
λόγος τῆς τοῦ πέρατός ἐστι συστοιχίας, τὸ δὲ ἄλογον τῆς
τοῦ ἀπείρου · φύσει γὰρ ἄμετρόν ἐστι καὶ ἀόριστον), 20
ἀνάγκη δήπου καὶ ἐν ψυχῇ τὸ κάλλος ὁρᾶσθαι τοῦ μὲν
λόγου κρατοῦντος, τῶν δὲ ἀλόγων εἰδῶν τῆς ζωῆς κρατου-
μένων ὑπὸ λόγου καὶ φρονήσεως. Ἀλλὰ μὴν τὸ δίκαιον
τῷ μὲν λόγῳ δίδωσι τὸ κράτος, τῇ δὲ ἀλογίᾳ τὸ κρατεῖ-
σθαι · διανέμει γὰρ ἑκατέρῳ τὸ προσῆκον, τῷ μὲν ἀρχικῷ 25
τὸ ἄρχειν, τῷ δὲ ὑπηρετικῷ τὸ δουλεύειν, ἐπεὶ καὶ ἡ
δημιουργία τὸ ἄλογον ὑπέταξεν ἡμῖν καὶ τῷ λόγῳ ἐν ἡμῖν
/ οἷον ὄχημα παρεσκεύασεν αὐτό · συμφέρον ἄρα τὸ 327
δίκαιον ⟨καὶ⟩ καλόν ἐστι καὶ κάλλους αἴτιον τῇ ψυχῇ.

Τέταρτον τοίνυν τὸ δίκαιον τέλειόν ἐστι καὶ ὡρισμένον,
ἐπείπερ τὸ ἄδικον ἀόριστον καὶ ἀτελές, ἐπ' ἄπειρον δὲ
εἶσι καὶ οὐδαμοῦ ἵσταται τὸν τῆς δικαιοσύνης ὅρον ὑπεξ- 5
ελθόν. Τὸ οὖν δίκαιον μέτρον ἐπιφέρει καὶ πέρας οἷς ἂν
παραγένηται, καὶ τέλεια πάντα ἀποτελεῖ. Τοιοῦτον δὲ ὂν
καλλοποιόν ἐστι τῆς ψυχῆς · τῷ γὰρ τελείῳ καὶ τῷ
μεμετρημένῳ συμφύεται τὸ καλόν, διότι παρὰ τῷ ἀμέτρῳ
καὶ ἀορίστῳ συνυφέστηκε τὸ αἰσχρόν. Ἅμα ἄρα τὸ δίκαιον 10
τέλειόν ἐστι καὶ μέτριον καὶ ὡρισμένον καὶ καλόν, καὶ οὐ
διέστηκε ταῦτα ἀπ' ἀλλήλων κατὰ φύσιν.

326. 26-**327.** 1 cf. *Tim.* 69 C 6-7.

327. 1-2 τὸ δίκαιον καὶ Westerink : καὶ δίκαιον N, καὶ τὸ
δίκαιον Dodds.

En cinquième lieu : on doit dire que le démiurge a orné ce monde-ci avec justice ; il l'a, en effet, lié avec *le plus beau des liens* et l'a rendu *indissoluble* par la puissance de *la proportion* qui le maintient dans l'être et il l'a rendu <tout entier> *ami*[1] avec tout lui-même. Or ce qui a ressemblance avec le tout, *le plus beau* des êtres visibles, est, lui aussi, je présume, beau[2] ; par conséquent, le juste, selon ce raisonnement aussi, est beau et n'est aucunement séparé de la nature du beau.

Examen de l'autre prémisse : « tout ce qui est beau est bien » Que cela nous ait donc rappelé que tout le juste est beau. Quant à la prémisse qui fait suite à celle-là et qui affirme[3] : ' tout ce qui est beau est bien ', Socrate la propose, mais Alcibiade ne l'accepte pas. La raison en est qu'Alcibiade pensait que le beau est par convention et non par nature : c'est pourquoi il // a concédé que le juste est beau (car telle est l'opinion du vulgaire) mais a distingué le beau du bien : car il considère que c'est affaire d'opinion (car le beau c'est, je suppose, l'honnête ou le conforme à l'opinion), tandis que l'autre est du domaine de la vérité (car personne n'a jamais cru que le bien fût par convention). Nous avons donc à montrer que cette prémisse aussi est tout ce qu'il y a de plus vrai. Or donc, il est clair pour quiconque que le beau est aimable[4] de par sa propre nature, dès là que même la toute dernière beauté[5], qui est entraînée comme dans des reflets, est objet d'amour, puisqu'elle meut les âmes [vers] elle-même et les frappe de stupeur par son apparition, parce qu'elle porte une trace de la beauté divine. C'est, en effet, ce que dit Socrate dans le *Phèdre* : *Seule la beauté a reçu en lot d'être ce qui se manifeste avec le plus d'éclat et attire le*

---

1. Voir *Notes complémentaires*, p. 454.
2. Cf. *In Tim.*, I 409.7-30. — Le nerf de cet argument est sans doute, comme l'a noté O'Neill *ad loc.*, la notion d'ἀναλογία.
3. Cf. Ol., 105.11-16.
4. Cf. *Symp.*, 204 C 4 et *Theol. plat.*, I 24, 108.9 ss.
5. Τὸ ἔσχατον κάλλος : c'est évidemment une désignation de la beauté corporelle.

Πέμπτον τοίνυν λεγέσθω καὶ ὅτι τὸ πᾶν τοῦτο δικαιοσύνη
κατεκόσμησεν ὁ δημιουργός · τῷ γὰρ κ α λ λ ί σ τ ῳ συνέ-
δησεν αὐτὸ τ ῶ ν δ ε σ μ ῶ ν καὶ ἄλυτον ἐποίησε διὰ τὴν 15
τῆς ἀ ν α λ ο γ ί α ς δύναμιν τὴν συνέχουσαν αὐτὸ καὶ φίλον
ἑαυτῷ ⟨πᾶν⟩ παντί. Τὸ δὲ ὁμοιούμενον τῷ παντὶ τῷ κ α λ -
λ ί σ τ ῳ τῶν ὁρατῶν καὶ αὐτὸ δήπουθέν ἐστι καλόν · τὸ
ἄρα δίκαιον καὶ κατὰ τοῦτον τὸν λόγον ἐστὶ καλὸν καὶ
οὐδαμοῦ διέζευκται τῆς τοῦ καλοῦ φύσεως. 20

Ὅτι μὲν οὖν πᾶν τὸ δίκαιόν ἐστι καλὸν διὰ τούτων
ὑπομεμνήσθω. Τὴν δὲ ἑξῆς ταύτῃ πρότασιν τὴν λέγουσαν
πᾶν τὸ καλὸν ἀγαθὸν προτείνει μὲν ὁ Σωκράτης, ὁ δὲ
Ἀλκιβιάδης οὐκ ἀποδέχεται. Τὸ δὲ αἴτιον, ὅτι τὸ καλὸν
θέσει καλὸν ὑπείληφεν εἶναι καὶ οὐ φύσει · διὸ καὶ τὸ 25
δίκαιον συνεχώρησεν / εἶναι καλόν (οὕτω γὰρ ὑπείληπται 328
παρὰ τῷ πλήθει) καὶ τὸ καλὸν τοῦ ἀγαθοῦ διέστησε. Τὸ
μὲν γὰρ εἶναι νομίζει κατὰ δόξαν (τοῦτο γὰρ εἶναι καλόν,
τὸ πρέπον δήπου καὶ τὸ ἔνδοξον), τὸ δὲ κατὰ ἀλήθειαν
(οὐδενὶ γὰρ ἔδοξεν εἶναι θέσει τὸ ἀγαθόν). Καὶ ταύτην 5
τοίνυν τὴν πρότασιν ἡμεῖς ἐπιδείξωμεν πάντῃ ἀληθεστά-
την. Παντὶ δὴ οὖν τοῦτο καταφανές, ὅτι τὸ καλὸν
ἐράσμιόν ἐστι κατὰ τὴν αὑτοῦ φύσιν, ὅπου γε καὶ τὸ
ἔσχατον κάλλος ὡς ἐν εἰδώλοις φερόμενον ἐραστόν ἐστι
καὶ κινεῖ τὰς ψυχὰς [πρὸς] αὐτὸ καὶ ἐκπλήττει φαινό- 10
μενον, ἴνδαλμα φέρον τοῦ θείου κάλλους. Τοῦτο γάρ
φησιν ὁ ἐν τῷ Φαίδρῳ Σωκράτης · τὸ κ ά λ λ ο ς μ ό ν ο ν
τ α ύ τ η ν ἔ σ χ ε μ ο ῖ ρ α ν, ἐ κ φ α ν έ σ τ α τ ο ν εἶναι καὶ

327. 14-16 = *Tim.* 31 C 2 ; ἀναλογίας : *ibid.* C 3 ‖ 16-17 cf. *ibid.*
32 C 2 ‖ 17-18 = *ibid.* 30 B 5.
328. 12-14 = *Phdr.* 250 D 6-E 1.

327. 17 πᾶν παντί Dodds : παντί N, ποιοῦσαν coni. Creuzer.
328. 5 οὐδενὶ Westerink (coll. Olympiod., *In Alc.*, p. 105.
11-15) : οὐδὲ N ‖ 8 αὑτοῦ Westerink : αὐτοῦ N ‖ 10 suppl. Westerink : lac. 7 litt. reliquit N ‖ αὐτὸ Westerink : αὐτὸ N ‖ 13 ἐκφανέστατον N (cf. supra 320.16-17) : ὥστ' ἐκ. Plat. libri.

plus l'amour[1]. Car étymologiquement, qu'il ait été appelé
Kalon, parce qu'il appelle à lui-même [*kaleî*][2] ou parce
qu'il enchante et charme [*kêleîn*][3] les êtres qui peuvent
tourner vers lui leurs regards, il n'en reste pas moins
que le beau est aimable par nature : voilà aussi pourquoi
on dit que l'amour attire l'amant vers le beau. Or tout
aimable est désirable[4] (l'amour est, en effet, un vigou-
reux et intense désir de quelque chose, // et tout ce
qui aime désire un objet qui lui manque) et, tout
désirable est un bien[5], soit un bien véritable soit un
bien apparent. Car bon nombre des non-biens sont
désirables, du fait que ceux qui les désirent se les figurent
comme des biens. Et Socrate lui-même a montré clairement dans le *Ménon* qu'il est impossible, connaissant
le mal tel qu'il est réellement, de le désirer. Tout le
désirable est donc bien, et s'il est un désirable proprement, il est aussi un bien proprement, mais s'il est un
désirable apparent, le bien sera aussi, je suppose, de la
même sorte. Au total, pour chacun des termes, il faut
ajouter ceci : apparemment ou véritablement ; en effet,
s'il s'agit d'un beau apparent, il est aussi aimable,
désirable et bien conjoint à cette sorte de beau ; si,
au contraire, il s'agit d'un beau par nature, il est, de la
même façon, et aimable et bien. Et d'ailleurs, qu'est-ce
qui serait objet de désir ? le mal ? Mais il est impossible,
s'il est connu qu'il devienne objet de désir pour l'un
quelconque des êtres. Car tous les êtres désirent le
bien[6], et il n'y a désir d'aucun mal ni non plus de ce
qui n'est ni bien ni mal ; car tout cela se fait en vue
d'autre chose et n'est la fin d'aucun être[7] ; or, tout
désirable est une fin. Et si l'un des maux est désirable,
c'est parce qu'il est imaginé comme bon ; et si c'est
le cas d'une chose indifférente[8], il en va de même. Si
donc tout le beau est aimable, tout l'aimable, désirable,
tout le désirable bien, par conséquent, tout le beau est
bien. Et après conversion : <si> tout le bien est désirable (cela est immédiatement évident), tout le désirable

1-8. Voir *Notes complémentaires*, p. 454.

ἐρασμιώτατον. Ἐτύμως γάρ, εἴτε διὰ τὸ καλεῖν εἰς
ἑαυτὸ κέκληται καλὸν εἴτε διὰ τὸ κηλεῖν καὶ θέλγειν τὰ   15
πρὸς αὐτὸ δυνάμενα βλέπειν, ἐραστόν ἐστι κατὰ φύσιν ·
διὸ καὶ ὁ ἔρως πρὸς τὸ καλὸν ἄγειν λέγεται τὸ ἐρῶν. Ἀλλὰ
δὴ πᾶν τὸ ἐραστὸν ἐφετόν (ἔστι γὰρ ὁ ἔρως ἔφεσίς τινος
ἐρρωμένη καὶ σύντονος, καὶ πᾶν τὸ ἐρῶν ἐφίεταί τινος
οὗ ἐστὶν ἐνδεές), ἅπαν δὲ τὸ / ἐφετὸν ἀγαθόν ἐστιν, ἤτοι   329
ὡς ἀληθῶς ἀγαθὸν ἢ φαινόμενον. Πολλὰ γὰρ καὶ τῶν μὴ
ἀγαθῶν ἐφετά ἐστι, διότι τοῖς ἐφιεμένοις ὡς ἀγαθὰ φαντάζεται. Δέδεικται οὖν καὶ ὑπὸ τοῦ Σωκράτους ἐν τῷ Μένωνι
σαφῶς, ὅτι ἀδύνατον εἰδότας τὸ κακόν, ὁποῖόν ἐστιν,   5
ἐφίεσθαι αὐτοῦ. Πᾶν οὖν τὸ ἐφετὸν ἀγαθόν ἐστι · καὶ εἰ μὲν
ἐφετὸν κυρίως, καὶ ἀγαθὸν κυρίως, εἰ δὲ τοῦτο φαινόμενον εἴη, καὶ τὸ ἀγαθὸν ἔσται δήπου τοιοῦτον. Ὅλως
δὲ ἐφ’ ἑκάστου τῶν ὅρων τοῦτο προσθετέον, τὸ φαινομένως
ἢ ἀληθῶς · εἰ γὰρ καλόν ἐστι φαινόμενον, καὶ ἐραστόν ἐστι   10
καὶ ἐφετὸν καὶ ἀγαθὸν τῷ τοιούτῳ καλῷ σύζυγον, εἰ δὲ
φύσει καλόν, καὶ ἐραστὸν καὶ ἀγαθὸν ὡσαύτως. Καὶ τί
γὰρ ἂν εἴη τὸ ἐφετόν ; Ἆρα τὸ κακόν ; Ἀλλ’ ἀδύνατον
γινωσκόμενον ἐφετὸν γενέσθαι τινὶ τῶν ὄντων. Πάντα γὰρ
τὰ ὄντα τοῦ ἀγαθοῦ ἐφίεται, κακοῦ δὲ οὐδενός ἐστιν   15
ἔφεσις, ἀλλ’ οὐδὲ τοῦ μήτε ἀγαθοῦ μήτε κακοῦ · ἀλλὰ
πᾶν τὸ τοιοῦτον ἄλλου ἕνεκα πράττεται καὶ τέλος οὐδενός
ἐστι, πᾶν δὲ τὸ ἐφετὸν τέλος. Καὶ εἴ τι τῶν κακῶν ἐφετόν
ἐστιν, ἀγαθὸν εἶναι φαντάζεται, καὶ εἴ τι τῷ καλῷ διάφορον,
ὡσαύτως. Εἰ τοίνυν πᾶν τὸ καλὸν ἐραστόν, πᾶν τὸ ἐραστὸν   20
ἐφετόν, πᾶν τὸ ἐφετὸν ἀγαθόν, πᾶν τὸ καλὸν ἄρα ἀγαθόν.
Καὶ ἀντιστρέψαντι · ⟨εἰ⟩ πᾶν τὸ ἀγαθὸν ἐφετόν (τοῦτο

---

329. 4-6 cf. *Men.* 77 B 2-78 B 2 ‖ 14 cf. Ar., *E.N.* A 1, 1094 a 3.

328. 16 αὐτὸ conie. Creuzer : αὐτὰ N.
329. 19 τῷ καλῷ διάφορον N : τῶν ἀδιαφόρων prop. Westerink ‖ 22 εἰ add. prop. Westerink.

est aimable (car amour et désir[1] ont le même objet,
et ils ne se distinguent l'un de l'autre que par le relâchement ou la tension du désir, puisque aussi bien Socrate,
dans le *Banquet*, élève, par l'entremise du beau, l'amour
jusqu'au bien aussi et dit que le bien est objet d'amour
tout comme le beau) ; si donc tout le bien est désirable,
si tout le désirable est aimable, si tout l'aimable est
beau (car, à proprement parler, // l'amour est amour
de la beauté[2]), par conséquent, tout le bien est beau.

**Objections
contre ce qui précède
et solutions**

Que l'on n'aille pas dire, en tout
cas, que le bien est au-delà de la
beauté ni non plus qu'il y a deux
sortes d'objets d'amour : [cela ne
servirait à rien,][3] car nous ne parlons pas des principes
premiers, mais des biens et des beaux qui sont en nous[4].
Le bien donc qui est en nous est à la fois désirable et
aimable. C'est donc par l'amour que nous l'acquérons
et par un zèle soutenu à son endroit, et quiconque a
conscience de lui-même sait, à coup sûr, que ce beau-là
provoque des amours bien plus terribles que les beautés
sensibles ; par conséquent, le bien aussi est beau. C'est
justement pour cela que les amoureux reçoivent l'ordre[5],
après la beauté sensible, d'élever leurs aimés à la beauté
présente dans les actions, les occupations, les sciences
et les vertus et d'exercer là-haut l'élan amoureux de
l'âme ; puis, cela fait, de se tendre vers l'intellect et
la beauté primordiale et divine qui réside là-haut, tout
cela dit, évidemment, dans la pensée que la beauté
existe aussi dans ce que nous nommons les biens de
l'âme. Car qu'y a-t-il en nous de plus beau que les
sciences et la vertu, de plus laid que leurs contraires ?

**Explication
de la lettre**

Assez sur les prémisses les plus
importantes qui constituent le présent syllogisme ; examinons main-
tenant la lettre même de Platon. En premier lieu[6],
Platon détermine la thèse de l'interlocuteur (car il faut

1-6. Voir *Notes complémentaires*, p. 454-455.

μὲν οὖν αὐτόθεν δῆλον), πᾶν τὸ ἐφετὸν ἐραστόν (τοῦ γὰρ
αὐτοῦ ἐστιν ὁ ἔρως καὶ ἡ ἔφεσις, διαφέρει δὲ ἀλλήλων
κατὰ τὴν ἄνεσιν ἢ τὴν συντονίαν τῆς ἐφέσεως, ἐπεὶ καὶ ὁ 25
ἐν Συμποσίῳ Σωκράτης διὰ τοῦ καλοῦ τὸν ἔρωτα καὶ πρὸς
τὸ ἀγαθὸν ἀνάγει καὶ ἐραστόν φησιν εἶναι τὸ ἀγαθόν,
ὥσπερ καὶ τὸ καλόν) · εἰ οὖν πᾶν τὸ ἀγαθὸν ἐφετόν, πᾶν
δὲ τὸ ἐφετὸν ἐραστόν, πᾶν δὲ τὸ ἐραστὸν καλόν (προσεχῶς
γὰρ / ὁ ἔρως κάλλους ἐστί), πᾶν ἄρα τὸ ἀγαθὸν καλόν.　　330

Μὴ γοῦν λεγέτω τις ὅτι τὸ ἀγαθὸν ἐπέκεινα κάλλους,
μηδ' ὅτι διττὸν τὸ ἐραστόν · οὐ γὰρ περὶ τῶν πρώτων
ἀρχῶν ὁ λόγος, ἀλλὰ περὶ τῶν ἐν ἡμῖν καλῶν καὶ ἀγαθῶν.
Τὸ οὖν ἐν ἡμῖν ἀγαθὸν ἅμα καὶ ἐφετόν ἐστι καὶ ἐραστόν. 5
Δι' ἔρωτος οὖν αὐτὸ κτώμεθα καὶ συντόνου περὶ αὐτὸ
σπουδῆς, καὶ εἴ τις ἑαυτοῦ συναισθάνεται, πάντως που
οἶδεν ὅτι τοῦτο τὸ ἀγαθὸν δριμυτέρους ἔχει τοὺς ἔρωτας
τῶν ἐν αἰσθήσει καλῶν · τὸ ἄρα ἀγαθὸν καὶ καλόν ἐστι.
Διὸ δὴ καὶ οἱ ἐρωτικοὶ παρακελεύονται μετὰ τὸ αἰσθητὸν 10
καλὸν ἄγειν τοὺς ἐρωμένους ἐπὶ τὸ ἐν πράξεσι καὶ ἐπι-
τηδεύμασι καὶ ἐπιστήμαις καὶ ἀρεταῖς κάλλος, κἀκεῖ
γυμνάζειν τὸ ἐρωτικὸν ὅρμημα τῆς ψυχῆς, εἶθ' οὕτως ἐπὶ
νοῦν καὶ τὸ ἐκεῖ πρωτουργὸν καὶ θεῖον κάλλος ἀνατεί-
νεσθαι, ὡς ὄντος δηλαδὴ τοῦ καλοῦ καὶ ἐν τούτοις ἃ 15
φαμεν εἶναι τῆς ψυχῆς ἀγαθά. Τί γὰρ ἀρετῆς ἢ ἐπιστήμης
κάλλιον ἐν ἡμῖν, τί δέ τῶν ἐναντίων αἴσχιον ;

Ταῦτα περὶ τῶν συνεκτικωτάτων εἰρήσθω προτάσεων
τοῦ προκειμένου συλλογισμοῦ · τὴν δὲ λέξιν λοιπὸν τοῦ
Πλάτωνος ἐξετάσωμεν. Πρῶτον μὲν οὖν τὴν θέσιν ὁρίζει 20
τοῦ προσδιαλεγομένου (δεῖ γὰρ αὐτὴν εἶναι καταφανῆ)

329. 26-28 cf. *Symp.* 206 A 3-12.
330. 10-15 cf. *Symp.* 210 A 4-211 C 9.

qu'elle soit claire) et la présente ainsi : aucun juste n'est-il avantageux ou bien certains le sont-ils et d'autres non ? Car il est évident[1] que contre celui qui // profère une universelle négative, il suffit d'établir la particulière affirmative, tandis que contre celui qui défend une négative particulière, il faut établir l'universelle affirmative. C'est justement ce que fera Socrate en assumant qu'Alcibiade ne nie pas l'avantageux universellement de toutes les choses justes, mais seulement de certaines[2]. En second lieu, ensuite, il lui demande par question la prémisse mineure : tout le juste est-il beau ? Et Alcibiade l'accorde : car il pense que le juste est quelque chose de généralement reconnu et de convenable[3].

Et puisque Socrate, après avoir mentionné en même temps le juste et l'avantageux, a ajouté : *Bon, maintenant, certaines sont belles, d'autres, non?*, Alcibiade s'est demandé sur quoi portait la question de Socrate ; et comme Socrate dit que c'était au sujet du juste, Alcibiade a reconnu que tout juste est beau[4]. Cela assumé — je veux dire le problème et la prémisse mineure — Socrate passe à la suite.

< — Que dire maintenant des choses belles ? ... // secourir ses amis n'est-il pas beau et laid sous le même rapport ? (115 A 11-C 5). >

Alcibiade et la deuxième prémisse   Socrate, parce qu'il veut unir au bien le juste par l'intermédiaire du beau[5], a demandé la seconde prémisse, celle qui affirme : ' Tout ce qui est beau est bon ' ; et comme le jeune homme pense que le beau est affaire de convention et comme il est entraîné vers les opinions du vulgaire, comme, en outre, il ignore notre véritable essence et ne distingue pas les instruments par rapport aux parties constituantes ni ne discerne les constituants de ce qui leur est subordonné, il ne concède pas cette prémisse. Il affirme, en tout cas, que beaucoup de gens accomplissent des actions belles

1-5. Voir *Notes complémentaires*, p. 455.

καὶ πότερον οὐδὲν τῶν δικαίων συμφέρον ἐστὶν ἢ τινὰ μέν
ἐστι τοιαῦτα, τινὰ δὲ οὔ. Δῆλον γὰρ ὅτι πρὸς μὲν τὸν τὸ
καθόλου ἀποφάσκοντα καὶ τὸ μερικὸν καταφάσκον ἀρκεῖ
κατασκευάσαι, / πρὸς δὲ τὸν τῆς μερικῆς ἀποφάσεως **331**
προϊστάμενον ἀνάγκη τὸ καθόλου κατασκευάζειν καταφα-
τικόν. Ὁ δὴ καὶ ποιήσει ὁ Σωκράτης λαβὼν ὅτι τὸ συμφέρον οὐ καθόλου ⟦οὐ⟧ πάντων ἀποφάσκει τῶν δικαίων,
ἀλλὰ τινῶν μόνον. Δεύτερον δὲ ἐπὶ τούτῳ τὴν ἐλάττονα 5
πρότασιν ἐρωτᾷ, εἰ πᾶν τὸ δίκαιον καλόν. Καὶ δίδωσιν ὁ
Ἀλκιβιάδης · ἔνδοξον γὰρ οἴεται εἶναι τὸ δίκαιον καὶ
πρέπον.

Ἐπειδὴ δὲ ὁ Σωκράτης ὁμοῦ δικαίων καὶ συμφερόντων
μνημονεύσας ἐπήγαγε τί δέ; τὰ μὲν καλὰ αὐτῶν 10
ἐστί, τὰ δὲ οὔ; διηπόρησεν ὁ Ἀλκιβιάδης περὶ τίνων
ἤρετο · τοῦ δὲ εἰπόντος ὅτι περὶ δικαίων, συνεχώρησεν
ὅτι πᾶν τὸ δίκαιον καλόν. Τούτων δὲ ληφθέντων, καὶ τοῦ
προβλήματος καὶ τῆς ἐλάσσονος προτάσεως, μέτεισιν ἐπὶ
τὰ ἑξῆς ὁ Σωκράτης. 15

/ ⟨ Τί δ’ αὖ τὰ καλά ; ... τὸ τοῖς φίλοις βοηθεῖν. **332**
115 A-C.⟩

Δευτέραν πρότασιν ὁ Σωκράτης ἤρετο τῷ ἀγαθῷ τὸ
δίκαιον διὰ μέσου τοῦ καλοῦ συνάψαι βουλόμενος, τὴν
λέγουσαν πᾶν τὸ καλὸν ἀγαθόν · ὁ δέ γε νεανίσκος θέσει 5
τὸ καλὸν ἡγούμενος εἶναι καὶ ἐπὶ τὰς τῶν πολλῶν δόξας
φερόμενος, ἔτι δὲ τὴν οὐσίαν ἡμῶν τὴν ἀληθινὴν ἀγνοῶν
καὶ τὰ ὄργανα μὴ διορίζων ἀπὸ τῶν μερῶν, μηδὲ τὰ συμ-
πληροῦντα τῶν ὑπουργικῶν διακρίνων, οὐ συγχωρεῖ τῇ
προτάσει ταύτῃ. Λέγει γοῦν ὅτι πολλοὶ καλὰ μὲν καὶ 10

332. 10-13 cf. δ 187-188.

331. 4 οὐ del. Taylor.

et louables, mais mauvaises. Car comment ne serait-ce pas une belle action pour Antiloque que de venir au secours de son père dans le danger et de supporter l'assaut de Memnon[1] ? Mais comment mourir ne serait-il pas un mal ? Donc, en même temps le même homme a accompli une belle action et s'en est mal tiré. Après cette déclaration du jeune homme, Socrate lui a demandé s'il concédait aussi ceci : que le laid est aussi quelquefois bien. Car il n'y aurait rien d'étonnant à ce qu'il dise que la totalité du laid est mal, tandis que la catégorie du beau est divisée : une part est mauvaise et une autre bonne. Alcibiade reconnaît aussi ce point et pose que le laid quelquefois se tourne en bien pour ceux qui l'accomplissent : par exemple, ceux qui se sont sauvés parce qu'ils n'ont pas porté secours à leurs amis en danger ont bien sûr accompli une action laide en négligeant leurs amis, mais elle est bonne pour eux-mêmes, puisqu'ils se sont sauvés[2] et ont échappé ou bien aux blessures ou bien à la mort.

Réfutation de la thèse d'Alcibiade Contre ces thèses du jeune homme, on peut dire qu'il a tort de penser que la mort et les blessures sont au nombre des maux[3]. Laquelle de ces deux, en effet, peut être un mal pour nous, dès là que notre essence consiste dans l'âme ? Au surplus même les pâtirs // des instruments n'affectent pas la force de ceux qui les utilisent ; et donc, ni le charpentier, si sa scie est abîmée, ne perd son art ni, si notre bonheur consistait dans l'art du charpentier, nous ne dirions que celui qui perd sa scie est malheureux. Car de même que l'âme possède son instrument, de la même façon pourrait-on regarder comme différents du corps les instruments au moyen desquels le corps meut les objets externes[4] et dont la mauvaiseté ne nuit pas au bon état du corps. De la même façon donc, les pâtirs des corps, eux aussi, ne parviennent pas jusqu'à l'âme, de telle sorte que la mort, même si elle est un mal pour le corps, n'est

1-4. Voir *Notes complémentaires*, p. 455-456.

ἐπαινετὰ πράττουσι, κακὰ δέ. Πῶς γὰρ οὐ καλὸν τῷ
᾿Αντιλόχῳ τὸ βοηθῆσαι τῷ πατρὶ κινδυνεύοντι καὶ τὴν
τοῦ Μέμνονος ὁρμὴν ὑπομεῖναι ; Πῶς δὲ οὐ κακὸν τὸ
ἀποθανεῖν ; ῞Αμα οὖν ὁ αὐτὸς καὶ καλὸν ἔπραξεν ἔργον
καὶ κακῶς ἀπήλλαξε. Ταῦτα τοῦ νεανίσκου λέγοντος ὁ   15
Σωκράτης ἠρώτησεν εἰ καὶ ἐκεῖνο συγχωρεῖ, τὸ τὸ αἰσχρόν
ποτε ἀγαθὸν εἶναι. Θαυμαστὸν γὰρ οὐδὲν ἦν εἰπεῖν πᾶν
μὲν τὸ αἰσχρὸν εἶναι κακόν, τῶν δὲ καλῶν μερίζεσθαι τὸ
εἶδος, καὶ τὰ μὲν αὐτῶν εἶναι κακά, τὰ δὲ ἀγαθά. Συνομολογεῖ δὴ καὶ τοῦτο ὁ ᾿Αλκιβιάδης καὶ τίθεται τὸ αἰσχρὸν   20
ἀγαθόν ποτε γίνεσθαι τοῖς πράττουσιν · οἷον εἴ τινες
φίλοις κινδυνεύουσι μὴ βοηθήσαντες ἐσώθησαν, αἰσχρὰ
μὲν ἔπραξαν παριδόντες τοὺς φίλους, ἀγαθὰ δὲ ἑαυτοῖς
σεσωσμένοι καὶ διαφυγόντες ἢ τραύματα ἢ φόνους.

Πρὸς δὴ ταύτας τοῦ νεανίσκου τὰς θέσεις ἔξεστι μὲν   25
λέγειν καὶ ὅτι κακῶς οἴεται τὸν θάνατον εἶναι τῶν κακῶν
καὶ τὰ τραύματα. Τί γὰρ τούτων ἡμῖν κακόν, ἐν ψυχῇ
τὴν ὑπόστασιν ἔχουσιν ; Οὐδὲ γὰρ τὰ πάθη τῶν ὀρ/γάνων   333
μεθίστησι τὰς τῶν χρωμένων ἀρετάς · οὔκουν οὐδὲ ὁ
τέκτων τοῦ πρίονος αὐτῷ λωβηθέντος ἀποβάλλει τὴν
τέχνην, οὐδ᾽, εἰ ἦν ἡμῶν τὸ εὔδαιμον ἐν τῇ τεκτονικῇ,
κακοδαίμονα ἂν εἴποιμεν τὸν τοῦ πρίονος ἀφῃρημένον.   5
᾿Επεὶ ὥσπερ ἡ ψυχὴ τὸ ὄργανον ἔχει, οὕτω καὶ τοῦ σώματος ἄλλα ἂν ἴδοι τις ὄργανα, δι᾽ ὧν τὸ σῶμα κινεῖ τὰ ἐκτός,
ὧν ἡ κακία τὴν τοῦ σώματος εὐεξίαν οὐ λυμαίνεται. Κατὰ
ταῦτα δὴ οὖν καὶ τὰ πάθη τοῦ σώματος οὐ διαβαίνει καὶ
μέχρι ψυχῆς, ὥστε καὶ ὁ θάνατος, εἰ καὶ σώματός ἐστι   10

332. 17 εἰπεῖν Westerink : εἰ N.
333. 2 οὔκουν Westerink : οὐκοῦν N.

certainement pas un mal pour l'âme. Si donc la beauté
de l'action réside dans l'âme, le mal en autre chose,
on n'a pas encore prouvé que la même chose est à la
fois belle et mauvaise. On peut aussi faire la distinction
logique suivante[1] : une chose est le ' en soi ', une autre
le ' par accident '. Et Socrate choisit justement cette
façon de résoudre la question, parce qu'elle est la plus
connue du jeune homme. L'action courageuse, en effet,
est belle ' en soi ', mais elle est un mal — si elle l'est
jamais — seulement ' par accident ', parce qu'il est
arrivé accidentellement que celui qui fait montre de
courage est mort — admettons, en effet, si tu le veux,
que la mort fasse partie des maux —, par conséquent,
ce n'est pas en tant qu'elle est belle qu'une action peut
être mauvaise aussi, mais elle l'est par accident. Voilà
donc // une manière de parler qui est cause des subtilités
des sophistes[2] : c'est qu'ils assument les accidentels
comme des en-soi et ne les séparent pas l'un de l'autre
selon les lois de la dialectique[3]. Autre chose est donc
le beau, autre chose le mal, et ce n'est pas en tant qu'une
action a été démontrée belle qu'elle est mauvaise, mais
par accident, à cause de la mort. On peut même dire
encore qu'ignore l'essence de l'homme celui qui distingue
le bien du beau, pose l'un dans un élément, l'autre
dans un autre, mélange le bien avec le corps et rapporte
le beau à l'activité de l'âme, et concède que l'un est
primordial et l'autre subordonné. Mais Socrate n'a
pas procédé à la solution de la difficulté de cette façon,
parce qu'il n'a pas encore montré que notre essence
est pure du corps[4]. S'adressant donc à un homme qui
croit que le corps fait partie intégrante de notre essence,
il n'était pas encore possible de dire qu'il faut distinguer
la mort, qu'elle soit un mal ou non, de ce qui arrive à
l'homme[5] et qu'il ne faut pas confondre la vie du corps
et le bien de l'homme ni non plus rapporter le mal de
l'instrument à celui qui l'utilise.

1-3. Voir *Notes complémentaires*, p. 456.
4. Cf. Ol., 116.11-12.
5. L'expression ne m'est pas claire.

κακόν, ἀλλ' οὔτι γε ψυχῆς. Εἰ τοίνυν τὸ μὲν καλὸν τῆς
πράξεως ἐν ψυχῇ ἐστί, τὸ δὲ κακὸν ἐν ἄλλῳ, οὔπω δέδεικται
τὸ αὐτὸ καλὸν καὶ κακόν. Ἔξεστι δὲ αὖ καὶ λογικῶς διορίζειν, ὡς ἄλλο τὸ καθ' αὑτὸ καὶ ἄλλο τὸ κατὰ συμβεβηκός · καὶ ὅ γε Σωκράτης τοῦτον ἐκλέγεται τῆς λύσεως 15
τὸν τρόπον ὡς τῷ νεανίσκῳ γνωριμώτερον. Ἔστι γὰρ ἡ
ἀνδρικὴ πρᾶξις καλὸν καθ' ἑαυτήν, κακὸν δέ, εἴπερ ἄρα,
κατὰ συμβεβηκός, διότι συμβέβηκεν ἀνδριζόμενον ἀποθανεῖν · ἔστω γὰρ ὁ θάνατος, εἰ βούλει, τῶν κακῶν. Οὐκ
ἄρα καθ' ὃ καλόν τί ἐστι, κατὰ τοῦτο καὶ κακόν, ἀλλὰ κατὰ 20
συμβεβηκός. Εἷς δὲ καὶ οὗτος τρόπος ἐστὶ τῶν σοφιστικῶν
ἐνοχλήσεων αἴτιος, ὅτι / τὰ κατὰ συμβεβηκὸς ὡς καθ' αὑτὸ 334
λαμβάνουσι καὶ οὐ διορίζουσι ταῦτα ἀπ' ἀλλήλων κατὰ
τὸν διαλεκτικὸν νόμον. Ἄλλο δὴ οὖν ἐστι τὸ καλὸν καὶ
ἄλλο τὸ κακόν, καὶ οὐ καθ' ὃ καλὸν δέδεικται κακόν,
ἀλλὰ κατὰ συμβεβηκὸς διὰ τὸν θάνατον. Ἔξεστί γε μὴν 5
κἀκεῖνα λέγειν, ὅτι τὴν οὐσίαν ἀγνοεῖ τοῦ ἀνθρώπου ὁ διορίζων ἀπὸ τοῦ καλοῦ τὸ ἀγαθόν, καὶ τὸ μὲν ἐν ἄλλῳ, τὸ δὲ
ἐν ἄλλῳ τιθέμενος, καὶ τὸ μὲν ἀγαθὸν τῷ σώματι συμφύρων,
τὸ δὲ καλὸν ἐπὶ τὴν ἐνέργειαν τῆς ψυχῆς ἀναφέρων, καὶ
τὸ μὲν προηγούμενον, τὸ δὲ ἐπακολουθοῦν ὁμολογῶν. 10
Ἀλλ' ὅ γε Σωκράτης οὐ ταύτῃ μετῆλθε τὴν λύσιν, ὅτι
μηδὲ τὴν οὐσίαν ἡμῶν ἔδειξεν ἤδη τοῦ σώματος καθα-
ρεύουσαν. Πρὸς ἄνθρωπον οὖν οἰόμενον τὸ σῶμα συμπληρωτικὸν εἶναι τῆς οὐσίας ἡμῶν, οὔπω λέγειν ἦν δυνατόν,
ὅτι τὸν θάνατον, εἴτε ἐστὶ κακὸν εἴτε μή, διορίζειν χρὴ τῶν 15
τῷ ἀνθρώπῳ συμβαινόντων καὶ μὴ συγχεῖν εἰς ταὐτὸν τό
τε ἀγαθὸν τοῦ σώματος καὶ τὸ ἀγαθὸν τοῦ ἀνθρώπου, μηδὲ
τὸ τοῦ ὀργάνου κακὸν ἐπὶ τὸ χρώμενον ἀναπέμπειν.

333. 21-**334.** 3 cf. Ar., *De soph. el.* 5, 166 b 28-36.

334. 15 an χρὴ ⟨ἀπὸ⟩ τῶν leg. ?

< // Considère alors si ... C'est mon avis. (115 C 6-116 A 2). >

Sur la méthode de démonstration

Jusqu'aux précédentes paroles, Alcibiade combattait la prémisse : ' tout ce qui est beau est bon ', mais Socrate a résolu la difficulté en recourant à la distinction entre ' en soi ' et ' par accident ', notions à partir desquelles les dialecticiens ont accoutumé de résoudre // beaucoup de difficultés. Mais, à partir d'ici, Socrate désormais a pour objet principal d'établir la prémisse qui est apparue contestable. Et il use d'un prosyllogisme[1] qui établit d'abord ce qu'il recherche, et ce prosyllogisme de la première figure chevauche[2] un syllogisme de la première figure. Il s'agit, en effet, d'un prosyllogisme de la première figure, et on l'a déjà énoncé : ' tout beau est désirable, tout désirable est bien, tout beau est bien '. Mais si Socrate avait présenté ces prémisses de la sorte, le syllogisme aurait été évident ; en fait, Socrate semble les traiter plus particulièrement, puisqu'il parle du courage[3]. La raison en est qu'il veut tirer ses prémisses de la vie de son interlocuteur : car c'est là un procédé plus maïeutique en même temps que plus efficace pour le redressement de celui qui est imparfait, tandis que le premier mode est plus scientifique et dialectique.

Toutes les prémisses sont dans le texte

Que si tu veux bien prêter une attention scrupuleuse aux mots, tu y verras posées toutes les prémisses. En effet, quand Socrate demande à Alcibiade s'il choisirait d'avoir les biens ou les maux[4], il lui demande la prémisse majeure, celle qui dit : ' le désirable est bien '[5]. En effet, il n'y a pas d'autre objet de désir que le bien ; car ce n'est certainement pas le mal : tout être, en effet, fuit le mal et, au moment même où est connue sa nature, aucun être ne le recherche plus. Mais lorsqu'il

1-4. Voir *Notes complémentaires*, p. 456.
5. Reprend, en le résumant, ce qui a été dit *supra*, p. 329.1 ss.

/ ⟨ Ὅρα τοίνυν ... Ἔμοιγε δοκεῖ. 115 C-116 A. ⟩   335

Μέχρι μὲν τῶν προειρημένων ῥημάτων ὅ τε Ἀλκιβιάδης
ἀντέστη πρὸς τὴν λέγουσαν πρότασιν τὸ καλὸν ἀγαθὸν
εἶναι πᾶν, ἣν Σωκράτης διέλυσε τῷ καθ' αὐτὸ καὶ τῷ κατὰ
συμβεβηκός, ἀφ' ὧν πολλὰ τῶν ἀπόρων ὑπὸ τῶν δια-   5
λεκτικῶν εἴωθεν ἐπιλύ/εσθαι · ἐντεῦθεν δὲ ἤδη προηγουμέ-   336
νως κατασκευάζει τὴν πρότασιν ταύτην ἀμφισβητήσιμον
εἶναι [δό]ξασαν. Καὶ κέχρηται προσυλλογισμῷ προκα-
τασκευάζοντι τὸ ζητούμενον, καὶ ἔστιν ὁ προσυλλογισμὸς
πρῶτος πρώ[τῳ] ἐπιβάλλων. Γίνεται γὰρ κατὰ τὸ πρῶτον   5
σχῆμα, καὶ προείρηται ὁ τρόπος · πᾶν καλὸν ἐφετόν, πᾶν
ἐφετὸν ἀγαθόν, πᾶν ἄρα καλὸν ἀγαθόν. Ἀλλ' εἰ μὲν
οὑτωσὶ προὔφερε τὰ λήμματα, δῆλος ἂν ἦν · νῦν δὲ δοκεῖ
μερικώτερον αὐτῶν ἀντιλαμβάνεσθαι, ἐπὶ ἀνδρείας ποιού-
μενος τὸν λόγον. Αἴτιον δέ, ὅτι βούλεται τὰς προτάσεις   10
ἀπὸ τῆς ζωῆς τοῦ προσδιαλεγομένου λαβεῖν · τοῦτο γὰρ
μαιευτικώτερον καὶ ἅμα δραστήριον πρὸς τὴν τοῦ ἀτελοῦς
ἐπανόρθωσιν, ἐκεῖνο δὲ ἐπιστημονικώτερόν τε καὶ διαλεκ-
τικώτερόν ἐστιν.

Εἰ δὲ βούλει τοῖς ῥήμασι παρακολουθεῖν ἀκριβῶς, ὄψει   15
κειμένας ἁπάσας τὰς προτάσεις. Ἐρωτῶν μὲν γάρ, πότερον
δέξαιτο αὐτῷ ὑπάρχειν τὰ ἀγαθὰ ἢ τὰ κακά, τὴν μεγίστην
ἐρωτᾷ πρότασιν τὴν λέγουσαν τὸ ἐφετὸν ἀγαθόν. Οὐδὲν
γὰρ ἄλλο ἐστὶν ἐφετὸν ἢ τὸ ἀγαθόν · οὐ γὰρ δὴ τὸ κακόν ·
τοῦτο γὰρ παντὶ φευκτόν, καὶ ἅμα τε γινώσκεται οἷόν ἐστι   20
καὶ ὑπ' οὐδενὸς σπουδάζεται τῶν ὄντων. Ὅταν δὲ ὡς

336. 6 προείρηται, cf. supra, p. 329.20-330.1.

336. 3 suppl. N^m·rec· : lac. 4 litt. reliquit N ‖ 5 suppl.
Westerink : lac. 3 litt. reliquit N ‖ 7 ἀγαθὸν ἐφετὸν N ‖ 19 ἐφετὸν
ἢ τὸ ἀγαθόν N^ex corr· : ἐφετὸν in ἀγαθὸν mutatum, ἀγαθὸν ex
ἐφετόν factum N^m·pr· ut uid.

trompe en se faisant passer pour bien, à nouveau il devient désirable ; seul donc le bien est désirable. Or que choisirions-nous de posséder sinon ce dont nous avons le désir et ce qui est objet de notre volonté[1] ? Ensuite, en lui demandant si le plus grand bien est aussi le plus désirable, il assume cette prémisse : ' l'aimable est bien '. Car l'amour est un désir intense[2], // de telle sorte que, soit que tu prennes le bien comme désirable, soit que tu le prennes comme aimable, il unit totalement le beau au bien. Ensuite, en troisième lieu, en assumant qu'Alcibiade n'accepterait pas d'être dépouillé de courage, il assume, en plus, que le beau est en outre aimable et désirable. Car on a posé que le courage est beau[3]. A partir de ces propositions, Socrate conclut que le courage et tout ce qui est beau en ce sens est aussi un bien. Il établit également, *a contrario*, que le courage est désirable et bien : en effet, si la lâcheté est le dernier des maux, alors le courage fait aussi partie des plus grands biens. Par conséquent, le courage, étant chose belle, n'est nullement n'importe quel bien, mais le plus grand. Par conséquent, le bien est co-unifié au beau d'une autre façon aussi : si la mort mérite davantage notre choix que la lâcheté, être un lâche c'est exister misérablement ; car il n'y a que l'exister misérablement qui mérite d'être plus fui que le ne pas être, et rien d'autre[4]. Or si ne pas être est un moins grand mal qu'être un lâche, être courageux est un plus grand bien que vivre (car à ce qui est le plus mal s'oppose ce qui est le plus bien) : par conséquent, le courage est bien dans une plus grande mesure que la vie[5]. Et si la mort est un mal égal à la lâcheté, leurs contraires sont aussi des biens au même titre, vie et courage. Par conséquent, on ne doit pas dépouiller le courage du bien à cause de la mort : car il est un bien égal à la vie et non pas un bien en raison de la vie, mais un bien par lui-même ; en tout cas, on méprise la vie par désir du courage. On a donc montré, dans le cas du courage, que la même chose est belle et un bien ; et les prémisses

1-5. Voir *Notes complémentaires*, p. 456.

ἀγαθὸν ἐξαπατήσῃ, γίνεται πάλιν ἐφετόν · μόνον δὴ οὖν
ἐφετόν ἐστι τὸ ἀγαθόν. Τί δὲ ἄλλο ἐστὶν ὃ ἂν δεξαίμεθα
ἡμῖν ὑπάρχειν ἢ οὗ τὴν ἔφεσιν ἔχομεν καὶ βουλητὸν ἡμῖν
ὑπάρχει ; Πάλιν δὲ αὖ ἐρωτῶν εἰ καὶ τὸ μέγιστον ἀγαθὸν 25
μάλιστα ἐφετόν ἐστιν, ἐκείνην λαμβάνει τὴν πρότασιν
τὴν λέγουσαν τὸ ἐραστὸν ἀγαθόν ἐστι. Σύντονος γάρ ἐστιν
ἔφεσις ὁ ἔρως, ὥστε, εἴτε ὡς ἐφετὸν / λαμβάνοις τὸ ἀγαθόν, 337
εἴτε ὡς ἐραστόν, συνάπτειν αὐτῷ τὸ καλὸν ἐκ παντός.
Τρίτον αὖθις προσλαμβάνων ὅτι ἀνδρείας οὐκ ἂν δέξαιτο
στέρεσθαι, προσλαμβάνει [τῷ] τὸ καλὸν ἐραστὸν εἶναι
καὶ ἐφετόν. Κεῖται γὰρ εἶναι καλὸν τὴν ἀνδρείαν · ἐξ ὧν 5
συνάγεται τὸ τὴν ἀνδρείαν καὶ πᾶν τὸ οὑτωσὶ καλὸν ἅμα
καὶ ἀγαθὸν εἶναι. Κατασκευάζει δέ, ὅτι ἡ ἀνδρεία ἐφετόν
ἐστι καὶ ἀγαθόν, καὶ ἀπὸ τοῦ ἐναντίου · εἰ γὰρ ἡ δειλία
κακὸν ἔσχατον, καὶ ἡ ἀνδρεία τῶν μεγίστων ἐστὶν ἀγαθῶν.
Καλὸν ἄρα οὖσα καὶ ἀγαθόν ἐστι οὐ τὸ τυχόν, ἀλλὰ 10
τὸ μέγιστον. Συνήνωται ἄρα τῷ καλῷ τὸ ἀγαθὸν καὶ κατ᾽
ἄλλον τρόπον · εἰ γὰρ ὁ θάνατος αἱρετώτερός ἐστι τῆς
δειλίας, κακῶς εἶναί ἐστι τὸ δειλὸν εἶναι · μόνον γὰρ τὸ
κακῶς εἶναι τοῦ μὴ εἶναι φευκτότερον, ἄλλο δὲ οὐδέν.
Εἰ δὲ ἧττον κακὸν τὸ μὴ εἶναι τοῦ δειλὸν εἶναι, μᾶλλον 15
ἀγαθὸν τὸ ἀνδρεῖον εἶναι τοῦ ζῆν · τῷ γὰρ μᾶλλον κακῷ τὸ
μᾶλλον ἀγαθὸν ἀντίκειται · ἡ ἄρα ἀνδρεία μείζόνως ἐστὶν
ἀγαθὸν ἤπερ ἡ ζωή. Εἰ δὲ καὶ ἴσον κακὸν ὁ θάνατος τῇ
δειλίᾳ, καὶ τὰ ἐναντία αὐτοῖς ἐπίσης ἀγαθά, ζωὴ καὶ
ἀνδρεία. Οὐκ ἄρα διὰ τὸν θάνατον ἀφαιρετέον τῆς ἀνδρείας 20
τὸ ἀγαθόν · ἴσον γάρ ἐστιν ἀγαθὸν τῇ ζωῇ, καὶ οὐ διὰ τὴν
ζωὴν ἀγαθόν, ἀλλὰ δι᾽ αὐτήν · ὑπεροράται γοῦν ἡ ζωὴ διὰ
τὴν τῆς ἀνδρείας ἔφεσιν. Δέδεικται τοίνυν ἐπὶ τῆς ἀνδρείας
ὅτι τὸ αὐτὸ καλόν ἐστι καὶ ἀγαθόν · ἔλαθον δὲ αἱ προτάσεις,

---

336. 25 μέγιστον N^{a·corr·} : μάλιστα N^{p·corr·} (D).
337. 4 προσλαμβάνει N sed supra σ signum ἲ ‖ τῷ del. recc.

étaient cachées pour la raison que Socrate, qui procédait
à un accouchement et non pas à un combat, a mené
ses interrogations à propos d'une question particulière.

< — Mais est-ce aussi ... — C'est évident. (116 A 3-
B 1). >

Explication générale Le ' par soi ' a été correctement
distingué par Aristote du ' en tant
que soi ', et l'on enseigne que ce qui appartient ' par
soi ' n'appartient pas forcément à titre premier, tandis
que ce qui appartient ' en tant que soi ', outre qu'il
est présent ' par soi ' à son sujet, non seulement lui
est présent à titre premier mais même lui est équivalent[1] : car commencer à partir de ces sujets, séjourner
en eux, voilà qui n'appartient qu'à ce qui a une existence
au même titre que les sujets. Socrate donc, dans ce
texte, après avoir démontré que le beau est bon, poursuit
sa démonstration et ajoute que c'est justement en tant
qu'il est beau qu'il est bon, pour pouvoir montrer que
ces deux termes sont convertibles entre eux. Et le jeune
homme le concède, puisqu'il a déjà une notion du beau
par nature et a découvert qu'il est en même temps
bien. Il n'est pas interdit de rappeler ce point à ceux
qui le contestent. Si le beau est cause de proportion
pour l'âme, si c'est pour cela qu'il est appelé beau,
s'il permet à notre meilleure partie de dominer sur
l'inférieure, s'il assure notre perfection et // s'il purifie
notre âme de la laideur, sous tous ces aspects justement
il est bon aussi ; et en tant qu'il a cette action, il fait
partie de la portion <du > bien[2]. Et il n'est pas bien par
accident, mais en tant qu'il est beau. Car si c'est en
tant que beau qu'il est proportionné, c'est en tant que
proportionné qu'il est bien : car le bien aussi est une
mesure[3]. De telle sorte que son contraire, c'est en tant
que laid qu'il est mal ; car en tant que laid, il est
dépourvu de forme, indéfini et sans mesure et, en tant
que tel, mal. Par conséquent[4], c'est en tant que laid

1-4. Voir *Notes complémentaires,* p. 456-457.

ἐπείπερ ὁ Σωκράτης μαιευόμενος, ἀλλ' οὐκ ἀγωνιζόμενος, 25
ἐπὶ μερικοῦ πεποίηται τὰς ἐρωτήσεις.

⟨ / ᾿Αρ' οὖν ... Οὐ φαίνεται. 116 A-B. ⟩   338

Τὸ καθ' αὑτὸ τοῦ ᾗ αὑτὸ καὶ ὑπὸ τοῦ ᾿Αριστοτέλους
ὀρθῶς διακέκριται, καὶ λέλεκται ὅτι τὸ μὲν καθ' αὑτὸ
ὑπάρχον δύναται καὶ μὴ πρώτως ὑπάρχειν, τὸ δὲ ᾗ αὑτὸ
πρὸς τῷ καθ' αὑτὸ παρεῖναι τοῖς ὑποκειμένοις καὶ πρώτως 5
αὐτοῖς πάρεστι δηλονότι καὶ ἐξισάζει πρὸς αὐτά · τὸ γὰρ
ἀπ' αὐτῶν ἄρχεσθαι καὶ ἐν αὐτοῖς ἵστασθαι τῶν ἐξ ἴσου
τὴν ὑπόστασιν ἐχόντων ἐστὶ τοῖς ὑποκειμένοις. Ὁ δὴ
Σωκράτης ἐν τούτοις τὸ καλὸν ἀγαθὸν ἀποδείξας ἐπαγωνί-
ζεται τῷ λόγῳ καὶ προστίθησιν ὅτι καὶ ᾗ καλόν, ἀγαθόν 10
ἐστιν, ἵνα καὶ ἀντιστρέφοντα δείξῃ ταῦτα ἀλλήλοις. Καὶ
συγχωρεῖ μὲν ὁ νεανίσκος, ἔννοιαν ἤδη λαβὼν τοῦ φύσει
καλοῦ καὶ τοῦτο εὑρὼν ὡς ἅμα καὶ ἀγαθόν ἐστιν · ὑπο-
μιμνήσκειν δὲ ἔξεστι τοὺς ἀμφισβητοῦντας. Εἰ γὰρ τὸ
καλὸν συμμετρίας ἐστὶν αἴτιον τῇ ψυχῇ, καὶ εἰ διὰ τοῦτο 15
λέγεται καλόν, καὶ εἰ τὸ κρεῖττον ἐν ἡμῖν παρέχεται κρατεῖν
τοῦ χείρονος, καὶ εἰ τελειωτικόν ἐστιν ἡμῶν καὶ τοῦ
/ αἴσχους τῆς ψυχῆς καθαρτικόν, κατ' αὐτὰ ταῦτα καὶ 339
ἀγαθόν ἐστι · καὶ ᾗ ταῦτα ἐργάζεται τῆς ⟨τοῦ⟩ ἀγαθοῦ
μοίρας ἐστί. Καὶ οὐ κατὰ συμβεβηκός ἐστιν ἀγαθόν, ἀλλὰ
ᾗ καλόν. Εἰ γὰρ ᾗ καλόν, σύμμετρόν ἐστιν, ᾗ δὲ σύμμετρον,
ἀγαθόν · μέτρον γὰρ καὶ τὸ ἀγαθόν ἐστιν. Ὥστε καὶ τὸ 5
ἐναντίον ᾗ αἰσχρόν, κακόν ἐστιν · ᾗ γὰρ αἰσχρόν, ἄμορφόν
ἐστι καὶ ἀόριστον καὶ ἄμετρον · ᾗ δὲ ταῦτα, ἐστὶ κακόν.
Ἧι ἄρα αἰσχρὸν δηλονότι καὶ κακὸν ἀναφαίνεται. Συνάγει

338. 2-3 cf. Ar., *An. post.* A 4, 73 a 34-b 24.
339. 5 cf. *Phil.* 64 D 9-11.

338. 4 πρώτως D : -ω N. ‖
339. 2 τοῦ add. Westerink ‖ 4 εἰ γὰρ N : aut εἴπερ aut καὶ
γὰρ legendum est sec. Westerink.

qu'évidemment il apparaît comme mauvais. Socrate conclut donc à bon droit que c'est la même chose que le beau et le bien, s'il est vrai que c'est en tant que beau qu'il est aussi bien et puisque le mal est la même chose que le laid, s'il est vrai que c'est en tant que laid qu'il est aussi mauvais ; à la suite de quoi, il conclut qu'il ne faut pas appeler la même chose à la fois belle et mauvaise, ni non plus laide et bonne. Et l'on peut tirer de là une règle[1] de logique, dont Aristote a, par la suite, fait usage[2], savoir, si deux termes quelconques ainsi que leurs contraires sont convertibles entre eux, il est impossible que le contraire de l'un des deux termes ' suive ' l'autre terme. Car si le beau et le bien se convertissent entre eux et aussi leurs contraires, mal et laid[3] *** ***

1. Sur cette règle logique aristotélicienne (*De caelo*, A 12, 281 b 25-282 a 25), cf. P. Hadot, *Porphyre*, I, p. 150 ss. Pour l'attitude des néoplatoniciens à l'égard de la logique aristotélicienne, cf. Ol., *In Phd.*, 10, § 3.5-6 (avec les principaux textes cités en note par L. G. Westerink). Ici Proclus se montre soucieux de revendiquer l'antériorité de Platon sur Aristote, comme en *In Tim.*, I 295.27-296.12.

2. Sur cette traduction de θεώρημα, cf. L. Roberts, « Origen and Stoic Logic », *TAPhA* 101 (1970), p. 433-444, qui propose pour ce terme « rules » (p. 439) ; sens déjà rencontré *supra*, p. 176.7.

3. « Il est impossible que le beau aille avec le laid et le laid avec le bien » : c'est ce que l'on peut conjecturer comme fin de phrase. Et ainsi s'achève le commentaire conservé de Proclus.

δ' οὖν εἰκότως ὁ Σωκράτης ὅτι ταὐτόν ἐστι καλὸν καὶ
ἀγαθόν, εἴπερ ᾖ καλόν, καὶ ἀγαθόν ἐστι, καὶ ὅτι τῷ αἰσχρῷ 10
τὸ κακὸν ταὐτόν, εἴπερ ᾖ αἰσχρόν, κάκόν ἐστιν · ἐφ' οἷς
συλλογίζεται ὡς οὐ δεῖ τὸ αὐτὸ καὶ καλὸν λέγειν καὶ κακόν,
οὐδὲ αἰσχρὸν καὶ ἀγαθόν. Καὶ ἔστιν ἐντεῦθεν λαβεῖν
θεώρημα λογικόν, ᾧ καὶ 'Αριστοτέλης ὕστερον ἐχρήσατο,
ὅτι ἐὰν δύο ἄττα ἀλλήλοις ἀντιστρέφῃ καὶ τὰ τούτοις 15
ἐναντία ἀλλήλοις, οὐ δυνατὸν θατέρῳ τῶν δύο τούτων
ἀκολουθεῖν τὸ ἐναντίον τῷ λοιπῷ. Εἰ γὰρ τὸ καλὸν καὶ τὸ
ἀγαθὸν ἀντιστρέφει καὶ τὰ ἀντικείμενα αὐτοῖς, τὸ κακὸν
καὶ τὸ αἰσχρόν, ********************************
*** 20

339. 14-17 cf. Ar., *De Caelo*, A 12, 281 b 25-282 a 25.

339. 13 ἀγαθὸν Westerink (coll. *Alc.* 116 A 11) : καλόν N ‖
19 cetera desunt.

FRAGMENTS*

1

107 E. Socrate, qui secrètement redresse Alcibiade, donne comme exemple la gymnastique, qui a pour divisions la *lutte à distance* et le *corps à corps*. De la même façon aussi les divisions de l'action juste sont : la guerre et la paix. Et c'est à juste titre[1] que Socrate propose à Alcibiade la gymnastique et la musique, parce qu'elles sont connues du jeune homme, puisqu'il y a été élevé depuis sa plus tendre enfance. Et la guerre est à la gymnastique comme la paix est à la musique.

2

107 E 11. Remarque[2] comme les mots sont utilisés avec exactitude[3]. Socrate, en effet, parle de *gymnique-ment* et de *musicalement*[4], nommant ainsi d'une manière exacte les actions à partir des dispositions. En effet, les noms s'attribuent : (1) ou bien d'après les dispositions pour ceux qui les possèdent : par exemple, médecin s'attribue d'après la disposition médicale ; (2) ou bien d'après l'action : par exemple, celui qui a bien soigné a agi, disons-nous, médicalement ; (3) ou bien d'après l'instrument : par exemple, lorsque nous appelons quelqu'un un ' phlébotome '[5] ; (4) ou bien d'après la fin : par exemple, lorsque nous appelons nourriture saine celle qui produit la santé[6]. Et par le présent texte, Platon nous enseigne à notre insu, outre le sujet qu'il s'était proposé, le lieu tiré de la similitude[8] et celui tiré des choses coordonnées[9]. Aristote nous a bien enseigné ces lieux, mais sans le secours des exemples[10], en les

---

* Pour les sigles, voir *supra*, p. CXX et CXXI.
1-10. Voir *Notes complémentaires*, p. 457-458.

FRAGMENTA

1

Schol. in Alcib. p. 450 Greene.

Λεληθότως ὁ Σωκράτης διορθούμενος Ἀλκιβιάδην παράδειγμα τὴν γυμναστικὴν φέρει ἔχουσαν διαφορὰν τό τε
ἀκροχειρίζεσθαι καὶ παλαίειν. Οὕτως οὖν καὶ τῆς
δικαιοπραγίας ὁ πόλεμος καὶ ἡ εἰρήνη εἰσὶ διαφοραί.
Εἰκότως δὲ γυμναστικὴν καὶ μουσικὴν προφέρει Σωκράτης, 5
ἅπερ γνώριμα τῷ Ἀλκιβιάδῃ ὡς δι᾽ αὐτῶν ἐκ παίδων
ἀχθέντι. Καὶ ὅμοια ὁ μὲν πόλεμος τῇ γυμναστικῇ, ἡ δὲ
εἰρήνη τῇ μουσικῇ.

2

Schol. in Alcib. p. 450-451 Greene.

Ὅρα τὴν ἀκρίβειαν τῶν ὀνομάτων. Γυμναστικῶς φησὶ καὶ
μουσικῶς, εὐλόγως ἀπὸ τῶν ἕξεων ὀνομάσας τὰς ἐνεργείας.
Τὰ γὰρ ὀνόματα ἢ ἀπὸ τῶν ἕξεων τίθεται τοῖς ἔχουσιν
αὐτάς, ὡς ἀπὸ τῆς ἰατρικῆς ἕξεως ὁ ἰατρός · ἢ ἀπὸ τῆς
ἐνεργείας, ὡς ἰατρικῶς λέγομεν ἐνεργῆσαι τὸν καλῶς 5
ἰασάμενον · ἢ ἀπὸ τοῦ ὀργάνου, καθάπερ φλεβοτόμον
φαμέν τινα · ἢ ἀπὸ τοῦ τέλους, ὡς λέγομεν ὑγιεινὸν σιτίον
⟦ἢ φλεβότομον⟧ τὸ ὑγίειαν ποιοῦν. Διὰ δὲ τούτων ὁ
Πλάτων τοὺς ἀπὸ τῆς ὁμοιότητος καὶ τῶν συστοίχων
τόπους ἡμῖν λεληθότως μετὰ τῆς ὕλης παραδίδωσιν, οὓς 10
ὁ Ἀριστοτέλης γυμνοὺς πραγμάτων ἐντεῦθεν ὠφελημένος

Frag. 1. 2 διαφοράς prop. dubitanter Westerink ǁ 3 an καὶ
⟨τὸ⟩ παλαίειν leg. ?
Frag. 2. 8 ἢ φλεβοτόμον del. ci. Gaisford.

tirant du présent texte et en les simplifiant. Voici, en effet, en quoi consiste le lieu de la similitude : il y a même rapport entre gymnastique et art de la palestre (ou le combat à poing nu) qu'entre la musique et le chant, la cithare et le rythme. Quant au lieu tiré des choses coordonnées, voici en quoi il consiste : de même que l'on dit gymniquement à partir de gymnique, de même dit-on musicalement à partir de musique. Mais en toute exactitude, on a d'abord[1] : chanter (qui concerne la langue), ensuite, jouer de la cithare (qui concerne les mains) ; ensuite, danser[2] (qui concerne les pieds). Il y a trois parties dans la musique[3] : chant, mélodie et rythme. Long et court ont rapport au chant, aigu et grave à la mélodie, et rapide et lent au rythme.

3

116 B 2-3. *Quiconque agit bellement, n'agit-il pas bien?* Socrate énonce la première prémisse, à savoir que celui qui agit bellement, agit bien[4]. // Mais ce n'est pas parce que Socrate dit que juste et avantageux sont identiques, en usant du beau comme moyen terme, qu'il veut pour autant qu'ils soient exactement la même chose (car autre est la nature du bien, autre celle du beau : et, en effet, le bien est juché au-dessus du beau et il descend aussi plus bas que le beau, puisque la matière, bien que laide, n'en participe pas moins au bien) ; non, Socrate veut seulement dire que c'est chez l'homme que ces deux termes se convertissent ; ils sont convertibles, en effet, avec leur substrat. Car de même que nous disons qu'il n'y a aucune différence entre homme et ' capable de rire '[5], non qu'il s'agisse de la même chose, mais simplement parce qu'il n'y a pas un seul substrat humain duquel ne se prédique pas le ' capable de rire ', eh bien, c'est de la même façon que ces termes, en tant qu'ils s'appliquent à l'homme, se convertissent. Et que Socrate assume le juste ainsi que le bien dans l'homme, voilà qui est évident, dès là qu'il a déjà dit

1-5. Voir *Notes complémentaires*, p. 458.

ἀπλώσας παραδέδωκεν. Ἔστι γὰρ ὁ ἀπὸ τῆς ὁμοιότητος
τόπος οὗτος · ὡς ἔχει γυμναστικὴ πρὸς παλαιστρικὴν
καὶ ἀκροχειρισμόν, οὕτως ἡ μουσικὴ πρὸς τὸ ᾆσαι καὶ
κιθαρίσαι καὶ ῥυθμόν. Ὁ δὲ ἀπὸ τῶν συστοίχων οὗτος · ὡς 15
ἀπὸ τῆς γυμναστικῆς τὸ γυμναστικῶς εἴρηται, οὕτως ἀπὸ
τῆς μουσικῆς τὸ μουσικῶς. Ἀκριβῶς δὲ πάνυ πρῶτον τὸ
ᾄδειν, ὅ ἐστι τῆς γλώττης, εἶτα κιθαρίζειν, ὅ ἐστι χειρῶν,
εἶτα βαίνειν, ὅ ἐστι ποδῶν. Τρία δὲ μέρη μουσικῆς · ᾆσμα
μέλος ῥυθμός. Καὶ περὶ μὲν τὸ ᾆσμα τὸ μακρὸν καὶ βραχύ, 20
περὶ δὲ τὸ μέλος τὸ ὀξὺ καὶ βαρύ, περὶ δὲ τὸν ῥυθμὸν τὸ
βραδὺ καὶ ταχύ.

3

Olympiodorus, in Alcib. p. 126, 3-20 Westerink.

Ὅστις καλῶς πράττει, οὐκ εὖ πράττει; τὴν
πρώτην πρότασίν φησιν, ὅτι ὁ τὰ καλὰ πράττων εὖ πράττει.
Οὐκ ἐπειδὴ δὲ ταὐτὸν εἶναί φησι δίκαιον καὶ συμφέρον
διὰ μέσου τοῦ καλοῦ, ἤδη τὰ αὐτὰ ἄντικρυς βούλεται
εἶναι (ἄλλη γὰρ φύσις τοῦ ἀγαθοῦ καὶ ἄλλη τοῦ καλοῦ · 5
καὶ γὰρ καὶ ἄνωθεν ἐπαναβέβηκεν τὸ ἀγαθὸν τοῦ καλοῦ
καὶ κάτωθεν διὰ τὴν ὕλην αἰσχρὰν οὖσαν, μετασχοῦσαν
δὲ τοῦ ἀγαθοῦ), ἀλλ' ὅτι ὡς ἐν ἀνθρώπῳ ἀντιστρέφουσιν,
τῷ γὰρ ὑποκειμένῳ ἀντιστρέφουσιν. Ὥσπερ γάρ φαμεν
τὸν ἄνθρωπον μηδὲν διαφέρειν τοῦ γελαστικοῦ, οὐχ ὅτι τὸ 10
αὐτὸ ἐστιν, ἀλλ' ὅτι οὐδὲν ἐκπέφευγεν τὸ ὑποκείμενον
τοῦ ἀνθρώπου οὗ τὸ γελαστικὸν μὴ κατηγορῆται, οὕτως
καὶ ταῦτα ὡς ἐν ἀνθρώπῳ ἀντιστρέφει. Καὶ ὅτι τὸ ἐν
ἀνθρώπῳ δίκαιον λαμβάνει καὶ ἀγαθόν, δῆλον, εἴγε καὶ

Frag. 2. 19 βαίνειν : an ἐμβαίνειν leg. ? (cf. enim 108 C 8).
Frag. 3. 11 ὅτι supra lineam inseruit M°.

plus haut que le courage est un bien[1] ; et, d'autre part,
dans le présent texte, il dit que ceux qui agissent
bellement ont bon succès, que c'est pour cela qu'ils
sont heureux et que c'est pour cela qu'ils agissent
bellement : or, agir, être heureux, avoir du succès,
voilà qui est du ressort des âmes. Et encore : dans le
texte il dit[2] : « *de ce raisonnement du moins* il résulte
que beau et bien sont la même chose » ; il veut dire :
ils sont la même chose dans leur substrat parce que le
substrat ne peut que les admettre. Voilà pour le philosophe Proclus[3].

4

118 C 1-2. *A l'exception de quelques-uns, comme peut-
être de ton tuteur, Périclès*[4]. Nous nous demandons
comment [Platon] peut faire ici l'éloge de Périclès en
le déclarant *savant*, alors que, un peu plus loin, il
l'attaque en déclarant qu'il n'était pas un homme
politique (tout de même que dans le *Gorgias* il démontre
qu'il n'est pas un homme politique)[5]. Et c'est justement
ce qu'il a dit dans le *Gorgias* qui a mû Aristide à le
contredire[6]. Or donc, le philosophe Proclus dit : [Platon]
réfute Périclès en tant qu'il n'a pas de science véritable,
mais il l'accepte en tant qu'il a une opinion droite[7].

5

118 C 5-6. *Pythoclide*[8] : c'était un musicien, professeur
de musique sérieuse et pythagoricien. Il a eu pour
disciple Agathoclès, qui a eu, à son tour, Lamproclès
pour disciple et ce dernier, enfin, Damon[9]. *Anaxagore* :
philosophe de la nature, surnommé l'« Intellect »[10], pour
la raison qu'il est le premier d'entre tous les philosophes
à avoir placé un intellect à la tête de l'Univers.

1. C'est un renvoi à 115 B 1 ss.
2. *Alc.*, 116 C 5.
3. La position de Proclus sera très violemment attaquée par
Damascius (cf. *supra*, p. LXIII-LXIV). C'est le premier exemple
que nous rencontrons, où nous devons d'avoir conservé un fragment de Proclus au fait que Damascius l'avait attaqué.
4-10. Voir *Notes complémentaires*, p. 458-459.

ἀνωτέρω ἔλεγεν περὶ ἀνδρείας ὅτι αὕτη ἀγαθόν· καὶ 15
ἐνταῦθα δέ φησιν ὅτι οἱ τὰ καλὰ πράττοντες εὖ πράττουσιν καὶ διὰ τοῦτο εὐδαίμονες καὶ διὰ τοῦτο ἀγαθὰ
πράττουσι, τὸ δὲ πράττειν ψυχῶν ἐστὶ καὶ τὸ εὐδαιμονεῖν
καὶ τὸ εὖ πράττειν. Καὶ ὅτι ἐν τῇ λέξει φησὶν ἔκ γε τούτου
τοῦ λόγου ταὐτόν ἐστι καλὸν καὶ ἀγαθόν, ἀντὶ τοῦ 20
κατὰ τὸ ὑποκείμενον τὰ αὐτά ἐστι τῷ μηδὲν ἐκφεύγειν τὸ
ὑποκείμενον. Καὶ οὕτω μὲν ὁ φιλόσοφος Πρόκλος.

4

Olympiodorus, in Alcib. p. 135, 4-10 Westerink.

Πλὴν ὀλίγων καὶ ἴσως τοῦ σοῦ ἐπιτρόπου
Περικλέους. Καὶ ζητοῦμεν πῶς ἐνταῦθα ἐπαινεῖ τὸν
Περικλέα λέγων αὐτὸν σοφόν, μετὰ μικρὸν δὲ κατατρέχει
αὐτοῦ λέγων αὐτὸν μὴ εἶναι πολιτικόν, ὥσπερ καὶ ἐν τῷ
Γοργίᾳ δείκνυσιν αὐτὸν μὴ ὄντα πολιτικόν, διὸ καὶ τὸν 5
Ἀριστείδην πρὸς ἀντιλογίαν ἐκίνησεν διὰ τὰ ἐν Γοργίᾳ
λεγόμενα. Ὁ μὲν οὖν φιλόσοφος Πρόκλος φησίν· ἐλέγχει
αὐτὸν ὡς μὴ ὄντα ἐπιστήμονα, ἀποδέχεται δὲ αὐτὸν ὡς
ὀρθοδοξαστικόν.

5

Schol. in Alcib. p. 95 Greene.

Πυθοκλείδης· μουσικὸς ἦν, τῆς σεμνῆς μουσικῆς διδάσκαλος, καὶ Πυθαγόρειος· οὗ μαθητὴς Ἀγαθοκλῆς,
οὗ Λαμπροκλῆς, οὗ Δάμων. Ἀναξαγόρας δὲ φυσικὸς
φιλόσοφος, ὁ Νοῦς ἐπικληθείς, ὅτι τοῦτον πρῶτος πάντων
ἐπέστησε τῷ παντί.   5

6

118 E 1, Dans ce texte, il paraphrase ce passage d'Homère[1] : *N'es-tu donc qu'un niais, ô étranger, ou qu'un faible d'esprit? Ou t'abandonnes-tu toi-même?* Quiconque[2], en effet, n'apprend pas (1) ou bien subit ce sort parce que sa nature s'oppose à l'étude : et il est un *sot* ou un *niais* ; (2) ou bien, il peut étudier, mais croit que l'étude est inutile et, pour cette raison, ne s'y consacre pas : il est alors un *faible d'esprit* ou un *fou* ; (3) ou bien il croit que l'étude est utile, mais est négligent et paresseux : il *s'abandonne lui-même* et *ne tourne pas son intellect.*

7

119 A 4-5. *Zénon* : l'Éléate, disciple de Parménide[3], philosophe de la nature et homme politique au vrai sens ; c'est pourquoi Socrate le compare avec Périclès qui, lui, n'est homme politique qu'en apparence. Il a eu pour élève *Pythodore*[4], dont il est aussi question dans le *Parménide*[5], comme étant celui qui transmet à Antiphon[6] un récit de cette célèbre rencontre. C'est auprès d'Antiphon que Céphale de Clazomènes[7] a étudié avant de devenir, à son tour, professeur. *Callias*[8] : célèbre général athénien ; fut, lui aussi, un homme politique.

8

120 B 2-3. Ce qu'il faut entendre par *la tonsure des esclaves*[9], cela a été dit par ce philosophe dans son *Commentaire sur l'Alcibiade*[10].

1. Cf. δ 371-372.
2. Olympiodore offre un texte rigoureusement parallèle en 139.7-18 : « Il y a, en effet, trois raisons pour n'être pas savant : sottise, folie et négligence. Semblable à ce texte est celui du Poète : *N'es-tu donc qu'un niais, ô étranger, ou qu'un faible d'esprit* (en effet, par la première raison, Homère désigne la sottise ; par *ou un faible d'esprit,* la folie, et par : *Ou bien t'abandonnes-tu toi-même et trouves-tu plaisir à tes propres souffrances?,* la négligence). » On a donc affaire à un fragment très douteux.
3-10. Voir *Notes complémentaires,* p. 459-460.

6

Schol. in Alcib. p. 96 Greene.

Τὸ Ὁμηρικὸν παραφράζει νῦν·
νήπιος εἷς, ὦ ξεῖνε, λίην τόσον ἠὲ χαλίφρων
ἠὲ ἑκὼν μεθίεις;
Πᾶς γὰρ μὴ μανθάνων ἢ φύσεως ἀντιπραττούσης πάσχει
τοῦτο, καὶ ἔστιν ὁ τοιοῦτος νήπιος καὶ ἠλίθιος· ἢ   5
δύναται μέν, οἴεται δὲ ἀνωφελῆ εἶναι τὰ μανθανόμενα καὶ
διὰ τοῦτο οὐκ ἐπιτείνεται πρὸς αὐτά, καὶ ἔστιν ὁ τοιοῦτος
χαλίφρων καὶ μαινόμενος· ἢ οἴεται μὲν ὠφέλιμα
εἶναι, ῥᾳθυμεῖ δὲ καὶ βλακεύει, καὶ ἔστιν ὁ τοιοῦτος
ἑκὼν μεθίων καὶ μὴ προσέχων τὸν νοῦν.   10

7

Schol. in Alcib. p. 96 Greene.

Ζήνων· ὁ Ἐλεάτης, Παρμενίδου μαθητής, φυσικὸς
φιλόσοφος καὶ πολιτικὸς ὡς ἀληθῶς· διὸ καὶ πρὸς Περικλέα παραβάλλεται φαινομένως ὄντα πολιτικόν. Τούτου
Πυθόδωρος ἀκροατής, ὃς καὶ ἐν Παρμενίδῃ μνήμης ἠξίωται
ὡς Ἀντιφῶντι τῆς συνουσίας ἐκείνης μεταδούς, παρ᾽ οὗ   5
Κέφαλος ὁ Κλαζομένιος μαθὼν διδάσκαλος γέγονε. Καλ-
λίας δὲ Ἀθηναίων στρατηγὸς ἔνδοξός τε πολιτικὸς καὶ
αὐτός.

8

Schol. in Procli comm. in Tim. I 463, 1-2 Diehl.

Τίς ἡ ἀνδραποδώδης θρίξ, εἴρηται τῷ φιλοσόφῳ τούτῳ
ἐν τοῖς εἰς τὸν Ἀλκιβιάδην γραφεῖσιν αὐτῷ.

Frag. 6. 1 παραφράζει νῦν B : νῦν παραφράζει ῥητόν TW ‖
2 ξεῖνε TW : ξένε B ‖ 3 ἠὲ TW : ἢ B ‖ μεθίεις B : μεθίεις καὶ
τέρπεαι ἄλγεα πάσχων TW.

9

120 B 7. *Tout ce qui concerne le savoir* : notre perfection
est de deux sortes[1] : l'une, celle de l'élément rationnel,
se réalise au moyen du savoir ; l'autre, celle de l'irrationnel, par la pratique des habitudes meilleures[2].

10

120 E 8-10. Le philosophe Proclus soulève la difficulté
suivante : pourquoi, alors que [Socrate] pouvait montrer
que les Spartiates remontent à Zeus par l'intermédiaire
d'Héraclès, ne l'a-t-il pas fait? Pourquoi montre-t-il
qu'ils descendent de Zeus en les faisant remonter à
Persée[3]? Et il propose lui-même la solution suivante :
c'est à bon droit que Socrate a donné la préséance à
Persée, parce qu'il est ailé[4]. Sans doute tous deux
[Persée et Héraclès], sont-ils nés pour assurer la purification des maux, et particulièrement Héraclès : c'est
pourquoi Pisandre[5] dit de lui : ' Meurtrier le plus juste '
(car c'est pour assurer une purification qu'il accom-
plissait ses meurtres). Mais tel est aussi le cas de Persée
et, en plus, il était ailé, comme le montrent la Comédie[6],
la Gorgone[7] et sa serpe.

11

129 B 1ss[8]. Allons maintenant, traitons spécialement
des mots et recherchons ce que signifient selon le
philosophe Proclus[9] *soi* et *soi-même* et ce qu'ils signifient selon le philosophe Damascius. Il y a, dit le
philosophe Proclus, trois [termes] : il y a le *soi* qui
désigne les trois parties de l'âme ; le *soi-même* qui
désigne, selon lui, l'âme rationnelle et, enfin, le *soi-
même particulier*[10] qui désigne l'individu. En effet, dit
le texte[11], si nous voulons savoir ce que c'est que le
soi-même, il faut aussi apprendre à connaître le *soi-même
particulier*, parce qu'il ne suffit pas de connaître

1-11. Voir *Notes complémentaires*, p. 460-461.

9

Schol. in Alcib. p. 97 Greene.

Διττὴ ἡ τελειότης ἡμῖν, ἡ μὲν τοῦ λογικοῦ διὰ μαθήσεως γιγνομένη, ἡ δὲ τοῦ ἀλόγου δι' ἀσκήσεως τῶν βελτιόνων ἐθῶν.

10

Olympiodorus, in Alcib. p. 156, 15-157, 7 Westerink.

Καὶ ἀπορεῖ ὁ φιλόσοφος Πρόκλος διατί καὶ τοὺς Λακε-
δαιμονίους δυνάμενος δεῖξαι δι' Ἡρακλέους ἀπὸ Διὸς
καταγομένους, τοῦτο μὲν οὐ ποιεῖ, διὰ δὲ τοῦ ἀνάγειν
εἰς Περσέα δείκνυσιν αὐτούς. Καὶ λύει αὐτός, ὅτι τοῦτον
εἰκὸς καὶ ὡς πτερωτὸν προετίμησεν. Ἑκάτερος μὲν γὰρ 5
ἐπὶ καθάρσει τῶν κακῶν γέγονεν, καὶ γὰρ καὶ ὁ Ἡρακλῆς ·
διὸ φησὶ περὶ αὐτοῦ ὁ Πείσανδρος, δικαιοτάτου δὲ
φονῆος, ἐπὶ γὰρ καθάρσει τοὺς φόνους ἐποίει · ἀλλὰ καὶ
ὁ Περσεὺς τοιοῦτος, εἶχε δὲ καὶ τὸ εἶναι πτερωτός, ὡς
ἐδήλωσεν ἡ κωμῳδία καὶ ἡ Γοργὼ καὶ ἡ ἅρπη. 10

11

Olympiodorus, in Alcib. p. 203, 20-204, 12 Westerink.

Φέρε δὲ ἔξωθεν περὶ ὀνομάτων διαλεχθῶμεν καὶ ζητήσωμεν, τί μὲν κατὰ τὸν φιλόσοφον Πρόκλον ἐστὶν αὐτὸ
καὶ αὐτὸ τὸ αὐτό, τί δέ κατὰ τὸν φιλόσοφον Δαμάσκιον.
Τρία τοίνυν λέγει ὁ φιλόσοφος Πρόκλος εἶναι · αὐτό,
τὴν τριμέρειαν τῆς ψυχῆς · αὐτὸ δὲ τὸ αὐτὸ καλεῖ 5
τὴν λογικὴν ψυχήν · αὐτὸ δὲ τὸ αὐτὸ ἕκαστον, τὸ
ἄτομον. Εἰ γάρ, φησὶν ἡ λεξις, γνοίημεν τί ἐστιν αὐτὸ
τὸ αὐτό, δεῖ μαθεῖν τί ἐστιν καὶ αὐτὸ τὸ αὐτὸ ἕκαστον,
διότι οὐκ ἀρκεῖ τὸ γνῶναι ἁπλῶς ἄνθρωπον, ἀλλὰ δεῖ

l'absolument homme, mais il faut aussi connaître ce que c'est que l'individu : le but du dialogue, en effet, c'est de rendre service à Alcibiade en lui faisant connaître ce qu'il est, c'est-à-dire son âme ; et, d'autre part, les actions intéressent l'individu. Et ce n'est pas seulement pour cette raison que [Platon] définit ainsi ces trois termes, mais aussi parce que l'école péripatéticienne[1] s'est trompée sur la question de l'individu ; pour cette école, en effet, l'individu résulte du concours des accidents, ce qui l'a amené à le définir ainsi : *l'individu est ce dont la réunion ne saurait être jamais la même dans un autre cas*[2]. Ce faisant, les péripatéticiens produisaient le supérieur à partir de l'inférieur, les accidents[3].

12

133 A 1-2. Mais puisque maintenant la discussion porte sur les images qui apparaissent dans les miroirs, il ne faut pas penser, comme le fait le philosophe Proclus, que Platon soit d'avis qu'il s'agisse de réflexions. Car ce sont là des façons de voir péripatéticiennes et mécanistes que de dire que les ombres résultent de l'interposition d'un corps[4]. Platon, en effet, ne croit pas que ces images soient inconsistantes, faibles et impuissantes ; il veut, au contraire, qu'elles aient une existence réelle ; elles se produisent, en effet, par le moyen d'effluences qui s'échappent des corps sensibles (comme dans le cas de l'œil) et qui viennent se condenser sur le miroir et sont alors visibles[5] ; par conséquent, dans ce cas encore, la connaissance se réalise par l'identité[6]. Les effluences, en effet, ressemblent aux corps dont elles sont des effluences. C'est pourquoi, la partie cristalline de l'œil[7], par le moyen de ses propres effluences, pour ainsi dire, se voit elle-même dans le miroir[8].

1. Cf. Ol., *In Phaed.*, 4, § 6.8 (et la note de L. G. Westerink, p. 82-83).

2. Citation de l'*Isagoge*, p. 7.21-23 Busse (tr. fr. J. Tricot, Paris, 1947, p. 25).

3-8. Voir *Notes complémentaires*, p. 461.

εἰδέναι καὶ τί ἐστι τὸ ἄτομον, διότι πρόκειται ὠφελῆσαι 10
Ἀλκιβιάδην καὶ γνῶναι αὐτόν, τίς ἐστιν οὗτος, ὅτι ἡ
ψυχή · αἱ δὲ πράξεις περὶ τὰ καθ᾽ ἕκαστα καταγίνονται.
Καὶ οὐ μόνον διὰ τοῦτο, ἀλλὰ καὶ ὅτι ἥμαρτεν ὁ Περί-
πατος περὶ τὸ ἄτομον, οἰηθεὶς αὐτὸ ἐκ τῆς συνδρομῆς
τῶν συμβεβηκότων γίνεσθαι, διὸ καὶ οὕτως ὁρίζεται αὐτό · 15
οὗ τὸ ἄθροισμα οὐκ ἂν ἐπ᾽ ἄλλου ποτὲ γένοιτο·
καὶ ἀπὸ τῶν χειρόνων, τῶν συμβεβηκότων, τὰ κρείττονα
ἐποίουν.

12

Olympiodorus, in Alcib. p. 217, 23-218, 7 Westerink.

Ἀλλ᾽ ἐπειδὴ περὶ τῶν ἐν τοῖς κατόπτροις φαινομένων
εἰδώλων γέγονεν ὁ λόγος, οὐ δεῖ οἰηθῆναι, καθὼς ὁ φιλόσοφος Πρόκλος οἴεται, τὸν Πλάτωνα δοξάζειν ὅτι ἀνακλά-
σεις εἰσίν. Αὗται γὰρ Περιπατητικαὶ καὶ μηχανικαί εἰσιν
ἔννοιαι, τὸ λέγειν τὰς σκιὰς δι᾽ ἐπιπρόσθεσιν σώματος 5
γίνεσθαι. Οὐ γὰρ οἴεται αὐτὰς ὁ Πλάτων ἀμενηνὰς καὶ
ἀσθενεῖς καὶ ἀδρανεῖς, ἀλλ᾽ ὑποστάσεις βούλεται αὐτὰς
εἶναι, διὰ γὰρ ἀπορροιῶν γίνεσθαι ταύτας ἐκ τῶν αἰσθητῶν
ἐξιούσας, οἷον ἐν τῷ ὀφθαλμῷ, καὶ πηγνυμένας ἐν τῷ
κατόπτρῳ φαινομένας, ὡς πάλιν δι᾽ ὁμοιότητος γίνεσθαι 10
τὴν γνῶσιν. Ἐοίκασι γὰρ αἱ ἀπόρροιαι τοῖς ὧν εἰσιν
ἀπόρροιαι, διὸ τὸ κρυσταλλοειδὲς διὰ τῶν οἰκείων ἀπορροιῶν οἷον ἑαυτὸ ὁρᾷ ἐν τῷ κατόπτρῳ.

Frag. 11. 11 αὐτόν Westerink : αὐτόν M.
Frag. 12. 11-12 τοῖς — ἀπόρροιαι mg. add. Mᶜ ‖ 12 διὸ, ο in ras. M.

NOTES COMPLÉMENTAIRES*

Page 215.

1. Ὠδίς : sur l'emploi, au sens figuré, de ce terme qui au propre désigne les douleurs de l'enfantement, cf. *In Parm.*, VII 42.26 et la note *ad loc.*, p. 87-88 (où sont relevées, en particulier, les sources platoniciennes de cet usage : *Rsp.*, VI 490 B 7 et *Theaet.*, 151 A 7). Chez Proclus, le terme désigne, en général, le travail qui se poursuit obscurément dans l'âme et la ramène vers sa source : cf. *In Tim.*, III 12.25 ; 255.1 ; *In Parm.*, VI 1115.32 (πᾶσα ὠδὶς καὶ πᾶσα κατὰ φύσιν ὄρεξις πρὸς τὸ ἓν [...] ἀνατείνεται) ; VII 509.5.6 ; *Theol. Plat.*, I 2, 8.12 ; *Dubit.*, 10.2 ; *In Eucl.*, 13.25. Le terme est déjà fréquemment employé par Plot., IV 7, 13.7 ; IV 6, 3.19 ; V 3, 17.16 ; V 5, 5.24 ; VI 7, 26.6 ; on le retrouve encore chez Damascius, *De princ.*, 5.19. Avec cet emploi, il ne faut pas confondre un autre sens, que l'on rencontre chez Proclus, au sens de « tendance à faire le mal » : *In Tim.*, I 390.10 ss (sur ce texte, cf. la note du P. Festugière, IV, p. 29 et n. 3) ; *In Remp.*, I 102.28 ; 103.4 ; *Mal.*, 59.15.

2. Ἐνδυναστεύειν : à rapprocher de ἐνεξουσιάζειν *supra*, p. 148. 27.

3. Εἰκόνα φέρειν : expression technique de l'exégèse allégorique, voir *supra*, p. 39.7 et n. 2, p. 32 (p. 145 des *Notes compl.*).

4. Selon H. Lewy, p. 191, n. 55, le début de notre texte ne serait qu'une paraphrase de *Or. chald.*, 108, 1 des Places (= p. 50 Kroll) : Σύμβολα γὰρ πατρικὸς νόος ἔσπειρεν κατὰ κόσμον (car l'Intellect du Père a semé des symboles à travers le monde) : c'est possible, mais ne repose que sur l'identification forcée faite par H. Lewy entre tous les σύμβολα (ou συνθήματα) et les θεῖα (ἄρρητα) ὀνόματα (réserves sur le point chez A. J. Festugière, *In Tim.*, II 32 et n. 2). Par ἄρρητα ὀνόματα, il faut entendre des noms par la proféation desquels le théurge acquiert un pouvoir sur telle ou telle réalité : cf. *In Tim.*, I 274.16 (« C'est pourquoi on livre aussi en tradition chez les Théurges les noms divins du monde, les uns appelés ' ineffables ' (ἄρρητα), les autres en usage commun chez eux ») ; voir H. Lewy, p. 57 et n. 182 ; 190-192 et les notes ; 194 et n. 71. On est évidemment très près

---

* Pour les abréviations, voir t. I. p. CXLI-CXLVIII.

d'une théorie magique du langage, où connaître le vrai nom d'une chose donne tout pouvoir sur cette chose. Voir encore W. Theiler, *F.*, p. 296 ; E. R. Dodds, p. 223 ; W. Beierwaltes, p. 330 et n. 6 et *In Crat.*, 71, 29.21 ss (spécialement 31.25 ss).

5. Sur le mot θεουργός (cf. *supra*, 52.17 et θεουργία 92.13), cf. H. Lewy, *Excursus IV*, The meaning and the history of the terms « Theurgist » and « Theurgy », p. 461 ss. Comme l'avait déjà remarqué J. Bidez, *La vie de l'Empereur Julien*, Paris, 1930, p. 369, n. 8, Proclus désigne toujours par θεουργός les Chaldéens. — Voir aussi S. Eitrem, « La théurgie chez les Néoplatoniciens et dans les papyrus magiques », dans *Symbolae Osloenses*, 22 (1942), p. 49-79.

6. Rapprocher *In Crat.*, 71, 33.14-15 τὸ διαπόρθμιον ὄνομα τῶν ἰύγγων, ὃ πάσας ἀνέχειν λέγεται τὰς πηγάς · τοιοῦτον καὶ τὸ τελεταρχικὸν ὅ φησί τις θεῶν, κόσμοις ἐνθρῴσκειν κραιπνὴν διὰ παιτρὸς ἐνιπήν (fragm., 87, 2 des Places, p. 44 Kroll) ; voir encore *In Parm.*, VII 1199.32. Sur ces entités noétiques, cf. H. Lewy, p. 132-137. L'adjectif διαπόρθμιον vient de *Symp.*, 202 E 3.

Page 216.

1. Cf. Ol., 45.21-46.5 *(theôria)* et 51.23-25 *(lexis)*.

2. L'image pour désigner un régime tyrannique est déjà chez Platon : *Leges*, III 691 E 3 (voir *Rsp.*, III 372 E 8).

3. Cf. Hdt., III 89 et D. Sic., IV 30, 2. Olympiodore, aux passages cités, nous apprend que Xerxès recevait le nom de δεσπότης (*supra* n. 1).

4. Platonicien : voir le portrait du φιλότιμος en *Rsp.*, V 475 A 9-B 2.

5. On a ici une réminiscence de Plotin, I 3 (20), 1.9-11, qui n'a pas été décelée par le P. Henry dans ses *États du texte de Plotin*.

6. Comparer chez Olympiodore (6.5-7.8) la liste des modes de purification (τρόπος τῆς καθάρσεως) au nombre de trois, où il présente le socratique comme le meilleur : on a (1) mode pythagoricien (ὁ μίκρον κελεύων ἐνδιδόναι τοῖς πάθεσι) ; (2) mode péripatéticien ou mode stoïcien *(sic)* (διὰ τῶν ἐναντίων τὰ ἐνάντια ἰᾶτο) ; (3) mode socratique (ἀπὸ τῶν ὁμοίων ἐπὶ τὰ ὅμοια μετάγει) ; en 54.15-55.14 on a : (1) stoïcien, Aristote ; (2) Pythagoricien ; (3) Socratique ; en 145.12-146.11 on a 5 modes ! : (1) se réfugier dans les temples (2) effroi (3) Pythagore, (4) Aristote, (5) Socrate.

Page 217.

1. Sur ces genres de vie, cf. *Phdr.*, 248 D 3-4 ; sur la triade des genres de vie, cf. *In Remp.*, I 59.1-20, où Proclus explique que ce sont là trois genres de vie « qui élèvent et font remonter des réalités les plus basses aux premières, d'où l'on était descendu ici-bas... » ; l'un élève par les beautés perçues par l'ouïe, l'autre par

celles de la vue et le troisième par les beautés intelligibles. — Voir aussi Ol., 42.10-43.3 et *In Gorg.*, 29.20-27 et naturellement Plotin, I 3 (20), 1-3.

2. Sur la θεία ῥᾳστώνη, cf. *supra*, p. 127.15 et n. 6, p. 105 (p. 198 des *Notes compl.*).

3. Ces trois vies correspondent aux deux parties inférieures de l'âme : le φιλότιμος (ou φίλαρχος) est le genre de vie correspondant au θυμοειδές (*Rsp.*, IX 581 A 11-B 7) ; le φιλοχρήματος et le φιλήδονος correspondent à l'ἐπιθυμία (*ib.*, 580 E 5-581 A 10).

4. Sur ce principe, cf. *supra*, p. 39.7-19 ; c'est également un principe d'exégèse.

5. Le plaisir non mêlé à la douleur est celui qui appartient à la troisième partie de l'âme, le λόγος : c'est celui qui s'attache au savoir et appartient au φιλόσοφος : cf. *Rsp.*, IX 586 A 1-B 4 ; voir aussi *Phil.*, 52 B 4-8.

6. Δουλεία a presque toujours chez les néoplatoniciens une nuance morale : c'est l'asservissement au mal ; cf. W. Theiler, *P.u.A.*, p. 48 (= *F.*, p. 219).

7. Allusion à *Symp.*, 203 B 4 ss. La matière n'est rien, n'a rien en propre : elle n'est que pauvreté, un vide qui doit être rempli par l'être véritable ; par analogie, tout degré d'être inférieur est, par rapport à son supérieur, un creux, un vide à remplir : d'où l'emploi constant du verbe πληροῦν ou πληροῦσθαι. Assimilation de la πενία à la matière : *In Remp.*, II 3.20.

Page 218.

2. Sur cette analyse du bien, cf. *Theol. Plat.*, I 22, 101.14-104.20 (et les nn. 2, 3 de la page 101 = N. C., p. 156-157) ; cf. encore III 22, 79.9-17 et n. 4 ; *In Tim.*, I 371.15 ss ; II 90.2 s. ; Dam., *In Phil.*, §§ 76-81. Par sa désidérabilité, le bien « attache à lui toutes choses » (ou ἐπιστρέφει πρὸς ἑαυτὸ πάντα, *Theol. Plat.*, 101.17 ; cf. Dam., § 77.1-2) ; par sa perfection ou autosuffisance, « il est empli de lui-même », il se suffit à lui-même, il ne présente aucun déficit (κατὰ μηδὲν ἐλλείπειν *Theol. plat.*, *l.c.*), il est ὅ πᾶσι συμπεπλήρωται τοῖς ἑαυτοῦ πληρώμασι (Dam., *l.c.*) ; enfin, par sa capacité, il répand sur tous les êtres les biens. Sur la distinction entre τέλειον et ἱκανόν, cf. Ol., *In Alc.*, 43.1-3 : τέλειον μὲν γάρ ἐστιν τὸ μὴ δεόμενον ἑτέρου μόνον, ἱκανὸν δὲ τὸ μὴ μόνον οὐ δεόμενον, ἀλλὰ καὶ ἑτέροις μεταδιδόναι δυνάμενον. C'est pourquoi, comme le note Damascius (§ 79), l'ἱκανόν présuppose le τέλειον.

3. Sur cette opinion, selon laquelle le bonheur consiste dans le plaisir, l'argent et le pouvoir, cf. Ar., *EN*, I 2, 1095 a 22-23 (c'est une opinion attribuée à οἱ πολλοί) ; en fait, cette tripartition est essentiellement d'origine cynico-stoïcienne, comme l'a noté K. Praechter, « Hierax der Platoniker », dans *Hermes*, XLI (1906), p. 593-606 (voir spécialement p. 597-599), article repris dans ses *Kleine Schriften*, Hildesheim, 1973, p. 59-61. Entre mille textes, voir seulement SVF, I 537, III 395, etc.

Page 219.

1. « Ce qui sauve » c'est le bien : cf. *Rsp.*, X 608 E 3-4 τὸ δὲ σῷζον καὶ ὠφελοῦν, τὸ ἀγαθόν. Se tourner vers le Bien (ou vers son bien) c'est se convertir et c'est ce mouvement qui nous donne la plénitude d'existence. Sur ce thème, cf. P. Hadot, I, p. 322-323 et *infra*, p. 181.7, et n. 4, p. 242.

2. Cf. Ol., 54.9-15 (c'est pour Olympiodore une aporie) ; la suite a également été reprise par Olympiodore (rapprocher p. 155. 6-16 d'Ol., 54.15-19). La mention des Asclépiades, chez Proclus, a incité Olympiodore à citer Hippocrate (*Aph.*, I 22).

3. Cette citation de Platon, à peine reconnaissable, se retrouve deux fois chez Olympiodore : 36.15-16 (où elle est attribuée au *Théétète*) et 55.17-19. L. G. Westerink a étudié, dans sa préface aux *Prolegomena*, un certain nombre de textes de Platon qui, transmis de commentateur en commentateur, deviennent finalement méconnaissables : on voit que Proclus ne fait pas exception à cette habitude des commentateurs...

Page 220.

1. En écrivant σκιαγραφιῶν avec la tradition manuscrite, L. G. Westerink a fait disparaître l'*hapax legomenon* *σκιαγραφικῶν enregistré par LSJ *s.v.*

2. Cf. Ol., 52.21-53.22 (plan du passage : 1. Aporie : 52.21-53.6 ; 2. 1ʳᵉ Solution : 53.6-22 ; 2ᵉ solution : 54.1-3 ; 3ᵉ solution : 54.3-8). On peut considérer que les deux dernières solutions, qui ne correspondent à rien dans le texte de Proclus et qui se signalent surtout par leur puérilité, sont le fruit propre du travail exégétique d'Olympiodore.

3. Μεγαληγορεῖν, cf. *infra*, p. 164.22 ; voir aussi Ol., 175.25-176.1 : expliquer que Socrate μεγαληγορεῖ mais seulement ἐν καιρῷ, est donc une sorte d'explication passe-partout.

4. On retrouve les deux mêmes citations de Platon dans le passage parallèle du commentaire d'Olympiodore.

5. Apparemment le mot διαίτησις est très rare, puisque selon le LSJ il ne serait attesté que dans un papyrus du ivᵉ siècle de notre ère.

6. Considérations du même genre chez Olympiodore 54.3-8. Autrement dit, Socrate s'est assimilé à la cause instrumentale, qui n'est aux yeux des Platoniciens qu'un συναίτιος et non pas une cause véritable.

Page 221.

1. Sur cette doctrine, cf. SVF, II 543 (= DL, VII 140) ; M. Aur., VI 38 ; Ps. Plut., *De fato* 574 E ; Porph., *V. Pyth.*, 49, 59.24 ; Plot., II 3 (52), 7.16 s. « Toutes les choses doivent dépendre les unes des autres et comme on l'a bien dit, ' tout conspire ' (σύμπνοια μία) non seulement dans un individu particulier mais beaucoup plus encore dans l'univers » (tr. Bréhier) ; Aen. Gaz.,

Theophrastus, 43.17 Col. Chez Proclus le mot revient plusieurs fois : voir par ex. *In Tim.*, I 44 30 τὴν μίαν σύμπνοιαν τῆς θείας δημιουργίας ; 46.18 ; 116.5 ; 196.8 κατὰ θείαν τινὰ κ. ὁλικὴν σύμπνοιαν ; 359.7 τῆς εἰς ἓν τῶν πάντων συμπνοίας ; 430.29 ; II 17.5 ; III 7.16 ; 219.19 ; *In Parm.*, IV 916.27 ; *Theol. plat.*, I 14, 66.12, etc. On pourra consulter sur ce terme K. Reinhardt, *Kosmos und Sympathie*, München, 1927, p. 54-55, 105, 114 : c'est très souvent un synonyme de συμπάθεια.

4. Double explication : si Socrate nomme le père et la mère d'Alcibiade, c'est *(a)* parce qu'il y a de même deux parties, mâle et femelle, dans l'âme et *(b)* parce qu'il veut lui faire voir que ni son père ni sa mère ne peuvent lui procurer le pouvoir aussi bien que Socrate et le bon démon. Ol., 57.11-15 ne retient que la seconde explication, et en l'édulcorant : « L'interpellation par le nom de son père et de sa mère n'est présentement ni déplacée ni superflue, comme on pourrait le croire ; mais comme le jeune homme est noble des deux côtés, Socrate semble dire par là : ' Ni tes parents maternels ni tes parents paternels ne peuvent te procurer le pouvoir que je puis te procurer '. »

5. La partie femelle est, évidemment, l'irrationnel, le mâle étant le λόγος : c'est une symbolique bien connue que l'on rencontre, par ex., chez Philon d'Alexandrie, *Legum Allegoriae*, II 44, 50 ; *Quis heres*, 274. Chez Proclus, on consultera *In Tim.*, III 283.11 ss ; Ol., *In Gorg.*, 255.15 ss.

6. Cf. Ol., 57.24-26 (même interprétation).

Page 222.

1. Sur ces démons divins, cf. *supra*, p. 79.4 ss ; *In Remp.*, II 271.24 s. ; *In Parm.*, I 674.20 ss, etc.

2. Sur ὁ ἐν θεοῖς δαίμων, cf. *supra*, p. 79.7 ss, où il est défini comme ayant une ὕπαρξις θεία et une ἀναλογία δαιμονία : ils correspondent donc aux « démons » dont il est question l. 17 ss. On peut donc schématiser ainsi le présent passage :

θεὸς μόνον (l. 9 ; 10-13)

ὁ ἐν θεοῖς δαίμων (siue ὁ ἐν δαίμοσι θεός) = θεῖος δαίμων

δεύτεροι δαίμονες

τρίτοι δαίμονες

3. A partir d'ici, on a affaire à une seconde justification de l'emploi de θεός pour désigner le démon de Socrate : l'étroite solidarité de leur action fait que le dieu et le démon sont indissociables.

Page 223.

1. Cf. Ol., 58.7-11 qui ou bien n'a pas compris notre texte ou bien l'a abusivement simplifié.

2. Cf. *El. theol.*, 21 (et commentaire p. 208-209).

3. La première analogie (l. 7 ss) peut se transcrire ainsi :

$$\frac{\theta\varepsilon\acute{o}\varsigma}{\delta\alpha\acute{\iota}\mu\omega\nu} = \frac{\Delta\alpha\acute{\iota}\mu\omega\nu}{\Sigma\omega\kappa\rho\acute{\alpha}\tau\eta\varsigma}$$

tandis que la seconde est :

$$\frac{\Sigma\omega\kappa\rho\acute{\alpha}\tau\eta\varsigma}{\text{'}\mathrm{A}\lambda\kappa\iota\beta\iota\acute{\alpha}\delta\eta\varsigma} = \frac{\text{'}\mathrm{A}\lambda\kappa\iota\beta\iota\acute{\alpha}\delta\eta\varsigma}{\pi\lambda\tilde{\eta}\theta\text{o}\varsigma}$$

On en tire le rapport suivant :

$$\frac{a}{b} = \frac{b}{c} = \frac{c}{d} = \frac{d}{e}$$ ou ab - c - de : on voit donc que Socrate (c) est un terme médiant qui a, de chaque côté, deux termes extrêmes (ab et de) ; que a est éloigné au maximum de e et que l'intervalle est constitué par deux autres termes extrêmes, b et d.

4. Sur l'image, cf. *infra*, p. 186.15 et n. 2, p. 247 (p. 393 des *Notes compl.*).

Page 224.

1. Cf. *In Tim.*, III 154.1 ; 158.29 ss ; voir aussi *supra*, p. 73.10-12.

2. Allusion à 105 E 4-5.

3. On a ici une claire attestation de la triade chaldaïque πάτηρ–δύναμις–νοῦς, tirée du vers cité *supra*, p. 84.16-17 (« Car la puissance est avec lui [*scil.* le Père], et l'intellect procède de lui » = fr. 4 des Places, p. 13 Kroll).

Page 225.

1. Sur ce principe, cf. *El. theol.*, 38

2. Cf. *Ol.*, 59.2-6.

3. On a déjà vu *supra*, p. 158.15 ss que le démon de Socrate est un θεῖος δαίμων.

4. Il est tombé quelque chose selon moi dans cette phrase ; je conjecture *exempli gratia* : καὶ αὖ πάλιν <ὅρα> τὰ μέτρα τῆς ὑφηγήσεως. On est à nouveau (πάλιν) dans des considérations du genre de celles développées p. 160.15 ss : l'ordre admirable de l'exposé de Socrate, qui correspond à la structure métaphysique de l'univers.

5. Tout le texte repose sur le système suivant de correspondances :

ἐπιθυμία ～ παῖς   ～ αἴσθησις
φιλότιμον ～ (jeune homme) ～ φαντασία
λόγος   ～   ～ ἐπιστήμη

On reconnaît, d'une part, la tripartition de l'âme (en se rappelant que φιλότιμον = θυμοειδές : cf. *v.g. Rsp.*, IX 581 B 2) et, d'autre part, une liste des modes de connaissance qui revient souvent chez Proclus (*v.g. infra*, p. 245.14 ss ; *In Tim.*, I 247.11 ss ; 254. 21 ss ; *In Parm.*, V 1025.1 ss). Sur la nature de la φαντασία, cf. la note de O'Neill, *ad loc.* et H. J. Blumenthal, *art. cit.*, p. 137 ss ; on rapprochera particulièrement *infra*, p. 245.17-18 : « Il faut fuir les représentations en tant qu'elles sont configuratrices » et *In Parm.*, *l.c.* Les deux premiers stades sont « naturels » ; en revanche, il faut une éducation pour passer à la science ; et l'on ne peut recevoir cette éducation que lorsque les passions ἀστειό-τερα ont fait leur apparition et qu'elles ont été disciplinées ; sur ce thème, cf. *supra*, p. 99.19 s. Par passions ἀστειότερα, il faut entendre celles qui ne s'attachent pas aux choses maté-rielles, comme la φιλοτιμία (par opposition à l'amour de l'argent, etc.).

6. Cf. *supra*, p. 44.16.

Page 226.

1. Cf. Ol., 58.4-6.

2. Ce principe de la physique aristotélicienne revient souvent chez Proclus ; cf. *v.g.*, *supra*, p. 85.23 et *infra*, 238.18-20 ; *In Parm.*, III 791.34 ; *In Tim.*, I 262.15 ss ; II 90.30 ; 235.30-31 ; *De providentia*, 37.16 ; *In Remp.*, II 259.25-26 ; voir aussi Dam., *In Phileb.*, 93.2-4 ; Ol., *In Gorg.*, 263.24-25. P. Moraux a rassemblé les prin-cipales citations antiques de ce texte dans son article « Notes sur la tradition indirecte du *De Caelo* d'Aristote », dans *Hermes*, LXXXII (1954), p. 145-182 (pour notre passage, cf. p. 168-169) : aux textes cités par P. Moraux, ajouter Asclepius, *In Met.*, 122.27-28 (où ce principe est nommé un ἀξίωμα) ; 158.27-28 ; 187.17-18. Proclus, comme plusieurs de ces passages, donne ποιεῖ au lieu de ποιοῦσι d'Aristote. Le texte est souvent transformé en οὔτε ... οὔτε comme *infra*, p. 238.18-20 : *v.g.* Simpl., *In de caelo*, 271.16 ; *In Phys.*, 1361.18-22 et dans les deux passages de l'*In Tim.* cités plus haut. Dans beaucoup de passages d'Aristote, il n'est question que de la φύσις (liste chez Moraux, p. 169 et n. 1) : par exemple *De Caelo*, B 11, 291 b 13, etc.

3. Sur cette thèse, cf. *Theol. plat.*, I 18, 82.8 ss.

4. Un passage du *De mal.*, 50.25 ss est éclairant : la génération des maux n'a pas de cause ordonnée principalement à sa pro-duction et elle ne parvient pas à la fin pour laquelle naît tout ce qui naît. Cette γένεσις est donc une παρυπόστασις, parce qu'elle est ἀτελής, ἄσκοπος et ἀόριστος. Autres emplois de ἄσκοπος : cf. Syr., *In Met.*, 37.34 ; Pr., *In Tim.*, I 192.19 ; 321.3 ; 356.25 ; Asclep., *In Met.*, 123.11 ; 187.17.

5. Doctrine tout à fait classique : cf. par ex. *Mal.*, 60 ss.

6. Thème bien connu : la véritable religion est aussi éloignée de l'athéisme que de la superstitution. Voir par exemple : Plut., *De superstitione*, 1, 164 B ; 2, 165 B-C ; 6, 167 E ; 11, 170 F ; *De Iside et Osiride*, 11, 355 D ; 67, 378 A ; 71, 379 E ; voir encore Philon, *Quod deus*, 163-164 ; *Spec. legg.*, IV 147 ; chez les latins, citons Cic., *De diuinatione*, II 149. Un très grand nombre de textes ont été rassemblés par A. S. Pease dans ses éditions du *De diuinatione* et du *De natura deorum* (voir les notes à I 45 ; I 117 ; II 72, etc.). Sur cette doctrine, cf. J. G. Griffiths, *Plutarch : De Iside et Osiride*, s.l., 1970, p. 25-26, 291 ; M. Smith, Plutarch, « De Superstitione », dans *Plutarch's Theological Writings and Early Christian Literature*, edited by H. D. Betz (*Studia ad Corpus hellenisticum novi testamenti*, III), Leiden, 1975, p. 1-7.

Page 227.

2. Les énoncés stoïciens dont il va être question plus loin sont, en effet, appelés des paradoxes : cf. SVF, III 595 τὰ ὑπὸ τῶν Στοικῶν παράδοξα λεγόμενα, ou 596.

3. Sur ce principe, cf. *El. theol.*, 80. — Voir Ol., 55.23-56.3.

4. Ce texte (164.21-165.3 ; 7-13) a été imprimé par von Arnim parmi les fragments des Stoïciens (SVF, III 618, avec le texte parallèle d'Olympiodore, 55.23-56.3). Plutôt qu'un fragment, il faut voir dans ce texte, à mon avis, un « à la manière de ». Sur ces sortes d'énoncés, cf. SVF, I 222 ; III 355, 362, 364, 544, 612 ss. On se rappellera que Cicéron a écrit un *Paradoxa stoicorum* et Philon d'Alexandrie un *Quod omnis probus liber sit.*

Page 228.

1. Sur ce proverbe, souvent attribué aux pythagoriciens, cf. Eur., *Or.*, 735 ; *Androm.*, 376-377 ; Plat., *Lysis*, 207 C 7 ; *Rsp.*, IV 424 A 1-2 ; V 449 C 5 ; *Phdr.*, 276 C 5-6 ; *Leges*, V 739 C 2-3 ; Ar., *EN*, Θ 11, 1159 b 31 ; I 8, 1168 b 7-8; *Polit.*, B 4, 1260 a 30 ; *E.Eud.*, H 2, 1237 b 33, 1238 a 16 ; Cic., *De officiis*, I 16, 51 ; [*De legibus*, I 12, 33] ; D.L., X 11 ; VIII 1, 8 (εἶπέ τε πρῶτος, ὥς φησι Τίμαιος, κοινὰ τὰ φίλων εἶναι) ; Porph., *V. Pyth.*, 33, 51.17-18 (κοινὰ τὰ τῶν φίλων εἶναι πρῶτος [*scil. Pythagoras*] ἀποφηνάμενος); Jambl., *V. Pyth.*, XIX 92, 54.19; VI 32, 19.10 (voir aussi VI 30, 17.23, avec les nombreux textes cités dans les notes par L. Deubner dans son édition, Leipzig, 1937², Stuttgart, 1975 avec des suppléments de U. Klein) ; Jul., *Or.*, VIII 4, 245 a-b (I, 195.17-18 Bidez) ; Hermias, 266.10-24. Il a été, enfin, recueilli dans les collections de proverbes. Selon les textes, le proverbe est cité sous la forme κοινὰ τὰ φίλων ou κοινὰ τὰ τῶν φίλων ; je ne vois pas pourquoi von Arnim a corrigé notre texte en écrivant κ. τὰ τῶν φίλων.

2. Cf. SVF, III 590 τῶν σοφῶν δὲ πάντα εἶναι ; 591 recte eius (*scil.* sapientis) omnia dicentur, qui scit uti solus omnibus ; 596, etc.

3. Doctrine explicitement attribuée aux Stoïciens par Olympiodore, 87.11-12 ὅτι κατὰ τοὺς Στωϊκοὺς ὁ εἰδὼς πῶς δεῖ ἄρχειν, ἄρχων ἔστιν, εἰ καὶ μὴ κέχρηται τῇ ἀρχῇ ; voir aussi SVF, III 615 κατὰ τοῦτο δὴ καὶ μόνος ὁ σπουδαῖος ἄρχει καὶ εἰ μὴ πάντως κατ' ἐνέργειαν, κατὰ διάθεσιν δὲ καὶ πάντως ; voir aussi le n° 617. En fait, cette thèse se trouve déjà chez Platon, cf. *Pol.*, 292 E 9-293 A 1 δεῖ ... τόν γε τὴν βασιλικὴν ἔχοντα ἐπιστήμην (ici l. 10), ἄν τ' ἀρχῇ καὶ ἐὰν μή, κατὰ τὸν ἔμπροσθεν λόγον ὅμως βασιλικὸν προσαγορεύεσθαι.

4. Σύμπορος est, apparemment, un *hapax legomenon* qu'il faut peut-être corriger d'après le texte de *Phaedo*, 108 C 4 en συνέμπορος. On rapprochera les vers de Ménandre cité par Clément d'Alexandrie (*Strom.*, V 14, 130.3) :

ἅπαντι δαίμων ἀνδρὶ συμπαρίσταται
εὐθὺς γενομένῳ, μυσταγωγὸς τοῦ βίου

et par Ammien Marcellin, XXI 14, 4 (164.26-27 Seyfarth) ainsi que par Plut., *De tranquillitate animi*, 15, 474 B.

5. On se rappellera que le culte d'Asclépius était très populaire à Athènes et que Proclus lui-même a été l'agent d'un miracle accompli par le dieu : cf. Marinus, *Proclus*, 29, p. 71-73 F ; voir aussi H. D. Saffrey-L. G. Westerink, *Théol. plat.*, I, préface, p. XXI et n. 2.

Page 229.

3. Cf. *El. theol.*, 123 : « Tout le divin est en lui-même ineffable et inconnaissable pour tous les êtres secondaires en raison de son unité suressentielle, mais il est compréhensible et connaissable à partir de ses participants » ; *In Crat.*, 71, 32.21-29 : « Et parmi les dieux intelligibles, les genres tout premiers, qui sont co-unifiés avec l'Un lui-même et sont appelés les genres cachés (κρύφια), présentent un fort élément d'incognoscibilité et d'ineffa-bilité [...] quant à tous les genres antérieurs à l'intellectif, qui sont silencieux (σιγώμενα) et cachés, ils ne sont connaissables que par une intellection ».

4. Cf. *supra*, p. 34.2 et n. 1, p. 28 (p. 143 des *Notes compl.*).

5. L'explication présentée par Olympiodore, 59.13-21, est, en substance, la même (il omet cependant l'allusion au *Charmide* et plusieurs autres détails).

Page 230.

1. Τὰ πράγματα : *terminus technicus* étudié par A. J. Festu-gière dans « Modes de composition des Commentaires de Proclus », *Museum Helveticum* 20 (1963), p. 94-100 (= *EPhG*, p. 568-574) et, à sa suite par W. O'Neill dans un appendice de la seconde édition de sa traduction (p. 237-247).

2. Κοιλότερα : on retrouve le terme chez Hermias 17.23 ; 152.14 (opposé à τὰ ὑπέρτερα) et ailleurs chez Proclus, *v.g.*, *In Parm.*, IV 874.18 (opposé à τὰ ὑψηλότερα) ; *In Tim.*, I 354.12 ; III 103.2 ; chez Damascius, *In Phileb.*, 68.2-3 et *In Phaed.*, I 7.2 (et note *ad loc.*).

3. Cette doctrine a été étudiée par W. Theiler (*P.u.A.*, p. 12-14 = *F.*, p. 174-176) et peut se résumer dans ce texte de saint Augus-tin : *Quidquid est quantulacumque specie sit necesse est (De vera religione* 35).

4. C'est-à-dire affirmativement, alors qu'Alcibiade a énoncé affirmation et négation.

5. Sur ce verbe, cf. *supra*, 54.2 et n. 5, p. 44 (p. 153 des *Notes compl.*).

6. Cf. *supra*, p. 87.12-20 et n. 4, p. 71 (p. 171 des *Notes compl.*).

Page 231.

2. Cf., Ol., 59.22-60.12, où l'on trouve une aporie formulée par Jamblique (fragment 7 Dillon) : comment Alcibiade peut-il

dire (106 A 7) διὰ σοῦ, réduisant ainsi Socrate au rang de cause instrumentale, alors que Socrate a dit (105 E 5) μετὰ τοῦ θεοῦ, c'est-à-dire s'est assimilé au rang de cause efficiente avec le dieu ? La solution que Jamblique donne de cette aporie est sans rapport avec le présent texte de Proclus ; voir *Introduction*, p. xxvi-xxviii.

3. « On appelle cause, en un premier sens, la matière immanente dont une chose est faite (ἐξ οὗ γίγνεται) : l'airain est la cause de la statue, l'argent, celle de la coupe », *Métaphysique*, Δ 2, 1013 a 23-25 (trad. J. Tricot).

4. Cf. *In Tim.*, I 357.15 ; Ol., 212.1-2.

5. On retrouve cette liste de causes ailleurs : cf. *In Tim.*, I 2.1 ss ; 17.15 ss ; 263.19 ss ; II 109.16 ; 208.23 ; *In Parm.*, IV 888.19-23 ; VI 1059.11 ; *Plat. theol.*, I 19, 60.26-27 (et n. 4, p. 117 des N. C.) ; Simpl., *In Phys.*, I 3.16-19 ; 26.5-7 ; 316.24-26 ; Ol., *In Gorg.*, 3.21-4.5 ; Philop., *De Aet.*, VI 12, 159.5-13 ; *Proll.*, 5, 17.34-36. Liste des prépositions correspondant aux diverses causes : Porph., *ap.* Simpl., *In Phys.*, I 10.35-11.3 ; *In Tim.*, I 239.26-27 (et *scol. ad loc.*, I 470.23-471.3) ; 261.24-25 ; 357.12-23 ; III 225.5-9 ; *In Remp.*, II 202.30-203.2 ; Ol., 212.1-2. Cette classification rigide est bien plus ancienne que les néoplatoniciens : elle est déjà attestée, par exemple, chez Philon d'Alexandrie, *De Cherubim*, 124-127. On verra sur cette question : W. Theiler, *Vorbereitung*, p. 16 ss ; Dodds, Commentaire, p. 240-241 ; A. J. Festugière, « Le *Compendium Timaei* de Galien », dans *REG*, 65, 1952, p. 97-116 (repris dans *EPhG*, p. 487-506), voir p. 105-111 (= 495-501) ; J. Pépin, *Théologie cosmique*, p. 27-32, 348-355.

Page 232.

1. Sur ce paragraphe, cf. Ol., 60.13-20.

2. Sur le thème des deux rhétoriques chez Platon, cf. par ex., A. Diès, *Autour de Platon*, Paris, 1926, p. 418 ss. Ἐξεταστικός ne se rencontre pas chez Platon (on le trouve déjà chez Arist., *Top.*, A 2, 101 b 3) mais l'on trouve souvent ἐξετάζειν pour désigner la méthode socratique (*v.g.*, *Ap. Soc.*, 29 E 5) ; ἀκριβής, enfin, qualifie souvent la dialectique : cf. *Phdr.*, 270 E 3, etc.

3. Cette définition du dialogue est connue par ailleurs : cf. Albinus, *Epitome*, 1 (p. 147.16-19 Hermann) ; D. L., III 48 ; *Proll.*, 4, 14.3-5.

4. Proclus énumère ici quatre raisons pour justifier l'emploi du discours dialectique (c'est-à-dire par questions et réponses) de préférence au discours continu de la rhétorique. Olympiodore énumère lui aussi quatre raisons (56.9-57.4), dont seule la 4ᵉ a quelque chose à voir avec Proclus (première raison) : « Quatrième-ment : le genre littéraire par questions et réponses a la propriété d'éveiller et de convertir. C'est pourquoi les orateurs eux aussi, lorsqu'ils veulent éveiller leur auditeur ou attirer son attention < sur > leurs discours, utilisent ce moyen et disent par exemple : *Eh bien ! réponds-moi au nom des dieux.* Au contraire le discours

continu fait dormir les auditeurs, comme le dit Eschine : Ils voyaient un rêve tandis que le plaidoyer était prononcé (cf. III 192). Comme Socrate voulait convertir Alcibiade il lui demande de répondre à ses questions. » Même raison dans les *Proll.*, 15.36-44 ; Ol., *In Gorg.*, 13.25-31. — Προσεκτικός signifie simplement « attentif », cf. Dam., *In Phd.*, I, § 271.1 (avec la n. de L. G. Westerink, p. 162-163).

5. Thème bien connu, cf. p. ex., *Symp.*, 215 D 1-6 et Philon, *Quis heres*, 12.

Page 233.

1. Cf. Ar., *An. pr.*, B 20, 66 b 11 : « La réfutation est un syllogisme qui établit la contradiction » ; *Soph. el.*, 1, 165 a 2 ; 9, 170 b 1 ; 10, 171 a 2-4.

2. Cf. par ex., chez Platon, *Meno*, 81 C 5-9 ; *Phdr.*, 249 C 1-D 3 et, dans la tradition platonicienne : Cic., *Tusc.*, I 57 ; Philon, *De Praemiis*, 9 ; Albinus, *Epit.*, 6, 155.28 ; 25, p. 177.37-178.10 ; Maxime de Tyr, *Or.*, 10 Εἰ αἱ μαθήσεις ἀναμνήσεις ; Hermias, 63.6 s. ; 172.14 ss ; Pr., *In Eucl.*, 45.6 ss ; Ol., *In Phaed.*, 12.2 ; Boèce, *Cons. phil.*, 3, 11.16 *(quod quisque discit immemor recordatur)* ; *Proll.*, 4, 15.29-36. On pourrait citer encore une infinité de textes.

3. Cf. Ol., 62.2-8 : « *Pas difficile.* Voilà qui est justement dit. En effet, si c'était Aristote ou quelque éristique qui interrogeait, comme ils n'ont en vue que la victoire et que, pour cette raison, ils aiment à faire trébucher leur interlocuteur, ce serait chose pénible et difficile que de répondre ; mais comme c'est Socrate qui fait l'accouchement et comme il a regard au profit et au redressement des jeunes gens, il est vrai que répondre n'est pas difficile ; tout au contraire, c'est plutôt interroger qui est chose difficile, tout de même que sur la route guider est plus difficile que suivre. »

Page 234.

1. Doit désigner les mauvais démons qui cherchent à entraîner l'homme vers la matière, cf. H. Lewy, p. 263 ss ; ou peut-être les astres κακοποίοι dont il est question par ex. chez Ptol., *Tetr.*, I 5, 19.16 Boll-Boer.

2. Ἀντιδιαιρεῖν : sur ce terme, fréquent chez Proclus, cf. P. Hadot, I 259, n. 1, qui cite la définition donnée par Ar., *Cat.*, 13, 14 b 34 ἀντιδιῃρῆσθαι λέγεται ἀλλήλοις τὰ κατὰ τὴν αὐτὴν διαίρεσιν.

Page 235.

3. Toute la tradition de Platon a, ici, la leçon εἰ alors qu'il faudrait ἤ (*num* dans la traduction de Ficin), conjecturé par Buttmann (dans son édition, Berlin, 1830).

4. La première est énoncée *supra*, p. 128.6-19 ; cf. Ol., 56.6-7.

5. Cf. Ol., 62.9-11, où Olympiodore se contente de noter qu'il

faut lire οὐκοῦν ... ἐρωτῶ ; comme une question (noter *infra*, p. 173.21, où Proclus parle d'ἀπόκρισις).

6. Ces « conditions » sont celles dont il a été question en 173.10 et *supra*, 128.9-14.

7. Ol. aussi (62.11-16) note que la réponse d'Alcibiade est encore seulement hypothétique (cf. *supra*, p. 167.8-20 et Ol., 59.16).

Page 236.

1. L'explication qui suit ne concerne pas seulement ce court lemme : en fait c'est une explication générale qui s'étend jusqu'à 110 C 11 et qui concerne essentiellement la logique ; elle sera suivie à partir de 179.11 ss d'une explication analogique : les deux méthodes de réfutation — analytique et synthétique — sont montrées analogues à la nature de l'âme et, par là même, justifiées. Ce lemme a été l'objet d'une longue et importante note du P. Festugière dans ses *EPhG*, p. 556, n. 7 (et p. 557). On retrouve le même procédé de commentaire dans l'*In Tim.*, II 174.11 ss (voir la note du P. Festugière dans sa traduction, t. III, p. 8, n. 1).

2. Ἀνάληψις : cf. *Phaed.* 75 E 4-5 ἀναλαμβάνομεν τὰς ἐπιστήμας, ἅς ποτε καὶ πρὶν εἴχομεν, ἆρ᾽ οὐχ ὃ καλοῦμεν μανθάνειν οἰκείαν ἂν ἐπιστήμην ἀναλαμβάνειν εἴη ; et *Meno*, 85 D 3-4 : ἀναλαβὼν αὐτὸς ἐξ αὑτοῦ τὴν ἐπιστήμην.

3. Cf. Plot., I 2 (19), 4.6 τὸ κεκαθάρθαι ἀφαίρεσις ἀλλοτρίου παντός.

4. Sur les trois purifications de l'âme, cf. W. Beierwaltes, p. 284 ss, qui les regarde comme les trois moments d'un acte unique et non pas comme trois purifications différentes. Plus généralement, sur le problème de la purification dans le néoplatonisme, voir J. Trouillard, *La purification plotinienne*, Paris, 1955.

Page 238.

1. Cf. Ar., *An. pr.*, A 4, 25 b 32-26 a 2 : « Quand trois termes (ὅροι) sont entre eux dans des rapports tels que le mineur (τὸ ἔλαττον) soit contenu dans la totalité du moyen, et le moyen contenu ou non contenu dans la totalité du majeur (τὸ μεῖζον), alors il y a nécessairement entre les extrêmes (τὰ ἄκρα) syllogisme parfait » (traduction J. Tricot).

2. Cf. Ar., *Cat.*, 3, 1 b 10-12 : « Quand une chose est attribuée à une autre comme à son sujet, tout ce qui est affirmé du prédicat devra être aussi affirmé du sujet » ; 5, 3 b 4-5.

3. Noter que παρεῖναι = ὑπάρχειν, emploi déjà connu d'Aristote (cf. *An. pr.*, A 28, 44 a 4-16).

4. Sur le sens donné ici à θεωρήματα, cf. L. Roberts, « Origen and Stoic Logic », dans *TAPhA* 101 (1970), p. 433-444, en particulier p. 439.

5. Voir Ol., 63.6-12 ; 64.1-8 ; *In Gorg.*, 203.17-204.4.

6. Ici commence la mineure du syllogisme ; sur cet emploi de ἀλλά pour marquer le passage à la mineure, cf. Denniston, p. 22.

7. Cf. *supra*, p. 174.5 et n. 2, p. 236.

8. Sur l'emploi d'ἐπιβάλλειν chez les néoplatoniciens, cf. Damascius, *In Phileb.*, index *s.v.*, p. 133. Sur le thème du πρῶτος εὑρετής, cf. p. ex. l'article « Erfinder », dans le *RAC* (5, col. 1179-1278), dû à Kl. Thraede.

Page 239.

1. Sur le sens de l'expression δι' ἑῆς ἀλκῆς qui revient ailleurs chez Proclus (*In Remp.*, II 112.23 ; 120.4), cf. H. Lewy, p. 194, nn. 66-67 et P. Hadot, I 183, n. 4 : il s'agit de l'étincelle d'intellect demeurée dans l'âme après sa chute et qui lui permet de remonter. Avec L. G. Westerink, on peut faire commencer la citation des *Oracles* avec σῳζόμεναι : on a, en effet, la fin d'un hexamètre, — ⌣⌣ | — ⌣⌣ | — — | — ⌣⌣. — Cf. *infra*, p. 243 et n. 4.

2. Image banale, déjà employée par Platon (cf. par exemple, *Phaed.*, 66 C 2 τὴν τοῦ ὄντος θήραν).

Page 240.

1. En effet, les trois syllogismes qui précèdent ne reposent que sur quatre propositions, comme le montre Olympiodore, 67.20-68.3, à savoir : majeure et mineure du premier syllogisme (= p. 176.12-21 ; 21-28) ; majeure du deuxième (p. 177.12-17) ; majeure du troisième (p. 177.24-178.7). La conclusion du premier syllogisme sert de mineure au deuxième et celle du deuxième sert de mineure au troisième. Pour συνεχής (p. 178.13), cf. Ar., *An. pr.*, A 25, 42 b 6.

2. Sur cette notion, cf. Al. Aphr., *In An. pr.*, 283.12 ss (= SVF, II 257) ; 284.10 ss ; voir encore 274.20-24 ; 278.8-11.

3. Autre notion de provenance stoïcienne : cf. Al. Aphr., *In An. pr.*, 283.17 ss (SVF, II 257). Je traduis le passage en entier « Les syllogismes appelés empiétants et empiétés (οἱ ἐπιβάλλοντες καὶ οἱ ἐπιβαλλόμενοι καλούμενοι) sont ceux constitués de prémisses contiguës (ἐν ταῖς συνεχῶς λαμβανομέναις προτάσεσι) sans conclusion : les syllogismes empiétés sont ceux dont la conclusion est omise, tandis que les empiétants sont ceux dont la prémisse catégorique [δεικτικὴ πρότασις : pour la traduction cf. LSJ *s.v.* δεικτικός] est omise. En effet, c'est la conclusion omise du syllogisme empiété (lequel est, dans l'ordre, le premier) qui constitue la prémisse catégorique du syllogisme empiétant (lequel est, dans l'ordre, le second). Par exemple : Tout A est B, Tout B est Γ, Tout A est Γ. Et en effet, le premier syllogisme, dont la conclusion est omise (Tout A est Γ) est un syllogisme empiété, tandis que celui qui est démontré à partir de la conclusion omise (Tout A est Γ) et à partir de la proposition ' Tout Γ est Δ ' est un syllogisme empiétant. Sa conclusion est ' Tout A est Δ '. Dans ce qui vient d'être dit, empiétant et empiété sont dans la première figure.

Mais selon cette méthode un syllogisme de la deuxième figure peut aussi empiéter un syllogisme de la première figure, etc. »
Autrement dit on a :

$$\left.\begin{matrix} \epsilon\pi\iota\beta\alpha\lambda\lambda\acute{o}\mu\epsilon\nu o\varsigma \\ \sigma\upsilon\lambda\lambda o\gamma\iota\sigma\mu\acute{o}\varsigma \end{matrix}\right\{\begin{matrix} \text{Tout A est B} \\ \text{Tout B est } \Gamma \\ [\text{Tout A est } \Gamma] \\ \text{Tout } \Gamma \text{ est } \Delta \\ \text{Tout A est } \Delta \end{matrix}\left.\right\} \epsilon\pi\iota\beta\acute{\alpha}\lambda\lambda\omega\nu \, \sigma\upsilon\lambda\lambda o\gamma\iota\sigma\mu\acute{o}\varsigma$$

4. Ils sont, en effet, de la forme A (universelle affirmative), I (particulière affirmative), I (d°), ou, en langage scolastique en *Darii.*

5. Telles qu'elles sont présentées, ces prémisses ne peuvent être appelées un syllogisme que dans un sens très lâche, comme le fait Proclus (178.24) : il manque tout simplement la conclusion. En fait, il s'agit d'un « prosyllogisme » (Ol., 68.3) qui devrait avoir pour conclusion : « Tout bon conseiller peut donc dire un temps où il pensait ne pas connaître les matières sur lesquelles il donne des conseils. »

6. Maintenant à l'aide des prémisses du prosyllogisme prises pour majeures, Proclus va former des syllogismes en *Baroco* (A = universelle majeure ; O = particulière mineure) ; la suite du texte συμπλέκειν δεῖ κτέ. n'est pas absolument claire. Je comprends qu'il faut successivement lier, à chacune des propositions aussi bien qu'à toutes prises ensemble, des mineures pour obtenir d'autres syllogismes qui réfutent Alcibiade.

7. Comparer avec tout le paragraphe Ol., 64.9-18 (où cependant la citation des *Oracles Chaldaïques* est remplacée par Homère, χ 1).

8. Socrate fera en effet avouer à Alcibiade, en 110 C 11, que οὔκουν ἔχω γ' εἰπεῖν [*scil.* χρόνον ἐν ᾧ οὐκ κτέ.] ; fort de cet aveu, il peut remonter, « rétrogresser », et établir successivement qu'il n'a ni fait de recherche ni fréquenté des maîtres ; qu'il n'a ni appris ni découvert ; qu'il ne sait pas ce sur quoi il prétend donner des conseils : il n'est donc pas un bon conseiller.

Page 241.

1. C'est-à-dire, comme l'a noté le P. Festugière (« *Modes de composition* », p. 82, n. 7 = *EPhG*, p. 556, n. 7), que l'âme cesse d'avoir un pur regard unitif et tombe au niveau du discursif.

2. Cf. *supra*, p. 138.15 et note 3, p. 115.

3. On doit garder la leçon de N περιτειχίσηται, comme le montre *Theol. plat.*, IV 18, 54.16 ou *In Remp.*, II 281.2-3 : les âmes avant de s'incorporer, voient beaucoup de choses ὅσα μὴ δύνανται καθορᾶν τὸν παχὺν τοῦτον περιτειχισάμενοι δεσμόν ; sur cette désignation du corps, cf. *Prov.*, 49.8 ; *In Remp.*, II 125.9 et P. Hadot, I 404, n. 5. Épaisseur, grossièreté, lourdeur sont régulièrement attachées à la matière et au corps : cf. p. ex., *In Remp.*, II 159.8 ; 186.10 ; *In Tim.*, III 294.24, etc.

4. Sur le sens du terme ἀφαίρεσις — qui ne veut pas dire ici

comme chez Aristote « abstraction », mais plutôt quelque chose comme « séparation » ou même négation —, cf. p. ex. A. J. Festugière, *RHT*, IV, 99, 314-315, etc.

5. Cf. *supra*, p. 138.22 ; ces deux passages ont été omis par le P. des Places parmi ses *testimonia*.

6. Cf. Ol., 64.1-3 (simple squelette du texte de Proclus).

Page 242.

1. Dans le syllogisme affirmatif ou synthétique (πᾶς ὁ … πᾶς ὁ …) une proposition ne détruit pas la proposition qui lui est antérieure (c'est-à-dire, pour Proclus, supérieure) : par exemple πᾶς ὁ εἰδὼς ἢ μαθὼν ἢ εὑρὼν οἶδε (p. 178.19-20) ne détruit pas la première proposition : πᾶς ὁ ἀγαθὸς σύμβουλος οἶδε περὶ ὧν συμβουλεύει (l. 18-19) ; c'est là le sens de ὁ μὲν οὐκ ἀναιρῶν τὰ βελτίονα (p. 180.24). Au contraire, dans le syllogisme négatif ou analytique de Socrate ([οὐκ] ἔχει χρόνον εἰπεῖν Ἀλκιβιάδης … οὔτ᾿ ἐζήτησεν οὔτε διδασκάλοις προσῆλθεν … οὔτε ἔμαθεν οὔτε εὗρεν … οὐκ οἶδε … οὐκ ἔστιν ἀγαθὸς σύμβουλος), la proposition inférieure renverse la supérieure (ἀνατρέπων τὰ μείζονα) : en effet c'est parce qu'il ne sait pas qu'Alcibiade n'est pas un bon conseiller ; or, savoir est inférieur à être un bon conseiller, comme le νοῦς l'est à l'Ἀγαθόν (p. 180.6 ss) ; de même, s'il ne sait pas, c'est parce qu'il n'a ni étudié ni cherché ; or, savoir est supérieur à chercher ou apprendre, comme une fin l'est aux moyens qui permettent de l'atteindre (p. 180.9 ss). Je suis, dans l'explication de ce passage celle que le P. Festugière a donnée dans ses « Modes de composition… », p. 83 (= *EPhG*, p. 557).

2. Λέξις : entendu par le P. Festugière (*art. cit.*, p. 82, n. 7 = *EPhG*, p. 556, n. 7) au sens ordinaire de « explication des ῥήματα », explication de mots (par opposition à l'explication du fond, ou θεωρία) ; à tort à mon avis. Λέξις a le sens de « texte à commenter », « lemme » : sens bien connu (cf. par ex. Epic., *Diss.*, III 21, 7) ; dès lors, le lemme qui suit était peut-être cité par Proclus lui-même. On retrouve ailleurs ce procédé (deux lemmes successifs pour commenter le même passage, de deux points de vue différents) : *infra*, p. 200.1 ; *In Tim.*, I 37.31 ; III 279.2.

3. Vise à corriger ἱδρυμένον, qui semble donner un lieu au Bien. Si Proclus se lance dans un exposé théologique sur le Ἀγαθόν, c'est parce qu'il est question dans le texte de Platon d'un ἀγαθὸς σύμβουλος ; cf. *supra*, p. 180.6 ss.

4. Cf. *Rsp.*, X 604 E 4 ; Ps. Plat., *Definitiones*, 414 E 9 ; voir encore Ar., *Pol.*, B 2, 1216 b 9 τὸ ἑκάστου ἀγαθὸν σῴζει ἕκαστον cité *In Remp.*, II 362.19. Voir *supra*, p. 154.15 et n. 1, p. 219.

5. Τὰ ὄντως ὄντα = τὰ νοητά, cf. *In Tim*. I. 23.32 ; αἱ θεῖαι ψυχαί : *El. Theol.*, 184 (et commentaire p. 295-296) ; τὰ κρείττονα γένη : sans doute les anges, héros, etc.

6. Ὑποστάθμη : sur le terme, cf. H. Lewy, p. 384, n. 274-275 et Kroll, p. 62, n. 2. Il vient de Platon (*Phaedo*, 109 C 2), chez qui il ne désigne pas encore exactement la matière. On le trouve ensuite

chez Zénon de Citium (SVF, I 105), où il désigne la terre. Pour l'emploi au sens de matière citons : Plot., II 3 (52), 17.24 ; An., *V. Pyth.*, *ap.* Phot., *Bibliot.*, *cod.* 249 (VII 129.32 Henry) ; Julien, *Or.* V, 170 d ; Synes., *De Prov.*, I 9 (80.14 T.) ; Pr., *In Tim.*, II 65.24 ; 232.1 ; Dam., *De princ.*, 112.9 W ; *In Parm.*, 282.5. — Pour la thèse : rien, pas même la matière, n'est privé de l'Un, cf. cf. Dodds, commentaire, p. 231 et 275 : voir par exemple *In Tim.*, I 209.13 ss ; 385.14 ss ; II 305.18 ss ; *In Parm.*, V 1037.8 s. ; VI 1064.10 ss ; *Theol. Plat.*, II 3, 29.17.

7. L'adjectif vient de *Tim.*, 50 D 7 ; voir aussi *Or. Chald.*, 163.2 βυθὸς ἀιὲν ἄμορφος ; voir déjà *supra*, p. 34.8 et 11 ; citons quelques textes : Plot., I 6 (1), 2.14 ss ; II 4 (12), 2.3 ; Pr., *In Tim.*, I 126.27 ; 368.6 ; *In Parm.*, V 999.25. — Voir aussi *supra*, p. 48.15 et n. 1, p. 40.

8. Correction de Proclus : au lieu de laisser croire que le Bien « module » son don d'après les diverses classes d'êtres, Proclus renverse la perspective : le Bien rayonne uniformément son don sans tenir compte des classes (πρὸ τάξεως ἀπάσης) et ce sont les êtres qui participent plus ou moins à ce don. Thèse constante dans le néoplatonisme. Cf. *supra*, p. 74, n. 3 (p. 172 des *Notes compl.*).

Page 243.

1. Sur l'expression, cf. *Theol. Plat.*, I 19, 90.4 ss et les notes *ad loc.* ; pour l'expression « élément » du bien, cf. *ibid.*, I, p. 103, n. 3 et II, p. 35, n. 3 ; voir déjà *supra*, p. 107.29 et n. 4, p. 88.

2. On se rappellera que αὔταρκες forme avec τέλειον et δυνατόν une triade.

3. Pour cette doctrine, cf. Ar., *Pol.*, Γ 11, 1281 b 1-10 : « Dans une collectivité d'individus [...] chacun dispose d'une fraction de vertu et de sagesse pratique, et une fois réunis en corps, de même qu'ils deviennent en quelque manière un seul homme pourvu d'une grande quantité de pieds, de mains et de sens, ils acquièrent aussi la même unité en ce qui regarde les facultés morales et intellectuelles. C'est la raison encore pour laquelle la multitude est meilleur juge des œuvres des musiciens et de celles des poètes : car l'un juge une partie de l'œuvre, l'autre une autre, et tous jugent le tout » (traduction J. Tricot). On retrouve cette même doctrine chez Plotin VI 5 (23), 10.18 ss (dont le texte présente plusieurs analogies avec le nôtre) ; voir encore VI 4 (22), 15.23 ; voir encore Philon, *Spec. Leg.*, III 131.

4. Pour l'image, cf. P. Hadot, I, p. 183, n. 4 et M. Tardieu, « Scintilla animae. Histoire d'une métaphore », dans *REAug.*, 21 (1975), p. 225-255 ; voir aussi *supra*, p. 239 et n. 1.

Page 244.

3. Cf. *infra*, p. 294.18 ss et n. 4, p. 332 (p. 442 des *Notes compl.*).
4. Cf. *infra*, p. 317.23-25. Les ἀναλογίαι dont Proclus parle ici

sont sans doute celles dont il a été question *In Tim.*, II 127.26 ss ; 198.14 ss.

5. Τῆς τοῦ ἀγαθοῦ μοίρας : l'expression provient en dernier ressort de *Phil.*, 20 D 1 (ou 54 C 10) et se retrouve souvent chez les néoplatoniciens dans un sens lâche comme le note L. G. Westerink dans Damascius, *In Phileb.*, n. à 80.1-3 ; voir aussi A. J. Festugière note à sa traduction de l'*In Tim.*, I, p. 239 (n. 3).

6. Cf. Ol., 62.22-63.6 (et voir aussi *In Gorg.*, 145.23-146.10). Comme à son ordinaire, Olympiodore laisse de côté tout le contenu métaphysique de l'exégèse : « Trois sont les éléments d'un bon conseiller : volonté bonne, connaissance exacte et puissance annonciatrice (il faut, en effet, que le conseiller soit bienveillant à l'égard de ses auditeurs ; sinon, il n'est pas bon ; en outre, il doit avoir un savoir exact de ce sur quoi il s'apprête à parler, car il ne saurait donner des conseils étant ignorant ; enfin, il doit pouvoir présenter et exprimer ses pensées, sinon ses deux premières qualités seraient sans effet), cela étant donc établi, Socrate démontre à partir de la connaissance exacte qu'Alcibiade n'est pas un bon conseiller. »

Page 246.

1. Double attaque contre la théorie platonicienne de la vertu-science : la science ne suffit pas au conseiller pour être un bon conseiller ; il lui faut, en outre, la modération des passions ; la vertu n'est donc pas la science, puisqu'elle a besoin de l'accord des facultés irrationnelles (sur cette objection, cf. *M. Mor.*, A 1, 1182 a 16 ss, mais le rapprochement est lointain). Par φρόνησις, Proclus ne désigne évidemment par la « practical wisdom » (traduction adoptée par O'Neill dans notre texte), qu'Aristote entendait sous ce terme, la sagesse contemplative de Platon, la reine des vertus (*Leges*, III 688 B 1-3 πρὸς πρώτην τὴν τῆς συμπάσης ἡγεμόνα ἀρετῆς, φρόνησις δ' ἂν εἴη τοῦτο). Sur la *phronesis* platonicienne, cf. Gauthier-Jolif dans leur commentaire de l'*EN*, II 2, p. 463-469.

3. Cf. Ol., 67.14-19 : « Comme il discute avec un amateur de rhétorique (Socrate) use partout de termes qui lui sont agréables. En effet, il lui présente des auditeurs, un théâtre ; il pose même une estrade et Alcibiade qui bondit sur cette estrade ; quant à lui, il se représente comme un frein, pour pouvoir mettre un frein aux passions du jeune homme et à son impulsus de conseiller. En tout cas, il dit : ' *Te mettant la main dessus, je dirais* '. »

Page 247.

1. Noter, à partir d'ici, le changement de ton, bien marqué par l'apparition d'une série d'impératifs : Proclus nous invite à nous détourner de la politique empirique pour mettre en ordre le peuple qui est en nous.

2. Cette expression vient de Platon, *Leges*, III 689 B 1-2, cité

supra, p. 160.1-3 ; on la trouve déjà chez Plot., VI 4 (22), 15.33 et ailleurs chez Proclus *v.g. infra*, 244.8 ; *In Tim.*, I 11.28-29 ; 12.7 ; voir aussi *supra*, 35.5.

3. Rapprocher *In Remp.*, II 243.25-27 : τότε τὰ φθέγματα αὐτῶν [*scil.* τῶν θεῶν] διὰ νοῦ γνωσόμεθα μόνως, ὅταν σιγήσωμεν πάσαις ἡμῶν ταῖς σωματικαῖς αἰσθήσεσιν ; sur cette notion d'un silence intérieur, cf. O. Casel, « De Philosophorum graecorum silentio mystico », *RGVV*, XVI 2, Giessen, 1919. Voir déjà *supra*, p. 44.19-20 et n. 7, p. 36.

4. Cf. *In Remp.*, II 285.5-7 (avec l'image des « voies » de la connaissance); voir aussi Jambl. *De Comm. math.*, 11, p. 44.17-25.

5. Cf. *El. Theol.*, 167 et le commentaire de Dodds *ad loc.* Tout le passage vise à mettre en évidence la *Mittelstellung* de l'âme, entre les êtres qui connaissent éternellement et ceux qui ne connaissent jamais, c'est-à-dire les corps ; cf. W. Theiler, *P.u.A.*, p. 22 (= *F.*, p. 186-187) et le texte qui est cité de Hiéroclès, *In Carm. aur.*, 145.11 μέση γὰρ οὖσα ἡ τοῦ ἀνθρώπου οὐσία τῶν τε ἀεὶ νοούντων τὸν θεὸν καὶ τῶν μηδέποτε νοεῖν πεφυκότων κτέ.

6. L'âme humaine contient en elle-même les raisons de toutes les choses : cf. Hermias, *In Phdr.*, 50.28 ss ; Pr., *El. Theol.*, 194-195 (et le commentaire de Dodds, p. 299-300) ; *In Parm.*, IV 896.1 ss ; *In Eucl.*, 13.13 ; 16.1 ss ; *In Tim.*, I 446.27 ss ; 448.22 ss ; II 136.1 ss ; 200.21. Comme le remarque Proclus, ces raisons ne doivent pas être confondues avec les λόγοι σπερματικοί des Stoïciens (*In Tim.*, II 193.27 ss). Voir encore J. Trouillard, *L'Un et l'âme*, p. 28 ss.

7. Sur cette expression, cf. *In Eucl.*, 17.24 ; 55.18 ; *In Tim.*, II 200.21 ; *In Parm.*, IV 896.3-4 ; *In chald.*, 5, 212.26 des Places : ὥσπερ πᾶσα ψυχὴ πάντων μέν ἐστι πλήρωμα τῶν εἰδῶν.

Page 248.

1. Cf. Ol., 63.12-64.1 : « La connaissance est de deux sortes et se divise en étude et découverte ; en effet, sous la motion d'autrui nous étudions, tandis que lorsque nous nous mouvons nous-mêmes, nous découvrons. Et c'est pour cela justement que les Poètes racontent dans leurs mythes qu'Hermès — qui est le protecteur de la connaissance — est messager et fils de Maïa : il est messager en tant qu'il étudie (en effet, un messager n'annonce que ce qu'il a appris d'autrui) et fils de Maïa, en tant qu'il découvre (en effet, la sage-femme (μαῖα) ne met pas elle-même les enfants dans les femmes qu'elle accouche, mais elle les fait venir au monde alors qu'ils existaient déjà : de même celui qui découvre met au monde les raisons qui étaient déjà en lui). Que si jamais apprendre est supérieur à découvrir (comme lorsque nous apprenons des dieux en rêve), il faut savoir qu'alors être mû par un autre est préférable à être mû de par soi-même ; car mieux vaut être mû par un dieu que par soi-même. »

2. On se rappellera que Proclus appartenait justement à la chaine hermaïque : cf. Marinus, *Proclus*, 28 (p. 70 F) ὅτι τῆς

Ἑρμαϊκῆς εἴη σειρᾶς σαφῶς ἐθεάσατο (*scil.* Proclus); sur cette chaîne, voir aussi Eunap., *V. Soph.*, IV 11 (8.15). La plupart des textes relatifs à la chaîne hermaïque ont été réunis par P. Lévêque, *Aurea Catena Homeri* (Annales littéraires de l'Université de Besançon, 27), Paris, 1959, p. 34-43.

3. Hermès, fils de Maïa : cf. Hes., *Theog.*, 938-939 ; *Hymn. hom. in Merc.*, 1, 3 ; Pr., *In Crat.*, 25, 9.23-10.2 : « C'est Maïa, la mère d'Hermès, qui met dans les âmes le chercher (τὸ ζητεῖν), tandis que la découverte vient de la chaîne d'Hermès. Et en effet, les genres les plus universels de dieux agissent tout ensemble avant, et après les genres plus particuliers. C'est pourquoi justement la recherche est imparfaite et nous constatons qu'elle est, pour ainsi dire, une matière préparée à l'avance par la donation des causes les plus élevées pour ceux qui y participent, tandis qu'elle reçoit ce qui lui tient lieu de forme et de configuration sous l'action des causes inférieures » ; voir aussi un fragment de Proclus *ap.* Ioh. Lyd., *De mensibus*, p. 128.4-11 Wünsch, avec la correction de J. Bidez-Fr. Cumont, *Les Mages hellénisés*, 2 vol., Paris, 1938, t. II, p. 245, n. 5. On trouve des spéculations de la même sorte (moins complexes évidemment) chez Cornutus, *Compendium gr. theol.*, p. 23.6 ss Lang : « Zeus, disaient-ils, a eu de Maïa, Hermès : cela indique que le λόγος est le rejeton de savoir et de recherche. »

4. L'expression a incontestablement un parfum chaldaïque, mais ne se rencontre pas dans les fragments aujourd'hui conservés (dans Kroll, p. 62, on trouve un texte tiré de Psellos, *Expositio*, PG 122, 1152 D = 191.3 des Places ἢ διὰ πατρικὴν βούλησιν ; voir aussi *Hypot.*, 75.39-40 Kroll = 201.40 des Places : κατὰ βούλησιν <τοῦ> πατρός ; aucun de ces deux textes n'est tiré des *Or. chald.*). On trouve cependant dans les textes conservés des expressions équivalentes : cf. 81.2 πατρὸς πειθηνίδι βουλῇ ou 37.1 ἀκμάδι βουλῇ. Sur la volonté du Père, cf. H. Lewy, p. 79-80.

5. En général, la découverte est supérieure à apprendre (μάθησις) parce qu'elle manifeste la supériorité du spontané sur l'induit ; cependant, il existe une sorte de connaissance supérieure : c'est celle que les dieux nous transmettent directement (par exemple dans les rêves). On obtient donc la hiérarchie suivante :

μάθησις παρὰ θεῶν
εὕρεσις
μάθησις παρ' ἀνθρώπων

Ailleurs, Proclus enseigne même qu'il y a deux sortes d'εὕρεσις, cf. *In Tim.*, I 300.30 ss ; très voisin est ce qu'enseigne Jamblique, *De comm. math.*, 11, p. 44.17-25.

6. Αὐτόζων, cf. *El. theol.*, 190, p. 166.12 ; *In Eucl.*, 148.24. Αὐτενέργητος : *In Eucl.*, 15.26 ; 141.1 ; 147.28 ; *In Remp.*, II 95.2 κατὰ τὴν αὐτενέργητον τῶν ψυχῶν δύναμιν κτέ.

7. Ici πράγματα désigne évidemment les réalités suprêmes. Les αὐτοψίαι sont simplement les apparitions des dieux, au cours desquelles on peut effectivement voir leur cortège d'anges, de démons, de héros, etc. (le livre II des *Myst. d'Égypt.* est consacré

à l'étude des caractères propres des diverses sortes d'apparitions d'êtres supérieurs ; cf. F. Cremer, *Die chaldäischen Orakel*, p. 143 ss). Quant à ὑφηγήσεις, cela pourrait désigner un autre ouvrage des Théurges, différent des *Or. chald.* et cité ailleurs par Proclus lui-même : *In Tim.*, III 124.33 ἐν τοῖς ὑφηγητικοῖς et 247.28 ταῖς τῶν θεολόγων ὑφηγήσεσιν (voir aussi Dam., *In Parm.*, II 203.29-30 ἐν τοῖς ὑφηγηματικοῖς). Sur cet autre ouvrage des Chaldéens, cf. W. Theiler, *F.*, p. 253.

8. Comparer *In Remp.*, II 149.9 ἡ ἐπὶ τὸ ἄνω πορεία (voir déjà *Phaed.*, 107 D 5 ἐν ἀρχῇ τῆς ἐκεῖσε πορείας) ; voir aussi *Theol. plat.*, II 5, 38.17-18 et n. *ad loc.*

9. On retrouve ce fragment chaldaïque dans *Theol. plat.*, III 1, 5.15-16 : la théologie de Platon relative au premier dieu τὸν ἐν αὐταῖς (*scil.* ψυχαῖς) ἀνάψασα πυρσόν, ἀφ' οὗ δὴ μάλιστα πρὸς τὴν ἄγνωστον συνάπτονται τοῦ ἑνὸς ὑπεροχήν. Le feu, comme le remarque H. Lewy, p. 171, est la « noetic substance of the human intellect that subsists in the soul : in the course of the descent, it spreads, as it were, its wings and serves as the soul's vehicle. » Voir par exemple fr. 1.6 νόου ταναοῦ ταναῇ φλογί ; 128.1 πύριον νοῦν. Il s'agit donc de l'élément particulièrement sensible présent en nous et qui peut connaître le Père. Le P. des Places, dans son édition, propose d'intégrer dans le fragment ἀναγώγους (190 et n. 1, p. 148-149) : et ainsi avec πυρσόν (ou πυρσούς) on aurait une fin d'hexamètre ; cela est métriquement possible. Pour l'usage du mot πυρσός dans les *Or. chald.*, cf. 130.2 et ajouter *Theol. plat.*, II 8, 56.13 et n. *ad loc.* Incidemment, je note que l'ordre des mots conjecturé par le P. des Places pour le fr. 126 est celui-là même que donne notre texte (πυρσ. ἀναψ.. au lieu ἀναψ. πυρ.).

10. Peut déjà passer pour une allusion à *Symp.*, 204 A 1-3 (cf. *infra*, 189.16-18). Plus loin, dans la citation même, Proclus introduit subrepticement ἡ διπλῆ ἀμαθία au lieu du simple ἀμαθία du texte de Platon.

Page 249.

1. Cf. *Ol.*, 82.10-11 ; 13-16.

2. Cf. *supra*, p. 187.12.

3. Sur l'oubli de l'âme après sa descente ici-bas, cf. les très nombreux textes rassemblés par H. Lewy, p. 190, n. 53 (ajouter, pour Proclus, *In Tim.*, I 126.19 ; III 43.3 ss ; 218.10 ss ; *In Remp.*, II 281.3 : ἡ ἐκ τῆς γενέσεως λήθη ; *In Eucl.*, 46.23 ss), etc.

4. Les images décrivant l'état des notions innées en nous, ici-bas, après l'incarnation, paraissent assez hardies (cf. plus loin ἀπεψυγμένας ... καὶ μόλις ἀναπνέουσας) : elles sont implicitement comparées à des êtres vivants qui périssent d'étouffement. Cf. Damascius, *In Phaed.*, II, § 93.2 (et n. de L. G. Westerink, p. 338).

5. Les âmes, avant leur descente ici-bas, boivent les eaux d'un fleuve mystérieux qui leur fait oublier ce qu'elles avaient vu là-haut : cf. Platon, *Rsp.*, X 621 A 4-B 1. Conception très répan-

due dans l'antiquité : cf. par exemple Virg., Aen., VI 714 s., *Le-thaei ad fluminis undam | Securos latices et longa oblivia potant.* Sur le sujet, voir A. Dieterich, *Nekuya*, Leipzig, 1893, p. 90-94. Pour les néoplatoniciens, voir Hermias, 163.33 ; Pr., *In Tim.*, III 323.20 ; *In Remp.*, II 347.20 ; *In Crat.*, 2, 2.4 ; *De Mal.*, 21.15 *mensuram quandam poculi oblivionis* (πόμα τῆς λήθης) *necessa-rium omnem animam facere* (lire : *bibere*) ; Mar., *Proclus*, 5, p. 12 F. (Proclus) μόνος ... οὐδὲν τοῦ πόματος τῆς λήθης ἐδόκει πεπω-κέναι.

6. Sur le verbe διαρθροῦν, cf. Dam., *In Phaed.*, II 93.2 (et n. de L. G. Westerink, p. 338-339).

7. Sur cette formule, cf. *Theol. plat.*, I 12, 57.20 et la n. 2 (p. 144) où l'on trouve cités la plupart des textes importants ; on ajoutera cependant à cette liste Pr., *In Parm.*, VII, p. 513.16 et Ps. Denys, *C. H.*, 2 (PG 2, 141 C = SC 58, p. 81.3) τὰς λεγομένας ἀνομοίους ὁμοιότητας (voir encore p. 82.5 et 83.7). Cette expres-sion a été connue en Occident par le biais des versions latines du Ps. Denys comme *dissimilis similitudo* ou *similis dissimilitudo* : voir les textes cités par M. D. Chenu, *La Théologie au XIIe siècle*[3], Paris, 1956, p. 321-322. — Pour compléter ce dossier, je voudrais encore citer un texte du gnostique Monoïmos, cité par Hippolyte dans ses *Refutat.*, VIII 12, 5 (p. 232.15 Wendland), pour qui la μονάς est ἀνόμοιος ὁμοία.

8. Dans le cas de l'Un les négations doivent s'entendre comme signifiant sa transcendance, tandis que dans le cas de la matière elles indiquent son insuffisance : la thèse est bien connue, cf. *Theol. Plat.*, II 5, 38.18 ss (et les notes *ad loc.*) ; II 10, 63.9-10 (les négations dans le cas de l'Un) οὐκ εἰσὶ στερητικαὶ τῶν ὑποκειμένων ἀλλὰ γεννητικαὶ τῶν οἷον ἀντικειμένων · τῷ γὰρ οὐ πολλὰ τὸ πρῶτον ὑπάρχειν, ἀπ' αὐτοῦ τὰ πολλὰ πρόεισιν κτέ. ; voir encore *In Parm.*, VI 1076.11 ss τὸ ἀσχημάτιστον ἐπὶ τοῦ ἑνὸς οὐκ ἔστι τοιοῦτον οἷον τὸ τῆς ὕλης, ὃ κατὰ τὴν στέρησιν θεωρεῖται τοῦ σχήματος, ἀλλ' ὃ γεννᾷ καὶ παράγει τὴν κατὰ τὸ σχῆμα τάξιν (« Le 'informe' dans le cas de l'Un n'a pas le sens qu'il a dans le cas de la matière, où il consiste dans la privation de forme, tandis que dans le cas de l'Un, c'est ce qui engendre et produit la série de la forme »).

Page 250.

1. Ces Ἀγάλματα sont sans doute un souvenir de *Symp.*, 222 A 4 (l'épisode des Silènes).

2. Sur cette interprétation du mythe de la naissance d'Éros, cf. W. Theiler, *F.*, p. 192, 214 s. (= *P.u.A.*, p. 26-27, 44) ; voir le célèbre texte des *Sententiae* de Porphyre (40, 51.3 ss) cité *ib.*, p. 213 : être tourné vers soi-même, se connaître, c'est être riche (εἰ δ' ἡμεῖς ἐπεφύκειμεν ἱδρῦσθαι ἐν τῇ αὐτῶν οὐσίᾳ καὶ πλουτεῖν ἀφ' ἑαυτῶν καὶ μὴ ἀπέρχεσθαι πρὸς ὃ μὴ ἦμεν καὶ πένεσθαι ἑαυτῶν) ; au contraire, sortir de cette concentration, c'est s'appauvrir ; dès lors on retrouve comme compagne Πενία,

bien que Πόρος nous soit toujours intérieurement présent (διὰ τοῦτο πάλιν τῇ Πενίᾳ συνεῖναι, καίπερ πάροντος Πόρου).

3. Sur le désordre de la matière, cf. *In Tim.*, I 383.1 ss : le corporel, ὅσον ἐφ' ἑαυτῷ, est πλημμελῶς καὶ ἀτάκτως κινούμενον ; il se meut en ordre dès là que τῶν ὑπερφυῶν μετέχει δυνάμεων.

4. L'auteur de cette aporie est inconnu : d'une part le commentaire d'Olympiodore, *In Phd.* s'interrompt précisément en 74 A et, d'autre part, cette aporie n'est pas exactement mentionnée dans les commentaires de Damascius. Cependant, la distinction entre deux types de connaissance : connaissance innée et inarticulée, d'une part, et connaissance articulée et acquise, d'autre part, qui revient plusieurs fois dans l'*In Alc.* (*supra*, p. 15.4 ; 132.8 ; 133.5 ; 189.8) et dans l'*In Remp.*, II 297.1 ss (les grands crimes sont le fait des âmes nobles, qui accomplissent leurs forfaits δι' ἐννοίας ... ἀδιαρθρώτους), se rencontre aussi chez Damascius, *In Phd.*, I, § 263. On trouve déjà cette distinction chez Porph., *Ad Marc.*, 10 (111.14-16) συνάγοις δ' ἂν καὶ ἑνίζοις τὰς ἐμφύτους ἐννοίας καὶ διαρθροῦν συγκεχυμένας καὶ εἰς φῶς ἕλκειν ἐσκοτισμένας πειρωμένη (texte cité par W. Theiler, *F.*, p. 222 = *P.u.A.*, p. 50) ; voir Damascius, *In Phd.*, II, § 17 (p. 297 Wk.).

5. Aristote définit l'ἔνστασις comme une πρότασις προτάσει ἐναντία (*An. post.*, B 27, 69 a 37).

Page 251.

1. Proclus modifie assez fortement le texte de Platon, en faisant disparaître toutes les atténuations dont usait Platon (οἷον ὄναρ ... ὥσπερ ὕπαρ Plat.), de sorte que l'on aboutit à ὄναρ = les ἔννοιαι, ὕπαρ = la science. Même interprétation dans Dam., *In Phileb.*, § 72.4-5, où l'on a ὕπαρ = τὸ διηρθρωμένον τῆς γνώσεως et ὄναρ = τὸ ἀδιαρθρώτον.

2. L'expression paraît assez audacieuse : nos connaissances ne sont, en quelque sorte, que l'exhalaison de ces λόγοι. Cf. Dam., *In Phaed.*, § 17.7-8.

3. Le τί ἐστι = définition, cf. *In Eucl.*, 201.18 ss.

Page 252.

1. Cf. Ol., *V. Platonis* (= *In Alc.*), 2.44-48 ; *In Alc.*, 65.20-66.3 ; *Proll.*, 2.30-31 : c'est donc un lieu commun qui faisait sans doute partie de l'Introduction à la Philosophie de Platon, qui sert de base aux *Proll.*

2. Ce passage s'inspire étroitement de *Rsp.*, III 410 B 10-412 A 7 (la comparaison de l'âme avec une lyre dont musique et gymnastique sont les cordes est sous-jacente à ce texte) ; on pourra aussi se reporter aux différents programmes d'éducation de Platon : *Rsp.*, VII 521 C 10-534 B 2 ; *Leges*, VI 764 C 5-765 D 3 ; VII 795 D 6-796 E 8, 809 B 3-822 C 5. Chez Proclus, voir *In Tim.*, I 40.25 ss.

3. Proclus identifie implicitement les γράμματα des études

d'Alcibiade avec les μαθήματα du programme d'étude de la Cité Parfaite.

4. Le θυμός de l'âme est comme son τόνος : l'image revient ailleurs *In Tim.*, I 40.26-27 ; 117.17. L'expression τόνος τῆς ψυχῆς est sans doute d'origine stoïcienne (cf. *v.g.* SVF, III 473, etc.), mais elle a chez eux un sens tout différent.

Page 253.

2. Cf. Plat., *Rsp.*, VII 533 D 2-4 : « La dialectique... tire peu à peu l'œil de l'âme du grossier bourbier où il est enfoui et l'élève en haut (ἀνάγει ἄνω) en prenant à son service et en utilisant pour cette conversion les arts que nous avons énumérés » ; 527 E 1-3 : « Les sciences purifient et ravivent (ἐκκαθαίρεται τ.κ. ἀναζωπυρεῖται) en chacun de nous un instrument de l'âme, gâté et aveuglé (τυφλούμενον) par les autres occupations (ὑπὸ τῶν ἄλλων ἐπιτηδευμάτων), organe dont la conservation est mille fois plus précieuse que celle des yeux du corps, puisque c'est par lui seul qu'on aperçoit la vérité. » Il est possible que le texte de la *République* que Proclus utilisait ait porté ἀποτυφλούμενον (au lieu de τυφλούμενον) : voir en effet *In Eucl.*, 20.18 ss ὁ ἐν Πολιτείᾳ Σωκράτης ὀρθῶς εἶπεν · ὄμμα γὰρ τῆς ψυχῆς ὑπὸ τῶν ἄλλων ἐπιτηδευμάτων ἀποτυφλούμενον κ. κατορυττόμενον ; *In Tim.*, I 204.6-7 τὴν ἀποτυφλοῦσαν (*scil.* τὴν φυσιολογίαν) τὸ ὄμμα τῆς ψυχῆς ; III 352.7 ἀμαθία κατορυττοῦσα κ. ἀποτυφλοῦσα τὸ ὄμμα τ.ψ. Sur le thème de l'œil de l'âme, de très nombreux textes ont été réunis par A. S. Pease dans son édition du *De natura deorum* de Cicéron, Cambridge (Mass.), 1955, t. I, p. 179-181.

3. Nourriture de l'âme par les sciences : sur ce thème, cf. *Phdr.*, 247 D 1 ; *Prot.*, 313 C 5-6 ; *Rsp.*, III 401 E 1, etc.

4. Sur Hermès protecteur des gymnases, cf. J. Delorme, *Gymnasion*, Bibl. des Écoles Fr. d'Athènes et de Rome, fasc. 196, Paris, 1960, p. 364-365.

5. Cette épithète d'Hermès paraît être inconnue par ailleurs (elle manque dans C. F. H. Bruchmann, *Epitheta deorum quae apud poetas graecos leguntur*, Lipsiae, 1893). On rappellera simplement qu'Hermès passait pour avoir inventé la lyre (cf. *v.g. Hymn. hom. in Merc.*, I 24 ss ou Paus., V 14.8) : or l'une des étoiles de la constellation de la Lyre est appelée par un certain Theophilos (c'est-à-dire sans doute Théophile d'Édesse, astronome du Calife Al-Mahdi, mort en 785) dans un fragment édité dans le *Cat. cod. astr. graec.*, V 1, p. 214.5 ὁ Λυραῖος. Il y a peut-être un rapport avec l'épithète d'Hermès.

6. Hermès (ou son équivalent égyptien, Thot) a inventé les mathématiques, cf. *Phdr.*, 274 C 8-D 2 et Hermias, 255.1-8 ; 10-11.

7. Hermès, inventeur du langage et de l'alphabet, cf. F. Dornseiff, *Das Alphabet im Mystik u. Religion*, Stoicheia 7, Leipzig, 1925, qui a rassemblé les principaux textes sur le sujet, p. 2-10 ; voir, en particulier, Jambl., *De myst.*, I 1, 1.4 ὁ τῶν λόγων ἡγεμών, Ἑρμῆς κτέ.

8. Hermès ἡγεμόνιος : l'épithète est connue d'Arist., *Plutus*, 1159, etc. C'est Hermès qui guide le voyageur égaré sur la route. Voir aussi *In Crat.*, 66, 28.29-30.

Page 254.

1. Allusion au rôle de conducteur des âmes d'Hermès, cf. P. Raingeard, *Hermès Psychagogue*, Paris, 1934.

2. Dans l'Athènes historique ne subsistent plus que des reflets de l'état antérieur à cause des déluges qui, périodiquement, détruisent la civilisation : cf. *In Tim.*, I 127.31 ss συνάπτειν βούλεται *(scil. Plato)* τὴν δευτέραν περίοδον τῇ προτέρᾳ κ. μίαν εἶναι συνεχῆ ζωὴν τῶν Ἀθηναίων, τῶν τε πρώτων καὶ τῶν νῦν ὄντων κτὲ.

3. Sur l'éducation des jeunes aristocrates à Athènes, cf. H. I. Marrou, *Histoire de l'éducation dans l'antiquité*[4], Paris, 1958, p. 68-80.

4. Sur les listes établissant la correspondance entre les sept périodes de la vie humaine et les sept planètes, cf. W. H. Roscher, « Die Hebdomadenlehren der Griechischen Philosophen und Ärzte », dans *Abhandlungen d. Philol.-hist. Kl. d. königl. Sächsischen Gesellschaft d. Wissenschaften*, XXIV 6 (1906), p. 169-175 et l'article classique de F. Boll, « Die Lebensalter. Ein Beitrag z. antiken Ethologie u. z. Geschichte der Zahlen », dans *Neue Jahrbuch f. kl. Philologie*, XXXI (1913), p. 89-146 (repris dans ses *Kleine Schriften*, Leipzig, 1950, p. 156-224) ; on pourra aussi consulter, du même auteur, l'article « Hebdomas », dans *PW*, VII 2, 2547-2578 (paru en 1912). — La plus ancienne attestation de cette liste est fournie par Ptol., *Tetr.*, IV 10, 204.5 ss Boll-Boer (p. 436 Robbins) ; on la retrouve chez Albumasar, *De revol. nativitatum*, I 7, 19.3-22.20 Pingree. — La présente liste mêle trois sortes d'éléments : (1) une division de la vie humaine en sept périodes (attestée pour la première fois par Solon, *Eleg.*, fr. 19 Diehl, qui est cité dans Philon d'Alexandrie, *De opificio mundi*, 104 et est l'objet d'une allusion en *In Remp.*, II 191.6-7) ; (2) la liste canonique des sept planètes ; (3) correspondance entre les divers éléments de l'être humain et les astres (plusieurs exemples de ces mélothésies chez Proclus : cf. p. ex. *In Tim.*, III 69.7 ss ; 355.12 ss) ; on retrouve ailleurs des mélothésies de cette sorte : cf. *v.g.* Ps. Ptol., Καρπός, § 86 Boer ; Macr., *In Somn. Scip.*, I 12.14 ; Serv., *In Aeneid.*, XI 51 (II 482.18 ss Thilo). — L'ordre que Proclus va suivre est : lune, Mercure, Vénus, soleil, Mars, Jupiter, Saturne : c'est l'ordre traditionnel des « *mathematici* » ou astrologues, dit encore ordre chaldéen : cf. *In Tim.*, III 60.31 ss et surtout 62.6 ss (où Proclus est en désaccord avec cet ordre) ; au contraire, en *In Remp.*, II 220.4 ss, il admet cet ordre. Sur l'ordre chaldéen, cf. F. Boll, *s.v.* « Hebdomas », dans *PW*, VII 2567-2570 ou *s.v.* « Planeten ».

5. Cf. Ptol., *Tetr.*, p. 206.5-12 (p. 442 Robbins) ; Macr., *In Somn.*, Scip., I 12, 14 φυτικὸν (...) *id est naturam plantandi et*

augendi corpora, in ingressu globi lunaris exercet; In Tim., II 355.16 τὸ δὲ φυτικὸν Σελήνη (*scil.* τέτακται ἀνάλογον) ; [Ptol.], Carpos, § 86 Boer πηγὴ τῆς φυτικῆς δυνάμεως.

6. Cf. Ptol., 206.13-20 : λογικὸν τῆς ψυχῆς ἄρχεται διαρθροῦν ὥσπερ καὶ ... μαθημάτων ἐντιθέναι σπέρματά τινα καὶ στοιχεῖα, etc. ; Carpos, *ibid.*, πηγὴ τῆς λογικῆς δυνάμεως.

7. Cf. Ptol., 206.21-207.6 (cf. κίνησιν εἰκότως τῶν σπερματικῶν πόρων ἐμποιεῖν ἄρχεται et ici, l. 9 ἀνακινεῖν) ; voir aussi Ps. Aet., *Placita*, V 23, 434 Diels περὶ ἣν (ἑβδόμαδα) ὁ σπερματικὸς κινεῖται ὀρρός (mais pour les Stoïciens cela se produit au cours de la deuxième hebdomade) ; Macr., *Somn. Scip.*, I 6.71 *moueri incipit uis generationis in masculis* ; I 12.14 *desiderii motum, quod* ἐπιθυμητικὸν *uocatur, in Veneris* (scil. *orbe*) ; Ps. Ptol., *Carpos*, § 86 πηγὴ τῆς ἐπιθυμητικῆς δυνάμεως ; Pr., *In Tim.*, III 69.20 ; 355.15.

8. Cf. Ptol., 207.7-13 (peu de rapport) ; le soleil est au centre des planètes dans l'ordre chaldaïque.

9. Cf. Ptol., 207.14-21 (même observation) ; voir plutôt Macr., *In Som. Scip.*, I 12.14 *In Martis* (scil. *orbe*) *animositatis ardorem, quod* θυμικὸν *nuncupatur* ; *In Tim.*, III 69.21 τῶν θυμοειδῶν κινήσεων τῶν κατὰ φύσιν ἑκάστοις et 355.14 ; voir aussi I 34.21 s τὸ προπολεμοῦν (ἀνάλογόν ἐστι) τῇ Ἀρεικῇ τάξει κτέ.

10. Cf. Ptol., 208.1-9 ; Macr., *loc. cit.*, *In Iouis (orbe) uis agendi quod* πρακτικὸν *dicitur* ; *In Tim.*, I 34.23 s. τὸ δὲ βασιλικὸν (ἀνάλογόν ἐστι) Διὶ τῷ φρονήσεως ἡγεμονικῆς καὶ νοῦ πρακτικοῦ καὶ διακοσμητικοῦ χορηγῷ.

11. Cf. Ptol., 208.10-18 (peu de rapport : par exemple, la tendance à se retirer τὸ ... ἀνακεχωρηκός est attribuée à l'influence de Jupiter) ; pour Macrobe, Saturne est responsable de *ratiocinatio et intelligentia, quod* λογιστικὸν *et* θεωρητικὸν *uocant* ; voir *In Tim.*, I 34.25-26 τὸ δὲ φιλόσοφον (ἀνάλογόν ἐστι) τῷ Κρόνῳ, καθόσον ἐστὶ νοερὸν καὶ ἄνεισι καὶ μεχρὶ τῆς πρωτίστης αἰτίας.

Page 255.

1. Conformément à la coutume on a traduit αὐλός par « flûte », mais on devra se rappeler que le mot désigne plutôt un instrument du genre de la clarinette ou du hautbois. On trouvera des reproductions de l'instrument et du dispositif de jeu par exemple dans M. Wegner, « Griechenland[2] », dans *Musikgeschichte im Bildern*, II 4, Leipzig, 1970, p. 33, illustration 10-11 ; p. 37, n. 14 ; p. 39, n. 16, etc.

2. La source de Proclus, ici, a des chances d'être Plut., *Alc.*, 2, 5-7 : « Alcibiade refusait de jouer de la flûte, considérant cet instrument comme méprisable et indigne d'un homme libre (...) quand un homme souffle dans une flûte avec sa bouche, ses familiers eux-mêmes ont grand'peine à reconnaître ses traits. » Voir encore Olympiodore, *In Phaed.*, 3, § 10.2-7 et cf. Ar., *EN*, IX 5, 1175 b 1-6. Athéna avait inventé la flûte, mais voyant ses joues gonflées réfléchies dans l'eau d'une source, elle rejeta l'instrument ; **voir**

aussi, *Pol.*, VIII 6, 1341 b 3-6 : « Et il y a un fondement rationnel dans la légende rapportée par les Anciens à propos de la flûte : on raconte qu'Athéna, après avoir inventé la flûte, la rejeta ; un trait de cette histoire qui n'est pas sans intérêt, c'est que la déesse aurait accompli ce geste de dépit à cause des contorsions que la flûte imprime au visage ; cependant, une raison plus vraisemblable, c'est que la valeur éducative de l'art de la flûte est de nul effet sur l'intelligence, alors que c'est à Athéna que nous faisons remonter la science de l'art » (tr. J. Tricot). Sur la difformité du visage du joueur de flûte, cf. art. « Tibia », dans *Daremberg-Saglio*, V, p. 317.

3. Effectivement, Plutarque présente le rejet de la flûte comme dû à Alcibiade et non pas comme une attitude commune de l'aristocratie. Sur l'abandon de l'*aulos* dans l'enseignement, cf. H. I. Marrou, *Histoire de l'éducation* .., p. 189-190.

4. Sur l'exclusion de la flûte de l'enseignement, cf. Ar., *Pol.*, VIII 6, 1341 a 17-1341 b 9 : « Il ne faut introduire dans l'éducation ni flûtes (...). En outre, la flûte n'agit pas sur les mœurs, mais elle a plutôt un caractère orgiastique, de sorte qu'on ne doit l'employer que dans ces occasions où le spectacle tend plutôt à la purgation des passions qu'à notre instruction. Ajoutons que la flûte possède, en fait, un inconvénient en complète opposition avec sa valeur éducative : c'est l'impossibilité de se servir de la parole quand on en joue. Aussi est-ce à bon droit que nos pères en ont interdit l'usage aux jeunes gens et aux hommes libres, quoiqu'ils s'en soient servis tout d'abord. »

5. Condamnation de la flûte par Platon : cf. *Rsp.*, III 399 C 7-D 5 ; voir aussi *In Remp.*, I 63.6-9.

6. La ποικιλία doit être rejetée en musique comme dans tous les autres domaines : voir p. ex. *In Remp.*, I 63.12, etc. et déjà Plat., *Rsp.*, III 399 E 9-10 ; 404 E 3-5.

7. Ce texte présente plusieurs difficultés d'interprétation : n'étant pas spécialiste de musique antique, je me contente de renvoyer à l'article *Tibia* du Daremberg-Saglio (V 316-317) où notre texte est discuté et à l'ouvrage considérable de K. Schlesinger, *The greek aulos, a study of its mechanism and its relation to the modal system of ancient greek music*, Londres, 1939, p. 72-74, 151 et 194 ; plus récemment, H. Becker, *Rohrblattinstrumente*, Hamburg, 1966, p. 36-129. Le mot παρατρύπημα qui fait justement difficulté, paraît être un *hapax legomenon* : je suis Th. Reinach (art. du Daremberg-Saglio) qui traduit par « trou auxiliaire » sans me prononcer sur la nature exacte de ces trous ; il se peut qu'il y ait quelque rapport avec les αὐλοὶ παρατρητοί dont il est question chez Pollux IV 81. — L'auteur visé par ὥς φασιν n'est pas identifié.

8. Cf. *In Remp.*, I 63.12 εἰς δύο ταῦτα βλέπειν καὶ ἐν ταῖς μιμήσεσιν καὶ ἐν ταῖς ἁρμονίαις καὶ ἐν τοῖς ῥύθμοις, τὸ καλὸν κ. τὸ ἁπλοῦν ; cf. *Rsp.*, III 400 E 5-6.

9. Cf. Ol., 66.4-7.

10. Usage de la flûte dans les mystères et les initiations : cf. p. ex. Eur., *Bacc.*, 160 ss ; Ar., *Pol.* texte cité *supra*, n. 4 ; Virg., *Aen.*, IX 618 ; XI 737 ; Ov., *Met.*, III 528 ss ; dans les cultes orientaux, cf. Fr. Cumont, *Les religions orientales dans le paganisme romain*[4], Paris, 1963, p. 46, 53, 202, etc.

Page 256.

2. Sur cette désignation d'Athéna, fréquente chez les Tragiques, cf. Eur., *Suppl.*, 1227 ; Soph., *Aiax* 105 ; on la retrouve ailleurs chez Proclus : cf. *In Parm.*, II 768.3 ; *In Remp.*, II 270.1 ss (= *Leges*, VII 796 B 6) ; *In Crat.*, 185, 111.27. On a dans tous ces textes des traces de la vive dévotion de Proclus pour Athéna ; le P. Festugière en a réuni d'autres encore dans son article « Proclus et la religion traditionnelle », dans *Mélanges A. Piganiol*, Paris, 1966, p. 1581-1590, repris dans *EPhG*, p. 575-584. On ajoutera le long développement théologique sur Athéna contenu dans *In Tim.*, I 98.6-99.26.

Page 257.

1. Expression tirée du Critias et fréquemment employée par Proclus : cf. *supra*, p. 140.10 et n. 3, p. 116 (p. 206 des *Notes compl.*).

2. Même système de commentaire que *supra*, p. 174.1 ss : on a d'abord, sous un court lemme, une série de considérations générales puis, après répétition du même lemme, une exégèse détaillée (malheureusement, dans le cas présent, perdue après 204.7).

Page 258.

1. Cf. Ol., 64.19-23 ; 65.10-19 ; 68.26-69.2 ; 70.9-18. Ces textes qui se répètent tous plus ou moins donnent une bonne idée du niveau philosophique d'Olympiodore ou de son auditoire : « Le conseil porte : (1) ou bien sur ce qu'il sait et croit savoir ; (2) ou bien sur ce qu'il ne sait pas mais croit savoir ; (3) ou bien sur ce qu'il ne sait pas et ne croit pas savoir ; quant au quatrième membre de cette division (c'est-à-dire savoir mais croire qu'on ne sait pas), nous avons dit qu'il ne peut pas exister (ἀσύστατον). »

2. Ἃ μὴ οἶδεν me paraît une répétition oiseuse : je propose de supprimer ces mots qui n'ajoutent rien et détruisent le parallélisme : τὰ μὲν καὶ οἶδεν ... καὶ οἴεται γιγνώσκειν ... τὰ δὲ οὔτε οἶδεν οὔτε οἴεται γιγνώσκειν ..., τὰ δὲ οὐκ οἶδε μέν, οἴεται δὲ ὅμως ... εἰδέναι.

3. Cf. *supra*, p. 184.26-27, etc.

4. Ἀναντίβλεπτος exemple unique, ce semble, de l'emploi de cet adjectif au sens de « irréfutable » ; s'il faut corriger on suivra C. Steel.

5. Cf. Ar., *De interp.*, 6, 17 a 33 : « Appelons contradiction (ἀντίφασις) l'opposition d'une négation et d'une affirmation » ;

Met., I 7, 1057 a 33 : « Parmi les opposés, les contradictoires n'admettent pas de moyen terme : la contradiction consiste, en effet, en une opposition dont l'un ou l'autre membre est nécessairement vrai d'un sujet quelconque, c'est-à-dire sans aucun intermédiaire. » Par conséquent, toute division issue de couple de termes contradictoires épuise la réalité et ne laisse rien échapper.

6. Ce que l'on peut représenter ainsi :

(1) ἢ ἴσμεν   (2) ἢ οὐκ ἴσμεν

|2a| ἢ οὐκ οἰόμεθα γινώσκειν |2b| ἢ οἰόμεθα γινώσκειν

γνῶσις   ἁπλῆ ἄγνοια   διπλῆ ἄγνοια

Cette division revient donc à intercaler entre les deux termes extrêmes un moyen terme ; elle est très fréquemment employée par les platoniciens.

7. Ἐπαγωγή, cf. Ar., *Top.*, A 18, 108 b 10 : « c'est par la production de cas individuels présentant une similitude que nous nous sentons autorisés à induire l'universel. »

Page 259.

3. Avec tout ce passage comparer Ar., *EN*, A 1, 1094 a 28 ss : « La politique dispose parmi les sciences quelles sont celles qui sont nécessaires dans les cités, et quelles sortes de sciences chaque classe de citoyens doit apprendre, et jusqu'à quel point l'étude en sera poursuivie... », ainsi que Γ 5, 1112 b 12 ss : « Nous délibérons non pas sur les fins elles-mêmes mais sur les moyens d'atteindre les fins. Un médecin ne se demande pas s'il doit guérir son malade, etc. » Il y a donc séparation des tâches entre, d'une part, le politique qui, en fonction du Bien de la cité, détermine le but à atteindre et les arts admissibles pour l'atteindre et, d'autre part, les spécialistes qui doivent chercher à atteindre la fin qui leur est fixée par le politique. Considérations du même genre dans *In Remp.*, I 54.28 ss.

Page 260.

1. Le commentaire perdu était, comme nous l'avons déjà dit, un commentaire de détail, cf. *supra*, p. 200.1 et n. 2, p. 257 ; chez Olympiodore lui correspond 68.26-70.4 (fin de la πρᾶξις ζ΄). Ensuite, dans la lacune a disparu le commentaire de 107 C 3-108 D 9, qui est exactement couvert par la πρᾶξις η΄ d'Olympiodore (70.5-80.3). Les *Scholia in Platonem* ainsi qu'Olympiodore nous ont conservé un fragment de Proclus qui tombait dans cette lacune (cf. fr. 1-2). Il est impossible de se faire une idée, même approximative, de l'allure du commentaire de Proclus en partant de celui d'Olympiodore.

Page 261.

1. Sur l'harmonie des sphères, cf. entre mille textes Jambl., *V. Pyth.*, XV 65, 36.19-22 ou Simpl., *In De Caelo*, 468.27 ss ; voir aussi *Rsp.*, X 617 B 4-7 et Ar., *De Caelo*, B 9, 290 b 12 ss. Sur la doctrine, voir par exemple P. Boyancé, « Les Muses et l'harmonie des sphères », dans *Mélanges F. Grat*, Paris, 1946, p. 3-16. Chez Proclus, on verra *In Tim.*, II 208.9 ss ; 210.25-28 ; 234.20 ss.

2. Cf. *Tim.*, 30 B 4-5 νοῦν ἐν ψυχῇ, ψυχὴν δὲ ἐν σώματι.

3. Cf. *Tim.*, 35 A 1 ss.

4. Cf. *Tim.*, 31 B 4-32 B 8.

5. Αὐτή = μουσική et τὸ τέλειον = μουσικῶς (cf. 108 C 11-D 8).

6. C'est, en effet, une loi chez Proclus que la communauté de nom implique une certaine communauté d'essence : c'est cela qui lui permet de dire qu'il existe plusieurs Apollons, inférieurs à Apollon, mais qui conservent quelque chose de l'essence du premier terme de la série : cf. par ex. *In Tim.*, III 166.12 ss.

7. Παρώνυμα : définition dans Ar., *Cat.*, 1, 1 a 12-15 : « On appelle paronymes les choses qui, différant d'une autre par le cas, reçoivent leur appellation d'après son nom : ainsi de grammaire vient grammairien, et de courage, homme courageux. »

Page 262.

1. C'est la doctrine classique des commentateurs d'Aristote : cf. par ex., Simpl., *In Cat.*, 37.7 ss τριῶν δὲ δεῖν τῷ ἀπό τινος παρονομαζομένῳ, φάσιν, τοῦ τε πράγματος τοῦ ἀφ' οὗ παρωνόμασται καὶ τοῦ ὀνόματος καὶ ἔτι μέντοι τοῦ ἀνομοίου τῆς καταλήξεως.

3. Écho de *Phdr.*, 248 D 3-4.

4. Sur les rapports entre συμμετρία et κάλλος, cf. Damascius, *In Phileb.*, 236.10 ss ἡ δὲ συμμετρία τὰ ἐμπόδια περικόπτει τῆς πρὸς πλήρωσιν ἐπειγομένης συγκράσεως, οἷον πρὸ ὁδοῦ οὖσα τοῦ κάλλους, et les notes de Westerink *ad loc.*

Page 263.

1. Sur la cause finale, cf. le long développement de *In Tim.*, I 355.28-357.23 ; voir encore *ib.*, 368.15 ss ; sur les ἄνδρες φρόνιμοι, cf. *ib.*, 369.17 ss.

2. Cf. 107 B 9 et *supra*, p. 184.25-27 ; 201.1 ss, etc.

3. On l'a déjà vu plus haut en 108 C 6 (ἴθι δὴ καὶ σύ). Rapprocher de ce commentaire Olympiodore, 78.26-79.2 ; 82.22-83.2 : « Comme on l'a déjà dit à propos du lemme précédent [*scil.* à propos de 108 C 6], Platon emploie le mot ἴθι parce qu'il est approprié à l'âme qui intellige discursivement et non pas, comme l'intellect, simultanément » ; voir encore *In Phaed.*, 7, 6.10-16 ; Damascius, I 173.2-3. En ce qui concerne la doctrine, cf. *El. Theol.*, 169, 199, 214, etc.

4. Proclus entend ἐφ' ἑκάστῳ ... τῶν τῆς μουσικῆς μερῶν : c'est légèrement inexact ; Platon dit ἐφ' ἑκάστῳ = dans chaque art particulier (musique, gymnastique, etc.). Même interprétation chez Olympiodore, 83.8-11 (τὸ ἐφ' ἑκάστῳ ἀκουστέον ἐπὶ τῶν εἰδῶν τῆς μουσικῆς) ; suit dans les lignes 12-17 une démonstration pour expliquer que ἑκαστον = un seul des exemples : « Dans ce passage, il faut prendre ἑκαστον comme se rapportant aux parties de la musique et non pas aux deux exemples, s'il est vrai que ἑκαστον s'applique au minimum à trois termes. Car que c'est en assumant un seul exemple — celui de la musique — qu'il a parlé de ses parties en les désignant par ἑκαστον, voilà qui est clair, puisqu'il ajoute, à propos du second exemple — celui de la gymnastique — *et dans l'autre cas, le plus gymnique.* » Ce passage a aussi provoqué des discussions parmi les modernes puisque, par exemple, Hirschig a proposé de corriger ἐφ' ἑκάστῳ en ἐφ' ἑκατέρῳ, sans doute pour tenir compte de l'observation d'Olympiodore.

5. Καταδυομένου πρός est étrange : on dit, en grec classique, κ. + εἰς, à preuve *Soph.*, 239 C 6-7 εἰς ἄπορον ὁ σοφιστὴς τόπον καταδέδυκεν. Licence d'écriture de Proclus ?

6. Cf. Ol., 83.18-20.

Page 264.

1. Cf. *infra*, p. 211.7-8 et *In Remp.*, I 240.26 : on a affaire au lieu dit *a minore ad maius* qui est déjà analysé, comme le note le P. Festugière (*Comm. sur la République*, II, p. 45, n. 1), chez Aristote, *Rhet.*, B 23, 1397 b 14 ss. Voir aussi pour d'autres exemples H. Lausberg, § 397.

2. Παραβολή, *terminus technicus*, cf. Lausberg, § 422.

3. Le texte transmis, avec deux génitifs de suite, est quelque peu embarrassé ; on a préféré corriger en suivant L. G. Westerink.

4. L'expression est surprenante τὸ ἐν τῷ πολέμῳ βέλτιον καὶ τῷ εἰρήνην ἄγειν : il est possible qu'il faille lire, comme dans le texte de Platon 109 A 5, ἐν τῷ πολεμεῖν, ainsi que le suggère le P. Festugière.

5. Cf. Ol., 83.21-28 (qui a manifestement pour source Proclus).

Page 265.

3. Cf. Ol., 83.28-84.2.

4. Sur l'ἀδοξία, cf. *Phd.*, 82 C 6-8 ; *Leges*, I 646 E 4-647 A 6 ; Ar., *EN*, Γ 9, 1115 a 10 ss. — l. 23 τὸ ὡς ἀληθῶς κακόν désigne la mort. L'ambitieux préfère la mort plutôt que de voir sa gloire ternie.

Page 267.

1. Cf. Ol., 80.6-10.

2. Écho du *si uis pacem, para bellum* ? Cf. *Leges*, VIII 829 A ss et n. *ad loc.* de A. Diès.

3. Cf. Ol., 73.12-74.2.

4. Les envoyés sont Ulysse et Ménélaos comme le précise Ol., 73.17-19.

5. Sur Homère professeur de science politique, cf. les indications bien rapides de F. Buffière, *Les mythes d'Homère et la pensée grecque*, Paris, 1956, p. 354 s. ; sur la figure de Nestor, cf. *ibid.*, p. 350-351. Voir aussi A. J. Friedl, *Die Homer-Interpretation des Neuplatonikers Proklos* (diss.), Würzburg, 1936.

Page 268.

1. Cf. avec O'Neill, *Rsp.*, V 469 D 4 et surtout 471 A 9 ss : il faut cependant convenir que rien ne correspond exactement à ce que Proclus dit ici ; voir aussi *Leges*, VIII 828 D 7 ss.

2. Je propose de lire ὑπ' ἄλλων au lieu de ὑπ' ἀλλήλων.

3. Cf. Ol., 80.12-81.10 : « Dans cette réponse, Alcibiade commet trois fautes. D'abord alors que l'on ne lui demande qu'une seule réponse, il en a donné trois. Deuxièmement : ces réponses ne sont pas simples mais ambiguës ; on peut, en effet, faire ces actions aussi en vue d'un bien. Par exemple : si quelqu'un vous remet en dépôt un glaive et qu'ensuite il devienne fou : si, alors qu'il est dans une crise de folie, nous ne le lui remettons pas, le trompant et le bernant au moyen d'un serment. Car alors il ne faut pas suivre le Poète qui dit : *de mensonge point ne diras* (γ 20), mais bien plutôt en ceci : *Par le mensonge il l'emportait et il était honoré par le peuple comme un dieu* (τ 395-396 + E 78). Et il y a des moments où l'on ne ment pas à jurer que l'on n'a rien reçu : et de fait, lorsqu'il a fait son dépôt, il l'a fait dans son bon sens, tandis qu'il le réclame en état de folie ; et autrefois ce qu'il a déposé c'était un dépôt, tandis que maintenant ce qu'il réclame c'est un instrument. Par conséquent, celui qui a donné n'est plus le même mais un autre et de même pour ce qu'il a donné. Et lorsque nous faisons une violence ou une spoliation, de la même façon nous pouvons agir en vue d'un bien. En troisième lieu : il commet une faute parce qu'il présente ' être victime d'une tromperie, d'une violence ou d'une spoliation ' comme trois choses différentes, alors qu'on peut leur rapporter en commun l'injustice : et de fait, si nous sommes victimes d'une tromperie, c'est parce que nous sommes victimes d'une injustice que nous recourrons à la guerre ; de même, si nous sommes victimes d'une violence ou d'une spoliation. Il aurait donc fallu qu'il désignât le terme commun et ne présentât pas ces trois comme différents. »

4. Cf. *infra*, p. 216.6 ss.

Page 269.

1. Le texte transmis de *Symp.*, 180 E 4-5 est αὐτὴ ἐφ' ἑαυτῆς πραττομένη : or, ce dernier mot est omis ici par Proclus, par Hermias (209.28-29), et il ne semble pas avoir été traduit par A. Gell., *NA*, XVII 203.

2. Cette doctrine vient en droite ligne de l'enseignement

d'Aristote, cf. *EN*, B 6, 1108 a 8-17 : « Toute action n'admet pas la médiété, et non plus toute affection, car pour certaines d'entre elles leur seule dénomination implique immédiatement la perversité, par exemple, la malveillance, l'impudence, l'envie et, dans le domaine des actions, l'adultère, le vol, l'homicide » ; voir aussi *E. Eud.*, B 3, 1221 b 18-26. On retrouve cette doctrine chez Hiéroclès, *In Carm. Aur.*, XI 2, 43.5 ss. La doctrine fera partie intégrante de l'enseignement de la morale thomiste : ce sont les actes dits « intrinsèquement pervers ».

3. Avec von Arnim, on écrira οἱ ἀπὸ <τῆς> Στοᾶς, qui correspond à l'usage constant de Proclus : cf. ici même 287.3 ; 288.10 ; 296.14 ; *In Eucl.*, 77.3 ; 89.17 ; 193.20 ; 397.2, etc.

4. Bizarrement ce texte a été rangé par J. von Arnim dans les SVF parmi ceux qui concernent... la société (SVF, III 347) ; il aurait dû le rapprocher de SVF, III 513 (= Philon, *De Cherubim*, 14-15) : « Souvent il arrive que ce qui est convenable (τὸ δέον) n'est pas réalisé convenablement et que, au contraire, ce qui est contraire au devoir (τὸ μὴ καθῆκον), est accompli conformément au devoir : par exemple, la restitution d'un dépôt, lorsqu'elle est refusée pour un motif honnête, mais qu'elle nuirait à celui qui la reçoit [...] ou lorsqu'un médecin cache la vérité à son malade, quand il a décidé de le purger [...] lorsqu'un sage ment pour le bien de sa patrie [...] autant d'actions non conformes au devoir mais accomplies comme il faut. » Par conséquent, ou bien les Stoïciens n'étaient pas tous d'accord entre eux ou bien la notice de Proclus n'est pas parfaitement exacte ; je pencherais pour la seconde explication. On trouve, en effet, d'autres textes qui corroborent SVF, III 513 : p. ex. SVF, II 132 ; III 554-555 : « Le sage, dit-on, ne ment pas mais toujours dit vrai ; en effet, mentir ne consiste pas à proférer un mensonge mais à proférer un mensonge dans l'intention de mentir et dans l'intention de tromper son prochain. Ils [c.-à-d. les Stoïciens] professent donc que le sage use de mensonge dans de nombreux cas mais sans donner son assentiment au mensonge : ainsi en use-t-il à la guerre contre les ennemis, en vue d'un bien et dans de nombreuses autres circonstances de la vie. » Cf. aussi, p. 268 et n. 3. (*Notes compl.*, p. 407).

5. Les Ἀρχαῖοι connaissent donc trois sortes d'actions : (1) les actions intrinsèquement mauvaises ; (2) les actions intrinsèquement bonnes et (3) les actions intermédiaires. J'imagine que par « Anciens » Proclus désigne Homère, les Poètes et Platon, c'est-à-dire la tradition authentiquement grecque. Pour Platon, cf. *Rsp.*, V 459 C 2-D 1, où il conseille à ses gardiens d'user abondamment du mensonge, mais ἐπ' ὠφελίᾳ τῶν ἀρχομένων ; cf. *In Remp.*, I 36.16 ss ; 116.7 ss ; Damascius, *In Phileb.*, 150.8-10.

6. Cf. Ol , 81.10-19.

Page 270.

1. Cf. par ex., *Rsp.*, IV 444 D 8 s.

2. Τριμερεία, *t. techn.* chez les platoniciens : cf. Hermias 176.25 ; Sall., *De diis*, XI, 22.1 (et les textes cités dans l'introduction, p. LXXVI et n. 165) ; Pr., *In Remp.*, I 116.7.

3. Cf. Ar., *Cat.*, 10, 12 b 35 ss.

4. L'expression revient ailleurs chez Platon ; cf. *v.g. Phd.*, 79 E 3-4 ; *Rsp.*, V 469 C 3 ; VII 527 C 7, etc.

5. Cf. Ol., 85.6-10 ; sur la distinction entre ὅλον et πᾶν voir déjà *Theaet.*, 204 A 7-205 A 10 (source des distinctions de Proclus en *El. Theol.*, 67-69) et Ar., *Met.*, Δ 26, 1023 b 26-1024 a 10 ; chez les néoplatoniciens, voir par exemple Damascius, *In Parm.*, p. 42.21-27 ; 129.15 ss ; *In Phileb.*, 77.8-9 : ἔστιν ἡ μὲν ὁλότης ἡνωμένη παντότης, ἡ δὲ τελειότης παντότης ἐπανάγουσα τὰ μέρη πρὸς τὴν ὁλότητα ; et *In Phd.* I, § 4, 9-13.

Page 271.

2. Cf. Ol., 86.1-8 (qui compare, en outre, Alcibiade à Calliclès).

3. On obtient donc la correspondance suivante :

Socrate	= λόγος
Alcibiade	= θυμός
Thrasymaque	= ἐπιθυμία

En même temps, on sait que selon Socrate le φιλότιμος est caractérisé par son désir de victoire (φιλόνικος : cf. *Rsp.*, VIII 545 A 2-3) et qu'il est assoiffé de gloire.

Page 272.

1. Même remarque, *supra*, p. 167.6 ss.

2. Autrement dit, Proclus attribue la réplique « οὐδέ γε καλὸν δοκεῖ εἶναι » (109 C 5) à Socrate et non pas à Alcibiade, comme le font la plupart des éditions à la suite de l'Aldine (ainsi Burnet, Croiset) : à raison (cf. Carlini dans *SIFC*, 1963 (34), p. 180).

5. Δίκαιον = νόμιμον, cf. par ex. Ar., *EN*, E 2 1129 b 13 : δῆλον ὅτι πάντα τὰ νόμιμά ἐστιν πως δίκαια.

6. Sur Εὐνομία = le bon ordre cosmique, cf. par ex., *In Tim.*, III 118.30-119.10.

7. Ce texte des *Lois* a été très souvent cité dans l'Antiquité : cf. E. des Places, « La tradition indirecte des *Lois* de Platon (Livres I-VI) » dans les *Mélanges J. Saunier*, Lyon, 1944, p. 27-40, cf. p. 34-35 (= *Études Platoniciennes*, p. 206-207) ; chez les néoplatoniciens mentionnons seulement *In Tim.*, I 38.25-26 ; 156.9-10 ; III 290.5-8 ; *In Remp.*, I 98.12-13. Pour l'histoire de l'interprétation de ce texte, cf. les remarques de H. Dörrie dans *Les sources de Plotin*, Entretiens de la Fondation Hardt, Genève, 1960, p. 317-318 (à propos de Plot., V 8, 4.40-43).

Page 273.

2. Pour comprendre cette exégèse, on se rappellera que depuis le *Cratyle* (396 B 6-7) Κρόνος est rapproché de νοῦς ; sur cette étymologie cf. Plot., III 5, 2.19 ; V 1, 4.9 ss ; 7.30 ss ; Pr., *In*

Crat., p. 59.5 ; *Theol. plat.*, V 3, 252.35-38 P. ; Ol., *In Gorg.*, 244.16 ss.

3. Cette étymologie, qui est dans le genre de celles proposées dans le *Cratyle*, provient des *Lois* ; elle est très souvent citée par Proclus : cf. *In Tim.*, I 150.14 ; 158.32 ; III 118.29 ; 264.8 ; 301.23 ; *In Remp.*, I 238.23 ; 239.19-20 ; *Theol. plat.*, V 9 263.22-39 ; voir encore Ol., *In Gorg.*, 139.19-21 ; 245.20-22.

5. Sur cette expression proverbiale, cf. Hdt., I 166 ; Plut., *De liberis ed.*, 14, 10 A ; *De frat. amore*, 17, 488 A ; Themistius, *Orat.*, VII 88 b-c (I 133.19-23 Schenkl) et *Schol. ad Olymp. In Alc.*, 74.2 ainsi que les textes rassemblés par T. J. Saunders, *Notes on the Laws of Plato* (Bulletin of the Institute of Classical Studies, Suppl. n⁰ 28), Londres, 1972, p. 4. On trouve ce proverbe chez Zenobius, IV 45. Proclus interprète le proverbe de la même façon que le Pr. Saunders.

Page 274.

3. Sur la guerre dont le monde matériel est le siège, cf. *In Tim.*, I 57.4 ss ; 61.29 ; 182.21 ; II 29.31 ; III 201.27, etc. (et la note du P. Festugière, *In Tim.*, I, p. 91, n. 3) ; *In Remp.*, I 68.8 s. ; 107.1-2, 26-27 (ὁ ἐν τῇ ὕλῃ ... πόλεμος), 142.6-7, etc.

4. Pour le sens de *Physis* ici, cf. p. ex. *In Tim.*, I 11.11 s. : « La nature vient en tout dernier parmi les causes qui produisent le corporel et le sensible d'ici-bas, elle est la limite du plan des essences incorporelles, elle est remplie de principes créatifs (πληρὴς ... λόγων) et de forces, grâce auxquels elle dirige les êtres encosmiques... » ; cf. aussi *El. theol.*, 31 et le commentaire de Dodds, p. 209. C'est parce qu'elle est incorporelle que les λόγοι sont présents en elle inconfusément ; sur ce principe, cf. *El. theol.*, 176.

5. Sur ce terme, qui a joué un grand rôle dans les controverses christologiques du Vᵉ siècle, cf. *In Parm.*, II 749.39 ; 757.7 ; *In Tim.*, II 254.5 ss ; *El. theol.*, 176, p. 154.8, 10 : δηλοῖ δὲ τὸ μὲν ἀσύγχυτον τῶν νοερῶν εἰδῶν ἡ τῶν ἑκάστου διακεκριμένως μετεχόντων ἰδιάζουσα μέθεξις.

Page 275.

1. Cf. Ol., 75.15-24 : « Le Philosophe Proclus pose ici la difficulté suivante : pourquoi, alors que dans les autres cas, < Socrate > a tiré le nom des fins par paronymie (ainsi de la gymnastique a-t-il tiré le gymnique, de la musique, le musicalement), pourquoi n'en a-t-il pas fait ainsi dans le cas de la politique ? Il n'a, en effet, pas dit que sa fin est le « politiquement ». Et ledit Philosophe résout cette difficulté en disant fort bien : dans ce cas encore, Socrate a nommé la fin par paronymie, mais non pas simplement par paronymie mais à partir d'un terme unique (ἀφ' ἑνός) ; or, dans les choses nommées à partir d'un terme unique, nul besoin de communauté de nom et d'une différence :

il y a seulement besoin de la chose et d'une différence. Or, point de différence entre justice et politique sinon le grand et le petit ; car ce qu'est la justice dans l'âme, la constitution l'est dans l'État. » De ce texte on rapprochera Simpl., *In Cat.*, 62.6 ss ; Ol., *In Cat.*, 34.22-29. Sur le terme ἀφ' ἑνός voir, par exemple, L. Robin, *La théorie platonicienne des Idées et des Nombres d'après Aristote*, Paris, 1908, p. 151-164.

Page 276.

1. Sur la descente de l'âme chez Proclus, cf. *El. theol.*, 211 (et le comm. de Dodds *ad loc.*) et, surtout, *In Tim.*, II 113.19 ss ; III 324.25 ss ; Plotin avait consacré un traité spécial au problème (IV 8), cf. H. J. Blumenthal, *Plotinus' Psychology*, The Hague, 1971, p. 4-7 ; voir aussi M. A. Elferink, *La descente de l'âme d'après Macrobe* (Philosophia Antiqua, XVI), Leiden, 1968.

2. Sur le terme, γενεσιουργός cf. la n. du P. Festugière dans sa trad. du *Comm. sur le Timée*, III, p. 34, n. 2 ; sur l'expression ἡ γενεσιουργὸς φύσις, cf. *In Tim.*, III 325.

3. Sur le terme, cf. *supra*, p. 179.17 et 138.15 et n. 3, p. 115.

4. Ἄγρυπνος : le monde du divin est éternellement en acte, par opposition à la torpeur du sensible ; sur l'origine aristotélicienne de cette doctrine, cf. W. Beierwaltes, *Plotin. Ueber Zeit und Ewigkeit*, Frankfurt, 1967, p. 161 ; chez Proclus, cf. *In Tim.*, II 96.27 ; *In Remp.*, I 138.21 ; II 14.14 ; 95.21 (τὴν τοῦ νοῦ ἄγρυπνον θεωρίαν) ; *In Parm.*, II 772.13.

5. Écho de *Tim.*, 41 D 7, qui sera cité *infra*, p. 227.9-12. C'est sans doute une allusion à la tripartition de l'âme.

Page 277.

1. Cf. *supra*, p. 187.3 ss.

2. Cf. Ol., 81.26-82.9 : « Il faut savoir que, de même que l'âme a communiqué au corps une trace d'automotricité, de même, à son tour, elle a reçu en retour une trace du mouvement provoqué par un agent externe. C'est ce qu'on peut voir arriver dans le cas d'autres réalités : ainsi le temps donne-t-il au mouvement d'être mesuré, mais il en reçoit, en retour, d'être étendu ; de même, la forme donne part à la matière à la configuration et, en retour, d'indivise qu'elle était, elle a part à l'extension. C'est pour cette raison que nous disons souvent : ' Ici les pieds, ici la tête ', etc. » (pour la fin, cf. *In Phaed.*, 4, § 4.13 et 13, § 2.30-31).

4. Sur cette sorte de « participation réciproque », cf. *El. theol.*, 20, 22.4 ss : « Tout corps est mû par quelque chose d'autre que lui-même et n'a pas pour nature de se mouvoir lui-même ; s'il se meut de lui-même, c'est parce qu'il participe à une âme et s'il vit, c'est par une âme ; de fait, tant que l'âme est présente, il est en quelque façon automoteur, mais dès qu'elle manque, il est mû par un agent externe... » ; voir *infra*, p. 280.8 ss ; *de prov.*, 4.8 ss et Simpl., *In Ep. Ench.*, 4.40 ss.

5. Remarquer εὑρετικώτεραι μᾶλλον : ce genre de pléonasme est rare chez un auteur comme Proclus qui soigne son style ; voir cependant *In Tim.*, I 107.8 ; III 6.16 (exemples relevés par E. Diehl dans son *Indiculus obser. gramm.* publié au tome III de l'*In Tim.*, p. 499, col. a).

6. Écho du célèbre texte de Plotin, IV 8 (6), 1.1 : πολλάκις ἐγειρόμενος εἰς ἐμαυτὸν ἐκ τοῦ σώματος. Je me demande, d'ailleurs, si dans le texte de Proclus il ne faudrait pas écrire, comme chez Plotin, καὶ <ἐκ> τοῦ σώματος ἀνεγειρό., autrement la construction de ἀνεγ. + génitif ne me semble pas attestée et fort difficile à admettre (autre ex. de ἀνεγ. + ἐκ : *In Eucl.*, 47.2-3).

7. Ἀζωΐα, cf. *Theol. plat.*, I 18, 84.7 ; *In Remp.*, II 225.9 ; 347.12 ; *In Chald.*, 3, 209.3-4 ; *In Tim.*, I 41.1; III 124.12; ἀργία, cf. *In Remp.*, II 350.28 ; κάρος, cf. *In Remp.*, 351.13 ; *In Eucl.*, 47.2-3 (Hermes) ὥσπερ ἐκ κάρου βαθέος ἀνεγέρει [*scil.* τὰς ψυχάς] ; Damascius, *In Phaedonem*, I, § 294.5 αἱ ψυχαὶ πολλῷ τῷ κάρῳ κατεχόμεναι τῆς γενέσεως πολλῆς πρὸς ἀνάμνησιν δέονται τῆς μοχλείας.

Page 278.

1. Doctrine cardinale dans le néoplatonisme, comme on sait ; pour Proclus, voir entre mille textes, *El. theol.*, 190 (et le commentaire de Dodds, p. 297-298) et surtout *In Tim.*, II 127.26-132.3. Olympiodore écrit (82.7-9) : « Cela démontre le caractère intermédiaire de l'essence de notre âme : elle n'est, en effet, ni toujours imparfaite, puisqu'elle fait des découvertes, ni toujours parfaite, puisqu'elle apprend. » Cf. C. Steel, *The Changing Self*, p. 26-27, 32-3, 88-91, etc.

2. Première doctrine rejetée, celle de Galien, comme le montre l'expression technique ταῖς κράσεσι τοῦ σώματος ἐπομένην τὴν τελειότητα τῆς ψυχῆς : or, c'est là précisément le titre d'un ouvrage de Galien (*Scriptora minora*, éd. Müller, II 32-79). Proclus critique ailleurs la thèse de Galien : *In Tim.*, III 349.21-350.8 : « Quoi donc ! pourrait bien dire Galien, les puissances de l'âme sont conséquentes aux mélanges dans les corps. Si le corps est aqueux, instable, fluent de toute manière, l'âme est irréfléchie et instable. Mais si le corps revient à une juste proportion, l'âme est corrigée et devient prudente. » Et encore *In Remp.*, I 249.22-23 ; 250.10 s. ; *In Parm.*, V 1014.35-36 ; Olymp., *In Gorg.*, 261.11-13. Dans Galien, on se reportera particulièrement à *Scripta minora*, II 42.3-44.9 Müller.

3. Le scribe de N a écrit ici en marge : « Et pourtant c'est ce que dit Platon dans le *Timée*, dont tu as fait l'exégèse. » Voir, en effet, *Tim.*, 44 A 8 ss et le commentaire de Proclus, III 348.6 ss et surtout 349.25 ss, où justement il critique Galien.

4. Seconde doctrine rejetée ; celle de Plotin, pour qui notre âme est équivalente, en dignité, à l'âme divine ; c'est là une thèse souvent combattue par Proclus, cf. *In Tim.*, III 231.6 ss ; 245.19-246.23 (et les notes du P. Festugière *ad loc.*) ; voir encore *In*

Parm., IV 948.18 ss ; *El. theol.*, 195, 211 (et le comm. de Dodds *ad loc.*). Dans le présent texte, Proclus vise particulièrement des textes comme I 1, 9.1-3 et 23-26 : « Donc l'âme reste, malgré tout, immobile et toujours intérieure à elle-même. Les modifications et les troubles (ὁ θόρυβος) que nous ressentons viennent des parties qui ont été liées à l'âme et des affections du composé (τῶν τοῦ κοινοῦ ... παθημάτων), tel que nous l'avons déjà défini », ou IV 8 (6), 8.1-3. C. Steel, *The Changing Self*, p. 45-47 a montré que Proclus dépendait ici largement des critiques de Jamblique.

Page 279.

1. Commentaire dans le même sens chez Hermias (*In Phdr.*, 160.1 ss) : « On peut tirer de ce texte aussi que selon Platon l'âme entière descend, s'il est vrai que sa partie la plus élevée (qui est son cocher) devient mauvaise ; et aussi qu'il n'en va pas comme le croit Plotin, pour qui une partie de l'âme descend et une autre reste en haut. » Cf. C. Steel, *op. cit.*, p. 45-46.

2. Le texte est incertain mais le sens est clair. L. G. Westerink propose maintenant d'écrire, sur le modèle de Philop., *De aet.*, XVI, 552.25-26 : πρὸς ἰδίας ὑπ<οθέσεις> εὐθύνωμεν.

Page 280.

1. Rapprocher *Phys.*, Γ 3, 201 a 16 ss ; 202 a 32 s.

2. C'est un caractère souvent reconnu au langage de Socrate : cf. par ex., Demetrius, *De elocutione*, 297 ; Hermias, *In Phdr.*, 25.23 (ἐμμελῶς αὐτὸν [*scil.* Phèdre] ὁ Σωκράτης ἐλέγχει).

3. Cf. Ol., 86.27-97.4 : « *Mon ami* : n'est pas là inutilement, mais comme on l'a déjà plusieurs fois dit [cf. 6.6-7 ; 30.2-3], les réfutations et les exhortations de Socrate ressemblent à des médicaments enrobés de miel ; et comme il s'apprête à faire souffrir le jeune homme par ses réfutations, en lui montrant qu'il ne connaît pas le juste, et à le pousser à la colère, Socrate, au préalable, le rend docile en l'appelant ' *mon ami* ', puis, un peu plus tard, en jurant ' *Oui, certes, par le dieu de l'amitié, qui nous est commun à tous les deux* '. »

Page 281.

1. Cf. Ol., 87.16-18.

2. Je corrigerais volontiers ἑαυτὸν λέληθας en σαυτὸν λέληθας, pour mettre la citation en accord avec le texte transmis par tous les mss. de Platon. La faute s'explique par l'onciale CA < ЄA.

3. Cf. Ol., 87.18-20.

4. Cf. Ol., 87.21-88.3. Sur cette opposition corps/âme, cf. *El. theol.*, 80 (et le commentaire de Dodds, p. 242-243).

5. Principe aristotélicien : cf. *v.g. Met.*, B 2, 996 a 20 ; Γ 2, 1004 a 9 ; K 3, 1061 a 18 s. ἐπεὶ δ' ἐστὶ τὰ ἐνάντια πάντα τῆς αὐτῆς κ. μιᾶς ἐπιστήμης θεωρῆσαι ; *Phys.*, Θ 1, 251 a 30, etc.

Page 282.

1. Cf. Ol., 88.5-6 : « Il faut rechercher si les ironies du Philosophe doivent être, elles aussi, vraies, comment Socrate peut dire au jeune homme, bien que, lui, connaisse le juste : *Dis-moi de qui tu as appris le juste, pour que moi aussi je le fréquente.* » Dans la suite, Olympiodore présente deux solutions pour ce « problème », qui n'ont aucun rapport avec celles de Proclus ; elles se placent, en effet, rigoureusement sur le plan psychologique ; c'est là un nouvel exemple du souci qu'a Olympiodore d'éviter les solutions de caractère métaphysique dues à Proclus. A titre de curiosité donnons ici une traduction de ces solutions : « Ou bien nous disons que l'amoureux doit tout ensemble et ignorer et être avec l'objet de ses amours ; ainsi donc, en tant qu'amoureux, Socrate ignorait le juste, puisque le jeune homme l'ignorait, mais en tant que maître, il en avait science. Ou bien, voici la seconde solution : Socrate ou bien fréquentait des êtres meilleurs que lui, et alors il en tirait profit, ou bien fréquentait des êtres inférieurs, et alors il les faisait profiter ou bien fréquentait son égal, et alors ' *tout est commun entre amis* '. »

2. La thèse qui soutient cette exégèse analogique est bien connue : ce que les principes supérieurs produisent sur un mode boniforme, unitaire, total... nous le recevons, nous, en raison de notre inadaptation, sur un mode diminué, parcellaire, etc. ; c'est ainsi que s'explique, par ex., le mal dans le monde. En même temps, ce principe fournit un procédé exégétique extrêmement utile : toutes les fois que Socrate paraît accomplir une action incorrecte, il suffira de blâmer Alcibiade, pour n'avoir pas été capable de comprendre Socrate. Voir p. ex., *In Remp.*, I 89.10 ss.

3. Les éditions du texte de Platon lisaient en 109 D 7 οὐ μὰ τὸν Φίλιον sur l'autorité du texte de Proclus (cf. Burnet *ad loc.*) : mais comme l'avait déjà vu L. G. Westerink, ce οὐ est une addition d'une main postérieure dans D et n'a donc pour lui aucune sorte d'autorité manuscrite ; il faudra donc en revenir au texte des mss. de Platon : cf. A. Carlini, *SIFC*, 1963, p. 180.

Page 283.

2. Cf. Ol., 87.4-15 : « L'on cherche ici quel dieu Socrate appelle *dieu de l'amitié*. Et les uns disent que c'est l'amour, mais ce n'est pas lui : en effet, l'ami est ami d'un ami ; or, ici Socrate aime le jeune homme, mais le jeune homme ne répond pas à son amour ; en effet, cela ne vient qu'à la fin du dialogue, où l'on enseigne ce que c'est que *l'amour partagé* (ἀντέρως). Quel dieu donc Socrate appelle-t-il *dieu de l'amitié*? Nous disons que c'est Zeus : et de fait Zeus leur est apparenté à tous deux en raison de leur caractère dominateur (τὸ ἀρχικόν). Il convient à Socrate à cause de la philosophie (elle est, en effet, la souveraine de tous les autres arts) et aussi parce que selon les Stoïciens celui qui sait comment commander (ἄρχειν), est commandant, même s'il ne fait pas

usage de son commandement ; or, telle est la nature des philosophes ; et c'est pour cela qu'il est dit dans le *Phèdre* : *Je suis
avec Zeus*. Il convient, d'autre part, à Alcibiade, en tant qu'il est
hégémonique et qu'il aime le pouvoir. Par conséquent ce n'est
pas en vain qu'il est dit (dieu) *qui est le mien et le lien* ; mais il
conviendra de parler de cela plus loin. » Donc rejet de l'interprétation de Proclus et retour à la thèse antérieure, celle généralement en circulation (cf. chez Pr., l. 10 : εἰώθασι).

3. Sur ces diverses épithètes de Zeus, cf. pour φίλιος, *Phdr.*,
234 E 2 ; *Gorg.*, 500 B 6 ; *Leges*, IV 730 A 1, etc. ; pour ξένιος *v.g.*,
Hom., *Od.*, 9, 271 ; pour ἱκέσιος *v.g.*, Aesch., *Suppl.*, 616.

Page 284.

1. Vers déjà cité *supra*, p. 67.2 (avec la leçon πρῶτος au lieu
de πρώτως que l'on lit ici : Kern qui cite le présent texte à propos
du fr. 170, p. 208 propose de corriger) ; voir aussi *In Tim.*, I
169.18 ss ; 336.13 ss ; II 54.26.

2. Le vers est cité dans un contexte analogue, *In Tim.*, I
336.9 ss.

3. Cf. aussi *In Tim.*, I 434.4 s.

4. Cf. Ol., 88.13-21 (où trois solutions sont présentées). A titre
d'exemple, je donne une traduction de ce texte : « En ce passage,
il faut faire la recherche suivante : dans quel sens peut-il dire
*(dieu) à l'égard de qui, pour rien au monde, je ne voudrais com-
mettre de parjure?* Eh quoi ! accepterait-il par hasard de commettre un parjure à l'égard d'un autre dieu ? (1) Ou bien devons-
nous dire qu'il faut sous-entendre ' devant toi ' : il est en effet
plus tolérable de commettre des parjures devant des étrangers
que devant des amis. (2) Ou bien : il est plus terrible de commettre
un parjure à l'égard des dieux pourvus de telle propriété qu'à
l'égard des autres pourvus de telle autre : en effet, la trans-
gression de ces particularités ou de ces déterminations rend les
péchés plus graves ; or, ce dieu est justement qualifié de (dieu)
' de l'amour '. C'est dans le même sens que dans le *Cratyle* Socrate
dit qu'il ne faut pas commettre de parjure à l'égard du dieu des
étrangers ou de celui de la famille, évidemment parce qu'il pense
qu'il ne faut pas transgresser les particularités de ces dieux.
(3) Ou bien alors parce que dans ce passage ' que ' ne sert pas
à introduire une contradistinction. »

5. Comme E. R. Dodds l'a noté, Proclus a en vue ici *Gorgias*,
466 E 6, où Olympiodore commente précisément (90.29-91.2) :
« Sur le point de jurer, Socrate n'a pas achevé son serment mais
l'a brusquement interrompu ; il nous enseigne par là qu'il nous
faut nous accoutumer à ne pas abuser des serments. »

6. Discussion de l'attitude de Socrate dans Damascius, *In
Phil.*, §§ 22-25.

7. Ol., par suite apparemment d'une méprise, rapporte cette
doctrine au *Cratyle* (confusion avec 397 B-C).

Page 286.

1. Sur ce rapprochement étymologique, cf. Ar., *De anima*, A 2, 403 b 21 διαπορoῦντας περὶ ὧν εὐπορεῖν δεῖ προελθόντας ; *Met.*, A 10, 993 a 26-27 ; B 10, 995 a 27-28 ἔστι δὲ τοῖς εὐπορῆσαι βουλομένοις προὔργου τὸ διαπορῆσαι καλῶς ; voir encore Asclep., *In Met.*, 137.23-138.7.

2. Penia et Poros dans l'âme : cf. Plot., III 5 (50), 8-9, et Porph., *Sent.* 37, p. 45.8-9, etc.

3. Cf., par ex., Albinus, *Epit.*, 3, p. 148.19 ss H. ; D. L., III 49 ; Pr., *In Remp.*, I 15.23 ss.

Page 287.

1. Sur cette façon de désigner Aristote (qui contient, implicitement une critique d'Aristote, puisque le « génial » Aristote s'oppose au « divin » Platon), cf. *Theol. plat.*, I 9, 35.24 et la n. (p. 141). — Aristote refuse d'employer le terme κίνησις dans le cas de l'âme : cf. C. Steel, *Changing Self*, p. 67-68.

3. C'est Plotin qui est visé ici : cf. III 7 (45), 11-12, pour qui la chute de l'âme entraîne la naissance du temps ; Plotin dit même, *ib.*, 11.29 ss πρῶτον μὲν ἑαυτὴν ἐχρόνωσεν ἀντὶ τοῦ αἰῶνος τοῦτον ποιήσασα · ἔπειτα δὲ καὶ τῷ γενομένῳ ἔδωκε δουλεύειν χρόνῳ (...) τὰς τούτου διεξόδους ἁπάσας ἐν αὐτῷ περιλαβοῦσα κτὲ., Voir aussi IV 4, 15.2-4 et W. Beierwaltes, *Plotin. Ueber Ewigkeit und Zeit*, p. 260-262. Chez Proclus on verra surtout le long passage de l'*In Tim.*, III 21.6-24.20 consacré à réfuter cette thèse.

4. Sur la théorie du temps de Proclus, cf. H. Leisegang, *Die Begriffe der Zeit und Ewigkeit im späteren Platonismus*, Münster, 1913, p. 34-48 ; W. O'Neill, « Time and Eternity in Proclus », dans *Phronesis*, VII (1962), p. 161-165 ; S. Sambursky-S. Pines, *The Concept of time in late Neoplatonism*, Jerusalem, 1971 (en particulier p. 12, 17-18 et 48-63 où sont cités *in extenso* et traduits les principaux textes de Proclus) ; on verra *In Tim.*, III 22.18-20 ; 56.4-58.4 ; *In Remp.*, II 11.19 ss ; *El. theol.*, 200 (et comm. de Dodds, p. 301-302).

Page 288.

1. Cf. Ol., 89.13-23 : « Plus haut, lorsqu'il s'agissait de prémisses universelles, il n'a pas demandé au jeune homme de répondre la vérité : même s'il mentait, en effet, il se serait vu réfuter par les autres à cause du caractère universel des prémisses. Mais ici, parce qu'elles sont particulières et tirées de l'histoire [de sa vie], il lui demande de dire la vérité : en effet, s'il ne répond pas la vérité, c'en est fait du syllogisme et il sera vain. Et l'on peut tirer de là un dogme platonicien : à partir de prémisses fausses on ne conclut rien de nécessaire, mais le syllogisme sera vain ; il dit, en effet, ' *pour qu'il ne soit pas vain* '. Sans doute, en effet, peut-on conclure de prémisses fausses le vrai, mais ce n'est pas

en raison du caractère nécessitant des prémisses, mais à cause de la nature contingente de la matière (*scil.* du syllogisme). » Noter que la théorie invoquée est aristotélicienne (*An. pr.*, II 2, 53 b 5 ss) ; les néoplatoniciens sont toujours désireux de montrer que Platon n'est en rien inférieur à Aristote.

2. Considérations du même genre dans le texte d'Olympiodore cité dans la n. précédente.

Page 289.

1. Cf., Ol., 90.5-8.
2. Cf. Ol., 82.16-21, où l'opposition des deux sciences est ramenée à celle entre science κατ᾽ ἐνέργειαν (celle de Socrate) et science καθ᾽ ἕξιν (celle d'Alcibiade).

Page 291.

1. Cf. *supra*, p. 187.17-188.18.
2. Sur ce texte, cf. *In Tim.*, III 220.20 ss.
3. Cf. *supra*, p. 133.12 et n. 5, p. 110 (p. 202 des *Notes compl.*).

Page 292.

3. Sur cette expression, cf. *In Remp.*, II 182.9 ss : « Car la raison est la tête de l'âme, en tant que sa partie la plus haute ; les mains sont l'irascible en tant que promptes à repousser les attaques ; les pieds sont le concupiscible en tant que placés le plus bas » ; voir encore Herm., *In Phdr.*, 52.6 ; Pr., *In Tim.*, III 318.2 ; 343.22-24 (où cette analogie s'appuie sur *Tim.*, 90 A 4 ss) ; Philop., *In de anima*, 196.1 ; Suda *s.v.* ψυχή.

4. Cf. *supra*, p. 186.15 et n. 2, p. 247.

5. Φύσις τῶν πραγμάτων, cf. la discussion de O'Neill, p. 241-242 (et voir en outre p. 247-248 un classement des divers emplois de l'expression).

6. Il faut rejeter le πλῆθος hors de notre âme en tant qu'il est un obstacle à l'ἕνωσις ; et rejeter veut dire « fuir » : ainsi se fait la transition avec la belle envolée lyrique qui suit et qui a été longuement étudiée par le P. Festugière, « Contemplation philosophique et art théurgique chez Proclus », dans *Studi di storia religiosa della tarda Antichità*, Messine, 1968, p. 7-18 (repris dans les *EPhG*, p. 585-596), où l'on trouvera une traduction de p. 245.6-248.4, à laquelle nous avons fait plusieurs emprunts.

Page 293.

1. Le P. Festugière (*art. cit.*, p. 11 = *EPhG*, p. 589) note : « Or ici le ton change. Jusqu'ici on avait un exposé didactique, Proclus restait professeur. Maintenant (245.6-248.4), il se laisse aller à une belle envolée homilétique, et le style même marque le changement, car on a désormais cinq φευκτέον en anaphore (p. 245.6, 9, 14, 17, p. 246.3), pour signaler les mouvements pro-

gressifs dans la fuite du πλῆθος, puis, pour signaler les degrés de la remontée vers Dieu (246.8-248.4), deux μετά (246.18, 247.8) jusqu'à ce qu'on parvienne à l'ἀκρότατον suprême, enfin l'appel direct et personnel à l'auditeur, marqué par une suite d'impératifs : φύγε 248.7 ; ἀναβὰς ὄψει 248.15 ; θεάσῃ 248.22 ; ἀνάτεινον σαυτόν 249.4 ; θεάτης γενοῦ 249.5-6 ; ἴθι δὴ καὶ σκόπει 249.13 s. » — On trouvera un passage tout à fait parallèle à celui-ci (mais non pas quant à sa facture littéraire) dans l'*In Parm.*, V 1025.1 ss (déjà signalé par W. Beierwaltes, *Proklos*, p. 282 ss) ; voir aussi *In Tim.*, I 301.24 ss (moins proche).

3. Rapprocher de ce fragment chaldaïque, le fr. 153 des Places (= p. 59 Kroll) : « Car les théurges ne rentrent pas dans le troupeau (ἀγέλην) voué à la fatalité » ; v. aussi H. Lewy, p. 212 et n. 143 ainsi que W. Theiler, *Chald. Orak.*, p. 33 et n. (= *F.*, p. 292, n. 133).

4. On retrouve cette citation des *Lois*, *v.g.* dans *In Tim.*, I 380.13 ss.

5. Cf. *In Parm.*, V 1025.4-8 : δεῖ οὖν πρῶτον καταγνῶναι τῶν αἰσθήσεων ὡς οὐδὲν ἀκριβὲς οὐδὲ ὑγιὲς γιγνώσκειν δυναμένων (l. 16-17).

6. Cf. *In Parm.*, V 1025.8-15.

7. Pour le sens de μορφωτικός, cf. la n. du P. Festugière dans RHT III, p. 178, n. 1 ; le terme est fréquemment employé par Proclus, cf. *In Remp.*, I 74.27 ; 121.3 ; 235.18 ; *In Eucl.*, 46.4 (αἱ φαντασίαι μορφωτικῶν κινήσεων ἀναπιμπλᾶσιν) et 7-8 (πᾶν τὸ μορφωτικὸν ἐπιθολοῖ τὴν ἀμόρφωτον γνῶσιν) et *In Parm.*, V 1025. 10-11 τὰς φαντασίας ἀφελεῖν ... ὥσπερ καλὰ μορφωτικὰ καὶ ἐσχηματισμένα νοούσας κτέ.

8. Bien que l'expression soit peut-être étonnante, il n'y a aucune raison de corriger νόησιν en οἴησιν : voyez en effet *In Eucl.*, 52.2 ss ὅθεν δὴ καὶ νοῦν παθητικόν τις αὐτὴν [*scil.* τὴν φαντασίαν] προσειπεῖν οὐκ ὤκνησεν (c'est Aristote qui est désigné par ce τις : cf. *De anima*, Γ 5, 430 a 24) « et pourtant, continue Proclus, si elle [l'imagination] est un intellect, comment n'est-elle pas impassible et immatérielle ? Si elle agit avec un corps, comment pourrait-elle encore mériter le nom d'intellect ? Car l'impassibilité appartient à l'intellect ainsi qu'à la classe intellective, tandis que la passivité n'a rien à faire avec ce type d'être. Mais, je pense, c'est parce qu'il [*scil.* Aristote] veut montrer son caractère intermédiaire entre les connaissances de premier rang et les êtres du tout dernier rang qu'il l'a appelée 'intellect' (en tant qu'elle ressemble aux toutes premières connaissances) et 'passif' (à cause de sa parenté avec les êtres du tout dernier rang » ; voir encore *ibid.*, 56.1 ss ; 186.7 ; *In Tim.*, I 244.19 ss ; III 158.8-10. L'expression παθητικὴ νόησις peut aussi s'autoriser d'Aristote, *De anima*, Γ 10, 433 a 10-11 : εἴ τις τὴν φαντασίαν τιθείη ὡς νόησίν τινα.

9. Cf. *In Parm.*, V 1025.15-20.

10. On vient donc de s'élever au-dessus des facultés inférieures

de l'âme, dans l'ordre traditionnel : ὄρεξις, αἴσθησις, φαντασία, δόξα ; sur cet ordre, cf. *v.g.*, Jambl., *De anima ap.* Stob., I 49.34 (I 369.13 ss W.) (= RHT III, p. 194) ; *In Tim.*, I 254.21 ss ; III 288.10 ss ; *In Remp.*, I 232.22 ss. Cf. *supra* p. 140.18 et n.

11. A ce plan — qui est celui de l'activité psychique en général — correspond un double mouvement : d'une part, « abstraction quantitative », qui consiste à passer de la multiplicité des θεωρήματα à l'unique science qui leur correspond, de cette science aux autres sciences et, enfin, des sciences multiples, à nouveau, à l'unique science ἀνυπόθετος ; d'autre part, « abstraction qualitative », marquée par le passage de l'ἐπιστήμη à la νοερὰ ζωή, elle-même prélude au passage au Νοῦς, puis à τὸ Πρῶτον (cf. A.J. Festugière, *art. cit.*, p. 11 = EPhG, p. 589).

Page 294.

1. Sur le σύνδεσμος des sciences (l'expression provient d'*Epinomis* 992 A 1), cf. *In Eucl.*, 43.22 ss ; *De Prov.*, 29.1 ss ; comme le montre le texte parallèle de *In Parm.*, 1025.20 ss, c'est la dialectique qui est ainsi désignée : « En quatrième lieu, étant monté au niveau de la mer des sciences, là-haut, il faut contempler leurs divisions, leurs compositions, et d'un mot, la variété des formes qui sont en nous ; par cette contemplation, il faut voir notre διάνοια se tisser son propre monde. »

2. Cf. *supra*, p. 128.3-5 et n. 8, p. 105 (p. 199 des *Notes compl.*).

3. Cf. *In Parm.*, 1025.25 ss : « mais il faut se séparer de la synthèse elle-même et désormais s'appliquer aux étants sur le mode intellectif, car l'intellect est supérieur à la science et la vie selon l'intellect est préférable à la vie de science » ; *De prov.*, 30.1 ss : « Le quatrième mode de connaissance est celui qui n'use plus de méthodes, d'analyses, de synthèses, de divisions ou démonstrations, mais qui contemple les êtres par des intuitions *(epibolis)* simples et qui, pour ainsi dire, fait voir l'objet face à face. »

4. Pour l'emploi d'ἐπιβολή, cf. *supra*, p. 146.6 et n. 6, p. 120 (p. 209 des *Notes compl.*).

5. Notre âme n'a pas part à un intellect véritable mais seulement à une illumination intellective : cf. *El. theol.*, 64, 62.5 ss (et le comm. de Dodds, p. 234-235) ; 175, p. 154.1-2 (φανερὸν ὅτι ψυχὴν ποτὲ νοοῦσαν, ποτὲ δὲ μή, νοῦ προσεχῶς μετέχειν ἀδύνατον); *In Crat.*, 64, 28.22-26; *In Tim.*, I 360.30 s. τί δὲ τὸ ποιοῦν τὰς νοερὰς ψυχὰς τοιαύτας, ἢ ὁ ἐν αὐταῖς νοῦς, ἔλλαμψις ὢν τοῦ ὅλου νοῦ ; 406.8-9, 14 ss ; II 140.20 ss. Voir aussi P. Hadot, I, p. 183 et n. 4.

6. Le texte visé par Proclus est *An. post.*, A 2, 72 b 24 : ἀλλὰ καὶ ἀρχὴν ἐπιστήμης εἶναί τινά φαμεν, ᾗ τοὺς ὅρους γνωρίζομεν ; c'est encore lui qui est cité *In Tim.*, I 438.29-30 : νοῦς δὲ ᾧ τοὺς ὅρους γινώσκομεν et dans *De prov.* 30.7 : *Aut non audivisti Aristotilem quidem in demonstrativis libris sic aliqualiter dicentem, quod melior omni scientia intellectus in nobis, et quis iste sit determi-*

nantem : quo terminos, inquit, cognoscimus ; voir encore, Damascius, *In Phileb.*, 166.3. La doctrine, évidemment, se rencontre ailleurs chez Aristote : par ex., *EN*, Z 6, 1141 a 7 ; 9, 1142 a 26 s., b 1 s. ; 12, 1143 a 36 ss ; *An. post.*, B 19, 100 b 5 ss (et le comm. de J. Barnes, *ad loc.*, Oxford, 1975, p. 248-250).

7. Pour cette citation du *Phèdre*, cf. *In Tim.*, I 302.7-8 ; *Theol. plat.*, I 1, 6.4-5 ; 20, 96.10-12 et voir J. Pépin, « Merikôteron-Epoptikôteron (Proclus, *In Tim.*, I 204.24-27), Deux attitudes exégétiques dans le néo-platonisme », dans *Mélanges d'Histoire des religions offerts à H.-C. Puech*, Paris, 1974, p. 323-330 (v. p. 329). Sur l'usage du terme ἐποπτεύειν, cf. *Theol. plat.*, I, p. 44 et n. 2.

Page 295.

1. Correspondance entre les modes de connaissance et les objets à connaître : cf. *Theol. plat.*, I 3, 15.18 ss et n. 4 (p. 136).

2. Autre manière de désigner le sommet de l'âme : cf. *In Tim.*, I 211.25 τελευταία δὲ ἡ ἕνωσις, αὐτῷ τῷ Ἑνὶ τῶν θεῶν τὸ ἓν τῆς ψυχῆς ἐνιδρύουσα καὶ μίαν ἐνέργειαν ἡμῶν τε ποιοῦσα καὶ τῶν θεῶν ; II 47.31 ; III 150.7 ; *In Parm.*, VI 1071.25 (ἢ πῶς ἐγγυτέρω τοῦ ἑνὸς ἐσόμεθα, μὴ τὸ ἓν τῆς ψυχῆς ἀνεγείραντες) ; VII 512.84 ; *De prov.*, 31.6 *unum anime* ; *Dubit.*, 64.9 ss. Le terme se rencontre déjà chez Hermias, 150.24 ss : « Le divin Jamblique entend par le pilote [κυβερνήτης = *Phdr.*, 247 C 7] l'un de l'âme et par le cocher, son intellect ; quant à ' à (l'intellect) qui contemple ' (*ib.*, 247 C 7), cela ne veut pas dire qu'il s'applique à cet intelligible tout en en étant séparé par altérité, mais au contraire qu'il est uni avec lui et que c'est de cette façon qu'il en jouit ; ce texte montre clairement, en effet, que le pilote est, en quelque mesure, plus parfait que le cocher et que les chevaux ; et de fait, l'un de l'âme a pour nature d'être uni avec les dieux. » Ce texte montrerait donc que l'expression remonte au moins à Jamblique. Voir aussi *infra*, n. 5, p. 420-421.

3. Cf. *Dubit.*, 64.9 ss : *Etenim in nobis iniacet aliquod secretum unius vestigium* [c'est-à-dire κρύφιόν τι τοῦ ἑνὸς ἴχνος, cf. *In Parm.*, VI 1071.26-27 ὅ ἐστιν ἐν ἡμῖν οἷον εἰκὼν τοῦ ἑνός], *quod et eo qui in nobis intellectu est diuinius, in quod et consummans anima et locans se ipsam diuina est* [le grec a ici : ἔνθεός ἐστι, que l'on rapprochera du texte de l'*In Parm., l.c.*, καθὸ καὶ μάλιστα τὸν ἐνθουσιασμὸν γίνεσθαί φασιν οἱ ἀκριβέστεροι τῶν λόγων] *et uiuit diuina uita, secundum quod et huic licitum.*

4. Sur ce verbe, cf. *Theol. plat.*, I 2, 9.3 (et n. 1).

5. Sur cette expression, qui désigne la fine pointe de l'âme, son organe de connaissance supra-rationnelle, cf. *Or. chald.*, 1.1 des Places (= p. 11 Kroll) et la n. 1 *ad loc.*, où sont cités les principaux textes (voir aussi *In chald.*, 4, 209.7 ss) ; on consultera H. Lewy, p. 165-169 (en part., p. 168 et n. 383), A. J. Festugière, *RHT* IV, p. 132-134 ; J. Rist, « Mysticism and Transcendence in later Neoplatonism », dans *Hermes*, 92 (1964), p. 213-225 (v.

p. 215-217) ; E. v. Ivánka, *Plato Christianus*, Einsiedeln, 1964, p. 315-338 (et déjà, du même auteur, « Apex mentis, Wanderung und Wandlung eines stoischen Terminus », dans *Zeitschr. f. katholische Theologie*, 72 (1950), p. 129-176) ; W. Beierwaltes, *Proklos*, p. 367 ss (où l'auteur reprend un précédent article « Der Begriff des ' *unum in nobis* ' bei Proklos », paru dans *Miscellanea Mediaevalia*, II, p. 255-266, Berlin, 1963).

8. Le texte de Platon, tel qu'il est transmis par les mss. porte περὶ τὰ σώματα, mais Proclus ici et en d'autres endroits a περὶ τοῖς σώμασι (par ex., *supra*, p. 4.7 ; *Theol. plat.*, I 14, 62.1-2 ; *In Tim.*, II 139.27 ; *El. theol.*, 190, 166.1-2), sans différence appréciable, ce semble ; cf. la n. du P. Festugière dans sa traduction du *Comm. sur le Tim.*, III, p. 180 et n. 3. — Pour l'interprétation du texte, voir *In Tim.*, II 147.23 ss ; voir aussi C. Steel, *Changing Self*, p. 32-33, 72-3, 91-92, etc.

Page 296.

1. Cf. par ex., *El theol.*, 191.

2. Pour un jeu de mot étymologique, cf. Damascius, *De princ.*, 81, p. 179.7 ss τοῦτον μὲν ζωὴν ὀνομάζουσι ὡς παρακεκινημένον καὶ οἷον ζέουσαν οὐσίαν ; 86, 203.23-27 ἦν ... ζωὴν λέγομεν ὡς ..., ὡς τὸ ὄνομα σημαίνει, ζέουσαν κ. ἀναβράττουσαν, οὔπω δὲ χυθεῖσαν εἰς εἰδῶν ὑπόστασιν, ἀλλ᾽ ἐν τῷ ζεῖν τ.κ. ἀναζεῖν θεωρουμένην ; 88, 210.29-30 ; 113, 294.17-18 ζέσις ἣν καλοῦμεν ζωήν ; *In Parm.*, 32.18-19, etc.

3. *El. theol.*, 169 ; il échappe aux périodes à la différence de l'âme : *ib.*, 198.

4. Voir particulièrement *El. theol.*, 171 : Ὅτι ... ἥνωται τὸ πλῆθος, ἡ πρὸς τὰς ἑνάδας τὰς θείας τοῦ νοεροῦ πλήθους συνέχεια · αἱ μὲν γάρ εἰσι πρῶτον πλῆθος, οἱ δὲ νόες μετ᾽ ἐκείνας. Εἰ οὖν καὶ πλῆθος ἅπας νοῦς, ἀλλ᾽ ἡνωμένον πλῆθος κτλ. Sur la théorie des hénades, voir E. R. Dodds, *comm.*, p. 257-260 (et 346) et H. D. Saffrey-L. G. Westerink, *Théol. plat.*, III, préface, p. IX-LXXVII.

5. Sur le sens de σωτηρία ici = salut eschatologique, cf. Dodds, commentaire, p. 200 et voir le long texte de l'*In Tim.*, III 296.7 ss sur le salut de l'âme ; voir *supra*, p. 100.1 et n. 4, p. 82.

6. Sur ce passage, cf. *infra*, p. 280.24 ss et J. Trouillard, *L'un et l'âme*, p. 28 ss.

Page 297.

1. = τὰ αἰσθητά, cf. P. Hadot, I, p. 167 ss.

2. Cf. *Theol. plat.*, I 3, p. 15.21 ss : c'est une allusion à *Alc.*, 133 B 7-C 6.

Page 298.

2. Sur ce terme, employé très fréquemment par Proclus, cf. la n. du P. Festugière dans sa trad. du *Comm. sur le Tim.*, II,

p. 165, n. 1 (ad I 309.9) ; ajouter : *In Parm.*, II 738.19 ; IV 858.8 ; V 986.33, etc.

3. Cf. Ol., 90.27 s. ; 93.23-24 (avec une faute en chacun de ces passages : au lieu de ἀντιτίθεται il faut évidemment lire ἀνατίθεται) ; *In Gorg.*, 67.1-2. Chez Platon, on rencontre le terme par exemple dans *Phaed.*, 87 A 2 ; *Meno*, 89 D 4 ; *Prot.*, 354 E 8, etc. ; pour une discussion moderne du terme, cf. R. Robinson, *Plato's earlier Dialectic*[2], Oxford, 1953, p. 94-95.

Page 299.

1. Le texte de la fin de la citation est corrompu : chez Platon on lit ὥσπερ ἂν εἰ ζητοῖς τίς διδάσκαλος au lieu de ὥσπερ ἂν ἐζήτει τοῖς διδασκάλοις. Je ne doute pas qu'il faille corriger ce texte d'après celui de Platon ; au surplus, tel qu'il est transmis, il ne fait aucun sens.

Page 300.

1. L'exégèse présentée ici par Proclus a été critiquée par Damascius, cf. *Introduction*, p. LXI-LXII, où le texte est cité.

2. τὸ συνημμένον est à prendre au sens technique de « proposition hypothétique » (cf. *infra*, l. 28 εἰ τὰ φαυλότερα ...) : c'est un terme essentiellement stoïcien (cf. SVF, II 207 ss), très souvent utilisé par Proclus : cf. par ex., *infra*, p. 262.18 ; *In Tim.*, I 328. 28 ss et *In Parm.*, *passim*. — En ce qui concerne la thèse ici développée, voir *In Tim.*, I 21.30 ss.

3. Autre terme technique stoïcien : cf. SVF, I 66, etc. σημαινόμενον αὐτὸ τὸ πρᾶγμα τὸ ὑπ' αὐτῆς [scil. τῆς φωνῆς] δηλούμενον ; le troisième terme de l'analyse stoïcienne est τὸ τυγχάνον (= τὸ ἐκτὸς ὑποκείμενον) : est-ce un hasard si Proclus emploie justement τυγχάνοι ?

Page 301.

1. Le texte d'Héraclite ici transmis est corrompu : on a le choix, pour le début du texte, entre la restitution proposée par H. Diels et celle de J. Bollack (dans J. B.-H. Wisman, *Héraclite ou la séparation*, Paris, 1972, p. 295) ; toutes deux posent des problèmes : je laisse donc le texte entre deux †. — On retrouve le même texte d'Héraclite *ap.* Clem. d'Alexandrie, *Strom.*, V 59, 4 (II 368.8 Stählin).

2. La fin du texte d'Héraclite peut passer pour une allusion à un *dictum* de Bias οἱ πλεῖστοι κακοί (dans D.L., I 87 ; cf. Stob., III 1, 172 = FVS[6], 10 A 1, p. 65.2) ; voir aussi *Al. Aphr.*, *De fato*, 28, p. 199.16-17 Bruns (= éd. R. W. Sharples, London, 1983, p. 203).

3. Timon de Phlionte (qui vivait vers 325-235 av. J.-C.) a écrit des poésies satiriques, ou *Silles*, contre les philosophes dogmatiques et n'épargnait que son maître, Pyrrhon. Sur son activité consulter, par ex., V. Brochard, *Les sceptiques grecs*[2], Paris, 1923,

p. 77-91. Il est encore cité ailleurs par Proclus dans l'*In Tim.*, I 1.6 s. et dans l'*In Parm.*, I 632.18 et 684.26. Sur Timon, cf. A. A. Long, « Timon of Phlius : Pyrrhonist and Satirist », dans *Proc. of the Cambr. Philol. Soc.*, 204 (1978), p. 68-91. Nouvelle édition par H. Lloyd-Jones dans le *Supplementum hellenisticum*, Berlin, 1983, fr. 817 (p. 383).

4. *Hapax legomenon*, forgé par Timon ; voir A. A. Long, *art. cit.*, p. 75-76.

5. Cf. Ol., 94.12-22 : « Il [scil. Socrate] parodie ici [*i.e.* 110 E 2-3 : *Tu ne recours pas à des maîtres bien sérieux*] l'apophthegme des sept Sages : ' La plupart des hommes sont mauvais '. Et nous posons la question suivante : si le conforme à la nature est plus abondant que le contre-nature (conformément à la nature, par exemple, les hommes sont tous pourvus de cinq doigts et cela arrive le plus souvent ; contrairement à la nature, ils en ont six, et cela arrive très peu souvent), si donc le conforme à la nature est plus abondant que le contre-nature, comment pouvons-nous dire que *la majorité des hommes sont méchants*? Nous disons que de même que dans un lieu malsain nous ne nous étonnons pas si beaucoup sont malades et peu en bonne santé, de même dans le cas de ce texte nous devons comprendre que les âmes, étant descendues ici-bas, sont plutôt malades qu'en bonne santé, puisqu'elles sont dans un lieu qui ne leur convient pas ; d'où vient que le plus grand nombre est mauvais. Car notre père et notre patrie sont seulement là-haut. » (Pour la finale, citation de Plotin, I 6, 8.21, cf. *In Phaed.*, § 13.4 et 16 ; § 7.2).

6. Cf. Ar., *De Caelo*, B 3, 286 a 17-20 (le παρὰ φύσιν ne peut demeurer éternellement) ; *In Tim.*, I 105.12 ss ; Ol., *In Gorg.*, 132.1-3 ; 263.19-22.

7. La vie de l'âme avec le corps n'est pas naturelle : sur ce thème, cf. par ex., Ar., *Eudemus* fr. 5 Ross (= Rose[3], 41, Walzer, 5, p. 11-12), qui est justement cité par Proclus, *In Remp.*, II 349.13 ss ἐοικέναι δὲ τὴν μὲν ἄνευ σώματος ζωὴν ταῖς ψυχαῖς κατὰ φύσιν οὖσαν ὑγείᾳ, τὴν δὲ ἐν σώμασιν, ὡς παρὰ φύσιν, νόσῳ. Ζῆν γὰρ ἐκεῖ μὲν κατὰ φύσιν αὐτάς, ἐνταῦθα δὲ πάρα φύσιν ; voir aussi *Protrept.*, fr. 10 b Ross (= 60 Rose[3], 10 b Walzer, p. 44-45) πάνυ γὰρ ἡ σύζευξις τοιούτῳ τινὶ [*scil.* un châtiment] ἔοικε πρὸς τὸ σῶμα τῆς ψυχῆς, à la suite de quoi l'on trouve la célèbre comparaison de l'union de l'âme et du corps avec le traitement qu'infligeait les pirates tyrrhéniens à leurs prisonniers (sur ce texte, cf. J. Brunschwig, « Aristote et les pirates tyrrhéniens », dans *Rev. philos.*, 153 (1963), p. 171-190). Sur l'« ultra platonisme » d'Aristote dans l'*Eudème*, qui avait frappé les Néoplatoniciens, voir W. Jaeger, *Aristotle. Fundamentals of the History of his Development*, Oxford, 1948, p. 40-41.

Page 302.

1. Sur l'interprétation de la « prairie » des mythes platoniciens, cf. *In Remp.*, II 128.3 ss, 157.9 ss et surtout 132.20 ss : « Le lieu

démonique (δαιμόνιος τόπος = *Rsp.*, X 614 C 1) est au milieu
du Ciel et de la Terre, en sorte que le Carrefour (ἡ τριόδος =
Gorg., 524 A 3) et la Prairie y sont aussi. Or, au milieu de ces
deux, il n'y a que l'éther, comme il a été montré par ce qui est
écrit dans le *Phédon* (109 B 6 ss), l'éther qui est déployé au-dessus
non pas d'une partie de la terre, mais de toute la terre et qui est
[au-dessous] de tout le ciel. » Même interprétation chez Ol.,
In Gorg., 259.15-16 ; Dam., *In Phd.*, I, § 499 et II, § 111 ; cf.
H. Lewy, p. 280-281 qui a relevé un certain nombre de textes où
paraissent les efforts de Proclus pour identifier la Prairie, etc.,
avec l'Hadès des Chaldéens. — On a donc, dans toute cette géo-
graphie mythique, affaire à la vieille conception qui fait de l'éther
le séjour des âmes désincarnées, cf. F. Cumont, *Lux Perpetua*,
Paris, 1949, p. 177 ss, etc.

2. Cf. *supra*, p. 179.18.

3. L'incarnation ressemble, en effet, à une ivresse : cf. par
ex., *Phaed.*, 79 C 8 καὶ αὐτὴ πλανᾶται ... καὶ εἰλιγγιᾷ ὥσπερ
μεθύουσα, ἅτετοιούτων ἐφαπτομένη.

4. Sans doute un juge infernal, siégeant justement dans la
Prairie.

5. Le texte a ici τόπον qui est la leçon de tous les mss de Platon :
supra, p. 34.6, on a eu πόντον ; cf. n. 2, p. 28 (*Notes compl.*, p. 143).

6. Évidemment une allusion à la métempsychose. Les platoniciens n'étaient pas d'accord entre eux sur la manière d'entendre
Tim., 42 C 2 ss. Jusqu'à Porphyre, si l'on en croit Énée de Gaza
(*Theophr.*, 12.1 ss), tous les platoniciens et y compris Plotin,
interprètent le texte au sens littéral et pour eux « un loup veut
dire un loup ». Porphyre et Jamblique (*ib.*, 12.11 ss), troublés
par cette façon d'entendre le texte, préfèrent dire qu'un homme
violent, c'est-à-dire un homme qui ressemble à un lion, se réin-
carne dans un homme violent ou léonin, parce que, argumentent-
ils, l'âme rationnelle ne peut jamais perdre ce caractère. A nouveau
cette thèse a été modifiée par Syrianus et Proclus (*ib.*, 14 ss) :
voir aussi *In Remp.*, II 309.3-312.5 ; 312.10-327.2 ; *In Tim.*,
III 294.22-295.32. La thèse de Proclus est que : « Nous déclarons
nous aussi que de toute façon, selon l'avis de Platon, l'âme passe
dans des vivants sans raison à cause de la ressemblance de la vie.
Elle n'est pourtant pas logée dans un corps d'animal... mais est
liée seulement par un rapport de vie (ἐν σχέσει μόνῃ τῆς ζωῆς)
à l'âme de l'animal, qui a animé le corps approprié sans avoir
aucun besoin, en addition, d'une âme humaine » (*In Remp.*,
II 309.29 s. μετιέναι τὴν ψυχὴν εἰς ἄλογα ζῷα διὰ τὴν ὁμοιότητα
τῆς ζωῆς ... ἀλλ᾽ οὐκ ἐνοικίζεσθαι τοῖς σώμασιν αὐτῶν). Voir
encore *ibid.*, 311.19 ss : « Puis donc que l'animation de l'animal
est double, l'une sous le mode de la coordination, l'autre sous
celui de la relation, disons que seulement l'âme qui animait
l'animal par relation est celle qui de nouveau passe dans un
homme et redevient un homme... » C'est cette distinction entre
κατάταξις et σχέσις qui permet à Proclus de concilier les deux

thèses précédentes : l'âme humaine entre bien dans un corps d'animal, mais dans un corps déjà animé, déjà pourvu d'une *Physis* ; par conséquent, l'âme humaine n'est pas directement coordonnée au corps animal (ce qui est impossible à cause de la différence de nature), elle n'entretient avec le corps qu'une σχέσις déterminée par son genre de vie (ainsi sont satisfaites les objections de Porphyre et de Jamblique). Cette doctrine vient, de l'aveu même de Proclus, de Théodore d'Asiné ; cf. *In Remp.*, II 310.4 : « Cela c'est Théodore d'Asiné qui en a eu le premier l'intuition et il m'a persuadé de penser de même et de l'écrire. » Syrianus avait déjà accepté cette opinion (cf. Hermias, *In Phdr.*, 170.16 ss). Dans l'abondante littérature moderne, on consultera d'abord les notes du P. Festugière dans ses deux grandes versions de Proclus aux lieux signalés plus haut ; ensuite on pourra voir : W. Stettner, *Die Seelenwanderung bei Griechen und Römern* (Tübinger Beitr. z. Altertumswiss. 22), Stuttgart-Berlin, 1934 ; H. Dörrie, « Kontroversen um die Seelenwanderung im Kaiserzeitlichen Platonismus », dans *Hermes*, 85 (1957), p. 414-435 et J. Pépin, *Théologie cosmique*, p. 434 ss, qui donne une utile synopsis du problème ; voir enfin W. Deuse, *Untersuchungen z. Mittelplatonischen u. Neuplatonischen Seelenlehre*, Wiesbaden, 1983, p. 129-167.

7. Bien que dans l'Odyssée, Circé n'ait changé les compagnons d'Ulysse qu'en porcs (ι 239), la tradition lui attribue d'autres métamorphoses : en loups (ici et chez Virg., VII 18), en ânes (par ex., Plut., *fr.* 200, p. 127.50 Sandbach), etc.

8. Sur Circé, cf. *In Crat.*, 53, 22.7 ss : « [l'art du tissage] a pour limite inférieure de sa procession les dieux protecteurs de la nature, entre lesquels figure la Circé homérique, qui tisse toute la vie dans la région des quatre éléments et, en même temps, par ses charmes rend tout le monde sublunaire harmonieux. C'est donc parmi ces tisseuses qu'est comptée Circé [texte douteux] par les Théologiens. » Pour une autre exégèse allégorique de l'épisode de Circé, cf. Plutarque *ap.* Stob., I 49.60 (= I 445-448.3 Wachsmuth) ; sur l'attribution de ce texte à Plutarque, cf. F. H. Sandbach, *Plutarch's Moralia*, XV (coll. Loeb), Londres, 1969, p. 366-367, notice des fr. 200-201. Voir aussi F. Buffière, *Les mythes d'Homère et la pensée grecque*, Paris, 1956, p. 506 ss et W. Deuse, *op. cit.*, p. 135 ss (important).

Page 303.

1. Cf. *infra*, p. 266.6 ss.

2. Cf. Ol., 95.17-20 : « Parler grec se dit en deux sens : c'est (1) ou bien user simplement de la langue grecque — et en ce sens, le multiple est un maître —, (2) ou bien parler sans faute — en ce sens, ce sont les grammairiens qui sont des maîtres, car la grammaire porte sur 'la pureté de la langue' (ἑλληνισμός). » Sur l'emploi du terme, cf. Lausberg, § 458, 459, 463 : il correspond à *latine loqui* ou à *latinitas*. — La classification que propose

Proclus repose peut-être sur une classification hellénistique : je voudrais simplement rapprocher un texte célèbre de Varron, *De Lingua Latina*, V 7-10, étudié en particulier par K. Barwick, *Probleme der Stoischen Sprachlehre und Rhetorik* (Abhandl. d. Sächsischen Akad. d. Wiss. z. Leipzig, Phil.-hist. Kl., Bd 49 Heft 3), Berlin, 1957, p. 58 ss : selon Varron, il y a quatre degrés dans l'étymologie : (1) *infimus, in quo etiam populus venit* ; (2) *secundus, quo grammatica ascendit* ; (3) *tertius gradus, quo philosophia ascendens peruenit atque ea quae in consuetudine communi essent aperire coepit* ; (4) *quartus ubi est adytum et initia regis*. Au moins pour les trois premiers degrés, il y a coïncidence entre Proclus et Varron (le peuple ; la grammaire ; la philosophie).

6. Allusion au problème discuté dans le *Cratyle* : les noms sont-ils φύσει ou θέσει ? Pour Proclus, ils sont évidemment φύσει, cf. *infra*, l. 24-25 (et n. 4, p. 304).

7. Texte corrompu. Les corrections adoptées dans le texte ne sont guère qu'un pis aller, le texte pouvant être profondément corrompu (lacune ?).

8. Sur ce *dictum* fameux des Pythagoriciens, qui faisait partie du catéchisme des acousmatiques, cf. Élien, *V. hist.*, IV 17, 70.22-23 Dilts ; Jambl., *V. Pyth.*, XVIII 82, 47.17-18 ; on consultera A. Delatte, *Études sur la littérature pythagoricienne*, Paris, 1915, p. 280 ss ; W. Burkert, *Lore and Science in Ancient Pythagoreanism* (tr. angl.), Cambridge (Mass.), 1972, p. 169 et n. 22. Chez Proclus, on le retrouve dans *In Tim.*, I 276.16 ss et *In Crat.*, 16, 5.27-6.19 dont je donne une traduction : « Pythagore, en tout cas, ayant été interrogé sur ce qu'il y a de plus sage entre les êtres : ' le nombre ' répondit-il ; et sur ce qui vient en second dans l'ordre de la sagesse : ' celui qui a imposé leur nom aux choses '. Il désignait par ' nombre ' le monde intelligible, qui embrasse la multiplicité des formes intellectives : c'est là en effet qu'à la suite de l'Un supersubstantiel a fait sa venue à l'existence à titre propre et premier le nombre ; et c'est ce nombre qui dispense à tous les étants les mesures de la substance, c'est en lui que se trouvent sagesse véritable et connaissance, car il est connaissance de lui-même, tournée vers lui-même, et se donne à lui-même sa propre perfection ; et de même que là-haut intelligible, intellect et intellection sont la même chose, de même aussi, là-haut, nombre et sagesse sont la même chose. Par ' celui qui impose les noms ', il désignait l'âme, laquelle vient à l'existence à partir de l'intellect ; et sans doute n'est-elle plus les réalités elles-mêmes comme l'est l'intellect à titre premier, mais elle en contient des copies et des raisons substantielles et discursives, qui sont comme les statues des étants, comme les noms imitent les formes intellectives et les nombres ; ainsi donc l'être vient à toutes les choses d'un intellect qui se connaît soi-même et qui est sage, tandis que ' être nommé ' vient d'une âme qui imite l'intellect. Par conséquent, dit Pythagore, forger des noms n'est pas la tâche du

premier venu, mais de celui qui a regard à l'intellect et à la nature des étants ; par conséquent, les noms sont par nature. »

Page 304.

1. Cf. Ol., 95.9-15 : « Il faut savoir que les Pythagoriciens admiraient ceux qui, les premiers, avaient découvert les nombres, car disaient-ils, ces hommes-là ont connu l'essence de l'intellect, puisqu'ils appelaient ' nombre ' les idées et que les idées sont dans l'intellect ; ils admiraient les premiers à avoir imposé les noms : ceux-là en effet, disent-ils, ont connu l'essence de l'âme ; c'est à elle, en effet, qu'il incombe de donner des noms et non pas à l'intellect, puisque l'intellect produit toutes choses par nature, tandis que l'âme produit toutes choses par convention (θέσει) : or les noms sont par convention. » Même matériel que Proclus, mais conclusion diamétralement opposée.

2. Proclus retrouve donc, à partir de ce texte, les trois hypostases : l'Un, l'Intellect et l'Âme.

3. Thèse sophistique, très souvent rejetée par Platon, cf. *Ol.*, *In Gorg.*, 28.22.

4. Sur ce débat fameux, cf. H. Steinthal, *Geschichte der Sprachwissenschaft bei den Griechen und Römern*[2], 2 volumes, Berlin, 1890-1891, t. I, p. 44-113 ; 168-182 ; 319-327 ; H. Diels, « Die Anfänge der Philologie bei den Griechen », dans *NJA*, 1910, p. 1-25 (repris dans *Kl. Schriften z. Gesch. d. ant. Philos.* herausg. v. W. Burkert, Darmstadt, 1969, p. 68-93), voir spécialement p. 8 ss (= p. 76 ss), etc. La n. *ad loc.* de O'Neill fournit une synopse commode du problème. Chez Proclus on verra *In Crat.*, 10, 4.6-24 ; 12, 5.1-4 ; 16, 5.25-7.17 (coup d'œil sur les différentes doctrines) ; 17, 7.18-8.14 ainsi qu'*In Parm.*, IV 849.19 ss ; on trouvera d'autres notices très précieuses chez Amm., *De interp.*, 34.15 ss ; 37.1 ss ; 38.2 ss ; voir aussi M. Hirschle, *Sprachphilosophie u. Namenmagie in Neuplatonismus* (Beiträge z. Klass. Philol., 96), Meisenheim am Glan, 1979, p. 4 ss et 32-38.

5. Ἐπὶ τῶν ὀνομάτων τῶν ἄλλων καὶ ἐν τῇ συνηθείᾳ κειμένων : le texte est sans doute troublé ici ; j'adopte dans le texte la correction proposée par L. G. Westerink.

6. Pour l'idée, cf. Ar., *Phys.*, A 1, 184 a 15 ss ou *EN*, A 2, 1095 b 2 ss ; elle est souvent rappelée chez Proclus, cf. p. ex., *In Tim.*, II 27.1 s. ; 29.28 ss (cf. la n. du P. Festugière dans sa tr. fr., t. III, p. 53, n. 1).

Page 305.

2. Cf. *Theaet.*, 152 A 1-9 : « Protagoras affirme en effet à peu près ceci : ' L'homme est la mesure de toutes choses ; pour celles qui sont, mesure de leur être ; pour celles qui ne sont point, mesure de leur non-être ' [...] Ne dit-il pas quelque chose de cette sorte : telles tour à tour m'apparaissent les choses, telles elles me sont ; telles elles t'apparaissent, telles elles te sont » ; et déjà

dans le *Cratyle* 385 E-386 E (que Proclus résume ainsi dans l'*In Crat.*, 38, 12.24-27 : « L'argument contre Protagoras est le suivant : si les choses sont telles qu'elles paraissent à chacun, les hommes ne seront pas les uns savants, les autres ignorants ; or, la seconde proposition n'est pas réalisée ; la première ne l'est donc pas non plus ») ; sur le problème du « critère », voir un exposé doxographique de Proclus, dans l'*In Tim.*, I 245.19-255.26 (avec justement en 255.26 un renvoi au *Comm.* (perdu) *sur le Théétète*). Voir encore *infra*, p. 274.20 et une allusion à Protagoras ap. Philop., *De Aet.*, XI 14, 464.1-5 (voir aussi IV 11, 83.12-15, même doctrine, mais faussement attribuée à Anaxagore) ; pour le rapprochement avec Anaxagore, cf. Syr., *In Met.*, 70.38 ss ; Asclep., *In Met.*, 267.29 ss ; voir encore Syrianus, *In Met.*, 75.23 τὸ φαινόμενον ἑκάστῳ τοῦτο καὶ ἔστιν.

Page 306.

3. Sur cette expression technique, cf. *infra*, p. 265.13 ; *In Remp.*, I 29.26-27 ; *In Parm.*, VII 1170.15-16 ; Philop., *De Aet.*, VI 2, 126.20 ; VI 9, 150.14 ; 25, 204.12 ; *De anima*, 46.11 ss ; 105.3 ; 450.2 ; Simpl., *In Phys.*, 119.2 ; 127.36 ; 1178.35 ; 1334.29, etc. *In De Caelo*, 28.7 ss (où Simplicius accuse Philopon de ne pas savoir se servir de cette sorte de conversion). C'est une opération qui consiste à transformer la proposition suivante « S'il existe quelque pâtir propre à l'âme, l'âme est séparable » dans celle-ci : « Si l'âme n'est pas séparable, elle n'a pas de pâtir propre. »

Page 307.

2. Formellement, le texte de Proclus est incorrect : « ne pas être en désaccord avec quelqu'un sur quelque chose » (264.2-3) ne prouve pas qu'on « soit un bon maître en la matière », mais seulement que l'on a « science de cette matière » ; et c'est cette science qui rend bon maître. En fait, c'est probablement une trace de négligence de rédaction de la part de Proclus, bien plutôt qu'une faute dans la transmission du texte.

3. Cf. Ol., 92.4 ss : « Le signe de l'ignorance et du manque de science c'est le désaccord — non que ceux qui sont d'accord les uns avec les autres soient nécessairement savants (cela est dit à cause des disciples de Démocrite qui sont d'accord sur l'existence du vide et sont, pourtant, en manque de science : le vide, en effet, n'existe pas) —, mais parce que les savants sont d'accord entre eux... » On remarque tout de suite qu'Olympiodore a soigneusement expurgé le commentaire de Proclus, pour n'en plus faire qu'une anodine attaque contre les disciples de Démocrite. C'est une sorte de preuve *a silentio* du sens du texte de Proclus. Sur les allusions antichrétiennes de Proclus, cf. H. D. Saffrey, « Allusions antichrétiennes chez Proclus le Diadoque », dans *RSPT* 59 (1975), p. 533-543. — Le sens véritable de ce

texte a déjà été reconnu par le scribe de N, qui écrit en marge : ψεύδη [sic], μάταιε (tu mens, misérable) ; ce texte est, en effet, une attaque subtile et bien dissimulée contre la majorité (οἱ πολλοί) du temps de Proclus, c'est-à-dire les chrétiens. Sur ce texte, cf. A. Cameron, « The Last Days of the Academy at Athens », dans *PCPS*, nᵒ 195 (1969), p. 7-29, spécialement p. 15.

4. Ὁ παρὼν χρόνος = l'état de choses régnant actuellement (par opposition à l'ancien ordre des choses) : c'est le premier des ' code-words ' de ce passage ; pour des parallèles, cf. Damascius, *V. Isid.*, 38, 64.1 Zintzen, où il est écrit d'Isidore : δῆλος δ' ἦν οὐκ ἀγαπῶν τὰ παρόντα ... ἀλλ' ἤδη ἐπ' αὐτοὺς τοὺς θεοὺς ἱέμενος, et les autres textes cités par A. Cameron, *art cit.*, p. 15.

5. Dans l'état actuel du texte, rien ne répond à ce πρῶτον μέν.

6. Le méchant ne peut être en accord avec lui-même, cf. *Mal.*, 4.19 ss, etc.

7. Les chrétiens sont, pour les païens, des athées (l. 16) : cette accusation est déjà présente dans le *Mart. Polycarpi* 3 (dans J. Musurillo, *The Acts of the Christian Martyrs*, Oxford, 1972, p. 4), où l'on voit la foule (païenne) crier : Αἶρε τοὺς ἀθέους ; *ib.*, 9 (p. 8 Musurillo) ; voir aussi Justin, *Apol.* I 6, 1 : Ἔνθεν δὲ καὶ ἄθεοι κεκλήμεθα · καὶ ὁμολογοῦμεν τῶν τοιούτων νομιζομένων θεῶν ἄθεοι εἶναι, ἀλλ' οὐχὶ τοῦ ἀληθεστάτου ; voir encore Sall., *De Diis*, 18, 32-27 et la note 204, p. LXXXVIII (ajouter Simpl., *De caelo*, 370.29 ss), et A. Harnack, *Der Vorwurf des Atheismus in den drei ersten Jahrhunderten*, TU, XXVIII, 4, Berlin, 1905, p. 8 ss où la plupart des textes ont été réunis.

Page 308.

2. Je traduis ainsi à cause du rapprochement avec le γενναῖος du lemme.

3. Cf. Ol., 96.7 ss qui donne l'explication suivante : « Le mot *ils sont d'accord* ressortit au domaine du savoir et *ils tendent*, à celui de la vie. [Socrate] les a donc combinés et unis l'un à l'autre pour montrer que c'est la vie qui engendre les opinions et les opinions, la vie. De fait, celui qui est d'opinion que le plaisir est un bien s'efforce de connaître le plaisir et de vivre dans le plaisir et, inversement, celui qui mène une vie de plaisir, professe aussi ces sortes d'opinions et prétend que le plaisir est un bien. »

4. En adoptant la cj. de L. G. Westerink, p. 265.20, l'unique exemple du verbe *προσδιαφέρεσθαι allégué par LSJ disparaît.

Page 309.

1. Cf. Ol., 96.14-20 : « Vois, ce texte encore montre que ' parler grec ' a deux sens. Socrate, en effet, après que le jeune homme ait dit que tous semblablement savent appeler telle chose une pierre, telle autre, un morceau de bois, etc., et non pas les uns tel nom, les autres, tel autre (ce que veut dire le ἑλληνίζειν au sens de ' simplement user de la langue grecque '), — Socrate

donc déduit de là : ' Je comprends que c'est ce sens-là que tu veux dire ' et non pas le second sens d'ἑλληνίζειν, qui regarde les grammairiens : ce sens, en effet, signifie non pas le fait de désigner les mêmes choses du même nom, mais le fait de proférer sans faute les noms établis. » Olympiodore simplifie donc l'exégèse de Proclus, qui distinguait 3 sens pour ἑλληνίζειν supra, p. 258. 21 ss (et n. 2, p. 303).

2. Τὸ προκείμενον : c'est-à-dire le sujet principal, i.e. le vulgaire peut-il être maître en matière de juste, cf. infra, p. 270.2.

3. Cf. Ol., 96.21-97.13 qui, pour une fois, est plus subtil que Proclus. Selon Proclus, en effet, Socrate démontre ici l'ignorance du multiple dans deux domaines : équitation et médecine ; pour Olympiodore, cette ignorance porte sur médecine et... physiognomonie, ce qu'il montre de la façon suivante : « Il est clair, en effet, que ce sont les arts correspondants qu'ignore le multiple : pour les choses saines, la médecine, pour les êtres capables de courir, la physiognomonie. Il faut savoir, en effet, qu'il y a une différence entre ' coursier' (δρομεύς) et ' capable de courir' (δρομικός) : le premier terme, en effet, est le nom d'une faculté (le terme ' coursier '), le second, celui d'une potentialité (celui de ' capable de courir '). Peut-être le multiple peut-il donner un enseignement sur les coursiers (i.e. les chevaux), sur le point de savoir lesquels d'entre eux courent plus vite, lesquels moins vite, puisque c'est là le domaine de la gymnastique ; mais bien qu'ils sachent cela, ils ne peuvent cependant discerner ' ceux qui sont capables de courir ', car c'est l'affaire d'un art plus élevé, la physiognomonie, que de dire quels [êtres] seront capables de courir ou capables de combattre, etc. » L'exégèse repose sur l'idée que l'acte est plus facile à connaître que la puissance : thèse déjà souvent rencontrée et attribuée p. ex. à Jamblique (cf. supra, p. 84.8-9 et n. 6, p. 68).

4. Εἴδεσιν surprend, mais il a non pas le sens de « forme » ou « genre », mais celui d'espèces dernières (ἀτομώτατα εἴδη), qui est, en fait, très voisin de celui de « choses, objets ».

Page 310.

1. L'aporie soulevée ici par Proclus a, derrière elle, une longue histoire : c'est en mettant les philosophes dogmatiques en contradiction avec eux-mêmes et entre eux que les Sceptiques se débarrassaient d'eux ; cf. par ex., S. Emp., Hyp. Pyrrh., I 165 s. ὁ μὲν ἀπὸ τῆς διαφωνίας [scil. τρόπος] ἐστὶ καθ' ὃν περὶ τοῦ προτεθέντος πράγματος ἀνεπίκριτον στάσιν παρά τε τῷ βίῳ καὶ παρὰ τοῖς φιλοσόφοις εὑρίσκομεν γεγενημένην, δι' ἣν οὐ δυνάμενοι αἱρεῖσθαί τι ἢ ἀποδοκιμάζειν καταλήγομεν εἰς ἐποχήν (voir l'index de K. Janaček, s.v. διαφωνία, διαφωνεῖν, etc.). L'argument a été repris et utilisé très longuement par des adversaires peut-être encore plus redoutables aux yeux de Proclus : les chrétiens. Je me contente de citer quelques textes : Just., 2 Apol., 13, 3-4 : « Mais ceux qui disent des choses contraires sur des

matières de la plus haute importance montrent bien par là qu'ils n'ont pas une science infaillible [je lis ἄπτωτον au lieu de ἄποπτον; le ms. A porte ἄπωπτον] ni une connaissance irréfutable. Ainsi donc tout ce qui se trouve bellement dit chez nous, cela nous appartient à nous chrétiens, etc. » ; Tatien, *Aduersus Graecos*, 3 ; Ps. Just., *Cohort. ad Graecos*, 5 ; Eus., *PE*, XIV 16, 11 ; Ambr., *Exam.*, I 1.4 ; Aug., *De Ciuitate Dei*, XVIII 41 (BA 36, p. 622 ss); Nemesius, *De nat. hominis*, 2 (PG 40, 536 B) ; Aen. Gaz., *Theophr.*, 8.11, 16 Col.

2. Τοῖς πρὸ ἡμῶν : L. G. Westerink suggère, dans l'*Index auctorum* de son édition, qu'il pourrait s'agir de Syrianus (cf. p. 166) : suggestion hélas invérifiable.

3. Les *Scholia uetera* de Platon (éd. C. Greene, p. 91) résument ce texte par un schéma et semblent attester la leçon εἰδότων ... πρὸς τοὺς μὴ εἰδότας, qui est évidemment impossible, comme le montre la suite (οἰομένων) : en fait, c'est pour avoir un petit schéma bien net que le texte a été remanié ; ainsi, l'on a :

$$μὴ εἰδότων \text{———} εἰδότων, \text{ etc.}$$

Preuve du danger qu'il y aurait à suivre, sans critique, ces *scholia* pour éditer le texte de Proclus.

4. Ce passage repose sur la distinction aristotélicienne bien connue entre ἐναντιότης et ἀντίφασις, exposée, par ex., dans *Met.*, I 4, 1055 a 33 ; *Cat.*, 10-11, 11 b 17 ss ; *De interp.*, 7, 17 b 16 ss, etc. Dans le premier type de désaccord (« nul homme en désaccord n'a de science »), on a affaire à l'opposition de contrariété, tandis que dans le second (« Tous ceux qui sont en désaccord n'ont pas de science, mais certains oui et d'autres non ») on a affaire à l'opposition de contradiction (πᾶς — οὐ πᾶς = τίς). — Cicéron a eu souvent l'occasion de présenter la même distinction, mais sous une forme un peu différente : dans ces désaccords, écrit-il, *alterum fieri profecto potest ut earum* [scil. *opinionum*] *nulla, alterum certe non potest ut plus una uera sit* dans *De N. deorum*, I 2, 5 (p. 133-134 Pease, avec une n. au passage).

5. Τελειοῦν κ. κοσμεῖν est une sorte de « signature » proclienne, comme le notent Saffrey-Westerink à propos de *Theol. plat.*, II 3, 28.25 et n. 3 (p. 92) ; voir déjà *supra*, 124.24-25.

Page 311.

1. Autrement dit, il n'y a pas véritablement de διαφωνία κατ' ἀντίφασιν.

2. Sur cette thèse, cf. *supra*, p. 104.8-25. Thèse facile à comprendre puisque la majeure du syllogisme est constituée d'une notion commune. Tous les hommes sont donc capables de proférer la majeure ; en revanche, la mineure est dictée par les passions et c'est là que doit se placer le travail de rectification.

Page 312.

1. Cf. *supra*, p. 104.11-25 et n. 6, p. 86 (*Notes compl.*, p. 180-181).

2. Λῆμμα ici = prémisse (sens connu par exemple d'Aristote, *Top.*, θ 1, 156 a 21).

3. Cf. Ol., 92.14-17 ; voir aussi 73.5-12. Le δίκαιον a plus d'importance que tout le reste parce que la δικαιοσύνη est la vertu non pas d'une seule partie de l'âme mais de l'âme totale ; maladie et santé ne concernent que notre corps.

Page 313.

3. Comparer l'exégèse d'Hermias, *In Phdr.*, 153.29-154.21 : « Quant à *elle voit la Justice elle-même, elle voit la Sagesse, elle voit la Science* : le fait d'employer, en chaque cas l'expression [*elle*] *voit .... elle-même*, cela ne peut désigner que l'intellection des âmes divines ; mais le fait qu'il répète plusieurs fois cette expression, indique le caractère discursif et fractionné de l'intellection psychique ; et ici il ne s'est pas exprimé comme à l'accoutumé quand il parle des idées (là il dit : Justice-en-soi, Sagesse-en-soi), mais il dit *La Justice elle-même, la Sagesse elle-même*, désignant ainsi la déesse totale, la Justice conçue comme déesse, la Sagesse conçue comme déesse, pour autant qu'il était possible, à qui s'exprime par la parole, de faire connaître les premières déités. En effet, les Poètes, qui jouissent d'une grande liberté, nous représentent les choses divines encore plus audacieusement : ainsi, ils nous montrent la Justice donnant naissance et se mouvant partout ; le Philosophe, au contraire, nous a représenté par la parole, dans la mesure où cela lui était possible, la Justice comme une déesse totale. Ainsi donc Justice, Sagesse et Science, parmi les idées, sont des espèces indivisibles, embrassées par l'unique forme qu'est l'intellect lui-même, elles sont pour ainsi dire, des parties et des constituants de l'intellect ; au contraire, la Justice parmi les dieux est totale, parce qu'elle embrasse en elle-même toutes choses selon sa propriété. Et de fait, la Justice dans les idées embrasse toutes choses sous un mode intellectif, tandis que celle qui est chez les dieux le fait sous un mode divin. Ainsi donc la Justice détermine ce qui revient à chacun, la Sagesse fait que les êtres secondaires appartiennent à ceux qui leur sont antérieurs et sont leur cause ; quant à la science elle produit en toutes choses connaissance et vérité. La Justice, chez le Théologien, est produite par Nomos et Eusébie. »

4. La santé a son origine dans le démiurge, cf. *In Tim.*, II 63.9-64.9.

5. Cf. Ar., *Top.*, B 9, 114 a 26-38 : « On appelle *coordonnés* des termes comme *choses justes* (δίκαια) et *homme juste* (δίκαιος), coordonnés de *justice* (δικαιοσύνη) [...]. Voilà ce que l'on a l'habitude d'appeler coordonnés ; on appelle *inflexions* (πτώσεις), en revanche, des termes comme *justement* [...]. On admet d'ailleurs que les termes infléchis sont des coordonnés : par exemple, *justement* est un coordonné de *justice* [...]. On appelle en somme coordonnés tous les termes qui se rangent sur une même ligne,

par exemple : *justice, homme juste, chose juste, justement.* » Voir la n. de J. Brunschwig dans son éd. (p. 151-152).

Page 314.

1. Cf. Ol., 92.17 ss où Olympiodore, à la différence de Proclus, explique chaque allusion du texte de Platon : « Et, dit Platon, l'*Iliade* et l'*Odyssée* sont des exemples de ce que les guerres arrivent pour le droit. De fait l'*Iliade* n'est rien d'autre qu'une suite de discours où les barbares réclament leur droit contre les Grecs, les barbares disant qu'ils ont été les premiers victimes d'une injustice de la part de Jason, qui était grec et qui a enlevé Médée (une barbare), tandis que les Grecs prétendent que c'est eux plutôt qui ont été victimes d'une injustice à cause de l'enlèvement d'Hélène. Et c'est ce que dit Hérodote au début même de son *Histoire* [Hdt., I 2-4]. Et dans l'*Odyssée*, on a un affrontement de droits entre les prétendants et Télémaque, les prétendants soutenant qu'une veuve ne doit pas repousser les premiers habitants de l'île qui lui font la cour avec force présents, tandis que Télémaque prétend qu'il n'est pas encore certain que son père soit mort et qu'il n'est pas juste que le domaine de son père soit ' tondu ' par les prétendants. Quant à l'autre exemple, la bataille de Coronée, dont il dit qu'elle aussi est due au droit, et quant au fait qu'il affirme être en mesure de citer une guerre encore plus importante comme exemple, il ne l'a pas fait, variant ainsi son enseignement. Car s'il a posé la guerre de Troie c'est à cause de sa réputation éclatante, et la bataille de Coronée, c'est parce qu'elle est plus familière au jeune homme... ». Indice d'une si grande baisse de niveau dans l'auditoire qu'il faut même lui expliquer les allusions à l'*Iliade* et à l'*Odyssée*, ces deux bibles du Grec, ou bien pédanterie de la part d'Olympiodore ?

2. Sur le proverbe, cf. Dem., *De fals. legat.*, 148 ; D. Sic., 36.6 ; Porph., *De Abst.*, I 47, 2 (p. 80 Bouffartigue).

3. La leçon ἑαυτοῦ est impossible, mais je ne vois pas ce que l'on gagne à écrire τὴν ἐν αὐτῷ γνῶσιν ; j'écris, quant à moi, τ. γνῶσιν αὐτοῦ.

4. Cf. Ol., 97.19-23.

5. Tanagra et Coronée : deux défaites athéniennes survenues respectivement en 457 et 447.

Page 315.

1. En corrigeant le texte comme nous l'a suggéré C. Steel, on voit clairement qu'il y a deux constructions possibles dans ce passage de Platon, qui aboutissent toutes deux au même sens. En même temps, on obtient les deux leçons ἡ διαφορὰ πεποίηκεν du groupe BCD de la tradition de Platon et τὴν διαφορὰν πεποιηκέναι de PTW (sur ces groupes, cf. A. Carlini, édition, préface, p. 19-21).

2. Les mots τῶν κακῶν manquent dans la tradition directe

du passage et ont été omis par Carlini dans son édition (ils sont, au surplus, inutiles). Ils ne font donc sans doute pas partie de la citation.

Page 316.

1. Cf. Ar., *An. post.*, B 1, 89 b 23-35 : « Les questions que l'on se pose sont précisément en nombre égal aux choses que nous connaissons. Or, nous nous posons quatre sortes de questions : le fait (τὸ ὅτι), le pourquoi (τὸ διότι), si la chose existe (εἰ ἔστι) et, enfin, ce qu'elle est (τί ἐστιν). Ainsi quand, embrassant une pluralité de termes, nous nous demandons si la chose est telle ou telle, si par exemple, le soleil subit ou non une éclipse, c'est alors le fait (τὸ ὅτι) que nous recherchons [...]. Mais quand nous connaissons le fait, nous cherchons le pourquoi (τὸ διότι) [...]. Telles sont donc les questions que nous nous posons quand nous embrassons une pluralité de termes. Mais il y a des cas où nous nous posons la question d'une autre façon : par exemple, s'il est (εἰ ἔστι) ou non un Centaure [...] et quand nous avons connu que la chose est, nous recherchons ce qu'elle est (τί ἐστι) : par exemple, qu'est-ce donc que dieu ou qu'est-ce que l'homme ? » Exégèse classique de ce texte *ap.* Philop., *In An. post.*, 336.4 ss. Selon J. Tricot (dans sa tr. fr., p. 161, n. 3) nous voulons connaître : (1) y a-t-il attribution de tel prédicat à tel sujet (τὸ ὅτι) ? (2) Quelle est la raison de l'attribution (τὸ διότι) ? (3) Le sujet existe-t-il (εἰ ἔστι) ? (4) Quelle est la nature du sujet (τί ἐστι)? Les deux derniers problèmes s'identifient sans peine avec les deux premiers de Proclus, et le 4ᵉ de Proclus avec le deuxième d'Aristote ; le 3ᵉ donc (τὸ ὁποῖόν τι) s'identifie avec le premier d'Aristote (τὸ ὅτι). Ce changement de terminologie est remarquable (sans doute destiné à éviter l'ambiguïté de ὅ τι = ὁποῖόν τι). De même, on notera que les textes tardifs donnent généralement τὸ διάτι équivalent vulgaire du texte d'Aristote, au lieu de τὸ διότι. Le texte d'Aristote a été souvent cité : on trouve déjà une allusion dans Clem. Alex., *Strom.*, VIII 6, 17.2 ; chez les néoplatoniciens, relevons : Herm., *In Phdr.*, 217.26-218.6 ; Pr., *De Prov.*, 5.11 ; *In Tim.*, I 227.18-22 ; 357.3 ss ; *In Eucl.* 201. 15 ss ; Philop., *De anima*, 43.15 ss, 226.1 ss (qui utilise la même formulation que Proclus) ; cf. aussi Aug., *Confessions*, X 10, 17.1-2.

2. Autrement dit, avant toute discussion il faut avoir une définition, même rudimentaire, de la chose en question : sur cette théorie, cf. Clem. Alex., *Strom.*, VIII 2, 3.1 ss (sur ce texte, cf. R. E. Witt, *Albinus and the History of Middle Platonism*, Cambridge, 1937, p. 32 (et n. 7), qui discerne ici une influence d'Antiochus) et Herm., *In Phdr.*, 218.6 ss : « Mais antérieurement à ces quatre problèmes, il y en a un autre sur lequel il faut faire des recherches (*sic* : ζητεῖν), savoir ce que signifie le nom lui-même » et surtout p. 51.1 ss : « C'est comme s'il connaissait l'essence et la définition des êtres et aussi ce que chaque nom signifie, que le vulgaire se lance dans des affirmations à leur sujet ; et ensuite

s'ils tombent dans des contradictions, c'est parce qu'ils n'ont pas correctement établi au préalable les fondations de leur discours c'est-à-dire les définitions. »

Page 317.

1. Sur le παρέλεγχος, cf. Ar., *Soph. elenchi*, 17, 176 a 25, 181 a 21 et *Top.*, B 5, 112 a 8, avec la note de J. Brunschwig (p. 46, n.1), qui définit ainsi le terme : « La réfutation porte en fait sur un point arbitrairement choisi, qui n'entretient aucun rapport avec celui qui est en question. »

2. Sur l'expression σκοπιμώτατον τέλος, cf. *supra*, p. 8.13-14 ; pour le thème, cf. p. ex., p. 18.8-12, 307.14 ss, etc.

3. Cf. p. ex., *In Eucl.*, 16.16 ss.

4. Sur ce thème, cf. J. Trouillard, *L'un et l'âme*, p. 27 ss et rapprocher de notre passage par ex. *Theol. plat.*, I 3, 15.20 ss.

Page 318.

1. Cf. *infra*, p. 281.2-8 ; pour l'image, voir Ar., *De anima*, Γ 4, 429 b 31-430 a 2 : « Intellect est, en puissance, d'une certaine façon, les intelligibles mêmes, mais n'est, en entéléchie, aucun d'eux, avant d'avoir pensé. Et il doit en être comme d'une tablette où il n'y a rien d'écrit en entéléchie : c'est exactement ce qui se passe pour l'intellect » ; cf. Al. Aphr., *De anima*, 84.24-27 (« L'intellect matériel est semblable à une tablette où rien n'est écrit ou, plus exactement, au non-écrit de la tablette et non à la tablette elle-même : car la tablette est déjà une réalité ») et sur les difficultés de l'exégèse alexandriste, P. Moraux, *Alexandre d'Aphrodise Exégète de la Noétique d'Aristote* (Bibliothèque de la Faculté des Lettres de Liège, 99), Paris, 1942, p. 114-117 ; chez Proclus, cf. *In Eucl.*, 16.8 ss : « Et donc notre âme n'est pas une tablette et elle n'est pas vide de λόγοι, mais elle est écrite de toute éternité, tout à la fois s'écrivant elle-même et étant écrite sous l'action du *noûs* » ; 186.6 ; *Proll. in Plat. Philos.*, 10.20-21 ; Damascius, *In Phileb.*, 175.1-2. Cette image est aussi impliquée par des textes comme Plot., V 3, 4.21 [τὸ διανοητικὸν] ... ἔχον ἐν ἑαυτῷ τὰ πάντα οἷον γεγραμμένα. Voir enfin les remarques de Jamblique rapportées par Philopon, *De anima*, 533.23-25 : « Et remarque, dit Jamblique, qu'il [= Aristote] a dit ' semblable à une tablette ' et non pas ' semblable à une feuille de papier ' (χαρτίῳ) ; or, on ne parle pas d'une tablette si elle ne porte pas de lettres. Si donc Aristote s'est exprimé de la sorte, c'est parce qu'il voulait que l'âme des enfants — c'est-à-dire l'intellect en puissance — contînt les raisons des choses. Par conséquent, si [Aristote] a comparé l'âme à une tablette, c'est évidemment parce qu'elle contient les raisons des choses, tout de même qu'une tablette contient des lettres. Et s'il a parlé d'une tablette non écrite (au sens de ' mal écrite ') c'est parce qu'elle contient des lettres minuscules et invisibles (tout de même que nous disons d'un

acteur qui récite mal qu'il n'a pas de voix). Par conséquent, dit [Jamblique], Aristote est lui aussi d'avis que les intelligibles sont présents dans l'âme, comme Platon, ainsi que les raisons de toutes choses et qu'il y a non pas connaissance mais réminiscence. C'est là ce que Jamblique a dit pour montrer qu'Aristote est en accord avec Platon. » Cf. C. Steel, *Changing Self*, p. 148-150.

2. Noter l'apparition de la triade οὐσία-δύναμις-ἐνέργεια, sur laquelle cf. *supra*, p. 84.11-12 et n. 8, p. 68 (p. 169-170 des *Notes compl.*).

Page 320.

1. On retrouve ailleurs cette expression tirée du *Crit.*, 109 C 1 : cf. *v.g.* In *Remp.*, II 20.24-25 ; Ol., *In Alc.*, 178.18 ; In *Gorg.*, 254.20-21 ; elle remonte peut-être à une expression d'Héraclite (cf. B 11 Diels).

2. Cf. *v.g.* In *Tim.*, III 303.23 ; *De Mal.*, 50.34 (τὸ δὲ κακὸν ἔξωθεν κ. ἐπεισοδιῶδες).

3. Cf. *supra*, p. 225.14 ss.

4. Cf. In *Eucl.*, 51.14 ss, 52.12 ss. Au lieu de φάσματα, je propose de lire φανταστά (l. 11).

Page 321.

1. Cf. *Phd.*, 75 C 4-D 5 et *supra*, p. 170.25-28.
2. Cf. *supra*, p. 277.21 et n. 1, p. 318.
3. Pour l'image, cf. Plot., I 6 (1), 9.26 (ἐὰν δὲ ἴῃ ἐπὶ τὴν θέαν λημῶν κακίαις κ. οὐ κεκαθαρμένος ... οὐδὲν βλέπει) : elle est absente, ce semble, de l'œuvre de Platon, mais est connue de la tradition platonicienne. Cf. par ex., Hermias, *In Phdr.*, 63.8 ; Pr., *In Remp.*, II 347.26 ; *Proll. Philos. Plat.*, p. 10.54-55 ; Hieroclès, *In Aur. carm.*, p. 6.7-9 ; Ol., *In Alc.*, 12.10-11 ; *In Phd.*, 11, § 3.4-5 ; *In Gorg.*, 25.19-20 ; Asclepius, *In Nicom.*, I λα', 9 ss, p. 29 Tarán ; Philopon, *In Nicom.*, I λβ'. Voir la note du P. Aubineau dans Grégoire de Nysse, *De la Virginité* (SC 119), Paris, 1966, p. 371, n. 4 (et 397, n. 5).

4. Pour l'image, cf. In *chald.*, 3, 208.10 (où le P. des Places note que l'image vient de *Theaet.*, 184 A 5).

5. Rapprocher la prière initiale de l'*In Parm.*, I 617.5 ss, où Proclus demande aux dieux d'ἀνοῖξαί τε τὰς τῆς ψυχῆς τῆς ἐμῆς πύλας εἰς ὑποδοχὴν τῆς ἐνθέου τοῦ Πλάτωνος ὑφηγήσεως ; l'image des portes de l'âme est connue par ailleurs, mais elle désigne ordinairement les sens (cf. LSJ, *s.v.* III) : ici, c'est au contraire l'œil de l'âme qui est ainsi désigné.

6. Cf. *supra*, l. 1-2 et comparer, p. ex., Ol., *In Gorg.*, 25.21-22 οἱ ἐν ἡμῖν λόγοι χρείαν ἔχουσι τοῦ ἀναμιμνήσκοντος · ἀναλογοῦμεν γὰρ γεωμέτρη καθεύδοντι.

7. Les dieux (les démons) agissent ἔνδοθεν : cf. In *Tim.*, III 274.31 s., In *Remp.*, II 272.30.

8. Cf. *supra*, p. 140.10 et n. 3, p. 116.

Page 322.

3. On est en présence, dans les lignes 1-9, d'un fragment stoïcien qui n'a pas été identifié par von Arnim. Ajoutons que ces lignes ont été résumées sous forme d'un schéma dans les *Scholia platonica*, 112 E (p. 92 Greene) :

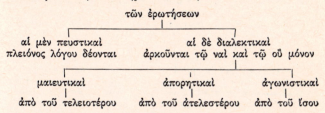

Par conséquent, les *scholia* confirment le supplément de Creuzer à la l. 1 ([πευστικαί]) et posent le problème de savoir s'il ne faudrait pas lire à la ligne 3 : αἱ δὲ <διαλεκτικαὶ> ἀρκοῦνται. On a déjà vu, cependant, que le témoignage des *Scholia* n'est pas toujours digne de créance. Je ne corrige donc pas. — Sur la distinction des deux sortes d'ἐρωτήσεις, cf. SVF, II 186 (= DL, VII 66), où l'on lit : ἐρώτημα δέ ἐστι πρᾶγμα αὐτοτελὲς μέν, ὡς καὶ τὸ ἀξίωμα, αἰτητικὸν δὲ ἀποκρίσεως, οἷον « ἆρά γε ἡμέρα ἐστί ; » τοῦτο δὲ οὔτε ἀληθές ἐστιν οὔτε ψεῦδος · ὥστε τὸ μὲν « ἡμέρα ἐστίν » ἀξίωμά ἐστι, τὸ δὲ « ἆρά γε ἡμέρα ἐστίν ; » ἐρώτημα. Πύσμα δέ ἐστι πρᾶγμα πρὸς ὃ συμβολικῶς οὐκ ἔστιν ἀποκρίνεσθαι, ὡς ἐπὶ τοῦ ἐρωτήματος **** *(lacunam conieci)* « ναί » ἀλλὰ <δεῖ> (*add.* von Arnim) εἰπεῖν · « οἰκεῖ ἐν τῷδε τῷ τόπῳ » : on voit très clairement que ce texte est corrompu et qu'il peut être restitué à l'aide du présent passage de Proclus ainsi que de SVF, II 187, l. 30-31 : il y a une lacune après ἐρωτήματος qui devait contenir quelque chose comme <οἷον · « ποῦ Δίων οἰκεῖ ; » οὐκ ἔστιν ἀποκρίνεσθαι τῷ οὔ ἢ τῷ ναὶ> ἀλλὰ <δεῖ> κτέ. ... On traduira : « L'interrogation est un fait de langage complet, tout comme l'énoncé, mais qui réclame une réponse ; par exemple : ʻfait-il jour ?ʼ L'interrogation n'est ni vraie ni fausse ; par conséquent, « Il fait jour » est un énoncé et « fait-il jour ? » une interrogation. Une demande est un fait de langage auquel il n'est pas possible de répondre « symboliquement » comme dans le cas de l'interrogation : < par exemple, à la demande « Où Dion habite-t-il ? » on ne peut répondre simplement par non ou par> oui, mais < il faut> dire : « Il habite en tel endroit ». Voir encore SVF, II 190 (= *Schol. in Hes. Theog.*, 463) ; 191 (διαλ. ἐρωτήσεις ... ἃ πύσματα ἔθος λέγειν τοῖς νεωτέροις). Voir encore Aug., *De doctrina christiana*, 3.6 (*Bibl. August.*, 11, p. 344) : *ad percontationem multa responderi possunt, ad interrogationem uero aut non aut etiam* ; Amm., *De interp.*, 199.19 ; Ol., *In Alc.*, 98.24-99.6 ; 102.6-10 ; 187.8-16 ; *In Gorg.*, 29.6-9. La distinction se retrouve chez les rhéteurs : Théon, *Progymn.*, 5

(II 97.26 ss Spengel) ; Hermogène, *Progymn.*, 3 ; Prisc., *Prog.* 3 ;
Alexander, *De figuris*, III 24.31 ss Spengel et les textes rassemblés par Lausberg, §§ 767, 770 ; voir enfin les *Rhetores Graeci*
de Spengel t. III (Leipzig, 1856), p. 503 ἐρώτημα et 506, πεῦσις.
— Contrairement à ce que l'on pourrait croire, la distinction
n'est pas oiseuse et elle est utilisée par des linguistes contempo-
rains (qui semblent ignorer sa provenance) : cf. O. Jespersen,
Essentials of English Grammar, New York, 1933, p. 304-305,
« There are two kinds of questions : ' Did he say that ? ' is an
example of one kind, and ' What did he say ? ' and ' Who said
that ? ' are examples of the other. In the former kind — *nexus-
questions* — we call in question the combination (nexus) of a
subject and a predicate... In questions of the second kind we
have an unknown quantity x, exactly as in an algebraic equation ;
we may therefore use the term *x-questions* '. » Cette distinction a
été reprise et considérablement raffinée par J. J. Katz, *Semantic
theory*, New York, 1972, p. 204 ss.

4. Cf. SVF, II 190 : τῷ ἐρωτήματι συμβολικῶς ἕπεται ἡ
ἀπόκρισις, τῷ πύσματι δὲ διεξοδικῶς. Il s'agit d'un mouvement de la tête par lequel l'interlocuteur fait signe qu'il donne
(κατανεύει) ou refuse (ἀνα-) son assentiment : emploi très ancien,
déjà attesté chez Homère, *Il.*, 6, 311 ; Plat., *Rsp.*, IV 437 B-C ;
voir aussi Amm., *In de interp.*, 199.22. Voir aussi Porph., *V. Pyth.*,
36-37 (p. 53.2-4 des Places), où le sens est différent : συμβ. =
au moyen des σύμβολα pythagoriciens.

5. Fait partie du matériel d'exemples stoïciens : cf. par ex.
SVF, II 166 (σημαῖνον μὲν εἶναι τὴν φωνήν, οἷον τὴν « Δίων »,
(...) τυγχάνον δὲ τὸ ἐκτὸς ὑποκείμενον, ὥσπερ αὐτὸς ὁ Δίων) ;
II 193.187 (ποῦ οἰκεῖ Δίων ;) ; 202 a ; 204 ; 298 a (p. 102.18 ss,
22 ss) ; III 213 ; 246. Il y avait dans l'entourage de Chrysippe
un certain Dion, auquel il a dédié son Περὶ τῶν ἀορίστων ἀξιω-
μάτων πρὸς Δίωνα γ' (SVF, II, p. 62.37). Proclus lui-même
présente un autre exemple logique stoïcien, où il est question
de Dion : *In Parm.*, I 696.24 (εἰ τέθνηκε Δίων = SVF, II 202b).

6. C'est aussi la thèse d'Aristote, cf. *Top.*, θ 2, 158 a 16 :
« Une proposition dialectique est celle à laquelle il est possible
de répondre par oui ou par non » ; voir encore *De interp.*, 11,
20 b 22 ss ; *An. post.*, A 2, 72 a 9 s., etc.

Page 323.

1. On a maintenant une classification des διαλεκτικαὶ ἐρωτήσεις faite en fonction des situations concrètes de dialogue, qui ne
se rencontre, du moins à ma connaissance, nulle part ailleurs.
La première situation est celle de l'entretien socratique (l'*Alcibiade* par ex. ou tout autre dialogue du genre socratique) ; la
deuxième est celle de l'élève soulevant en présence de son maître
une aporie et recevant la solution de cette aporie (c'est, par ex.,
le cas de Porphyre qui « trois jours durant » soulève devant Plotin
des apories sur l'âme ; c'est aussi le cas de Proclus qui, au témoi-

gnage d'Hermias (*In Phdr.*, 92.6 ss : ἠπόρησεν ... πῶς εἰ ἐκ διαιρέσεως λαμβάνονται αἱ μανίαι δυνατὸν εἶναι ἄλλην παρὰ ταύτας · πρὸς ὃ εἶπεν ὁ φιλόσοφος [*scil.* Syrianus]) ; la troisième, toujours dans le cadre de l'école, représente la *disputatio*, la joute dialectique entre deux élèves de même force, sous la présidence du professeur (présence indispensable parce que c'est lui qui tranchera à un moment ou un autre de la *disputatio* et qui décidera du vainqueur : autrement, on aurait affaire à une simple manifestation d'éristique). Les règles de ce combat ont été l'objet d'un remarquable article de P. Moraux, « La joute dialectique d'après le 8e livre des Topiques » dans *Aristotle on dialectic. The Topics. Proceedings of the 3rd Symposium Aristotelicum*, Oxford 1968, p. 277-311.

2. N'est pas employé au sens aristotélicien : chez Aristote, en effet, le terme ἀγωνιστικαί est un synonyme de ἐριστικαί.

3. Dans la traduction, j'adopte la correction proposée par L. G. Westerink, qui donne le sens attendu ; mais dans le texte grec, je n'adopte pas sa correction, parce que la corruption est, selon moi, plus grave et qu'il y a une partie de texte perdu devant καὶ l. 9. Un signe en est l'emploi d'ἐκεῖνος (l. 9) et d'ἐκείνου (l. 9) avec, dans une même phrase, deux référents différents.

Page 324.

1. Sur cet imparfait dit de Rückverweis et qui équivaut à un ὡς ἐλέγομεν *uel sim. quid*, cf. Kühner-Gerth, II 1, p. 145-146. Cet usage est bien connu d'Aristote, par exemple, et a été soigneusement étudié par F. Dirlmeier dans sa traduction des *Magna Moralia* (Berlin, 1973), p. 175 (voir déjà Bonitz, *Ind. Ar.*, p. 754 a 40-45) ; chez Proclus, l'usage de cette sorte d'imparfait est très fréquent : voir les notes du P. Festugière dans ses deux traductions ou les remarques de Saffrey-Westerink dans leur édition de la *Theol. plat.* — Le renvoi proprement dit de Proclus vise peut-être un cours d'introduction philosophique du genre des *Prolegomena*, où était étudiée la définition du syllogisme.

2. Sur la prémisse dialectique, cf. *An. pr.*, A 1, 24 a 22 ss : où elle est ainsi définie : « La prémisse démonstrative diffère de la prémisse dialectique en ce que, dans la prémisse démonstrative, on prend l'une des deux parties de la contradiction (car démontrer, ce n'est pas demander, c'est poser), tandis que dans la prémisse dialectique on demande à l'adversaire de choisir entre les deux parties de la contradiction » ; mais, poursuit Aristote, cela n'entraîne nulle différence dans la constitution du syllogisme. Voir aussi *De Int.*, 11, 20 b 22 ss ; *An. post.*, A 2, 72 a 9 ; A 12, 77 a 36 ss.

3. Cela décrit une ruse du genre de celle de *Soph. el.*, 15, 174 a 31-32. On pose intentionnellement sa question sous forme affirmative, parce qu'on sait bien qu'on obtiendra une dénégation de la part de l'adversaire qui, de lui-même, pose une θέσις négative, à partir de laquelle on pourra raisonner.

4. Cf. Ol., 99.6-15, qui énonce clairement la solution à laquelle Proclus se rallie : « Quant à nous, nous démontrons que dans le discours dialectique aussi c'est celui qui répond qui affirme, et non pas celui qui pose les questions : (1) Si seul celui qui répond dit vrai ou faux (lui seul, en effet, parle assertivement, tandis que l'autre parle en posant des questions : or, le discours assertorique se contredistingue par rapport à la question) et si c'est le seul des discours qui soit susceptible de vérité et de fausseté, il est clair qu'il est aussi le seul qui affirme ; en effet, celui qui n'est susceptible ni de vérité ni de fausseté, n'affirme pas. (2) Deuxièmement : si le syllogisme entier est constitué des réponses [en corrigeant le texte transmis en 99.12 avec Westerink ; cf. app. crit.] de l'interlocuteur, c'est l'interrogé qui affirme. (3) Et aussi : souvent l'interlocuteur concède des propositions qui ne sont pas l'opinion de celui qui interroge et à partir desquelles est constitué le syllogisme. » Toute cette solution repose sur une doctrine stoïcienne, cf. SVF, II 186, 187, etc.

Page 325.

1. On se rappelle que le syllogisme dialectique vise toujours la *doxa* et que raisonner πρὸς δόξαν = διαλεκτικῶς.

2. Allusions implicites à des règles de discussion, telles que celles qu'Aristote nous a transmises au livre VIII des *Topiques*.

3. Sur cette doctrine stoïcienne, cf. SVF, II 186 ss : « Un ἀξίωμα est ce que nous énonçons en affirmant et il est vrai ou faux. » La suite de ce texte a déjà été citée *supra*, p. 283.1 ss et n. 3, p. 322 (*Notes compl.*, p. 437). Pour l'εὐκτικόν, cf. SVF, II 187, 188 ; le κλητικόν : *ib.*, 188 ; le πευστικόν *ibid.*

Page 326.

1. Ce texte a été malencontreusement inséré par von Arnim dans les fragments de Chrysippe, SVF, III 543 : en fait, comme le montre le texte parallèle d'Ol. (101.8-15), il s'agit de l'adaptation d'un texte d'Épictète, *Ench.*, 5 (430.5-9 Schenkl) ; on retrouve de lointains échos du même texte d'Épictète chez Herm., *In Phdr.*, 158.30-159.3 ; Ol., *In Gorg.*, 131.1-12. Le texte d'Épictète présente la triade ἀπαίδευτος, ἠργμένος παιδεύεσθαι, πεπαιδευμένος : autrement dit, il évitait soigneusement le terme de προκόπτων ; on sait, en effet, que la notion de progrès moral avait été l'objet d'abondants débats chez les Stoïciens, cf. O. Luschnat, « Das Problem des ethischen Fortschritts in der alten Stoa », dans *Philologus*, 102 (1958), p. 178-214. Platon avait déjà enseigné quelque chose d'assez voisin d'Épictète, cf. *Leges*, V 727 B 4 ss (cité dans *Prov.*, 34.1 ss).

2. La fin du texte n'a aucun correspondant ni chez Épictète ni chez Olympiodore ; cf. cependant SVF, III 510 : ὁ δ' ἐπ' ἄκρον προκόπτων ἅπαντα πάντως ἀποδίδωσι τὰ καθήκοντα καὶ οὐδὲν παραλείπει.

3. Emploi dérivé du sens mathématique : exprimable c'est-à-dire rationnel ; cf. *Rsp.*, VIII 546 B 8 ; cet emploi est fréquent chez Proclus.

4. Sur ces trois facultés de l'âme, cf. *supra*, p. 246.3-6.

5. Ce fragment a aussi été relevé par von Arnim (= SVF, III 383) : à tort, parce qu'on peut encore y voir un écho d'Épict., *Ench.*, 5, ταράσσει τοὺς ἀνθρώπους οὐ τὰ πράγματα, ἀλλὰ τὰ περὶ τῶν πραγμάτων δόγματα. Dans le passage correspondant d'Olympiodore, Épictète n'est pas cité.

Page 327.

1. Cf. Ol., 96.9-12.

2. Sur ce principe, cf. *supra*, p. 247.2-5 et n. 6, p. 294.

3. Cf. Ol., 102.27-103.9 : « Et puisque c'est chose grossière que de réfuter en personne autrui — c'est ainsi que chez le Poète, Phénix, voulant réfuter Achille, ne présente pas ses discours en personne, mais fait intervenir Pélée, qui réfute Achille [H 125-131] (...) —, Socrate ne se contente pas d'employer un autre personnage, mais il emploie celui-là même qui est réfuté pour obtenir une plus grande efficacité. »

4. Image ancienne, déjà présente chez Ps. Phocylide 124 : ὅπλον τοι λόγος ἀνδρὶ τομώτερόν ἐστί σιδήρου.

5. Sur ce texte du *Gorgias* (où la plupart des éditeurs corrigent τί ἔχων ληρεῖς ; et attribuent ce membre de phrase à Calliclès), cf. E. R. Dodds, *Plato, Gorgias*, Oxford, 1959, p. 312.

Page 328.

2. Ces deux exemples sont aussi allégués dans le passage parallèle d'Olympiodore (103.2-6). Le passage de Démosthène n'est pas cité au hasard, mais il avait déjà été repéré par les rhéteurs. On le retrouve, en effet, chez Tiberius (fin IIIe siècle/ début IVe : cf. P. W., *s.v. Tiberius* 2) Bd. VI A, 1, col. 804-807 [Solmsen], auteur d'un traité intitulé *Sur les figures de Démosthène* ; on trouve d'abord, chap. 11 (*Rhet. gr.*, III 63.5-24), une étude de l'éthopée (Démosthène fait parler les Grecs) surtout, tout un chapitre consacré à περὶ προσώπου ὑποβολῆς (chap. 12 ; p. 64.4 ss), qui est ainsi défini : ὅταν θέλων τι εἰπεῖν πρὸς τὸ ἀνεκτότερον ἄλλῳ προσώπῳ τὸν λόγον περιθῇ. Tiberius remarque ensuite (l. 12 ss) μίγνυσι [*scil. Demosthenes*] δὲ πολλαχοῦ τήν τε ἠθοποιΐαν καὶ τὴν τοῦ προσώπου ὑποβολήν, ὅταν ἑτέρῳ προσώπῳ περιβάλῃ <τὸν addidi> λόγον. Βουλόμενος γὰρ ἐπιτιμῆσαι τοῖς Ἀθηναίοις ὡς εἰς ῥαθυμίαν ἐκκλίνασιν, οὐκ ἀφ' ἑαυτοῦ εἶπεν ἀλλὰ τοῖς Ἕλλησι περιέθηκε τὸν λόγον [suit le *De Chers.* 34 ss].

Page 329.

4. Sur cet attribut, cf. *Theol. plat.*, I 18, 82.8 ss (il vient de la *République*).

5. Cf. Ol., 103.9-16 : « Alcibiade est déchu par rapport aux

trois hypostases principielles : intellect, dieu, âme. De l'âme d'abord, parce qu'il ne sait pas : or, le propre de l'âme c'est de connaître. Il est déchu par rapport à l'intellect, parce que, bien que ne sachant pas, il pense savoir : or le propre de l'intellect c'est la conversion ; en effet, l'intellect est analogue à une sphère qui fait de chaque point un terme et un principe. Enfin, il est déchu par rapport à dieu, parce qu'il est aussi malfaisant : il s'apprête à donner des conseils sur ce qu'il ne sait pas, de sorte qu'il jette dans les malheurs ceux qu'il conseille ; or dieu est caractérisé par le Bien. » Voir encore, *ib.*, 125.8-14.

Page 330.

1. Cf. Ol., 104.3-6 et *In Gorg.*, 142.10-12.

2. Question abordée dans les traités de rhétorique, par exemple par Hermogène dans son περὶ μεθόδου δεινότητος, 30 (p. 447.4-448.2 Rabe), sous le titre π. χρήσεως ἐπῶν ἐν πεζῷ λόγῳ. Hermogène (ou le Ps. Hermogène) distingue deux modes : κόλλησις, ὅταν ὁλόκληρον τὸ ἔπος εὐφυῶς κολλήσῃ τῷ λόγῳ et κατὰ παρῳδίαν ... ὅταν μέρος εἰπὼν τοῦ ἔπους παρ' αὐτοῦ τὸ λοιπὸν πεζῶς ἑρμηνεύσῃ καὶ πάλιν τοῦ ἔπους εἰπὼν ἕτερον ἐκ τοῦ ἰδίου προσθῇ, ὡς μίαν γενέσθαι τὴν ἰδέαν. L'importance d'Hermogène pour les Néoplatoniciens a été récemment mise en évidence par G. L. Kustas, *Studies in byzantine Rhetoric* (*Analecta Vlatadou*, 17), Thessaloniki, 1973.

3. Pour le terme ἑρμηνεία, cf. W. Rhys Roberts, *Demetrius, On Style*, Cambridge, 1902, p. 282, qui donne comme équivalent « Style ».

4. Πεζοφανής *hapax legomenon*, ce semble.

Page 331.

1. Cf. Ol., 105.17-106.4 : Démocrite [le platonicien ?] attribue cette réponse à Socrate, Damascius (et Olympiodore) à Alcibiade ; Proclus n'est pas nommé. Voir Introduction, p. xvii-xviii.

2. Il pourrait y avoir trace d'une influence stoïcienne dans cette définition de la folie ; cf. p. ex., SVF, III 662-664.

3. Cf. Ol., 103.20-26.

Page 332.

3. Cf. Ol., 100.13-15 (1ʳᵉ raison) ; 104.19-23 ; 105.5-11.

4. Sur les trois sortes de rhétorique, cf. *supra*, p. 184.2-9 ; voir H. Lausberg, §§ 59-65. Cette division provient d'Aristote, *Rhet.*, A 3, 1358 b 6-8, 20-29. Sommairement le δικανικὸν γένος *(genus iudiciale)* roule sur l'opposition δίκαιον/ἄδικον et s'exprime surtout dans la κατηγορία *(accusatio)* ou dans l'ἀπολογία *(defensio)* ; le συμβουλευτικὸν γένος *(genus deliberatiuum)* roule sur l'opposition συμφέρον/βλαβερόν et s'exprime dans la προτροπή *(suasio)* et dans l'ἀποτροπή *(dissuasio)* ; enfin, l'ἐπιδεικτικὸν γένος *(genus demonstratiuum)* roule sur l'opposition καλὸν/αἰσχρόν *(honestum/*

turpe) et s'exprime dans l'ἔπαινος *(laus)* ou dans le ψόγος *(uitupe-ratio)*. C'est une division à peu près universellement acceptée ; on la retrouve souvent chez les néoplatoniciens : Hermias, *In Phdr.*, 219.11 s., 224.3-4 ; Simpl., *In Ep. Ench.*, 62.36 ss ; Ol., *In Gorg.*, 33.18-23 ; 43.10-12 ; 47.21-22 et déjà *supra*, p. 183.21-184.2.

5. Les rhéteurs appellent de la sorte un type particulier d'arguments employés dans le *genus deliberatiuum* et qui doit son nom au fait qu'ils concernent les ἀγαθὰ τελικά. Proclus en cite trois δίκαιον, νόμιμον, συμφέρον : il y avait aussi πρέπον, δύνατον, ἔνδοξον. Pour des listes, voir par exemple Lausberg, § 375 ; citons une occurrence bien remarquable de ces *kephalaia* dans la préface de la Messe : « *Vere dignum et iustum est, aequum et salutare nos tibi semper et ubique gratias agere...* » ; voir aussi Syrianus (qui est bien le maître de Proclus, comme l'établit H. Rabe dans la préface de son édition, Leipzig, 1893, t. II, p. iv-vii), *In Herm. art.*, II 171.3 ss (où justement Syrianus remarque qu'il y a une opposition entre Platon et les Orateurs sur le κεφάλαιον du δίκαιον).

6. Ἐμπίπτειν est apparemment un terme technique dans les traités de rhétorique, au sens de « s'appliquer » (Westerink dans l'*index verborum*) : cf. par ex. Syrianus, *In Herm. art.*, II 172.15.

Page 333.

2. Cf. un fragment de Cléanthe dans les SVF I 558, transmis par Cl. Alex., *Strom.*, II 22, 131.3 (SC 38, p. 133) : « Cléanthe, au deuxième livre du *Sur le plaisir*, dit que Socrate enseigne à chaque instant que c'est le même homme qui est juste et heureux et qu'il maudit celui qui, le premier, a séparé le juste de l'avantageux, parce qu'il avait commis là un acte impie. Car ce sont en vérité des impies que ceux qui distinguent l'avantageux du juste défini par la loi. » Voir encore Cicéron, *De Officiis*, III 11 ; *De Legibus*, I 33 ; Plut., *Quaest. conv.*, IV, 1, 3, 662 B τῇ Σωκράτους ἐνέχεσθαι κατάρᾳ μὴ μόνον τὸ λυσιτελὲς ἀπὸ τοῦ καλοῦ χωρίζοντας.

3. Petite doxographie sur la question très discutée dans l'antiquité du rôle des biens matériels dans la vie vertueuse ; Proclus rattache la question au problème des rapports de l'âme et du corps. Dans le premier groupe, on a les matérialistes qui ne séparent pas l'âme du corps. Le deuxième groupe n'a pas une représentation exacte des rapports âme-corps (296.17-23) ; seuls ceux qui font du corps un instrument de l'âme ont une juste conception du rôle des biens matériels. Pour Épicure, voir peut-être le fr. 602 Usener ; pour les stoïciens, voir SVF, III 16-17 δῆλον [...] ὅτι ἰσοδυναμεῖ « τὸ κατὰ φύσιν ζῆν » καὶ « τὸ καλῶς ζῆν » καὶ « τὸ εὖ ζῆν », texte qui justifie pleinement le supplément de Westerink ; (voir aussi Plot., I 4 (46), 1.29-30). Pour Aristote, cf. *Eth. Eud.*, VII 10, 1243 a 34-35 ou *EN*, A 5, 1097 b 6-11 ; A 11, 1101 a 14-16 ; voir J. M. Rist, *Stoic Philosophy*, Cambridge, 1969, p. 1 ss.

Page 335.

1. Principe aristotélicien, déjà rencontré *supra*, p. 175.26-28.
2. Cf. Ol., 100.18-21 (dans la *theôria*) et 106.8-14 (dans la *lexis*).

Page 336.

1. Συγχώρησις : cf. Lausberg, § 856 ; c'est admettre pour un instant un argument de l'adversaire, mais pour en tirer des conséquences contre lui.

2. Le texte de Proclus est corrompu ici et nous avons suivi la correction proposée par E. R. Dodds : περὶ ὧν ἀγνοεῖ, <εἰ> ἐπιχειρήσειεν.

3. Νεαροπρεπής : la connotation de ce mot, comme le remarque Westerink (Dam., *In Phil., Ind. s.v.*, p. 140), est ici « qui recherche le nouveau, l'innovation ». Tout le paragraphe oppose d'un côté ceux qui s'en tiennent à ce qui est fixe et reproduisent ainsi l'image du *nous* à ceux qui, infestés de la *génésis*, suivent son mouvement et courent sans arrêt après le nouveau et l'immature. On peut se demander si Proclus n'a pas en vue, d'une part, les platoniciens, fidèles à la philosophie de leurs Pères, et, d'autre part, les chrétiens, qui ont abandonné cette philosophie pour passer à un système nouveau et récent ? Cf. H. D. Saffrey, *Allusions...* (art. cit., *supra* p. 307, n. 3) p. 560 et n. 22 ; voir aussi *Théol. plat.*, II, p. 31 et n. 7 (p. 94-95 des *N.C.*).

Page 337.

2. Cf. Ol., 107.6-13 : « Mais pourquoi donc l'âme désire-t-elle le revêtement externe de vêtements ? N'est-ce pas qu'elle désire autre chose et qu'elle s'occupe d'autre chose ? En effet, parce qu'elle a une notion de ses tuniques intérieures — c'est-à-dire des tuniques lumineuse, pneumatique et ostréeuse —, elle désire, par le moyen de cette robe apparente, avoir ses tuniques intérieures pures (et c'est en ce sens que le Poète dit ' revêtir des vêtements ' [ε 167, 264, etc.]) ; elle veut donc maintenir ces tuniques hors des souillures. » Désirer avoir des vêtements purs est une image de l'activité de l'âme qui veut que son vêtement (le véhicule) soit pur. — Le texte de Proclus a, approximativement, le même sens : c'est le souvenir de la pureté des dieux qui pousse l'âme à se préoccuper de la pureté de son εἴδωλον (c'est-à-dire l'image que l'âme produit pour pouvoir animer un corps : cf. *In Tim.*, III 324.28-29 et O'Neill dans la note 530).

3. Sur ces enveloppements, cf. Dodds, p. 313 ss et O'Neill, note 531. La purification dont il est question ici sera réalisée par la théurgie, cf. *In Tim.*, III 300.16 ss ; 331.8 ss, etc.

4. Autrement dit : l'important ce n'est pas de purifier son corps, mais son véhicule. En effet, περιβλήματα et χίτωνες = le véhicule de l'âme et ἱμάτιον = le corps. Pour l'image : le corps est le vêtement de l'âme, voir déjà *Gorg.*, 523 C 5.

5. Passage difficile : τὰς ὁρμὰς ... πρὸς τὰς δυνάμεις signifie

« les attaques... contre les puissances » ; j'en déduis que αἱ προ-δρομαὶ τοῦ λόγου signifie, selon Proclus, les attaques contre la raison. Olympiodore, 107.14-17, écrit : « On parle de προδρομή lorsque, à la guerre, on s'est emparé d'une position d'où l'on pourra combattre en sûreté. Alcibiade regardait donc comme des προδρομαί le fait qu'il ne se fasse pas poser les mêmes questions par Socrate. » O'Neill (n. 528) propose de s'appuyer sur le sens de προτρέχειν et d'entendre : « But I, ignoring your anticipation of my argu-ments... » — interprétation tout à fait plausible.

Page 338.

1. Cf. Ol., 107.4-6 : « Alcibiade faisait montre d'une grande mollesse, de sorte que beaucoup d'auteurs ont écrit de longs ouvrages sur ' *la mollesse d'Alcibiade* ' » ; témoignages sur ces ouvrages *ap*. DL, II 23 : un certain Aristippe qui avait écrit un περὶ παλαιᾶς τρυφῆς et *ap*. Athénée, *Deipn.*, XII 47-49, 534 b-535 e. Cf. J. Hatzfeld, *Alcibiade*, p. 127 ss, qui a ramené ces témoignages à leur juste valeur.

2. Cf. Ol., 108.3-12 (dans la *lexis*) et déjà 99.18-102.2 (dans la *theôria*).

Page 339.

1. Ἡγούμενον/ἑπόμενον : sur cette terminologie, cf. SVF, II 236, 261, etc. ; elle était, semble-t-il, devenue d'usage courant à l'époque tardive (notons qu'Aristote emploie au sens technique ἕπεσθαι : cf. *v.g. An. pr.*, A 27, 43 b 17).

2. Cette transposition des rapports matière/forme pour expli-quer le syllogisme est inconnue d'Aristote. La matière c'est le sujet sur lequel roulent la discussion et les prémisses fournies par l'interrogé, la « forme » c'est la structure du syllogisme imposée par le questionneur et la conclusion. Il y a, en revanche, de nombreuses traces de ce vocabulaire chez les commentateurs d'Aristote.

3. Sur cette règle de discussion, cf. Ar., *Top.*, VIII 11, 161 b 20 ss.

4. Cf. *ibid.*, 161 b 15 ss.

5. Olympiodore présente ainsi la procédure de Socrate (106. 9-14) : « Il montre qu'Alcibiade ne connaît pas l'utile à partir d'une antiparastase, parce que l'instance exige de plus nombreux raisonnements pour montrer que juste et utile sont identiques (ce qu'il fera dans la suite) ; pour l'instant, il dit : « Si juste et utile sont identiques et si l'on a montré que tu ne connais pas le juste, on a donc aussi montré que tu ne connais pas l'utile ; si, au contraire, ils sont différents l'un de l'autre, et que l'on montre par les mêmes raisonnements que tu ne connais pas l'utile, alors on aura montré qu'au lieu d'une seule chose tu en ignores deux ! » — Sur la figure nommée ἀντιπαράστασις et ses rapports avec l'ἔνστασις, cf. Ps. Hermogène, *De inuentione*, III 6 (136.20-

138.13 Rabe), qui donne l'explication suivante : τὴν ἔνστασιν καὶ τὴν ἀντιπαράστασιν ἐναντία κεφάλαια τῆς ἀντιλήψεως ἡ διαιρετικὴ παρέδωκε τέχνη · οἷον ' ἐξῆν μοι κτεῖναι τὸν υἱόν ' τὸ κεφάλαιον · εἶτα ἡ ἔνστασις ' οὐκ ἐξῆν ' · εἶτα ἡ ἀντιπαράστασις ' εἰ δὲ καὶ ἐξῆν, ἀλλ' οὐκ ἐνώπιον τῆς μητρός'. Dès lors, se posait à l'orateur un problème : laquelle de ces deux voies choisir dans sa réfutation ? τάξιν δὲ οὐκ ἀεὶ τὴν αὐτὴν ἔχει, τί πρῶτον θετέον, ἔνστασιν ἢ ἀντιπαράστασιν, ἀλλὰ τὸ παραδοξότερον αὐτῶν καὶ βιαιότερον δεύτερον τάττεται, πάσχει δὲ τοῦτο πότε μὲν ἡ ἔνστασις, πότε δὲ ἡ ἀντιπαράστασις. On retrouve rigoureusement la même doctrine chez Syrianus, In Herm. art., II 81.20-82.21 avec le même exemple (81.21-23) et la même discussion sur l'ordre des deux arguments (82.5 ss) ἰστέον μέντοι ὡς οὐκ ἀεὶ προτέρᾳ χρησόμεθα τῇ ἐνστάσει, ἀλλ' ὅταν δοκῇ βιαιοτέρα εἶναι ἡ ἔνστασις, προτέραν τὴν ἀντιπαράστασιν τάξομεν, δευτέραν δὲ τὴν ἔνστασιν. — Proclus analyse donc le texte de Platon de la manière suivante : thèse d'Alcibiade : « Juste et utile sont deux choses différentes », à quoi Socrate peut répondre soit par une instance/ objection : « Juste et utile sont identiques » soit par une anti-parastase : « certes juste et utile sont deux choses différentes, mais comment le sais-tu ? ». Or Socrate va choisir la voie de l'antiparastase non pas comme chez les rhéteurs « selon qu'il lui est avantageux », mais parce que c'est la meilleure solution pour faire découvrir à Alcibiade sa double ignorance ; or, il faut le débarrasser de cette ignorance avant de lui enseigner ce qui serait l'objet de la réfutation en bonne et due forme de sa thèse (juste et utile sont deux choses différentes). Ainsi même dans la conduite du raisonnement, Proclus est capable de montrer que Socrate se soumet au *skopos* du dialogue.

Page 341.

1. Le parallèle avec *Symp.*, 221 E 5-6 justifie la correction de Creuzer ἀεὶ διὰ τῶν αὐτῶν τὰ αὐτὰ φαίνεται [*scil. Socrates*] λέγειν, bien que Proclus prétende citer le *Gorgias*.

2. Cf. Ol., 107.18-20 : Proclus illustre l'attitude de Socrate par une citation du *Gorgias*, Olympiodore par une citation d'Homère (μ 452-453).

3. La fin de la phrase fait difficulté : on ne voit pas à quel adjectif convient devant σοφιστής et commençant par ἀ : à mes yeux les deux solutions proposées sont à rejeter. En revanche il n'y a pas de raison de suspecter l. 8 le participe ἔχων : le verbe ἔχειν + πρός a ici son sens bien connu dans le grec tardif de ' avoir affaire à ' ; cf. Ol., In Alc., 143.4, 5-14 ; In Gorg., 53.17.

Page 342.

1. Cf. Ol., 108.14-15.

2. Sur ce génitif absolu, qui équivaut à un accusatif absolu, voir les exemples réunis par Diehl, *In Tim.*, Index obs. grammat.,

III, p. 503, col. b ; d'autres ex. dans *Théol. plat.*, t. I, p. 27, n. 3 (p. 139 des *Notes compl.*).

3. Sur cette figure rhétorique, cf. Lausberg, § 810 ; la définition classique est λόγος ὑπ' ὄψιν ἄγων τὰ δηλούμενα.

4. Pas de sujet exprimé, mais la suite montre qu'il s'agit de Socrate.

Page 343.

1. Tel me paraît être le sens sens acceptable du passage : pour certains exégètes, Socrate se livre à des démonstrations qui n'ont pas une place « essentielle » (προηγουμένως) dans le dialogue (pour ce type de reproche, cf. *supra*, p. 277.5 ss) ; reproche inacceptable pour Proclus, selon qui *tous* les raisonnements se rapportent au but suprême du dialogue : pour ce principe, cf. *supra*, p. 14.25-27.

2. Cf. *El. theol.*, 16 (et le commentaire de Dodds, p. 202 s.) et 186.

3. Allusion à un dogme cardinal dans le néoplatonisme : la communication sans diminution chez le donateur, formulé par ex. dans *El. theol.*, 26 (corollaire), 30.22-24 (et commentaire de Dodds, p. 214) ; on a déjà rencontré ce principe *supra*, p. 147. 6-10 ; voir aussi p. 16.4-8.

4. Sur ce principe, cf. Plot., IV 9 (8), 1.1-6, etc.

5. Cf. Ol., 111.9-14.

6. Noter ἕν μὲν ... — ἕτερον δὲ ... — τρίτον δέ ... rare, mais déjà employé par Hérodote (IV 161). Il y a d'autres exemples chez Proclus de ἕν = πρῶτον ; chez Damascius, cf. *In Parm.*, 254.20 ss.

Page 344.

1. Cf. Ol., 111.15-112.3 ; 112.8-113.4 : « En quel sens cela est-il dit par Platon ? Eh quoi ! celui qui persuade un seul insensé persuade-t-il une foule de philosophes ? ou bien celui qui persuade un seul philosophe persuade-t-il une troupe d'insensés ? A quoi nous répondons par un seul mot, Platon a déjà résolu cette aporie, quand il a dit ἕνα ἕκαστον [114 B 7] ; en effet, celui qui persuade un seul homme en persuade aussi plusieurs, puisque cet un là est, pour ainsi dire, une partie du multiple ; c'est ce qu'il a indiqué en ajoutant ἕκαστον ; et puisque ce multiple est constitué d'unités, alors celui qui persuade un seul en persuade aussi plusieurs. En outre, [il a ajouté] : *s'il est savant en ce en quoi il veut persuader* : en effet, c'est l'arithméticien qui peut, au sujet du nombre, persuader un seul et plusieurs savants. » Olympiodore désigne ces deux « conditions » (que le multiple soit constitué d'unités et que celui qui persuade soit savant en ce en quoi il veut persuader) d'un terme mathématique προσδιορισμός, bien en place ici (112.19).

2. Cf. A. Gellius, *Noctes Atticae*, VIII 9 (p. 110 Marache) et Ael., *V. Hist.*, VIII 12, 97.12-19. — La fin de l'objection fait

allusion au changement de nom de Théophraste par Aristote, cf. *Proll.*, 1.18-19 διὰ τὸ θεῖον τῆς φράσεως Θεόφραστος μετεκλήθη (anecdote d'authenticité douteuse, cf. O. Regenbogen, *s.v.* Theophrastos, PW, Suppl. Bd. 7, col 1357).

Page 345.

3. *Orphicorum fragmenta* 202 (= *In Tim.*, II 63.29-64.2) donne ceci : « C'est pourquoi les Théologiens rapportent à Asclépios la seconde santé, celle qui tout entière remédie au contre-nature, qu'elle repousse le contre-nature soit toujours soit temporairement, tandis que la première santé, ils la font coexister, avant Asclépios, avec la création même des choses, et ils la font dériver de Peithô et d'Érôs, parce que l'Univers est issu de l'Intellect et de la Nécessité, comme Platon le dira (*Tim.*, 48 A 1 ss)... ». Si telle est bien la doctrine à laquelle pense Proclus, on avouera que le rapprochement est bien lointain.

Page 348.

1. Cf. Ol., 113.18-22 ; pour le τρίτος συλλογισμός, cf. *supra*, p. 15.12.

2. Sur cette citation du *Parm.*, cf. Dam., *In Parm.*, 178.10 ss où l'on trouvera une très longue discussion pour savoir, en particulier, si ce κανών est exhaustif.

3. Cf. Ol., 114.15-20, selon qui il y a même différence entre ἰατρός et ἰατρικός qu'entre μάντις et μαντικός. Cette doctrine reflète celle de Platon dans le *Phèdre*, où est distinguée une μαντική inférieure d'une mantique divine et inspirée, supérieure à la science ; cf. L. Brisson, « Du bon usage du dérèglement », dans *Divination et rationalité*, Paris, 1975, p. 220-248.

Page 349.

1. Résumé de cette discussion dans Ol., 109.5-14.

2. La discussion qui va suivre repose sur la tripartition des biens en biens de l'âme, biens du corps et biens extérieurs ; sur les textes de Platon contenant cette classification, cf. J. Pépin, *Idées*, p. 75, n. 1 ; chez Aristote, cf. *EN*, I 8, 1098 b 12 et le commentaire de Gauthier-Jolif *ad loc.*

3. La conjecture de Dodds (φιλοπονίας au lieu de φιλίας) ne semble pas s'imposer.

Page 350.

2. Dans le texte, je crois plutôt qu'il y a une lacune après προστησάμενοι (1. 10), parce qu'on ne voit pas bien pourquoi un scribe aurait introduit, au début de sa phrase, un αὐτοὶ δὲ (1. 9).

3. Sur le sens du terme συμπληρωτικόν, cf. A. J. Festugière, *RHT*, III, p. 197, n. 1.

4. Sur cet argument capital, cf. *infra*, p. 333.8 ss.

5. Cf. Platon, *Epist.* II, 312 E 1-3 ; sur ce texte capital dans la théologie de Proclus, cf. *Théol. plat.*, II 8, 51.20 ss et surtout la longue préface du t. II, p. xx-lix, où toute l'histoire de l'interprétation du texte est étudiée.

Page 351.

1. Συναμφότερον désigne, comme déjà chez Aristote, le composé résultant de l'union de l'âme et du corps ; cf. par ex. Dam., *In Phil.*, 188.6 ; 208.3 ss, etc.

2. Cf. *Rsp.*, X 608 E 3-4 ; cf. encore *In Remp.*, I 270.20-24 ; II 361.25-29 ; *In Tim.*, I 391.18 ss ; *Dubit.*, 5.15 (*ap.* Philop., *De aet.*, II 5, 38.3 ss) ; 10.17 ; *De mal.*, 5.4 τὸ ἑκάστου ἀγαθὸν τὸ ἑκάστου σωστικόν, ‹διὸ› καὶ τοῦ ἀγαθοῦ πᾶσιν ἡ ἔφεσις ; 13.15, etc.

3. On se rappelle que le dialogue porte en sous-titre ἡ περὶ ἀνθρώπου φύσεως (sous-titre attesté par DL, III 59) : or Olympiodore (3.6-7) attribue à Proclus une observation sur ce sous-titre ; c'est sa seule attestation dans tout l'*In Alc.* tel qu'il nous est parvenu (avec cependant *supra*, p. 46.10 ; voir encore, p. 6.12). — Pour une liste d'ouvrages ayant porté ce titre, cf. J. Pépin, *Idées...*, p. 102 et n. 1 ; voir aussi *Introduction*, p. lxxviii et n. 2.

4. Sur ce thème, cf. *supra*, p. 11.8 ss (avec θεολογία = ἡ περὶ αὐτῶν τῶν θείων ἀλήθεια).

5. Cf. *supra*, p. 184.5-6 (αἱ ἀναλογίαι πᾶσαι) : il n'y a donc pas besoin de corriger. C'est évidemment une allusion à la constitution de l'âme dans le Timée, cf. *In Tim.*, II 18.22-20.9 ; 198.14-200.21 ; ces trois médiétés (géométrique, arithmétique et harmonique) lient l'âme, cf. les textes cités par A. J. Festugière, *Sur le Timée*, III, p. 247 et n. 3. — Division de l'âme : *In Tim.*, II 167.24-174.10 ; voir J. Trouillard, « Convergence des définitions de l'âme chez Proclus », dans *RSPT*, t. XXX (1961, p. 14-15.

6. Cf. Ar., *Met.*, Λ 7, 1072 a 26-27 ; voir *In Tim.*, I 267.3 ss.

7. Cf. *infra*, 320.11 ; 326.14 ; Olympiodore, *In Phaed.*, 7, 3.12 ; Pr., *In Parm.*, IV 855.23 ; *Theol. plat.*, I 18, 83.27 ; *mal. sub.*, 28.18 ; 34.25 ; et déjà Plot., I 8 (51), 5.23-24. L'adjectif ἀκαλλής est assez rare ; pour ἀνείδεος, cf. *supra*, p. 48.15.

Page 352.

1. Cf. *El. theol.*, 119.

2. La fécondité des dieux établit qu'ils sont bons (cf. par ex., *Theol. plat.*, I 22, 101.5 ss) ; pour la fin πᾶσι τοῖς οὖσιν κτέ., cf. *El. theol.*, 122 (108.9 Dodds).

3. Une analyse du texte permet de retrouver la triade δίκαιον (115 A 1), καλόν (A 4) et ἀγαθόν (A 11) ; on retrouve cette triade en *Phaed.*, 65 D 4-7. Cette triade revient souvent chez Proclus : *In Parm.*, III 809.28 ss ; *In Remp.*, I 270.2-3 ; chez Ol. : *In Gorg.*, 39.11-40.5 ; 79.14-27 ; 114-18-20 ; *In Alc.*, 109.15-110.13 ; *In Phaed.*, 5, § 2.1-16 ; Dam., *In Phaed.*, I, § 96 et II,

§ 397.1-2 ; *In Phil.*, § 241. — A chaque terme correspond une des hypostases âme, intellect et dieu (ou un) ; cf. *El. theol.*, 20 et le commentaire de Dodds, p. 206-208.

4. Le passage a été relevé par von Arnim dans les SVF (III 310) : à tort, parce qu'il s'agit d'une *communis opinio* chez les grecs (cf. Gauthier-Jolif, I, p. 287, n. 132).

5. Cf. Ol., 115.1-2.

6. C'est en effet, un syllogisme en *Barbara* ; cf. Ar., *An. pr.*, A 4, 25 b 32-35, 37-40 : « Quand trois termes sont entre eux dans des rapports tels que le mineur (τὸν ἔσχατον) soit contenu dans la totalité du moyen (ἐν ὅλῳ ... τῷ μέσῳ), et le moyen contenu, ou non contenu, dans la totalité du majeur (ἐν ὅλῳ τῷ πρώτῳ), alors il y a nécessairement entre les extrêmes (τῶν ἄκρων) syllogisme parfait (...). Si A est affirmé de tout B, et B de tout Γ, nécessairement A est affirmé de tout Γ » (trad. Tricot) ; voir aussi *Introduction*, p. xiii et n. 3.

Page 353.

1. Cf. *Hippias maior*, 297 C 3-8 ; proposition acceptée par les stoïciens, cf. SVF, III 29 ss, 83, 86, 87 et Porph. *ap.* Pr., *In Tim.*, I 366.17.

2. Πᾶν καλὸν δίκαιον : *communis opinio* selon Ol., *In Gorg.*, 114.21-22 ; c'est pour cela que Polos l'accepte dans sa discussion avec Socrate.

3. Ici Proclus démontre que, au niveau des actions, les trois termes sont convertibles ; cf. Ol., *In Gorg.*, 40.1-5 ; 114.18-20 ; *In Alc.*, 126.4-20 (= Pr., *In Alc.*, *fr.* 3).

4. L'idée est assurément stoïcienne (cf. SVF, III 295 ss τὰς ἀρετὰς λέγουσιν ἀνταχολουθεῖν ἀλλήλαις, καὶ τὸν μίαν ἔχοντα πάσας ἔχειν, etc.), mais elle est passée très tôt dans la tradition platonicienne, comme l'ont établi P. Hadot, *Porphyre*, I, p. 242 et n. 1 et S. Lilla, *Clement of Alexandria, A Study of christian Platonism and Gnosticism*, Oxford, 1971, p. 83-84. Chez les néo-platoniciens, voir : Plot., I 2 (19), 7.1-6 ; Porph., *Sent.*, 32, 28.4-5 ; Pr., *In Remp.*, II 276.18 ; Marinus, *Proclus*, 25, p. 59 Fabr. ; Ol., *In Alc.*, 214.10 ss ; *In Phd.*, 1, § 5.9 ; Dam., *In Phd.*, I, § 140. — Le terme employé ici par Proclus, ἀνταχολούθησις, semble être un *hapax legomenon* (SVF, III 76, allégué par LSJ *s.v.*, est le texte même de Proclus, reproduit par von Arnim) ; on emploie régulièrement ἀνταχολουθία, et je me demande s'il ne faudrait pas, ici, corriger.

5. Σωφροσύνη, δικαιοσύνη et ἀνδρεία : trois des quatre vertus cardinales : cf. par ex. Porph., *Sent.*, 32, 23.8-12 ; Pr., *In Remp.*, I 12.26 ss ; 211.4-217.5 ; 227.27-228.27.

6. Cf. *Theol. plat.*, I 3, 14.6 et n. 3 (p. 135) et surtout II 6, 42.9 et n. 4 ; on retrouve l'expression dans *Orph.*, fr. 195 (= *Theol. plat.*, VI 11, 371.15 P) et chez Dam., *De princ.*, 1 299.4 R.

7. Cf. Ol., 109.15-110.13, qui présente un certain intérêt : « Mais comment peut-il être dit par Platon que ' tout juste est

avantageux ' et que ' tout avantageux est juste ' et que ces deux
propositions se convertissent ; comment peut-il démontrer à
la suite que le ' beau ' se convertit avec ces termes et inversement,
s'il y a vraiment la règle de Proclus (κανὼν ... Πρόκλειος), que
les termes les plus élevés ni ne s'arrêtent ni ne commencent avec
les termes les plus bas, mais procèdent plus loin, de même que
de trois archers de force dissemblable, c'est le plus fort qui envoie
ses traits le plus loin. Or, l'avantageux est relatif au bien, le beau
à l'intellect (du fait que la beauté est l'écume [ἀφρός] et la fleur
de la forme, et que la forme est relative à l'intellect, parce qu'il
est conversif ; et s'il l'est, c'est parce qu'il est indivis, car c'est
la matière qui le divise ; en effet, toutes les raisons, dans la
semence, sont comme indivises, d'où vient que si une partie en
est arrachée, la partie restante accomplit la fonction), tandis que
le juste commence avec l'âme. C'est pourquoi le bien descend
jusqu'à la matière (elle est en effet, elle aussi, bonne, puisqu'elle
est nécessaire à l'univers) ; le don de l'intellect procède jusqu'aux
choses conformées et celui de l'âme, jusqu'à l'âme irrationnelle
(il y a, en effet, en elle aussi le juste ; à preuve, les cigognes). Tu
pourrais apprendre ce que Platon veut dire à l'aide d'autres
exemples aussi : puisque l'être est antérieur à la vie et la vie à
l'intellect (comme nous l'apprendrons avec plus d'exactitude
dans le *Sophiste* en traitant de l'être), pour cette raison il y a
plus de choses qui sont qu'il n'y en a qui vivent, et plus qui vivent
qu'il n'y en a qui intelligent Comment donc dire que juste et
avantageux sont convertibles ? N'est-ce pas que dans le cas de
l'homme bon, officieux et juste cette conversion est vraie, tout de
même que dans le cas de l'être de l'âme, de l'intellect et de la vie,
ces trois termes sont convertibles ? Car là où est l'un d'eux, là
même sont les autres. Solution de Proclus. » Suit alors une autre
solution due à Jamblique (nous citons ce texte dans la *Préface*
p. xxviii-xxix).

8. Proclus, pour ordonner les trois termes de sa triade, utilise
le principe formulé en *El. theol.*, 57 (et désigné dans le texte
d'Olympiodore cité à la note précédente comme le Canon proclien,
In Alc., 109.18) : « Toute cause agit avant son effet et forme après
lui des effets plus nombreux que les siens » (tr. J. Trouillard,
p. 96).

9. Sur le sens de ὑπερ-απλοῦν, cf. Dodds, commentaire p. 248-
249 (c'est un quasi-synonyme de ἐξῃρῆσθαι) ; pour l'emploi du
verbe, voir par ex., *In Parm.*, IV 873.19 ; 881.35.

10. Ce δ' répond au μέν de *supra*, 319.15 : les rapports entre les
trois termes ne sont pas seulement vrais au niveau des principes,
mais aussi dans les réalités du tout dernier rang.

Page 354.

1. La matière a part à l'un-bien : thèse capitale de Proclus, sur
laquelle voir Dodds, commentaire, p. 231 et *supra*, 181.13 ; voir
par ex. *In Parm.*, III 809.33 ss ; 835.12 ss ; *In Tim.*, I 374.20 ;

376.13 ; 378.21-22 ; 384.14 ; 385.14 ; 388.5 ss, etc. ; *Mal. subs.*, 34.9 ss ; 35.3 ss, etc.

2. Cf. *In Parm.*, II 735.13 ss : τίς γὰρ ἐν τῷ λίθῳ δικαιοσύνη καὶ ἐν τῷ ξύλῳ.

3. Dans cette citation de *Phdr.*, 250 D 6-E 1, Proclus omet ὥστε devant ἐκφανέστατον même chose *infra*, p. 328.12-15; *In Parm.*, III 809.38-810.2 ; *Theol. plat.*, I 24, 107.24. Son exemplaire du *Phèdre* ne le contenait donc pas.

4. Cf. *El. theol.*, 20, 22.31 ἀρχὴ ... πάντων ; *Theol. plat.*, II 3, 24.14, etc. ; l'expression, traditionnelle, sera très durement critiquée par Damascius, *De princ.*, 1.4-5 ἡ μία τῶν πάντων ἀρχὴ λεγομένη ; 4.13 ss μαντεύεται ἄρα ἡμῶν ἡ ψυχὴ τῶν ὁπωσοῦν πάντων ἐπινοουμένων εἶναι ἀρχὴν ἐπέκεινα πάντων ἀσύντακτον πρὸς πάντα. Οὐδὲ ἄρα ἀρχὴν οὐδὲ αἴτιον ἐκείνην κλητέον.

5. Graphiquement, on peut représenter la solution de Proclus de la façon suivante :

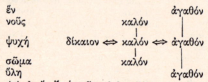

6. Sur la triade ὄν-ζωή-νοῦς, cf. le célèbre article de P. Hadot, « Être, Vie, Pensée chez Plotin et avant Plotin », dans *Les sources de Plotin, Entretiens Hardt*, V, 1960, p. 105-141 et *Porphyre*, I, p. 213-246 ; 329-330 ; 337-340. — Chez Proclus, voir p. ex., *El. theol.*, 101 (et comm., p. 252-253 ; addenda, p. 345-346) ; *In Tim.*, I 17.23 ss ; II 247.23 ; III 64.8 ss ; *Theol. plat.*, III 6, 21.10-24.24.

7. Cf. *In Tim.*, I 386.27 ss πᾶν τὸ ἔννουν καὶ ζωῆς μετέχει καὶ τοῦ ὄντος καὶ τῆς ἑνώσεως κτέ... τὸ δ' ἔμπαλιν οὐκ ἔστιν · οὐ γὰρ ὅσα κατὰ τὸ ἕν, τοσαῦτα καὶ κατὰ τὸ ὂν κτέ. ; et *In Tim.* I 411.11 πᾶν γὰρ τὸ ἔννουν καὶ ἔμψυχόν ἐστι, καὶ πᾶν τὸ ἔμψυχον καὶ ζῷον, οὐ μέντοι καὶ ἀνάπαλιν κτέ.

8. On peut représenter cette hiérarchie de la façon suivante :

$$\text{νοοῦντα} \longrightarrow \begin{matrix} \text{ζῇ} \\ \text{ζῶντα} \end{matrix} \begin{matrix} \text{———— ἔστι} \\ \text{———— ἔστι} \\ \text{ὄντα.} \end{matrix}$$

9. Συνήνωται, cf. *El. theol.*, 148, 130.4-5 : πᾶσα θεία τάξις ἑαυτῇ συνήνωται τριχῶς ; voir aussi P. Hadot, *Porphyre*, I 273 et n. 9.

10. Cf. *El. theol.*, 172.1-4 : « Toute âme est substance vivante et connaissante, vie substantielle et connaissante, connaissance en tant que substance et vie. Tous ces caractères sont concentrés dans l'âme (καὶ ἅμα ἐν αὐτῇ πάντα), le substantiel, le vital et le cognitif, tous sont en tous et chacun reste distinct » (tr. J. Trouillard, p. 179) ; cf. aussi, *In Tim.*, II 166.28 ss et P. Hadot, *Porphyre*, I, p. 245, 337-338.

Page 356.

3. L'ouvrage classique sur l'antithèse νόμος-φύσις est celui de Fr. Heinimann, *Nomos und Physis, Herkunft und Bedeutung einer Antithese im griech. Denken des V Jahrhunderts*, Bâle, 1945 ; bref exposé chez L. Robin, *La morale antique*, Paris, 1947, p. 10-11, 24 ss.

4. La troisième dissertation (en partie perdue) du *Commentaire sur la République* était consacrée à la réfutation des thèses de Thrasymaque, cf. A. J. Festugière, *Comm. sur la Rép.*, I, p. 15 et n. 3.

Page 357.

1. On pourrait aussi corriger ἐκϐαίνει δὲ [τὴν ἑαυτοῦ φύσιν...] en s'autorisant de *In Remp.*, II 54.17, comme me le suggère L. G. Westerink.

2. Allusion à la discussion de *Rsp.*, I 338 D 7 ss.

3. Justice dans l'âme : cf. *Rsp.*, IV 441 D 1-442 D 8 ; cf. les applications de ce principe dans *In Remp.*, I 21.18 ss.

Page 358.

1. Transposition, dans le domaine de l'âme, de la célèbre comparaison du grand roi, de ses satellites et de ses serviteurs, fréquemment utilisée à l'époque hellénistique.

2. Ἰδιοπραγία = τὰ ἑαυτοῦ πράττειν ; le terme n'est pas employé dans son sens (péjoratif) de « s'occuper de ses seuls intérêts ». Pour d'autres exemples, cf. Ol., *In Phaed.*, 2, 14.2, p. 67 Westerink et n. *ad loc.*

3. Tout le passage exploite la définition pseudo-platonicienne de la justice (*Def.*, 411 E) : ἕξις διανεμητικὴ τοῦ κατ' ἀξίαν ἑκάστῳ ; cf. *supra*, p. 2.12.

4. On a ici une définition du beau au moyen de trois notes, qui rappelle celles d'Aristote dans la *Met.*, M 3, 1078 a 1 ss (τάξις, συμμετρία, ὡρισμένον), citées dans *In Eucl.*, 26.12 ss ; voir aussi Plot., I 6 (1), 1.

5. Sur ces deux sortes de δίκαιον, cf. Ar., *EN*, E 6-7, 1131 a 24-1132 a 2 ; voir aussi *supra*, p. 3.5-11.

Page 359.

1. Cf. Plot., I 6 (1), 2.13 ss : l'idée que la beauté résulte de la domination d'une matière informe par une forme est d'origine aristotélicienne. — Voir aussi Ol., *In Phd*, 7, § 3.11-12.

2. Sur la division de l'âme en matière/forme, cf. *In Remp.*, I 234.22 ss.

3. Cf. *supra*, p. 147.27-28.

4. Allusion à *Tim.*, 69 C 6-7 ; sur l'ἄλογον = ὄχημα de l'âme rationnelle, cf. *In Tim.*, III 234.9 ss ; 238.18 ss ; voir la n. de Dodds, *Elements...*, p. 306-308 ; A. J. Festugière, RHT, III 237

et n. 1 ; H. Lewy, p. 178 ss ; J. Trouillard, « Réflexions sur l'ΟΧΗΜΑ dans les *Éléments de Théologie* de Proclus », dans *REG* 70 (1957), p. 102-107.

5. Voici apparaître la troisième note du beau, qui manquait *supra*, p. 325.15-16 : τὸ ὡρισμένον.

Page 360.

1. On suit la conjecture de Dodds, qui fait désormais dépendre φίλον de ἐποίησεν l. 15 : on a ainsi une allusion à *Tim.*, 32 C 2 s. φιλίαν τε ἔσχεν ... ὥστε εἰς ταὐτὸν αὑτῷ συνελθὸν ἄλυτον ὑπό του ἄλλου κτέ. ; sur la φιλία du monde, cf. *In Tim.*, II 53.13 ss. — Sur ἄλυτος, cf. *ibid.*, 55.2-26.

Page 361.

1. Cf. *supra*, p. 320.16-17 et n. 3, p. 354.

2. Sur cette étymologie (qui vient de *Crat.*, 416 B 6-D 11), cf. H. Lewy, *Excursus V*, « The caller and the call », p. 467-471, où ont été réunis les principaux textes. Aux textes rassemblés par Lewy, ajouter : *Theol. plat.*, I 18, 87.4 ; 24, 108.8 ; Simpl., *In Ep. Ench.*, 62.18. Cette étymologie a été adoptée par le Ps. Denys (*De diu. nom.* 4, 7, PG 3, 701 C), cf. H. Koch, p. 65 et a eu une grande influence au moyen âge, cf. W. Beierwaltes, p. 307, n. 17.

3. Deuxième étymologie, plus rare : cf. *Theol. plat.*, I 24, 108.13 (κηλοῦν πάντα καὶ θέλγον) ; Simpl., *In Ep. Ench.*, 62.16-17 (διὸ θέλγει καὶ κηλεῖ τοῦτο) ; Philop., *De opificio mundi*, VII 6, 293.11-12 (καλὸν μὲν γὰρ εἴρηται παρὰ τὸ κηλεῖν καὶ θέλγειν) et Ol., *In Gorg.*, 117.10-12.

4. Écho de *Symp.*, 203 D 5 ; cf. Dam., *In Phil.*, 16.5-7. — Pour l'emploi de σύντονος voir aussi *infra*, p. 329.23-25, 336.27-28 et *Leges*, V 734 A 4 ; Olymp., *In Phd.*, 6, § 5.2.

5. Sur cet « axiome », cf. *El. theol.*, 8, 8.31 et le comm. de Dodds, p. 194-195 ; cf. *supra*, p. 104.20-21.

6. Sur cette définition, qui serait due à Eudoxe de Cnide (cf. *EN*, K 2, 1172 b 9-10 ; voir aussi *Top.*, Γ 1, 116 a 19-20 ; *Rhet.*, A 6, 1362 a 23), voir *Theol. plat.*, I 22, 101.27 ; II 2, 20.23 (et n. 2, p. 88).

7. Repose sur une définition du τέλος du genre de celle que l'on trouve en *Met.*, α 2, 994 b 9 τὸ οὗ ἕνεκα τέλος, τοιοῦτον δὲ ὃ μὴ ἄλλου ἕνεκα ἀλλὰ τἆλλα ἐκείνου ou SVF, III 2 οὗ ἕνεκα πάντα πράττεται καθηκόντως, αὐτὸ δὲ πράττεται οὐδενὸς ἕνεκα.

8. Le texte est sans doute corrompu et la conjecture de L. G. Westerink donne le sens attendu.

Page 362.

1. Sur la différence entre ἔφεσις et ἔρως, cf. Dam., *In Phil.*, 16.18-21.

2. Cf. *Symp.*, 204 B 3.

3. Ajouté pour expliquer οὐ γάρ κτἑ., elliptique comme souvent.

4. Autrement dit, le Bien, étant au-delà du beau, ne peut susciter chez nous qu'un désir et non pas l'amour ; l'amour est, en effet, comme vient de le dire Proclus, amour du beau : cf. *Theol. plat.*, I 25, 109.10-16. Je ne sais qui Proclus peut viser (il y a des rapports évidents avec Plot., I 6 (1), 9.32 ss ; 7.12 ss τοῦτο οὖν εἴ τις ἴδοι, ποίους ἂν ἴσχοι ἔρωτας, ποίους δὲ πόθους κτἑ.).

5. C'est la célèbre remontée du *Banquet*, 210 A 4-211 C 9, qui avait déjà servi à Plot., I 6 (1), 4, 7-9 ; 5.2-5 ; 9.3-6, etc.

6. Cf. Ol., 119.4-6.

Page 363.

1. Sur ce principe de réfutation, cf. Ar., *An. pr.*, B 26, 69 a 37-70 a 2.

2. Cf. Ol., 115.1-5 ; 119.12-14 ; c'est 115 A 6-7 qui est visé : Εἴ τις ἤδη κτἑ. — Ἐρωτᾶν est un terme technique, cf. Bonitz, *Ind. Ar.*, p. 288 : l'interrogation est *id quod ponitur, concedente adversario.*

3. Cf. *supra*, p. 328.4.

4. Cf. Ol., 119.9-11.

5. Cf. Ol., 115.5-14.

Page 364.

1. Sur cette version de l'histoire d'Antiloque, cf. Homère, *Od.*, § 187-188 ; Xén., *Cyneg.*, I 14 (p. 55 Delebecque) ; Pind., *Pyth.*, 6, 28-42 ; Paus., X 30.

2. Claire allusion à l'histoire des trois jeunes gens qui se rendent à Delphes, qui est développée, avec citations d'Oracles, dans le passage parallèle d'Olympiodore 115.15-116.4 : preuve que parfois Proclus et Olympiodore ont devant eux le même matériel mais l'utilisent différemment. Sur cette histoire, bien connue ce semble, cf. Ael., *Var. hist.*, III 44 (60.17-61.2 Dilts) ; Simpl., *In Ep. ench.*, 111.11-34.

3. Cf. Ol., 116.5-11, qui est plus clair : « Mais l'âme c'est l'homme et il est faux que les maux de l'instrument remontent à son utilisateur. Car sans doute les maux des parties remontent à leur tout ; si donc l'homme était constitué d'une âme et d'un corps, les maux du corps remonteraient au tout ; mais puisqu'il s'agit d'un instrument et de son utilisateur, il ne faut pas rapporter les défauts de l'instrument à l'utilisateur, tout de même qu'on ne rapporte pas à l'utilisateur le fait que sa hache ne soit pas affûtée. » — Pour l'argument, cf. Plot., I 1 (53), 3.3 ss χρωμένη μὲν οὖν σώματι οἷα ὀργάνῳ οὐκ ἀναγκάζεται [*scil.* ἡ ψυχή] δέξασθαι τὰ διὰ τοῦ σώματος παθήματα, ὥσπερ οὐδὲ τὰ τῶν ὀργάνων παθήματα οἱ τεχνῖται ; Pr., *De Prov.*, 25.11 ; *In Remp.*, II 260.5 ss.

4. Pour l'image, cf. Ar., *E. Eud.*, VII 10, 1243 a 13 et 9, 1241 b 18 ; elle est devenue très courante dans toute la tradition aristotélicienne pour illustrer les rapports corps-âme : cf. *v.g.* Philop., *In de anima,* 44.29-34, etc.

Page 365.

1. Cf. Ol., 116.22-28.

2. L'expression vient de *De Interp.*, 6, 17 a 37 : πρὸς τὰς σοφιστικὰς ἐνοχλήσεις.

3. Cf. Ar., *Soph. El.*, 5, 166 b 28-36.

Page 366.

1. Sur la définition du προσυλλογισμός, cf. *An. pr.*, A 25, 42 b 5 ss ; exemple d'utilisation d'un prosyllogisme pour établir la majeure d'un syllogisme : *ibid.*, A 28, 44 a 21 ss.

2. Sur ce type de syllogisme, cf. *supra,* p. 178.17 ; — Πρῶτος κτέ. : il s'agit, en effet, de deux syllogismes en *Barbara.*

3. Considérations du même type chez Ol., 117.4 ss *(theôria),* 119.17-19 *(lexis).*

4. Cf. Ol., 120.12-19 (interprétation différente de celle de Proclus).

Page 367.

1. La βούλησις est une appétition rationnelle qui a pour unique objet le Bien : cf. *Gorgias,* 467 C 5-468 C 8 et *supra,* p. 126.17-19, etc.

2. Cf. *supra,* p. 328.19.

3. Cf. Ol., 115.5-8.

4. Cf. *supra,* p. 144.4-5.

5. Cf. Ol., 117.13-15.

Page 368.

1. Cf. Ar., *An. post.*, A 4, 73 a 34-b 24 : « Sont ' par soi ' (καθ' αὐτά) ... les attributs contenus dans des sujets qui sont eux-mêmes compris dans la définition exprimant la nature de ces attributs... », mais un peu plus loin, comme l'a noté L. G. Westerink, Aristote enseigne que καθ' αὐτό et ἦ αὐτό sont identiques, cf. *ib.*, 73 b 28-29 : « Le ' par soi ' et le ' en tant que soi ' sont, au surplus, une seule et même chose : par exemple, c'est à la ligne par soi qu'appartiennent le point ainsi que le rectiligne, car ils lui appartiennent en tant que ligne ; et le triangle en tant que triangle a deux angles droits, car le triangle est par soi égal à deux angles droits. » Sur cette difficulté, cf. W. D. Ross, dans son commentaire, p. 522-523 ou J. Barnes, dans son commentaire, p. 113-118. — La distinction était bien connue dans l'école néo-platonicienne : Hermias, *In Phdr.*, 102.27-28 ; 113.14-15 πᾶσαι αἱ προτάσεις οὐ μόνον εἰσιν ἀληθεῖς ἀλλὰ καὶ ἦ αὐτὸ πᾶσαι, ὥστε

×. ἐξισάζειν ; 120.5-6 ; Pr., *In Parm.*, II 756.4 ss ; *In Eucl.*, 355. 22 ; 356.13 ; 384.6 (où Proclus allègue justement *An. post.*, A 4, 73 b 30 s.) ; voir aussi Philopon, *In An. post.*, 71.4-19.

2. Cf. *supra*, p. 184.9 ; l'expression vient de *Phil.*, 54 C 10.

3. Le Bien est un μέτρον, cf. Dam., *In Phil.*, 127.9 ; 238.3-5 : la source lointaine, comme le note Westerink *ad loc.*, est Plat., *Leges*, IV 716 C 4 ; chez Proclus, voir encore *Theol. plat.*, III 11, 44.11-12 : πάντων τῶν ὄντων μέτρον ; *In Parm.*, VI 1124.16-20 ; VII 1209.31-1210.23. Voir déjà Herm., *In Phdr.*, 134.22-24 ; voir aussi H. J. Krämer, *Geistmetaphysik*, p. 345 et n. 562.

4. Cf. Ol., 118.11-26.

Page 370.

1. Comparer Olympiodore, 74.15-22.

2. Remarquer que ce fragment (qui est transmis seulement par les *Scholia Platonica*) présente la forme littéraire classique de la scholie marginale (ὅρα + un accusatif) : dans un domaine littéraire tout à fait différent, c'est souvent la forme que prennent les gloses des Chaînes patristiques.

3. L'expression ἡ τῶν ὀνομάτων ἀκριβεία se retrouve ailleurs chez Proclus et dans des contextes tout à fait semblables : il s'agit toujours de montrer que l'expression de Platon est infaillible et qu'elle permet de tirer des indications philosophiques des moindres particularités du texte de Platon (emploi d'un mot, répétition, absence d'un mot, forme littéraire, etc.). Voir, par exemple, *In Tim.*, I 327.10-11 ; *In Parm.*, IV 860.30-31, etc.

4. Pour γυμναστικῶς cf. *Alc.*, 108 B 3 (et voir Olympiodore, 75.6) ; pour μουσικῶς, cf. *Alc.*, 108 D 8.

5. Cf. Philop., *In de anima*, p. 206.7 ss.

6. Même exemple chez Aristote, *Top.*, A 15, 106 b 33 s.

7. On obtient ainsi des paronymes, cf. Arist., *Cat.*, 1 a 13-15.

8. Sur ce lieu, cf. Aristote, *Top.*, A 17, 108 a 7 ss. « Pour la similitude, il faut l'observer d'abord sur des termes appartenant à des genres distincts selon la formule : ce que l'un est à une chose, l'autre l'est à une autre chose (par exemple : ce que la connaissance est à son contenu, la sensation l'est au sien), ou selon la formule : ce que l'un est dans une chose, l'autre l'est dans une autre (par exemple : ce qu'est la prunelle dans l'œil, l'intelligence l'est dans l'âme...) ; et il faut s'entraîner surtout avec des termes appartenant à des genres très éloignés l'un de l'autre [...]. Mais il faut aussi étudier des termes appartenant au même genre, pour voir s'il leur appartient bien à tous quelque chose d'identique, par exemple à l'homme, au cheval et au chien ; car c'est dans la mesure où ils présentent quelque chose d'identique qu'ils présentent une similitude » (tr. J. Brunschwig).

9. Sur cet autre lieu, cf. *ib.*, B 9, 114 a 27-b 5 : « On appelle coordonnés des termes comme *choses justes* et *homme juste*, coordonnés de *justice*, *choses courageuses* et *homme courageux*, coordonnés de *courage*. De la même façon, ce qui procure quelque

chose et ce qui préserve quelque chose sont des coordonnés de ce qu'ils procurent ou préservent, par exemple *choses saines,* coordonné de *santé*.... On appelle en somme coordonnés tous les termes qui se rangent sur une même ligne : par exemple *justice, homme juste, chose juste, justement* » (tr. citée).

10. Aristote, dans sa dialectique, n'est qu'un plagiaire de Platon ; sans compter qu'il enseigne abstraitement ce que Platon enseigne concrètement : cf. *In Crat.*, 7, p. 2.28 ; *In Parm.*, I 648 1 ss où Proclus explique longuement en quoi consiste la véritable dialectique platonicienne.

Page 371.

1. Il n'y a pas véritablement de suite avec ce qui précède ; Proclus montre maintenant que Platon a énuméré les parties de la musique dans un ordre correct, parce qu'il suit l'ordre *a capite ad calcem,* principe de classement connu des médecins grecs entre autres (cf. J. Jouanna, *Hippocrate et l'École de Cnide,* Paris, 1974, p. 26 et n. 3).

2. Je propose de corriger βαίνειν en ἐμβαίνειν comme dans le texte d'*Alc.*, 108 C 8. Voir aussi Ol., 79.8.

3. Cf. *supra,* p. 208.6-10 et Ol., 75.8-13 ; 79.7-9.

4. De l'ensemble de ce passage on rapprochera Ol., *In Gorgiam,* p. 40.1-5 et 114.18-20.

5. Sur cette fameuse définition de l'homme (qui repose sur une observation d'Aristote, *De an. part.*, III 10, 673 a 8 « De tous les êtres vivants, seul l'homme rit »), cf. S. Emp., *Hyp. Pyr.*, II 212 ; Simpl., *In Cat.*, 93.15, etc. ; voir aussi M. M. de Durand, « L'homme raisonnable mortel », dans *Phoenix* 27 (1973), p. 328-344.

Page 372.

4. Le texte d'Olympiodore, d'où ce fragment est tiré, se présente ainsi : ll. 4-8 aporie sur la divergence de traitement réservé par Platon à Périclès dans le *Gorgias* et dans l'Alcibiade ; ll. 8-10 solution de Proclus ; ll. 10-16 solution de Damascius (cf. *Introduction,* p. LXIII-LXIV).

5. Cf. *Gorg.*, 515 C 4-516 D 5.

6. Aristide a écrit un discours entier pour réfuter Platon, coupable d'avoir calomnié les quatre (c'est-à-dire Périclès, Cimon, Miltiade et Thémistocle) : il s'agit du discours XLVI, précisément intitulé « Contre Platon, pour les quatre », dont on trouvera une analyse détaillée dans A. Boulanger, *Aelius Aristide et la sophistique dans la province d'Asie au IIe siècle de notre ère,* Paris 1923 (²1968), p. 227-232 et 249-265. Les commentateurs platoniciens se sont très tôt émus des attaques fielleuses d'Aristide contre Platon : Porphyre lui-même n'a pas dédaigné de consacrer sept livres à les réfuter, cf. C. A. Behr, « Citations of Porphyry's Against Aristides », dans *AJPh.*, LXXXIX (1968), p. 186-199.

D'autres griefs d'Aristide sont discutés chez Olympiodore *In Gorgiam* : voir, à leur sujet, F. Lenz « Die Aristeideszitate in Olympiodors Kommentar zu Platons Gorgias », dans *Aristeides-studien*, Berlin, 1964, p. 147-166 ; Carlini rapproche de notre texte les §§ 471 (II 368.8-11 Dindorf) et § 207 (*ib.* 167.14-15 Df) ; je n'ai pu identifier la référence de O'Neill citée n. 5, p. 225.

7. Sur le terme ὀρθοδοξαστικός, cf. A. J. Festugière, *EPhG*, p. 542, n. 34. Voir aussi Simpl., *In Cat.*, 5.22 ; *In Ep. Ench.*, 9.18-19 ; Ol., *In Gorg.*, 9.7 Wk.

8. Sur Pythoclide de Céos, cf. *Prot.*, 316 E 3 ; voir aussi Ol., 138.4-11 (qui l'appelle Pythoclès).

9. Sur Damon, cf. *Rsp.*, III 400 B 1-C 5 ; Ol., 2.43-44 (c'est le propre maître de Platon, selon la *Vita Platonis*), voir aussi les *Prolegomena*, 2.30.

10. Sur le surnom d'Anaxagore, cf. Plut., *Per.*, IV 4 ; sur la doxographie qui suit, cf. Ol., 138.1 et le fragment B 12 dans les FVS ; chez Proclus, voir *In Tim.*, I 2.11.

Page 373.

3. Sur les rapports Zénon-Parménide, cf. *In Parm.*, I 619.4.

4. Sur Pythodore, cf. *ib.*, 624.32 ss.

5. Cf. *Parm.*, 126 A 1-C 3.

6. Sur Antiphon, cf. *In Parm.*, I 625.6 ss.

7. Sur Céphale, cf. *ib.*, 625.15 ss.

8. Sur Callias, cf. Thc., I 61 ss.

9. Cette expression a été relevée par les parémiographes : cf. Apost., II 83 (II 283 Leutsch-Sch.) et Diogen., I 73 (*ib.*, I 193), et par la Souda *(s.v.)*.

10. De cette mention, on rapprochera le commentaire *ad loc.* d'Olympiodore, qui contient, peut-être, d'autres traces de celui de Proclus : « *Ils ont encore, diraient les femmes, la tonsure des esclaves* : proverbe usité par les femmes à propos des esclaves qui, bien que libérés, demeurent dans la servitude : ' tu as sur la tête, disent-elles, la tonsure d'un esclave ', c'est-à-dire : tu es encore coiffé comme un esclave. Autrefois, en effet, les hommes libres se distinguaient des esclaves et par la coiffure et par le nom : on les nommait Daos, Geta ou le Phrygien. Mais maintenant même cela a été détruit (νῦν δὲ καὶ ταῦτα συνεχύθησαν). Socrate, au lieu de dire : ' tu as la coiffure d'un esclave sur ta tête ', dit : *Tu as la tonsure d'un esclave dans ton âme à cause de ton ignorance* » (Ol., 148.11-150.2). Ce passage, à mon avis, a de fortes chances de contenir du Proclus. En effet, les lignes 1-3 de la p. 149 ne peuvent se comprendre que comme une critique voilée, d'ordre social, du christianisme : autrefois, dans l'empire romain, ce qui distinguait les citoyens c'était les *tria nomina*, tandis que les esclaves en étaient réduits au nom unique (désignant le plus souvent leur contrée d'origine) ; avec le christianisme, c'est tout cet édifice qui a été ruiné, puisque les hommes libres comme les esclaves n'ont plus qu'un seul nom : celui de leur baptême.

On voit assez mal un homme aussi timoré qu'Olympiodore émettre à Alexandrie des propos de ce genre. En revanche, Proclus est coutumier de ce genre de choses. De plus, dans l'opposition πάλαι-νῦν, on peut reconnaître des « *code-words* » selon l'expression d'A. Cameron, « The last days of the Academy at Athens », dans *PCPhS*, n° 195 (1969), p. 7-30, voir p. 20.

Page 374.

1. Rapprocher de ce fragment Ol., 169.13-16 ; 147.3-4 ; 217.

2. « Savoir se dit dans le cas de la raison ; pratique (ἄσκησις), dans le cas des vivants irrationnels, parce que c'est par le soin et la pratique qu'on les domestique » (Ol., p. 147.3-4).

3. Olympiodore (156.9-12) donne la généalogie suivante :

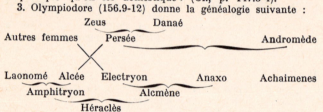

Et il conclut : « Par conséquent, Héraclès est descendant de Zeus et par son père et par sa mère : et de fait il avait une prodigieuse fécondité. On dit, en tout cas, qu'en une seule nuit, il s'unit à cinquante femmes et que toutes conçurent de lui. »

4. Hermès avait en effet donné à Persée des sandales ailées qui se révéleront très précieuses dans sa lutte contre la Méduse.

5. Pisandre, *Heraclea*, fr. 10 Kinkel.

6. La comédie : cf. Arist., *Thesmo.*, 1098-1102.

7. La Gorgone et sa serpe : cf. Pherecyd., fr. 11 J. ; Eur., *Io*, 192. Sur la légende de Persée, en général, cf. J. M. Woodward, *Perseus*, Cambridge, 1937.

8. Sur l'interprétation du texte de Platon lui-même, voir R. E. Allen, « Note on Alcibiades 129 B 1 », dans *AJPh.*, LXXXIII (1962), p. 187-190.

9. Selon Proclus, les trois termes s'interprètent ainsi :

$$Αὐτὸ \qquad\qquad = ἡ\ τριμερεία\ τῆς\ ψυχῆς$$
$$Αὐτὸ\ τὸ\ αὐτὸ \qquad = ἡ\ λογικὴ\ ψυχὴ$$
$$Αὐτὸ\ τὸ\ αὐτὸ\ ἕκαστον = τὸ\ ἄτομον$$

On retrouve ces trois termes chez Olympiodore en 4.8-13 ; 209.15-23 ; 210.9-12 ; 222.8-11.; *In Gorg.*, 104.2 (où Olympiodore suit Proclus) ; *In Phaedonem* 8, § 6.10-12. L'exégèse de Proclus a été très violemment attaquée par Damascius (cf. *supra*, p. LIX-LXI) et Olympiodore note même que, de son temps, l'exégèse de Proclus était oubliée (cf. *supra*, p. LXXVI). C'est ce dont témoigne Simplicius, dans son *Commentaire sur Épictète*, où il introduit comme allant de soi l'interprétation de Damascius (*Introduction*, p. LXVI-LXIX).

10. = 130 D 4.

11. Noter l'occurrence du mot λέξις. qui n'est que peu employé par Proclus, mais l'est fréquemment par Olympiodore au sens de texte (déjà dans le fragment 3, l. 19).

Page 375.

3. Accusation fréquente contre les philosophes non platoniciens : leur ignorance de la réalité est telle qu'ils prennent l'effet pour la cause ! Cf. p. ex. *Theol. plat.*, II 3, p. 28.22-23 (et n. 2, p. 92 des *Notes complémentaires*).

4. Sur la doctrine, cf. Arist., *Meteor.*, III 4, 373 a 35-b 34 et les deux commentaires *ad loc.* d'Alexandre (141.3-144.9) et d'Olympiodore (209.15-217.19) ; voir aussi Ps. Plut., *Placita*, IV 14 (*Doxographi graeci*, p. 405).

5. Sur la doctrine de Platon, cf. *Tim.*, 45 B 2-C 6 (sur ce texte, voir les commentaires de Cornford, pp. 151-156 et de Taylor, pp. 276-290) ; voir aussi Ps. Plut., *Placita*, IV 14, 1 ; Sen., *N. Quaest.*, I 5 et 7 ; Lucr., *De rerum nat.*, IV 269-323, etc.

6. Thèse traditionnellement prêtée par la tradition doxographique à Platon : c'est le même qui connaît le même (cf. *supra*, p. 247.14 et n. 9, p. 294).

7. Le κρυσταλλοειδές est sans doute la pupille de 133 A 2.

8. Explication violemment attaquée par Damascius, cf. *supra*, p. LXIV-LXV.

I. INDEX NOMINVM

(λέγεται) ; **73**.11-12 (οἱ τὴν
λογικὴν ψυχὴν τὴν ἡμετέραν
δαίμονα ποιοῦντες : Xeno-
crates ?) ; **76**.20-21 (ὅσοι
τὸν νοῦν τὸν μερικὸν εἰς
τὰυτὸν ἄγοντες τῷ λαχόντι
δαίμονι τὸν ἄνθρωπον : Stoici) ; **124**.23 (τινές : Stoici) ;
189.20 (φησί τις ὀρθῶς :
auctor ignotus) ; **197**.17 (ὡς
φασι : auctor ignotus) ; **237**.
6-8 (τινές : Plotinus) ; **296**.
17.23 (auct. ign.) ; **302**.20
(id.).

Τιτανικός : **44**.3 ; **83**.12 ; **104**.
24 ; -ῶς : **43**.26.

Τρῶες : **214**.5.

Τρωϊκὸς πόλεμος : **273**.3-4.

Ὕδρα : **243**.5.

Φαίδρα : **292**.9.12.

Φαῖδρος (Platonis dialogus) :
26.22 ; **29**.11 ; **56**.2 ; **79**.20.
22 ; **84**.8 ; **117**.19 ; **147**.12 ;
149.3 ; **174**.10 ; **227**.12.22 ;
233.16 ; **272**.7 ; **320**.14 ;
328.12.

Φαίδων (Platonis dialogus) :
75.7 ; **76**.19 ; **174**.11 ; **191**.
7 ; **240**.21.

Φίληβος (Platonis dialogus) :
153.13 ; **234**.13.

Χαρμίδης (Platonis dialogus) :
166.25 ; **185**.16.

Χείρων : **96**.18.

Χερρόνησος : **115**.8.

II. INDEX AVCTORVM

246 D 8-E 1 : **29**.10-11.
246 E 1-4 : **29**.12-14.
246 E 4-6 : **149**.1-3.
246 E 5-247 A 4 : **70**.13-15.
247 C 3 : **272**.4-7.
247 C 7-8 : **77**.11-12.
247 D 6-7 : **272**.4-7.
248 B 2-3 : **227**.16-19.
248 C 1 : **256**.6.
248 C 8 : **20**.8-9.
248 D 3-4 : **152**.4.
249 C 1-9 : **227**.20-23.
249 E 4-5 : **135**.9-10.
250 A 1 : **136**.12.
250 A 7 : **34**.1 ; **135**.7-8.
250 B 1-3 : **320**.14-17.
250 C 3-4 : **247**.7-8.
250 D 6-E 1 : **320**.14-17 ; **328**.
12-14.
251 B 2 : **32**.10-11.
251 B 3 : **29**.12-14.
252 C 3 : **136**.14 ; **149**.7 ;
159.9.
252 E 1 : **149**.3-4.
252 E 3 : **136**.16 ; **234**.2-3 ;
241.8-10.
253 A 1 : **136**.16.
253 A 6-7 : **26**.21-22.
253 C 7-256 E 2 : **227**.20-23.
253 E 1 : **36**.16.
254 A 3 : **82**.3.
254 B 7 : **272**.4-7.
254 E 2 : **117**.19.
261 A 4-5 : **306**.7-8.
262 E 3 : **272**.26-27.
265 C 2-3 : **33**.5-6 ; **77**.13 ;
233.16.
269 E 1-270 A 8 : **147**.11-15.
274 C 8-D 2 : **195**.8-9.
279 C 6-7 : **165**.3-4. .

Philebus
12 C 1-3 : **234**.13.
39 A 1-7 : **281**.3-5.
59 D 1 : **255**.16.

60 A 1-2 : **305**.4.
64 D 9-11 : **339**.5.
67 A 2-8 : **153**.13-17.

Politicus
272 E 5 : **83**.16.
273 D 6-7 : **34**.6 ; **257**.12-13.
277 D 2-4 : **192**.1-2.
303 C 9 : **323**.1.

Protagoras
322 C 3 : **26**.4-6.
327 E 1-328 A 1 : **253**.1-6.
352 B 3-C 7 : **155**.10-12.

Respublica
I 329 E 2-4 : **12**.12-13.
343 C 1-D 1 : **295**.13.
348 B 8-349 D 11 : **218**.
15-6.
348 B 8-C 12 : **295**.13.
348 C 12 : **323**.2.
349 B 1-350 C 1 **323**.11-
324.1.
II 368 B 8-C 2 : **313**.15-18.
368 E 2-8 : **223**.9-12.
III 391 D 1-392 A 6 : **75**.23-
76.2.
399 D 3-5 : **197**.15-16.
410 B 10-412 A 7 : **194**.
1-20.
IV 434 C 8-435 C 3 : **223**.9-
12.
443 C 4-444 A 6 : **223**.9-
12.
V 468 E 4-469 B 3 : **74**.15-
17.
475 E 4 : **29**.6-7.
477 D 7-E 1 : **155**.10-12.
VI 484 A 1-487 A 8 : **133**.19-
21.
485 E 3-5 : **110**.21.
498 C 9-D 8 : **90**.7-10.
509 D 6-511 E 5 : **21**.18-
22.4.
VII 527 E 1-3 : **194**.22-**195**.4.

32 C 2 : **327**.16-17.
34 B 10-36 D 7 : **84**.5-6.
34 C 3 : **22**.11.
35 A 1-6 : **46**.7-8.
35 A 1-2 : **205**.7-8.
35 A 2-3 : **248**.19-20.
37 C 1-5 : **291**.6.
37 C 1-3 : **66**.6-7.
39 B 4 : **33**.18.
39 E 7-9 : **65**.22-**66**.3.
41 A 7 : **114**.10.
41 B 6-7 : **242**.3-5.
41 C 1 : **202**.11-13.
41 D 7 : **227**.9-12.
41 E 5 : **114**.7-9.
42 C 5-6 : **44**.6-7.
42 C 6-D 1 : **57**.11-15.
42 D 4-5 : **72**.19-21 ; **114**.7-9.
42 E 5-6 : **32**.16 ; **60**.11-12.
42 E 6-7 : **311**.7-11.
43 A 2 : **26**.4-6.
43 A 4 : **4**.11-12.
48 A 1-3 : **134**.22-24.
48 A 2-3 : **311**.3-4.
49 E 7 : **169**.3.
69 C 6-7 : **326**.26-**327**.1.
69 D 7-E 1 : **73**.18-20.
90 A 2-4 : **160**.8-9.
90 A 3-7 : **73**.18-20.
90 A 3-5 : **75**.1-2.
92 C 6-8 : **202**.11-13.
92 C 7-8 : **112**.4-5.

apud *Athen. Deipn.*
XI 507 D : **138**.15-16.

PLOTINVS
  I 1 (53), 9.1-3 : **227**.3-6.
    3 (20), 1.9-11 : **152**.3-4.
           6.22-23 : **133**.5-6.
    6 (1), 7.3-10 : **138**.20-**139**.3.
  II 3 (52), 11.8-9 : **34**.15.
    5 (25), 5. 23-24 : **108**.4-5.
  III 4 (15), 3.1-8 : **75**.14-21.
    7 (45), 11-12 : **237**.6-8.

PLVTARCHVS
 Alcibiades
  2, 3-4 : **239**.4-8.
  5, 1-5 : **110**.15-17.
  10, 1 : **110**.13-15.

PORPHYRIVS
 Isagoge (ed. Busse)
  7.21-23 : fr. 11.16.
 Vita Plotini
  10.14-33 : **73**.5-6.

STOICI (SVF)
 III 16-17 : **296**.13-14.
    347 : **215**.18-22.
    618 : **164**.21-**165**.3 ; **165**.7-13.

THVCYDIDES
 II 65, 9 : **115**.4-5.

TIMO PHLIAS. (ed. Wachsmuth)
 fr. 29 : **256**.6.

XENOPHON
 Memorabilia
  I 2, 24-25 : **86**.20-**87**.2.

TABLE DES MATIÈRES

ACHEVÉ D'IMPRIMER
LE 11 JUIN 1986
SUR LES PRESSES
DE
L'IMPRIMERIE A. BONTEMPS
LIMOGES (FRANCE)

———

DÉPÔT LÉGAL : JUIN 1986
IMPR. Nº 26044 *bis*-84   ÉDIT. Nº 2552